法治与社会论丛

（第七卷）

方有林　段宝玫◎主编

知识产权出版社
全国百佳图书出版单位

图书在版编目（CIP）数据

法治与社会论丛. 第七卷/方有林，段宝玫主编. —北京：知识产权出版社，2017.12
ISBN 978-7-5130-5326-6

Ⅰ.①法… Ⅱ.①方… ②段… Ⅲ.①法学—丛刊 Ⅳ.①D90-55

中国版本图书馆 CIP 数据核字（2017）第 307324 号

内容提要

《法治与社会论丛（第七卷）》是一本法学类的综合性学术集刊，现已出版至第七卷。本书收录论文主要涉及法学各论专题、司法改革研究专题、审判前沿与案例精解专题、社会管理专题、教学与课程改革专题等。在论文的征稿过程中更注重实务性和创新性，力求及时反映最新的社会热点问题及学术研究成果，并从多角度、多层次对各类热点问题进行全方位的探讨和深入分析，具有重要的理论意义和实践意义。

策划编辑：蔡 虹	封面设计：邵建文
责任编辑：韩婷婷	责任出版：刘译文

法治与社会论丛（第七卷）

方有林　段宝玫　主　编
林沈节　刘　东　副主编

出版发行：知识产权出版社有限责任公司	网　　址：http://www.ipph.cn
社　　址：北京市海淀区气象路 50 号院	邮　　编：100081
责编电话：010-82000860 转 8359	责编邮箱：46816202@qq.com
发行电话：010-82000860 转 8101/8102	发行传真：010-82000893/82005070/82000270
印　　刷：虎彩印艺股份有限公司	经　　销：各大网上书店、新华书店及相关专业书店
开　　本：720mm×1000mm　1/16	印　　张：34
版　　次：2017 年 12 月第 1 版	印　　次：2017 年 12 月第 1 次印刷
字　　数：656 千字	定　　价：98.00 元
ISBN 978-7-5130-5326-6	

出版权专有　　侵权必究
如有印装质量问题，本社负责调换。

编辑委员会

编委会顾问：刘建民
编委会主任：方有林
编委会副主任：段宝玫
编委会成员：林沈节　刘　东　王红珊
　　　　　　徐文捷　汤景桢　何艳华
　　　　　　于淑清　陈志强　沈　全
　　　　　　陈龙跃

主编简介

方有林，教授，博士，现任上海商学院文法学院院长、汉语应用研究所所长，上海师范大学硕士生导师。社会兼职：中国高等教育学会语文学习科学专业委员会理事；上海市大学语文研究会理事；上海市语文学会会员；上海市中专、技校教师高级专业技术职务任职资格评审专家、执行委员。

出版著作、教材10多种，发表论文数十篇，代表作：专著《吕叔湘语文教育思想研究》、论著《国文国语教育论典》等。主持《上海高校章程制定与高校治理结构优化的实证研究》等课题多项，获教学成果奖两次。

段宝玫，法学博士，副教授，现任上海商学院文法学院副院长，上海市法学会商法研究会理事，美国西弗吉尼亚大学访问学者。入选教育部、中央政法委等六部委组织实施的高校与法律实务部门人员互聘"双千计划"。主持《法理学》《商法》课程入选上海市重点课程。主编《经济法（第五版）》入选"十二五"职业教育国家规划教材；主编《新编经济法教程（第四版）》荣获2015年上海普通高校市级优秀教材奖。

主要研究方向为商法、经济法、法律文化。作为主要成员参研上海市政府决策咨询项目、上海市重点学科建设课题、上海市商务委员会课题等科研项目多项。发表《民国时期破产规范在实践中的表达：以商会个案裁断为视角》《侵权责任构成理论之内涵解析》《预付式消费卡若干法律问题探析》等论文多篇，独著《近代中国破产法制流变研究》，编著《商品流通法律规制研究》《商事侵权责任法》等著述20余部。

编者说明

《法治与社会论丛》是由上海商学院文法学院主办的综合性学术集刊，汇聚了法学、社会学理论界和实务界诸多专家的研究成果，自2011年以来至今已经陆续出版六卷。《法治与社会论丛》（第七卷）延续与承袭了前六卷的风格和体例，坚持对相关法学和社会问题进行深入、全面的理论研究和探索，对社会现实与实践保持持续的关注和体察。与此同时，本卷在编写过程中，注重将院校与法律实务部门产研合作、产教融合的成果及时应用与转化，收录了上海市长宁区人民法院、徐汇区人民法院和奉贤区人民法院精于审判业务的法官所撰写的法学论文和个案精解，希冀通过加强法学理论界与法律实务界的学术交流与互动，进一步拓宽研究视野与研究思路，促进理论与实践的紧密结合，不断提升研究成果的应用价值和学术内涵。

根据研究成果的学科属性和内容，本卷收录的论文分别归入法学各论专题、司法改革研究专题、审判前沿与案例精解专题、社会管理专题及教学与课程改革专题。

"法学各论"收录的文章作者主要来自上海商学院、上海市长宁区人民法院、徐汇区人民法院和奉贤区人民法院等。这些论文凝聚了诸位学者、专家的研究心得，从多角度、多方位对法学理论与实践问题进行深入探讨和分析，具有重要的研究意义。

"司法改革研究专题"汇聚了司法审判机关在深化司法体制改革，建设公正高效权威的社会主义司法制度，健全司法权力运行机制方面的研究成果，体现了多元化的研究视角。

"审判前沿与案例精解"刊载了上海市徐汇区人民法院、长宁区人民法院审理的部分典型案件的阐析评论。每篇文章在介绍主要案情的基础上，侧重于呈现主审法官在审理、裁判过程中的考量与思辨，以及对法学理论层面相关问题的回应与解读，编者希望通过这种方式，透视法律的实施过程，凸显法律的价值目标在司法实践中的印证与实现。

"社会管理专题"收录的相关论文，采用多种研究方法，从不同视角对社会热点问题及新现象进行剖析研究，其中既有真实的个案访谈，又有诸多的数据支撑与分析。各位学者从社会学、政治学等学科领域研究相关问题，并提出自己的真知灼见。

"教学与课程改革专题"刊载的五篇论文，集中反映了各位作者在教育教学改革方面的研究心得，体现了专业教师在思政课程、课程思政及法学教育教学创新发展方面的探索与思考。

本书编委会感谢各位作者的支持，同时也声明论丛登载的文章遵循"文责自负"原则，在编辑过程中，编者仅对来稿作技术性处理。由于时间有限，疏漏与不当之处在所难免，敬请读者不吝指正。

学术研究是无止境的，我们期待有更多、更好的文章在《法治与社会论丛》这一学术平台上得以展示与交流。本书在结集出版过程中，得到了知识产权出版社及其编辑的大力支持，在此一并致谢！

目　录

法学各论专题

虚拟产权式商铺几个法律问题探讨 …………………………………… 刘建民　2
供给侧结构性改革背景下产能过剩企业市场出清的法律应对 ……… 段宝玫　8
信托法的误读和误区
　　——重谈信托法基本原理 …………………………………………… 高珏敏　14
论注册资本认缴制下债权人利益的法律保护 ………………………… 甘逸晨　21
金融消费纠纷非诉讼解决机制的探析 ………………………………… 马铭瞳　31
浅析网络交易环境下消费者权益的保护 ……………………………… 赵鑫薪　38
轻微犯罪被告人认罪认罚从宽制度研究
　　——刑事速裁程序运行机制的改革与探索 ……………………… 林哲骏　46
刑辩律师调查取证的执业风险与防范 ………………………………… 徐文捷　57
转化型抢劫罪及其加重情节的限缩性司法认定研究 ………………… 赵拥军　67
"合理怀疑"的类型化分析 …………………………………………… 李晓杰　89
庭审的实质化改革路径：刑事案件第一审程序事实审的强化及
　　与法律审的分离 …………………………………………………… 周　婧　97
跨越行政执法与刑事司法衔接的鸿沟
　　——浅论两法衔接问题 …………………………………………… 万　瑾　106
涉受教育权类行政案件审判权介入边际探讨 ………………………… 叶晓晨　118
行政优益权的限缩与控制：单方变更与解除行政合同案件的
　　司法审查困境及破解路径分析 …………………………………… 钱　畅　127
创新与突破：行政处罚类案件纳入一并审理
　　行民争议制度适用范围之探讨 ……………………… 毛振亚　商汝冰　138
揆理与量衡：司法合理性审查权的检视和运用 ……………… 胡亚斌　项天伦　149
Wi-Fi服务商之版权责任 ……………………………………………… 王红珊　160
论知识产权"三审合一"背景下司法变更权的有限扩张 …………… 黄训迪　171

著作权"一权二卖"行为性质探析
——兼论《著作权法修订草案送审稿》第59条第1款
.... 徐晓颖　李　翔　183
论夫妻忠诚协议的效力 .... 杨　倩　191
"互联网+"时代的慈善罗生门
——从"罗尔事件"谈网络慈善的法律困局 .... 朱浩然　203
解决"执行难"的"互联网+民间资源"方式探索 .... 刘　郡　216
我国海外公民外交保护的法律适用 .... 陈志强　227
浅析REITs在中国发展的法律环境 .... 叶诚豪　239
涉诉信访矛盾化解中以律师为主体的第三方参与机制的实践
　与探索 .... 上海市奉贤区人民法院课题组　252

司法改革研究专题

司法责任制背景下审判管理权的边界、重点与
　规则 .... 上海市长宁区人民法院审监庭课题组　262
人民法院标准化建设思考 .... 上海市奉贤区人民法院课题组　280
论邹碧华精神在法院思想政治建设中的实践运用
.... 王卫民　韩妍艳　黄训迪　胡亚斌　293
论法官助理制度在多元化纠纷解决机制中的
　引入和构建 .... 卫晓蓓　丁　宁　300
区分主体维度下司法大数据有效应用路径探析 ...... 王朝莹　赵家齐　310
司法衍生治理行为界说
——基于上海法院司法建议实证与逻辑的双重展开 .... 汪景洪　324
区域重大建设项目司法保障研究 .... 朱　佳　337

审判前沿与案例精解专题

反不正当竞争中的"引人误解"应以整体观察标准判断宣传是否可能足以误导
　相关公众的交易决定
——德凯国际贸易（上海）有限公司诉库胜管道系统（上海）有限公司、
　　上海素欧贸易有限公司侵害商标权、虚假宣传纠纷案 ...... 李　忠　346

抄袭具有商业利益的网站资讯信息构成不正当竞争行为
——世纪信息网络有限责任公司诉上海环网商务服务有限公司等
不正当竞争纠纷案 ·················· 刘秋雨 351
本应负有清算责任的公司法人主体资格存疑时应由出资资料提供者
承担赔偿责任
——原告华波信托有限责任公司诉被告上海肖廷实业有限公司等
股东损害公司债权人利益责任纠纷 ·········· 周隽超 357
委托人收取固定利息的投资理财类协议实为借款合同
——徐某静与王某林民间借贷及委托理财合同纠纷案 ······· 孙建伟 362
不动产相邻关系中不可量物噪声污染的判断
——钟某某诉史某、徐某某排除妨害纠纷案 ········· 张 栋 370
亲属对老人入住养老院承诺的监护责任之范围界定
——上海某某敬老院诉连某某、钱某服务合同纠纷案 ······· 王 俊 375
按照设计图纸对建筑物内部进行装修装潢不构成著作权法意义上
"从平面到立体"的复制
——AT设计公司诉杰安技防公司、C古镇旅游发展有限公司
著作权权属、侵权纠纷案 ·············· 林佩瑶 380
用人单位单方调岗调薪的法律适用分析
——王某鸣诉A对外服务有限公司、斯浩化学（上海）有限公司
劳务派遣合同纠纷案 ················ 戚垠川 384
持有烟草专卖零售许可证但违规销售境外生产且禁止在国内
销售卷烟的行为构成非法经营罪
——陈某明、陈某星非法经营案 ·········· 朱以珍 吴昉昱 389

社会管理专题

高校章程制定与优化中的程序性制度设计研究
——以上海市属本科公办高校为例 ········ 方有林 樊 丹 398
试论德育在大学文化资本中的重要性 ·············· 沈 全 408
十八届三中全会以来中国特色社会主义理论热点问题概述 ······ 郭佳蕾 414
欧盟区域全面经济伙伴关系协定（RCEP）及其对东亚
一体化的影响探析 ······················ 陈虹洁 423
浅谈童年家庭印象对人格塑造的影响 ·············· 黄 月 430

社会调研专题

智慧社区居家养老"五位一体"创新模式的探索
　　——基于上海外滩街道"咏年楼"失能老人干预项目的调查研究
　　………… 李妮　许婷婷　颜心茹　董婷　王欢　周静　盛辉　于瀛　440
上海地区"80后"双独夫妇家庭老人照顾研究
　　…………………………… 应欣芷　张莹豪　王上　李洋　倪雪雯
　　　　　　　　　　　　　　　王羿迪　陆雯婕　崔晓楠　于瀛　忻宏杰　452
上海市90后生育意愿调查研究报告 ……………………………… 刘雪涛　462
企业社会工作需求状况研究
　　——以江南造船集团为例 ………………………………… 史玉婷　471
20~35岁人群人际交往影响因素调查研究报告 ………… 赵雯怡　李瑞杰　486

教学与课程改革专题

"四个全面"战略布局融入思政课教学的路径研究 ……………… 于淑清　498
就业权保障视角下劳动与社会保障法课程的教学设想 …………… 林沈节　505
产学研背景下法学实践教育模式的探索与创新
　　——兼论《法院实务实训》课程体系设计 ………………… 汤景桢　510
应用型本科院校国际经济法教学改革之探讨 ……………………… 何艳华　516
论教育信息化视野下的网络思政教育
　　——基于"易班"运行 ……………………………… 秦涛　张丽　523

法学各论专题

虚拟产权式商铺几个法律问题探讨

刘建民[1]

摘　要：产权式商铺主要有"独立产权式商铺"和"虚拟产权式商铺"两种形式。一般来说，独立产权式商铺的法律关系比较明确，业界争议不大。虚拟产权式商铺、介于两者之间的商铺则有不同意见和做法，这也是此类群体性纠纷频发的因素之一。本文认为，对没有物理形态上独立空间的商铺不予以独立的产权登记，旗帜鲜明地明确规范开发商、投资者、经营公司相互之间的权利义务关系。法律的功能在于定纷止争。在法治轨道上，经济秩序才不至于破坏，经济损失才可以避免，市场经济才能健康发展。

关键词：商铺；虚拟产权；市场秩序

"产权式商铺"分割销售模式因其具有高投资回报率及筹集、回笼资金快等特点曾受到开发商和投资者的青睐。但是随着时间的推移，其缺陷日益显现，甚至出现了一些群体性纠纷，影响了一些单位、地方的经济发展和市场秩序。此类纠纷涉及开发商、业主、实际承租人（经营企业）等多方利益。探究虚拟产权式商铺的相关法律问题，具有现实意义。

一、产权式商铺的概念及种类

产权式商铺最早兴起于20世纪70年代欧美发达国家。90年代，这种所有权和经营权分离的商业地产（商铺）项目在我国开始出现。它的典型运作模式是由地产商开发建设商业项目，然后按照一定的布局和设计，分割成面积较小的若干单元即产权式商铺，出售给投资者；投资者拥有商铺的产权，但并不独立经营，而是以租赁或委托经营的方式将其交由开发商或者第三方经营使用，开发商或第三方按约定向投资者支付固定的租金或收益。

在实践中，产权式商铺主要有两种形式：一种是"独立产权式商铺"，即开发商对敞开式卖场进行物理形态分割，商铺间以内隔物理墙等形式予以区分。小业主拥有分割部分的独立产权，商铺的业主可以自营，也可以出租或交由开发商或其他经营公司包租；另一种是"虚拟产权式商铺"，即开发商将开放式卖场进行面积分割，小商铺间无内墙隔离，且不划分实际区域，产权登记在投资者名

---

[1] 作者单位：上海商学院。

下，并在一定期限委托经营，委托经营期间往往对各小商铺进行重新布局或合并使用。实际生活中还有一些是介于两者之间的，如有一些简易隔断、地面铜条画线等方式来分割商铺。

一般来说，独立产权式商铺的法律关系比较明确，业界争议不大。虚拟产权式商铺、介于两者之间的商铺则有不同意见和做法。

二、关于虚拟产权式商铺的产权登记

我国各地房地产行政管理机关对虚拟产权式商铺的产权登记的做法不尽相同。不少地方对产权式商铺的产权予以登记，典型的如芜湖、南京等地。而另外一些地方如上海、深圳、合肥等地的房地产行政管理机关则持相反态度。深圳市规划与国土资源局所下《关于规范商场办公楼分割转让有关业务操作的通知》中规定："房地产开发企业和房地产权利人不得擅自将权属单元分割转让，未经房地产及相关部门审核程序的，房地产登记部门将不受理分割预售和登记。"2004年2月1日，上海市房地资源局和建委联合发出的《关于商场和办公楼分割转让问题的通知》规定："房地产权利人不得对登记册中记载为一个权属单元的房地产擅自分割转让。如需分割转让，则分割后构成的销售单元在物理形态上应该构成独立、封闭的空间，不符合房屋基本特征的，如仅在地坪线上画线示意分割的权属单元，不得销售。"2005年1月5日，合肥市房地产管理局也宣布："自即日起，凡画线分割的商场、办公楼都将禁止销售、转让。如要进行销售、转让，房屋必须符合在有关部门批准下建造、验收备案等房屋权属登记条件。且每个销售房屋都必须四面有墙，有明确、永久的界限结构，能明确到幢、层、套、间。"

各地对虚拟产权式商铺做法不一致的情况长期存在，在法治中国的建设中是一种不正常的现象，可以说是有关部门"不作为"的表现，也是此类群体性纠纷频发的因素之一，应当予以纠正。笔者认为在涉及房屋产权这样重要领域，全国应该作出统一的、明确的规定。根据目前所了解的情况，笔者个人比较赞同上海等地的做法，对没有物理形态上独立空间的商铺不予以独立的产权登记，旗帜鲜明地明确规范开发商、投资者、经营公司相互之间的权利义务关系。

有人认为，产权式商铺在中国社会主义市场经济这块沃土上生根发芽有其产生的现实社会背景。它既能让房地产开发商减少资金压力，赚取可观的商业利润；也能让投资无门的投资者拓宽家庭投资渠道和收益；承租商也可以通过整体租用，在与出租者的交涉上耗费较少的精力，并确保稳定经营。这是一个同时照顾到投资者、开发商和承租商三者利益的"三赢"结果，应当鼓励发展。但是据笔者的观察，产权关系不明晰，极易产生纠纷。产权式商铺几年来的销售、实践历史已经证明这一点。而群体性纠纷的发生对业主、经营企业乃至相关地区经

济的破坏和损失也是不言而喻的。法律的功能在于定纷止争。在法治轨道上，经济秩序才不至于破坏，经济损失才可以避免，市场经济才能健康发展。

当然，社会发展有其自身的规律，市场经济主体创造性我们应当鼓励。我们可以通过试点众多小业主按份共有，或者证券化持有商铺产权等比较符合法律规范要求的做法，明确业主、开发商、经营企业之间的权利义务关系，以避免，至少减少不必要的纠纷和经济损失发生。

同时，在全国统一做法之前，作为企业和个人的开发商和投资（购房）者应重视我国各地不同做法的现状。因为按照我国法律规定，拒绝给购房者发放产权证会导致无法获得法律认定的房屋所有权，产生权利义务争议在所难免。

三、关于虚拟产权式商铺法律纠纷的处理

（一）几个案例

由于虚拟产权式商铺产权分割往往与实际经营场所不相符合。或许有的业主已经办理产权凭证，或许有的业主能够确定自己的产权对应区域。但这些楼盘一般是开设为商场、百货超市大卖场，经营面积是整体性出租的。而小业主所拥有的产权之间没有进行物理空间分割或无永久分割围护结构。另外，一个楼盘的商业氛围、人气是多种因素共同作用下形成的。在初期需要进行装修、优惠招商、大量的宣传等培育，在后期也需要不断维护，均需要投入大量人力、物力、财力。这些往往需要长达数年的不间断投入。而小业主的文化、意识、经营理念、经营能力等方面存在差异，特别是经济承受力的差异，会导致在相关纠纷处理中，对同一处置方案（比如是否同意经营管理公司继续对外统一招租、重新招租的租金是否予以调整等）不能达成一致意见。例如2006年第6期《最高人民法院公报》刊登了一起特殊的解除房地产买卖合同案。基本案情：1994年，无锡某房地产有限公司（A公司）将所开发的商厦五楼大厅分隔成40个单元出售，各单元并无物理间隔分开。赵某购买了其中九个单元。但自购买、领取房地产证后，整个大厅一直闲置。因有投资人（B餐馆公司）拟租用大厅开展餐饮项目，而赵某所购商铺位置处于新开酒店的吧台位置，A公司通过挂号信欲告知赵某租赁期限和租金条件等内容，希望赵某回复是否同意出租。因挂号信无人领取邮局退回无果。其后，A公司召开产权人会议，赵某未参加，大厅绝大多数产权人均同意由A公司将大厅统一出租给投资人进行餐馆项目。随后A公司与B餐馆公司签订了租赁合同，B餐馆公司开始进场装修营业。但赵某以B公司侵占其拥有产权的商铺为由起诉至法院，要求B公司迁出九单元并给付已占用期间的使用费。又如，四川省某法院2007年6月受理的自贡市温州商城163户小业主拖欠租赁费纠纷159个案件（其中有共同产权所用人）。因经营商长期亏损突然撤场，致使管理公司无力支付小业主的租金，从而向该商城的282户小业主发出解除委

托租赁合同的通知。其中163户小业主分别向法院提起诉讼,请求判令解除双方的合同;要求责任人支付拖欠的租赁费、违约金、可得利益损失等。诉讼中,地方党委、政府、法院考虑到该商城的商气不浓需要加大投入,且该楼盘尚有大量的商铺未出售而由开发商拥有等相关情况,政府倾尽全力为管理公司重新引进了商家。但因经营需要,需各小业主同意在剩余租赁期内的租金下调25%左右。通过多次与诉讼、非诉讼业主沟通,取得大多数小业主的支持,并陆续与管理公司达成和解协议。但其中的15户业主在政府、法院长达5个月反复做工作的情况下,仍不同意下调租金。再如,南京新宇房地产开发有限公司(以下称新宇公司)在南京市最繁华地段新街口开发的时代广场,其地上一、二、三层约有6 000平方米的部分区域被分割成商铺对外销售给150余位业主,其他建筑面积归开发商所有。其中,冯某某购买建筑面积为22.5平方米的商铺,并实际取得使用权,但一直未能办理产权过户手续。其后的4年间,新宇公司将自有面积租赁给其他公司经营,但因经营不善两度停业,使购买商铺的小业主无法在时代广场内正常经营,部分小业主以及经营公司的债权人集体上访,要求退房和偿还债务。新宇公司新股东为盘活资产、重新开业,拟对时代广场的全部经营面积进行调整,重新规划布局,为此陆续与大部分小业主解除了商铺买卖合同,并开始在时代广场施工。同时,新宇公司致函冯某某要求解除商铺买卖合同。但冯某某不同意。由于冯某某和另一邵姓业主坚持不退商铺,新宇公司不能继续施工,6万平方米建筑闲置,同时冯、邵两家业主也不能在自己的商铺内经营。新宇公司为此提起诉讼,要求解除合同,并愿意在市场评估商铺现价的基础上,再以赔偿冯某某商铺过户手续的违约金名义补偿冯某某48万元。但冯某某坚持,除非新宇公司以每平方米30万元的价格由新宇公司回购(按此价计算,商铺总价为675万元),否则不同意解除合同,也不同意调解。南京市玄武区人民法院审理后认为:双方商铺买卖合同合法有效。考虑到冯某某所在商铺只是新宇公司出售的150余间商铺中的一间,在以分割商铺为标的物的买卖合同中,买方对商铺享有的权利,不能等同于独立商铺。现在时代广场的大部分业主已经退回商铺,支持新宇公司对时代广场重新规划布局的工作,今后的时代广场不再具有商铺式经营的氛围条件,而冯某某所购商铺只是时代广场中占很小比例的商铺,要求新宇公司继续履行合同,不仅违背大多数商铺业主的意愿,且影响时代广场整体功能的发挥,建筑因纠纷闲置,不仅使双方当事人利益受损,也造成社会财富的极大浪费。为有利于物业整体功能的发挥,买方行使权利必须符合其他商铺业主的整体意志。从平衡双方当事人利益受损情况和今后长远利益出发,依照公平诚实信用原则,尽管商铺买卖合同有效,尽管冯某某在履行合同过程中没有任何违约行为,本案合同也应予以解除。同时由于冯某某在合同履行过程中没有过错,合同解除后,其因商铺买卖合同而获得利益应得到充分合理的补偿。为此判决解除合同，冯某某退还商铺，新宇公司退还购铺款，另按评估机构评估的现市价与原购铺款差价赔偿，新宇公司另赔偿冯某某商铺过户手续的违约金及其他损失48万元。一审判决后冯某某不服，上诉至南京市中级人民法院。二审法院认为，如果让新宇公司继续履行合同，则新宇公司必须以6万平方米的建筑面积来为冯某某的22.5平方米商铺提供服务，支付的履行费用过高，而在6万平方米已失去经商环境和氛围的建筑中经营22.5平方米商铺，事实上也达不到冯某某要求继续履行合同的目的。一审平衡双方当事人利益后的判决是正确的。二审中，新宇公司愿意再支付冯某某20万元赔偿款，应当允许，其余维持原判。

尽管我国是成文法国家，但是我国近几年在推行案例指导制度。上述案例，尤其是最高法院公报刊登的案例，对全国法院有一定的影响。有人认为，从赵某等少数意见的业主的角度来讲，这商铺是我的，我想怎么处理是我的权利，依据《中华人民共和国物权法》（以下简称《物权法》）第七十条"业主对建筑物内的住宅、经营性用房等专有部分享有所有权，对专有部分以外的共有部分享有共有和共同管理的权利"等相关法律的规定，业主作为产权人对其商铺理所当然地拥有占有、收益、使用、处分的权利。他们拥有的系争商铺所有权，这是一种绝对权、排他权，他人包括法院无权强行要求他予以出售、出租。经营不善导致目前混乱局面，相关公司应能预见，也不构成情势变更，且责任不在小业主，不能以此理由强制要求小业主出售、出租商铺。但由于该部分商铺是采用非独立式产权商铺分割出售模式，商铺彼此之间是存在不可分性的，使此类案件有了特殊性。显然，如果法院支持赵某等的诉请，经营管理公司将无法继续经营，其他产权人也无法获取收益，从而损害其他小业主（也包括开发商尚未出售的商铺所具有）的利益。其行为已违反《物权法》第七十一条"业主对其建筑物专有部分享有占有、使用、收益和处分的权利。业主行使权利不得危及建筑物的安全，不得损害其他业主的合法权益"。对于此类案件的处理，应从商铺整体上具有不可分性，分隔使用或不同意多数人意见会影响到其他商铺所有人的利益，赵某等权利的行使应受到其他业主权利限制的角度考虑，从促进交易、促进市场发展以及维护大多数业主利益的角度出发，应驳回赵某等人的诉讼请求，支持大多数人的利益。

（二）几点分析与思考

上述几起案件总体上是从有利于解决大多数小业主的利益，解决小业主中长期利益的角度，以"少数利益服从多数利益"的原则来处理的。甚至早几年的上述案例中给予业主一定的补偿这一重要内容，在笔者所了解的现在有些法院判决中也没有体现。这需要我们警惕。笔者个人认为，按照建设法治国家的要求，从维护社会经济秩序促进社会稳定发展的长远考虑，对上述案例和法院现行做法需要重新审视，至少有几点需要斟酌。

1. 独立产权式商铺须维护产权人利益。根据"私法自治"的精神，任何单位、个人不得侵犯产权人利益，任何人都无权打着"维护小业主中长期利益""少数利益服从多数利益"旗号，做违背业主、企业意愿的事。我们还应当防止问题的另一个方面，即有些开发商、经营企业假借维护小业主长期利益、发展地方经济的名义中饱私囊，牟取不当利益。

2. 对一部分已经领取政府部门颁发的产权证的虚拟产权式商铺的业主，应当尊重历史、维护业主利益和政府部门颁发产权证的权威。上述案例中所谓的发展经济的理由仍存有政企部门、政府机关和法院越权既当裁判员又当运动员的嫌疑。现实生活中，除了四面有墙的绝对的独立产权商铺之外，还有介于完全没有隔离、无法区分的虚拟产权商铺之间的有各种隔断的产权式商铺。对这部分有各种隔断的商铺，甚至只有地面画线（铜条隔离）但可以区分部位的商铺与完全不能区分部位、不能认定自己商铺位置的完全虚拟产权的商铺有不同之处。既然政府部门已经颁发了商铺的产权证，就应当维护业主的产权利益。政府部门、法院无权干涉业主、产权人之间的私法行为。他们之间的经济往来、权利义务关系由合同约定。否则，政府的权威就会受到挑战。业主也不应当为政府部门失误颁发产权证行为埋单。

3. 政府部门没有颁发产权证的、完全虚拟产权式商铺，应当完全按照合同约定处理相关的权利义务纠纷。政府部门、法院没有必要为开发商、企业和业主的行为埋单。对开发商、企业和业主违规、违法行为应当处罚的，应给予处罚，以示惩戒。至于因侵权造成他人（其他商铺权利人）损失的，则由加害人（过错方）承担赔偿责任。

参考文献

[1] 盛军华. 投资产权式酒店的法律分析 [J]. 商业研究, 2006 (3).
[2] 卜鲲鹏. 产权式商铺法律性质探析 [J]. 安阳师范学院学报, 2008 (3).
[3] 吴剑英. 产权式商铺权利类型辨析 [J]. 法制与社会, 2009 (6).
[4] 陈加国. 产权式商铺的四大管理难点和重点 [J]. 现代物业, 2009 (4).
[5] 乔新生. 该"叫停"还是该"提醒" [N]. 经济日报, 2004-11-11.
[6] 温文渊. 产权式商铺研究 [EB/OL]. 中国法院网. [2017-05-12]. http://www.china-court.org/article/detail/2016/10/id/2322085.shtml.

供给侧结构性改革背景下产能过剩企业市场出清的法律应对

段宝玫[1]

摘 要：产能过剩是近年来我国经济发展过程中的一个突出问题，其对经济增长结构优化以及企业、行业国际市场竞争力的提升等有较大的负面影响。在国家加强供给侧结构性改革、多方化解产能过剩的背景下，厘清产能过剩企业的特征及其成因尤为重要。从法律层面讲，改革破产程序启动模式，适度强化破产程序启动的公权力介入，加强企业清算、破产审判专门队伍建设，保障案件审理的职业化和规范化，完善相关配套机制建设，有助于畅通产能过剩企业退出市场的路径，完善该类型企业市场出清体制机制建设，进一步实现资本、人力等社会资源的优化配置。

关键词：产能过剩；市场出清；破产

近年来，产能过剩问题已成为我国经济运行过程中的突出问题之一，所涉行业既包括钢铁、水泥、有色金属、冶金等传统行业，也有风电、光伏产能等新兴行业。持续的产能过剩，严重影响了中国企业在国内外市场的竞争力：国内市场上，产能过剩导致大量同质、低附加值产品展开激烈的价格竞争；国际市场上，过剩产能所导致的恶性价格竞争带来大量反倾销投诉，我国已连续二十多年成为全球遭受反倾销调查最多的国家。由于经济增长结构不均衡，中国经济发展正面临增速下滑、金融风险逐步增大等挑战。大量本应退出市场的企业僵而不死，占用土地、资本、人力等社会资源，没有让市场发挥淘汰过剩产能的作用。对此，2015年12月14日召开的中央政治局会议指出，"要积极稳妥推进企业优胜劣汰，通过兼并重组、破产清算，实现市场出清"。2015年12月18日召开的中央经济工作会议，更是将化解产能过剩作为2016年经济工作五大任务之首，提出"着力加强供给侧结构性改革"以及"提高供给体系质量和效率"。2016年1月中央政法工作会议也提出，要加强企业破产案件审理，依法处理"僵尸企业"。可以说，从长远来看，有效化解产能过剩，完善企业市场退出机制，对我国经济成功转型、经济增长新动力的培育具有重要的影响。

---

[1] 作者单位：上海商学院。本文是2016年上商学者项目"商事破产案件简易程序的制度建构：基于实证研究的视角"的阶段性成果。

一、产能过剩市场出清企业的认定及特征

因为产能过剩而丧失市场竞争力和自我生存能力的负债企业，在获得政府补贴或银行不当续贷等非市场化因素支撑后免于倒闭，该类企业也被称为"僵尸企业"。从我国现实经济发展情况来看，应当及时完成市场出清的企业有多种表现形态，有的企业发生解散，或被吊销了营业执照，却不依法清算注销并退出市场；有的企业陷于债务困境，乃至经强制执行仍无法清偿债务，已经具备破产原因，但因相关申请人不提出破产申请或提出申请不被受理等情况，而无法通过正常的破产程序退出市场；还有的企业则是已经丧失竞争能力，但因政府扶持或银行续贷等免于破产倒闭。❶ 本文所指的产能过剩市场出清企业，即指上述企业形态中的最后一种，该类企业主要具有以下特征：

第一，是陷入经营困境，缺乏持续竞争力和生存能力的企业。该类企业自身事实上已不具备营利能力和债务清偿能力，但因获得政府或银行类金融机构等非市场化因素的支持而继续经营运转，在该类非市场化因素消除后，企业即丧失偿付能力，不能清偿到期债务，具备现实的破产原因，理应通过破产程序进行重整，或经破产清算退出市场。

第二，企业免于倒闭或破产，没有退出市场的原因，是获得银行续贷或政府补贴支持。某种程度上讲，"僵尸企业"是产能过剩问题最严重、最集中的体现，在地方政府面对着保GDP、保就业、保稳定的压力，银行不愿不良贷款显性化，法院客观上无法支撑大规模破产清算等多重背景下，相当多的"僵尸企业"获得财政补贴和银行续贷注血等外力支持，勉强维持经营运转。

第三，该类企业的存在对实体经济的健康发展具有巨大危害。企业以过剩落后产能长期占用各类社会资源，无疑降低了资源的配置与使用效率，长期拖欠银行贷款，积聚金融风险。此外，大量该类型企业的存在，使产品的市场价格在恶性竞争下被压低到不合理的区间，反而使优势企业得不到利润和发展空间，最终造成逆向淘汰。

二、企业市场出清机制运行不畅的主要原因

首先，我国当前破产法律制度尚不健全，个人破产制度尚未建立，社会保障、失业救济等配套制度也不完善，使得政府、企业、银行和法院对通过破产实现"僵尸企业"的出清具有畏难情绪。2007年6月1日施行的《企业破产法》适用至今已九年，全国法院破产案件审理数量不增反降，从2003年的6795件下

---

❶ 王欣新. 僵尸企业治理与破产法的实施 [J]. 人民司法（应用），2016 (13).

降到 2012 年的 2100 件，年均下降 12.23%，❶ 破产制度未能如立法者预期的那样发挥其应有的社会经济调整作用。

其次，处理产能过剩企业市场退出问题涉及的利益主体多，制约因素复杂。产能过剩处理背后存在职工就业、税收以及隐含在其后的社会治理问题。客观来说，法院在处理破产案件时应主要考虑管理人指定、资产清理、债务清偿等问题，对于企业在债务清偿之外产生的诸如职工失业救济安置等一系列社会问题，通常并不属于法院的职权范围，法院也不具备独立解决这些问题的社会资源和能力。但在市场发育尚不成熟、配套机制并不完善的背景下，特别是现实中企业破产涉及的各方利益纠葛，使得破产的市场化导向目标难以真正实现。地方政府为避免或降低企业破产可能引发的群体性事件甚至更大范围的危机，在企业退出市场的问题上往往态度并不明朗。政府"消极""含混"的态度，也在一定程度上增大了企业市场出清的复杂性和多变性。

最后，金融机构不当的业绩考核体系和追责机制，使得部分商业银行非正常地给"僵尸企业"续贷输血。银行对利润增速有考核，不良资产的处置和冲销是对利润的侵蚀。而对信贷业务员个人来说，对不良贷款可能也要终身负责。这样的考核和追责机制，使部分银行不愿将不良贷款显性化。

三、细化规则设计，提升破产法实施效果和清算、破产案件审理质效

（一）改革破产程序启动模式，适度强化破产程序启动的公权力介入

最高人民法院于 2015 年 2 月 4 日实施的关于适用《中华人民共和国民事诉讼法》的解释第 513—516 条，对执行程序与破产程序的衔接与协调加以明确和细化。规定在执行中，作为被执行人的企业法人符合《企业破产法》第 2 条第 1 款规定情形的，执行法院经申请执行人之一或者被执行人同意，应当裁定中止对该被执行人的执行，将执行案件相关材料移送被执行人住所地人民法院。新民诉法司法解释虽然明确了"执转破"程序的合法性，但由于我国现行《企业破产法》对于破产程序的启动规定为"当事人申请主义"❷，司法解释有关执行转破产程序的规定遵循了这一法定原则，因而未能有效解决申请主体启动破产程序意愿或内在驱动力不足的问题。

笔者认为解决当前破产程序启动难，破产法适用阻滞的重要举措应当是改革

---

❶ 参见马剑.2003—2012 年人民法院审理破产案件的统计分析 [EB/OL]. 法制资讯. [2017-02-21]. http://www.legaldaily.com.cn/zbzk/content/2014-03/26/content_ 5401182.htm?node=25497.

❷ 我国《企业破产法》第七条规定："债务人有本法第二条规定的情形，可以向人民法院提出重整、和解或者破产清算申请。"第十条规定："债权人提出破产申请的，人民法院应当自收到申请之日起五日内通知债务人。债务人对申请有异议的，应当自收到人民法院的通知之日起七日内向人民法院提出。人民法院应当自异议期满之日起十日内裁定是否受理。"

现行的程序启动模式。破产程序启动机制采行"当事人申请主义",突出了"个人本位"的立法取向,而破产程序法院职权主义启动体现的则是"社会本位"的立法意图。20世纪以来,对于民事权利的法律保护逐步从"个人本位"向"社会本位"过渡,我国的民事经济立法也充分肯定了"社会本位"原则,因此,建立破产程序职权主义启动机制是与民商事立法精神和立法理念相一致的。具体到"执转破"程序,在申请执行人或被执行人不同意转为破产程序时,执行法院得依执行期间对被执行人财产状况和负债情况的审查结果,径行裁定启动破产程序,并向有管辖权的法院移送相关材料。

（二）加强企业清算、破产审判专门队伍建设,保障案件审理的职业化和规范化

目前,我国尚未普遍成立专门的清算与破产审判庭,破产案件仍由普通民商事法官审理。破产案件的程序复杂、周期长等特点,严重影响法官的绩效考评。在司法实践中,民商事法官对审理破产案件存有一定顾虑。"企业破产法具有特别的诉讼法、特别的债法、特别的商事组织法和特别的社会法的属性",❶ 需要专门审判力量与之对接。因此,人民法院应当加强破产案件审理的内部专业化队伍建设,以促进和保障破产案件简化审理的职业化、科学化和规范化发展。

2014年6月最高人民法院发布的《关于人民法院为企业兼并重组提供司法保障的指导意见》指出:"要充分发挥企业清算程序和破产程序在淘汰落后企业或产能方面的法律功能,依法受理企业清算、破产案件,督促市场主体有序退出。""有条件的人民法院可以成立企业清算破产案件审判庭或者合议庭,专门审理兼并重组中的企业清算破产案件。要高度重视企业清算破产案件法官的培养和使用,结合实际努力探索科学合理的企业清算破产案件绩效考评机制,充分调动审判人员依法审理企业清算破产案件的积极性。"2016年7月,最高人民法院印发《关于调整强制清算与破产案件类型划分的通知》,将强制清算、破产案件从民事案件中分出,单独作为一大类案件;同年8月,又印发《关于在中级人民法院设立清算与破产审判庭的工作方案》,要求直辖市至少明确一个中级人民法院设立清算与破产审判庭,省会城市、副省级城市所在地中级人民法院应当设立清算与破产审判庭。其他中级人民法院是否设立清算与破产审判庭,由各省（区、市）高级人民法院会同省级机构编制部门,综合考虑经济社会发展水平、清算与破产案件数量、审判专业力量、破产管理人数量等因素,统筹安排。

企业清算、破产案件审理的新形势已经凸显审判专门队伍建设的必要性与迫切性。具体来看:一是组建一支素质高、综合协调能力强、经验丰富的专门化审

---

❶ 浙江省高级人民法院联合课题组. 关于完善企业破产审判指导、监督和协调机制的调研［R］. 浙江蓝皮书——2015年浙江发展报告（法治卷）,张伟斌主编,浙江出版联合集团,浙江人民出版社,2015.

判队伍，专事破产、强制清算及衍生诉讼案件，并适时区分破产案件简化审理和普通审理人员分类。二是完善清算、破产案件绩效考核评价机制。以设置合理的案件权重系数为基础，改善符合该类案件特点的考评机制，建立破产案件、强制清算案件与普通民事案件相区分的绩效考评机制，科学评价破产案件审理工作质效，充分调动和保护审理破产案件法官的积极性，从根本上保障绩效考评公平、公正的问题。三是加强审判业务培训。培养和提升法官适用法律解释、法律推理、法律论证等方法及时解决复杂问题的能力，培养法官助理对清算、破产审理的程序把控能力、推动能力。

四、相关配套机制建设

（一）建立多部门沟通协调机制，确保企业清算、破产程序顺利推进

产能过剩企业处置的复杂性并非仅靠完善破产法制就能解决，因非市场化造成的"僵尸企业"也要靠综合手段才能有效治理。首先，应进一步强化政府在企业退出市场及相应的清算、破产审判工作方面的公共服务职能。从司法实践情况来看，清算或破产企业资产变现需要房屋、土地、公安等部门的大力支持；涉及职工安置及欠缴社保金的破产案件，需社保等部门的协调配合；终结破产程序的，均需向工商、税务等部门办理注销登记手续。然而在实践中，清算组或管理人办理上述相关事宜，职能部门设定的手续繁杂，收费较多，门槛较高；有时管理人依法履职，但相关职能部门经办人员因不熟悉破产法律、法规而不予办理。因此，人民法院在推进破产案件简化审理过程中，应积极争取党政部门的支持，推动党政部门成立由相关职能部门参加的破产工作领导小组，建立联动协调机制，妥善协调各方利益诉求。此外，可以通过联席会议、业务培训等方式，加强法官、法官助理与行政部门对接人员的日常联系。此外，规范管理监督。工商、税务等部门应加大对企业规范经营的监管力度，减少或避免账册不全、"外账"与"内账"并存等现象的发生；社保部门应加强对企业缴纳社保金的监管，并及时向法院申报债权。其次，开辟绿色通道。对重整成功企业，税务可给予税收方面的优惠；对无产可破的企业，可免收税费、免除罚款，并及时为相关企业办理税务注销登记手续；对于管理人无法控制的破产企业的车辆牌照，车管部门可予以简化报失程序，使得车辆牌照可以折现；等等。最后，强化失信惩戒机制建设。充分利用司法资源，通过提供失信股东名单等方式，配合工商、税务、银行等部门健全失信惩戒机制。

（二）设立破产专项基金，保障破产程序有序进行

为保障破产案件审理的有序进行，切实维护职工和相关利害关系人的利益，避免引发群体性事件，确保社会和谐稳定，建议地方政府设立破产专项基金，并委托专门机关管理，或成立破产管理局具体负责基金的运作、管理以及与法院的协调和配合。破产专项基金可包括两个部分：一是破产费用基金；二是破产维稳基金。

破产案件处理中，公告费、审计费、评估费、调查费等是进行资产清理、推动破产程序顺利进行的必要费用，但诸多破产案件无充分的资金可以保障上述费用的支付，若申请人、债务人股东等也不愿意垫付费用，将事实上导致破产程序难以顺利推进。此外，管理人报酬也是管理人勤勉履职的必要保障。对于破产财产足以支付破产费用的案件，管理部门可以收取一定比例的费用，纳入破产费用基金。对于破产财产不足以支付破产费用的案件，可以通过破产费用基金解决管理人的后顾之忧，进而充分发挥管理人的积极作用。涉及职工安置的破产案件，极易引发职工闹访、信访，因此，涉及职工欠薪事宜的，可以积极利用政府欠薪补助机制尽可能填补；对于职工下岗问题，可以通过社会保障制度尽可能解决。若通过现有机制、制度仍无法予以妥善、全面解决，或者因社会保险金操作（主要是失业保险金）不规范、不完善导致无法利用，可在符合一定条件的情况下，启动破产维稳基金予以填补，以应对不时之需，切实避免或减少群体性、突发性事件的发生。

（三）优化市场出清外部环境，构建并完善银行征信修复规则、税务征信修复规则

对重整成功的企业，应帮助其重建良好的信用记录，解决企业重整成功后因信用记录不良导致融资成本增加、招投标受困的难题。重整企业引进战略投资人后会涉及税务登记证上法定代表人的变更问题，由于企业之前非正常纳税，原法定代表人往往会被列入税务黑名单，税务部门以此为由拒绝变更，也将对重整企业的正常经营活动及健康发展产生不利影响，因此，修改银行、税务部门征信规定，为破产重整企业的信用修复提供渠道，也是解决问题的一项重要举措。

参考文献

[1] 王欣新. 僵尸企业治理与破产法的实施 [J]. 人民司法（应用），2016（13）.
[2] 何佳艳，吴晓灵. 让"僵尸企业"依法破产出清 [J]. 投资北京，2016（7）.
[3] 郭少伟，李强，张瑜. 关于供给侧结构性改革背景下处置"僵尸企业"的建议 [J]. 法制与社会，2016（16）.
[4] 杨振. 以供给侧结构性改革化解产能过剩 [J]. 理论视野，2016（1）.
[5] 孙灵燕，崔喜君. 供给侧改革与中国债务风险的化解 [J]. 理论学刊，2016（2）.

信托法的误读和误区

——重谈信托法基本原理

高珏敏[1]

摘　要： 我国《信托法》自颁布以来已有 16 个年头了，信托法律的运用和实践就信托公司、信托产品以及各类机构的资管产品十分广泛，但实际运用和实践存在明显的不平衡，信托法本身既存在法律制度本身的问题，又存在对信托认识不足，误读误区明显的问题，重谈信托法的基本原理有助于拨开迷雾、重塑认识，同时有助于预测风险、避免风险。

关键词： 双重所有权；信托财产独立；信托法律关系的成立和生效；民事信托

我国信托业，经过 80 年起的清理整顿，到 2001 年 4 月 28 日第九届全国人民代表大会常务委员会第二十一次会议通过《信托法》——在法律上正式建立了我国的信托制度，到现在几万亿元的资金规模，超过保险业跃居金融行业第二，人均报酬居金融业之首，贷款类、房地产类、基建投资类、股权收益类等各类信托业务开展得如火如荼，银信合作、政信合作等各类合作开展得声势浩大，有发展，有建树。但信托业在法律制度上及发展上存在的问题使这个行业始终处于很大的法律风险之中。这有弊也有利，其弊端在于目前开展的信托业务存在先天缺陷，有的今后可能被认为无效。其好处在于，如能早做准备，以更开阔的眼光和思路进行开拓和实践，可能带来更多创新的法律实践。

一、所有权制度的缺位

这是一个老生常谈的话题，但始终是一个问题。信托是英美法系衡平法原则下的古老制度，其核心就是双重所有权及财产转移。所谓的双重所有权，是指受托人持有法律上的所有权，而收益人拥有衡平法上的所有权[2]。

我国《信托法》第 2 条规定，"本法所称信托，是指委托人基于对受托人的信任，将其财产权委托给受托人，由受托人按委托人的意愿以自己的名义，为受

---

[1] 作者单位：上海联合律师事务所。
[2] 高凌云. 被误读的信托——信托法原论 [M]. 上海：复旦大学出版社，2010（1）：27.

益人的利益或者的特定目的，进行管理或处分的行为"。

此规定在信托财产问题上使用的是"委托给"而不是"转移给"。有学者认为，"委托给"就是"委托+给"，实际上就是一种财产所有权的转移，与英美信托法的规则并无区别。但是由于信托法草案最初采用的是"转移给"，而在审议后修改为"委托给"，因此也有学者认为委托给就是一种委托，不涉及财产所有权的转移❶。由此会出现以下问题：

1. 信托财产的独立性有限

所谓信托财产的独立性，简单而言，即信托一经设立，即独立于委托人的财产，成为一项独立运作的财产，从而实现信托特有的风险隔离功能❷。具体而言，英美信托法的信托财产独立性是，信托一经设立，委托人就失去信托财产的所有权，因此信托财产才能不被委托人的一般债务所追及；受托人尽管拥有信托财产普通法下的所有权，但为的是对受益人的利益进行管理运用，受益人拥有信托财产衡平法下的所有权，所以信托财产才能与受托人的固有财产区分，不受托人其他债务累及；受益人因为对信托财产拥有的是衡平法下的所有权，也就是一种用益权，因为受益人的债务也可能不追及信托财产，在英美法下可以创设不为受益人债务追及的信托。由此，信托财产首先从委托人处转移到受托人处的规定就尤为重要，这是信托财产独立性的基石。

就《信托法》第2条的规定来看，信托财产要独立于委托人首先就存在很大的法理问题，因为如不承认信托财产的所有权从委托人转移到受托人手中，信托财产如何独立于委托人的财产❸。

由于我国《信托法》第2条对信托财产所有权转移的规定不足，尽管《信托法》作了诸多有关信托财产独立性的规定，比如第15条规定了信托财产与委托人其他财产相区别，第16条规定了信托财产与受托人的固有财产相区别，第17条规定信托财产一般不得强制执行，但《信托法》其他条款对于信托财产独立性的构建仍有欠缺。

举例而言，《信托法》第20条规定了委托人了解信托财产管理运用的权利，第21条规定了委托人调整信托财产管理方法，就英美法而言，一般只属于受益人；第22条规定了委托人申请法院撤销受托人不当处分行为的权利，根据英美法只有受益人才有这个权利，委托人没有这样的权利❹，表明我国《信托法》下委托人对信托财产的权利要大于受益人的权利，在信托关系中的地位也高于受托

---

❶ 何宝玉. 信托法原理研究 [M]. 北京：中国政法大学出版社，2005：10-11.
❷ 高凌云. 被误读的信托——信托法原论 [M]. 上海：复旦大学出版社，2010 (1)：29.
❸ 高凌云. 被误读的信托——信托法原论 [M]. 上海：复旦大学出版社，2010 (1)：29.
❹ 高凌云. 被误读的信托——信托法原论 [M]. 上海：复旦大学出版社，2010 (1)：266-267.

人。这显然使得信托财产脱离委托人脱离得不够彻底，为了受益人的利益做得也不够充分，这使得信托财产的独立性相当有限。

另外，如果是一项完全独立的财产，信托财产就不应为委托人、受托人的一般债务所追及，不仅不应如《信托法》第17条规定的"不得强制执行的"，而且不应为此被司法查封、冻结。如要查封冻结，至少须有前置的司法审查。由于《信托法》第2条没有"转移给"的规定，而17条规定的仅是不得强制执行，并且在诉讼实践中查封冻结在有些诉讼案件中又是一种很有力且有效的施压手段。相信在实践中因委托人、受托人一般债务的牵连而查封冻结信托财产的情况仍会出现，而这就明显与信托风险隔离功能及信托财产独立的法律要求明显不符，实际上影响到信托的风险隔离功能及信托财产的独立性。

2. 信托法律关系与委托法律关系界限不明

无论是目前蓬勃发展的信托基金业务，还是银行的理财业务、证券公司的代客资产管理，抑或是财富管理公司提供的财富管理业务等，无不提供的是"受人之托，代人理财"的金融服务。在《信托法》颁布之前，为满足公众的理财需求，证券公司就曾提供"受人之托，代人理财"的委托理财服务。由于"受人之托，代人理财"找不到对应的法律依据，即便是在《信托法》颁布之后仍然是找不到足够的法律依据（因为这些委托理财与信托法的规定有相符也有不尽一致的情况）。因此，在2001年到2003年涌现了大量委托理财纠纷诉讼案件，而各地各级法院的审理观点不一、标准各异。以案由为例，就有委托理财合同纠纷、委托合同纠纷、借款纠纷、证券交易代理纠纷、欠款纠纷、证券合同纠纷、委托代理国债投资纠纷、财产权属纠纷、股票交易纠纷、确权返还不当得利纠纷、证券权益纠纷、担保合同纠纷等。尽管委托理财案件目前仍无统一的裁判标准，比较统一的看法是委托理财合同的基础关系是委托合同关系❶。

由于《信托法》不确认信托财产转移的基础性质，在第2条的定义规定中有意不使用转移一词而使用有特定法律含义的"委托给"一词，使得信托法律关系的性质从法律定义而言就不清晰。加之缺乏配套的登记制度以及税收制度，很多信托往往不做登记或无从登记，使得信托在实践中无从具备"以自己的名义"管理运用的公示行为及法律表象，与委托法律关系在实践中更是界限不明、难以区分。

因为信托法律关系目前尚不清晰，很多实际涉足信托业务的金融机构有空间可以否认其产品的信托属性，比如商业银行的理财产品和证券业的代客和集合资产管理。并且，这些金融机构还有其主管机关颁布的法规作为其否认信托属性的依据。比如，商业银行的理财产品，依据的是《商业银行个人理财业务管理暂行

---

❶ 李永祥. 委托理财纠纷案件审判要旨 [M]. 北京：人民法院出版社，2005：205-208.

办法》和《商业银行个人理财业务风险管理指引》。这两部法规依据的是《银行业监督管理法》和《商业银行法》，没有依据《信托法》。有趣的是，这两部作为银行理财产品依据的法律并没有关于理财业务的规定。证券公司的专项资产管理计划，其法律依据是《证券公司客户资产管理业务试行办法》，而该法律也没有依据《信托法》，而是依据《证券法》，而《证券法》也没有代客理财的内容规定❶。

但这些金融产品都具备《信托法》第2条规定的信托关系的法律特征，即（1）委托人信任受托人；（2）委托人将财产委托给受托人；（3）受托人以自己的名义管理处分；（4）为了受益人的利益。因此，一旦纠纷发生，必然存在是信托法律关系还是委托法律关系的争议，也必然会发生受托人对系争财产是占有还是所有、委托人的意愿是转移所有权还是仅仅表达放弃占有的意图等法律问题的识别。现实中对资金的占有和所有在表象上并无差异，而委托人的意愿是转让还是仅仅是转移占有可能表达得并不清晰。由于情况的差异，有些冠名为信托的产品可能被认定为委托关系，商业银行的理财产品和证券公司的客户资产管理能被认定为信托关系。

有鉴于曾经集中爆发过的委托理财纠纷，而信托业又面临着刚性兑付的压力，相信会再次出现为数不少的理财诉讼案件，是认定信托关系还是委托关系，对个案的具体处理有着很大的区别。信托法律关系对于受托人的好处在于：（1）受托人依据信托文件对信托财产独立进行管理运用处分，自由裁量权远大于委托关系中的受托人。而在委托关系中，受托人应当完全按照委托人的指示处理委托事务；（2）信托责任边界无法界定，受托人的过错难以认定；（3）信托不承诺保本和最低收益，这是主管机关的明文规定。尽管存在刚性兑付之说，但事实上，我国并没有哪项法律条文规定信托公司进行刚性兑付，这只是信托业一个不成文的规定。在出现巨额损失时，主管机关的规定仍会成为受托人逃避责任的很好依据。委托法律关系对于受托人的好处在于：（1）受托人在委托人授权范围内处理委托事务，法律后果由委托人直接承担。但如果受托人存在过错，没有按照委托人的指令处理事务，委托人是要承担财产损失的赔偿责任的；（2）无偿的委托合同，因受托人的故意或者重大过失给委托人造成损失的，委托人才可以要求赔偿损失。对委托人而言，信托关系和委托关系的一个很大不同是，委托法律关系可以随时解除委托合同，而信托一经成立就不能随便变更、解除和终止。

3. 影响税收制度的配套

无论是税的征收，还是税的豁免，所有权的转移都是征税、免税的重要依据和节点。《信托法》第2条定义的是"委托给"而非"转移给"，也就是说，法

---

❶ 康锐. 我国信托法律制度移植研究 [M]. 上海：上海财经大学出版社，2008（1）：177-178.

律并没有规定所有权一定要发生变更，那么也就缺乏征税和免税的依据。因此，这样的规定实际也给相关配套税收制度的制定带来困难，这也许就是至今相关税收制度缺位的一个原因。由于没有配套的税收制度，一直以来是信托制度实施过程中一个令人困扰的问题，一直为业界所诟病，在此不多赘述。

二、信托成立、生效的不清晰

《信托法》第8条规定，"设立信托，应当采取书面形式。书面形式包括信托合同、遗嘱或者法律、行政法规规定的其他书面文件等。采取信托合同形式设立信托的，信托合同签订时，信托成立。采取其他书面形式设立信托的，受托人承诺信托时，信托成立。"第10条，"设立信托，对于信托财产，有关法律、行政法规规定应当办理登记手续的，应当依法办理信托登记。未依照前款规定办理信托登记的，应当补办登记手续；不补办的，该信托不产生效力"。第11条规定了信托无效的六种情形。

以上就是我国信托制度对于信托成立、生效的法律规定。对于信托的生效，《信托法》没有直接规定信托的生效，而是由第10条规定信托登记的效力来推导信托的生效。问题是，第10条规定的信托登记不是所有信托产生效力的必要条件。也就是说，这类无须登记的信托，比如大量存在的资金信托，何时生效实际并没有法律的规定，因此信托成立、生效的关系并不清晰。由于受到合同法理论的影响，在信托法没有明确规定时，一般会认为无论以合同、遗嘱还是其他形式设立信托，只要合同、遗嘱或其他书面文件具备了法定的成立要件，不管信托财产是否交付给受托人，信托均依法成立；待委托人将信托财产转移给受托人时，信托生效。信托成立后、生效前，委托人不依据合同或其他书面文件完成信托生效的行为，构成债务不履行，应承担合同的违约责任。实际上这是一种合同法的理解，信托法毕竟没有规定。作为与合同不同的法律关系，是否可以用合同法对于成立、生效的规定来理解信托的成立和生效还缺乏相应的司法解释。事实上，作为信托制度的发源地和发展地，英美信托法产生于古老的衡平法制度，远早于契约的产生，现代合同法的理论并不适用于信托制度。实际，英美信托法下的信托成立与生效是同时发生的❶。加之，《信托法》本身对于信托的定义也没有使用财产"转移给"受托人的表述。因此，一旦产生此类信托的纠纷，首先可能产生信托是否生效、信托成立与生效的关系、信托合同生效但信托未生效、信托不成立因为信托无效等的争议。

另外，对于从性质上需要进行信托登记的信托而言，《信托法》第10条的规定也存在诸多问题。首先，作为一项独立的登记制度，为实现信托财产的独立以

---

❶ 高凌云. 被误读的信托——信托法原论 [M]. 上海：复旦大学出版社，2010（1）：74.

及信托的破产隔离功能，信托登记应当包括所有的信托，而不应作"有关法律、行政法规规定应当办理登记手续的"这样排除一部分信托进行登记的表述。其次，至今也没有一部关于信托登记的法规颁布（据悉作为信托财产登记的依据——信托登记管理办法正在起草过程中，银监会已向国务院提交信托登记管理办法草案）。尽管2006年6月20日经中国银监会批复同意在上海浦东建立"上海信托登记中心"，该中心自建立以来也有40多家会员单位，但该中心的登记尚属自愿，法律地位也不明确，实质意义上的信托登记仍无法可依。也就是说，对于这部分信托来说，有的自《信托法》颁布从没有生效过，但却现实在管理运作着。一旦发生纠纷，尽管没有生效事出有因、确属无奈，但其成立事实运作管理的法律后果仍难以预测、值得研究。

三、民事信托的困境

信托法规定了民事信托、营业信托和公益信托三类，目前开展得有声有色的是营业信托，因为信托更多的是被作为一种融资工具。而具有更悠久历史的民事信托在我国的实践不多。事实上，民事信托可以开展的领域很多，更能实现信托破产隔离、财产传承、避税的制度优势，更多地运用到信托法的规则和原理，比如家族信托、婚前财产信托、教养信托、遗嘱信托等，美国还有禁止挥霍信托，以此达到保护信托受益人的目的。目前，英美律师业务中的大部分也是为老百姓设立信托并撰写信托文件，作为金融工具的营业信托对法律服务的需求总量远远不及对民事信托的需求。而这与我国目前的情况恰恰相反，造成本就是舶来品的信托制度在我国的实践不足、规则缺失、原理认识不足，由此加剧民事信托运用和实践的不足。

同时，民事信托存在着很多法律障碍，比如信托制度的产生就是为了规避遗产继承法律的限制，通过漫长历史岁月的实践和确认逐步演化出的一套法律制度，可以说与遗产继承的家庭财产法律制度紧密衔接。而我国的法律制度却没有这样的历史渊源，信托法俨然是作为一部独立的法律横空出世，至今鲜有谈及与遗产继承、婚姻家庭法律制度相配套衔接的讨论和呼吁。由于缺少衔接、缺乏认识，龙湖地产掌门人吴亚军离婚案中，她与前夫蔡奎的财产采用的是英、美法律体系下的家庭信托安排来避免离婚带来股权分割而冲击龙湖地产的控制权，而不是依据我国信托法以及相关法律来设立信托。

四、结语

信托法传入我国，曾被认为是"水上浮油"。现在，信托业已经融入我国金融领域。在我国，谈起信托，每每联想到的是"信托投资公司""基金""信贷资金证券化"等金融名词。另外，对于普通大众的金融生活而言，纷纷舍弃定存而购买的银行理财产品，投资的内容也必有信托产品。

但我国信托业的发展明显存在不足，不仅民事信托鲜有发展，而目前的营业信托发展也过于偏重金融而法律专注不足，使得信托沦为金融工具、融资通道，信托特有的财产转移和管理安排的制度优势并不明显，也使得法律在其中的作用有限，往往成为金融创新的附庸而少有作为。另外，我国信托方面的诉讼实践不多，缺少英美信托法制度下的多项信托规则，由此加大了信托业务目前开展上的风险，以信托法律关系为基础的金融产品也会面临巨大的诉讼风险。由此，加深对信托法基本原理的认识和学习，有助于正确认识和理解信托法律，既避免风险，又推进推广信托法的运用和实践。

参考文献

[1] 高凌云. 被误读的信托——信托法原论 [M]. 上海：复旦大学出版社，2010.
[2] 何宝玉. 信托法原理研究 [M]. 北京：中国政法大学出版社，2005.
[3] 李永祥. 委托理财纠纷案件审判要旨 [M]. 北京：人民法院出版社，2005.
[4] 康锐. 我国信托法律制度移植研究 [M]. 上海：上海财经大学出版社，2008.

论注册资本认缴制下债权人利益的法律保护

甘逸晨[1]

摘　要：注册资本认缴制是自贸区设立背景下的产物，其本意是为了鼓励大众创业，万众创新，增加中小投资者的投资热情，为市场提供更广阔的贸易前景。然而，由于注册资本认缴制取消了验资环节，改为各企业在公司章程中自行规定出资的数额和期限，这意味着放松了政府监管，而给了企业更多的自治空间，同时将事前监管扩充到了事中监管和事后监管，而这其中不仅包括政府适度干预、企业自治，还包括社会监督。这样一来，对于企业股东出资的监管复杂程度大大增加，并且伴随着公司股东不按规定数额和期限缴纳出资的情况，这对于债权人利益无疑会造成损害。而本文要探讨的就是如何通过法律，从不同方面去维护债权人的利益。

关键词：注册资本认缴制；债权人利益；股东出资；立法保护

一、注册资本认缴制在我国的产生和实行情况

我国《公司法》最早于1993年通过，当时规定的公司注册资本制度是法定资本制；2005年，《公司法》对公司注册制度的出资最低限额、期限和方式等作出了修改；直到2014年，《公司法》彻底取消了公司注册最低资本限额，简化了公司注册流程，将实缴制变为认缴制。认缴制目前在我国有相应的法理支撑，也有明确的法律规定。

（一）我国注册资本制度的演变规律

1. 1993年《公司法》诞生时的注册资本制度

1992年10月，中共十四大召开，明确了中国要实行社会主义市场经济制度。自此，股票、证券等与市场经济相关的标志不断出现，当时急需一部专门的法律对其进行调整，公司法就在这样的大背景下出台。1993年12月29日，《中华人民共和国公司法》正式通过。当时，根据《公司法》第二十三条规定："有限责任公司的注册资本为在公司登记机关登记的全体股东实缴的出资额"，并对不同种类公司的最低注册资本额作了规定，其最低注册资本从十万元至五十万元不

---

[1] 作者单位：上海商学院。

等。❶ 对于股份有限公司而言，注册资本为登记的实收股本总额，且注册资本的最低限额为人民币一千万元。❷ 除了这些规定，法律、行政法规还对于一些注册资本最低限额需高于上述规定的特殊情况有特别规定。由此可见，在当时对于我国注册资本制度的规定是法定资本制，即各行业企业的设立注册资本都必须达到法定要求方可注册公司。在当时，这样一个制度是对于设立企业的最基础的保障和监督，意在通过对资本信用的把控来确保债权人的利益。

另外，1993年《公司法》规定的公司设立制度是严格准则主义和核准主义的结合。总的来说，1993年《公司法》无论是从注册资本最低限额来看，还是设立公司的程序来看，都是极为严格的，这也体现出改革开放之初立法较为严谨的考虑。

2. 2005年《公司法》修改后的注册资本制度

在20世纪末，公司法学的研究在各个国家取得了巨大突破，在诸多理论中，"董事会中心主义""公司社会责任理论"等纷纷进入了世界法学界的讨论范围，公司治理结构成为世界性的话题。随着世界经济的发展，各国研究的重心逐渐趋同。20世纪90年代以来，世界各国纷纷对本国《公司法》进行修改，在这样的大背景下，经过社会各界人士的努力，在广泛征求意见的基础上，2005年10月27日，十届全国人大常委会第十八次会议正式通过了新修订的《中华人民共和国公司法》。

此次《公司法》的修订，相比1993年，大幅降低了公司注册资本最低限额。原《公司法》对有限责任公司和股份公司的注册资本最低限额的规定过高，普遍高于其国家和地区，限制了民间资本进入市场，在某种程度上阻碍了经济的发展。2005年《公司法》大大降低了公司设立门槛，将有限责任公司和股份有限公司的注册资本的最低限额分别降至人民币3万元❸和500万元❹，并采取"分期缴纳制"。

废除法定资本制，实行折中授权资本制。所谓折中授权资本制，是指公司设立时，章程中应明确记载公司资本总额，股东只需缴足第一次发行的资本，公司即可成立，但公司第一次发行的资本不得低于资本总额的一定比例，必须一次性全部缴足；未缴足部分授权董事会随时发行新股募集。❺ 原《公司法》实行严格的法定资本制，并通过一系列的制度来体现资本确定、资本不变和资本维持所谓"资本三原则"，为了保障交易安全，对股东提出一次性缴足注册资本的要求。

---

❶ 《中华人民共和国公司法（1993）》第23条。
❷ 《中华人民共和国公司法（1993）》第78条。
❸ 中华人民共和国公司法（2005）第26条。
❹ 中华人民共和国公司法（2005）第81条。
❺ 范健，王建文. 商法学［M］. 北京：法律出版社，2015：136-137.

这种严格的资本制度一方面削弱了投资者的投资热情，另一方面造成了大量闲置资金，甚至有些公司在成立后，把大量资金用于非经营活动。2005年《公司法》彻底摒弃了早已被绝大多数国家抛弃的法定资本制，采用折中的授权资本制，规定："公司全体股东的首次出资额不得低于注册资本的百分之二十，也不得低于法定的注册资本最低限额，其余部分由股东自公司成立之日起两年内缴足；其中，投资公司可以在五年内缴足。"❶

2005年《公司法》在公司设立方面，采取以"准则主义"为主、以"核准主义"为辅的原则。废除了原《公司法》对股份有限责任公司的严格核准制，对两类公司的设立都采取登记主义的原则。在我国，准则主义在一定程度上限制了政府权力在公司设立和发展方面的干预和滥用，是公司民主制度的前提和基础。

此外，2005年《公司法》还确立了"公司法人格否认"制度，从而进一步保护债权人的利益。美国在1969年废除了《示范公司法》中关于注册资本最低限额的要求，当时即以"刺破公司面纱"制度作为替代制度之一。❷由此可见，2005年《公司法》在注册资本制度方面，虽然放松了出资要求和公司设立要求，却在债权人利益保护方面加强了法律约束。

3. 2014年《公司法》再次修改后的注册资本制度

2013年9月29日，中国（上海）自由贸易试验区正式成立，为了给自贸区接下来的贸易作出法律上的铺垫，2014年，公司法进行了一系列修改。相比2005年《公司法》，最新《公司法》基本废除了注册资本最低限额制度，有限责任公司只需在公司章程中载明关于公司注册资本的出资方式、数额和缴纳期限等事项；股东的出资方式、出资额和出资时间，不得低于法定的最低注册资本金。

此外，最新《公司法》正式将实缴制改为认缴制，取消了关于公司股东（发起人）应自公司成立之日起两年内缴足出资，投资公司在五年内缴足出资的规定；取消了一人有限责任公司股东应一次足额缴纳出资的规定。采取公司股东（发起人）自主约定认缴出资额、出资方式、出资期限等，并记载于公司章程的方式。

自贸区设立以来，注册资本认缴制的实行意味着"一元钱"也能开公司，这无疑给了怀揣创业梦想的大学生、蓝领更多机会，甚至"穷人"也能开公司，降低了企业注册门槛、给了企业更广阔的发展空间。同时，取消了验资环节，并且出资的数量和期限也可由企业自行决定。

---

❶ 中华人民共和国公司法（2005）第81条。

❷ 刘亚楠. 自贸区背景下公司最低注册资本制度 [J]. 河南司法警官职业学院报（总第12卷），2014，12：71.

(二) 注册资本认缴制在我国的规定特点

1.《国务院关于印发注册资本登记制度改革方案的通知》中的规定

第一，我国实行注册资本认缴登记制。公司股东以认缴出资额或认购的股份为限承担责任，并且需将股东认缴出资额或发起人认购股份、出资方式、出资期限、缴纳情况通过市场主体信用信息公示系统向社会公示。

第二，放宽注册资本登记条件。除法律、行政法规以及国务院决定对特定行业另有规定的外，取消有限责任公司最低注册资本3万元、一人有限责任公司最低注册资本10万元、股份有限公司最低注册资本500万元的限制。与此同时，不再限制首次出资比例，也不再限制货币出资金额占注册资本的比例，不再规定出资的期限。

如此一来，公司实收资本也就不再作为工商登记事项。公司登记时，无须提交验资报告。❶

2.《公司法》中的规定

第一，在公司章程规定方面，应载明有关公司注册资本的内容，还应包括股东的出资方式、出资额和出资时间或公司设立方式；股份总数、每股金额和注册资本；发起人的姓名或者名称、认购的股份数、出资方式和时间；以及公司利润分配办法。

第二，在注册资本额度方面，以发起人认缴的出资额或认购的股本总额或实收股本总额为准。

第三，在出资方式方面，股东可用货币出资，也可以用实物、知识产权、土地使用权等可以用货币估价并可以依法转让的非货币财产作价出资。

第四，在责任承担方面，出资人须按期缴足认缴的出资额。股东不按规定出资的，除应当足额缴纳，还应当向已履行出资职责的股东承担违约责任。公司成立后发现出资的非货币财产的实际价额显著低于公司章程所定价额的，应当由交付出资的股东补足差额，其他股东承担连带责任。发起人按照发起人协议承担违约责任。

第五，在分配红利方面，股东按照实缴的出资比例分取红利；公司新增资本时，股东有权优先按照实缴的出资比例认缴出资。❷

二、注册资本认缴制带来的债权人利益保护问题

注册资本认缴制下债权人利益保护难度增大，这是无法避免的问题，因为相

---

❶ 国务院关于印发注册资本登记制度改革方案的通知. 国发〔2014〕7号.
❷ 中华人民共和国公司法（2014）第25—34条，80—89条。

比实缴制，认缴制无论是从出资方式、出资额度，还是出资期限都放松了对公司成立者的要求，在这种情况下，虽然给了小微创业者很大的发展机会和空间，但降低了对债权人利益的保障。一般来说，注册资本认缴制下产生的首先是股东出资问题，因为股东不按公司章程和法律规定出资，就可能出现股东怠于出资的现象，此时一旦出现债权债务问题，债权人的利益就无法得到保护。

（一）股东出资法律规定方式

在上文笔者已经对我国法律关于认缴制的规定做了详细的叙述，在此就不做赘述了。概括而言，除了一些法律、行政法规以及国务院决定另有规定的行业类型，有限责任公司和股份有限公司在成立时，可以自由规定认缴的出资额度、时间及方式，具体表现形式是将与认缴出资有关的内容写进公司章程。从出资额度上来说，公司注册时可以自由规定出资额度；从出资时间上来说，公司缴纳出资须严格遵循规定的时间，否则将承担相应的法律责任；从出资方式上来说，股东可以采用货币出资或非货币财产作价出资。但是，股东在怠于出资时也应承担相应的违约责任，有时可能需要承担连带责任。

（二）股东怠于出资表现及对债权人利益造成的损害

股东怠于出资主要表现在两方面：

一方面，股东不按规定时间缴足注册资本。在这种情况下，公司虽然看似正常运转，实际上可能长期处于一个资本缺乏的状态，一旦发生债权债务问题，债权人的债务无法得到公司的偿还，就像本文引论部分中的案例一样。在这种情形下，现行法律的处理方式是股东如不按规定缴纳出资，除应当向公司足额缴纳外，还应当向已按期足额缴纳出资的股东承担违约责任。当然，公司首先应承担对债权人的债务偿还责任。

另一方面，在出资方式方面，股东如果采用非货币财产作价出资，就可能出现非货币财产的实际价值显著低于公司章程所定价额的情况。如发现此类情况，首先应当对持有财产的债权人承担民事赔偿责任，并且由交付该出资的股东补足其差额；公司设立时的其他股东承担连带责任。

三、现有法律制度的分析和修改建议

在注册资本制下，保护债权人利益，不仅要做事后的规范，更要通过一系列的制度做到提前预防，尽可能地从一开始就避免债权人的利益受到损害。

（一）公司人格否认制度分析和修改建议

我们都说"公司是独立的法人"，而公司获得人格的前提是财产上的保障，即不应发生"资不抵债"的情况，否则即是破产，公司也就失去了法人资格。这样来看，只有在确保一家公司有足够资产支撑的情况下，公司才具有相应的法

人资格。因此，公司人格否认制度也就成为确立公司具有法人资格的保障，从而确保债权人维护自身的利益。❶

1969年，美国《示范公司法》取消了最低注册资本限额的要求❷，并且采用了其他替代制度，其中就包括公司人格否认制度。股东作为公司的出资人，应当对债权人承担相应责任，同时，不得滥用公司法人独立地位和股东权利，这是为了保护债权人利益不受损害。因此，在公司人格否认中，保护的是债权人的权利。对债权人来说，他可以就其个人债权，向公司任何一位股东要求清偿债务。而对公司来说，公司内部应当看成一个整体，公司与股东之间、股东与股东不能相互推诿公司对外的债务，即公司或其内部股东不得推债、逃债。可以说，公司人格否认制度消除了公司人格独立制度的负面影响。

（二）公司利润分配制度分析和修改建议

在公司最低注册资本制度取消后，除了需要完善相关法律法规确保公司的建立具有保障性之外，还需要使公司健康长久发展，而完善公司利润分配制度便是多项制度中可行性较强也相对具有价值的一环。《公司法》中对于公司利润分配规则以及在公司呈现亏损时该如何分配利润已经作出了相应规定，但是，除此之外，还应对可能出现的非法分配股利行为的追责原则，以及保护债权人利益方面也应作出相关规定。在这方面，我国可以借鉴其他国家的立法，结合中国国情，对法律加以完善，在立法过程中，首先考虑股东会、股东大会和董事会所负责任，不仅要求被分配利润股东返还违法所得利润，还要对股东会、股东大会和董事会进行相应的处罚，以及要求对其违法行为对公司造成的损失进行补偿，甚至考虑其是否对其进行职务上的降职和免职，从而保护公司利益，保护债权人利益。❸

（三）担保归属和责任追究分析与修改建议

在我国，目前公司注册资本最低限额制度已被取消，取而代之的是注册资本担保制度。笔者认为，将注册资本实缴登记制改为认缴登记制有以下几点好处：首先，在实际情况中，股东出现怠于出资或出资不实的情况时有发生，导致市场秩序受到破坏，债权人利益无法得到很好的保障。在设立了注册资本认缴登记制之后，它可以与注册资本担保制度共同发挥作用，维护市场秩序，保障债权人利益。例如：在股东认缴注册资本后，如果资本是分期缴纳，那么股东需要对应认

---

❶ 喻磊，崔营营.论我国公司最低注册资本制度改革及公司信用保障[J].江西科技师范大学学报，2014（4）：14.

❷ 刘俊海.建议《公司法》与《证券法》联动修改[J].法学论坛，2013（4）.

❸ 李国辉.最低注册资本制度的存废及其配套制度的完善[J].河北工程大学学报（社会科学版）（总第31卷），2014，12（4）：62.

缴而未实缴的资本提供必要的担保，担保的形式包括物的担保和保证人担保。一旦发生未按期缴纳认缴资本的情况，则债权人可以对担保物要求优先受偿权，或者对保证人进行追偿。另外，在《最高人民法院关于适用〈中华人民共和国担保法〉若干问题的解释》中规定：保证人对债务人的注册资金提供保证的，债务人的实际投资与注册资金不符，或抽逃转移注册资金的，保证人在注册资金不足或者抽逃转移注册资金的范围内承担连带保证责任。笔者认为，该条款规定的保证力度有待加强。该条款中仅规定了在债务人的实际投资与注册资金不符的情况下保证人的保证方法，却未从根本上阻止股东怠于出资的行为。如条款中能增加使股东对认缴而未实缴的资本进行强制保证，且保证金额至少等于认缴金额的条款，就能使股东更好地履行出资义务，从而维护市场秩序，保护债权人利益。

在债权人利益受损的时候，公司本身应承担最基本的责任。公司应严格遵守财务会计制度。财务会计制度不仅反映了公司的经营状况，更能及时监控公司的资产变化，因此是一种能够保护债权人利益的制度。[1]

在公司内部，公司需要遵循公司章程办事，公司内部人员，尤其是股东会和董事会应履行好相应职责，不得利用职务之便从事违法行为。一旦债权人利益受到损害，便可以由相应的人员承担责任。公司人格否认制度的确立限制了股东虚假出资、抽逃出资的行为，对股东提出了更高的出资要求，进一步监督了股东的出资行为。但是，公司注册资本最低限额的取消又在一定程度上减轻了股东出资的负担。根据我国法律规定，股东对于怠于出资、虚假出资、抽逃出资需要负相应责任。《中华人民共和国公司法司法解释三》规定了股东履行出资义务，承担补充赔偿责任，公司的发起人与被告股东承担连带责任；股东、董事、高级管理人员或者实际控制人承担连带责任，由此确立了股东应承担的责任，并且设立连带责任，从而保障债权人利益。

除了公司本身的责任，公司所有者和经营者应当直接负担的责任之外，还有中介机构的责任。中介机构包括承担资产评估、验资或者验证的机构，它们本身就对公司的成立和运行有检验监督的义务，如果中介机构本身有作假行为，或者因为过错给公司债权人造成损失的，应当承担相应的责任。从法条中看，在中介机构一方有过错对债权人利益造成损害的情况下，法律规定从金钱和证照两方面对中介机构进行处罚，但是，该项规定并没有对债权人损失的利益进行弥补，因此债权人的利益依旧没有得到很好的保护。笔者认为，在立法中可以规定中介机构在有过错的情况下，需要对因其造成的债权人的利益损失承担连带赔偿责任。

（四）社会监督与信息公开分析和修改建议

除了政府监管之外，还有一些手段能够更为完善地对企业经营状况进行监督，

---

[1] 陈静骅. 自贸区背景下取消公司最低注册资本与债权人利益保护研究 [J]. 法制在线，2016 (2)：31.

从而保护债权人利益，维护市场秩序，社会监督与信息公开就是其中不可缺少的一部分。根据国务院颁布的《企业信息公示暂行条例》规定，公司、政府监管部门和市场参与者各自的权利、义务，通过相应的制度设计提高事后规制的效能。❶

公司资产信息公示制度要求公司以法定方式向社会公示报送的年度报告及专项审计报告等会计材料，以便公众查阅，从而加大公司资产透明度，增加公司资产信用。除此之外，为了顺应信息化电子化的趋势，还应推进电子营业执照和全程电子化登记管理，使之与纸质化管理具有同样的监管力度，当然，这还需要法律法规对其做进一步完善的规制。❷

公司资产信息服务制度允许债权人在不侵犯债务人公司商业秘密的前提下，对债务人的资产信息进行随时跟踪调查，从而实现对交易安全的保障。一方面，债权人通过行使权利，可以向政府部门或有关单位查询债务人公司的土地、房产、机动车、股权、知识产权等资产信息，从而保障自身交易安全。另一方面，应建立便捷快速的查询渠道，并建立完备的联网数据库系统，以便债权人和其他有利益关系的人快速查询到所需信息。

公司信用评估制度是指由政府部门或者相关机构，汇集司法部门、职能部门、金融机构等单位关于各家公司的资料信息，利用科学的评估方法和评估标准，对公司的信用等级进行评定，从而对公司信用进行监督，有助于社会诚信体系的构建，从而维护市场秩序，保护债权人利益。在对公司信用等级进行评定后，债权人可以自行查看公司的信用等级，确保自身利益，公司也可以查看自己的信用等级，确定相应的整改方案，提高经营质量。此外，还可以将出现违规行为的公司录入"黑名单"，并向社会公开，从而督促企业规制自身行为。

全国联网信息库是指在不侵犯公司商业秘密的前提下，将公司的各项信息，包括年检、财务、信用记录、产品质量、社保缴费等信息，尤其是公司资产结构和资产变动通过网络渠道共享披露。要运行这样一个全国联网信息库，前提是确保全国网络互联、资源共享，以及信息收集的全面性和即时性。全国联网信息库需要将信息收集面覆盖到尽可能多的企业，特别是中小微企业。鉴于企业的信息是处于动态变化的状态，特别是企业资产和结构，因此有必要趁着贸易的契机，将现有的信息资源整合统一，虽然工程量和成本可能是巨大的，但这项工作的完成却能使整个市场秩序和债权人的利益保护受益匪浅。

民间信用评级机构是政府主导的公司信用评估制度的有力补充，它和政府主导的公司信用评估制度共同构成了完善的信用评估制度。民间信用评级机构虽然

---

❶ 周友苏，张异冉. 从事前预防到事后规制——最低注册资本制度改革审视 [J]. 社会科学研究，2015（2）：101.

❷ 刘亚楠. 自贸区背景下公司最低注册资本制度 [J]. 河南司法警官职业学院学报（总第12卷），2014, 6（2）：73.

没有强大的公信力做支撑，但是在一些西方国家，却有着超乎国家公信力的社会信任度。我国在这方面做得并不完善，但可以向其他国家吸取经验。债权人拥有信用意识也十分重要。近年来，债权人的信用意识正在逐渐增强，对于债务人信息的需求度也在不断上升。目前，为了创造一个良好的市场环境，为了合理利用司法资源，社会需要通过法制宣传、法律学习等方式提升债权人的信用意识，从而使得民间信用评级机构能够被更好地推广，更好地为市场服务。

四、注册资本认缴制度下债权人利益保护的立法建议

根据上文所述，笔者对于我国认缴制债权人利益的法律保护提出如下立法建议：

首先，对于我国原有法律制度的合理之处需要进行保留，但要根据我国实际情况并结合其他国家相关法律制度加以调整。笔者对于目前的认缴制予以肯定，但认为可以对于最低注册资本额作适当规定，且规定数额不宜过高，从而既确保给公司一定的发展空间，又保证公司有一定的实力运营。这一点可以参考英国的做法：1985年之前，英国对于有限责任公司和股份有限公司成立的最低注册资本限额并无限制，原则上只需1英镑即可成立公司。在加入欧共体后，1993年，《英国公司法》规定：公众公司的最低资本授权的最低资本为50 000英镑，并且在公众公司设立时，公司必须至少已经募集到12 500英镑。❶ 这一改革仅仅规定了广泛意义上的最低资本，目的是防止公司以过低的资本设立公司开展经营，这样的最低注册资本从无到有的过程恰与我国相反，或许也是我国可以借鉴的。折中授权资本制是相对可取的做法。此外，以"准则主义"为主、以"核准主义"为辅也不失为一项有用的措施。

其次，继续实施有利于保护债权人利益的相关制度，并对不够完善的部分加以完善。我国可以继续保留公司人格否认制度，从而在债权人利益受到损害时对其进行保护；进一步完善公司利润分配制度，目前，我国对于公司利润分配规则以及在公司呈现亏损时该如何分配利润已有详细规定，但是对于可能出现的非法分配股利的行为追责机制却不够完善，因此在这方面还须加强；担保归属和责任追究的规定增强了股东的责任，但该条款规定的力度依然不够，如要做法律上的修改，应从根本上阻止股东怠于出资的行为，笔者认为立法修改后应规定股东对认缴而未实缴的资本进行强制保证，且保证金额至少等于认缴金额的条款，这样就能使股东更好地履行出资义务，对债权人负责。在社会监督与信息公开方面，我国应继续完善公司资产信息公示制度和公司信用评估制度，建设民间信用评级机构，结合社会的力量同政府一起对公司进行监管。

---

❶ 珍妮特·丹恩. 公司法［M］. 北京：法律出版社，2013（12）.

五、结语

要探求注册资本认缴制债权人利益的法律保护，首先必须了解注册资本认缴制产生的原因和其存在的合理性，并了解法律中关于认缴制的具体规定。在了解认缴制下债权人的利益在什么情况下会遭受损害的前提下再去探讨如何通过法律保护债权人的利益。

在研究注册资本认缴制债权人利益的法律保护时，还可借鉴国外相关之立法经验。英美法系偏向于将公司当作盈利工具，而大陆法系则注重维护交易秩序和债权人利益，且废除最低注册资本制度并采取其他代替制度，无论是出于促进贸易还是保护市场，几乎都是大势所趋。

总之，在目前的法律规定下，我国需要在原有基础上不断探索，从不同方面改善规制方式，结合自身情况和国外经验，为债权人利益的法律保护寻找一条合适的规制之路。

参考文献

[1] 罗培新. 论资本制度变革背景下股东出资法律制度之完善 [J]. 法学评论（双月刊）（总第 198 期），2016（4）.

[2] 黄耀文. 认缴资本制度下的债权人利益保护 [J]. 政法论坛（总第 33 卷），2015（1）.

[3] 甘培忠，吴韬. 论长期坚守我国法定资本制的核心价值 [J]. 法律适用，2014（6）.

[4] 赵旭东. 资本制度改革与公司法的司法适用 [N]. 人民法院报，2014，2.

[5] 范健，王建文. 商法学 [M]. 北京：法律出版社，2015.

[6] 刘俊海. 建议《公司法》与《证券法》联动修改 [J]. 法学论坛，2013（4）.

[7] 陈静骅. 自贸区背景下取消公司最低注册资本与债权人利益保护研究 [J]. 法制在线，2016（2）.

[8] 周友苏，张异冉. 从事前预防到事后规制——最低注册资本制度改革审视 [J]. 社会科学研究，2015（2）.

[9] 珍妮特·丹恩. 公司法 [M]. 北京：法律出版社，2013.

[10] 范健，王建文. 公司法 [M]. 北京：法律出版社，2011.

[11] 王东敏. 公司法资本制度修改对几类民商事案件的影响 [J]. 最高人民法院民事审判第二庭编：《商事审判指导》（总第 36 辑），人民法院出版社，2014.

[12] 赵旭东等. 公司资本制度改革研究 [M]. 北京：法律出版社，2004.

[13] 沈明贵. 论公司资本登记制改革的配套措施跟进 [J]. 法学，2014（4）.

[14] 朱慈蕴. 公司法人格否认的司法适用 [J]. 公司法评论，2011（2）.

[15] 王雪丹. 有限责任公司资本认缴登记制度解析——以珠三角地区商事登记改革为研究中心 [J]. 暨南学报（哲学社会科学版），2013（6）.

[16] 林少伟. 第三条道路的开辟——以英国 2006 年公司法修改为视角 [J]. 朝阳法律评论.

金融消费纠纷非诉讼解决机制的探析

马铭疃[1]

摘　要：随着P2P问题平台的大量出现，金融消费纠纷不断增加，涉及人数多，分布范围广，调查取证难等问题使传统的诉讼解决方式不能高效地解决纠纷。多元化纠纷解决方式的建立势在必行。本文将分析现有的和解、调解、仲裁、诉讼为主的纠纷解决方式及存在的问题，在借鉴英美及我国台湾地区的非诉讼纠纷解决机制的基础上，提出我国对构建以金融消费者保护局为中心的非诉讼解决机制的设想。

关键词：非诉纠纷解决机制；金融纠纷解决途径；金融消费者保护局

近年来我国P2P平台疯狂生长，2016年问题平台数超过正常运营数。这一现象所引发的金融纠纷难以计算，虽然"一行三会"在近几个月中频繁发出监管条例，并有所成效，但仍有上百万金融消费者的权益难以得到保护。我认为我国应当尽快给予"金融消费者"以准确的定义，与此同时更要建立具有我国特色的金融消费纠纷非诉讼解决机制。

一、我国现行的金融消费纠纷解决途径及问题

根据现行《消费者权益保护法》第39条：消费者和经营者发生消费者权益争议的，消费者可以通过下列途径解决：（一）与经营者协商和解；（二）请求消费者协会或者依法成立的其他调解组织调解；（三）向有关行政部门投诉；（四）根据与经营者达成的仲裁协议提请仲裁机构仲裁；（五）向人民法院提起诉讼。[2] 下面将就这五种解决方式在金融消费纠纷中的运用及困境进行分析。

（一）与经营者协商和解

这是大多数金融消费者在面临资金难以兑现时所作出的第一选择。这一选择能够快速及时地解决纠纷。但是大多数消费者在与平台交流的过程中能力是不对等的，大多数消费者不具有专业知识，很难理解平台所做出的说明，这不仅不能解决纠纷，甚至会误导消费者，在客服的"劝说"下相信平台，最终错失了解决的黄金时间。等到消费者反应过来时，早已人去楼空。

---

[1] 作者单位：上海商学院。
[2] 中国.2013年《消费者权益保护法》，第39条。

（二）请求消费者协会或者依法成立的其他调解组织调解

消费者保护协会（以下简称"消协"）是一种民间团体，就我们实际走访和调查可知，P2P 这类金融消费纠纷，消协是不管的。首先，由于法定概念的缺失，P2P 消费者究竟是金融消费者还是投资者说法不一；其次，消协并没有针对此类金融消费纠纷的专业人员和部门；最后，一旦一个平台倒下，身后的消费者成千上万且分布广泛，消协就算想管也是心有余而力不足。

（三）向有关行政部门投诉

我国在中国人民银行、中国银行业监督管理委员会、中国证券监督管理委员会和中国保险监督管理委员会这四家中国的金融监管部门（以下简称"一行三会"）的内部分别设立了金融消费者保护机构，负责处理金融消费者的投诉。基于其权威性和专业性在效率方面有一定优势，但是"各扫门前雪"的监管真空和重复监管的资源浪费无疑增加了行政成本。而且基于"一行三会"是内设机构对金融消费者的保护力度并不强。

（四）根据与经营者达成的仲裁协议提请仲裁机构仲裁

根据我国《民事诉讼法》可知，仲裁具有自愿性的特点，申请仲裁往往以双方当事人事前签署仲裁协议或仲裁条款为前提，但是在现实生活中 P2P 平台的金融信息服务合同往往为格式合同，常常排除仲裁解纷解决方式。还须注意的是，我国仲裁体系存在仅 20 年，主要是解决日常生活中简单的争议问题，面对金融纠纷这一专业、复杂的问题，仲裁体系缺乏处理能力，因此金融消费纠纷通过仲裁解决的比例相对较低。

（五）向人民法院提起诉讼

提起诉讼是现行的所有解决方式中最主要的一种。但无论是适用普通程序审理还是简易程序，其耗时都非常长，且成本大。就以 e 租宝为例至今已有一年多了，消费者仍未得到经济补偿。而且就我国《民事诉讼法》的规定，"谁主张，谁举证"就互联网的复杂性和专业性，电子信息的采集需要技术的支撑，这无疑使消费者维权难上加难。

截至 2016 年年底，P2P 消费纠纷的立案率不到 5%，累计也只有 22 家平台受到宣判处罚。

二、纠纷解决难的原因分析

首先，金融消费者缺乏法定定义。

自 2006 年 12 月，我国银行业监督管理委员会颁布《商业银行金融创新指引》，首次在金融立法中使用"金融消费者"概念至今，我国并未对金融消费者做出法定定义，而现行的《消费者权益保护法》将消费者限定于为生活所需而购买的自然人，这就将购买金融产品的消费者界定为投资者，因此不能享受法律的倾斜性保护，这就让购买无形性、高风险性、专业性产品的消费者的维权难度加大。

其次，举证难度难的问题突出。

我国民诉法规定，"谁主张，谁举证"笼统地将金融消费者与普通消费者混谈，没有考虑互联网条件下举证难的问题，专业金融产品的虚拟性与易修改性，无疑给消费者维权之路增添了不小的难度。依法求偿更是难以实现。

最后，维权成本大、时间长使小额消费者放弃诉讼。

由于司法诉讼过程长，难度大，成本高，普通的一审程序也要六个月，加之一个平台的倒下，所涉及的金融消费者分布在不同地域，诉讼范围太广，意见难以统一，聘请专业律师花费不菲等问题让很多消费者放弃维权。

综上所述，我国对于金融消费纠纷解决机制并不能满足实际需求，各个解决方式间并未形成一种功能互补，程序衔接，高效利民的机制体系。为了高效便民地解决纠纷，我觉得加强非诉解纠纷解决机制是个不错的选择。为此我将分析英美两国和我国台湾地区的非诉纠纷解决机制（ADR），为我国建立多元化纠纷解决机制予以借鉴。

三、英美及台湾地区主要金融 ADR 机制

（一）英国经典的金融申诉专员制度（FOS）

2000 年，英国成立了金融服务局（Financial Services Agency，FSA），整合原有的金融业督查组织，成立了统一的金融督查服务公司（Financial Ombudsman Service FOS）。英国 FOS 直接向 FSA 负责，董事会由 FSA 任命，独立于 FSA。它的组织结构如图 1 所示：[1]

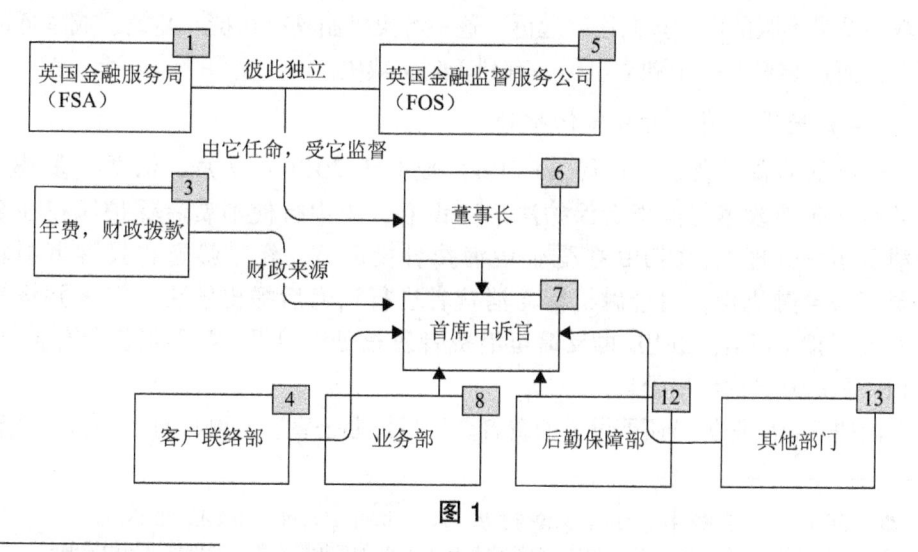

图 1

---

[1] 图片内容根据刘盛《金融消费者 ADR 本土化路径研究》编制。

FOS 的特色是"半官半民",因为它的成立与运作受金融监管机关的指导,并不是民间自发成立的。但它又是一个公司,自负盈亏,其经费主要来源于收到 FSA 监管的公司所缴纳年费以及案件受理处理费,所以并不是监督者,它中立的解决纠纷,进行调解,并作出裁定的公益性机构。❶

它的运作主要有四个步骤:首先是金融机构对消费者提出的问题进行内部处理,如八周内并未处理,或处理完毕,消费者可在六个月内对处理结果向 FOS 书面投诉,FOS 受理后进行简单的适格性审理并简单处理,如果消费者接受处理则结束,不接受就提交裁判员处理,裁判员尽量促成双方和解,和解不成消费者可向申诉专员申诉,申诉专员在进行审理或对于证据进行调查,最后给出书面审理结果,如若消费者仍有异议可向法院起诉。大致流程如图 2:❷

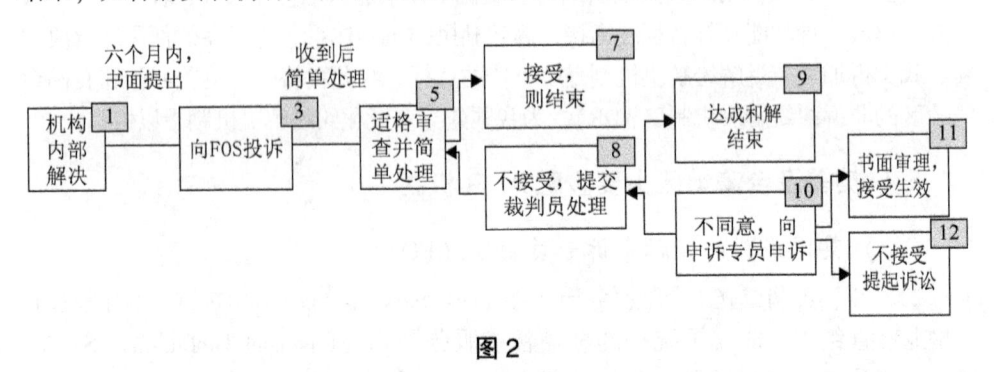

图 2

FOS 机制不同于仲裁,它不需要事前协议,并且只能由消费者进行投诉,对于裁判结果不服的可直接向法院起诉。这一解决机制具有快捷、高效、成本低的特点,而且 FOS 是一个独立机构,有利于公正裁决。

(二)美国的消费者金融保护局

美国的消费者金融保护局(CFPB)成立于 2011 年 7 月,依据《多德—弗兰克华尔街改革与消费者保护法案》设立,集中行使消费者保护职权在金融消费争议处理上,CFPB 接受金融消费者投诉后,经过筛选将投诉事项转交至相关金融机构,由金融机构与消费者进行沟通后提出解决方案,并将解决方案反馈 CFPB,CFPB 再反馈至消费者复核处理结果。❸ 如消费者有异议,CFPB 将在 60 日内作出处理。

消费者金融保护局还下设了消费者金融投诉办公室、金融教育办公室、消费

---

❶ 邢会强. 金融消费者权利的法律保护与救济 [M]. 北京:经济科学出版社,2016:75.
❷ 本图根据宋清华,宋一程《香港、台湾地区金融 ADR 的发展及对内地的借鉴》的内容编制。
❸ 石磊. 我国金融消费多元化解决机制探讨 [J]. 金融市场,2016 (9).

者金融保护基金。其中消费者金融投诉办公室专门负责接受金融消费者的投诉，消费者金融保护基金中基金来源于公益诉讼所得罚金和财政拨款及捐赠。基金能够及时给予一些生活困难的消费者以暂时的帮助。

鉴于对英美两国的分析我认为它们的金融消费非诉纠纷解决机制有两个特点：一是 ADR 机构的设立为半独立模式，其性质更多体现为民众主导。独立于政府监管部门。二是它们设立了专项基金，使得遭受重大损失的金融消费者能够及时高效地获得赔偿。

（三）台湾地区的金融消费评议中心

2011 年 12 月 30 日，台湾地区正式颁布实施《金融消费者保护法》并依次设立金融消费评议中心（FOI），对银行业，证券与期货保险，电子票证及其他金融消费争议进行综合处置，建立以 FOS 为核心的金融 ADR 体系。

金融消费评议中心在参照一般财团法人的组织机构设置，包含董事会、总经理、评议委员会、评议处、管理处、教育企划部门。其中董事会为评议中心的最高决策部门，由董事及具备相关专业知识和行业经验的专家学者和金管会指派代表共同组成，主要负责评议中心的总体发展战略，不干预具体案件的处理。总经理由董事长提名并经董事会讨论通过后任命，负责履行董事会决议并管理评议中心的业务运行。评议委员会由具备金融业从业经验和专业知识的业内资深人士组成，人数为 9~25 人，任期三年，适用回避制度。

评议中心只接受资产在 5 000 万新台币以下的法人和缺乏专业知识素养的自然人的评议申请，并且不向申请者收费。评议的决定对金融机构具有单方面的约束力，机构必须接受决定并执行。但是对于金融消费者则不具有强制约束力，如消费者不同意决议可以进一步寻求司法诉讼方式解决。

总结台湾地区金融消费评议中心的运作，我们可以发现，它与我国大陆地区的消费者保护原则一致，既充分保护弱势消费者的权益，又尊重司法诉讼的最终审判权，对我国大陆地区金融 ADR 机制的设立有很大的借鉴与启发。

四、建立以金融消费者保护局为中心的 ADR 机制的构想

通过研究分析，国外的金融消费纠纷非诉讼解决机制主要是利用民间力量，建立一个专业的第三方机构。通过这个机构能够高效快捷地处理纠纷。以下就我国在立法与政府监管、企业内置机构设立与法院诉讼程序等方面的纠纷解决机构不再论述。针对建立我国金融消费者保护局为中心 ADR 机制提出初步构想。

（一）建立金融消费者保护局

我认为应当借鉴美国的模式建立以政府为主导的法人团体、金融消费者保护局，同时为确保金融消费者的权益得到落实应加快立法。此外该机构还应当向金

融机构收取一定费用，也可以借鉴英国的 FOS 模式在纠纷受理的一定阶段向消费者收取一定费用，避免恶意诉讼额产生。

（二）借鉴 FOS 的纠纷解决方法

借鉴 FOS 的纠纷解决方法，高效公正的纠纷，减轻司法负担，避免资源浪费。同时作为一个民间团体广纳专业人才，在裁决员与审判专员的选择上，尽量做到平台代表与消费者代表比例一致，增强结果的公正性。

注重互联网平台的运用，搭建互联网 FOS 处理体系，能够在线上为处在不同地区的消费者及时提供帮助。同时对于裁判结果的性质，我认为应当与仲裁不同，其效力由消费者自己选择：如消费者接受调解结果则出具书面裁决，经法院审查无误后产生法定效力；消费者如有异议能够及时向法院起诉，也不能剥夺消费者的诉讼权利，同时应当对于群体性的受损失消费者提供公益诉讼的帮助。

（三）利用大数据平台做好监管工作

作为一个政府指导建立的民间团体，应当及时收集信息，推进相关法律法规的起草与出台。同时利用大数据，对金融消费者进行征信体系建设，保证数据来源合法化，做好用户个人隐私保护工作。对 P2P 平台的资金流转也进行数据监督，推进企业自身的信息披露制度，使大数据取之于民，用之于民。

（四）设立金融消费者专项保护基金

如同美国一样，本基金的来源主要是公益诉讼的罚款与政府拨款与社会捐助。对于此基金的监管应当设立专门的机构。当然，如果本年基金有盈余，应当允许团体进行投资，当然其所有权属于国家。也可以设立专项奖励基金，对于高校在校大学生，能够提供相关互联网证据追查技术支持的志愿者予以一定奖励。

（五）设立证据代为收集机制

由于我国现行的《民事诉讼法》规定举证责任为"谁主张，谁举证"。而金融消费纠纷这一"现代型诉讼"与传统不同，对于证据收集技术有着较高要求，为保证诉讼活动顺利进行和消费者权益的实现，金融消费者保护局就应当对于涉及人数众多，覆盖面广，危害影响大的纠纷主动进行证据的收集，并在必要时提起公益诉讼。

当然，并不是所有证据都要靠此机构收集，对于有损失本金风险的金融理财产品和法律法规、行业规范等明确规定的，应设置录音录像装置的地点发生的金融消费纠纷就应当采取举证责任倒置。避免资源浪费，重叠收集证据。

（六）基于上述设想，笔者对金融消费者保护局的组织结构有一定设想，如下所示：

金融消费者保护局
- 金融消费者投诉处理办公室
  - FOS 机制处理纠纷，消费者接受则纠纷结束
  - 消费者有异议，提供法律意见帮助起诉
- 金融消费者教育培训办公室
  - 定期对金融消费者做金融常识培训
  - 积极解答金融消费者的疑问
- 金融消费平台监督办公室
  - 利用大数据
    - 建立个人征信体系
    - 关注平台资金交易
  - 做好外部监督收集资料，推进相关法规出台
- 金融消费专项基金管理办公室
  - 收取年费与处理费
  - 统筹规划资金，进行投资
- 金融消费证据收集办公室
  - 履行证据代为收集权
  - 特殊情况：举证责任倒置

虽然至今未对金融消费者作出法定定义，但面对这样的现状我们在思考，积极地去寻找解决方案。希望本文起到借鉴作用，为金融消费者权益保护提供一个新的思路。

参考文献

[1] 邢会强. 金融消费者权利的法律保护与救济 [M]. 北京：经济科学出版社，2016.

[2] 刘盛. 金融消费者 ADR 本土化路径研究 [J]. 货币时论，2014 (6).

[3] 王军. 金融消费纠纷非诉解决机制研究 [J]. 华北金融，2013 (9).

[4] 石磊. 我国金融消费多元化解决机制探讨 [J]. 金融市场，2016 (9).

[5] 戴维. 斯基尔. 金融新政：解读《多德—弗兰克法案》及其影响 [M]. 北京：中国金融出版社，2012.

[6] 何颖. 金融消费者权益保护制度论 [M]. 北京：北京大学出版社，2011.

[7] 邢会强. 金融消费者纠纷的多元化解决机制 [M]. 北京：中国金融出版社，2012.

[8] 杨东. 金融消费者保护统合方法论 [M]. 北京：法律出版社，2013.

[9] 张为华. 美国消费者保护法 [M]. 北京：中国法制出版社，2005.

[10] 侯佳敏. 试论我国金融消费纠纷的非诉讼解决机制 [J]. 法制博览，2016 (8).

[11] 王昀，孙天琦. 英国金融行为监管局最新动向及启示 [N]. 金融时报，2014-01-27.

[12] 武文举. 论民事举证责任分配制度 [N]. 河南省政法管理干部学院学报，2009 (1).

[13] 邢会强. 处理金融消费纠纷的新思路 [J]. 现代法学，2009 (5).

[14] 叶自强. 举证责任的倒置与分割 [J]. 中国法学，2004 (7).

[15] 宋清华，宋一程. 香港台湾地区金融 ADR 的发展及对内地的借鉴.

[16] 边志亮. 金融消费纠纷非诉讼解决机制研究 [N]. 金融时报，2013-09-02.

[17] 陈文君. 金融消费者非诉讼救济比较研究 [J]. 金融与经济，2010 (3).

[18] 李浩. 民事诉讼证明标准的再思考 [J]. 1999 (5).

[19] 贾东明. 中华人民共和国消费者权益保护法解读 [M]. 2013.

浅析网络交易环境下消费者权益的保护

赵鑫薪[1]

摘 要：网络消费已成为国民常态化的生活方式，以其自身开放性、便捷性的优势在互联网金融的推动下迅猛发展。网络销售在刺激居民消费、拉动经济增长方面具有重要作用，成为国民经济增长的强大引擎。在其高速发展的同时带来了一系列侵害消费者权益的问题，深入研究网络交易中消费者权益的保护问题对于维护消费者的合法权益，营造良好的网络交易市场环境，促进电子商务持续健康发展具有重大意义。本文以五大发展理念为指导思想，意在推动网络科技创新与国民经济协调稳定地发展。

关键词：五大发展理念；网络交易；消费者；权益；保护

一、选题的背景及价值意义

2017年1月22日下午，中国互联网络信息中心（CNNIC）在京发布第39次《中国互联网络发展状况统计报告》（以下简称为《报告》）。《报告》显示，截至2016年12月，中国网民规模达7.31亿，相当于欧洲人口总量，互联网普及率达到53.2%。全年共计新增网民4 299万人，增长率为6.2%。企业在线销售增长率分别达到45.3%。2016年的交易规模达到5万亿元人民币。[2]随着互联网信息技术的发展，互联网金融已渗透到各行各业，成为商业发展的必然趋势。网络注册用户、网络交易规模、网络交易额的高位增长表明网络消费已成为一种常态化的生活方式。网络零售业在刺激居民消费、拉动经济增长方面具有重要作用，成为国民经济增长的强大引擎。

电子商务在高速发展的同时带来了一系列问题，根据中国电子商务研究中心发布的《2016年度中国电子商务用户体验与投诉监测报告》显示，2016年上半年，由中国电子商务研究中心主办的"中国电子商务投诉与维权公共服务平台"共接到的全国网络消费用户涉及电商投诉数量同比2015年上半年增长4.16%。2016年网络购物投诉占全部投诉52.75%，比例最高。其中质量问题（14.88%）、售后服务（9.99%）、退款难（9.92%）、发货迟缓（8.59%）、退换

---

[1] 作者单位：上海商学院。
[2] 中国互联网信息中心［EB/OL］.［2017-03-03］. http://www.cnnic.net.cn/.

货难（6.51%）、不发货（6.07%）、网络售假（5.92%）、网络诈骗（5.48%）、订单取消（4.81%）、虚假发货（4.00%），成为网络零售十大热点被投诉问题。❶ 这说明电子商务在给消费者带来便利实惠的同时，带来了实际交易中的诸多困扰。与此同时，法律法规以及监管配套的缺失与网络交易的高速发展不协调，电子商务在井喷式发展的同时，面临着现实的巨大挑战。因此，深入全面地研究网络交易中消费者权益的保护问题具有显著的现实意义，对于维护消费者的合法权益，营造良好的网络交易市场环境，促进电子商务持续健康发展，引导网络科技创新与国民经济协调稳定地相互促进具有重大意义。本文主要针对网络消费者权益保护的困境以及如何促进网络消费者权益的保护进行论述。

二、网络交易的概述

（一）网络交易所涉及的主体

电子商务区别于传统商业模式的一大特点就是它依托网络平台将各方主体联系起来，各方主体之间的关系相比较传统商业模式更加密切。交易的最基本主体就是买方和卖方。买方又称为消费者，这里的网络交易中的消费者是指为了满足只限于个人生活的需要通过互联网购买或者使用经营者提供的商品或服务的自然人。❷ 网络交易中的卖方指的是提供商品或服务的网络经营者。网络交易还涉及网络服务第三方交易平台、支付平台、物流运输公司等保证交易顺利完成的各方主体。网络购物的兴起带动了一系列相关产业的发展，但导致交易涉及的环节增多，交易环境更加复杂。

（二）网络交易纠纷出现的客观原因——网络消费的虚拟性

传统的消费模式是消费者亲临购物现场，亲自体验商品或服务，对商品的材质、价格、商家的服务都有面对面的真实感受，最后在购买支付时也是依靠现金、刷卡等现实方式。网络购物的整个交易过程借助互联网技术完成。网络经营者依托网络平台注册基本信息，通过文字、图片、视频等方式介绍商品基本信息资料，公布交易规则或交易合同信息，通过网上聊天工具与买家沟通交流，最终完成交易。消费者注册网络购物平台的账号，进入网站购物，通过卖家提供的文字、图片、视频以及大众评价了解商品的基本信息，最后通过网上支付平台完成交易。可见，网络购物相比较传统购物模式在付款前并不能亲自接触和试用到所要购买的商品或服务，消费者做出购买的决定仅依靠于虚拟的信息资料，交易双方也是互不接触的网络虚拟用户。这种虚拟性要求网络购物需要基于交易双方高

---

❶ 中国电子商务研究中心［EB/OL］.［2017-03-03］. www.100EC.cn.
❷ 李兆杰. 论网络环境下消费者权益的法律保护——以新的《中华人民共和国消费者权益保护法》为视角［J］. 洛阳理工学院学报，2014（1）：49.

度的信任感，而这种信任更多体现在卖家的诚信度上，这种权利与义务的不平衡容易出现一旦卖家的诚信度有所下降，买家的利益就会受到损害的情况。

三、网络交易环境下消费者权益保护的困境

（一）我国消费者权益保护法律体系的评析

1. 网络交易的立法现状

为了保障、促进电子商务健康有序地发展，从20世纪90年代我国就开始了网络领域的有关立法。近些年来，随着网络交易的蓬勃发展，相关领域的立法更是在不断加强。纵观这些年来的立法状况，对于网络消费者权益的法律保护，可参照援引作为依据的法律法规有《民法通则》《合同法》《消费者权益保护法》《产品质量法》《反不当竞争法》《广告法》《中华人民共和国电子签名法》《侵权责任法》《网络交易管理办法》《计算机信息网络国际联网安全保护管理办法》及《网上银行业务管理暂行办法》等相关规定，而这些法律法规并没有对网络消费者权益做直接规定。目前，我国尚没有颁布专门的网络交易消费权益保护法，对网络消费者权益的保护更多地依靠《消费者权益保护法》《网络交易管理办法》及各地方性法规。面对层出不穷的网络交易问题，原来依据传统交易模式制定的法律法规表现出力不从心的局面。新的《消费者权益保护法》以及专门针对网络交易的《网络交易管理办法》对网络消费者保护的力度大大提高，但具体到诸如网络经营者侵权的认定、网络经营者违法行为的处罚标准、责任主体的认定、管辖、诉讼程序等方面的问题上，立法仍空缺或含混不清。

2. 对新《消费者权益保护法》的评析

2013年10月新修改的《消费者权益保护法》针对网络消费者权益保护的相关规定有很大的进步。为配合新《消费者权益保护法》的出台，2014年1月国家工商行政管理总局通过了《网络交易管理办法》，这两大法的出台标志着我国网络消费者权益的保护在立法领域进入了一个新阶段。新"消法"对网络消费者的保护主要体现在以下几个方面：

第一，新增了网络经营者的信息披露义务。该法第二十八条规定了网络经营者应当向消费者提供经营地址、联系方式、商品或者服务的数量和质量、价款或者费用、履行期限和方式、安全注意事项和风险警示、售后服务、民事责任等信息的义务。[1]该条法旨在保护网络消费者的知情权，为网络消费者依法行使求偿权提供保证。但仅对网络经营者的信息披露义务进行规定，并没有相应配套的处罚规定，该法条的威慑力就值得商议了。

---

[1] 详见最新《中华人民共和国消费者权益保护法》第二十八条。

第二，赋予消费者七日反悔权。该法第二十五条规定了网络消费者"七天无理由退货的后悔权"。❶ 该法条充分考虑到网络交易虚拟性的特点，对处于网络交易弱势地位的消费者给予了一定的保护，更能体现公平交易的原则。同时对网络消费者的"后悔权"加以限制，防止消费者滥用"后悔权"。但笔者认为该规定存在不妥之处，比如：如何确定消费者收到商品之日；如何确定经营者收到退回商品之日；商品完好的标准如何确定。这些都关系到消费者能否顺利行使"后悔权"，如果对这些没有明确具体规定，消费者"后悔权"的行使就会大打折扣。此外，"退回商品的运费由消费者承担"的规定是否合理，如果消费者退回商品确实是由网络经营者造成的，还要承担退回商品的费用，是否有失公平的。

第三，明确网络消费者的个人信息保护。该法第二十九条为新增法条，首次对经营者收集、使用消费者个人信息应当遵循的原则进行了规定。❷ 该条法规借鉴了国外的立法经验，与国际接轨，规定了网络经营者收集、使用消费者个人信息应当遵循"合法、正当、必要的原则，明示收集、使用信息的目的、方式和范围，并经消费者同意"的八项原则，对网络消费者的个人信息隐私权加以保护。但其仅对消费者个人信息保护进行了规定，而对网络经营者的违法责任没有具体明确的规定，这也是在新《消费者权益保护法》实施两年以来，网络消费者个人信息泄露的情况并没有得到很大改观的原因。

第四，明确网络交易平台责任。该法第四十四条规定消费者通过网络交易平台购买商品或者接受服务，其合法权益受到损害的，可以向销售者或者服务者要求赔偿。网络交易平台提供者不能提供销售者或者服务者的真实名称、地址和有效联系方式的，消费者也可以向网络交易平台提供者要求赔偿；网络交易平台提供者做出更有利于消费者承诺的，应当履行承诺。网络交易平台提供者赔偿后，有权向销售者或者服务者追偿。网络交易平台提供者明知或者应知销售者或者服务者利用其平台侵害消费者合法权益，未采取必要措施的，依法与该销售者或者服务者承担连带责任。该条规定在保护消费者权益方面是新《消费者权益保护法》最为进步的一点，其充分考虑到消费者的弱势地位，利用网络交易平台相对于其平台下网络商家的优势地位来维护消费者的权利。同时起到规范网络交易平台的审查监管行为的作用，分散了政府监管的压力，弥补了监管漏洞。

（二）行政监管不到位

我国的电子商务发展起步较晚，监管部门的网络技术及硬件设施不太发达，监管部门对网络交易的监管存在不到位的问题。一是规范网络交易行为及行政监管职责的法律法规不健全，导致行政监管部门对网络交易的监管缺乏有力的法律

---

❶ 详见最新《中华人民共和国消费者权益保护法》第二十五条。
❷ 详见最新《中华人民共和国消费者权益保护法》第二十九条。

依据。各部门职责不明确，又会导致各监管部门分工错乱，配合不当，缺乏效率，甚至会出现有关部门相互推诿的情况。二是监管部门的不作为。随着网络交易的迅猛发展，监管部门的工作量增大，一些监管部门就抱着"能省则省"的心态，没有尽到行政监管的职责。三是监管不到。由于网络交易开放性的特点，网络交易常常跨区域甚至跨国界，这就给监管管辖带来不确定性。本区域的网站常常会为规避区域监管将服务器搬离，这造成了监管困难。

（三）经营者的信用评价体系不完善

网络购物中影响消费者做出消费决定的除了商家提供的反映商品基本信息的文字、图片、视频外，最重要的是对商家及其商品或服务的网络评价。大多数网络消费者在消费时都会选择好评比较多、信誉比较好的商家。随着网络消费市场的竞争日益激烈，为了赢得更多消费者的青睐，一些商家采用不正当竞争手段"刷好评"，虚假自己的评价指标，提高自己的信誉；有的商家雇用"水军"对竞争对手进行虚假评价，损坏竞争商家的信誉。有的商家还以回赠红包或"返现"的形式引诱消费者对其商品或服务进行好评。还有一些商家利用其技术优势欺骗消费者，以"淘宝"为例，在完成交易后规定时间内，即使消费者没有作出评价，系统也会默认为好评。这些都对商家信誉、商品和服务质量的客观评价造成了影响。现有的商家信用评价体系依靠与网络经营者有利害关系的网络交易服务第三方平台的评价以及消费者的评价是否客观公正值得思考。

四、网络消费者权益保护的可行性建议

（一）完善相关立法

新《消法》的修正，初步解决了消费者权益保护领域出现的网络消费者权益保护难等新情况、新问题，体现了立法的科学性，充分反映了消费者的意愿，考虑了经营者的利益。[1]但其存在的问题笔者也已论述过，完善网络消费者权益保护的相关立法笔者认为应从以下几个方面入手。一是提高相关法律的协调性。完善《消费者权益保护法》的同时加强相关法律如《广告法》《合同法》《侵权责任法》以及相关诉讼法等法律法规的修改力度，提高法律法规的协调性，更好地保护网络消费者权益。二是提高立法的科学性。进一步明确网络消费者的权益和网络经营者及相关责任主体的义务，以法律形式确定责任主体的认定原则，防止相关侵权主体之间相互推诿责任，减少消费者的维权成本。明确网络商家的责任，确定具体的处罚标准，提高网络经营者的违法成本。三是提高立法的可操作性。如何使被侵权方得到救济是网络消费者权益保护的最直接问题。现行的法律

---

[1] 李兆杰. 论网络环境下消费者权益的法律保护——以新的《中华人民共和国消费者权益保护法》为视角 [J]. 洛阳理工学院学报，2014（1）：53.

在网络纠纷方面仍遵循传统的"原告就被告"的管辖原则，数额较小的网络消费者在维权的道路上面对较高的维权成本不得不望而却步，实体权利得不到实现。笔者认为可以在《消费者权益保护法》中明文规定网络交易引起的纠纷应当由消费者在法定范围内选择有管辖权的法院或纠纷解决机构，这样既保护了网络消费者的求偿权，减少其维权成本，又兼顾到网络经营者的利益。

（二）建立完善的纠纷解决机制

保障网络交易中消费者的合法权益，除了加强立法强化其享有的民事权利以外，还应保障其权利遭受侵害后的救济渠道顺畅。❶ 就我国而言消费者维权应逐步进行，构建一个统一的权益保护机制。❷ 新修改的《民事诉讼法》确立了小额诉讼制度，为大多数网络消费者维权提供了方便。新《消费者权益保护法》明确规定了针对消费纠纷的公益诉讼制度❸，充分发挥了社会团体的力量和作用，整合了诉讼资源，提高了司法效率，对网络消费者权益的保护具有重要意义。但其规定只有省或直辖市级的消费者协会具有提起公益诉讼的资格，对诉讼主体的限制使网络消费者权益的保护不具有普遍性，对此笔者认为应当赋予所有级别的消费者协会提起公益诉讼的权利，更全面地保护消费者的利益。

针对网络交易量大、交易额不确定的特点，笔者认为在完善诉讼制度的同时，应建立"线下"和"线上"两种类型的调解、仲裁制度。"线下"主要发挥消费者权益委员会、民间仲裁委员会在解决网络交易纠纷中自由协商的优势，这种调解和仲裁的效力还需要得到法律的承认。"线上"可以借鉴国际上的ODR❹机制，建立符合我国国情具有中国特色的ODR机制。目前我国仅有两家ODR机构❺，ODR机制在中国还未得到很好的发展。2016年6月，北京召开了首届中国互联网纠纷解决机制高峰论坛，该论坛分析了中国在线纠纷解决机制的发展趋势，强调了在中国发展在线纠纷解决机制的重要性。❻ 近期，最高人民法院法院发布了《最高人民法院关于人民法院进一步深化多元化纠纷解决机制改革的意见》（以下简称《意见》），明确提出要"根据'互联网+'战略要求，创新在

---

❶ 易玲. 网络购物维度下消费者的权益保护研究［J］. 河北法学, 2016（34）：186.

❷ 王学辉, 赵昕. 隐私权之公私法整合保护探索——以"大数据时代"个人信息隐私为分析试点［J］. 河北法学, 2015（5）.

❸ 详见《中华人民共和国消费者权益保护法》第47条。

❹ ODR 即 Online Dsputa Resolution, 中文译名为"在线纠纷解决机制"。它利用网络来解决现实中的纠纷，双方当事人协商一致，在自愿的基础上把案件提交给机构，通过机构的在线仲裁或是调解帮助双方当事人解决纠纷并达成和解方案。其最大优势是可以解决当事人地域不同的问题。

❺ 分别是中国国际经济贸易仲裁委员会网上争议解决中心（http://cn.eietac.org）其前身是贸仲委域名争议解决中心，最初是解决域名争议纠纷。中国争端在线解决网（www.Chinaodr.com）。

❻ 详见最高人民法院司改办指导处副处长龙飞在峰会上发表的题为《中国在线纠纷解决机制的发展趋势》的主题演讲。来源 http://news.sina.com.cn/, 最后访问日期：2016-09-13.

线纠纷解决方式,推动建立在线调解、在线立案、在线司法确认、在线审判、电子督促程序、电子送达等为一体的信息平台"。❶ 该政策的出台进一步为 ODR 机制在我国的发展指明了方向,提供了政策支持。

（三）完善市场监管体系

网络交易的市场监管不同于传统交易模式下的市场监管,需要更多政府部门的相互配合。在这一过程国家工商总局应发挥主要监管职能,其他各级监管部门理顺内部关系,明确各部门的职责,落实好对网络交易的监管工作。首先,工商管理部门应对入网经营者的资质享有最终审核权,即网络第三方交易平台在对入网经营者进行审核监督备案后,应将资料交由工商管理部门进行最终审核备案,对符合入网资格的经营者按照标准划分等级,并颁发电子营业执照。登记备案后,不管网络经营者的服务器如何转移,登记管理机关都享有管辖权,消费者也可以随时根据电子登记号查询网络经营者的相关信息。其次,监管部门加强对网络硬件设施建设的同时要广泛吸收具有计算机技术、电子商务专业知识、法律法规专业知识的综合性人才,加强监管队伍的专业性和高效性,为更好地履行监管职责做好技术和人才支持。

（四）建立统一客观的信用评价体系

现行的网络经营者的信用评价多是由网络第三方交易平台或是自己完成的。网络第三方交易平台是通过其网站门户下的各家网络经营者来盈利的。所以笔者认为网络第三方交易平台与网络经营者有利害关系,其不应承担信用评价者的角色,而应由无利害关系的第四方承担信用评价者的角色,具体可由工商行政管理部门成立专门的网络经营者信用评价机构,经工商监管部门审核成立的网络经营者的经营行为受到信用评价机构的评价,信用评价机构做出的评价等级又成为工商行政监管部门的监管依据,该机构与行政监管部门相互配合,共享资源。

五、结语

李克强总理在 2015 年的政府工作报告中提出"互联网+"的行动计划,未来中国经济将更多地向电子商务、互联网金融方向发展。网络消费者权益的保护将会成为维护公民人权的重要组成部分。

针对网络消费者权益保护的现状,笔者认为网络消费者权益的保护需要深入贯彻创新、协调、开放、共享的发展理念。创新网络交易纠纷解决机制,加强网络科学技术的创新,减少网络漏洞。协调好各方利益,协调好经济发展与公民权利的关系,协调好各政府部门的工作。保持网络交易的开放性与自由性,把握法律监管的力度和深度;保持法律体系的开放性,积极吸收借鉴国外先进理念和机

---

❶ 详见《最高人民法院关于人民法院进一步深化多元化纠纷解决机制改革的意见》。

制；保持网络监督的开放性，充分发挥政府、社会团体、消费者个人的资源优势，提高各部门的行政效率。此外，消费者要加强维权意识，网络经营者要加强行业自律。相信在各方的坚持努力下，未来中国网络交易环境会更加健康和纯净，网络消费者权益的保护会更加合理和完善。

参考文献

[1] 中国互联网信息中心 [EB/OL]．[2017-03-03]．http://www.cnnic.net.cn/．

[2] 中国电子商务研究中心 [EB/OL]．[2017-03-03]．www.100EC.cn．

[3] 李兆杰．论网络环境下消费者权益的法律保护——以新的《中华人民共和国消费者权益保护法》为视角 [J]．洛阳理工学院学报，2014（1）．

[4] 中国电子商务投诉与维权公共服务平台 [EB/OL]．[2017-03-03]．www.100ec.cn/zt/315．

[5] 易玲．网络购物维度下消费者的权益保护研究 [J]．河北法学，2016（6）．

[6] 王学辉，赵昕．隐私权之公私法整合保护探索——以"大数据时代"个人信息隐私为分析试点 [J]．河北法学，2015（5）．

[7] 最高人民法院司改办指导处副处长龙飞在峰会上发表的题为《中国在线纠纷解决机制的发展趋势》的主题演讲．来源 http://news.sina.com.cn/，最后访问日期：2016-09-13．

轻微犯罪被告人认罪认罚从宽制度研究

——刑事速裁程序运行机制的改革与探索

林哲骏[1]

摘 要：当前，刑事速裁程序改革是落实十八届四中全会提出的完善刑事诉讼中认罪认罚从宽制度迈出的第一步。面对案多人少的压力，需要进一步构建被告人认罪案件和不认罪案件的分流机制，优化配置司法资源。笔者认为，刑事速裁程序应以追求诉讼效率为主要价值目标，以量刑协商为内容核心，与刑事普通程序、简易程序构成三层并列的诉讼处理结构。在程序内容构建上，速裁程序的适用范围应为可能判处一年以下有期徒刑、拘役、管制或者依法单处罚金的案件，不设罪种限制，不设禁止性规定；速裁程序运行中，律师的职能作用应从庭审辩护向庭前阅卷和提供法律意见进行转移，主要帮助被告人进行程序选择和量刑协商；速裁程序的证明标准可以适当降低，达到"基本案件事实清楚、基本证据确实充分"的标准即可；速裁程序给予被告人的量刑优惠要明确具体，公诉机关量刑建议要相对精准且幅度范围合理；速裁程序不适用书面审理的方式，仍需通过庭审确认被告人认罪及认可量刑建议的真实性；在审级上，速裁程序应适用一审终审制；最后，完善速裁程序的救济包括判决前速裁程序向简易程序及普通程序的转换，以及判决后再审申请的救济。

关键词：轻微犯罪；认罪认罚；刑事速裁程序；量刑协商

2014年10月，党的十八届四中全会通过了《中共中央关于全面推进依法治国若干重大问题的决定》指出，要完善刑事诉讼中认罪认罚从宽制度。随后，《最高人民法院关于全面深化人民法院改革的意见》进一步提出要健全轻微刑事案件快速办理机制。完善刑事诉讼中认罪认罚从宽制度，刑事速裁程序就是迈出的第一步。[2] 当前在速裁程序的改革试点过程中，各相关地方和司法机关积极探索，勇于改革，积累了丰富的经验，也发现了大量问题。如今，试点工作已接近尾声，本文即从试点经验的基础上对刑事速裁程序的构建进行一定的思考和探索。

---

[1] 作者单位：上海市徐汇区人民法院。
[2] 罗灿. 刑事速裁程序是及时实现公平正义的创新 [J]. 人民法院报，2015，3（27）：4.

一、理论奠基：速裁程序的内在价值与功能定位

（一）速裁程序构建的现实需求

刑事速裁程序，是指对事实清楚，证据充分，被告人自愿认罪，当事人对适用法律没有争议的危险驾驶、交通肇事、盗窃、诈骗、抢夺、伤害、寻衅滋事等情节较轻，依法可能判处一年以下有期徒刑、拘役、管制的案件，或者依法单处罚金的案件，进一步简化刑事诉讼法规定的相关诉讼程序。❶从这一定义可以看出，刑事速裁程序适用范围立足于一年以下有期徒刑、拘役、管制的案件，即轻罪案件。从我国社会发展背景和司法实践需求来看，刑事速裁程序地构建有其紧迫的现实需要。表现在于：第一，任何一个国家的司法资源在一定时期都是恒量存在的，普通程序在尽最大可能保障程序公正性的同时，消耗了大量司法资源。如果对所有案件不加区分地适用繁复的普通程序，将使司法资源平均分配，导致真正疑难重大案件得不到更多的照顾。因此，在刑事诉讼中构建更为轻简的速裁程序是实现刑事案件繁简分流，司法资源轻重分配的必然要求；第二，当前，我国正处于经济结构调整、矛盾纠纷多发、刑事犯罪高发的历史时期，为了有效维护社会稳定，将一些普遍存在的违法行为予以犯罪化规制，成为立法的一个显著发展趋势。因此，在废除劳教制度以及不断更正的刑法修正案将危险驾驶等违法行为纳入刑罚体系后，轻罪案件的比例逐渐提高，轻罪案件的处理愈加需要重视，也就愈加需要构建专门适用审理轻微犯罪的新的刑事诉讼程序。

（二）速裁程序的价值追求

在我国现有的刑事诉讼程序中规定了普通程序和简易程序两种程序模式。普通程序的价值追求体现为公正性，其对诉讼整体的把握在于情愿花费大量的司法资源以保证诉讼进行的合理、公开、严谨以及可救济。在普通程序中，程序公正的目的在于以完备、细致的程序确信被告人具有无可争议的犯罪事实，从而最大限度地保证实体上的公正。与之相比，简易程序的价值追求在于保障公正性的同时兼顾对效率的追求，在被告人自愿认罪的基础上，防止被告人含冤蒙雪的公正性需求降低，而防止诉讼拖延，保证被告人获得快速审判权利的效率性需求更为重视。程序越正当，诉讼成本就越高。在司法资源恒量，而案件数量不断增长的情形下，社会对于效率价值就有了更多的追求。因此，全国人大常委会试点开展的速裁程序，就是根植于追求效率的价值取向，在轻罪案情简单，且被告人自愿认罪的基础上，进一步降低对于公正性的绝对化追求，转为重视对诉讼效率的追求，用较少的司法资源解决更多的诉讼案件，保证刑罚的迅速和及时。刑事诉讼程序的价值追求如图1

---

❶ 全国人民代表大会常务委员会. 全国人民代表大会常务委员会关于授权最高人民法院、最高人民检察院在部分地区开展刑事案件速裁程序试点工作的决定 [Z]. 全国人民代表大会常务委员会公报，2014.

所示：

```
              公正        效率
普通程序：     高    ↓     低    ↑
简易程序：     中          中
速裁程序：     低          高
```
图1

（三）速裁程序的结构定位

在对待轻微犯罪案件的处理上，西方国家有着不同的快速审理程序。德国作为大陆法系国家的代表，其刑法中将重罪规定为最低刑一年以上的违法行为，对于可能判处一年以下有期徒刑的轻罪案件，德国刑事诉讼法适用独立的快速审理程序，包括：简易程序、处罚令程序和保安处分程序；美国作为普通法系国家的代表，其在制定法上也将轻罪界限定为可能判处一年以下有期徒刑的犯罪，对于这类案件总体上是由州内区法院的辩诉交易程序和基层治安法庭的微罪审理程序（适用于判处非监禁刑罚的案件）来交替适用。[1] 对比我国刑事诉讼程序的设置，对于轻微犯罪的处理并没有独立的快速审理程序，被告人认罪案件统一划分为简易程序处理范围，结构单调，细分不明。而从程序的价值追求上看，面对大量轻微刑事案件，简易程序难以体现高效、速决的优势，难以达到有效提高诉讼效率的目的。[2] 有必要在简易程序中切分出一定范围的轻微刑事犯罪，创设对应处理的新的诉讼程序，形成刑事诉讼普通程序、简易程序、速裁程序三层并列的诉讼处理结构。

在试点实践中，有学者提出速裁程序在诉讼结构中应定位于类似德国的处罚令程序。笔者认为，从名称上看，德国刑事诉讼快速审理程序中的简易程序、处罚令程序与我国刑事诉讼的简易程序、速裁程序有着很强的承接对应关系，但从程序的内容实质上看则不然。首先，德国的简易程序适用于可能判处一年以下有期徒刑的轻微刑事案件，与我国简易程序的适用范围存在较大的差异，反而与速裁程序适用范围相类似；其次，德国处罚令程序因为仅针对可能判处缓刑和罚金刑的案件，采用书面审理的方式，而我国刑事速裁程序涵盖的范围仍然包括自由刑，不能仅以书面处罚令的方式进行审理。因此，在程序的结构对应上，速裁程序的地位应类似于德国的轻罪简易程序。

当然，目前我国刑事诉讼在构建普通程序、简易程序、速裁程序三层并列的诉讼模式之外，仍然可以预留空位，在速裁程序建立完善和成熟之后，借鉴德国

---

[1] 李本森. 我国刑事案件速裁程序研究——与美、德刑事案件快速审理程序之比较 [J]. 环球法律评论，2015（2）.

[2] 刘广三，李艳霞. 我国刑事速裁程序试点的反思与重构 [J]. 法学，2016（2）.

的处罚令程序和美国的微罪审理程序，考虑将可能判处缓刑和罚金刑的轻微犯罪案件进一步从速裁程序中剥离出来，构建第四层并列的不开庭书面审理程序（见图2）：

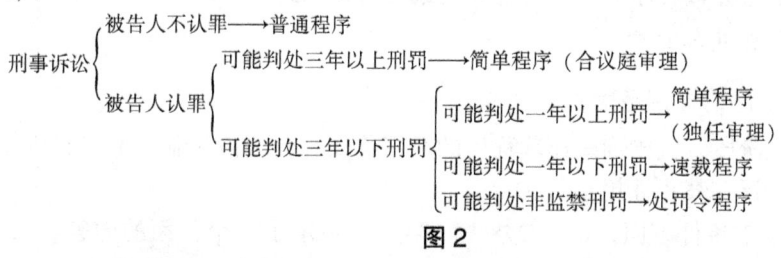

```
              ┌ 被告人不认罪──→普通程序
              │          ┌ 可能判处三年以上刑罚──→简单程序（合议庭审理）
刑事诉讼 ─────┤          │                    ┌ 可能判处一年以上刑罚→简单程序（独任审理）
              │ 被告人认罪┤                    │
              └          └ 可能判处三年以下刑罚┤ 可能判处一年以下刑罚→速裁程序
                                              └ 可能判处非监禁刑罚→处罚令程序
```

图 2

（四）速裁程序的内容核心

在确定速裁程序的结构定位后，从比较法视野上看，速裁程序应当对应借鉴德国轻罪简易程序和美国辩诉交易程序进行构建。但从程序内容上看，美国辩诉交易程序要求被告人在认罪的基础上与控方达成量刑协议，在法庭确认阶段，法官不再就证据等事实进行实质性审查；而德国轻罪简易程序除了要求被告人认罪外，并没有关于同意检察官量刑建议的硬性要求，法官仍要通过庭审进行实质性证据调查。❶ 根据最高人民法院、最高人民检察院、公安部和司法部联合印发的《关于在部分地区开展刑事案件速裁程序试点工作的办法》（以下简称《试点办法》）第六条的规定，我国速裁程序适用的前提不仅包括被告人自愿认罪并同意适用速裁程序，还要求被告人对检察院拟定的量刑建议没有异议；同时，《试点办法》第十一条规定，速裁程序的审理不再进行法庭调查和法庭辩论。❷ 可以看出我国速裁程序在内容设计上更接近于美国辩诉交易程序。

在美国辩诉交易程序中，其内容核心在于检察官与被告人可以就指控罪名的降级和量刑减让达成书面协议。与之相比，我国作为成文法国家，各项罪名有着严格对应的构成要件，且在司法传统理念中，刑事诉讼更应追求案件的实质真实性，因此目前，我国尚不具备就罪名进行协商的条件基础；另外，我们设立速裁程序的目的在于节约司法资源，提高诉讼效率，在被告人自愿认罪且放弃法庭调查、法庭辩论等诉讼权利的情况下，有必要给予被告人相等的量刑优惠，以吸引和激励更多被告人认罪且选择适用速裁程序。因此，诉辩双方就量刑减让进行协商达成一致，是速裁程序构建的内在需要，应当成为程序构建的内容核心。

二、实体构建：速裁程序的规则体系与运行机制

速裁程序作为与普通程序、简易程序并列的第三层独立的刑事诉讼程序，其

---

❶ 李本森. 我国刑事案件速裁程序研究——与美、德刑事案件快速审理程序之比较［J］. 环球法律评论，2015（2）.

❷ 最高人民法院编. 刑事案件速裁程序试点实务与理解适用［M］. 京内资准字2015-Y0026号.

诉讼规则体系及运行机制的构建，需要对其适用范围、审理方式、审级结构等内容进行全新的制度设计和考量。笔者粗略地以庭审阶段为划分，从庭前、庭审及庭后三个阶段对速裁程序的一些内容问题进行构建探讨。

（一）庭前准备与完善

1. 速裁程序的适用范围

目前试点阶段，我国刑事速裁程序的适用范围有着严格限制，不仅有概念性的限缩条件，还有禁止性规定。

（1）在限缩条件方面，《试点办法》第一条规定了三个方面的内容：第一，速裁程序只适用于危险驾驶、交通肇事、盗窃、诈骗、抢夺、故意伤害、寻衅滋事、非法拘禁、毒品犯罪、行贿犯罪、在公共场所实施的扰乱公共秩序犯罪这11类罪名；第二，只适用于可能判处一年以下有期徒刑、拘役、管制或者依法单处罚金的案件；第三，需被告人自愿认罪且对适用法律无异议、同意适用速裁程序和量刑建议。在限缩性条件中，对于第三方面的内容并无多少争议，这是程序适用的基础，实践中争议较大的主要在前面两个方面。

对于速裁程序是否只适用于所列举的罪名，有学者提出"只要将速裁程序的范围限定在可能判处一年以下有期徒刑的案件即可，而没有必要再对其适用罪种进行限定"，❶ 笔者赞同这一观点。首先，在刑法450余项罪名中，规定所涉的11类罪名仅占极少部分，实践中情节较轻的侵占罪、妨害信用卡管理罪等众多案件，本身社会危害性并不大，也都可能被判处一年以下有期徒刑、拘役，却因为罪名限制而无法适用，极大地限制了速裁程序的适用范围，导致速裁程序成为一些特定罪名的专属程序；其次，故意杀人等暴力犯罪在刑期上有着天然的限制，不可能突破刑法的规定判处如此低的刑期，而恐怖活动、黑社会性质犯罪等则基本为共同犯罪，为查明事实的方便以及保证程序的统一性，也不可能部分被告人适用普通程序或简易程序而其余被告人适用速裁程序。因此在速裁程序的适用范围上可以放开对罪名的限制。

对于速裁程序适用的刑期范围，有部分观点认为"随着经验的积累以及制度的完善，在下一步的探索改革中，可将刑事速裁程序的适用范围扩大至可能判处三年以下刑罚的案件"，❷ 笔者对此不予认同。首先，在之前速裁程序的结构定位中已论述，速裁程序是独立于简易程序之外的诉讼程序，而目前我国简易程序独任审理的案件适用范围即为"可能判处三年以下刑罚的案件"，如果将适用速裁程序的刑期范围进一步扩大，其将与简易程序混同，导致二者都失去程序的独

---

❶ 汪建成. 以效率为价值导向的刑事速裁程序论纲 [J]. 政法论坛, 2016（1）.

❷ 张勇, 程庆颐, 董照南, 等. 推进刑案速裁促进繁简分流——天津高院关于刑事案件速裁程序试点工作的调研报告 [N]. 人民法院报, 2015, 9（24）: 8.

立性价值，造成适用上的混乱；其次，速裁程序的价值取向在于诉讼效率，必然损失一定的公正性，现阶段将程序适用的刑期范围仍然限定在"一年以下"，其对公正价值的牺牲微乎其微，易为公众接受，同时能过滤一些严重犯罪因减轻处罚而可能符合速裁适用。

（2）在禁止性规定方面，《试点办法》第二条从八个方面对速裁程序的适用进行了限制，包括：被告人是未成年人、盲、聋、哑人及精神病人的；共同犯罪中部分被告人对犯罪事实、罪名、量刑建议有异议的；被告人可能无罪或辩护人作无罪辩护的；经审查认为量刑建议不当的；被告人与被害人方未达成赔偿协议的；被告人违反取保候审、监视居住规定的；被告人系累犯或教唆未成年人犯罪的；其他不宜适用速裁程序的情形。笔者认为，试点阶段由于经验不足，对公正和效率难以平衡把握，从而严格限制速裁程序的适用确有其必要性，但程序正式建构后，则可以将众多条框限制予以去除。从内容上看：第一，之所以限制未成年人、盲、聋、哑人和精神病人适用速裁程序，是因为他们可能由于认知能力的不足而不具有程序的自主选择权，不能清晰知晓适用速裁程序的后果。但同时，这种涵盖性的规定不可避免地限制了大量具有清晰意识及独立能力的被告人的程序选择权。对于这类被告人程序选择能力的鉴别完全可以通过提讯和庭审进行双重甄辨，并不需要以此来限制速裁程序的适用；第二，共同犯罪案件为了利于查明事实及保证程序的统一性，并不会在同一案件中适用多种程序，也没有共同犯罪同时适用普通程序和简易程序的先例，因此不需要对这一条予以特殊规定；第三，经审查可能无罪、量刑建议不当或律师作无罪辩护的，可立即进行程序转换，这属于速裁程序的救济手段，而不是适用范围；第四，对被害人损害的赔偿问题属于刑事和解的内容，是衡量被告人悔罪态度的表现，可以此作为量刑的参照（累犯问题也如此），而不是剥夺被告人的程序选择权，而且在司法实践中，盗窃、诈骗、交通肇事、故意伤害、寻衅滋事等多个罪名都涉及损害赔偿问题，很多被告人因为经济能力较差无力赔偿，在这种情况下仍以"未就赔偿问题达成和解"作为限制被告人选用速裁程序的理由就显得极为不公平；第五，被告人违反取保候审、监视居住规定的，司法机关应当及时告诫，严重时变更强制措施即可，与程序选择无关。

2. 速裁程序的律师作用

随着试点实践的展开，我们发现速裁程序运行中辩护律师的作用与简易程序及普通程序相比有较大不同：一方面，速裁程序在法庭审理阶段省略了法庭调查和法庭辩论环节，辩护律师在庭上的作用较小，其在开庭过程中仅需回答两个问题，即对"是否申请回避""对本案指控的事实、证据、罪名及量刑建议是否有异议"回答"是"或"否"，并没有也不需要充分发挥刑事辩护律师在庭审过程中对于案件性质及量刑的辩护职能；另一方面，在速裁程序中，被告人对于案件事实本身并无争议，且认罪认罚，其真正需要的法律帮助在于对速裁程序内容的了解，对适用程序所造成法律后果的认知以及对量刑建议进行参考分析，确认是否有利于自身。可以说在速裁程序中，辩护人在庭前的作用远大于庭审期间的作用。因此，在速裁程序的运行中，要转变思想观念，把律师的职能作用从庭审辩护向庭前阅卷和提供法律意见进行转移，及时为被告人提供法律咨询和建议，告知被告人适用速裁程序的法律后果，帮助其进行程序选择和量刑协商。

此外，为了充分保障被告人的合法权益，在被告人无力聘请律师时，要及时为其提供相应的法律帮助，要完善相关的法律援助制度。一方面，进一步推进落实派驻看守所、法院法律援助值班律师的制度工作，保证在押及取保候审的被告人能同等且及时地获得律师帮助。另一方面，司法机关要加强对派驻律师进行速裁程序相关内容的培训，使派驻律师熟知程序要求，明确自身职责，重视庭前阅卷，帮助被告人做好程序选择。

3. 速裁程序的证明标准

《试点办法》第九条规定了速裁程序的证明标准为："事实清楚、证据充分。"❶ 而这正是我国刑事诉讼法第195条和208条分别规定的普通程序和简易程序所需要达到的证明标准。通常意义上看，刑事诉讼涉及对被告人人身自由和财产权利的剥夺处罚，确应审慎严谨地遵循严格的诉讼证明标准，但这是程序对公正性有较高追求的基础。在速裁程序以追求效率为价值目标，对公正性的价值追求较普通程序及简易程序有所降低的情况下，是否还应遵循同一证明标准呢？

笔者认为，对于适用速裁程序的轻微刑事案件，其证明标准可以降低。何家弘教授曾概括我国司法实践中采用的证明标准为五层：第一，"铁证"或"铁案"；第二，"案件事实清楚、证据确实充分"；第三，"基本案件事实清楚、基本证据确实充分"；第四，"案件事实基本清楚、证据基本确实充分"；第五，"虽有疑点，也能定案"。❷ 除了第一标准太过严苛和第五标准以疑罪定案外，第二层标准即为我国刑事诉讼法的要求标准，这一证明标准对应了诉讼程序中的普通程序和简易程序。而速裁程序和将来可以构建的处罚令程序根据其对公正性价值的追求程度，则分别可以对应第三和第四层"两个基本"的标准。首先，在速裁程序中，被告人与公诉机关量刑协商的达成实际上是通过放弃自己的诉讼对抗权而获取从宽处罚，在诉讼对抗程度降低的情况下，公诉机关的证明义务就可以降低；其次，在量刑协商已达成的情况下，法官确认被告人属自愿认罪后，被告人的有罪供述就应当成为具有较高证明力的证据，此时案件事实的查明，应围绕被告人的供述，以其他证据相佐，确认认罪的真实性；最后，盗窃、故意伤

---

❶ 最高人民法院编. 刑事案件速裁程序试点实务与理解适用 [M]. 京内资准字 2015-Y0026 号.
❷ 何家弘. 刑事错判证明标准的名案解析 [J]. 中国法学, 2012 (1).

害、寻衅滋事等案件在犯罪情节轻微时，存在过程短暂、现场灭失较快、无监控录像或证人证言难以搜集等特点，其证据链的完整程度确实难以达到普通程序的标准，在案情简单明了的情况下，非要苛求形式的周正，将极大地拖延诉讼的进程，于被告人不利，于司法机关也无益。因此，对于使用速裁程序的轻微刑事案件，可以适当地降低对证明标准的要求，达到"基本案件事实清楚、基本证据确实充分"的标准。

（二）庭审实施与确认

1. 速裁程序的量刑协商

速裁程序的内容核心在于量刑协商，通过给予被告人一定的量刑优惠以换取诉讼效率，但在《试点办法》中这一量刑优惠仅规定为"可以从宽处罚"，虽然一般认为"从宽处罚"包括从轻、减轻或者免除处罚，❶ 但毕竟不是法律术语，如何从宽、从宽多少都没有一个具体幅度，在这种情况下，公诉机关的量刑建议也就只能泛泛而谈。以笔者接触的审判实践为例，公诉机关除了危险驾驶类案件的基本量刑建议为"拘役两个月以下并处罚金的刑事处罚"外，其余案件均为原则性地提出建议判处一年以下有期徒刑、拘役、管制的刑事处罚，根本体现不出对被告人的量刑优惠在何处。而且由于量刑建议的幅度过于宽泛，基本等同于可以适用速裁程序的刑期范围，于被告人而言并无商论之意，导致被告人无明确的心理预期，当法院宣判后，对于法院判决存在量刑过重的异议，致使法官需要花费大量时间进行法庭教育及法理释明，违背了程序设计体现诉辩协商，提高诉讼效率的初衷。

被告人自愿认罪并放弃诉讼对抗是有对价的，这种对价就体现在对被告人的量刑优惠。被告人总是通过对自身利益的整体衡量来对程序选择进行预先评估，以量刑优惠激励为基础才能实现诉辩双方的量刑协商，才能保证速裁程序为被告人所选择适用。因此，在速裁程序的构建中，需要进一步明确被告人适用速裁程序可获得的量刑优惠，可以参照《最高人民法院关于常见犯罪的量刑指导意见》中对于被告人如实供述及自愿认罪减少基准刑的比例，设定相应的量刑优惠。同时，进一步规范公诉机关的量刑建议，使其相对精准且幅度范围合理，这样才能使被告人对自身所应受的处罚有较为明确的预期，从而在确认无异议后达成量刑协议。为此，可以就盗窃、毒品犯罪等适用速裁程序比例较高的常见犯罪进行量刑情节的细化，固定部分常见情节的量刑幅度，使公诉机关进一步缩小量刑建议的幅度范围，给予明确区间，例如对有期徒刑的建议幅度一般不超过2个月；拘役、管制的建议幅度一般不超过1个月等。

---

❶ 张淼. 从宽处罚的理论解析［J］. 法学杂志，2009（5）.

2. 速裁程序的审理模式

根据《试点办法》第十一条的规定，速裁程序的审理不再进行法庭调查和法庭辩论，相较于简易程序，速裁程序的开庭时间大为缩短。但在试点过程中，有部分学者提出速裁程序的开庭仍不够简化，不如直接省去，借鉴德国处罚令程序构建书面审理的方式，❶ 笔者对此不予赞同。首先，德国处罚令程序适用的范围仅仅针对缓刑和罚金刑，若要涉及限制人身自由的刑罚，则仍然要交由简易程序来审理，这一理念是符合基本的诉讼公平价值观的。缓刑和罚金刑虽然隶属刑罚，但实际上并没有剥夺犯罪人的人身自由，即使存在审判的错误，仍然可以通过撤销或返还予以弥补。而自由刑则不同，其对犯罪人人身自由的剥夺是过后所无法原样弥补的，因此刑事诉讼对于犯罪人判处自由刑的处罚仍应当严谨、审慎地对待。况且目前在我国司法监督机制尚不健全，法官社会威望和尊崇感仍不高的情况下，如果对涉及自由刑处罚的案件仍以法官通过书面签发处罚令的方式进行审理，并不足以服判息诉，刑罚过轻，涉诉被害人对判决结果表示不信任；刑罚过重，则被告人不服判决；其次，速裁程序因被告人自愿认罪而削弱了被告人的诉讼抗辩权，为了保证程序的基本公正，法官必须认真核对判断被告人对其罪行的认知和悔罪态度，而对于这一判断仅凭卷宗文字并不足以确信，仍需要通过庭审讯问以及听取被告人最后陈述予以真实确认。而且速裁程序的内容核心在于量刑协商，量刑协商的核心则在于被告人对量刑建议的真实认可，这就需要法官通过庭审询问被告人意见，确认被告人对量刑协商认可的真实性；最后，在多元化诉讼程序的构建框架内，仍然有预留空位，考虑将可能判处缓刑和罚金刑的轻微犯罪案件进一步从速裁程序中剥离出来，构建第四层的处罚令程序，并不需要在速裁程序中就将庭审模式省略。

（三）庭后终结与救济

1. 速裁程序的审级层次

我国《刑事诉讼法》规定了诉讼程序实行两审终审制，但以提升诉讼效率为目的的速裁程序在审级构建上是否仍应当沿用这一体制，实践中存在较多争议。有学者予以默认；有学者则提出应当适用一审终审；❷ 还有学者提出要建立有限制的上诉，通过设置前置过滤审查程序，淘汰不符合上诉条件的上诉案件。❸

笔者认为对于速裁程序可以考虑适用一审终审制，理由在于：首先，在普通程序及简易程序中，被告人对公诉机关指控的犯罪事实或量刑建议是存在争议

---

❶ 徐玉，李召亮. 我国刑事提讯速裁程序构建初探 [J]. 山东审判，2014（6）.

❷ 汪建成. 以效率为价值导向的刑事速裁程序论纲 [J]. 政法论坛，2016（1）.

❸ 李本森. 我国刑事案件速裁程序研究——与美、德刑事案件快速审理程序之比较 [J]. 环球法律评论，2015（2）.

的，在这种诉讼对抗的模式下，为防止法官在居中裁判的过程中出现偏差，就需要赋予被告人上诉寻求再次救济的权利。但在速裁程序中，被告人对犯罪事实并无争议，对量刑建议已同意确认，诉讼对抗性已大为削弱，此时设置上诉程序进行法律纠错和请求救济的动因已不存在，没有必要再行设置上诉程序；其次，速裁程序赋予了被告人充分的程序选择权，被告人通过量刑协商对诉讼后果已有了较为明确的心理预期，且在经过侦查起诉和庭审阶段的多次询问而其并没有提出异议的情况下，在法庭宣判后再行上诉反悔的，不仅有违诚信也是对诉讼资源极大的浪费；再次，在试点实践中，大部分适用速裁程序的被告人均服判息诉，仅有的少数上诉案件原因基本在于判处实刑的被告人为了留待看守所服刑以及判处缓刑的被告人为处理个人事务而通过上诉来拖延执行时间。在这里，上诉已成为拖延执行的手段而非实现其本来的纠错、救济之目的；最后，取消上诉并非意味着救济渠道的消失，确有特例需要纠错救济的仍然可以通过再审申请予以更正。可以参考前期试点成功的民事诉讼小额速裁程序，同样在设置一审终审时，赋予被告人再审申请的救济权。

2. 速裁程序的救济方式

速裁程序以追求效率为目的，在程序简化上压缩了被告人的诉讼权利，由此可能造成的风险后果就包括侦查机关为了早日结案而存疑定罪以及被告人为了早日脱离羁押而无奈认罪。因此，速裁程序在追求诉讼效率的同时还需要完善相应的救济方式以保障诉讼基本的公正，主要包括两个方面：一是判决前速裁程序向简易程序及普通程序的转换，二是判决后再审申请的救济。

对于速裁程序的转换，首先，应赋予被告人充分的程序选择权，在判决前允许被告人反悔适用速裁程序。因为在速裁程序适用范围扩大而证明标准降低的情况下，程序的公正性很大程度上依托于被告人的自愿认罪及认可量刑建议，因此在诉讼过程中，需要绝对保证被告人对指控的事实、罪名及量刑建议没有异议，若有异议的，应立即转换为简易或普通程序审理；其次，应赋予法院对程序的决定权，法院站在客观中立的角度需要审查程序公正性的基础，在经审查发现量刑建议不当、被告人可能无罪或律师作无罪辩护的，应立即进行程序转换；最后，赋予检察院对程序的监督权，检察院既是刑事诉讼公诉机关，也是国家的法律监督机关，其在履行法律监督职能时发现有不符合速裁程序适用情形的，应及时向审判机关提出纠正意见。

由于构建一审终审制限制了被告人的上诉权，在判决后对被告人的救济就体现在再审程序上。再审申请应只对事实及法律适用错误进行受理而不受理量刑异议，过滤以此为借口的诉讼拖延。同时因为存在事实及法律适用错误的可能，再审开庭就应适用普通程序进行审理，恢复法庭调查和法庭辩论以查明事实，但由此造成的诉讼进程拖延由于非因被告人的过错，再审审理不得因此而减少已给予的量刑优惠。

参考文献

[1] 最高人民法院编. 刑事案件速裁程序试点实务与理解适用 [M]. 京内资准字 2015-Y0026 号.

[2] 李本森. 我国刑事案件速裁程序研究——与美、德刑事案件快速审理程序之比较 [J]. 环球法律评论, 2015 (2).

[3] 刘广三, 李艳霞. 我国刑事速裁程序试点的反思与重构 [J]. 法学, 2016 (2).

[4] 汪建成. 以效率为价值导向的刑事速裁程序论纲 [J]. 政法论坛, 2016 (1).

[5] 何家弘. 刑事错判证明标准的名案解析 [J]. 中国法学, 2012 (1).

[6] 张淼. 从宽处罚的理论解析 [J]. 法学杂志, 2009 (5).

[7] 徐玉, 李召亮. 我国刑事提讯速裁程序构建初探 [J]. 山东审判, 2014 (6).

[8] 罗灿. 刑事速裁程序是及时实现公平正义的创新 [N]. 人民法院报, 2015, 3 (27): 4.

[9] 张勇, 程庆颐, 董照南, 等. 推进刑案速裁促进繁简分流——天津高院关于刑事案件速裁程序试点工作的调研报告 [N]. 人民法院报, 2015, 9 (24): 8.

[10] 全国人民代表大会常务委员会. 全国人民代表大会常务委员会关于授权最高人民法院、最高人民检察院在部分地区开展刑事案件速裁程序试点工作的决定 [Z]. 全国人民代表大会常务委员会公报, 2014.

刑辩律师调查取证的执业风险与防范

徐文捷[1]

摘　要：在我国刑事辩护的法律实务中，当刑事辩护律师行使调查取证权时，律师很有可能遭到伪造证据甚或构成伪证罪的法律风险。诸多刑事律师因涉嫌伪造证据、妨害作证罪而被追究刑事责任，如何防范刑事辩护律师执业风险是目前亟待解决问题，本文从我国刑事辩护律师执业的现状入手，对刑事辩护律师目前行使调查取证权风险的表现及原因进行分析，并提出相应的防范措施。必须从立法和机制构建上保证刑事辩护律师调查取证权落实和从根本上确立辩护人在侦、控、审三权机制中的诉讼地位。

关键词：调查取证；执业风险；防范措施

在我国刑事辩护的法律实务中，当刑事辩护律师行使调查取证权时，律师很有可能遭到伪造证据甚或构成伪证罪的实际风险。李庄案件轰动了整个法律界，在 2010 年 1 月 8 日，李庄以辩护人伪造证据、妨害作证罪被判处有期徒刑 2 年 6 个月。这个案件使刑事辩护律师的生存岌岌可危，同时引起了法律界人士及其他社会人士的思考。所以刑事辩护律师执业风险的防范是我国刑事辩护必须解决的问题。

一、刑事辩护律师调查取证权的界定

《刑事诉讼法》第 37 条规定，辩护律师经证人或者其他有关单位和个人同意，可以向他们收集与本案有关的材料，也可以申请人民检察院、人民法院收集、调取证据，或者申请人民法院通知证人出庭作证。辩护律师经人民检察院或者人民法院许可，并且经被害人或者其近亲属、被害人提供的证人同意，可以向他们收集与本案有关的材料。

从《刑事诉讼法》第 37 条来看，刑事辩护律师有 2 种调查取证权的方式，一种是律师自己调查取证，另一种是通过申请国家刑事追诉机关代为调查取证。虽然刑事辩护律师有一定的调查取证权，但律师要经过多方同意才可以行使调查取证权，这种权利受到非常严格的限制。所以，从这个角度上来说，我认为辩护律师的调查取证权可以定义为：刑事辩护律师在刑事诉讼活动中必须依法向有关

---

[1] 作者单位：上海商学院。

证人、单位和个人调查获取与实体事实和程序事实有关证据的权利，以及可以参与司法机关的追诉活动以及时了解案件事实的权利。我国律师是以自行调查为主、申请调查为辅来行使调查取证权的，即原则上由辩护律师自行取证，辩护律师只有在不能调查取证时才可以申请检察院、法院调查取证。

依《刑事诉讼法》第 96 条的规定，刑事辩护律师拥有了解权、会见权、受限制的调查权，这给保护司法公正、保护当事人的合法权益制造了新机会。这体现了律师在侦查阶段能提前介入，但只是以帮助人的身份为犯罪嫌疑人提供法律帮助。这说明了此阶段律师并没有被赋予调查取证权，这无疑是现行立法的缺陷。从《刑事诉讼法》第 36 条来看，在审查起诉阶段辩护律师被赋予较多的调查取证权。但它只允许辩护律师查阅程序性文书和技术鉴定材料，并不包括指控被告人犯罪的实质性证据材料，更不包括被告人罪轻等犯罪事实的全部材料及证据。辩护律师在审判阶段对有关材料能够查阅、摘抄、复制，这比之前有了更广泛的调查取证权。

律师调查取证权应该一种权利而非权力，是律师了解案件事实的重要渠道和辩护的重要手段。而从上述的相关法条来看，律师的调查取证权是得不到充分保障的，这直接使控辩力量不平衡，不仅不利于实体公正的实现，而且无法实现程序公正。

二、刑事辩护律师调查取证风险的表现

刑事辩护律师行使调查取证权是为了更好地保护被告人的合法权利，但是从《刑事诉讼法》第 37 条的规定来看，当律师行使该项权利时，受到了多方面的限制，为了帮助被告人获取证据，在实务中律师往往会利用许多手段去行使调查取证权，这样就会出现许多风险。刑事辩护律师行使调查取证权风险的表现有以下几种。

（一）法律风险

法律风险主要是指刑事诉讼过程中，刑事辩护律师因其行使调查取证的行为可能导致的涉及法律责任的风险。从我国法律的相关规定和司法实务来看，刑事辩护律师因为调查取证行为而被追究法律责任的罪名主要有：

1. 辩护人、诉讼代理人毁灭证据、伪造证据、妨害作证罪。根据《刑法》第 306 条的规定，在刑事诉讼中，辩护人、诉讼代理人毁灭、伪造证据，帮助当事人毁灭、伪造证据，威胁、引诱证人违背事实改变证言或者作伪证的，处三年以下有期徒刑或者拘役。

2. 包庇罪。就是指刑事辩护律师明知是犯罪的人为了使其不被发现、追诉和处罚而向司法机关作假证的行为。

3. 玩忽职守罪，主要体现在律师因犯罪嫌疑人、被告人利用与其会见的机

会而脱逃最终被追究法律责任。甚至有的犯罪嫌疑人、被告人和看守人员勾结接见阶段是否能够享有与自然人无异的权利。

4. 泄露国家秘密罪。这是指律师在刑事庭审之前的取证活动中，阅卷的内容被过失或者故意泄露出去的行为。

（二）职务风险

职务风险，即依据《律师法》的相关规定，能否继续从事律师这一职业，甚至可能触犯刑事法律从而承担相应的刑事责任风险，根据《律师法》第45条的规定："律师有下列行为之一的，由省、自治区、直辖市人民政府司法行政部门吊销律师执业证书，构成犯罪的，依法追究刑事责任：（1）泄露国家秘密的；（2）向法官、检察官、仲裁员以及其他有关工作人员行贿或指使、诱导当事人行贿的；（3）提供虚假证据、隐瞒重要事实或者威胁、利诱他人提供虚假证据，隐瞒重要事实的。律师因故意犯罪受到刑事处罚的，应当吊销其律师执业证书。"[1] 从该条来看刑事辩护律师的执业，其可能在此过程中产生两种执业风险。一种是违反《律师法》的相关规定，该情节较轻而被吊销律师执业证书；另一种是情节严重而导致犯罪的，这种除了吊销律师执业证书外，还会触犯相关的刑事法律责任，这种风险可以说是刑事辩护律师执业过程中最严重的风险。造成职务风险的原因有两个。一个是律师的自身原因。刑事辩护律师在行使调查取证权的过程中，故意作假证，徇私舞弊等，扰乱正常的诉讼程序，或者做出其他严重的违法乱纪行为，这当然应当受到法律的追究。另一个则是社会原因。有些刑事辩护律师在具体执业过程中，严格按照法律行使其权利，但因为某些原因被迫卷入诉讼风波，受到不公正的待遇，甚至入狱。如震惊全国的律师彭杰一案正是非自身原因而导致的牢狱之灾。1995年彭杰担任故意杀人犯杨水光的辩护人，在其单独与杨水光会见时，因罪犯与看守人员串通而脱逃，彭杰律师最终以玩忽职守罪而入狱，一审判处彭杰有期徒刑三年。当然最后二审判处其无罪，但是它所留给所有刑事辩护律师心上的印记是很难抹去的。

（三）人身或人格风险

刑事辩护律师的人身风险或人格风险，主要是指在刑事诉讼中，辩护律师因为收集证据，因此得罪某些当事人或案件相关人员。被告人和被害人及其亲朋好友利益的对立、证人和被告人与被害人不同利益之间的冲突，都可能造成这种风险。而律师不可避免地成为焦点。不管该律师如何实事求是也不能避免该种风险而得罪某些人。这些人会通过对律师人身权的伤害，或者通过对律师人格和名誉的侮辱、损毁，从而达到报复刑事辩护律师的目的。律师除了受到刑事责任追究被拘留、逮捕甚至入狱外，还包括可能遭到有关利害关系人的打击报复或人身攻

---

[1] 田晋宁，隆艳. 浅析律师调查取证的风险和防范 [J]. 犯罪研究, 2006 (6).

击等。

同时不容忽视的还有刑事辩护律师在行使调查取证权时发生的财产风险。值得注意的是这个风险发生的时间段范围十分大，在诉前、诉中及诉后都可能发生，且财产风险损害的对象大多是律师的直接财产如手机、汽车和其他有形物体，损害的目的大多是泄愤、警告或报复。由此可见，不管是何种风险，对于刑事辩护律师的负面影响都是十分明显的。这从我国刑事辩护律师参与刑事案件的持续走低就能看出一二。

三、刑事辩护律师调查取证存在风险原因现状分析

（一）立法的缺陷直接导致辩护律师在行使取证权时地位失衡

1. 法律对刑事辩护律师取证有诸多限制。《刑事诉讼法》第37条规定了刑事辩护律师的调查取证权，不仅要通过人民检察院或人民法院许可，而且要通过有关证人、单位和个人同意后才能行使。❶ 刑事辩护律师表面上拥有自行收集证据的权利以及向人民检察院或人民法院申请代为收集和调取证据的权利，可是，刑事辩护律师的调查取证权有着非常严格的限制而且没有法律强有力的保护。虽然刑事辩护律师拥有向法院和检察院申请调查取证的权利，但是我国法律没有规定人民法院和人民检察院相应的义务及责任，同时对律师非常不利的是，当律师的此种权利受侵害时，我国没有设立相应的救济条款。这样若律师的申请权受到了侵害，他们就不得不面对投诉无门，最终得不到应有的法律救济。❷ 这些就是刑事辩护律师不能真正完整地行使调查取证权的原因。

2. 《刑法》第306条是造成辩护律师行使调查取证的执业风险最重要原因之一。著名刑事辩护律师李庄就是以《刑法》第306条辩护人伪造证据、妨害作证罪被判处有期徒刑2年6个月。这个案件轰动了整个法律界，同时不得不让我们思考一下《刑法》第306条的合理性。该法条是刑事辩护律师头上无形的枷锁，往往在刑事辩护律师收集到对辩方有利而控方不利的证据时，侦查机关或者检察机关就可能将律师以该罪名予以羁押甚至起诉。除此之外，律师也很有可能触犯到玩忽职守罪或者包庇罪。这就会让刑事诉讼律师在行使调查取证权的过程中十分谨慎，导致律师都不敢随便行使调查取证权。从《刑法》第306条来看，它没有明确地区分律师违法行为和违纪行为，同时其没有区分"威胁""引诱"。在法律实务中，控方作为依据的大多是以其掌握的证据及证人陈述的内容，如果刑事辩护律师收集的证据和公、检、法机关所掌握的证据不一致或者证人改变了证言，刑事律师的行为就会被公、检、法机关认为是触犯了律师辩护人伪造证据、

---

❶ 申君贵，李书兴. 论辩护律师调查取证权存在的困境及其改善 [J]. 中国律师，2010（4）：78.
❷ 申君贵，李书兴. 论辩护律师调查取证权存在的困境及其改善 [J]. 中国律师，2010（4）：35.

妨害作证罪，律师就可能被追究刑事责任。证人证言的改变在多数情况下是证人自己的意愿，他们声称是律师的指使或胁迫大多是为了逃避伪证罪的责任。由此《刑法》第306条无法避免地成为律师调查取证过程的"人为陷阱"。

为了打击律师非法取证的行为，从而规范刑事律师的取证行为是出台《刑法》第306条的目的。愿望虽然是好的，但事实上该条给一些素质较低的司法人员打击、报复和他们意见不同的律师开了方便之门，这导致了律师行使调查取证权时如履薄冰，在很大程度上抑制了辩护权的行使，这十分不利于被告人的人权保障。事实上，该法条之后的《刑法》第307条就是一般主体的伪证罪，这种专门针对辩护律师的伪证罪是不是一种重复呢？对法律实务中刑事辩护律师触犯《刑法》第306条可依照普通的伪证罪或妨害司法罪追究刑事责任。

3. 没有明确规定律师刑事责任豁免权。所谓律师刑事责任豁免，主要是指在辩护中刑事辩护律师的刑事责任豁免，就是指律师在整个刑事诉讼活动中，尤其在庭审中发表的举证、质证意见以及辩护、代理言论不受刑事法律追究。刑事辩护律师的调查取证权在很多地方都会受到控方的限制。这很难让律师放开手脚在庭审中为被告人进行辩护。明确律师刑事责任豁免权，有利于刑事辩护律师较完整地行使辩护职能，同时他们作为一个相对独立的力量，可以限制控方的权利，最大限度地保护公民的个人权利，最终做到保证司法公正、维护人权的目的。明确律师刑事责任豁免权对维护犯罪嫌疑人、被告人权利也是有必要的。在法律实务中，由于刑事辩护律师的调查取证权有着诸多风险，许多律师都去行使这一权利，从而导致了律师没有足够的证据来佐证自己的辩护，这样，犯罪嫌疑人、被告人的权利就得不到保障了。所以相关法律要尽快明确律师刑事责任豁免权，只有让使律师没有了后顾之忧，律师才能尽全力地行使辩护权，保证犯罪嫌疑人、被告人的权利不受侵害。

（二）司法理念和传统观念弱化辩护人的权利

我国是一个文明的法制大国，我国这些年来一直在向广大的人民群众宣传依法治国的理念。但不可否认的是，犯罪嫌疑人就是犯罪的传统思想一直是许多中国人根深蒂固的观念，而为犯罪的人提供帮助的刑事辩护律师就理所当然变成站在正义的反对方了。对于涉及案件和法律事务，中国人是抱着宁死不打官司，多一事不如少一事，死要面子活受罪的传统观念，不会也不想参与到诉讼中的。律师的调查取证在这种司法理念和传统观念下处于困难的地步，从而极大地压制着律师行使权利。当律师向相关涉案人员收集证据时，他们是很难给予帮助的。这种陈旧观念的改变需要一个漫长的过程。同时中国的一些官员还是有长官意识，他们会忽视律师的作用，这对律师社会地位的提高设置一定的阻碍。最后公检法机关的部门偏见是不可避免的，当刑事辩护律师意见和公、检、法机关的不一致时，公、检、法机关就可能以律师辩护人伪造证据、妨害作证罪问来责律师的刑事责任。

（三）证人逃避责任转嫁刑事风险

转移风险大多是指证人证言被改变时，往往证人为了逃避伪证罪的责任就谎称是律师的指使或胁迫。可能证人一开始说的证言是有利于被告，但是证人迫于被害人及其亲友的报复及恐吓的压力，有时检察机关也可能会施压于证人，在这种压力下，他们就可能会改变证言，将责任推给刑事律师是证人减轻罪责最有效的办法。这样导致的风险是十分大的。

（四）刑事辩护律师自身素质的影响

前三个原因很明显的是外部因素，而职业道德则是刑事律师自身的原因了。一方面在刑事辩护律师中有部分人员素质较低，他们在收集证据的过程中不顾职业道德的约束，在拜金主义的影响下，他们谋求私利，用如拉关系或走后门的不当手段取证，甚至于以身试法，触犯法律。另一方面是刑事律师自身的能力不足，不能很好地完成当事人的辩护工作，为了做好辩护工作，可能就会做出一些不正当的行为，因而违反职业道德。

四、解决刑事辩护律师行使调查取证风险的防范措施

2012年两会上提出的《刑事诉讼法》修正草案中，有些关于保障律师行使调查取证权的修正法条，结合该修正草案及上述文章笔者提出以下几点防范措施。

（一）辩护律师的提前介入诉讼程序，确立和提高辩护人的诉讼地位

要防范辩护律师调查取证的风险，在侦查阶段就要赋予律师调查取证权。值得高兴的是，此次《刑事诉讼法》修正案草案规定了律师在侦查阶段可以辩护人的身份介入诉讼。这一草案改变了现行《刑事诉讼法》的规定，如果这个草案最终被采纳，那么犯罪嫌疑人在侦查阶段，只能委托律师提供法律帮助的规定将成为过去。明显，这个法条的改变是一大进步，这赢得了广大民众的欢迎，同时绝大多数的刑事辩护律师表示赞同。"提供法律帮助"和"辩护人"的意思是有很大差异的。在侦查阶段犯罪嫌疑人就可以委托律师当自己的辩护人，这事实上是将过去《刑事诉讼法》中规定的犯罪嫌疑人只有在审查起诉阶段才能请辩护人，提前到侦查阶段也可请，这不仅加强了犯罪嫌疑人、被告人的权利保障，而且增强了辩控双方的对抗性，这样律师就能在诉讼中更好地发挥作用。整个诉讼过程中犯罪嫌疑人、被告人都有辩护权，草案明确在侦查阶段犯罪嫌疑人就可以委托律师当辩护人，这意味着在侦查阶段，犯罪嫌疑人、被告人的辩护权能通过律师的辩护得以实现。

虽然草案规定了辩护律师提前介入诉讼中，但笔者认为应该在法律中明确指

出律师在侦查阶段有调查取证权。这样规定可以实现程序正义。侦查阶段一般由公检法机关行使侦查权，而面对这种强大的国家权力，被追诉方是多么被动和弱势。唯有得到相当的权利才能够实现真正的平等，律师在侦查阶段就享有调查取证权就是其得到相当权利的方法。若连律师的调查取证权都不能有效行使，那么被追诉方参与诉讼的权利就更不可能实现。明确律师在侦查阶段有调查取证权是辩护的实质性要求，"辩护方必须被赋予获取案件信息与证据的手段，否则，就等于缚住一个人的双手让他与庞然大物搏斗。"❶

明确律师在侦查阶段有调查取证权不仅能够保障犯罪嫌疑人的合法权利，还有利于实现实体公正。第一，从诉讼阶段与案件发生时间的关系来看，侦查阶段一定是早于起诉和审判阶段，若在时间上限制刑事辩护律师的调查取证权，许多有价值的证据很可能会因时限性而丧失。明确律师侦查阶段的调查取证权能够让律师及时采取措施，避免证据丧失；第二，虽然公检法机关承担着全面收集证据的义务，但因为他们的诉讼角色和职能决定了他们大多只收集有罪证据，对于无罪证据他们可能会忽视。明确律师的调查取证权帮助重视无罪证据的收集；第三，从公检法机关收集证据的方式来看，他们是重口供而轻物证的，而对于没有监督机制下的证人证言，尤其是讯问犯罪嫌疑人的口供，其真实性是难以确定的。总之，我国从立法上明确律师侦查阶段的调查取证权是确有必要，也是势在必行的，此次《刑事诉讼法》修正案草案让我们看到了希望。

（二）完善强制证人出庭作证证据规则，杜绝转嫁责任的潜在风险

要防范辩护律师调查取证权的风险，必须出台强制证人出庭作证的制度。在我国法律实务中，证人出庭作证参与率普遍较低，这是由多方面的原因造成的。目前没有明确的法律规定，同时缺少制约和相应的保障机制，还有来自社会方面的原因，如公民受传统思想的制约、法律意识的模糊、社会风气及周围环境的影响等。这十分不利于查明案件。证人证言是刑事诉讼中常见的言词证据，是查清案件事实的重要依据，证人出庭作证对案情的查清、证据的核实以及正确判决有着非常重要的意义。虽然我国《刑事诉讼法》第四十八条规定了证人作证的义务，但没有相关法律规定相应的制约以及保护制度。

要完善现有的证人出庭制度，必须加入证人强制出庭的条文。首先，要明确该制度适用的具体对象，该对象是必须出庭作证而没有正当理由拒不出庭作证的证人。"必须出庭作证"指对审判案件时必须查明的事实有亲身经历的证人。这些证人不出庭作证，就可能导致案件无法查明。其次，要明确证人不出庭作证的法律责任，设立相应的制裁措施。如果证人没有正当理由拒不作证，先给以警告批评。再次拒绝作证的，应当对其罚款或者10日拘留，严重的要追究刑事责任。

---

❶ 宋英辉，吴宏耀．刑事审判前程序研究[M]．北京：中国政法大学出版社，2002：28.

规定证人强制作证，不仅能够提高案件的正确率，也保障了双方当事人的权利。最后，必须出台相应的保护证人的规定。这是十分重要的一点。证人保护制度的内容主要有两点，第一点是要健全预防性保护措施。其中包括在庭审前要对证人及其亲属身份的保密；出庭作证时要保障证人及其亲朋的人身及财产安全；在证人作证完毕后，要保障证人及其亲朋免受打击报复。第二点是必须规定对侵害证人合法权益的行为给予相应的法律责任。

在确定证人保护制度的同时，要给予证人经济上的保障。这就必须在法律上规定证人的经济补偿权，也应该有具体实施保护措施的机关，将证人的经济补偿权落到实处。用人对于证人出庭作证应给予支持，不能因此扣其工资。从现实情况来说，公诉案件应由国家财政负担证人交通费、住宿费、必要的生活费。自诉案件则可先由自诉人支付，最后再由败诉方承担。明确规定证人保护制度及经济补偿制度，就可以消除证人作证的后顾之忧。

（三）从立法和实践上保障刑事辩护律师调查取证权的落实和司法救济手段的构建

防范律师执业风险的重要措施是必须落实和救济刑事律师取证权。要统一和协调刑事诉讼法和律师法相关规定，要改变传统重义务、轻权利的做法，要全面、完整地规定律师的调查取证权，真正做到有法可依。要完善《刑事诉讼法》第37条规定了刑事辩护律师的调查取证权，破除刑事辩护律师调查取证权严格的限制，同时赋予法律强有力的保护。要给予律师真正的自行收集证据的权利，对于人民检察院或人民法院代为收集和调取证据的权利，应该在法律条文上明文规定其义务和责任，这样刑事辩护律师的调查取证权才能落到实处。我国应该为此种申请权受到侵害时设置相应的救济条款。这样当律师的申请权受到侵害时，他们可以投诉，而得到应有的法律救济。在律师法中，特别要对公民和社会经济组织的作证义务，以及拒绝作证责任后果要有明确规定。而对国家机关的调查取证范围、职责，建议由国务院对涉及国家机关，特别是国家行政机关的档案文件等资料的调查取证事宜、程序方法制定统一的法规，以便于国家机关和律师遵照执行，避免随意性和官僚主义作风。[1]

对于刑法第306条辩护人伪造证据、妨害作证罪，应取消该条，但事实上该条给一些素质较低的司法人员打击、报复和他们意见不同的律师开了方便之门，这导致了律师行使调查取证权时如履薄冰，很大程度上抑制了辩护权的行使，这十分不利于被告人的人权保障。事实上，该法条之后的《刑法》第307条就是一般主体的伪证罪，这种专门针对辩护律师的伪证罪是不是一种重复呢？笔者认为对法律实务中刑事辩护律师触犯《刑法》第306条

---

[1] 申君贵，李书兴. 论辩护律师调查取证权存在的困境及其改善[J]. 中国律师，2010（4）：59.

可依照普通的伪证罪或妨害司法罪追究刑事责任。这样律师才敢没有后顾之忧地行使调查取证权，为犯罪嫌疑人和被告人谋取正当权利。

(四) 明确规定刑事辩护律师的刑事责任豁免权

我国应当建立刑事辩护律师豁免权制度。现在世界上许多法制健全的国家，都或多或少地赋予了律师刑事责任豁免权，如美国、英国、德国、法国、日本、波兰、荷兰等。律师在诉讼中发表的所有言论无论对错，都不受法律的追究律师刑事责任街上规定律师刑事豁免权的最大益处。这样律师在法庭上就敢大胆提出及阐述自己的看法，并展开与公诉人的辩论，同时不用害怕相关机关因其在法庭上的言论对其追究诽谤、伪证、侮辱、包庇等刑事责任，从而最大限度地确保法官能公平对待案件，尽可能地减少法官在裁判中的错误和不公。规定律师豁免权制度，也能提高律师的法律地位，相对于国家权力，刑事律师处于弱势，规定律师豁免权可以大大增加律师参与刑事诉讼的主动性和积极性，避免一些刑事诉讼的风险，能使律师没有后顾之忧，能尽全力地行使辩护权，帮助犯罪嫌疑人、被告人的权利不受侵害。

我国《律师法》第3条规定："律师依法执业受法律保护。"第30条规定："律师担任诉讼代理人或者辩护人的，其辩论或者辩护的权利应当依法保障。"第32条规定："律师在执业活动中的人身权利不受侵犯。"从这些法条中观察，可以发现律师刑事责任豁免权没有被明确规定，从而为律师行使调查取证权留下了很大风险。❶

(五) 提高刑事辩护律师的职业道德规范

现实生活中，刑事律师调查取证权的执业风险有其自身的原因。刑事律师应约束自身，提高其职业道德，要抵挡住各式各样的诱惑，刑事律师不能为了谋求私利而使用不正当的手段取证，这样才能不触犯法律。同时律师要加强自律，刑事律师要严格遵守职业道德，减少取证风险重要的一点就是律师抵御风险和诱惑的提高。而且从一定程度上讲，这是最有效和最得力的防范措施。在刑事辩护律师行使调查取证权的过程中，若律师严格自律、洁身自好，不仅能减少风险，而且就算遭到无辜追究也会被还以清白。

五、结语

综上所述，保障刑事辩护律师的调查取证权，不但能保护刑事辩护律师的执业安全，而且是我国依法治国的必然要求，它对完善我国的刑事诉讼制度具有深远的意义，但却非照搬西方国家，是要与我国国情相适应的。建立完善的刑事辩护律师的调查取证权制度，无论是对于完善司法制度，还是保障犯罪嫌疑人、被

---

❶ 田晋宁，隆艳. 浅析律师调查取证的风险和防范 [J]. 犯罪研究，2006 (6)：28.

告人的权利、适应国际发展潮流，都是迫在眉睫的。然而，必须注意我国与国外的经济水平，法律民主观念的差别，司法人员素质也不尽相同，且侦查手段、方法相对滞后等问题。所以，建立完善和有效实施刑事辩护律师的调查取证权制度，并非一朝一夕，一蹴而就的事情，是一项长期的任重道远的工作。

参考文献

[1] 程味秋，杨诚，杨宇冠. 联合国人权公约和刑事司法文献汇编 [M]. 北京：中国法制出版社，2000.

[2] [德] 托马斯·魏根特. 德国刑事诉讼程序 [M]. 岳礼玲，温小结，译. 北京：中国政法大学出版社，2004.

[3] 宋英辉，吴宏耀. 刑事审判前程序研究 [M]. 北京：中国政法大学出版社，2002.

[4] Jerome A. Cohen. The Plight of China's Criminal Defence Lawyers [J]. Hong Kong Law Journal, 2003 (3).

[5] 朱峰. 律师执业风险及防范措施的思考 [J]. 法制与经济，2009 (4).

[6] 詹安乐. 论律师调查取证执业风险与避险 [J]. 法制与社会，2010 (7).

[7] 申君贵，李书兴. 论辩护律师调查取证权存在的困境及其改善 [J]. 中国律师，2010 (4).

[8] 王超. 律师取证的风险及其防范 [J]. 律师世界，2002 (9).

[9] 常超. 论律师的调查取证权 [J]. 科学之友，2008 (9).

[10] 田晋宁，隆艳. 浅析律师调查取证的风险和防范 [J]. 犯罪研究，2006 (6).

[11] 王超. 律师取证的风险及其防范 [J]. 律师世界，2002 (9).

[12] 尹涛. 烫手的山芋：辩护律师的调查取证权 [J]. 时代人物，2008 (10).

[13] 古卫爽，王欣锋. 完善我国辩护律师调查取证权的思考——以控辩式诉讼模式为视角 [J]. 法制与经济，2008 (7).

[14] 陈卫东. 刑事诉讼法实施问题与对策研究 [M]. 北京：中国方正出版社，2002.

[15] 陈晓婧. 对我国律师业发展的几点思考——以律师的调查取证权为视角 [J]. 消费导刊，2008 (1).

[16] 易齐立. 论辩护律师调查取证的困境与对策 [J]. 法制与社会，2007 (3).

[17] 潘传平，伍始真. 刑事诉讼中律师调查取证权之我见 [J]. 中国律师，2001 (5).

[18] 杨晓静. 刑事辩护律师调查取证的执业风险与防范 [J]. 中国刑事法杂志，2010 (8).

[19] 贾军乔. 律师调查取证权之立法不足与完善 [J]. 法制与社会，2007 (4).

转化型抢劫罪及其加重情节的限缩性司法认定研究

赵拥军[1]

摘 要：作为法律拟制的抢劫罪，转化型抢劫罪及其加重情节在司法实践中的认定也应当以其严重的侵犯财产犯罪这一法益侵害的后果为标准。对于转化型抢劫罪及其加重情节的认定理当慎重。特别对于入户盗窃等其他情节而言，如果仅因为一些实际危害程度一般的（转化型）抢劫罪发生在户内或者公共交通工具上等原因，就一律判处 10 年以上有期徒刑，则刑罚畸重，违背罪刑均衡的刑法基本原则。因此，可以通过对转化型抢劫罪基础罪名的认定，并对转化型抢劫中的暴力或暴力威胁的手段程度、使用目的以及关联性等考量，在罪刑法定、罪刑相适应的原则及人道主义观念下利用禁止重复评价与罪刑均衡原则对转化型抢劫罪加重情节进行限缩性司法认定。

关键词：转化型抢劫；入户抢劫；限缩性认定

在当前司法实务中，2000 年《最高人民法院关于审理抢劫案件具体应用法律若干问题的解释》（以下简称《抢劫解释》）、2005 年《最高人民法院关于审理抢劫、抢夺刑事案件适用法律若干问题的意见》（以下简称《两抢意见》）以及 2016 年《最高人民法院关于审理抢劫刑事案件适用法律若干问题的指导意见》（以下简称《抢劫指导意见》）的规定在一定程度上对刑法第 269 条[2]规定的转化型抢劫及其加重情节的认定起到了很好的规范及指导作用。但纷繁复杂的实务案件却并未因上述解释及意见的明确而停止了"案情创新的步伐"，同时实务中转化型抢劫及其加重情节的认定却又因上述文件的出台而变得更加"乱花渐欲迷人眼"。

如转化型抢劫中的前提一定要是刑法第 264 条、第 266 条和第 267 条规定的盗窃罪、诈骗罪和抢夺罪吗？行为人抢夺既遂后对正当防卫的被害人实施暴力，最终被害人将财物抢回的，转化型抢劫是既遂还是未遂？对于行为人入户盗窃，特别是入户仅盗窃少量财物或尚未窃取财物，为抗拒抓捕而当场使用暴力的行为，能否转化认定为抢劫或者入户抢劫？如《抢劫指导意见》中"对于以摆脱

---

[1] 作者单位：上海市徐汇区人民法院。
[2] 该条规定，犯盗窃、诈骗、抢夺罪，为窝藏赃物、抗拒抓捕或者毁灭罪证而当场使用暴力或者以暴力相威胁的，以抢劫罪论处。

的方式逃脱抓捕,暴力强度较小",何为摆脱的方式?是否需要考虑其"摆脱"的主观故意?又如,《抢劫解释》和《两抢意见》认为,认定为入户抢劫的主观故意是"为实施抢劫行为",在行为人具有能偷就偷,偷不到就抢的主观故意下,其入户显然是以侵害户内人员的人身、财产为目的,此种情形下,根据《抢劫指导意见》的规定,若行为人以入户盗窃的主观故意入户盗窃后实施暴力等行为转化为抢劫的,便可以认定为"入户抢劫"。当行为人以嫖娼为名进入卖淫女的住所进行抢劫的,能否认定为"入户抢劫"?

可见,妥当的认定转化型抢劫及其加重情节对于司法实务的意义不言而喻。因此,笔者将对上述相关问题展开探讨,以期有裨于司法实务中对该类犯罪行为进行妥当合理的司法认定。

一、转化型抢劫罪的几个基本问题

抢劫罪作为侵犯财产类的暴力型犯罪,一般是指以非法占有为目的,采取暴力、威胁或者其他手段强行劫取公私财物的行为。其既侵犯了公民的财产权利又侵害了公民的人身权利。与其他侵犯财产类犯罪相比较,抢劫罪具有更大的社会危害性,也是财产犯罪中最为严重的犯罪,因而一直都是刑法打击的重点。我国刑法将抢劫罪分为第 263 条的普通抢劫罪和第 269 条的转化型抢劫[1],或者称为事后抢劫或准抢劫(罪名仍然为抢劫罪)[2],并对转化型抢劫规定了较为严格的认定标准。根据刑法第 269 条规定,犯盗窃、诈骗、抢夺罪,为窝藏赃物、抗拒抓捕或者毁灭罪证而当场使用暴力或者以暴力相威胁的,依照本法第 263 条的规定定罪处罚。其中需要注意的是转化型抢劫罪的几个基本问题:

(一)转化型抢劫罪的基础罪名是犯盗窃、诈骗、抢夺罪

根据刑法第 269 条的规定,转化型抢劫必须是行为人先"犯盗窃、诈骗、抢夺罪",而不能是其他犯罪。司法实践中出现争议的问题是,"犯盗窃、诈骗、抢夺罪",一定要是刑法第 264 条、第 266 条和第 267 条规定的盗窃罪、诈骗罪和抢夺罪吗?对此,有观点认为,应当从严格的罪刑法定的立场上进行解释,只有行为人犯盗窃罪、诈骗罪和抢夺罪,即必须满足这三种罪的构成要件的才能成立。同理,由于转化型抢劫和盗窃等罪皆属于侵犯财产类犯罪,如果犯刑法分则其他章节中如盗伐林木罪、合同诈骗罪或者抢夺国有档案罪等特殊类型的,在刑法没有明文规定的条件下,认为实施该类犯罪也可转化为抢劫罪同样是违反罪刑

---

[1] 高铭暄,马克昌.刑法学 [M].北京:北京大学出版社,高等教育出版社,2007:561.苏惠渔.刑法学 [M].北京:中国政法大学出版社,2001:650.

[2] 张明楷.刑法学 [M].北京:法律出版社,2016:975.

法定原则的❶。也有观点认为，由于抢劫罪的成立不以数额较大为前提，转化型抢劫也是以抢劫罪论处，所以只要行为人实施了盗窃等行为，满足了转型其他条件的即可构成转化型抢劫❷，这样既能有效打击犯罪，也更符合刑法第 269 条的立法本意❸。

  对此，笔者认为，从刑法条文解释的整体协调角度来看，在普通盗窃、诈骗、抢夺罪中，要求行为人客观上有窃取、骗取和夺取数额较大财物的可能性（当然扒窃、入户盗窃、携带凶器盗窃和多次抢夺是由于立法规定的情形除外）以及主观上也要具有获取较大财物的故意，否则也不能以犯罪论处。如果在转化型抢劫中仅仅由于实施了暴力或者暴力威胁的就认定抢劫罪，可能会造成明显的处罚失衡。因为在转化型抢劫中，并不要求暴力或者暴力威胁造成伤害后果，即便根据《两抢意见》第五条以及《抢劫指导意见》中的规定，存在要求暴力造成轻微伤或轻伤以上后果的情形，但是单纯的故意伤害轻微伤一般不以犯罪论处，轻伤以上的才构成犯罪，法定刑也只是三年以下有期徒刑、拘役或管制，而抢劫的法定刑最低便是三年以上，其间的刑罚差异由此可见。所以，对于转化型抢劫中的前提行为，即犯盗窃、诈骗、抢夺罪的解释应当与普通的盗窃、诈骗、抢夺罪的解释相当。但不能将其解释为只有构成严格意义上的盗窃罪、诈骗罪和抢夺罪既遂。正如张明楷教授所言："虽然扩大解释会扩大处罚范围，在此意义上说不利于保障行为人的自由；但是，不只是为了保障行为人的自由，还要保护一般人的法益，二者之间必须均衡；当不进行扩大解释就不足以保护法益，而且扩大解释无损国民的预测可能性时，理所当然应当进行扩大解释。"❹

  因此，对于转化型抢劫的基础罪名的犯盗窃、诈骗和抢夺罪，应当是行为人客观上实施了可能构成盗窃、诈骗、抢夺罪的行为，主观上也有犯盗窃、诈骗和抢夺罪的故意，且并不局限于犯罪既遂。

  此外，如果行为人实施的是刑法分则其他章节中比如盗伐林木罪、合同诈骗罪或者抢夺国有档案罪等特殊类型的盗窃、诈骗、抢夺行为，如果能将这些特殊类型的盗窃、诈骗和抢夺行为评价为侵犯财产罪的盗窃、诈骗和抢夺罪的，则完全可以成立转化型抢劫，否则便不能转化。进一步而言，在必要时，为了刑罚的公平正义，还可以将普通的抢劫行为评价为盗窃罪，或者视情形评价为抢夺行为，使其也可以再成立转化型抢劫罪❺。

---

❶ 刘明祥. 财产罪比较研究 [M]. 北京：中国政法大学出版社, 2001: 146-147.
❷ 郑泽善. 转化型抢劫罪新探 [J]. 当代法学, 2013 (2).
❸ 许金玉，冯建晓. 转化型抢劫犯罪定义应精确 [N]. 人民法院报, 2006-02-19.
❹ 张明楷. 刑法分则的解释原理 [M]. 北京：中国人民大学出版社, 2011: 102.
❺ 张明楷. 刑法学 [M]. 北京：法律出版社, 2016: 979.

(二) 犯盗窃、诈骗和抢夺罪无须达到犯罪既遂的标准

首先，转化型抢劫罪也是抢劫罪，作为侵害财产类犯罪，必然以财产损害的结果为既遂必要。尽管《两抢意见》第十条规定，抢劫罪侵犯的是复杂客体，既侵犯财产权利又侵犯人身权利，具备劫取财物或者造成他人轻伤以上后果两者之一的，均属抢劫既遂；既未劫取财物，又未造成他人人身伤害后果的，属抢劫未遂。但是，该条可以将其看作对财产类犯罪既遂标准的一种例外性的规定。因此，行为人入户盗窃尚未窃取到财物，正欲离开而被主人回家发现，为抗拒抓捕而将主人打成轻伤的，也应属于转化型抢劫罪的既遂。

其次，转化型抢劫要以财产损害的结果为既遂的必要，但并不以行为人最终获取到财物为必要。"刑法学是最精确的法学，而精确的刑法理论以及由此产生的精确的刑法规定，就是在为社会及其成员规定精确自由程度。"[1] 因此，通过规范的设定，犯罪既遂就应当是一个点，一个精确的瞬间的点。在对具体犯罪既未遂进行认定时只能进行形式的而不能是实质的判断，其规范评判标准的实质就是通过规范的方式设定的，而不能通过生活事实上的情状来认定[2]。如行为人抢夺被害人皮包中的手机后逃跑，被害人即大声呼救并追赶，行为人即被人赃俱获。此种情形下，在行为人将手机抢夺在自己的手中并逃跑之际，其抢夺行为已然既遂，不能因为手机最后被人赃俱获而认定未遂。

再次，转化型抢劫罪是在犯盗窃、诈骗、抢劫罪的基础上，为了窝藏赃物、抗拒抓捕或者毁灭罪证而采取暴力、暴力威胁的行为，只要基础罪名达到既遂状态，即便最终由于被害人或者第三人的反抗等原因导致行为人还是没有获取财物，不影响既遂的认定。一方面由于转化型抢劫中为了窝藏赃物、抗拒抓捕或者毁灭罪证是一种目的，行为人以暴力或暴力威胁的行为防止其所盗窃、诈骗、抢夺的财物被被害人夺回作为一种目的是否达成，并不影响犯罪既遂与否[3]。另一方面，在财产犯罪情况下，行为虽已经既遂，但在现场还来得及挽回损失的，即被当场发现并同时受到追捕的财产犯罪的侵害行为，一直延续到不法侵害人将其所取得的财物藏匿至安全场所为止，应当认为不法侵害尚未结束[4]，追捕者可使

---

[1] 〔德〕克劳斯·罗克辛. 德国刑法学总论 [M]. 王世洲, 译. 北京：法律出版社, 2005：1.

[2] 拙文. 财产犯罪财产犯罪既遂标准中的控制说及其司法认定 [J]. 上海政法学院学报, 2015 (2).

[3] 比如，行为人为了满足其性欲的目的，当采取暴力方式强行奸淫妇女后并未射精，此时目的未达成但并不影响强奸罪既遂的认定。

[4] 犯罪既遂意味着不法侵害已经结束，原则上便不存在正当防卫的条件。财产犯罪既遂后，在现场尚能挽回损失的可以正当防卫，其"实质上是一种自救行为，但我国刑法中又没有明文规定自救行为，所以一般将其理解为正当防卫"。（黎宏. 刑法学 [M]. 北京：法律出版社, 2012：132 脚注）否则，当行为人抢劫被害人财物既遂后，被害人又暴力夺回财物并将行为人打成轻伤的，由于没有正当的合法化事由而对其定罪，便明显违背了公平正义。易词言之，突破正当防卫要求"正在进行的不法侵害"的规定，允许财产犯罪既遂后的正当防卫，可以说是一种对公平正义的补救。

用强力将财物取回。如抢劫犯使用暴力强取财物后，抢劫罪虽已既遂，但在当场对抢劫犯予以暴力反击夺回财物的，应认为是正当防卫❶。可见，在财产犯罪正当防卫的情形下，行为人最终未获取财物并不影响其犯罪既遂的认定，在转化型抢劫罪中也是如此。否则，在转化型抢劫罪中，当盗窃、诈骗、抢夺罪已经既遂，行为人为了窝藏赃物、抗拒抓捕或毁灭罪证而采取暴力的，若最终财物仍被夺回则为转化型抢劫未遂❷，财物未被夺回则为转化型抢劫既遂。这表明，此种情况下行为人犯罪的既遂与否取决于被害人能否夺回财物，显然不妥。所以说，转化型抢劫罪既遂的认定并不以行为人最终获取到财物为必要。

最后，如果行为人在实施盗窃、诈骗、抢夺过程中，尚未占有被害人的财物时就被他人发现，行为人为了非法占有（强取）财物（不是出于刑法第269条规定的目的）而使用暴力或者暴力相威胁的，应直接适用刑法第263条认定为普通抢劫罪❸。

（三）转化型抢劫罪的共犯问题

一般的转化型抢劫罪共犯的认定问题在共犯原理下基本没有争议。比如，行为人甲、乙约定去丙家盗窃，甲在外望风见丙回家，见通知乙已经来不及便逃走。乙盗窃出门后被丙拦住，遂以暴力抗拒抓捕，后被邻居抓获。乙属于转化型抢劫，但甲不属于转化型抢劫。这属于实行过限，理论和实践也基本没有异议。有争议的是，当诈骗犯A实施诈骗行为既遂后，被害人察觉欲夺回被骗财物，A采取暴力抗拒。此时非诈骗犯B经过时，A实情相告后并与B达成分赃的约定，B遂与A一起实施暴力。此种场合B是否与A构成转化型抢劫的共犯？

承前所述，转化型抢劫罪作为侵害财产类犯罪，必然要以财产损害的结果为既遂的必要，但并不以行为人最终获取到财物为必要。因此，其先前的盗窃、诈骗、抢夺罪既遂的，只要为了窝藏赃物、抗拒抓捕或毁灭罪证而实施暴力或暴力威胁的便应认定为转化型抢劫罪的既遂。既然如此，当诈骗犯A诈骗行为既遂后，面对被害人欲夺回被骗财物而采取暴力抗拒之时，A的转化型抢劫罪实行行为便已经从开始着手到完成既遂。根据承继的共犯理论，由于B加入时，A的盗窃行为人已经既遂，没有空间留给B以承继的共犯身份加入，故B不可能成立A

---

❶ 张明楷. 刑法学 [M]. 北京：法律出版社，2016：202-203. 持相同或类似观点的请详见：周光权. 刑法总论 [M]. 北京：中国人民大学出版社，2016：206. 黎宏. 刑法学 [M]. 北京：法律出版社，2012：132. 高铭暄，马克昌. 刑法学 [M]. 北京：北京大学出版社，高等教育出版社，2011：133.

❷ 周光权. 刑法各论 [M]. 北京：中国人民大学出版社，2016：107.

❸ 张明楷. 刑法学 [M]. 北京：法律出版社，2016：984.

转化型抢劫罪的承继共犯❶。即此种情形下，B 在 A 盗窃后，帮助了 A 更便捷地实现了其窝藏赃物、抗拒抓捕或毁灭罪证的目的，就如同行为人实施盗窃等行为后，手持砍刀的情形总比没有手持砍刀的情形更容易窝藏赃物、抗拒抓捕或毁灭罪证而已。所以，B 不具有转化型抢劫罪要求的犯盗窃等罪的客观行为及主观故意，便不能承担此种罪责，故 B 不能认定为 A 的共犯。

二、转化型抢劫罪认定的限缩路径

根据刑法第 319 条规定，转化型抢劫罪的前提罪名，即犯盗窃、诈骗、抢夺罪，只能是行为人客观上实施了可能构成盗窃、诈骗、抢夺罪的行为，如果行为人只是想小偷小摸一点东西或者抢一点夺一点东西（财物价值数额不可能超过数额较大），且根据客观情况，行为人也不可能非法占有数额较大的财物的，即便为了窝藏赃物、抗拒抓捕或者毁灭罪证而当场使用暴力或者以暴力相威胁的，也不能认定为转化型抢劫❷。此外，从转化型抢劫罪的目的以及暴力程度等方面来看，也存在进行限缩解释的必要。

（一）考量是否以窝藏赃物、抗拒抓捕或者毁灭罪证为目的

转化型抢劫罪中行为人的目的，即"窝藏赃物、抗拒抓捕或者毁灭罪证"既不能狭义地从其字面意思进行解释，也无须行为人实施极为典型的窝藏赃物、抗拒抓捕或者毁灭罪证等行为。在实际案件中则主要针对行为人的主观意图，分析其行为的目的是否满足转化型抢劫罪中的目的要求。例如：2002 年 4 月 29 日深夜 3 时许，姜某、龙某在长途客车上趁女乘客王某熟睡之机扒窃，盗得王某 4 000 余元，准备下车时被醒来的王某发觉。龙某先下车，姜某被王某和同行的陈某抓住不放，要求其还钱，同时驾驶员把车门关上并堵在车门口。姜某见不能脱身，便将盗来的部分现金退还，王某接钱后仍抓住不放。此时，姜某在龙某的配合下强行打开了车门，龙某将姜某拖下车，姜某的衣服被撕破。二人下车后，见王某仍在车上骂，遂对其威胁："你要钱，老子打死你。"接着先后冲上车拖拉、殴打王某和陈某二人，随后下车逃离。后龙某到公安机关自动投案，如实供

---

❶ 同时，该问题还涉及对于转化型抢劫罪是否属于身份犯的问题，鉴于文章的篇幅及重点，不再赘述，详见相关论著。由于笔者认为转化型抢劫罪是由两个行为组成，即先前的盗窃等行为与事后的特定目的下的暴力或暴力威胁行为，如果将先前的盗窃等行为理解为一种身份，则不仅扩大了身份的范畴，也使得转化型抢劫罪在身份的基础上，仅存暴力或暴力威胁，进而失去财产犯罪的特性。所以笔者持身份犯否定说观点。

❷ 2005 年《最高人民法院关于审理抢劫、抢夺刑事案件适用法律若干问题的意见》第五条规定，行为人实施盗窃、诈骗、抢夺行为，未达到"数额较大"，为窝藏赃物、抗拒抓捕或者毁灭罪证当场使用暴力或者以暴力相威胁，情节较轻、危害不大的，一般不以犯罪论处；但具有下列情节之一的，可依照刑法第二百六十九条的规定，以抢劫罪定罪处罚；（1）盗窃、诈骗、抢夺接近"数额较大"标准的；……若满足该条规定的接近"数额较大"的情形除外。

述了上述事实。❶

　　本案中的争议焦点就在于二被告人再次上车对受害人实施威胁和殴打行为的主观目的是否为了窝藏赃物、抗拒抓捕或毁灭罪证？本案中二被告人下车后见受害人王某仍在骂便冲上车拖拉、殴打王某和陈某二人的行为属于暴力行为应当没有多大异议。存有异议的是其实施拖拉、殴打王某和陈某二人的目的。首先，毁灭罪证是指为了逃避罪责，毁灭作案现场遗留的痕迹、物品以及销毁可以证明其罪行的各种证据❷。可以肯定的是本案中被告人实施拖拉、殴打受害人的暴力行为不是为了毁灭罪证。其次，所谓的抗拒抓捕则是抗拒抓捕是指犯罪分子抗拒司法机关依法对其采取的拘留、逮捕等强制措施，以及在犯罪时或犯罪后被及时发现，抗拒群众将其扭送到司法机关的行为❸。从其可见，不论是抗拒司法机关的强制措施等，还是抗拒群众的扭送，都必须是现实的正在发生着的，尚未发生的、仅仅是基于一种抗拒抓捕、扭送可能性的，则不能认定为抗拒抓捕。而本案中的被告人龙某把姜某拖下车后，受害人王某只是在车上骂，并无其他人和其他任何抓捕或者扭送行为，所以被告人也不是为了抗拒抓捕而实施暴力。最后，被告人的行为是否属于窝藏赃物呢？一般认为，窝藏赃物是指为了保护已经到手的赃物不被追回❹，而转移、隐匿盗窃、诈骗、抢夺所得到的公私财物的行为❺。其目的主要是使盗窃等犯罪所得不被恢复到应有状态❻，或者说保护已经取得的赃物不被返回、追缴❼。本案中由于被告人姜某只是将窃得的部分现金还于受害人王某，王某在姜某下车后的责骂，其实也不能排除王某想要回剩余钱款，即想恢复被窃走的钱款于原状。但关键问题是局限于"想"而已，受害人王某以及其他人并无任何现实的恢复被盗现金于应有状态的行为。因此，被告人也并不是为了保护赃物被追回而实施暴力，因为不存在任何追回赃物的实际行为。所以，"被告人使用暴力和以暴力相威胁不是为了窝藏赃物、抗拒抓捕或者毁灭证据，

---

❶ 于天敏，任永鸿. 如何认定该起转化型抢劫罪［N］. 人民法院报，2003-09-07. 中国法院网, http://www.chinacourt.org/article/detail/2003/09/id/80825.shtml，2016年10月3日点击.

❷ 全国人大法制工作委员会刑法室. 中华人民共和国刑法条文说明、立法理由及相关规定［M］. 北京：北京大学出版社，2009：562.

❸ 全国人大法制工作委员会刑法室. 中华人民共和国刑法条文说明、立法理由及相关规定［M］. 北京：北京大学出版社，2009：562.

❹ 高铭暄，马克昌. 刑法学［M］. 5版. 北京：北京大学出版社，高等教育出版社，2011：500.

❺ 全国人大法制工作委员会刑法室. 中华人民共和国刑法条文说明、立法理由及相关规定［M］. 北京：北京大学出版社，2009：562.

❻ 黎宏. 刑法学［M］. 北京：法律出版社，2012：726.

❼ 张明楷. 刑法学［M］. 北京：法律出版社，2016：984.

而是为了泄愤"❶，因而不满足转化型抢劫罪的目的要求，故不能认定为转化型抢劫罪。

综上所述，不以窝藏赃物、抗拒抓捕或者毁灭罪证为目的的不能转化。对于转化型抢劫罪中的目的，应当在实际案例中进行具体分析而不能认为行为人犯盗窃、诈骗、抢夺罪后，只要有暴力或暴力威胁就笼统地认为是为了窝藏赃物、抗拒抓捕或毁灭罪证❷。所以，转化型抢劫罪为了窝藏赃物而实施暴力行为必须存在受害人夺回赃物、恢复赃物于原状的行为，但是窝藏不要求达到使赃物不能被人发现或者难以被人发现的程度，更不需要达到成立相应窝赃犯罪的要求❸，抗拒抓捕必须面对现实的而非尚未发生的、想象中的抓捕，毁灭罪证则是毁灭可以证明其犯有盗窃、诈骗、抢夺罪刑的证据。

（二）考量是否当场使用暴力或者以暴力相威胁

行为人犯盗窃、诈骗、抢夺罪后为了特定的目的而当场使用了暴力或者以暴力相威胁，其危害程度堪比抢劫罪，因此立法确立了转化型抢劫罪，按照抢劫罪定罪处罚。所以，其中的"当场"和"暴力或者暴力相威胁"应当与抢劫罪中的标准作等同理解。

首先，当场是指实施犯罪的现场❹，但不能等同于犯罪现场。一方面，一般情况下在盗窃等犯罪的作案现场使用暴力或者暴力威胁的属于当场理当没有疑问。但是，此中默认的一个前提是盗窃等犯罪与暴力行为之间具有紧密的时间连续性，盗窃等侵财行为与其后的暴力或者暴力威胁行为在时间上没有间断。意即，行为人实施盗窃等犯罪行为后离开现场又回来而被发现的，则不属于当场。同理，行为人入户盗窃后没有立即离开而是在户内睡了一觉，第二天准备离开时，遇到回家的主人而使用暴力抗拒抓捕的，盗窃行为与暴力行为也是由于缺乏时间上的连续性而不能转化。另一方面，由于财产犯罪既遂后在现场还来得及挽回损失的可以实施正当防卫，所以行为人犯盗窃等罪被当场发现并同时受到追捕的其当场可以延续到行为人将其所取得的财物藏匿至安全场所。所以，《抢劫指导意见》中指出，当场是在盗窃、诈骗、抢夺的现场以及行为人刚离开现场即被他人发现并抓捕的情形。即在空间上，转化型抢劫罪中的当场便包括盗窃等行为现场和被发现后立即追捕过程中的场所。

---

❶ 本案是否应定位转化型抢劫——与于天敏、任永鸿同志商榷［N］.人民法院报，2003-10-20，http://www.chinacourt.org/article/detail/2003/10/id/86971.shtml，2016年10月9日点击.

❷ 本案的二审法院就笼统地认为"被告人的上述行为主观上是为抗拒受害人及其同伴的抓捕并继续非法占有余款，属于为窝藏赃物、抗拒抓捕而当场使用暴力和暴力威胁的行为"。（金泽刚，张正新.抢劫罪详论［M］.北京：知识产权出版社，2013：450.

❸ 周光权.刑法学［M］.北京：中国人民大学出版社，2016：107.

❹ 周道鸾，张军.刑法罪名精释［M］.北京：人民法院出版社，2013：628.

所以，"当场"不是一个纯粹的时空概念，必须结合行为人的暴力或暴力威胁手段与被害人的身体与精神强制方式、程度以及与取得财物之间的内在联系❶。但是，若行为人在盗窃等犯罪时或逃离犯罪现场没有被发现，而是在其他场所被发现，或者行为人在被追捕过程中完全摆脱追捕后又被偶然发现的，进而对他人施以暴力或暴力相威胁的，则不能认定为转化型抢劫罪。

其次，使用暴力或者以暴力相威胁要达到足以让行为人实现窝藏赃物、抗拒抓捕和毁灭罪证的程度。既然转化型抢劫罪按照抢劫罪定罪处罚，则其暴力或暴力威胁程度要与抢劫罪中足以压制对方的反抗程度等同。

由于普通抢劫罪中的暴力要求，和抢夺罪中的暴力以及敲诈勒索罪中的暴力等都是不一样的。因此，刑法中的不同罪名中的暴力程度是有差别的。不同程度的暴力，其结果轻重有别，轻者有损身体健康，重者危及生命直至死亡。所以世界范围内有的国家在刑法中便明文规定抢劫罪中的暴力是指"危及健康或生命的暴力"。由于我国刑法没有规定具体的暴力内容，所以对于抢劫罪中的暴力要求的解释只能通过类比抢夺、敲诈勒索等罪名中的暴力程度，进行最狭义上的具体的实质解释，以达到罪刑关系的协调。比如，以轻微的无损于健康（或者能给健康带来损伤威胁）的暴力夺取财物的，一般可以评价为抢夺罪和敲诈勒索罪中的暴力。对于事实能够证明行为人对他人实施暴力（包括使用拳脚）的目的，是使被害人不能或不敢反抗，以便夺取其财物，不论事实上是否能够抑制或者排除被害人的反抗❷，在实质的综合考虑该暴力程度的基础上，作出是否评价为抢劫罪中的暴力。

由于普通抢劫罪和转化型抢劫罪中的暴力要求应当是等同的。但由于主观主义刑法观念根深蒂固，往往有人认为，行为人在实施盗窃、诈骗、抢夺罪时，已经表明了其行为或结果的无价值，而后为了窝藏赃物、抗拒抓捕或者毁灭罪证，竟然又使用暴力或者以暴力相威胁，更加表明行为人的"恶"，于是，只要有哪怕是轻微的暴力也不加区分地以转化型抢劫罪中的暴力认定。所以在评价转化型抢劫罪中的暴力时，应当考虑此处（转化型抢劫罪）的暴力如若发生在普通抢劫时，是否也会被认定为抢劫罪中的暴力。如果是否定的，则不能被评价为（转化型）抢劫中的暴力。比如，行为人郑某深夜入室盗窃，被主人李某发现后追赶。当郑某跨上李某家院墙，正准备往外跳时，李某抓住郑某的脚，试图拉住他。但郑某顺势踹了李某一脚，然后逃离现场。对于郑某这个踹脚的行为便不能够认定为抢劫罪中的暴力行为，进而不能使其盗窃转化为抢劫罪。尽管郑某踹李某一脚的行为可以认为是一种暴力。但并不是足以转化为抢劫罪的暴力。"抢劫

---

❶ 最高人民法院刑一、二、三、四、五庭主办. 中国刑事审判指导案例（侵犯财产罪）[M]. 北京：法律出版社，2012：111.

❷ 王作富. 刑法分则实务研究 [M]. 北京：中国方正出版社，2013：925.

罪中的暴力通常是指为了达到取财的目的，而采取的具有攻击性的强烈行动，包括对人身实施强烈的打击或强制，包括殴打、捆绑、伤害等，使被害人处于不能反抗或不敢反抗的状态，是行为人为了排除或者压制被害人的抗拒，以便当场非法占有财物而采取的，存在着主观与客观的特定联系。"❶ 因此，行为人郑某入室盗窃后以不足以抑制对方反抗的轻微暴力逃脱的，不能认定为转化型抢劫罪。同时，若行为人犯盗窃等罪被侦查人员当场用手臂锁喉的方式抓捕，行为人情急之下用嘴咬了其手臂一口而挣脱对方的控制的，即便造成了轻微伤，也不宜认定为转化型抢劫。因为当行为人被锁喉后，在呼吸紧迫的情形下咬一口，实为人的一种本能的应激反应。正如《抢劫指导意见》中指出，"对于以摆脱的方式逃脱抓捕，暴力强度较小，未造成轻伤以上后果的，可不认定为'使用暴力'，不以抢劫罪论处"。其中的"以摆脱的方式逃脱抓捕"，在笔者看来主要就是指当人处于危急关头的一种本能的应激反应行为，即便造成轻微伤也不能被评价为暴力。

最后，转化型抢劫的暴力对象针对的对象是特定的人。在转化型抢劫罪中，行为人使用暴力或者暴力相威胁的对象应是特定的人，不能是其他的财物等。一方面，所谓的特定的人，即只要是行为人为了窝藏赃物、抗拒抓捕、毁灭罪证而使用了暴力或者暴力威胁所针对的人。另一方面，抢劫罪侵犯的是财产权和人身权的双重法益，而行为人在实施盗窃等侵犯被害人财产权益的行为后又实施了针对被害人人身的暴力，此行为性质就发生了根本变化，因此对行为人按照比处罚单纯的财产犯罪更重的抢劫罪来定罪量刑，以此体现保护公民人身权利用的重要性❷。如果转化型抢劫罪中的暴力对象可以包含财物等，则体现不出抢劫罪侵犯的人身权法益这一属性。

（三）考量先前的盗窃等犯罪与暴力或者暴力威胁之间是否具有关联性

在转化型抢劫罪中，如果行为人先前在一个概括的财产类犯罪故意下连续犯盗窃、诈骗、抢夺，或者盗窃等行为是连续犯的情形下，若仅在最后一次实施盗窃等行为被发现，而当场使用暴力或者暴力相威胁的，一般而言只能是最后一次的盗窃等行为成立转化型抢劫罪，并与前几次盗窃等行为（独立成罪的情形下）并罚。比如行为人在一个下午，先后以"赶场子"似的方式，在某一购物商圈内，连续盗窃多家商店价值2万余元的财物，在最后一家商店盗窃价值5 000元的财物后被店主发现，遂使用暴力抗拒抓捕，则行为人最后一家的盗窃行为成立转化型抢劫罪，数额便是5 000元，并与前几次的2万余元盗窃罪并罚。因此在此种情形下，在行为人看来仅需保护最后一家的"盗窃成果"，且其使用

---

❶ 高铭暄，马克昌，赵秉志. 刑法学 [M]. 北京：北京大学出版社，高等教育出版社，2011：498.
❷ 涂卫东，刘琼. 转化型抢劫罪中暴力行为的司法认定 [N]. 民主与法制时报，2016-08-25（7）.

暴力行为也仅与最后一家的盗窃行为存在紧密关联性。但是，若行为人在第一家商店盗窃后，就被商场中的便衣警察发现，遂跟踪其盗窃行为，待其盗窃最后一家商店后，开始抓捕，则在此种情形下，一方面在行为人看来，其使用暴力抗拒抓捕的目的是保护此前所有的"盗窃成果"，另一方面其暴力行为与前几次的盗窃行为均具有了时空上的紧密关联性。如被告人贺某开始在快餐店内窃得正在用餐的陈某钱包后随即离开，又至附近另一个商厦的快餐店内盗窃未果。当其正欲离开商厦时，早已跟踪伏击的治安执勤人员即上前抓捕，贺某便使用暴力抗拒抓捕。后在众人协助下将其制伏。在其身上搜出被害人陈某的钱包，内有人民币2 000余元等财物。承前所述，本案中贺某在实施第一次盗窃时即被治安执勤人员发现并跟踪，其从第一家快餐店至另一商厦的快餐店以及其后使用暴力抗拒抓捕的场所皆为"当场"，因此被告人贺某应当认定为转化型抢劫罪❶。

最后，需要注意的一个问题是，先前的盗窃等行为是成立一罪还是成立数罪是一个问题，暴力行为是否属于"当场"实施则是另一个问题。不能因为先前的多个行为被评价为一罪，其中一次行为与暴力行为之间具有时空上的紧密关联性，就据此认定暴力行为与先前的多个行为之间均存在时空上的紧密关联性❷。至于何种情形下可以认为具有紧密关联性，需进行如上判断。

三、转化型抢劫加重情节认定的限缩路径

（一）对"户"的界定

一般认为，对"入户盗窃"中"户"的界定，可根据最高人民法院在《全国法院维护农村稳定刑事审判工作座谈会纪要》《关于审理抢劫案件具体应用法律若干问题的解释》《关于审理抢夺、抢劫刑事案件适用法律若干问题的意见》等相关规定来加以确定，即"户"是指人类日常居住的场所，其特征表现为供他人家庭生活的功能特征和与外界相对隔离的场所两个方面。一般情况下，集体宿舍、旅店宾馆、临时搭建工棚等不应被认定为"户"，但在特定情况下，如果确实具有上述两个特征的，也可以认定为"户"❸。

由于入户盗窃作为盗窃罪的一种入罪标准，不需要数额较大的限制，只要是入户盗窃了值得刑法保护的财物即可。因此，就整个盗窃罪的入罪标准而言，入户盗窃降低了盗窃罪的入罪门槛。因而，在界定"户"时，就不能再扩展或延伸"户"的范围，否则就有不当的扩大刑罚范围的可能。同时，刑法中关于

---

❶ 卢方，贺平凡. 经济、财产犯罪案例精选 [M]. 上海：上海人民出版社，2008：277-278.
❷ 张明楷. 刑法学 [M]. 北京：法律出版社，2016：983.
❸ 王志祥，张伟珂. 盗窃罪新增行为方式评析 [J]. 北京航空航天大学学报（社会科学版），2012(5).

"入户抢劫"关于"户"的界定,为了保持刑法用语的统一性,以及国民对"户"的一般认识和合理的法律预期,不应延伸和扩展"户"的范围。所以,对相同或相似的问题进行相同或相似的解释,要贯穿在对"户"的解释中。即,严格按照盗窃罪司法解释第三条规定,即供他人家庭生活,与外界相对隔离的住所的,应当认定为"户"。需要注意的是,尽管要对"户"做严格的限制解释,但更需要明白的是"户"是一个栖身之所,所以《唐律疏议·贼盗》中赋予了"户"的主人面临"诸夜无故入家者,登时杀之,勿论"❶ 的权利。因此,"凡一个人主观上的灵肉与财产的守护堡垒,是灵魂飘荡的归宿,堪做安身立命的基地"❷,都可以认为是"户"。比如非法进入他人以违章建筑(尚未被合法拆除之前)为安身立命之所内盗窃的,应当认为是入户盗窃❸。

但众所周知,立法将入户盗窃等特殊型的盗窃行为单列入罪,反映了风险社会的刑罚理念。在风险社会中,刑罚的目的从"报应"转向"一般预防",刑法体系在目的层面向预防的转变,深刻影响着传统的刑法体系❹。刑法对行为的干涉不需要等到重大利害结果发生之时,即刑法关心的问题从"发生了什么危害结果"转向"权利侵类害的危险是否存在"来逐步降低盗窃罪的门槛,将所有可能威胁公私财产安全的能以盗窃评价的行为纳入重新编织的盗窃罪的严密法网,将刑法对社会的保护前置化。在这个意义上而言,危险犯,特别是抽象危险犯的立法,正是刑法对社会保护前置化的产物。比如德国在风险社会的背景下,为了消除社会公众的不安感,多使用抽象危险犯作为主要立法形式。因此,对于入户盗窃而言,立法者关注的是入户盗窃不仅在侵犯他人的财产权的同时,还在于入户行为(极有)可能侵犯或威胁到他人的人身安全。

与其说立法者是将入户盗窃入刑,倒不如说是在将"入户"入刑。即只要在盗窃的行为中含有"入户"的因素,此时的着眼重点便不再是(或很少再是)财物,只要所盗窃的财物满足最小(值得刑罚的)标准,即构成犯罪。从这一点来讲,立法者实质上已经将"入户"行为推定成为一种(极有)可能侵犯或威胁到户内人员人身安全的危险,是一种不需要对行为人每次"入户"行为是否会导致户内人员人身危险的判断❺,而是一种立法推定的抽象危险,在司

---

❶ 曹漫之. 唐律疏议译注[M]. 长春:吉林人民出版社,1989:654-655.
❷ 林东茂. 刑法综览(修订五版)[M]. 北京:中国人民大学出版社,2009:247.
❸ 因为其完全符合上述"户"的两个特征。同时,也可以看出,判断是否为"户",是看是否与外界相对隔离,供其用作家庭生活之用,重点不在所有权上。如对于房屋承租人在将房屋出租后,私自进入房屋盗窃的,当然应认定为入户盗窃。承租人在将房屋出租后,出租人在支付了房租后,就享有对该房屋的占有使用权,房屋当然具有了相对独立性,即便未及时缴纳房租,也不影响"户"的两个特征的认定。
❹ 劳东燕. 风险社会中的刑法——社会转型与刑法理论的变迁[M]. 北京:北京大学出版社,2015:8.
❺ 即(具体案件中)当户内无人的时候,由于不充足构成要件,就不构成入户盗窃。

法认定中不需要司法者在具体的入户行为中再行判断是否会导致户内人员的人身安全受到威胁，当行为人入户盗窃时，就推定入户行为有危险，即实际上并非每次入户盗窃都会发生按照立法旨趣要保护的户内人员的人身安全的危险情形发生时，"入户盗窃"的法条文字也已经得到了满足。所以"入户盗窃"的刑罚根据便在于行为人"入户"实施盗窃行为的抽象危险性，一旦行为人所入的场所被认定为"户"，则该行为的抽象危险性便已具备，因而具有了刑罚的正当性与必要性。

因此，对于入户盗窃在司法判断中，只要行为人进入的是"户"而盗窃即可，无须在每次的入户中再具体判断其入户有无可能造成户内人员的人身安全等具体危险。但需要注意的是，论述至此，仅表明入户盗窃在行为人开始"入户"时为犯罪着手，其犯罪既遂仍以受害人财产损失为必要，此为侵犯财产犯罪之结果犯必备。

值得探讨的是，以嫖娼为名进入卖淫女的住所实施抢劫的，能否认定为入户抢劫？[1] 比如，被告人顾某、雍某经预谋后，以嫖娼为名联系被害人李某并获知其住址。顾某、雍某遂结伙至李的住处，诱骗李开门进入室内，对李实施捂嘴、捆绑双手的暴力行为，并以喷雾剂喷瞎双眼相威胁，李某被迫将全部现金交出。

本案中的两被告人能否认定为入户抢劫的最大争议焦点便在于卖淫女的住所能否认定为"户"。一审法院认为，被害人虽在租借的涉案房屋内进行卖淫，但也在其中居住，并不完全对外开放，属兼具非法经营性和日常家居性场所，在被告人进入该房前或没有进行卖淫嫖娼时，具有供被害人生活并与外界相对隔离的特性，理应认定为刑法意义上的户，且户的认定也不以是否一人居住或家庭成员多人居住而改变，故两被告人以嫖娼为名，有预谋地携带作案工具骗开被害人住所房门后进行抢劫，具有入户的非法性，依法应认定为入户抢劫[2]。一审判决后，被告人不服后上诉。二审法院认为，被害人的住处兼有家庭生活及卖淫嫖娼两种功能，在被害人不从事卖淫活动时，房屋主要用于被害人个人生活起居，其符合户的功能性特征无疑。但在卖淫期间，房屋的功能则由生活起居转变为从事非法活动，不再具有户的功能性特征。在被害人允许顾某等人进入房屋之时起，就可以视为被害人开始实施约定的卖淫活动，其住处也失去了家庭生活这一户的

---

[1] 上海市徐汇区人民法院（2014）徐刑初字第382号刑事判决书认定构成入户抢劫，被告人不服上诉至二审后，上海市第一中级人民法院（2014）沪一中刑终字第1301号刑事判决书认定不构成入户抢劫，改判为普通抢劫。案例见任素贤，于书生. 谎称嫖娼进卖淫女房屋抢劫的行为定性［J］. 人民司法（案例），2016（8）；而几乎同样的案件，上海市黄浦区人民法院（2009）黄刑初字第236号刑事判决书认定构成入户抢劫，被告人不服上诉至二审后，上海市第二中级人民法院（2009）沪二中刑终字第495号刑事裁定书认定构成入户抢劫，裁定驳回上诉，维持原判。案例见：蔡丽明，陈柱钊. 进入卖淫女住所嫖宿数天后再行抢劫之定性［J］. 人民司法（案例），2010（8）.

[2] 见上海市徐汇区人民法院（2014）徐刑初字第382号刑事判决书.

功能性特征。同时被害人通过网络向不特定的多数人发布招嫖信息，其他人只要以嫖娼为名联系被害人，很容易就能进入被害人的住处。故在从事卖淫活动时，被害人实际上主动放弃了对其住处私密性的保护，其住处仅有公民住宅的外形，而实质上与其他用于非法经营活动的开放性场所没有本质区别。因此，被害人李某租住的房屋在约定从事卖淫活动期间不属于刑法意义上的户，上诉人顾某等人以嫖娼为名进入李的住处并采用暴力、威胁手段劫取李的财物，其行为构成一般抢劫而非入户抢劫。[1]

可以肯定的是，当兼有家庭生活及卖淫嫖娼两种功能的卖淫女住所在其不从事卖淫活动时，房屋主要用于其个人生活起居，其符合户的功能性特征无疑。但当其从事卖淫活动时，其住所是否就如同二审法院认为的那样，"在被害人允许顾某等人进入房屋之时起，就可以视为被害人开始实施约定的卖淫活动，其住处也失去了家庭生活这一户的功能性特征"？

按照二审法院的观点，卖淫女的住所在其从事卖淫期间不属于"户"就在于其开门"接客"，其中包含开门动作和将要"接客"行为。对于既是小卖部又是户的烟酒小卖店，当营业结束后，半夜有人敲门买烟，主人起身开门后，是否就意味着又处于营业中？此时行为人进入店内抢劫一般就不认为入户抢劫。理由好像就因其为营业场所。那么，由此看来，对于这样的住所里的主人而言，开门行为就意味着将户的性质改变？无论何时，只要有人买烟，或者是以买烟为借口让主人把门打开进去抢劫，就不算是入户抢劫？所以，仅仅一个开门动作应当是无法将其住所的性质变为卖淫场所，因为开门只是表示允许进入而已。就如同行为人敲门冒充修水表的，主人开门允许其进入后，行为人便抢劫，此时不能认为主人允许其进门便不认定为入户抢劫一样！那么，此时不外乎就是将卖淫女即将进行的"卖淫"行为将其住所的性质变了。问题是，如果贩卖毒品的人在其住所内贩毒，行为人知晓后，冒充购毒者进入后，实施抢劫，能够否定其属于入户抢劫吗？如果答案是否定的，实施贩毒的犯罪行为都未改变其住所的性质，那么实施性质更轻的卖淫违法行为又何以改变了住所的性质呢？

更进一步疑问的是，如果认定卖淫女的住所在其从事卖淫期间不属于"户"，则等于是在宣示，以卖淫女为抢劫对象的，就算是想入户抢劫，一定要在其卖淫期间抢劫，先嫖个娼或者假装嫖娼后再抢劫，如此便可以认定为普通抢劫。或者当卖淫女不想卖淫时（不在卖淫期间的住所属于"户"基本没有多大的争议），若行为人意图规避"入户抢劫"，便以高出市场很多倍的价格为引诱而让卖淫女开门后而实施抢劫的，也认定为普通抢劫，其背后隐含着"谁叫你是卖淫女"的标签化歧视的嫌疑相当明显。

---

[1] 见上海市第一中级人民法院（2014）沪一中刑终字第1301号刑事判决书。

因此，笔者认为，由于"户"通常是一个相对封闭的环境，犯罪行为不易被发现，被害人孤立无援，入户抢劫更易得逞❶。所以，入户抢劫的实质危害在于当行为人在一个封闭的空间中对被害人实施暴力劫取财物时，处于其中的被害人无法向外界求救。正是因为"户"是安身立命之所，才导致一般人不能随意进入。而《抢劫指导意见》中指出的"因访友办事等原因经户内人员允许入户后，临时起意实施抢劫，或者临时起意实施盗窃、诈骗等犯罪而转化为抢劫的，不应认定为'入户抢劫'"，此处的重点不应放在"户内人员允许入户"，而应重点关注"因访友办事等原因"。即只有与"因访友办事等原因"具有等同性质的客观上可以反推的原因，后经户内人员允许入户后进行的盗窃、抢劫等图财犯罪才不认定为入户盗窃或者入户抢劫。否则，只要是"户内人员允许入户"的就不认定为入户抢劫，势必导致行为人想方设法让户内人员允许入户而规避法律。所以，"对于白天从事经营，晚上用于生活起居的场所，行为人在停业时间以购物为名骗开房门入内抢劫的，应认定为'入户抢劫'"❷。而案例中的卖淫女将其居所从事卖淫行为后，只有特定的嫖娼人员才被允许进入，尽管是对不特定的多数人开放，但也只是对欲进入嫖娼的人开放。换句话说，当欲嫖娼的人进入卖淫女的居所后，其他想嫖娼的不特定人员也只能在外面排队等候，而不可能像一般的商店等营业场所那样，基本没有限制地进入卖淫女的住所里排队等候吧！即当卖淫女的住所处于"营业"状态时，包括一般人也是不能随意进入的（包括后续的嫖娼者）。此时，卖淫女的居所何来开放性？行为人一旦以嫖娼为名进入进行抢劫的，卖淫女所处的情境与一般人在户内所处的情景没有区别，其住所并没有因其卖淫而改变其相对封闭的特点。此时行为人抢劫时，卖淫女同样处于孤立无援而丧失了向外界求救的可能。

所以，《抢劫指导意见》指出，以侵害户内人员的人身、财产为目的，入户后实施抢劫，包括入户后实施盗窃、诈骗等犯罪而转化为抢劫的，应当认定为"入户抢劫"。"当行为人在主观上是借嫖宿之名欲行抢劫之实，并在客观上以嫖宿为名进入卖淫女的住所时，只要行为人未明确放弃劫取财物的概括性目的，无论本次嫖宿行为持续多长时间，也不管行为人在本次嫖宿期间有无出入户的行为，只要行为人在嫖宿过程中或在嫖宿结束后，在户内实施了抢劫行为，就应认定为入户抢劫。"❸

综上所述，刑法对"户"的保护显然与户主的性别、职业等因素无关，只

---

❶ 最高人民法院刑一、二、三、四、五庭主办. 中国刑事审判指导案例（侵犯财产罪）[M]. 北京：法律出版社，2012：62.

❷ 周道鸾，张军. 刑法罪名精释 [M]. 北京：人民法院出版社，2013：630.

❸ 蔡丽明，陈柱钊. 进入卖淫女住所嫖宿数天后再行抢劫之定性 [J]. 人民司法（案例），2010（10）.

要其符合刑法中对"户"保护的立法旨趣，就应当无差别地进行刑法保护。

（二）"入"户的非法性考量

"入户"并不是盗窃行为本身的组成部分，而应当是限制处罚范围的要素，同时为违法性提供根据。因此，合法进入他人住宅后实施盗窃行为的，便不应认定为入户盗窃。尽管刑法第264条没有明文规定为"非法入户盗窃"，但是，若将合法入户后的盗窃行为认定为入户盗窃，就不当地扩大了处罚的范围，特别是扩大了亲属间、朋友间小额盗窃的处罚范围❶。由于入户盗窃是立法推定的抽象危险犯，所以行为人只要没有合法事由而入户，就推定为具备了入户的非法性❷。但在实务中对于"入"户的非法性，注意以下几个问题：

第一，对于在合租（群组）房中发生的盗窃案件，能否认定为"入户盗窃"，需具体分析。若租住者均有各自的房间，且为相对独立的空间，那么进入此空间盗窃的，应当认为是"入户盗窃"。但应当注意的一个问题是，若进入各自独立的门没有上锁的房间盗窃的，能否认定为"入户盗窃"？比如，被告人董某至本市某区快捷酒店应聘服务员，录用后被安排居住于某小区三室一厅的其中一室，同住于该址的还有何某、王某两名该酒店员工。某日7时许，被告人董某趁住所无人之际，进入门没有锁的同事何某的卧室，窃得同事何某放在卧室桌上共计价值人民币3 035.70元的红色联想G470型笔记本电脑一台和联想M20N型鼠标一只等物品后，于当天携自己的行李逃离。后投案自首。本案就是典型的合租房中的盗窃，若欲认定为"入户盗窃"，必须认定被告人董某是非法进入被害人何某的房间。因此有观点认为，何某的房门没有锁，表明信任与他共同居住的"邻居们"，此时何某所居住的房屋即可以认为不具有相对独立性，因而不能认定为"户"，因此被告人不是"入户盗窃"，只是一般的盗窃。对此，笔者认为，判断是否为"户"，仍然需要按照前文标准，即是否与外界相对隔离，供其用作家庭生活。如果将本案的被害人何某的门加上一把锁，结论是否就不一样了呢？是否就会有人据此认为何某的房间就是"户"？所以，问题不再锁上面。世界上本没有锁，有了小偷才有了锁，因而锁只是用来防小偷的。不能因为锁了门的房间（子），就是"户"，没有锁的就不是"户"，不能如此简单机械地看待问题。锁与不锁并不代表占有关系，即便门没有锁，房间里的财物也是在何某的占有之下，被告人没有经过允许，非法进入盗窃财物的，就是入户盗窃。只不过在有些情况下，锁与不锁门，会在认定行为人是否有非法"入户"的主观故意上起到直接推定的作用。即，行为人将锁了门的房屋撬开锁而进入的（排除因救火等情

---

❶ 张明楷. 刑法学 [M]. 北京：法律出版社，2011：880.

❷ 此处的非法性，一般是指入户手段或方式的非法性，而不是入户目的的非法性，比如以嫖娼为名，经户内主人开门同意进入的。

形），就可以直接推定行为人具有非法入户的主观故意。

但在共用部分（比如在客厅）里盗窃的，不能认定为入户盗窃。因此，此时合租者进入共用部分是合法的。需要注意的是，若原先的合租者搬离后，没有将钥匙交还给房东，其再次进入合租房中的共用部分实施盗窃的，也应当认定为"入户盗窃"。此时，其进入房间的合法事由已经消失。

第二，对于保姆利用每个周末去主人家打扫卫生的时机，乘主人不在而盗窃财物的，能否认定为入户盗窃？其实质问题是，是否为非法进入？保姆拥有钥匙，每周末去主人家打扫卫生，理当为合法进入。但，若是有一个周末，主人打电话告诉保姆，本周末不用来打扫了，此时，保姆若仍然去，并且盗窃主人家里财物的，能否认定为入户盗窃？笔者持肯定意见。因为，此时保姆尽管手持钥匙，但进入主人家里的合法事由消失了。

第三，对于进入正在装修的房屋、空关房、周末房❶、厨房盗窃等是否属于"入户盗窃"？问题的关键便在于对抽象危险的理解。承述前文，立法推定入户盗窃具有抽象危险，这种抽象的危险只要进行一般判断即可。即入户盗窃时，"户"里有无人员，在所不问❷。但根据结果无价值论，如果可以证明行为绝不可能产生这种抽象的危险，也应该允许行为人提供反证否定立法存在的抽象危险。因此，首先如果"户"的功能性特征被否定，则进而就可以推导出行为人进入的场所不具有入户盗窃这一立法背后的抽象危险；其次，即便对于如正在装修的房屋，在两三个月的装修期间一般都会有装修工人入住，饮食起居皆在其中，完全具备户的两个特征，如果行为人有证据证明其就是通过连续一个月的观察，发现每个周三晚上装修工人都不在里面住，就是乘着彼时空无一人的情况下进去盗窃，则也不存在立法推定的抽象危险，不宜认定为入户盗窃。同理，空关房、周末房等这些不具有一般典型意义上的"户"的场所，但却具备"户"的两个特征，只是其功能性特征不经常使用而已，便可以从抽象的危险能否有反证推翻的角度认定是否属于入户盗窃。对于厨房，则应根据案情区分，是城市中整体房屋中的厨房，包括别墅中的和起居室分开的厨房，还是农村中部分家庭中完全和起居室分开入门的厨房进行"户"的特征和抽象危险的判断。比如在凌晨两三点，行为人就是认为此时主人不会去使用和大门分开进入的厨房而盗窃的，就不宜认定为入户盗窃。

值得一提的是，入"户"应以行为人的全部身体进入"户"内为必要。如果行为人仅以手伸入其邻居住宅的门窗里盗窃财物的，或者以木杆伸入他人房间内钩取财物的，考虑到行为人的全部身体没有进入"户"内，对公民住所安宁

---

❶ 一般是指周日到周四晚上没有人居住，周五、周六晚上以及周六、周日居住的房屋。

❷ 但有证据证明，被告人之所以"入户"盗窃，就是因为"侦查"了好久，发现是个无人居住的，才进去盗窃的，便是下文需要探讨的内容。

及人身安全的侵害程度基本没有达到需要以"入户盗窃"来进行刑法非难的地步❶，因此不应当认定为入户盗窃。

需要注意的是，入户盗窃故意的有无，与是否非法"入"户不是一个问题。显然，合法入户后产生的盗窃故意而盗窃的不能认定为入户盗窃。非法"入"户的，入户之前就有盗窃故意的，非法入户后盗窃的，当然是入户盗窃。但问题是，基于伤害他人等非法原因（包括一般违法）入户后才产生的盗窃故意，能否认定为入户盗窃？对此，有观点认为，行为人在入户之时就应当具有盗窃意图，其"入户"的目的就具有非法性，即是为了盗窃而入户的❷。也有观点认为，对于含有其他犯罪动机非法侵入住宅后，临时起意盗窃的，同样构成"入户盗窃"❸。还有观点认为，只要非法进入他人住宅并实施盗窃的，即使非法进入住宅时没有盗窃的故意，甚至不是以实施犯罪为目的，只是以实施一般违法行为为目的入户，入户后实施盗窃行为的，也都应当认定为入户盗窃❹。

对此，笔者认为，根据主客观相统一原则，入户盗窃作为故意犯罪，一旦认定行为人的客观行为属于入户盗窃，则也应当要求行为人主观上必须认识到其是在入户盗窃，即一方面需要行为人认识到自己进入的是"户"（他人用于家庭生活的住所），另一方面需要行为人认识到自己进入"户"是为了盗窃，这也是责任主义的要求。从这个意义上而言，入户盗窃需要行为人在入户时具有盗窃的主观故意。同时，作为侵犯财产类犯罪的"入户抢劫"也要求行为人进入住宅时须以实施抢劫等犯罪为目的，不以实施抢劫为目的入户的，在户内临时起意实施抢劫等犯罪的，不属于入户抢劫❺。这里的"抢劫等犯罪"不宜理解为所有犯罪，仅应解释为抢劫及盗窃、诈骗、抢夺等图财型犯罪❻。因此，从刑法解释的统一性与整体性角度来看，也宜认定入户盗窃需要在入户之前具备盗窃等图财型犯罪的主观故意。

可能有人会认为，如果要求入户盗窃在入户前具备盗窃的主观故意，则当行

---

❶ 最高人民法院研究室. 刑法修正案（八）条文及配套司法解释理解与适用[M]. 北京：人民法院出版社，2011：267.

❷ 最高人民法院研究室. 刑法修正案（八）条文及配套司法解释理解与适用[M]. 北京：人民法院出版社，2011：267.

❸ 李翔. 新型盗窃罪的司法适用路径[J]. 华东政法大学学报，2011（5）.

❹ 张明楷. 刑法学[M]. 北京：法律出版社，2011：880. 刘宪权. 刑法学[M]. 上海：上海人民出版社，2008：198.

❺ 2005年最高人民法院《关于审理抢劫、抢夺刑事案件适用法律若干问题的意见》第一条；张明楷. 刑法学[M]. 北京：法律出版社，2016：990. 周光权. 刑法各论[M]. 北京：中国人民大学出版社，2016：107. 黎宏. 刑法学[M]. 北京：法律出版社，2012：727. 高铭暄，马克昌，赵秉志. 刑法学[M]. 北京：北京大学出版社，高等教育出版社，2011：503.

❻ 最高人民法院刑五庭. 刑事审判参考[M]. 北京：法律出版社，2010.

为人以嫖娼为名入户嫖娼后盗窃，为窝藏赃物、抗拒抓捕而使用暴力或者暴力相威胁的，则转化为抢劫罪，但不构成入户抢劫。而以偷盗为目的，入户后遇到主人抓捕的，则可能转化为入户抢劫。这不就等于在宣示，即便想入户盗窃，但先进去后嫖个娼再盗窃，即便转化为抢劫罪的，那也不会转化成入户抢劫。对此，笔者认为，一方面行为人以嫖娼为名入户后先嫖娼再盗窃的情形很罕见，另一方面即便出现此种情形也并没有违反公平正义。因为，入户嫖娼仅仅是一般违法行为，入户盗窃则是犯罪行为，在转化时，将行为性质更重的犯罪行为转化为刑罚更重的入户抢劫并无不妥。

所以，行为人基于伤害他人等非法原因（包括一般违法）入户后才产生的盗窃故意，不能认定为入户盗窃，在量刑上将"入户"情节纳入入户后的其他犯罪中进行评价即可。由此，本文所称的非法入户便是指入户的手段和方式的非法性，即便以非法目的（如想入户嫖娼）经过户主同意入户的，也不能评价为非法入户。

（三）禁止重复评价与罪刑均衡在转化型抢劫罪加重情节中的考量

转化型抢劫罪加重情节在实践中争议较多的莫过于在户内和公共交通工具上犯盗窃、诈骗、抢夺罪后，为窝藏赃物、抗拒抓捕或者毁灭罪证而当场使用暴力或者以暴力相威胁的，能否转化为入户抢劫和在公共交通工具上抢劫，或者犯盗窃、诈骗、抢夺罪后，为窝藏赃物、抗拒抓捕或者毁灭罪证而当场使用携带枪支的，是否转化为持枪抢劫等情形。对于上述转化型抢劫后是否认定为加重情节，在具体案例中可以运用禁止重复评价原则与罪刑均衡原则进行考量。

实践中对于入户盗窃少量财物或尚未窃取财物，为抗拒抓捕而当场使用暴力的行为，能否转化认定为入户抢劫的存有争议。一种观点认为，根据《抢劫解释》第一条第二款的规定，对于入户盗窃，因被发现而在户内使用暴力或者以暴力相威胁的行为，应当认定为入户抢劫。至于行为人窃取财物数额较小以及使用暴力程度较轻，这些均属于法定刑幅度内的量刑情节问题，不影响入户抢劫的认定，但这些因素在认定为入户抢劫的前提下，可以从轻处罚；另一种观点认为，入户抢劫是抢劫罪的加重犯，应当由基础的抢劫罪与非法侵入他人住宅的行为复合构成。从罪质上讲，入户抢劫行为本身应当对于公民的人身或财产法益具有严重侵害性或者至少具有相当的危险性。这样复合非法侵入他人住宅的行为一并判处10年以上有期徒刑之重刑才具有内在合理性。

在刑法第263条加重情节中的"入户抢劫"没有明确排除转化型抢劫罪的情

况下，根据《抢劫解释》第一条第二款❶、《两抢意见》第一条❷以及《抢劫指导意见》❸的规定，刑法与司法解释等规范性文件均明确了"入户抢劫"当然可以包含转化型抢劫。但行为人入户盗窃能否再次转化为入户抢劫，不能一概而论。首先，需要考量行为人入户盗窃后使用暴力或者以暴力相威胁的程度，一旦将此处的"暴力或者以暴力威胁的"评价为抢劫罪中的暴力或以暴力相威胁的，则可以转化为抢劫罪。前文已述，此不再赘述。其次，需要考量对"入户"情节是否进行了双重评价。

承前所述，转化型抢劫罪，不要求其前提行为构成犯罪，即只要行为人实施了盗窃、诈骗和抢夺行为的，为了窝藏赃物、抗拒抓捕或者毁灭罪证，使用暴力或者以暴力相威胁的，也构成转化型抢劫罪。对此，《两抢意见》第五条规定已明确❹。但由于2011年修订的《刑法》第264条规定的盗窃罪除了盗窃一般财物，数额较大和多次盗窃之外，新增了入户盗窃、携带凶器盗窃和扒窃三种行为类型后，入户盗窃不以数额较大作为构成要件要素，但需以"入户"作为构成要件要素。而上述2005年的《两抢意见》中的入户盗窃不是一个能独立成罪的盗窃类型，必须满足数额较大的标准。所以，若行为人实施入户盗窃行为，其"入户"这一情节若已经用作情节严重的因素被评价过了，进而转化为抢劫罪时，则基于禁止重复评价原则，不能再评价为"入户抢劫"。

由上述可以认为，一方面，在2011年刑法修订之前，入户盗窃尚未达到"数额较大""既遂"情形的，为窝藏赃物、抗拒抓捕或者毁灭罪证当场使用暴力或者以暴力相威胁的，未有人身伤害的，其暴力程度若评价为抢劫罪的暴力的，则根据上述《两抢意见》第五条的规定，"入户"便可作为其转化为抢劫罪的情节之一。此时，根据禁止重复评价原则❺，不可转化为入户抢劫。同时，根据举重以明轻的当然解释规则，入户盗窃尚未达到"数额较大"的"未遂"情形的，即入户盗窃尚未窃取财物的，也不可转化为入户抢劫。另一方面，在2011

---

❶ 该款规定：对于入户盗窃，因被发现而在户内使用暴力或者以暴力相威胁的行为，应当认定为入户抢劫。

❷ 该条规定：入户实施盗窃被发现，行为人为窝藏赃物、抗拒抓捕或者毁灭罪证而当场使用暴力或者以暴力相威胁的，如果暴力或者暴力胁迫行为发生在户内，可以认定为"入户抢劫"。

❸ 该意见中也明确"以侵害户内人员的人身、财产为目的，入户后实施抢劫，包括入户实施盗窃、诈骗等犯罪而转化为抢劫的，应当认定为'入户抢劫'"。

❹ 行为人实施盗窃、诈骗、抢夺行为，未达到"数额较大"，为窝藏赃物、抗拒抓捕或者毁灭罪证当场使用暴力或者以暴力相威胁，情节较轻、危害不大的，一般不以犯罪论处；但具有下列情节之一的，可依照刑法第二百六十九条的规定，以抢劫罪定罪处罚：（1）盗窃、诈骗、抢夺接近"数额较大"标准的；（2）入户或在公共交通工具上盗窃、诈骗、抢夺后在户外或交通工具外实施上述行为的；（3）使用暴力致人轻微伤以上后果的；（4）使用凶器或以凶器相威胁的；（5）具有其他严重情节的。

❺ 在禁止重复评价原则下，转化前已经评价过的一些犯罪事实或情节不得在转化后再次予以评价。但同时，罪刑均衡原则也决定着在转化前没有评价的一些犯罪事实或情节就一定可以在转化后予以评价。

年刑法修订后，由于入户盗窃没有数额要求，则入户盗窃少量财物也直接构成盗窃罪，则根据《两抢意见》，当入户盗窃（少量财物）直接构成犯罪时，当然可以转化为抢劫罪。但由于"入户"情节是在立法上被用作独立入罪（无须数额较大）的因素，亦被评价过，也不能再次被评价为"入户抢劫"中的情节因素。

因此，对于入户盗窃少量财物或尚未窃取财物，为抗拒抓捕而当场使用暴力的，在本质上并不符合上述入户抢劫罪的罪质特征。若其暴力或者暴力威胁符合转化型抢劫罪的要求，则对其行为直接转化认定为抢劫罪，且在3年到10年有期徒刑的幅度内判处刑罚，完全能够做到罪刑相当，故以不认定入户抢劫为妥。同样，由于在公共交通工具上抢劫与入户抢劫同属于抢劫罪的加重情节，尽管目前没有司法解释等规范性文件要求在公共交通工具上抢劫需要在登上公共交通工具前需要抢劫等犯罪的故意，但基于等同解释的方法，不宜将在公共交通工具上产生的抢劫等财产犯罪故意（如同在户抢劫）认定为在公共交通工具上抢劫这一加重犯。即便抢劫等侵财故意在进入公共交通工之前就具有，如果获取财物数额较小，情节不严重也不宜认定为在公共交通工具上抢劫。

此外，根据禁止重复评价原则，对于行为人身着警服实施诈骗后使用暴力或暴力威胁后也不能转化为冒充军警人员抢劫。因为行为人身着警服冒充警察的行为，已经被评价为其实施具体诈骗行为的构成要件要素，即其身着警服冒充警察行为已作为构成要件要素在转化前的行为中得到过一次充分评价，因此不宜再作为加重情节在转化后的抢劫罪中予以量刑上的考虑。并且在冒充军警抢劫和冒充军警诈骗中，前者是为了更加有效地排除受害人的抵抗意志，增加心理威慑力，后者是为了使受害人基于职业身份的信任而自愿处分财物，两者在人身危险性和社会危害程度上都有显著不同❶。

但如果一个情节没有被转化前的侵财行为充分评价，即依然存在"情节剩余"，如果"剩余情节"能够达到法定刑升格的要求，则完全可以在转化后的法定刑升格中继续评价。比如行为人盗窃后，为抗拒抓捕便使用随身携带的枪支向联防队员头面部射击而致其轻伤的，其持枪行为在转化性抢劫中的暴力评价要素便属于"情节剩余"。因为在转化型抢劫罪中的暴力或暴力威胁只要达到足以压制他人反抗程度即可。相比于拿着凶器示威性地比画一下，或者持木棍喊道"不想死就躲开"之类的暴力或暴力威胁，持枪并且实际朝着联防队员头面部射击的行为远超出了使用暴力或暴力威胁的基本要求。在此情形下，如果持枪情节未能在转化前的盗窃行为或者转化后的抢劫行为中得到充分评价，便违反了罪刑均衡原则，因此应当充分考虑并在转化后的抢劫罪中作为加重量刑情节予以评价❷。

---

❶ 袁博，荣学磊. 禁止重复评价原则在转化型抢劫罪加重情节适用中的指导规则 [J]. 中国检察官，2014（8）.

❷ 袁博. 对转化型抢劫中持枪情节的评价 [J]. 人民司法（案例），2016（17）.

综上所述，作为法律拟制的抢劫罪，转化型抢劫罪在司法实践中的认定也应当以其严重的侵犯财产犯罪这一法益侵害的后果为标准，特别是其加重情节的认定。毕竟十年以上有期徒刑直至死刑的刑罚对一个被告人而言，如果其行为没有严重的法益侵害性，罪刑便难以相当。因此，在当前的司法实践中，对于转化型抢劫罪及其加重情节的认定理当慎重。特别对于入户盗窃等其他情节而言，如果仅因为一些实际危害程度一般的（转化型）抢劫罪发生在户内或者公共交通工具上等原因，就一律判处10年以上有期徒刑，则刑罚畸重，违背罪刑相当的刑法基本原则。所以，为了使罪刑相当原则在实际个案中得到全面贯彻、实现，运用限制或缩小等刑法解释方法，适当紧缩入户抢劫等（转化型）抢劫罪加重情节的认定范围就十分必要❶。唯有如此，刑罚才能在轻罪轻判、重罪重判，罚当其罪、中体现其内在的公平与正义。

参考文献

[1] 高铭暄，马克昌. 刑法学［M］. 北京：北京大学出版社，高等教育出版社，2007.
[2] 苏惠渔. 刑法学［M］. 北京：中国政法大学出版社，2001.
[3] 张明楷. 刑法学［M］. 北京：法律出版社，2016（7）.
[4] 张明楷. 刑法分则的解释原理［M］. 北京：中国人民大学出版社，2011（4）.
[5] 郑泽善. 转化型抢劫罪新探［J］. 当代法学，2013（2）.
[6] ［德］克劳斯·罗克辛. 德国刑法学总论［M］. 王世洲，译. 北京：法律出版社，2005.
[7] 黎宏. 刑法学［M］. 北京：法律出版社，2012.
[8] 周光权. 刑法总论［M］. 北京：中国人民大学出版社，2016.
[9] 全国人大法制工作委员会刑法室. 中华人民共和国刑法条文说明、立法理由及相关规定［M］. 北京：北京大学出版社，2009.
[10] 周道鸾，张军. 刑法罪名精释［M］. 北京：人民法院出版社，2013.
[11] 最高人民法院刑一、二、三、四、五庭. 中国刑事审判指导案例（侵犯财产罪）［M］. 北京：法律出版社，2012.
[12] 王作富. 刑法分则实务研究［M］. 北京：中国方正出版社，2013（4）.
[13] 曹漫之. 唐律疏议译注［M］. 长春：吉林人民出版社，1989.
[14] 林东茂. 刑法综览（修订五版）［M］. 北京：中国人民大学出版社，2009（6）.
[15] 劳东燕. 风险社会中的刑法——社会转型与刑法理论的变迁［M］. 北京：北京大学出版社，2015.
[16] 最高人民法院研究室. 刑法修正案（八）条文及配套司法解释理解与适用［M］. 北京：人民法院出版社，2011（5）.
[17] 黄祥青. 刑法适用要点解析［M］. 北京：人民法院出版社，2011.

---

❶ 黄祥青. 刑法适用要点解析［M］. 北京：人民法院出版社，2011：259.

"合理怀疑"的类型化分析

李晓杰[1]

摘　要：概念、文字式定义合理怀疑的解释方式不足取，类型化分析才是理解合理怀疑的最佳途径。我国刑事诉讼法中的合理怀疑是指综合分析全案证据后认定的事实不具有唯一性，不适用于单个证据的审查判断环节，也不等同于证据间的矛盾、疑问。根据《刑事审判参考》相关案例，实践中的合理怀疑至少有第三人作案可能、对事实推定的反驳以及不具危险的抽象危险犯三大类型。

关键词：合理怀疑；类型化

我国刑事诉讼法第53条规定，综合全案证据，所认定的事实已排除合理怀疑，才能认定为证据确实、充分。至此，排除合理怀疑经历了"从资产阶级唯心主义的代表、被批评的对象，到司法实践中的潜规则，再到地方性证据规定、行动中的法律，最终成为国家层面法律文本"的中国路线图[2]，正式成为刑事证明标准的主要内容。法律人对排除合理怀疑寄予厚望，认为其是防范冤假错案的有力抓手，那么如何解释合理怀疑将是正确适用排除合理怀疑证明标准的首要问题。

一、"合理怀疑"的一种解释：类型化分析

众所周知，合理怀疑的解释并非易事。英美法系二百余年的司法历程中，解释论者曾试图通过采用"道德确信"作为同义词的方式对排除合理怀疑进行解读，也曾通过强调什么样的怀疑是或者不是合理怀疑的正反面角度予以定义，还有人曾提出用数学化的百分比或者其他数值来表达如何达到排除合理怀疑的程度[3]，但始终未给出统一的、令人信服的答案，乃至于有人认为合理怀疑含义自明，拒绝解释。我国刑事诉讼法将排除合理怀疑作为证据确实、充分主观方面的补充，并定义为"对于事实的认定，已没有符合常理的、有根据的怀疑，实际上达到确信的程度"[4]，揭示了合理怀疑具有普通人认知、常理常识、逻辑经验、

---

[1] 作者单位：上海市奉贤区人民法院。
[2] 李训虎."排除合理怀疑"的中国叙事[J].法学家，2012(5).
[3] 赖早兴.美国刑事诉讼中的排除合理怀疑[J].法律科学，2008(5).
[4] 全国人大法制工作委员会刑法室.关于修改中华人民共和国刑事诉讼法的决定：条文说明、立法理由及相关规定[M].北京：北京大学出版社，2012：53.

有根有据等特征，一定程度上阐明了合理怀疑的要义，但即便是将主观性极强的合理换成相对客观的常理、常识、经验、有根据等词，仍陷入如何理解此类抽象词语的泥沼，且有循环解释之嫌。

合理怀疑的这种传统解释方法是概念思维的体现。概念思维是借助概念以及概念之间的演绎去理解和把握事物。与概念思维相对应的是类型思维，它是指人们归纳出物与物之间的共性，形成相对固定的类型，在遇见新的事物时根据其所具有的实质特征，经由演绎将之归于某种已知类型。概念和类型都是人固有思维，是认识世界的重要手段。随着社会剧烈变迁，生活纷繁复杂，物质极大丰富，法律语言却相对稳定、发展滞后，语言的抽象性和丰富程度不足以反映和传递出事物的全部信息。当抽象概念及逻辑体系不足以涵摄某生活现象的多样表现形态时，补充的思考形态是类型思维。❶ 换言之，当用概念解释概念、文字式定义方法已经穷途末路时，通过案例总结提炼出属于合理怀疑情形的列举式定义方法或许能独辟蹊径。这种方法我们称之为类型化分析。

司法实践为合理怀疑的类型化分析提供了较为丰富的案例资源。合理怀疑在正式写入法律条文之前，有过司法实践潜规则和地方性证据规定的经历。在此类潜规则和地方性规定的思想指导下，司法者办理过若干典型案例，尽管判决书中可能未使排除合理怀疑的字眼，但其作出有罪或者无罪判决的理由中总有挥之不去的印迹。当合理怀疑在法律上拥有一席之地之后，司法者更加大胆地运用该证明标准作出疑罪从无的判决。通过归纳总结相关案例共性，在准确界定"合理怀疑"边界的前提下，对合理怀疑进行描述性的类型化分析，而不限于在抽象概念、文字的定义概括，有可能是深化理解合理怀疑的最佳途径。

二、"合理怀疑"的两条边界

我国刑事诉讼中犯罪事实证明标准要求达到"唯一"的程度。案件事实唯一，意味着证据必须确实、充分，即在案的证据均指向同一事实，不存在其他可能性。法律规定证据确实、充分的必要条件是"综合全案证据，对所认定事实已排除合理怀疑"，是要求在每一个证据依照法定程序进行查证属实的基础上，对全案证据进行综合审查，从整体上对与定罪量刑有关的案件事实作出判断❷。因此合理怀疑是在综合分析全案证据时，对将要认定的事实产生了疑惑，表现形式是认定的事实不具有唯一性。合理怀疑的前提是全案证据综合分析，而不是单个证据的审查判断；怀疑的对象是案件事实的唯一性，而不是在案证据的一致性。因此有必要通过划清合理怀疑与证据审查判断疑点之间的边界，来界定其内涵。

---

❶ ［德］卡尔·拉伦茨. 法学方法论 [M]. 陈爱娥，译. 北京：商务印书馆，2003：17.
❷ 卞建林，张璐. 我国刑事证明标准的理解与适用 [J]. 法律适用，2014（3）.

(一) 合理怀疑不适用于单个证据的审查判断环节

证据的审查判断是审查证据的客观性、合法性、关联性，从而取舍证据的过程，是全案证据综合分析的前置环节。单个证据的审查判断主要依靠证据规则。判断证据的客观性与否，依靠的是最佳证据规则、传闻证据规则、证据补强规则、自白任意性规则等；判断证据的合法性与否，依靠的是非法证据排除规则；判断证据的关联性与否，依靠的是相关性规则。违背了任一证据规则，该证据材料就会因不具备某一项证据特性而被弃之不用。证据规则是明确的，是否违背证据规则也应当是明确状态，不存在模糊的空间。当在案证据存有违背证据规则的疑点时，举证方承担着释明疑点的义务。一旦举证不能，就认定该证据因违背证据规则而不被采纳，不会成为综合分析全案证据的材料。比如被告人提出了被刑讯逼供的线索，控方就要对刑讯逼供是否存在进行说明。当举证、补正或者解释等各项说明工作不成功，不足以打消疑虑时，司法者应当直接依据非法证据排除规则将供述排除，而不是依据存在刑讯逼供的合理怀疑将其排除。不可否认，某个关键证据可能会对事实的唯一性质疑，但这种质疑是结合全案其他证据形成的，属于证据的综合分析阶段，而非产生于该单个证据的审查判断环节。因此证据的审查判断，涉及的是有疑点证据能否作为定案依据的取舍问题，并不是要去证明某项事实是确定还是存疑，因而不存在适用合理怀疑的空间。

(二) 合理怀疑不等同于证据间的矛盾、疑问

合理怀疑和证据间的矛盾、疑问，分别是证据确实，充分的主、客观方面要件，具有不同性质。合理怀疑写入刑事诉讼法，是为在司法实践中如何判断证据确实、充分增加一个容易掌握的主观性标准[1]，是司法者基于常识、经验和专业知识形成的内心判断，可以称之为证据确实、充分的主观性方面。证据间的矛盾、疑问是证据自身的缺陷或瑕疵，独立于司法者内心判断之外而存在，属于证据确实、充分的客观性方面。两者虽然都使用了疑问、怀疑这类词，但在刑事诉讼法的语境内有着不同含义。证据间存在矛盾、疑问，无法得到排除或合理解释，相应的后果是据以定案的证据无法查证属实，其最终法律效果是事实不清、证据不足，不能定案。此时不需要司法者产生合理怀疑的感觉，也不需要启动排除合理怀疑的工作，就能直接得出证据不确实、不充分的结论。而合理怀疑的产生可以不需要证据间存在矛盾、疑问，证据表面一致、犯罪构成要件已经满足时，司法者仍然可能基于一定的合理根据产生怀疑。在坚持印证证明模式的前提下，证据间矛盾、疑问是用"证据不能相互印证、证据不具有一致性"来表述，不需使用合理怀疑这一概念。随意扩大合理怀疑的内涵和适用范围，可能会增长

---

[1] 陈光中.《中华人民共和国刑事诉讼法》修改条文释义与点评 [M]. 北京：人民法院出版社，2012：68.

司法者的惰性，致使其不去认真甄别证据间的矛盾、疑问，一概用不能排除合理怀疑来消极判决。

三、"合理怀疑"三大常见类型

合理怀疑是指综合分析全案证据后认定的事实不具有唯一性，而不应将其理解为对单个证据能力的评定和证据间对比印证时的矛盾、疑问。我国刑事诉讼法中的合理怀疑，只是证明标准的一部分内容，其内涵小于英美法系中的合理怀疑。笔者根据《刑事审判参考》相关案例分析，认为常见的合理怀疑类型至少有以下三种：

（一）第三人作案可能

第三人作案可能是指有其他人实施或参与犯罪的可能。存在第三人作案可能，就意味着认定被告人一人犯罪的事实不具有唯一性，无法对其做到准确定罪量刑，需要排除合理怀疑。实践中，第三人作案可能有两种表现形式：

1. 被告人供述是受到第三人指使、胁迫或者诱骗参与作案

如果被告人提供了第三人有效个人信息，且在案证据证实有第三人涉案可能，需要围绕第三人进行查证并排除。但如果被告人无法提供有效身份信息，无法详细陈述第三人涉案内容，证据或线索上也没有第三人存在的迹象，则该辩解为"幽灵抗辩"，不属于合理怀疑。如李某贩卖毒品案[1]，一审、二审期间李某交代受雇于叫"阿阮"的越南人，但没有提供"阿阮"具体身份信息，无法查证，故认定为没有证据证实李某受雇于人，不存在合理怀疑。最高法死刑复核期间李某交代雇用其贩毒的实际上是一名"农"姓男子，经查确有其人且系涉毒人员，日常行踪诡秘，李某的手机号码与"农"姓男子手机号码在交易日前后通话异常频繁，李某家庭经济情况一般，无力支付购买毒品所需毒资，故认定李某受雇于人可能性很大，合理怀疑不能排除。应当说，一、二审法院及最高法死刑复核均是依据在案证据准确适用排除合理怀疑的典范。

2. 除被告人以外的其他嫌疑对象无法有效排除

案发后侦查人员可能依据现场证据或线索，划定较大的嫌疑人范围，第三人已进入侦查视线并被列为嫌疑人，但是随着侦查活动的深入，在案被告人被认定为更有嫌疑的犯罪行为人而停止围绕第三人的侦查工作。如果在案证据并未完全否定第三人涉案的可能，则要作为合理怀疑进行查证并排除。如李万华故意杀

---

[1] 最高人民法院刑事审判一、二、三、四、五庭.《刑事审判参考》第89集第821号案例 [M]. 北京：法律出版社，2013：77-83.

人、盗窃案❶，第三人周某某亦在案发现场周边，有作案时间，案发后周某某也曾被公安机关讯问并作出有罪供述，后因周某某翻供且侦查无实质性进展而被取保候审，直至李万华归案后才解除取保候审，但周某某的犯罪嫌疑并未完全排除，构成对李万华故意杀人事实的合理怀疑。需要强调的是，由于案件信息来源和侦查手段的限制，案件现场证据或线索并不一定能够直接指向明确的第三人，但如果该证据或线索与案件性质、作案人之间联系紧密，亦应当作为有第三人作案可能的合理怀疑进行排除后方能定案。如张辉、张高平叔侄案❷中，侦查期间在被害人王冬八个指甲末端检出一名男性DNA谱带，且排除为张辉、张高平所留，此时虽然未能明确该男性DNA的所有者身份，但是由于为强奸案，根据常理被害人与作案人易有肢体接触，被害人指甲末端容易留下作案人的生物痕迹，足以反映有第三人作案可能，应当围绕该第三人信息进行查证，不能轻易排除。

（二）对事实推定的反驳

推定是根据某一存在的事实，作出与之相关的另一事实存在或不存在的假定。刑事证明中的推定分为法律推定和事实推定，二者共享同一逻辑结构，即由一个基础事实推出推定事实，关键性区别在于是依据不同，前者的依据是法律明确规定，后者的依据是常识和经验。❸ 法律推定因为是法律、司法解释明文规定而不易被质疑，如司法解释中常见的关于非法占有目的的推定，但事实推定中运用的常识、经验、逻辑可能是片面的、不可靠的，存在归纳的不完全性和例外的可能性，运用方式也可能是错误的。如果证明被告人有罪的事实推定并不可靠，可以轻易被反驳，那么推定的事实就会偏离客观真实，不具有唯一性。因此针对事实推定及其依据的常识、经验、逻辑的反驳，属于合理怀疑。实践中对事实推定的反驳有多种情形：

1. 轻率推定被告人具有概括故意

概括故意的认识因素应当结合被告人的自身情况及认识对象的特点进行判断，不应随意扩大。如应志敏、陆毅走私废物、走私普通货物案❹，二被告人走私废物中夹藏有普通货物，检察机关认为二被告人对走私废物中的普通货物有概括故意。二人辩解不知废物内有夹藏普通货物。法院认为根据相关合同约定、夹

---

❶ 最高人民法院刑事审判一、二、三、四、五庭. 《刑事审判参考》第100集第1024号案例 [M]. 北京：法律出版社，2015：38-42.

❷ 浙江省高级人民法院（2013）浙刑再字第2号刑事附带民事判决书. 2003年6月23日作出的《法医学DNA检验报告》证实王冬指甲末端有一名男性DNA谱带，2011年11月22日将该男性DNA分型与数据库比对时发现，与勾某某DNA分型七个位点存在吻合。

❸ 卞建林. 证据法学 [M]. 北京：中国政法大学出版社，2002：273-274.

❹ 最高人民法院刑事审判一、二、三、四、五庭. 《刑事审判参考》第91集第840号案例 [M]. 北京：法律出版社，2014：1-8.

藏物品的归属主体及所占体积、行为人所收报酬等情况综合认定二被告人不具有走私夹藏的普通货物的概括故意。本案中轻率推定被告人对全部物品具有概括故意，缺乏被告人对隐蔽的普通货物有认知的证明，推定出的事实具有可反驳性，被告人的辩解形成了合理怀疑。

2. 认定事实依据的鉴定意见不具有唯一性

鉴定意见属于鉴定人依据专门知识和经验的主观推理和判断，常常涉及因果关系的认定，可能不周延、不确定，盲目采信后可能导致认定的事实不唯一。如杜某故意杀人案❶，被害人尸体被严重焚烧过，尸体检验鉴定意见认为陈某系被捂闷口鼻或者扼压颈部致机械性窒息死亡的可能性较大。一审法院采信该鉴定意见。二审法院则认为该意见仅具推断性的意见，无法对被害人的死因得出唯一、明确的结论，被害人陈某有高血脂、冠心病等疾病且系服用性药后发生性关系时猝死，存在现实可能性，形成了合理怀疑。一审法院推定被害人系他杀，依据的是不具有唯一性的鉴定意见，属于不确定的主观判断，被告人无罪辩解对该推定事实构成合理怀疑。

3. 错误适用经验法则进行事实推定

事实推定依据的常识、经验可能存在片面的、忽视当事人或者所在行业特殊习惯的问题。如杨勇传播淫秽物品牟利案❷，杨勇将广告信息链接到自己所建的淫秽网站，获取广告点击的经济收入。一审法院直接依据经验法则推定点击淫秽网站就是点击淫秽电子信息，点击数就是实际有效的点击数，而淫秽网站内并非全是淫秽电子信息，网站经营者为了经济收益故意篡改电子数据，调高点击数的初始值或者将点击一次计数为点击十次甚至更多。类似情况如网络出售假货涉嫌商标类、诈骗类犯罪时故意刷单营造虚假交易数额。这类行业陋习确实存在，对于许多按次计件类认定犯罪数额或者情节严重与否的案件来说会形成事实认定上的合理怀疑。二审法院认为点击数事实认定不清并对杨勇的刑罚降格处理，就是认可合理怀疑的存在。

（三）不具危险的抽象危险犯

抽象危险犯是"一种典型的危险的举止行为被作为犯罪而处以刑罚之下，不需要在具体案件中出现一种危险的结果"❸，只要根据客观行为就可以直接认定侵害法益的危险存在，无须去运用证据证明，理由是根据经验法则和一般观念，

---

❶ 最高人民法院刑事审判一、二、三、四、五庭.《刑事审判参考》第93集第877号案例［M］.北京：法律出版社，2014：33-42.

❷ 最高人民法院刑事审判一、二、三、四、五庭.《刑事审判参考》第81集第723号案例［M］.北京：法律出版社，2012：57-64.

❸ 〔德〕罗克辛.德国刑法（总论）［M］.王世洲，译.北京：法律出版社，2005：278.

该行为在通常的社会条件下均易引发危险。然而在具体场合可能因为特殊因素存在，并没有发生危险的可能，若此时仍认定犯罪，将加大人们在社会中所承担的责任义务，有侵犯人权之虞。以醉驾入刑为例，仅凭酒精测试就定罪，违背客观事实的多样性，也无法证明危险必然存在❶，应当允许被告人提出虽有醉驾行为但对公共安全不具危险的辩解。故抽象危险犯之危险虽不需证明，但应当有成为现实危险的可能性。若有证据证实其行为不一定会产生抽象的危险，甚至根本不具危险性，此时虽然在案证据已证明犯罪构成要件全部具备，但犯罪事实中的危险要素未达到排除其他可能性的程度，形成了合理怀疑。不具危险的抽象危险犯有以下内容需要示明：

1. "不具危险"是指犯罪行为对社会危险极小或者已有效防止危险产生

不具危险，意味着抽象危险犯的犯罪行为所形成的"对社会有危险"的事实状态并不确定，对危险要素存在与否尚存在合理怀疑。如唐浩彬危险驾驶案❷，一审判处唐浩彬犯危险驾驶罪，二审发回重审后检察机关撤诉，原因就在于其发动汽车后并未快速行驶，而是控制车速缓慢倒车，准备将车停放在几米外的道路对面，行驶距离短、速度慢、未发生严重后果，公共安全的危险并非显而易见的存在。虽然证明危险驾驶罪主客观要件的证据均已齐备，但由于存在事实上不具危险的合理怀疑，因此不应当认定为犯罪。当然，并非所有无罪理由都属于合理怀疑无法排除的情形，若是因为犯罪情节显著轻微、引用刑法第13条但书规定，或者是犯罪构成要件上尚不满足（封闭居民小区道路、超标电动自行车并不符合危险驾驶罪中的道路、机动车等要件）而被认定为无罪，因为事实清楚，具有唯一性，不属于合理怀疑的范畴。

2. 可以通过证明不具危险、形成合理怀疑的抽象危险犯范围

具体罪名有：①伪证罪；②帮助毁灭、伪造证据罪；③伪造货币罪；④私自开拆、隐匿、毁弃邮电、电报罪；⑤传播性病罪；⑥危险驾驶罪等。❸另外，证据确实、充分作为证明标准，既可以是针对定罪事实，也可以是涉及量刑事实。合理怀疑作为证据确实、充分的主观方面要件，也可以是对量刑事实或情节的怀疑。以交通肇事罪中的逃逸情节为例，其作为法定刑升格的处罚条件，根据是被害人有可能被进一步损害、需要被救助的抽象危险，但事实上被害人已经当场死亡或者送至医院后被告人再逃逸，此时被害人进一步被损害的可能性不大甚至不存在，被告人提出"不具危险"的合理怀疑，需要被排除后方能认定此量刑情

---

❶ 李云，张会杰. 醉酒驾驶犯罪之证明 [J]. 国家检察官学院学报，2011，19（5）：127-133.
❷ 最高人民法院刑事审判一、二、三、四、五庭.《刑事审判参考》第94集第895号案例 [M]. 北京：法律出版社，2014：16-20.
❸ 付立庆. 应否允许抽象危险犯反证问题研究 [J]. 法商研究，2013（6）：76-84.

节。如龚某交通肇事案❶，龚某肇事后协助交警勘查完毕并将被害人送至医院治疗期间逃逸，检察机关指控龚某交通肇事后逃逸，法院认定龚某的逃离并没有影响其对道路交通安全法规定之法定义务的履行，也没有增加被害人的危险，不应认定为逃逸情节。

四、结语

排除合理怀疑诞生于普通法国家，其通过判例不断演变、深化，具体案例起到了推动排除合理怀疑实践运用的良好效果。有相当多的学者提出我国最高人民法院和最高人民检察院应当发布与合理怀疑相关的指导性案例。事实上，指导性案例、典型案例尤其是近年来平反的冤假错案中已经包含有认定存在合理怀疑的基本要素，如呼格吉勒图案中血型鉴定结论不具有排他性，赵作海案中被害人身份不明确，于英生案中被害人阴道内有他人精液，只是在公布此类著名典型案例时未明确提出合理怀疑的概念。本文是结合在刑事实务中颇有影响力的《刑事审判参考》的案例进行合理怀疑类型化分析的初步成果，实践中认定的事实不具有唯一性的情形都可能属于合理怀疑，显然不限于前文所列的三大类型。因此有必要深入挖掘更多相关案例，丰富合理怀疑的类型化研究。

参考文献

[1] 〔德〕卡尔·拉伦茨.法学方法论 [M].陈爱娥，译.北京：商务印书馆，2003.

[2] 〔德〕罗克辛.德国刑法（总论）[M].王世洲，译.北京：法律出版社，2005.

[3] 李训虎."排除合理怀疑"的中国叙事 [J].法学家，2012 (5).

[4] 赖早兴.美国刑事诉讼中的排除合理怀疑 [J].法律科学，2008 (5).

[5] 全国人大法制工作委员会刑法室.关于修改中华人民共和国刑事诉讼法的决定：条文说明、立法理由及相关规定 [M].北京：北京大学出版社，2012.

[6] 卞建林，张璐.我国刑事证明标准的理解与适用 [J].法律适用，2014 (3).

[7] 陈光中.《中华人民共和国刑事诉讼法》修改条文释义与点评 [M].北京：人民法院出版社，2012.

[8] 李云，张会杰.醉酒驾驶犯罪之证明 [J].国家检察官学院学报，2011 (10).

[9] 付立庆.应否允许抽象危险犯反证问题研究 [J].法商研究，2013 (6).

---

❶ 最高人民法院刑事审判一、二、三、四、五庭.《刑事审判参考》第92集第857号案例 [M].北京：法律出版社，2014：7-11.

庭审的实质化改革路径：
刑事案件第一审程序事实审的
强化及与法律审的分离

周 婧[1]

摘 要：刑事审判程序的改革一直是诉讼法学研究的重要课题，刑事程序的中心是审判，审判程序的中心是庭审，而庭审面临的主要问题是庭审的形式化。庭审实质化的改革，其核心是第一审程序的重构，强化第一审程序的事实审查功能，一方面，重视在集中的开庭时间里获取信息，审查证据，认定事实；在法庭上保证控辩双方的有效参与，落实非法证据排除与直接、言词证据规则并保障裁判者内心确信的独立形成。另一方面，基于合议庭审理为第一审程序审理的主要方式，应激活人民陪审员的事实查明功能，在庭审的技术设计上，实现事实审与法律审的分离，陪审员通过问题列表制度的方式对案件的事实问题进行认定、表决和固定，以实现彻底的事实审查，同时加强裁判理由说明，从而实现权威、令人信服的刑事审判。

关键词：庭审实质化；事实审查；裁判理由说明

一、庭审的实质化改革之必要与探索：第一审程序的重构

（一）庭审实质化是落实审判中心的核心

庭审实质化是"以审判为中心"的诉讼制度改革的重要内容，其基本目的是"保证庭审在查明事实、认定证据、保护诉权、公正裁判中发挥决定性的作用"[2]，实现诉讼证据质证在法庭、案件事实查明在法庭、诉辩意见发表在法庭、裁判理由形成在法庭。与此同时"庭审的形式化"或称"庭审的虚化"是我国长期存在而未能有效解决的制度性问题。[3] 可见，庭审的实质化改革尤为迫切和重要。诉讼应当以审判为中心，审判应当以庭审为中心。[4] 通过庭审实质化实现"以庭审为中心"，集中体现了司法规律的要求，也是优化我国刑事诉讼运行机制的重要举措。

---

[1] 作者单位：上海市奉贤区人民法院。
[2] 参见《中国中央关于全面推进依法治国若干重大问题的决定》。
[3] 何家弘. 刑事庭审虚化实证研究[J]. 法学家，2011 (6).
[4] 卞建林. 刑事一审程序的改革完善[J]. 法制资讯，2011 (8).

（二）第一审程序是整个审判程序的中心

第一审程序，是法院对于刑事案件进行初次审判所适用的程序。依据"审判中心主义"的含义，在全部审判中，第一审法庭审判应是中心。因而，一审庭审在促进刑事庭审实质化中具有重要作用，主要表现在：第一，一审庭审在保障案件质量方面具有基础性的作用，一审中回应了全部控辩双方的主张，能够实现全面而充分的审理；第二，在事实证据方面，一审的证据信息更多来源于证源，且时间间隔较近，较少受到其他证据信息的影响。纵观世界各国的做法，往往均将查明认定案件事实的责任放在第一审程序，从而实现准确认定事实，有效防止冤假错案的目的，进而实现刑事庭审实质化的要求。第三，纵观整个审级构造，一审以发现事实、法律在个案中的适用为主；二审以保障当事人诉权，兼带侧重保障法律适用的正确性、统一性为主。

（三）陪审制的改革是庭审改革的突破口

基于人民主权理论、反司法专断及程序正当、社会与司法嫁接的需求，陪审制经历产生、传播及世界范围内的移植最终广泛运用于审判，尤其是刑事案件的审判中。在欧陆法史上，刑事诉讼的重大变革经常以陪审制的改革为主轴和突破口。Stephen C. Thaman 教授指出："现代刑事诉讼中的程序公正理念已经在各国的宪法及国际人权公约中获得共识。"作为程序正义之载体的诸多刑事诉讼原则往往源自英美法中的陪审制及对抗制的环境下发扬光大，如无罪推定原则、反对自我归罪原则、平等武装原则、公开审判原则、直接言词原则、控诉分离原则等。尽管以纠问式职权主义为传统的大陆法系国家往往也承认上述基本原则，但由于原则所依托的陪审制及对抗制与大陆法系纠问式的一些基本原则相背离，而大部分最终被抛弃或难以有效践行……各种原则与陪审制结构之间的张力已在大陆法系国家引起了一些重大问题。❶ 正由于"这些从普通法刑事程序中所延伸出来的、普遍被接受的各项原则在很大程度上依赖于对抗制下的陪审团审判"，所以，欧陆国家的立法者往往将陪审制改革作为"司法改革的核心"。❷ 当前，我国刑事诉讼正面临这一修改，陪审制的改革是庭审中心与庭审实质化、被告人权利保护等刑事诉讼改革的核心和突破口。

二、困扰刑事第一审程序的基本问题：事实审的流于形式

（一）卷宗笔录中心弱化庭审过程

卷宗笔录中心主义是我国的刑事审判的一个显著的特征和诟病，是我国刑事

---

❶ 施鹏鹏. 陪审制研究 [M]. 北京：中国人民大学出版社, 2008：193. 转引自 Stephen C. Thaman, Europes new jury systems: the cases of Spain and Russia, in Law and Contemporary Problrms, p.1 et s.

❷ 陈瑞华. 俄罗斯司法改革的核心——重构陪审团制度 [J]. 人民检察, 1999 (6).

第一审程序一直没有解决的问题。[1] 其具体是指，法庭的程序流于形式，实质的裁判过程往往发生在法庭之外，甚至是开庭之前。这与我国职权主义倾向的诉讼模式在刑事案件的侦查、审查起诉、审判三环节的设计息息相关。我国刑事诉讼采取公检法三机关"分工负责、互相配合、互相制约"基本原则，刑事案件由公安机关立案侦查，检察机关审查起诉，整案卷宗移送法院，由法院进行定罪量刑裁判。加之有罪推定、口供至上的陈旧观念仍然没有得到有效和彻底的摒弃，在司法实践中，裁判者往往通过卷宗庭前认定事实，对案件事实形成先入为主的预断。并且，裁判者通常情况下不接触证据的原始形式，例如不直接听取证人证言等，而是在庭审中由公诉机关宣读侦查人员所作的证人证言笔录和书面鉴定意见，从而获取案件事实信息。法庭所接受的主要是公诉人已经形成的案件事实，而没有对案件事实进行实质性的重新调查。法庭没有责令公诉方通过举证来重现案件事实的全部过程，而是简单地接受公诉方业已形成的事实认定结论。结果，真正意义上的事实审恰恰没有发生在法庭审理之中，而侦查机关所进行的单方面调查却发挥了实质上的事实审功能。但侦查机关对案件认识的片面性以及侦查人员与案件所具有的利害关系，决定了这种由侦查机关所主导的事实审极有可能发生事实认定上的错误。而法庭审理的流于形式则导致侦查机关错误难以被发现和纠正。[2] 此种裁判方式，书面和间接的证据调查方式成为法庭认定案件事实的主要信息来源。显然，法庭对案件事实只能进行形式化的审查和确认，难以展开实质性的全面审查。

（二）承办人制度架空合议庭审理

依照我国诉讼法与法院组织法的规定，人民法院审理案件采取独任庭、合议庭、审判委员会三种审判组织形式，其中合议庭审理是最基本、最重要的审判形式。然而，在审判实践中，各级法院又采取承办人制度的做法，即是在合议庭案件中，由某一"承办法官"主要负责该案的审理，并对该案负责，无论是在庭前准备、法庭审理还是在裁判文书的草拟，向院长、庭长乃至审委会的汇报等方面，承办法官都对案件负有最终的责任。甚至审判业绩的考评以及相应的奖惩问题，也几乎以承办人为单位进行管理。[3] 而合议庭的其他成员无论是法官还是人民陪审员，都没有实质性地参与到案件的审理中。

因而，一方面，承办人制度导致承办人以外的裁判者事实上放弃了对案件的审理，对于包括证据资格的审查、证明力的确认、案件事实的认定等在内的诸多

---

[1] 陈瑞华. 论彻底的事实审——重构我国刑事第一审程序的一种思路 [J]. 中外法学, 2013 (3).
[2] 陈瑞华. 论彻底的事实审——重构我国刑事第一审程序的一种思路 [J]. 中外法学, 2013 (3).
[3] 尹洪茂, 丁孝君. 试论合议机制与承办人制度的冲突与协调 [J]. 山东审判, 2001 (4). 左卫民, 吴卫军. 形合实独：中国合议制度的困境与出路 [J]. 法制与社会发展, 2002 (3).

事项，都交由承办法官一人单独处理。这就造成了合议庭多数成员"陪而不审"，对法庭审理的参与流于形式。另一方面，在承办人负责案件事实审理的制度下，法定的评议程序通常也流于形式。诸如合议庭成员对事实认定问题的表态、相互间的平等争论以及对整个证据体系的逻辑推演等或称，也都不复存在。结果，承办法官一人对案件事实的独断取代了合议庭成员的集体评议，那种建立在"集体决策"基础上的"事实审理"没有存在的空间。❶

(三) 审理报告阻却裁判理由说明

案件的审理最终并不是只交给当事人一份裁判结果，基于制约裁判者自由心证、防止权力滥用和恣意裁判即是程序公开、程序透明、程序正义的必然要求，以及当事人对判决的心服口服，直至最终的定纷止争的需求，判决的权威不能只依靠国家的强制力维系，而更多地应当以理性说服、合理疏导等方式令社会大众接受和服从。我国也在进行司法裁判的说理性，以及"庭后释法"等强化当庭说理的改革探索。但现阶段的司法实践中，裁判说理具有很强的形式化意味，尤其是对于法庭没有采纳的证据、拒绝接受的意见以及不予理会的异议等，判决书往往没有提供令人信服的理由。与裁判文书说理形成鲜明对比的是，裁判者在对案件做出判决前通常会起草一份较为详尽的"审理报告"，并详细说明准备做出判决的理由和根据。由于这类"审理报告"在记录裁判者的真实裁判理由的过程中，有时也会记载一些法外因素的影响，这类记载不便向当事人、辩护人、诉讼代理人出示，因而"审理报告"一般被置入一种特殊的"内卷"，而与控辩双方能够查阅的普通案卷隔离。❷

"审理报告"制度使得裁判说理制度受到不同程度的架空，也造成裁判者不是根据庭审中获取的事实信息来形成内心确信，而可以根据庭审之外的信息来认定案件事实。不仅如此，这类"审理报告"无法保障当事人、辩护人、诉讼代理人的知情权，也剥夺了他们获取救济的机会。本质上，此类便于司法行政管理者审查和决策的"审理报告"属于法院内部行政审批机制的组成部分，最终使法庭审判活动受到规避。而在客观上，这种无法受到程序制度有效规制的"审理报告"，也为法外力量干预法庭的事实裁判创造了条件，甚至对外部干预起到了掩饰作用。

三、重构刑事第一审程序基本思路：事实审的强化与分离

(一) 对案件事实的当庭认定

正如前文所述，形式化的庭审往往在庭审之外甚至是庭审之前形成裁判的预

---

❶ 陈瑞华. 论彻底的事实审——重构我国刑事第一审程序的一种思路 [J]. 中外法学，2013 (3).
❷ 徐智. 刑事案件审结报告改革研究 [D]. 重庆：西南政法大学硕士学位论文，2009.

断，这是形式化庭审的显著诟病。欲实现实质化的庭审则必须保证裁判者在获取案件的事实信息、证据等在法庭上进行，并当庭形成对案件事实的认定。具体而言，一是在集中的开庭时间里获取信息，审查证据，认定事实。二是在法庭上保证控辩双方的有效参与，充分保障证据的质证认证以及辩方的辩护权，确保案件事实信息的全面性，避免证据采信错误和事实认定错误。三是非法证据排除与直接、言词证据规则落实，通过证据规则对侦控方证据的使用进行限制和规范。四是裁判者内心确信的独立形成。裁判者通过庭审中对各类证据与信息的亲自审查，获取案件各项事实信息，形成对案件事实的认定。侦查机关的侦查卷宗各种证据笔录材料、检察机关审查起诉中对案件事实的判断和处理意见，都不能成为裁判者认定事实的直接依据。一言以蔽之，裁判者通过法庭上的证据调查，独立形成对案件事实的内心确信。

（二）激活陪审员查明事实的功能

1. 事实审与法律审的分离

事实审与法律审的分离，对于发挥司法功能具有重要意义。一方面，从一审的庭审方式上，能够充分激活陪审员的功能，同时对陪审员和法官事实审与法律审的分工进行优化配置；另一方面，从审级构造上看，能够合理上诉审理的内容，避免上诉审理的形式化，走过场，同时真正使得高级法院及最高法院摆脱确定案件事实的束缚，更集中地研究法律问题，发挥统一司法创制指导性案件的功能。

然而，事实问题与法律问题的区分并不具有明显的界限。当法官认定事实时，实际上已经对事实作出了法律评价。[1] 即使在整个司法制度都建立在这组区分基础上的英美法系国家，也没有规则或原则可以"无差错地将事实认定和法律结论区别开"。[2] 我国最高法院司改办发布《〈人民陪审员制度改革试点工作实施办法〉的理解与适用》提出由审判长归纳、提供待议事实问题清单的方式，将事实问题与法律问题的区分交给审判长决定，由审判长列出需要陪审员回答的问题，陪审员仅仅需要参与事实问题的评议和表决即可的方式。笔者十分赞同，但需要注意的是，陪审员单独审理案件的事实问题，将对判决理由的说明带来诸多难题和隐患，而判决理由的说明对于整个刑事诉讼的意义是不容忽视的。因而我国现阶段案件事实问题的审理往往都是陪审员和职业法官共同参与完成的。还有一种情况是，法官可能通过对案件的法律问题，如对证据的可采规则的控制左右到案件事实问题的审理结果。此时，事实问题的裁决主体倘若不是专业法官，其在审理事实问题时将十分被动。

---

[1] 耿宝建. 在法律与事实之间——司法裁判中事实认定过程的法理分析[J]. 河北法学, 2008 (1).
[2] 陈杭平. 论"事实问题"与"法律问题"的区分[J]. 中外法学, 2011 (2).

2. 重视陪审员事实裁决的独立性

案件的事实问题包括依实体法、辩护及控诉所形成的所有争议事实的可能性及真实性问题和所有被承认的可以证明案件争议事实能否成立的证据证明力的问题。正如前文所述，陪审制是反司法垄断、阻止司法权力滥用的有力方式，是查明案件真相、获得司法真实的有效机制。陪审员由普通公民担任，其参与案件的审理将具备反司法垄断、阻止司法权力滥用、弥补法官专业局限性，矫正职业法官的长期职业惯性所形成的偏颇和执拗，查明案件真相、获得司法真实的优势。

有学者感慨"陪审员与职业法官享有同等的审判权利，但在司法实践中，许多陪审员很难与审判员同等行使审判权，使得缺乏独立权又不懂法的陪审员在合议庭中往往处于被动的地位，一切唯法官是从"。[1] 在我国现阶段人民陪审员制度中，陪审员以个体形式参与到案件的审理中，其地位在整个案件审判中十分低下。一方面，法官可能直接对事实问题做出判决。例如在无辩可答的情况下，法官可直接作出无罪裁决，而无须经过合议及表决程序；另一方面，法官可以在协助陪审员进行事实认定时，间接影响陪审员对某一证据的判断。例如，法官可在证据可采性问题上作出否定性的裁决，陪审员无须考虑某一证据。法官最后的总结指示也对陪审员的裁决有着重要影响，此外，陪审团对事实进行裁决也建立在这样的假设至上，即他们理解认定指控被告人所犯之罪需要的法律概念。因此，陪审员对事实问题的看法其实也融合了其对法律问题的判断。这就是需要陪审员具有良好的中立意识、代表人民行使司法权利意识、高度责任意识等，同时需要建立相应的机制以避免被陪审员过多地主导。

3. 规范法官法律裁决的必然性

法律问题的内容相对宽泛，不仅包括个案中的法律适用、量刑问题，还包括庭审进行中的程序驾驭、规则运用（例如，在一方当事人提出异议的情况下，法官可对证据的可采性问题作出裁决，以保障陪审员免受非法证据的误导）、法庭秩序的维持、在庭审结束时，总结陈词，对控辩双方所主张的事实以及所提供的证据进行总结并就案件的法律问题对陪审员作出指示等。法官作为经过专业法学知识培养，能够良好地运用法律、驾驭庭审的主体，自然应当承担起法律问题审理与裁决的职责，相比于人民陪审员具有完全的优势对案件的法律问题进行审理。如上文所述，法官可能通过对案件的法律问题，如对证据的可采规则的控制左右到案件事实问题的审理结果。此时，事实问题的裁决主体倘若不是专业法官，其在审理事实问题时将十分被动。因而，在职业法官对法律问题进行审理和裁决的同时要注意其对事实问题审理影响的风险防范。

---

[1] 刘燕. 中美陪审制的比较及对我国人民陪审制的完善 [J]. 民主与法制, 2007 (4).

4. 运用问题列表制度强化事实审

（1）问题列表制度概述。问题列表制度，源于大陆法系，是指在陪审团审判中，审判长依法律规定将案件进行细化分解，制作一定数量的问题，要求陪审团作出是或否的回答，以决定被告人行为是否构成犯罪，是否有减刑情节等。双方当事人有权阅读陪审团对问题列表的回答，从而可以在一定程度上了解陪审团的事实认定及逻辑过程。因此，问题列表相当于简明的判决理由书，可以在一定程度上阐明陪审团作出裁判的理由。例如法国在重罪案件的审判中，法官不是直接询问陪审团是否被认为被告人有罪，而是向陪审团提出数个简单的问题以分解之。犯罪事实是否已经确定？被告人是不是犯罪事实的实施者？被告人是否故意实施犯罪行为？陪审团必须对这三个问题一一作答，如果答案均为是，则被告人被判定为有罪，相反，任何一个为否定回答，则被告人将被无罪释放。俄罗斯也设置了详细的问题列表制度，对问题的就受审人被指控的每一个犯罪行为以及问题的措辞等也提出办法。❶ 在大陆法系问题制度的发展发展中，问题也逐步具体和增多，如"被告人是否因实施了这一行为而有罪？对起诉决定主义中每一特定事实，均提出一个问题；每一项加重情节均提出一个问题，对每一项减轻刑罚或者免除刑罚的法定原因，如其被援引也应当单独提出一个问题。此一方面为陪审员参与案件的事实审理注入了法律思维，对其不理解的法律概念也更据此作出说明使陪审员更好地对案件事实认定中的法律相关问题进行掌握。倘若我国确定陪审员对于事实审理的意义和权威，问题列表制度实为值得借鉴的重要制度。

（2）问题列表制度借鉴方式。事实审与法律审分离并不在于将案件的事实问题和法律问题分别交于案件的人民陪审员和职业法官。而在于对于案件的事实审理和法律审理采用不同的主体运用不同的方法。对于案件的事实问题，笔者认为应当由陪审员和法官共同进行表决；对于案件的法律问题，由专业法官单独进行，陪审员有发表意见的权利，但没有表决的权利。那么，现在主要解决的问题即如何将陪审员和专业法官在事实的审理问题上实现有效的合作，解决现阶段我国人民陪审员制度中的陪审员陪而不审、形同虚设的问题，以及陪审员受制于审判委员会的我国特有问题。笔者以为问题列表制度是一个很好的突破。

陪审员通过问题列表制度的方式对案件的事实问题进行认定和表决，职业法官不得参与陪审员的表决过程，也不得对其表决意见进行修改。在人民陪审员进行事实认定表决的同时，职业法官采取通常的方式运用自由心证确定自己的裁判意见，待合议庭成员分别表决完毕再进行商议，此时，陪审员的意见通过问题列表的方式已经固定，不得修改，而专业法官可以考虑陪审员的意见，再考虑案件的事实审理走向，由合体庭进行最后的事实认定。此既可避免专业法官在合议庭

---

❶ 黄道秀. 俄罗斯联邦刑事诉讼法典 [M]. 北京：中国政法大学出版社，2002：233-234.

合议时强势地位对陪审员的影响，也能够解除本级法院审判委员会对人民陪审员作出独立并有效意见的控制。

（三）裁判理由说明的切实与充分

1. 裁判理由说明的意义与要求

"法官在形成心证前必须进行推理，而阐明判决理由则是唯一可说明这一思维方式的手段，唯有如此，法官自由心证的公正性才可得以有效保障。"[1] 裁判理由说明，是裁判的必然要求，裁判者必须写据以形成心证的裁判理由，且该裁判理由应当清晰可靠，不得出现理由不充分或者相互矛盾的情况。裁判理由说明也是保障当事人行使上诉权利的前提，裁判者只有详细说明其据以形成心证并作出裁判的依据，当事人方才能有效地把握裁判者的思路，并发现原判决的错误和缺陷，并最终决定是否提起上诉以及如何提起上诉。

从整体上来看，裁判理由的充分应符合以下三个要求：内容的完整性、理由的充分性以及判决的逻辑性。所谓内容的完整性，指判决理由应当完整说明裁判者认定事实及适用法律的所有缘由，不得遗漏或残缺；理由的充分性则指裁判理由要穷尽全面，重点讲清法理，必要时还要阐明事实、情理等多种考量要素；判决的逻辑性则指在论述裁判理由时应合乎法律逻辑范式，条理清晰、层次分明。不管在英美法系，还是在大陆法系，判决理由的撰写都要求裁判者具有极清晰的法律思维和极高的法律素养。[2]

2. 裁判理由说明的疑难情形与思考

采用人民陪审员参与合议庭审理的案件，判决理由的说明，自然应当包括陪审员对于案件事实认定的理由说明。在陪审制的审判中，陪审员作为未受过法律专业知识训练参与到审判中的普通民众，一方面，陪审员对呈现在他们面前的案件，并不能保证所有裁决都适当地以证据为基础，或其推理与法官指导的相关法律和证据原理相符；[3] 另一方面，充足理由律、矛盾律、排他律、前提虚假、外延不周等颇为复杂的法律逻辑关系对作为普通平民的陪审员而言无疑是天方夜谭。当然，在实施参审制的国家，职业法官和参审员共同决定案件的事实和法律问题。因此，职业法官似乎可以胜任撰写判决理由之职，但职业法官是否可以准确把握其他处于意见多数派的裁判人员的思想，例如，在英美法系国家，法官则

---

[1] 施鹏鹏. 陪审制研究［M］. 北京：中国人民大学出版社，2008：115. 转引自 Cass.crim., 1 二 octobre 1985, bull.crim., n310.

[2] 施鹏鹏. 陪审制研究［M］. 北京：中国人民大学出版社，2008：117.

[3] ［英］肖恩·多兰. 陪审团审判［J］. 麦高伟，杰弗里·威尔逊. 英国刑事司法程序，姚永吉，等，译. 北京：法律出版社，2003：362.

会在判决理由中公开讨论价值问题，展示不同意见，而不限于诉诸制定法的权威。❶ 负责撰写判决理由的裁判者根本无法了解其他裁判者尤其是陪审员据以形成心证的"直觉"。倘若陪审员单独、全权负责事实审理，其是否具备说明裁判理由的能力。倘若陪审员参与审判法官一同进行事实审理，审判员在合议庭意见一致与意见出现分歧时如何代表合议庭其他成员说明裁判理由。

四、结语

庭审实质化的改革，其核心是第一审程序的重构，强化第一审程序的事实审查功能，一方面，重视在集中的开庭时间里获取信息，审查证据，认定事实；在法庭上保证控辩双方的有效参与，落实非法证据排除与直接、言词证据规则并保障裁判者内心确信的独立形成。另一方面，基于合议庭审理为第一审程序审理的主要方式，应激活人民陪审员的事实查明功能，在庭审的技术设计上，实现事实审与法律审的分离，陪审员通过问题列表制度的方式对案件的事实问题进行认定和表决、固定，以实现彻底的事实审查，同时对裁判进行充分的说理，以实现权威、令人信服的刑事审判。

参考文献

[1] 何家弘. 刑事庭审虚化实证研究 [J]. 法学家，2011 (6).
[2] 施鹏鹏. 陪审制研究 [M]. 北京：中国人民大学出版社，2008.
[3] 陈瑞华. 俄罗斯司法改革的核心——重构陪审团制度 [J]. 人民检察，1999 (6).
[4] 陈瑞华. 论彻底的事实审——重构我国刑事第一审程序的一种思路 [J]. 中外法学，2013 (3).
[5] 尹洪茂，丁孝君. 试论合议机制与承办人制度的冲突与协调 [J]. 山东审判，2011 (4).
[6] 左卫民，吴卫军. 形合实独：中国合议制度的困境与出路 [J]. 法制与社会发展，2002 (3).
[7] 徐智. 刑事案件审结报告改革研究 [D]. 重庆：西南政法大学硕士学位论文，2009.
[8] 耿宝建. 在法律与事实之间——司法裁判中事实认定过程的法理分析 [J]. 河北法学，2008 (1).
[9] 陈杭平. 论"事实问题"与"法律问题"的区分 [J]. 中外法学，2011 (2).
[10] 刘燕. 中美陪审制的比较及对我国人民陪审制的完善 [J]. 民主与法制，2007 (4).
[11] 黄道秀，译. 俄罗斯联邦刑事诉讼法典 [M]. 北京：中国政法大学出版社，2002.
[12] 〔英〕肖恩·多兰. 陪审团审判 [J]. 麦高伟，杰弗里·威尔逊. 英国刑事司法程序 [M]. 姚永吉，等，译. 北京：法律出版社，2003.

---

❶ 〔英〕肖恩·多兰. 陪审团审判 [J]. 麦高伟，杰弗里·威尔逊. 英国刑事司法程序，姚永吉，等，译. 北京：法律出版社，2003：362.

跨越行政执法与刑事司法衔接的鸿沟
——浅论两法衔接问题

万　瑾[1]

摘　要：行政执法与刑事司法均具有控制社会手段的机能。但是两者在实施主体、程序、法律依据等方面存在明显的差别。正是这些共同和相异之处，决定了两者之间具有多方面的衔接性。从现有的衔接制度来看，确实存在从实体到程序等方面的困境。从法律规范的衔接来看，实体性立法模糊不清，程序性规定刚性不足，不免有雾里看花、力不胜任之感。从法律责任的衔接来看，行政处罚与刑事处罚实践中存在两种不同的适用模式，无论是择一适用抑或合并适用，都不可避免地出现处罚方式不当、处罚不力的现象。从程序机制的衔接来看，一旦违法行为涉嫌构成犯罪，行政执法机关移送司法机关追究刑事责任的步骤、方式；行政执法机关与刑事司法衔接中的证据收集与转化，以及在两法衔接中各部门的协作配合等方面存在不规范、不细致、不顺畅之处。要从根本上解决这些问题，真正建立起两法衔接的长效机制，一是要加强顶层设计，从立法方式、内容上进行调整；二是要从注重适用研究，规范程序操作，从适用程序、适用方法上进行调整。同时健全两法衔接程序机制和配套保障制度。尤其突出分责制度，强调各部门的工作职责。

关键词：行政执法；刑事司法；两法衔接

当前，在建设法治中国的大背景下，加强行政执法与刑事司法的衔接工作，是推动国家治理体系和治理能力现代化的重要举措，也是推动我国刑事法治改革与行政法治创新的重要方面。我国行政执法与刑事司法相衔接的各项制度已经基本建立，并在实践中取得了明显成效。但是，两法衔接的问题也不可避免地出现。如何跨越两大执法部门，从实体、程序和工作机制上建立两法的有效衔接，是本文拟讨论的重要内容。

一、"两法衔接"的内涵

古人云：徒善不足以为证，徒法不足以自行。法律、法规、规章等需要执法机关的执法活动来贯彻实施。执法，即国家机关对法律的执行。从广义上看，行

---

[1] 作者单位：上海市徐汇区人民法院。

政执法与刑事司法都属于执行法律的活动。但是两者在实施主体、程序、法律依据等方面存在明显差别。尽管行政执法与刑事司法有着根本性差异，但两者均是国家实现统治的重要职能方式，相互之间存在紧密的联系和内在的一致性，从而决定了两者之间的衔接关系。❶ 具体而言，行政执法与刑事司法的衔接主要取决于行政违法与行政犯罪之间的逻辑关系，一方面，行政违法与行政犯罪都具有行政违法性特征；另一方面，两者在违法性质、危害程度、违法情节轻重、违法构成、惩罚方式方面都存在着较大的不同。❷ 作为分别追究这两种危害行为的行政执法和刑事司法体制，其功能和目的都是保障正常的社会管理和经济秩序，维护社会的正常发展。行政执法是国家实现其社会管理职能的前沿手段，而刑事司法则作为国家实现其经济和社会调控职能的最后手段，其均具有控制社会手段的机能。正是两者之间的这些共同和相异之处，决定了两者之间具有多方面的衔接性。

"两法衔接"正是行政执法与刑事司法的双向衔接，其主要分为三个逻辑层次：一是法律规范的衔接，即行政法与刑事法的衔接，这是"两法衔接"的法律前提和依据。二是法律责任的衔接，即行政责任与刑事责任的衔接，是"两法衔接"工作的基本保障。三是法定职责的衔接，即行政执法机关与刑事司法机关工作职责上的分工、配合、制约与监督，这是"两法衔接"的程序性工作机制。❸

二、两法衔接的困境解构

（一）法律规范衔接缺失

1. 雾里看花——实体性立法模糊不清

就衔接的实体立法方式而言，我国目前主要存在三种模式：第一种是在行政法条文中笼统规定"违反本法规定，构成犯罪的，依法追究刑事责任"或者刑法条文中类似"违反国家规定""违反规章制度"的规定；第二种是采用具体细化的形式，在行政法条中明确规定依据刑法某条的规定或以某罪追究刑事责任。第三种模式直接援引刑法中的某条具体条款。后两种模式，相较于第一种模式非常少。主要在于其缺陷非常明显。在刑法法规进行修正的情况下，法条内容及罪名极易发生变化。此时两法衔接的依据明显缺失。

在第一种模式下，由于只是原则性规定承担刑事责任，在无相应的具体规定

---

❶ 周佑勇，刘艳红. 行政执法与刑事司法相衔接的程序机制研究［J］. 东南大学学报（哲学社会科学版），2008（1）.
❷ 杨解君，周佑勇. 行政违法与行政犯罪的相异和衔接关系分析［J］. 中国法学，1999（1）.
❸ 秦前红，赵伟. 论行政执法与刑事司法衔接的若干法律问题［J］. 河南财经政法大学学报，2014（5）.

时，往往形同虚设；如果存在相应的具体规定，则可能涉及同一违法行为的性质判断。由于构成要件、具体情节等因素的不同，两法衔接不免存在不合理、不协调之处。此外，在存在相应的规定，但是该规定笼统且不稳定的情况下，问题更为突出。例如：刑法条文中类似"违反国家规定""违反规章制度"等的规定，在实践中，具体犯罪构成行为要件的确定需要参照的相关行政规范，且其明确性完全依赖于被参照的相关法规。而行政法规范的变化，也会导致明确性的动摇。以生产、销售不符合安全标准的食品罪为例，此前在馒头和面制品的制作过程中，允许使用含硫酸铝钾（俗称"明矾"）和硫酸铝铵的泡打粉。后国家卫生计生委等5部门发布《关于调整含铝食品添加剂使用规定的公告》规定自2014年7月1日起，小麦粉及其制品（除油炸面制品、面糊、裹粉、煎炸粉外）生产中不得使用硫酸铝钾（俗称"明矾"）和硫酸铝铵。刑法条文中"不符合安全标准"的"标准"也随之变化。

2. 力不胜任——程序性衔接规定刚性不足

行政执法与刑事司法在制度框架层面上主要是以2001年7月《行政执法机关移送涉嫌犯罪案件的规定》（行政法规）为核心，四部规范性文件[1]为主体，众多地方性法规和各级人民检察院、公安、行政执法机关会签的规范性文件为补充。十八届三中全会将"完善行政执法与刑事司法衔接机制"作为全面深化改革的重大问题之一，十八届四中全会中也就"健全行政执法和刑事司法衔接机制"提出明确要求。（《行政处罚法》第38条、《刑事诉讼法》第108条，因未对两法衔接作出明确规定，本文不予纳入）在十余年间，针对两法衔接领域，有如此多规范性文件制定及政策关注。一方面反映出国家对行政执法与刑事司法衔接问题的关注，另一方面反映两法衔接存在不少问题。有观点认为，两法衔接问题关键在于立法的层级较低，刚性不足且缺乏强制力。[2] 例如，规范性文件在《立法法》上无任何地位，自然没有严格意义上的法律约束力。人民检察院的内部规定并不是司法解释，对行政执法机关的强制约束是否合法本身就存在疑问。本文深以为此，可供具体操作和执行的法律层面依据缺失，过度依赖规范性文件、会签文件，不免使得衔接机制运行不畅，实际成效甚微。

（二）法律责任衔接模式不一

无论行政责任还是刑事责任，法律上主要有三种实现形式：一是制裁型责任

---

[1] 《人民检察院办理行政执法机关移送涉嫌犯罪案件的规定》（最高检2001）、《关于加强行政执法机关与公安机关、人民检察院工作联系的意见》（最高检、全国整规办、公安部2004）、《关于在行政执法中及时移送涉嫌犯罪案件的意见》（最高检、全国整规办、公安部、监察部2006）、《关于加强行政执法与刑事司法衔接工作的意见》（中央办公厅、国务院办公厅2011）。

[2] 四川省人民检察院"两法"衔接课题组. 促进行政执法与刑事司法有限衔接需由全国人大常委会立法解决 [J]. 中国检察官, 2011 (21).

形式，如行政制裁中的行政处罚与刑事制裁中的刑罚；二是恢复型责任形式，如行政法中的责令改正行政违法行为与责令具结悔过、赔偿损失等非刑罚处罚方法；三是免予处理型责任形式，如因违法或者犯罪行为较轻，可以只作行政违法或者有罪宣告，而免予行政制裁或者刑事处罚。❶ 当某一违法行为不仅违反法律规范规定的行政管理秩序，而且因"情节严重"触犯刑法构成犯罪时，不可避免地出现行政责任与刑事责任的竞合，尤其是刑罚与行政处罚的竞合。

目前，关于行政处罚与刑罚衔接的模式主要有两种：第一种是择一适用，即对构成行政违法又构成刑事犯罪的同一行为，在行政处罚与刑罚两者之间择其一。该做法主要根据是：从行政权与司法权的关系上看，国家对权力进行划分并赋予不同机关实施，目的在于通过权力的制衡来防止权力滥用，行政权与司法权作为两类性质互异的权力。理当由行政机关与司法机关在各自授权范围内合理运用。行政机关有权对违反行政管理秩序但尚未构成犯罪的行为进行管理和处罚，但对违反行政管理秩序情节严重构成犯罪的行为，并无主管权限。

考虑行政权与司法权都属于执行权❷，两者存在天然的权力重合区域，而权力本质上具有扩张性，重合区域必定是双方博弈的焦点。因而该模式易出现两种极端：（1）以罚代刑。相比于司法权的消极克制，行政权的有效运行必然要求主动干预。在涉及经济犯罪案件时，行政相对人的违法行为是否构成犯罪的认定，首先赋予了行政机关。由于行政机关人员本身法律知识的缺失，加之检察机关监督的不力，不免出现"以罚代刑"的现象，该立案的不立案，该移送的不移送。（2）只刑不罚。主要指行政机关在初步认定行政相对人的行为构成犯罪时，移交司法机关处理，刑罚取代行政处罚。但刑罚类型及功能受到严格限制，在需要停止违法侵害，消除再犯能力，例如需责令停产停业、暂扣或者吊销营业执照等方面，刑罚力所不及。以某食品安全案件为例❸，被告人高某因生产销售不符合安全标准的食品罪被采取刑事强制措施，直至案件判决，被告人高某所经营的包子店仍在经营，行政机关并未采取任何有效的行政制裁措施，消除再犯可能性及社会危险性。

第二种是合并适用，对于如何合并的问题，存在两种形式：一是行政机关可按照类似的责任形式不适用，不同的责任形式予以适用、免予刑罚后可再行政制裁的方式，对行为人进行行政责任追究。二是行政机关采取类似的责任形式相折抵，不同的责任形式各自适用，追究行为人的刑事责任。虽然两种形式不一，但其根据基本一致：刑法规定的处罚方式范围比较狭窄，在某些情况下，仅仅适用

---

❶ 田宏杰. 行政犯罪的归责程序及其证据转化——兼及行刑衔接的程序设计 [J]. 北京大学学报（哲学社会科学版），2014（3）.

❷ 〔法〕洛克. 政府论下篇 [M]. 叶启芳，翟菊农，译. 北京：商务印书馆，1964：89.

❸ 详见上海市徐汇区人民法院（2015）徐刑初字第229号 [S].

刑罚不足以消除行为的社会危害性。行政制裁的形式较多且较为灵活，两者合并适用可以补充刑罚的不足，使得两者相得益彰。❶ 该模式是在考虑前一种模式不足的基础上形成的第二种模式。但是该模式不可避免地存在以下难题：（1）行政处罚的期限问题。在行政处罚的办案期间规定上，根据《行政处罚法》的规定，适用一般程序处理的行政案件，自受理之日至处理决定作出，治安案件和安全生产处罚案件要求一般不超过 30 日，工商处罚案件和环保处罚案件一般不得超过 90 日或者 3 个月。其中案件重大疑难复杂的，治安和工商处罚案件可分别延长 30 日，安全生产案件可延长至 180 日。而刑事一审程序，简易程序为 20 日或者 45 日，普通程序一般为三个月，但是一般可延长 8 个月甚至更长时间。此外，如有上诉或者抗诉，裁判需要更长的时间。行政处罚程序没有设立期间中断或者中止制度，等刑罚作出后再予以行政处罚，明显与法相悖。（2）类似责任形式相折抵影响案件裁判。主要指罚款和罚金、行政拘留和拘役的折抵。目前，关于这两类具体的如何折抵规定不明。例如：在罚款数额明显高于罚金时如何折抵，是将余额返还还是做其他处理？行政拘留与拘役具体如何折抵亦不十分清楚。行政权与司法权不可避免地相互影响与牵制，容易影响案件裁判结果。

（三）程序衔接不畅

依上文所述，众多规范性文件的颁布实施，基本规定了行政执法机关移送涉嫌犯罪案件的步骤、顺序、方法和时间，现阶段已基本形成了以网上衔接、信息共享为核心的协作配合机制。目前，程序衔接中的问题主要体现在以下几方面。

1. 案件移送步骤不一

案件移送是两法衔接的首要环节。对于涉嫌违法犯罪的行为移送司法机关需经历的步骤，国务院 2001 年《规定》与 2011 年《意见》均有规定，但两者在步骤要求上并不一致。国务院 2001 年《规定》中明确：先移送涉嫌犯罪案件调查报告、移送书、鉴定结论等。待立案后将涉案物品以及与案件有关的其他材料移交公安机关。与此相矛盾的是 2011 年《意见》中规定："行政执法机关向公安机关移送涉嫌犯罪案件，应当移交案件的全部材料，同时将案件移送书及有关材料目录抄送人民检察院。"对于这两种不同的规定，在实践操作中也出现两种不同的做法且弊端明显。2001 年《规定》中的移送步骤，仅凭行政执法机关的部分材料就需判断是违法行为抑或刑事犯罪，这对公安机关的要求较高，也极容易造成移送案件数量与立案查处案件数量明显不对等。对于一并移送相关材料，则可能导致相关的违法行为不能得到及时查处，特别是消除再犯危险性方面的行政处罚；此外在实践中有些地方的公安要求行政执法部门在查清全部案件事实以及收集足够的证据后再移交，变相地让行政执法部门代行侦查职能，公安机关仅

---

❶ 汪永清. 行政处罚 [M]. 北京：中国政法大学出版社，1994：63.

仅成为移送案件的"二传手"。

2. 证据转化受阻

行政执法证据在刑事诉讼中的转化与运用，是两法衔接的直接体现。由于诉讼目标、收集依据、收集过程以及审查判断标准的不同，行政执法证据本身难以被司法程序认可。《刑事诉讼法》修正后对于证据转化的规定一定程度上提供了法律依据，缓解了证据转化之间的矛盾，但是证据转化受阻的现象一直存在。具体表现在以下两方面：一是对《刑事诉讼法》第 52 条第 2 款的理解与适用；该条明确了行政机关在行政执法和办案过程中收集的物证、书证、试听资料、电子数据等证据材料，在刑事诉讼中可以作为证据使用。那么，除上述四类证据之外，"等证据材料""等"如何界定范围。有观点认为，"等"表示列举未完，即行政执法机关收集的证据可以转化的不局限于上述 4 种证据，而且包括其他证据材料。另一观点认为，"等"表示列举后煞尾。《刑事诉讼法》在修正草案中规定"物证、书证等证据材料"，而《刑事诉讼法》在出台时修改为"……视听资料、电子数据等"。从这里可以明显看出刑事诉讼法有意限制可以转化的证据种类。❶ 对"等"的理解不同，导致实践中的做法也不一致。一种做法是仅仅是上述四种证据类型，一种做法是将检验报告、鉴定结论、勘验笔录、现场笔录纳入；还有一种做法是不局限于上述两种，经司法机关审查后均可作为证据使用。二是行政执法机关在执法过程中，由于证据把握不准、操作不规范等收集的证据，易导致后期起诉难、审判难。例如：有关鉴定机关的鉴定意见，对案件"定性"明确，但是对于"定量"环节描述模糊，致使司法机关难以判断案件是否符合"足以严重危害人体健康"或者"严重污染环境"等涉嫌刑事犯罪的构成要件。行政执法机关查扣涉案物品时，当事人不在现场、未签字确认、执法机关也未全程录音录像；在保管涉案物品时，行政执法机关相关人员未经允许、未经相关报批程序直接进入涉案物品仓库，这些都直接导致收集的证据存在瑕疵。

此外，由于行政执法机关、司法机关对案件的移送标准、立案标准、证据标准认识存在偏差，加之案件涉及领域广，罪与非罪、主观要件等不易把握，不可避免地会造成移送案件线索的成案率较低，行政执法机关由此产生畏难情绪，执法过程中寻求简单操作，使得不少应当移送司法机关处理的案件，最终做了行政处罚等降格处理。

3. 衔接机制作用发挥不充分

为了推进两法衔接，便于实践操作，现阶段已基本形成了以网上衔接、信息共享为核心的协作配合机制，主要表现在：建立信息共享平台、工作联席会议制

---

❶ 李世清. 论行政执法与刑事司法的衔接——简评刑事诉讼法第 52 条第 2 款 [A]. 第四届河北法治论坛论文集 [M].

度、案件咨询制度、监督制约制度等。在实践操作中，这些制度发挥了不小的作用，但是也存在一定的问题。首先，信息共享平台使用率不高。信息平台是相关单位及时掌握案件信息，启动衔接程序的关键，但是在实践中有的单位对案件信息录入重视程度不够，信息输入不及时、不全面，信息共享缺乏有效的监督约束机制。信息平台还存在运行不畅的问题，查询录入信息较为烦琐，并且与行政执法部门自身条线的工作系统不能兼容互通，导致二次录入，影响了工作效率。其次，工作联席会议、案件咨询等沟通机制作用发挥不充分。一方面，由于人事调动等问题，相关接任人员（各部门联络员），尚未熟悉职责和任务，责任落实不明，使得衔接工作无法持续开展。另一方面，行政执法机关无动力咨询且难以判断何为"案件重大、复杂或者疑难以及性质难以认定"，案件咨询制度在实际操作中可有可无。此外，衔接工作多建立在浅层次沟通上，定期召开的联席会议等还未落到实处，相关部门在各自专业领域的优势未能得到充分发挥。

三、进一步的思考

（一）加强顶层设计，完善立法衔接

立法是两法衔接制度建构的基础。实现行政执法与刑事司法有效衔接，需要从以下两方面进行完善。

1. 试修改立法模式

首先，需全国人大常委会专门出台关于加强行政执法与刑事司法衔接工作的决定，对两法衔接工作中各部门的职责、移送案件的程序及标准，证据，信息共享的案件范围、内容，法律监督及责任追究等问题作出明确规定。其次，针对现今衔接的立法方式而言，有学者提出应采用"独立性的散在型立法方式"，即在行政法律中设置独立的罪名和法定刑的刑法规范。❶ 有学者指出，这种立法方式不仅仅可以在立法上使其成为典型的分则性规定，与刑法分则、单行刑法并列，并都以刑法典总则为指导，从而使它们保持一致，并使各自的规定具有特定性、稳定性；而且在执法上能够使司法机关直接依据该规定定罪量刑，不致因刑事罚则不具体不明确不合理而造成使用上的混乱。❷ 由于立法上一直未采用该种模式，因此是否能够切实起到促进两法衔接的作用，不得而知。但是，可以此想法为模板，进行立法实践，在现有规定的基础上，充分调研两法衔接的实践，将相关内容进行科学梳理，系统分析。

---

❶ 陈兴良. 论行政处罚与刑罚处罚的关系 [J]. 中国法学，1992 (4).
❷ 周佑勇，刘艳红. 试论行政处罚与刑罚处罚的立法衔接 [J]. 法律科学，1996 (3).

2. 试完善立法内容

（1）区别行政违法与刑事犯罪

目前关于行政违法与刑事犯罪的区分，理论上存在"质的区别说"❶"量的区别说"❷和"综合说"❸。总体来讲，"质的区别说""量的区别说"和"综合说"，呈现出一个发展演变的趋势。从行政法律法规与刑法的关系来看，违反行政法律、法规的行为可以视为行政违法行为，把刑法规定的行为视为刑事犯罪行为。有些行为只能属于刑事犯罪，而不可能构成行政违法，如故意杀人、抢劫。同样，诸如卖淫、吸毒行为，只能构成违反治安管理的行为而不能构成犯罪，而有些行为则是根据数额、数量、次数、后果等各种量的因素的不同，分别构成违反治安管理行为和犯罪行为，如盗窃。由此可见，单纯的质和量，很难区分二者。"综合说"最为恰当地表达了行政违法与刑事犯罪的关系，适应了立法和司法实务的发展。本文认为，在评价某一行为是行政违法还是刑事犯罪时，应当以行为类型作为判断前提（质），以行为的危害程度为判断重点（量）。具体而言，一是从立法上明确行为类型的差别。即根据违法行为的性质和类别，确定哪些行为属于行政违法范畴，哪些属于刑事犯罪。二是从立法上细化"情节严重""数额较大"等关于危害程度的表述，通过量的轻重来区分两者。

（2）协调行政处罚与刑事处罚——合理设定制裁种类

"刑罚刑种与行政处罚则在结构上既要层次分明、轻重有别，又要连贯、衔接。"❹首先关于行政处罚与刑事处罚折抵判断的问题。根据《行政处罚法》的规定，折抵目前只发生在财产罚和自由罚之中。随着劳动教养制度的废除，人身自由罚之间的衔接已经不存在问题。主要是财产罚的问题，具体体现在罚款和罚金如何折抵。在罚款金额低于罚金的情况下，并不存在问题。在罚款明显高于罚金时如何处理？对于该种情形，对行政法中的罚款标准与刑法中的罚金标准进行梳理，建立符合轻重相适应的衔接关系，是重中之重。其次，关于行政处罚与刑事处罚的设置问题。主要是考量处罚的对象和种类，合理配置制裁措施。如果主要是对物或者法人等组织实施制裁，集中于能力罚或者对物进行的扣押等，应优

---

❶ 该观点主要认为：行政违法与刑事犯罪的区别在于质的方面，也就是本质上的不同，是"此物与彼物"的关系，两者无交叉的可能。

❷ 该观点认为：行政违法与刑事犯罪之间不存在质的区别，而只存在量的区别，二者都是可罚的行为，就其构成要件之该当性、违法性、有责性而言，二者没有本质的区别，仅有量和程度上的区别。

❸ 该观点认为：刑事犯罪与行政违法，不仅在行为的量上，而且在行为的质上均存在区别。该说基本上持"量变之极质变"的观点，但对量变的"质的要素"各有不同的见解：或者认为虽然价值关系上是量变，但是法益和行政法益却不可能互变，亦即法益价值再低也还是法益，行政利益价值再高仍然是行政利益；或者认为行政利益亦为真正的法益，行政刑法和刑法就此点而言仅仅是变量，就"社会伦理非价之本质"，即从行为的违法内涵以为行为人的可责难程度而言，二者仍存在质别。

❹ 张泽想. 行政处罚与刑罚衔接问题研究［J］. 政法论坛，1993（2）.

先考虑行政罚而非刑罚。同时在两种处罚内容严厉程度相当时，还应当考虑制裁的成本。

(二) 注重适用研究，规范程序操作

1. 适用方法上的研究

适用方法上的研究，主要是行政处罚与刑罚处罚的适用。现阶段关于适用方法的实践，前文已经详细分析，此处不再赘述。本文认为关于处罚的衔接，应当适用"同步协调"的原则，即行政执法机关与刑事司法机关一旦发现同一违法行为、犯罪行为的线索，就先立案、先调查、先处罚，行政执法机关对涉嫌犯罪的案件采取移送但不停止调查及处罚，刑事司法机关针对需要及时采取能力资格罚的犯罪行为则会同行政执法机关及时作出决定。❶ 在因行政处罚时效的经过，导致行政处罚权消失的情况下，行政责任的实现只能采取恢复型或者免予处理型，避免与刑事责任的实现发生形式上的冲突。

在这里还需要解决一个问题，即在之前未有行政处罚时，人民法院的判决结果影响行政责任时如何处理。主要是三种情形：一是人民法院认为情节轻微，法律规定可以免除刑事处罚时行政执法机关是否可再进行行政处罚？关于这一情形，本文认为同样适用同步协调原则。此时需要人民法院加强与执法机关的沟通，采用司法建议等方式，建议行政机关对其进行行政处罚。至于采取何种处罚，人民法院可提出相关建议，但是决定权仍在行政机关。二是人民法院经审查后认为不构成刑事犯罪的如何处理？这种情形下，由于法官难以全面了解行政管理的实际情况，不具有专业的行政管理经验。人民法院应当及时通知案件移送机关，由行政机关决定是否采取行政制裁措施及何种方式。

2. 适用程序上的研究

(1) 关于案件移送。

案件移送是两法衔接的首要程序。首先，在明确具体案件移送标准时，行政执法人员受刑事法律掌握程度的限制，需要在专项治理上与司法机关共同分析并制定移送标准。一方面能够为行政执法机关提供查处案件的标准和依据，另一方面能够提高移送和立案起诉的对接率。其次，为了推动案件有效移送，应当建立内部奖惩考核机制、问责机制，提高工作人员的工作人情，规范办案，杜绝有案不移的失职行为。

(2) 关于证据衔接。

行政证据与刑事证据不仅内在属性相同，都是证明案件事实的材料，而且外在形式基本相同，从而为两种证据之间的转化提供了坚实的基础。但是两者之间

---

❶ 练育强. 行政执法与刑事司法衔接困境与出路 [J]. 政治与法律，2015 (11).

在收集主体、程序上的不同，决定了两者不能等量齐观。刑诉法 52 条第 2 款列举了几种可以明确转化的证据，但是其他证据类型是否可以转化？本文认为，行政证据转化为刑事证据，必须区别不同的证据类型。一是直接转化的证据类型：行政实物证据，主要包括书证、物证、视听资料、电子数据、勘验笔录、现场笔录。实物证据具有较强的客观性和稳定性。司法机关只需对这类证据进行形式审查后直接调取。二是重新制作转化的证据类型：言词证据，主要包括证人证言、当事人陈述。这类证据与案件的客观情况存在差异，其稳定性和确定性较差。当事人在不同时间与地点陈述的内容容易变化，对此类证据应当由司法机关严格按照刑事诉讼证据规则程序重新制作。❶ 三是关于鉴定意见的转化问题。在这种情况下，应主要考虑鉴定意见的出具机构是否具备司法鉴定资格。如果具备司法鉴定资质，且鉴定内容不涉及法律适用意见，则参照行政实物证据的转化方式。在行为人及其辩护人提出异议的情况下，司法机关应当委托另一机构重新鉴定。如果不具备鉴定资质，那么需由司法机关重新委托具有资质的机构鉴定。之前的鉴定意见可以作为一般书证来对待。

（三）健全衔接机制，完善配套保障制度

推进两法衔接工作是维护社会经济秩序和保障群众切身利益的需要，是行政执法部门与司法部门工作力量整合的需要。在健全案件移送、受理及处理等关键程序问题之外，还需推进组织机构架设、完善信息共享、联席会议等配套制度。

1. 推进组织架构建设

两法衔接工作涉及行政执法机关、公安机关、检察机关以及人民法院等多部门、多关系。我国当前行政执法机关在体制上既有中央垂直领导的执法部门，也有省以下垂直管理部门，还有不少地方分级管理的执法部门。不同的执法部门具有不同的领导体制，没有统一的组织和领导机构，很难统一协调。从中央层面，明确一个中央部门作为牵头单位，自上而下推进两法衔接工作。地方各级政府也相应成立衔接工作领导小组及其办公室，明确牵头部门，加强指导和协调，强化组织领导力度，有力推进两法衔接工作的开展。

2. 畅通信息交流机制

信息是建立沟通的媒介。行政执法机关与刑事司法相衔接的各种程序机制真正畅通运行需要畅通各部门之间的信息交流。一是进一步强化联络员机制（固定人员），明确专门人员负责两法衔接的相关信息沟通、材料传达、递送工作。二是线上线下加强配合。行政执法机关及时上传信息，实现行政执法机关与司法机

---

❶ 2012 年《刑事诉讼证据规则（试行）》第 64 条第 3 款明确规定："确有证据证实涉案人员或者相关人员因路途遥远、死亡、失踪或者丧失作证能力，无法重新收集，但供述、证言或者陈述的来源、收集程序合法，并有其他证据相印证，经人民检察院审查符合法定要求的，可以作为证据使用。"

关的互联互通，便于检察监督。同时法院及时将案件审判情况反馈给相关行政执法部门。三是升级优化信息平台，完善网上输入方式，减少行政机关工作量，提高衔接的工作效率。❶

3. 健全联席会议机制

行政执法机关、公安机关、检察院以及法院要健全联席会议机制，主要是建立研讨会、专题会、培训会"三会制度"。对于重大、疑难、复杂的重大案件和问题可以进行研讨，对于各条线执法和司法部门的专项工作，可以通过专题会沟通信息，加强协调配合，发挥各自优势，形成执法合力。定期邀请行政执法部门、法院、检察院的办案能手举办培训会，为一线人员提供业务指导和经验交流。

4. 落实分责机制

两法衔接需各部门依法履行自身职能。行政执法部门重点做好案件移送及信息输入。公安机关对移送的案件进行审查判断，并作出是否立案的决定。检察院依法切实履行法律监督职责，运用立案监督、检察建议以及违法纠正等手段，督促行政执法机关及时、规范移送可能涉嫌犯罪的案件，监督公安机关依法立案侦查。法院作为审判机关，一是加强对案件特点及所反映问题的研究，对于案件定性、检验认定的等疑难问题，进行分析判断，并提出相应的对策建议。对于前段办案出现的问题，可以通过司法建议或者审判白皮书的方式，向有关机关提出改进意见。二是汇编法律法规和典型案例，主要是梳理相关法律法规和司法解释，编撰典型案例，归纳裁判要旨，对前段办案起到较好的指引作用。

参考文献

[1] 周佑勇，刘艳红. 行政执法与刑事司法相衔接的程序机制研究［J］. 东南大学学报（哲学社会科学版），2008（1）.

[2] 杨解君，周佑勇. 行政违法与行政犯罪的相异和衔接关系分析［J］. 中国法学，1999（1）.

[3] 秦前红，赵伟. 论行政执法与刑事司法衔接的若干法律问题［J］. 河南财经政法大学学报，2014（5）.

[4] 田宏杰. 行政犯罪的归责程序及其证据转化——兼及行刑衔接的程序设计［J］. 北京大学学报（哲学社会科学版），2014（3）.

[5] 陈兴良. 论行政处罚与刑罚处罚的关系［J］. 中国法学，1992（4）.

[6] 张泽想. 行政处罚与刑罚衔接问题研究［J］. 政法论坛，1993（2）.

---

❶ 上海市徐汇区人大常委会办公室. 关于本区行政执法与刑事司法衔接的调研报告. 2016 年 5 月 12 日印发。

[7] 练育强. 行政执法与刑事司法衔接困境与出路 [J]. 政治与法律, 2015 (11).
[8] 〔法〕洛克. 政府论下篇 [M]. 叶启芳, 瞿菊农, 译. 北京：商务印书馆, 1964.
[9] 汪永清. 行政处罚 [M]. 北京：中国政法大学出版社, 1994.
[10] 李世清. 论行政执法与刑事司法的衔接——简评刑事诉讼法第52条第2款 [A]. 第四届河北法治论坛论文集 [M].

涉受教育权类行政案件审判权介入边际探讨

叶晓晨[1]

摘 要：自新《行政诉讼法》实施以来，除了行政案件数量激增，涉及领域也在不断拓展。新法实施之前，当事人诉权得到更好的保障已是不争的事实和必然趋势，而新法变化的重中之重是将更多行政行为纳入审查范围。如将"具体行政行为"修改为"行政行为"，去掉"具体"二字导致受案范围明显扩大。除此之外，启动行政诉讼不仅基于当事人的人身权、财产权受到损害，新法在"人身权、财产权"后面增加"等"字，将受教育权、环境权、劳动权等保护逐步纳入行政诉讼。如上海市某区人民法院近年来受理的刘某不服L大学开除学籍处分决定案，以往的司法实践仅对高校不予颁发学历、学位的行为视作可诉；同时认为警告、通报等处分行为从性质上属于学校内部自主管理权限范围，由此发生的争议不属于受案范围，亦即摒除了该类争议的原告的诉权。随着社会观念的变迁、对学生受教育权保护力度的加大以及行政诉讼受案范围的扩大，司法审查的触角伸展到看似封闭的独立王国——教育领域，为今后扩展涉高校行政诉讼范围预留了空间，可以预见新法实施后新类型受教育权案件会明显增多。高校的自主管理和法院的司法监督应为相辅相成的辩证关系，受教育权案件的审理将具有一定示范效果和社会影响，法院如何合理、适度、有效地介入该类案件，成为亟须研究的课题。

关键词：受教育权；开除学籍；受案范围

近年来，上海市涉教育类行政案件数量虽然不多，但其重要性和敏感性较突出：如不服高校开除学籍案、要求考卷信息公开案、要求办理高考报名确认手续等，与民众的利益息息相关，审判结果具有一定的示范效应和连锁反应，部分案件引发了网络舆情并得到媒体的关注。社会观念的变迁、对学生受教育权保护力度的加大以及行政诉讼受案范围的扩大，标志着司法审查的触角伸展到看似封闭的独立王国——教育领域，为今后进一步扩展涉高校[2]行政诉讼范围预留了空间。高校自治的核心在于对于自身内部事务进行独立自主的管理，而不受外界干涉。内部事务主要是学术上的自由和管理上的自主。然而，自治并不意味着不受

---

[1] 作者单位：上海市徐汇区人民法院。
[2] 依《中华人民共和国教育法》规定设立的高等学校，是指依法具有办学主体与办学资质的事业法人单位。

外界监督，对其监督包括行政监督和司法监督等。❶ 鉴于坚持教育自治原则的同时有可能侵犯公民受教育权，因此法院对其自主权的审查力度和边际成为热点和难点。本文以近五年来上海市受教育权类行政案件为样本，❷ 探讨法院审判权的合理介入。

一、现实考察

（一）被告情况

近五年以来，上海市各区人民法院受理涉教育行政类案件共计14件。其中，被告为高校（包括公办学校、民办学校）的案件为10件；被告为区教育局2件；被告为上海市教育委员会1件；被告为上海市教育考试院1件。（见图1）

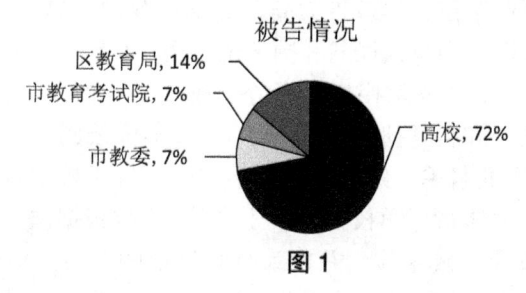

被告情况

- 区教育局, 14%
- 市教育考试院, 7%
- 市教委, 7%
- 高校, 72%

图1

（二）案由分布

在14件案件中，案由分布如表1。

表1

案由	不服不予颁发学历、学位证书	要求履行法定职责	不服开除学籍决定	不服信息公开	不服复议决定
案件数量	8	2	2	1	1

（三）结案情况

在14件案件中，原告败诉案件为12件（11件为判决驳回原告诉讼请求，1件为维持被告做出的行为），1件以原告申请再审时撤回申请、重新起诉的方式结案；1件以原告撤诉结案。14件案件中，上诉案件为7件，申请再审2件，服判息诉率仅为35.71%，而上诉率则较高。

---

❶ 肖萍，辛振宇. 论受教育权纠纷及其解决机制的重构——以高等教育为视角 [J]. 南昌大学学报，2012，43（4）：152.

❷ 本文所指受教育权案件，均指学生认为教育权受到侵害的情况，教职工权益的维护、高校校舍拆迁纠纷等不在本文讨论范围。

二、介入困境

(一) 主体资格界定存疑

《中华人民共和国行政诉讼法》（下称《行政诉讼法》）第2条规定："公民、法人或者其他组织认为行政机关和行政机关工作人员的具体行政行为侵犯其合法权益，有权依照本法向人民法院提起诉讼。"第25条规定："……做出具体行政行为的行政机关是被告。……由法律、法规授权的组织所做的具体行政行为，该组织是被告。"在行政诉讼中，被告一般为行政机关或者被法律、法规授权的组织。

在教育类行政案件中，市教委、区教育局为教育行政部门；市教育考试委员会系行政机关的下属事业单位；而被告为高校的案件数量占总数71.43%，所占比例最高争议最大。根据《中华人民共和国学位条例》（下称《学位条例》）第8条规定："学士学位，由国务院授权的高等学校授予；硕士学位、博士学位，由国务院授权的高等学校和科学研究机构授予。"《学位条例实施办法》第5条规定："学士学位获得者的名单，经授予学士学位的高等学校学位评定委员会审查通过，由授予学士学位的高等学校授予学士学位。"故根据法律规定，高校可以在行使特定权利时成为行政主体，并成为行政诉讼的被告。但是高校该"角色"具有"临时性""转换性"等不确定性的特点，对于诉讼主体资格的确定有时会产生争议。

(二) 受案范围时有突破

司法审判权的介入前提是案件属于行政诉讼受案范围。被告为市教委、区教育局的案件当然应纳入行政诉讼范围（对学校教育教学工作、教师培训工作进行指导等行为例外），如赵某要求办理高考报名确认手续诉上海市浦东区教育局案，❶朱某要求上海市浦东区教育局给予小学就学的学位（学额）案（对户籍所在地未被纳入公示中的小学招生对口地段不服）❷，许某不服上海市教育委员会

---

❶ 原告作为2011年应届高中毕业生，于当年在上海市参加统一高考，后被安徽大学录取，因不满意被录取的学校，希望考取上海市高校，故放弃就学而复读。2011年12月10日、2011年12月26日原告的法定代理人至被告处要求被告为原告办理报名确认手续，原告认为被告不履行法定职责侵犯了原告的受教育权。法院则认为原告已经于2011年在本市参加了高考，2012年已经不属于应届生，被告以原告2012年已是往届生，以不符合上海市教委高考报名文件规定为由，拒绝受理原告高考报名确认申请，并作出书面答复并送达原告，已经履行了法定职责，依法判决驳回原告的诉讼请求。

❷ 原告认为《2014小学招生地段公示》上原告户籍地址没有对口的小学，要求参与本区域内离其户籍地由近及远的所有公办小学招生生源的入学资格排名比较中，保证给予原告就学学额。法院则认为被告已安排原告就读小学，其根据其辖区的实际情况制定招生计划和相关政策，并已履行相应法定职责保障原告接受义务教育权利，依法驳回原告的诉讼请求。

所作不予受理行政复议申请决定案等。❶高校可以基于授权而成为行政主体。然而哪些属于"行政性"权力、哪些权利属于自主"管理性"权力，理论上存在争议。以往的司法实践仅将高校不予颁发学历、学位的行为视作可诉行为；同时认为警告、通报等处分行为从性质上属于学校内部自主管理权限范围，由此发生的争议不属行政诉讼受案范围。

但是随着时代的变迁，受案范围逐渐有所突破。从保护当事人诉权的角度，如果从程序上否定司法救济权，除了依据现有法律，还应结合当事人主体性质、管理行为内容等因素认真分析。❷如刘某不服L大学开除学籍处分决定案❸，就经历"法院认为不属于受案范围——认为系受案范围但未从实体审理——实体上进行审查"的三次诉讼沿革。虽然最终法院并未支持原告的诉讼请求，但结合甘露不服暨南大学学籍决定案❹，可以认为判断高校行为是否属于行政行为，除了考虑是否发轫法律授权，还要考虑具体行为是否对当事人权利产生实质性影响。根据《中华人民共和国行政诉讼法》第11条规定："人民法院受理公民、法人和其他组织对下列具体行政行为不服提起的诉讼：……（八）认为行政机关侵犯其他人身权、财产权的。"第八款"兜底条款"说明，行政案件的启动应当基于当事人的财产、人身权受到侵害。现代社会的受教育权，是指由当今世界各国法律普遍规定、确认和维护的受教育权利，教育的重要性在于其对于个人生存、发展与价值实现的意义，实际具有人身权和财产权的双重属性。随着社会对教育的日益重视，无论是不予颁布学历、学位抑或开除学籍处分均系对受教育权的重大处分，亦实质性影响学生受教育权和前途，均应依法受理。

（三）法律适用面临困境

1. 参照执行之把握

由于行政诉讼法中，对行政机关的法律规制较为明确，如《中华人民共和国行政处罚法》（下称《行政处罚法》）、《中华人民共和国治安管理处罚法》等。但是高校或者教育事业单位涉诉时，部分行为有专门法律法规进行规范，如《学

---

❶ 原告认为其自2009年10月起至2011年4月期间参加Z大学自学考试，考试成绩相继出现不合格的不正常现象。曾要求学校调查，但仅能核对分数，不能检查考卷批阅上的差错。原告以自学考试办公室为被申请人，向被申请人申请行政复议，请求被告对原告在上述期间考试成绩不合格的科目重新予以检查。被告经查作出不予受理申请决定。法院则认为原告对成绩不合格不服而申请行政复议，并非对具体行政行为不服申请复议，被告认定该申请事项不属于法定行政复议范围并无不当，依法维持了被告具体行政行为。

❷ 钱林. 学生针对学校开除学籍等处分决定提起诉讼应予受理 [J]. 调研与参考, 2013 (24): 16.

❸ 原告原系L大学研究生，在参加大学英语6级考试（CET-6）中使用手机接收信息作弊，被当场发现并带离考场。其于当日写下《情况说明》，承认在考试中使用手机作弊。后被告给予原告开除学籍处分，原告对此不服，遂提起行政诉讼。

❹ 参见：最高人民法院公报, 2012 (7): 2.

位条例》等，但对于部分行为并无单独规定。如通常所称的政府信息，是指行政机关在履行职责过程中制作或者获取的，以一定形式记录、保存的信息，即公开主体应为行政机关。鉴于教育部门或者高校的特殊性和自主性，其对学生在管理过程中给予答复或者进行管理的行为并非严格意义上的"行政行为"。《中华人民共和国政府信息公开条例》（下称《信息公开条例》）第37条规定："教育、医疗卫生等与人民群众利益密切相关的公共企事业单位在提供社会公共服务过程中制作、获取的信息的公开，参照本条例执行。"高校或事业单位应当依法公开相关信息，由于执行《信息公开条例》系"参照"，应把握何种情况下参照的问题，即判断何种情况符合条件，且需根据自身实际情况予以适用，故其中涉及法院审查力度和边际的问题。

2. 法律选择之甄别

即使有专门的法律规定，由于涉高校的法条繁多，在法律选择上也有争议。自20世纪80年代以来，我国先后颁布了一系列有关教育的法律、法规，为解决受教育权纠纷提供了法律依据，并形成了一套纠纷解决机制。但由于我国教育立法起步较晚，突出表现在规范过于原则，可操作性不强，责任主体不明确，立法滞后等方面，故在甄别上面临挑战，而法院审查时应从法律位阶、适用对象等方面予以考量。如在一案中，当事人针对处理CET-6考试作弊行为应适用何种法律产生分歧。原告认为应适用教育部关于修改《国家教育考试违规处理办法》的决定（教育部令第33号）、被告认为应适用《普通高等学校学生管理规定》（教育部令第21号令）。前者规定："携带具有发送或者接收信息功能设备的，属于考试作弊，可视情节轻重，给予暂停参加各种国家教育考试1年至3年处理。"而后者第54条第4项规定："学生由他人代替考试、替他人参加考试、组织作弊、使用通信设备作弊及其他作弊行为严重的，学校可以给予开除学籍处分。"比较两部门规章，两者均为教育部公开颁布、实施的规章，故不存在"位阶之分"。第33号令颁布时间为2012年，第21号令颁布时间为2005年，但由于两规章在调整范围、适用对象和规范侧重点上不同，内容也不矛盾和冲突，且均为现行有效，并非"后法优于先法"。第33号令第2条规定："本办法所称国家教育考试是指普通和成人高等学校招生考试、全国硕士研究生招生考试、高等教育自学考试等……其结果作为招收学历教育学生或者取得国家承认学历、学位证书依据的测试活动。"尽管第33号令针对考试作弊的处分幅度更小，对原告更有利，但CET-6考试系能力资格考试，并非获取学历、学位的必考测试项目，也并非招生或者结业考试，属于学业过程中的考试，因此并不适用该决定，故33号令的规定并不能穷尽、限制和排斥教育部其他规章（如21号令）对可予开除学籍情形的规定。

三、司法介入的规则

(一) 实体层面——尊重高校自主权

1. 主体维度：高校具有特殊属性

作为承担重要责任的高校，在提供教育服务时为更好地进行统一管理，应有一定的自主权。鉴于高校法律地位具有"非单一"属性，故在行政案件中也应符合专门教育类法律规定。如在韩某诉上海市考试教育院案❶中，原告要求被告提供一份原告课程的答卷及其批阅内容的完整复印件。《信息公开条例》规定："行政机关不得公开涉及国家秘密、商业秘密、个人隐私的政府信息。"显然考生要申请公开自己的考卷，并不符合以上情况。但是涉及受教育权方面的信息公开有其特殊性：根据《高等教育信息公开办法》第10条规定："高等学校对下列信息不予公开：(一)涉及国家秘密的；(二)涉及商业秘密的；(三)涉及个人隐私的；(四)法律、法规和规章以及学校规定的不予公开的其他信息。"中华人民共和国教育部和国家保密局于2001年7月9日制定的《教育工作中国家秘密及其密级具体范围的规定》第5条规定："教育工作中下列事项（共有8项）不属于国家秘密，但只限于一定范围的人员掌握，不得擅自扩散和公开：……5. 考试后不应公开的试题和考生答卷以及考生的档案材料。"现韩某考试估分后认为被告故意"压分"，希望申请公开考卷内容，而考卷内容的掌握人员依照上述规定应限于一定范围，最终法院审查认定"一定范围"应为批卷人员等，并不应包括考生本人。

2. 司法维度：行政诉讼尚未突破"合法性"审查

《行政诉讼法》第5条规定："人民法院审理行政案件，对具体行政行为是否合法进行审查。"此确立了我国行政诉讼合法性审查的原则，而是否可以进行合理性审查❷并无涉及。与此对应的是《最高人民法院关于执行〈中华人民共和国行政诉讼法〉若干问题的解释》中第56条规定："有下列情形之一的，人民法院应当判决驳回原告的诉讼请求：……（二）被诉具体行政行为合法但存在合理性问题的。"故有人认为合理性审查作为合法性审查的延伸和补充，能够有效规范行政裁量行为，保障相对人的权益，是现代行政法治的发展趋势。但在我国司法实践中对行政自由裁量的合理性审查存在问题，审查依据尚不充分，审查的具体操作思路不明晰，存在盲区。法律对所有行政行为予以详细规定既不可

---

❶ 原告参加了上海市高等教育自学考试（以下简称"自考"）课程名为《第二外语（日语）》的单科考试。考试完毕，原告估最终得分应落在88~94分。后原告查得只有76分，认为被"压分"。

❷ 行政合理性原则（the principle of reasonableness）指的是行政法律关系当事人的行为，特别是行政机关的行为，不仅合法而且要合理，也就是行政机关的自由裁量行为要做到合情、合理、恰当和适度。

能，也不现实。因此行政机关被赋予了一定自由裁量权，使其视具体情况做出相应行为。尤其在受教育权类行政案件中，审查时法院并不能用自己的判断代替高校的判断，首先要承认高校的裁量权，并基于审判权的"谦抑性"，在综合判断行为过程是否正当、考虑因素是否全面、理由是否充分的情况下，❶认为"显失公正"时才能推翻被告的决定。如 2004 年朱某诉上海市应用技术学院要求颁发毕业证书案❷、2005 年王某诉上海市 S 大学不予授予学士学位案中❸，从法官的阐述就可见其即对合理性概念并不轻易涉及、廓清。

3. 价值维度：认识层面的多样化

关于高校开除学籍或者不予颁发学历学位证书的行为是否适当涉及自我感觉和社会评价，见仁见智，系属各人感观，无法确定、精细或者量化，即使是同一时代、同一国家和地区，对适度与否的把握并无同一标杆，因此在未违背公序良俗的情形下，法院不应为干预高校管理开方便之门，对于涉及价值判断事项时没有必要承担不能承担之重，越俎代庖，陷入直接执法的僭越境地。❹ 对于作弊（如在体育考试中找人代考、使用通信工具等情况）后被开除学籍的情况，有观点认为在对违纪学生作出直接影响受教育权的处分时，应当坚持处分与教育相结合原则，做到育人为本、罚当其责，仅一次作弊就开除学籍有违常理。但有人亦认为考试作弊成风，对该行径的严惩是整肃不良风气，不能因为学费高昂等情况就区别宽待。在利用通信设备等作弊态势严峻之际，如果放纵作弊行为不仅会置其他考生于不公之地，影响公平竞争权，长远来看更是影响文凭的含金量、公信程度，进而对社会发展带来负面影响。考试作弊行为本身不具有合法性、正当性，无论情节轻重均应受到惩处。用"严刑峻法"遏制该势头，利大于弊。如果一个地区、一所学校的处分大体宽严一致、以示公允，则无可厚非。再如被告以原告曾因打架受到过留校察看处分为由不予颁发学士学位，有人认为原告与人打架与颁发学士学位无关，而有人则认为道德品质和社会导向远比学术成绩重要，在社会浮躁的今天，严格规范学生日常行为有利无害。❺

---

❶ 尹建国. 不确定法律概念具体化的模式构建——从"唯一正确答案"标准到"商谈理性"诠释模式 [J]. 法学评论, 2010 (5)：69.

❷ 判决书中载明："至于被告对原告作出退学处理决定是否正确，并非本案审查范围。原告对被告基于学生学籍管理作出的处理决定不服，可另行向有关部门提出申诉。"

❸ 判决书中载明："由于原告在校期间曾考试作弊，被告依据规定决定不授予原告学士学位，并无不当。至于原告所称被告对其作弊行为作出处分有失公允一节，因无证据佐证且……对此本院难以支持。

❹ 袁白薇."安全稳定"类信息公开案件审判权理性介入的标准与方法 [J]. 上海审判实践, 2014 (8)：13.

❺（案例）详见上海市杨浦区人民法院（2014）杨行初字第 30 号行政判决书。

(二) 程序层面——"宽严相济"原则

1. "宽":"法"定程序向正当程序演进

大学自治是大学精神的核心,是解决大学目前存在严重弊端的最好选择。❶ 如前所述,如要求高校同行政机关一样,在作出任何处理时都遵循《行政处罚法》听证等程序,显然过于严苛。故在法院裁判时,对于高校作出决定程序上的判定,如以不符合《行政处罚法》等为由予以推翻,也应给予充分的理由和阐释。如果被告在程序上有可以改进之处,虽然法院并不由此判决被告败诉,也可予以合理建议。如在 2005 年朱某诉上海市 Y 学院要求颁发毕业证书一案,法官虽然驳回了原告的诉讼请求,但判决书中载明:"从这些证据可以看出,被告在对原告作出退学处理决定时双方并未很好地进行沟通,这也是造成原告提起本次诉讼的原因之一。被告作为高等院校,在作出影响公民受教育权利的相关决定前,应听取学生的意见,及时沟通,慎重考虑。而原告作为一名高校学生,也应当珍惜进入高等院校接受教育的良好机会,严格要求自己,做一名高素质的、合格的受教育者。"

2. "严":高校设置和遵守必要程序

(1) 不能违反上位法规定。

在处分学生权利时,学生不仅仅是被管理的身份,更重要的身份是普通公民,其应当必须受宪法和其他法律法规的保护,高校应当遵循和适用法律优先及法律保留的原则。❷ 因此,高校在进行行政活动中必须以宪法、法律法规等优先。❸ 比起普通行政机关,法院对受教育类案件的程序审查标准略为"松弛",但是绝不可以违反《学位条例》《国务院学位委员会关于授予成人高等教育本科毕业生学士学位暂行规定》等。由于其系专门调整教育类行政案件的法律法规,必须恪守而不能有任何余地。

(2) 严格遵循学校自设的程序。

学生在进入高校前后,应仔细研读招生规章,了解其奖学金设置、学籍管理、处分机制等;高校也会在《学位条例》等法律法规框架下将其细化为具有本校特点的规章制度:如《×××大学学生违纪处分规定(试行)》。如果比照后接受高校的规章制度,学生才会报考申请入学,双方建立起类似于"契约"的关系:高等教育异于义务教育,学生选择高校的机会更多,自由度更大,同时

---

❶ 张巨成. 加入 WTO 与中国高等教育发展模式的转变 [J]. 思想战线, 2002 (4): 120.

❷ 法律优先是指上一层次法律规范效力高于下一层次法律规范。在上一位阶法律规范已有规定的情况下,下一位阶的法律规范不得与上一位阶的法律规范抵触;上一位阶法律规范没有规定,下一位阶法律规范作了规定的,一旦上一位阶法律规范就该事项作出规定,下一位阶法律规范就必须服从上一位阶法律规范。

❸ 周玮. 高校学生受教育权的保护和救济 [J]. 法制博览, 2013 (7): 206.

高校可以自主招生等。这种选择具有"双向"特征，可以预防纷争的发生：报考类似于发出要约，高校录取行为即契约成立，入学接受教育即履约过程。因此如果学校在下发手册所载明的规章制度里，未对某种行为后果进行明确规定，却作出学生无法预见的处理决定，即侵害了学生的"信赖利益"，不利于长期管理和内部稳定。在10件以高校为被告的案件中，学生和高校均对事实认定表示认同（因为考试使用通信工具、代考等具有现场性特点）。在已生效的案件中，外省市法院在对开除学籍案件进行审查时，即使撤销被告行为也是因处分程序上存在瑕疵，违反了自设程序。如学校规定，为表示慎重应将处分决定亲手交至被处分学生手中，但被告却并未按规定送达。目前，国内尚未有法院因高校处理尺度不当而判其败诉的情况。与此同时，高校在遵守自制规章制度时，还应最大限度地完善处分程序。如在刘某不服L大学开除学籍处分决定案中，虽然被告能证明在作出被诉决定前已听取过原告陈述、申辩，并给予申诉的救济途径，但《普通高等学校学生管理规定》的第60条规定："学校应当成立学生申诉处理委员会，受理学生对取消入学资格、退学处理或者违规、违纪处分的申诉。学生申诉处理委员会应当由学校负责人、职能部门负责人、教师代表、学生代表组成。"原告庭上曾提出申诉处理委员会的组成人员不明。据查，被告出示的材料中仅有签名册和投票统计，虽然程序上并未违法，但是应在各人签名后注明身份，以利原告更好地了解人员构成等情况。总之，高校对学生的处分应遵守《普通高等学校学生管理规定》第55条规定，力求证据充足、程序正当、定性准确、处分恰当。为在源头上减少矛盾，在学生入学前后，可以公示相关的处分案例（应隐去学生姓名）。高校遵循"契约精神"，不仅可以使学生更好地参与日常事务，防止因随意管理等行为给学生带来权益损害，而且能更好地解决当前纷繁复杂的受教育权纠纷。❶

参考文献

[1] 肖萍，辛振宇. 论受教育权纠纷及其解决机制的重构——以高等教育为视角 [J]. 南昌大学学报，2012，43（4）.

[2] 袁白薇."安全稳定"类信息公开案件审判权理性介入的标准与方法 [J]. 上海审判实践，2014，8（13）.

[3] 周玮. 高校学生受教育权的保护和救济 [J]. 法制博览，2013，7（206）.

---

❶ 肖萍，辛振宇. 论受教育权纠纷及其解决机制的重构——以高等教育为视角 [J]. 南昌大学学报，2012，43（4）：151.

行政优益权的限缩与控制：
单方变更与解除行政合同案件的
司法审查困境及破解路径分析

钱 畅[1]

摘 要：在行政合同履行过程中，行政主体既有的行政优益权赋予其可以单方变更与解除行政合同的权力。但是该项权力的行使并非没有约束，否则行政主体易凭借行政优益权将行政合同变异为单方行政行为；为防止该类情况发生，司法审查即为限缩与控制行政优益权的有力手段。本文对现有各层级规范性文件中对于行政合同方单方变更与解除权的规定进行梳理后发现，目前我国这一领域的法律原则缺失、法律规则不完善，这导致法院在对单方变更与解除行政合同的行政行为进行司法审查时困难重重，如对行政行为合法性的判断困难、对赔偿标准的认定缺少明确依据以及调解方式的适用面临正当性困境等。据此，本文对法、德、美、英四国相关制度进行借鉴，从中得出我国健全和完善该项制度的启示，并从明确法律原则和完善法律规则两个层面提出建议，为法院对该类行为的司法审查提供便利。

关键词：行政合同；行政优益权；单方变更权；单方解除权；公共利益原则；比例原则

行政合同作为一种灵活而富有弹性的新型行政管理方式，已经在我国行政管理活动中得到越来越广泛的应用。行政合同兼具行政性与契约性属性，但行政性仍居于主导性地位，行政主体在行政合同缔结和履行过程中享有行政优益权。但对于行政优益权必须勒紧缰绳，防止行政合同变异为单方行政行为。

2015年5月1日起施行的《行政诉讼法》第12条第11款规定："人民法院受理公民、法人或者其他组织提起的下列诉讼：（十一）认为行政机关不依法履行、未按照约定履行或者违法变更与解除政府特许经营协议、土地房屋征收补偿协议等协议的。"该规定明确将行政机关违法变更与解除行政合同行为纳入行政诉讼受案范畴，故行政诉讼案件中的司法审查已然成为防止行政主体滥用行政优益权的重要途径。然而，相关制度的运行存在着大量亟须解决的问题，导致对该类案件的司法审查面临多重困境，本文拟对有关问题进行梳理分析并提出解决对

---

[1] 作者单位：上海市徐汇区人民法院。

策,力促让司法审查成为监督行政主体单方变更与解除行政合同行为、限缩与控制行政优益权的有力手段。

一、行政合同单方变更与解除权概述

(一) 行政合同单方变更与解除权的概念及法理依据

行政合同单方变更权,是指行政主体为了维护国家和社会公共利益,单方面做出变更决定并通知合同相对人的权力。行政合同单方解除权,是指行政合同缔结后尚未履行或者尚未完全履行的情况下,由于行政相对人而致使其不符合公共利益的要求或者情势发生变化,合同的继续履行将不符合公共利益,行政主体有权单方面决定解除合同的权力(1)。

行政主体享有行政合同单方变更与解除权的理论依据是行政主体享有行政优益权。行政主体在行政合同中的权利,主要体现为行政合同之债的债权,以及为了保证此项债权的实现而享有的相应的请求权、抗辩权和形成权等,此种权利与民事合同当事人享有的权利无异。但行政合同作为公私法相结合的产物,与民事合同不完全相同,而是游离在行政行为与民事合同之间的一种特殊形态[1]。基于行政合同的特殊性即行政性特点,行政主体在行政合同的缔结和履行过程中以公权力身份单方面享有的强制性权力,即为行政优益权[2]。以行政优益权为法理依据,行政主体在行政合同缔结及履行过程中均享有一定特权,其中在履行过程中享有的特权包括:①要求对方当事人本人履行义务权;②对合同履行的指挥权;③监督检察权;④单方面变更与解除权;⑤制裁权;⑥强制执行权[3]。

(二) 规范性文件中涉及单方变更与解除权的规定梳理

为较为客观地呈现我国单方变更与解除权制度运行现状,笔者对各层级规范性文件中的相关规定进行梳理如下:

行政诉讼法	第12条:人民法院受理公民、法人或者其他组织提起的下列诉讼:(十一)认为行政机关不依法履行、未按照约定履行或者违法变更与解除政府特许经营协议、土地房屋征收补偿协议等协议的 第78条:被告不依法履行、未按照约定履行或者违法变更与解除本法第12条第一款第(十一)项规定的协议的,人民法院判决被告承担继续履行、采取补救措施或者赔偿损失等责任。被告变更与解除本法第12条第一款第(十一)项规定的协议合法,但未依法给予补偿的,人民法院判决给予补偿

---

[1] 余凌云. 行政法上的假契约现象——以警察法上各类责任书为考察对象 [J]. 法学研究, 2001 (5): 52.
[2] 谭源. 论行政合同的单方变更与解除权制度 [D]. 长沙: 湖南师范大学硕士学位论文, 2012: 6.
[3] 胡宝岭. 行政合同争议司法审查研究 [M]. 北京: 中国政法大学出版社, 2015: 246.

续表

行政复议法	第6条：有下列情形之一的，公民、法人或者其他组织可以依照本法申请行政复议：（六）认为行政机关变更或者废止农业承包合同，侵犯其合法权益的
政府采购法	第50条：政府采购合同的双方当事人不得擅自变更、中止或者终止合同。政府采购合同继续履行将损害国家利益和社会公共利益的，双方当事人应当变更、中止或者终止合同。有过错的一方应当承担赔偿责任，双方都有过错的，各自承担相应的责任
兵役法	第36条：军队根据国防建设的需要，可以依托普通高等学校招收、选拔培养国防生。国防生在校学习期间，按照有关规定不宜继续作为国防生培养，但符合所在学校普通生培养要求的，经军队有关部门批准，可以转为普通生；被开除学籍或者作退学处理的，由所在学校按照国家有关规定办理
城乡规划法	第38条：城市、县人民政府城乡规划主管部门不得在建设用地规划许可证中，擅自改变作为国有土地使用权出让合同组成部分的规划条件
最高人民法院关于适用《行政诉讼法》若干问题的解释	第15条：原告主张被告不依法履行、未按照约定履行协议或者单方变更与解除协议违法，理由成立的，人民法院可以根据原告的诉讼请求判决确认协议有效、判决被告继续履行协议，并明确继续履行的具体内容；被告无法继续履行或者继续履行已无实际意义的，判决被告采取相应的补救措施；给原告造成损失的，判决被告予以赔偿。被告因公共利益需要或者其他法定理由单方变更与解除协议，给原告造成损失的，判决被告予以补偿
城镇国有土地使用权出让和转让暂行条例	第17条第2款：未按合同规定的期限和条件开发、利用土地的，市、县人民政府土地管理部门应当予以纠正，并根据情节可以给予警告、罚款直至无偿收回土地使用权的处罚
江苏省行政程序规定	第82条：行政合同受法律保护，合同当事人不得擅自变更、中止或者解除合同；行政合同在履行过程中，出现严重损害国家利益或者公共利益的情形，行政机关有权变更或者解除合同
山东省行政程序规定	第105条：行政合同受法律保护，合同当事人不得擅自变更、中止或者解除合同。行政合同在履行过程中，出现严重损害国家利益或者公共利益的重大情形，行政机关有权变更或者解除合同；由此给对方当事人造成损失的，应当予以补偿
汕头市行政程序规定	第105条：行政合同受法律保护，行政机关不得擅自变更或者解除
郑州市行政机关合同管理办法	第27条：行政机关应当按照约定履行合同。发生情势变更、相对人资产经营状况变化等特殊情况的，属于政府部门签订的合同，政府部门应当向同级政府法制机构通报；属于政府签订的合同，下级政府应当向上级政府法制机构通报。法制机构应根据具体情况指导行政机关正当行使权利，最大限度地保障行政相对人的合法权益

由此可见，我国没有关于行政合同制度的专门立法，关于行政合同单方变更与解除权的规定散见于各层级规范性文件，这些规定较为粗糙、差异很大甚至相互矛盾，很难确保行政主体依法行使行政优益权，也给法院对行政主体单方变更与解除行政合同行为的司法审查带来困难。

二、单方变更与解除行政合同案件司法审查之困境分析

对行政主体单方变更与解除行政合同案件进行司法审查的难点主要体现为法律原则缺失和法律规则不完善两个层面，而法律规则的疏漏导致法院对行政行为合法性的判断、对赔偿标准的认定及调解方式的适用面临困境。

（一）法律原则缺失

相较于法律规则，法律原则更具普适性和抽象性，具有指导法律实施和司法实践的功能。在行政合同相关法律规则尚不完善的情况下，法律原则应成为司法审查的重要依据。然而，现有的各项法律文件对于行政合同单方变更与解除权的规定，往往是从不同角度出发、规定不同内容，缺少统一的立法精神贯串其中，没有固定的法律原则进行全盘指导。目前，不仅在法律制度上难以寻觅相关法律原则的踪影，而且在理论上缺乏公认的基本原则可供司法实践参考。由于单方变更与解除权运行的基本原则不明确，一方面，行政主体无法从全局性高度准确理解法律条文，在行政合同中较易滥用单方变更与解除权，进而损害合同相对方的利益；另一方面，法院在司法审查中缺少相关法律规定可循时，也难运用法律原则对行政主体滥用行政优益权的行为进行认定和处理。

（二）对行政行为合法性的判断缺乏明确依据

《行政诉讼法》第 12 条明确将行政主体"违法变更与解除政府特许经营协议、土地房屋征收补偿协议等协议"的行为纳入行政诉讼范畴，基本终结了理论界对于该类争议应该由行政诉讼抑或民事诉讼程序审理的争议。但是，对行政主体单方变更与解除权的规定散见于多个规范性文件，且完备程度参差不齐，导致法院在寻觅行政行为实体合法性及程序合法性依据时较为困难。

1. 实体上：对单方变更与解除权的权力来源之争

对于行政合同单方变更与解除权的权力来源，法律法规没有明确规定，理论界也有"一元化"和"二元化"观点："一元化"观点认为，行政合同特权包括单方变更与解除权，应完全由法律规定；"二元化"指出该权力应以法律规定为原则、由双方合意约定为例外。"一元化"观点主要基于依法行政的强制性要求，即"法无明文规定不得任意行政"，行政主体的任何行政活动都必须得到法律的明确授权；而支持"二元化"观点的理由是，权力也可来源于合同之约定，行政合同是行政行为属性的变异、是行政权运行方式的探索，双方当事人之间可通过合同约定的方式来确定行政主体的单方变更与解除权，以此展现行政合同契约性所具有的优势。

行政合同单方变更与解除权权力来源的不明确，给司法审查带来如下困难：如法律法规没有规定，但双方当事人在行政合同中约定行政机关的单方变更与解

除权，该约定可否成为认定行政机关单方变更与解除行政合同行为合法的依据存疑。

2. 程序上：缺少行政合同单方变更与解除的程序性约束

纵观现有关于行政合同的各层级规范性文件，对行政主体单方变更与解除合同的实体规定多、程序规定少。这与我国传统行政法重实体轻程序密切相关，而重实体轻程序的制度设计容易导致行政合同功能异化，难以抑制行政恣意和寻租；行政相对人在行政合同中与行政主体地位极不对等，其合法权益难以得到有效保护。如在刘一宪诉重庆市北碚区天府镇人民政府要求履行行政合同案中，一审、二审法院根据天府镇政府曾书面通知过刘一宪相关文件内容即认定被告单方解除合同程序上合法，并据此驳回刘一宪要求履行合同的诉讼请求❶。但被告是否在书面通知中就解除合同理由进行充分说明，解除合同是否将对相对人的权益产生重大影响因而需要进行听证，这些均不得知。而由于法律缺位，法院也难以对行政机关单方解除合同行为在程序上是否违法作出认定。

（三）赔偿判决的赔偿标准不明确

根据《行政诉讼法》第78条及《最高人民法院关于适用〈行政诉讼法〉若干问题的解释》第15条的规定，赔偿判决适用于被告不依法履行、未按照约定履行或者违法变更与解除行政协议，给原告造成损失等情形。在这一问题上，行政合同争议再次展现出其独特的一面：行政合同损害赔偿责任中既有侵权责任，又有违约责任；侵权责任与行政主体违法行使行政处罚权等对行政相对人造成损害的赔偿责任相同，而违约责任则与《合同法》中规定的违约责任相似。

作出赔偿判决的关键，在于确定赔偿标准。对此，理论界及司法实践中主要存在如下两种观点：第一种观点认为，如果行政合同中对于被告承担赔偿责任的方式及标准没有约定，则应参照《国家赔偿法》的规定，理由是基于保护国家利益及维护国家赔偿法制统一性的需要。第二种观点认为，如行政合同未约定则应参照民事法律规范的相关规定。赔偿标准的分歧造成了司法判决的不统一，易导致"同案不同判"现象。

（四）案件调解面临正当性困境

作为常用的司法手段，调解在实践中发挥着重要作用，在民事合同争议解决过程中被青眼有加。但在行政诉讼中，调解的适用受到严格限制。1989年出台的《行政诉讼法》第50条规定："人民法院审理行政案件，不适用调解。"2015年5月1日开始实施的《行政诉讼法》第60条规定："人民法院审理行政案件，

---

❶ 甘文杰.行政合同单方变更权的司法审查——重庆一中院判决刘一宪诉重庆市北碚区天府镇人民政府要求履行行政合同案［J］.人民法院报，2011.

不适用调解。但是，行政赔偿、补偿以及行政机关行使法律、法规规定的自由裁量权的案件可以调解。调解应当遵循自愿、合法原则，不得损害国家利益、社会公共利益和他人合法权益。"可见，法律对于适用调解的限制有所松动，但行政诉讼调解仍然受到一定约束，行政合同争议适用调解面临正当性的困境，法院在审理行政主体单方变更与解除行政合同案件时可否采用调解方式解决争议，尚无明确依据。

三、国外行政合同单方变更与解除权制度及其启示

在已经建立行政合同法律制度的国家，一般都有关于行政主体的行政优益权制度规定，其中，大陆法系和英美法系均对于行政合同单方变更与解除权制度作出相关规定。本文拟通过对法、德、美、英四国相关制度介绍，从中得出我国健全和完善该项制度的启示。

	制度确立形式	对行政机关行政优益权的规定		对保护相对人权利的规定	主要特点归纳
		单方变更权	单方解除权		
法国	行政法院判例	行政主体在合同履行过程中可以随时变更行政合同相对人的给付范围，对方当事人不能拒绝。但该权力仅可在公共利益需要的限度内行使	原合同不符合公共利益的需要时，行政主体可随时解除合同	确立经济平衡原则；行政主体单方变更或解除行政合同后，应当对行政合同相对人由此加重的负担或者遭受到的损失给予补偿	强调对公共利益的保护，行政主体的行政优益权可普遍适用
德国	《联邦德国行政程序法》第四章	无	仅在防止或免除公共利益之重大损失时，行政主体方可行使单方解除权；应使用书面形式解除合同，并向相对人说明理由	应对相对人因行政主体单方面解除合同所受的损失进行补偿	强调双方当事人之间的合意性，严格限制行政优益权的行使

· 132 ·

续表

制度确立形式	对行政机关行政优益权的规定		对保护相对人权利的规定	主要特点归纳
	单方变更权	单方解除权		
美国 没有严格划分公法和私法，政府合同制度吸收了大量普通合同法的规则，但要求更加严格	政府可单方变更合同并采用正式的书面变更合同书的形式；合同相对人可以对变更提出异议，但在异议期间合同相对人必须继续履行已经变更的合同内容，除非此变更属于"重大变更"	享有随时单方解除合同的权力，对是否基于政府利益没有作出具体要求	政府单方变更合同应给予对方当事人补偿	政府享有极其广泛的自由裁量权
英国 没有严格划分公私法，基本将政府合同当作普通合同对待	必须由行政主体与相对人在合同中进行约定	必须由行政主体与相对人在合同中进行约定	行政主体在运用合同中的标准条款单方变更或解除合同时，应给予合同相对人补偿	行政主体不具有普遍适用的行政优益权

综上所述，虽然各国的法律渊源、法律传统存在差别，但从中也总结出一定共性可供借鉴：一是行政主体所享有的单方变更与解除权必须是基于维护公共利益的需要；二是应通过建立完备的程序性制度、赔偿或补偿机制，有效控制行政优益权、保护相对人的合法利益；三是单方变更与解除权的权力来源是通过法律规定或是合同约定，应根据一个国家的法律现状及其可行性进行设置。

四、单方变更与解除行政合同案件司法审查相关制度完善

本文拟从确立法律原则、完善法律规则两大层面对于建立健全行政合同单方变更与解除权制度进行探讨，其中对于法律规则的完善又包括明确行政行为合法性的判断依据、赔偿标准及调解具有正当性等内容。

（一）确立统一明确的法律原则

作为行政法的一个分支——行政合同除应遵从行政法的基本原则，如合法行政原则、程序正当原则、信赖保护原则等之外，还应该具备自身的具体原则，而行政合同单方变更与解除权制度也是如此。

1. 公共利益原则

行政合同为公共利益而存在，行政优益权也为保护公共利益而设定和行使。

那么对于"公共利益"的判断应以何者为准，即什么主体具有对"公共利益"的最终认定权呢？王名扬教授曾指出："从法律观点来看，什么是公共利益的需要，国家是唯一的决定者。"❶ 但国家是一个抽象实体，究竟应当由行政机关、司法机关抑或立法机关来判断公共利益呢？如果由行政机关来自我判断，极易出现假借"公共利益"之名行滥用权力之实的现象，这种"既做运动员又做裁判员"的方式显然不可取。张千帆教授认为，严格意义上的功利主义目标是不可能实现的，民主制度可以近似地实现功利主义所定义的公共利益，因而主张将决定公共利益的"皮球""踢"给议会❷。如果法院在司法审查中凡涉公共利益的判断均需向人大进行请示，显然不现实。

综上所述，笔者认为，法院依法对行政案件进行审理和裁判就是维护公共利益的重要力量，将公共利益的判断权交给法院符合司法最终原则。在公共利益判断这一领域，司法权无须保持谦抑，由行政机关对公共利益的需要进行举证，由法院作出最终判断，进而对行政机关单方面变更与解除行政合同的合法性作出认定，与现代法治精神高度契合。在遵循行政法基本原则的基础上，将公共利益原则作为审理单方变更与解除行政合同案件的具体原则和理论指引，对于该类案件的司法审查具有重要意义。

2. 比例原则

根据比例原则，仅在公共利益遭受到重大损失，或者相对于个人利益来说是较大损失的情况下，行政主体才可以单方变更与解除合同，不能只要一涉及公共利益就不顾及行政相对人的个人利益而滥用单方变更与解除权。基于信赖保护原则和对契约精神的尊重，行政主体单方变更与解除行政合同应当比起变更或撤销行政处理条件更为苛刻，行政主体的权力应当受到更为严格的限制。如在法国，行政机关对公共工程合同的变更权受到严格限制，一般认为价金条款与合同的标的不能单方面变更，变更超过一定范围时，承包人可以请求行政法院判决解除合同❸。因此，法院应在司法审查中充分、审慎地考虑各方利益，在公共利益、个人利益以及变更或者解除合同的具体事项中对行政行为的合法性作出综合判断。

(二) 明确行政行为合法性的判断依据

1. 确立法律法规是单方变更与解除权的唯一权力来源

明确行政主体单方变更与解除行政合同，必须有法律法规作为依据；如法律法规没有规定行政主体可以单方变更与解除行政合同，即使合同约定行政主体具

---

❶ 王名扬. 法国行政法 [M]. 北京：中国政法大学出版社，1988：481-482.

❷ 张千帆. "公共利益"是什么？——社会功利主义的定义及其宪法上的局限性 [J]. 法学论坛，2005（1）：30.

❸ 王名扬. 法国行政法 [M]. 北京：中国政法大学出版社，1988：432.

有该项权力，也不能作为司法审查中判断行使单方变更与解除权行为合法的依据。根据《行政诉讼法》第 63 条规定"人民法院审理行政案件，以法律和行政法规、地方性法规为依据"，因而仅有法律、行政法规、地方性法规中的相关规定可作为判断单方变更与解除行政合同行政行为合法的依据。

理由如下：一是单方变更与解除权是一种强制性公权力，因而必须严格遵循依法行政原则，行政主体的行政行为必须在法律的明确授权下方可实施；二是为了防止行政主体利用其优势地位，逼迫行政相对人在行政合同中进行约定并随意扩大单方变更与解除权的行使空间，从而将行政合同实质上演变为单方行政行为[1]。

2. 完善单方变更与解除行政合同之程序性规制

完善行政主体行使单方变更与解除权的程序规定，既可防止行政主体滥用行政优益权、侵犯相对人合法权益，也可为行政相对人提供与行政主体自由交换意见的制度环境，充分调动相对人参与行政管理活动的积极性[2]。法院在司法审查中可根据相关规范对行政行为程序上的合法性进行认定。笔者认为，可设置的程序性规范主要包括：

（1）先行协议制度。先行协议制度要求行政主体在单方变更与解除行政合同之前首先与行政相对人进行协商，该制度是为了创造双方自由交流意见、共商解决方案的机会，减少不必要的争议。因此，行政主体应在确保公共利益受到保护的前提下与行政相对人先行协议，通过协商来变更行政合同内容或解除不具有履行可能性的合同。当然这一制度也有例外，当时间较为紧迫、公共利益可能遭受重大损害时，行政主体可无须先行协商而直接行使单方变更或者解除权[3]。

（2）听证制度。该制度是指如行政主体单方变更与解除合同可能对行政相对人的合法权益造成重大影响，那在变更与解除合同之前应当听取行政相对人的陈述意见和反论质证[4]。当然基于公共利益之考量，仅在对行政相对人的合法权益可能造成重大影响的前提下方可举行听证，而法律可赋予行政主体对于是否存在"重大影响"以及是否需要进行听证的自由裁量权。

（3）书面制度。单方变更与解除行政合同须采用书面形式，这是对德国行政合同解除制度的引鉴。书面制度并非一个单独存在，通常与上述先行告知制度、先行协议制度、听证制度等同时适用，贯穿于整个行政程序中。书面制度有效抑制行政主体单方变更与解除合同的任意性，并且为因变更或解除合同产生的

---

[1] 王克稳. 政府合同研究[M]. 苏州：苏州大学出版社，2007：155.
[2] 姜明安. 行政程序：对传统控权机制的超越[J]. 行政法学研究，2005（4）：16.
[3] 谭源. 论行政合同的单方变更与解除权制度[D]. 长沙：湖南师范大学硕士学位论文，2012：39.
[4] 姜明安. 行政程序研究[M]. 北京：北京大学出版社，2006：308.

纠纷提供书面证据，便于法院进行司法审查。

(三) 赔偿标准主要参照适用民事法律规范相关标准

美国学者弗里德曼指出："当一个合同必须被违背时，损害赔偿法的首要功能是使受害一方能够处于与该合同被完全履行一样的境地。"我国台湾地区学者蔡志方认为，"契约的内容是给付一定财物的，在瑕疵给付的情形下，损害赔偿的数额为其因此所减少的差额。"❶ 据此，对于违法单方变更与解除行政合同，判决应遵循上述观点中所体现的按照实际损害进行赔偿的原则，而非《国家赔偿法》所体现的象征性赔偿原则❷。具体而言，违法单方变更与解除行政合同的赔偿标准，如有约定，应当按约定的标准计算；如没有约定，原则上可参照适用民事法律规范。主要理由为：第一，行政相对人之所以愿意签订合同，其目的在于通过经营获利，如果适用国家赔偿标准可能使相对人因行政主体的违法行为遭受巨大损害；第二，行政主体利用行政优益权随意变更与解除合同的现象较为普遍，如仅参照国家赔偿标准进行较低水平的赔偿，不利于对行政优益权的约束；第三，实践中发现行政合同的标的额往往巨大，特别在国有土地使用权出让合同领域，有的行政主体不惜违约转卖使用权获益，如适用国家赔偿标准，可能使这种现象加剧❸。

综上所述，法院在审理单方变更与解除行政合同案件时，应在综合考虑行政合同行政性、公益性的基础上，参照民事法律相关赔偿标准作出赔偿判决。

(四) 明确该类案件中运用调解的正当性

《行政诉讼法》第78条规定"被告不依法履行、未按照约定履行或者违法变更与解除本法第12条第一款第十一项规定的协议的，人民法院判决被告承担继续履行、采取补救措施或者赔偿损失等责任"。"被告变更与解除本法第12条第一款第十一项规定的协议合法，但未依法给予补偿的，人民法院判决给予补偿。"第60条规定"行政赔偿、补偿以及行政机关行使法律、法规规定的自由裁量权的案件可以调解"，可视为单方变更与解除行政合同案件中处理赔偿、补偿问题适用调解的法律依据。对于该类案件中的其他争议，适用调解方式进行解决也应具有正当性，理由如下：第一，行政性角度之解析：行政合同本身即为行政主体在自由裁量权范围内与行政相对人"讨

---

❶ 蔡志方. 行政法三十六讲 [M]. 台南：成功大学法律学研究所，1997：288.

❷ 《国家赔偿法》所规定的象征性赔偿已遭到越来越多学者的批评。如关保英教授从责任政府的理念出发，提出国家行政系统一旦处在行政权力的实际运作阶段，就与其他社会主体没有本质区别，行政机关应对其行为负有与民事责任相同的责任。关保英. 比较行政法学 [M]. 2版. 北京：法律出版社，2014：296.

❸ 江必新，梁凤云. 最高人民法院新行政诉讼法司法解释理解与适用 [M]. 北京：中国法制出版社，2015：165.

价还价"的结果，既然行政主体依职权所进行的第一次处分具有正当性，那么就没有理由否认其在行政诉讼中第二次处分的正当性❶。当然，这也可以在《行政诉讼法》中"行政机关行使法律、法规规定的自由裁量权的案件可以调解"这一规定中找到依据。第二，合同性角度之解析：行政合同是基于当事人真实意思表示一致而成立，这种合意构成行政合同争议进行调解的法律基础❷。法院调解的目的即为达成新的行政合同，这就是一个合意转化为另一个合意的过程❸，其正当性不可否认。

不过，该类案件中的调解同样要遵循合法、自愿的原则，法院尤其需要对行政主体在调解中作出的让步是否合法进行实质性审查，以防行政机关"二次出卖公权力"现象的发生，即以调解方式解决争议时也需对行政优益权的行使加以控制。

参考文献

[1] 张千."公共利益"是什么？——社会功利主义的定义及其宪法上的局限性 [J]. 法学论坛，2005 (30).

[2] 谭源. 论行政合同的单方变更与解除权制度 [J]. 湖南师范大学硕士学位论文，2012.

[3] 余凌云. 行政法上的假契约现象——以警察法上各类责任书为考察对象 [J]. 法学研究，2001 (5).

[4] 姜明安. 行政程序：对传统控权机制的超越 [J]. 行政法学研究，2005 (4).

[5] 罗豪才等. 行政法学 [M]. 北京：北京大学出版社，2012.

[6] 胡宝岭. 行政合同争议司法审查研究 [M]. 北京：中国政法大学出版社，2015.

[7] 江必新等. 最高人民法院新行政诉讼法司法解释理解与适用 [M]. 北京：中国法制出版社，2015.

[8] 〔美〕米尔伊安·R. 达玛什卡. 司法和国家权力的多种面孔——比较视野中的法律程序 [M]. 北京：中国政法大学出版社，2006.

[9] 姜明安. 行政程序研究 [M]. 北京：北京大学出版社，2006.

[10] 蔡志方. 行政法三十六讲 [M]. 台南：成功大学法律学研究所，1997.

[11] 王名扬. 法国行政法 [M]. 北京：中国政法大学出版社，1988.

[12] 王克稳. 政府合同研究 [M]. 苏州：苏州大学出版社，2007.

[13] 甘文杰. 行政合同单方变更权的司法审查——重庆一中院判决刘一宪诉重庆市北碚区天府镇人民政府要求履行行政合同案 [N]. 人民法院报，2011, 8 (25).

---

❶ 〔美〕米尔伊安·R. 达玛什卡. 司法和国家权力的多种面孔——比较视野中的法律程序 [M]. 郑戈，译. 北京：中国政法大学出版社，2006：318.

❷ 罗豪才，湛中乐. 行政法学 [M]. 3版. 北京：北京大学出版社，2012：294.

❸ 胡宝岭. 行政合同争议司法审查研究 [M]. 北京：中国政法大学出版社，2015：312.

创新与突破：行政处罚类案件纳入
一并审理行民争议制度适用范围之探讨

毛振亚　商汝冰[❶]

摘　要：我国新修订的《行政诉讼法》[❷] 明确了涉及五类行政诉讼案件中，当事人申请一并解决相关民事争议的，人民法院可以一并审理，将一并审理行民争议[❸]制度上升到法律的高度固定下来。如果说该制度的确立打破了传统三大部门法之间横亘的壁垒，实现了程序法的创新，那么将行政处罚类案件[❹]纳入一并审理行民争议的适用范围便是该项程序创新的纵深突破。行政处罚类案件中基础民事法律关系与行政处罚行为之间争议焦点的高度契合与程序效率最大化的现实呼唤是本文探讨分析的法理基础和实践需要。本文从行政处罚类案件现状审视入手，梳理该类案件中行政诉讼与民事争议的不可分性，通过类型化归纳探讨将行政处罚类案件纳入一并审理行民争议制度的体系障碍与现实困境，以期对行政处罚类案件适用一并审理行民争议制度的审理重点提出建议。

关键词：行民争议；一并审理

一、投石问路：行政处罚之现状分析

由于行政处罚基于先前存在的侵权民事法律关系产生，因此行政处罚与民事争议的关联程度从本质上来说是极高的。行政相对人实施的某一个行为如果违反了行政法律法规又不足以构成犯罪的，那么这种行为将会产生竞合的后果。[❺] 对行政处罚案件种类的梳理是此类案件适用行民争议一并审理问题研究的基础进路。

[❶] 作者单位：上海市奉贤区人民法院。
[❷] 参见《中华人民共和国行政诉讼法》第61条规定：在涉及行政许可、登记、征收、征用和行政机关对民事争议所作的裁决的行政诉讼中，当事人申请一并解决相关民事争议的，人民法院可以一并审理。
[❸] 笔者不赞同"行政附带民事诉讼"一说，因行政诉讼、民事争议一并审理较刑事附带民事赔偿来说有更大的独立性，不能简单用附带一词概括；也不赞同"一并审理民行争议"一说，因民事争议是基于行政诉讼产生，行政诉讼在该类案件中应具有程序优先权，因此笔者建议采用"一并审理行民争议"。
[❹] 本文所探讨的行政处罚类案件主要指存在民事侵权行为被害人的行政处罚类案件。
[❺] 朱辉. 行政附带民事诉讼程序整合问题探讨 [J]. 甘肃政法学院学报，2014（6）：107.

(一) 行政处罚种类概观

在现行《行政处罚法》中，对行政处罚的种类作了明确设定与区分，具体可分为四大类六小类及法律、行政法规设定的其他行政处罚（详见表1）。而在这些处罚种类中，行为罚与财产罚涉及的行民争议竞合现象居多。

表 1　行政处罚之种类概观

大类型	自由罚	行为罚	财产罚	声誉罚	其他
子类型	行政拘留	责令停产停业	罚款、没收违法所得/非法财物	警告	法律、行政法规设定的其他行政处罚
	劳动教养	暂扣、吊销许可证/营业执照		通报批评	

(二) 行政处罚特征总结

1. 行政处罚是以对被处罚人的惩戒为目的，而不是以实现义务为目的。这一点将它与行政强制执行等行政行为区别开来。惩戒行为的合法性探究势必会影响对先前民事法律关系的判断。

2. 行政处罚的适用主体是行政机关或法律、法规授权的组织。这一点使它与刑罚区别开来，并将其固定到具有优先性的行政诉讼领域解决纷争。

3. 行政处罚的适用对象是作为行政相对方的公民、法人或其他组织。而上述行政相对方的公民、法人又是基础民事法律关系的主体，主体的重合直接导致了法律规定和争议焦点的竞合[1]，从而产生行政诉讼与民事争议案件的竞合。

(三) 行政处罚类案件适用行民争议一并审理案例考察

案例 1：甲厂私自向河道内排放污水并且排放生产过程中产生废气，乙厂紧邻甲厂，发现后向区环保局"举报"，并认为甲厂的行为给其生产带来损失。区环保局责令甲厂停产停业整顿并给予其 5 万元罚款，并裁决甲厂向乙厂赔偿经济损失。甲厂不服直接向该区基层人民法院起诉减轻行政处罚，同时要求判决减少赔偿数额。法院经审理认为，根据现有证据不能证明乙厂损失是甲厂单独造成，其他案外公司也存在超标排污行为。因此撤销了区环保局对甲厂的行政处罚，并判决区环保局重新作出处罚决定，但对于甲厂要求减轻对乙厂赔偿数额的请求没有支持，甲厂只能另行通过民事诉讼主张。

案例 2：A、B 因殴打 C 被公安机关分别处以罚款 500 元和罚款 1 000 元并处拘留 10 日的行政处罚，C 认为公安机关对 A 没有并处行政拘留属处罚过轻，遂提起行政诉讼。因其尚未提起民事诉讼，故请求受诉法院一并判处 A、B 向其连

---

[1] 张馨. 构建和完善我国行政附带民事诉讼制度探究 [D]. 青岛：中国海洋大学硕士学位论文，2014：9.

带赔偿医疗费、误工费等损失。根据现行司法体制，C只能先进行行政诉讼，待行政诉讼案件审结后，再行起诉A、B承担医疗、误工等费用。❶

以上两则案例真实反映了审判实践中行政处罚类案件（其中财产罚案件和行为罚案件较多）适用一并审理行民争议制度的现实需要。但根据现行《行政诉讼法》，当事人只能分别进行行政诉讼与民事诉讼才能周延保障其权益，司法程序的重叠冗长不仅给当事人带来高昂的司法成本，更延长了公平正义的到来时间。

二、抽丝剥茧：行政处罚类案件中行政诉讼与民事争议之契合点分析

当然，所有的行政处罚类案件均可适用一并审理行民争议制度不具现实性。我们认为，适用行民争议一并审理诉讼方式的仅限于有侵权行为被害人的行政处罚案件。换句话说，因侵权行为而发生损害赔偿，受处罚人因其行为不但没有遵循行政相关法律的规定，而且侵犯了他人的民事权益。所以其要承担两种法律责任：行政责任与民事责任。同时，这两种法律责任具有密切联系。❷ 这构成了一个案件中行政处罚引起的行政诉讼与民事争议主客体、审理结果的高度竞合。

（一）主体竞合

采取一并审理的模式，是以此类案件属于行政争议与民事争议交叉案件为前提的。❸ 行政处罚法律关系的主体是行政机关与行政相对人，而民事法律关系的主体主要是被处罚人与其他自然人之间的侵权关系。行政机关的行政处罚行为引起了之后产生的民事关系。可以说，行政相对人架起了行政诉讼与民事争议的逻辑链条，主体的竞合导致两个诉之间具有内在的不可分性。

（二）客体竞合

行政处罚法律关系的客体即受行政处罚行为，是指违法行为所侵害的并由行政法所保护的行政管理秩序❹。民事法律关系的客体则指民事权利或民事义务的载体❺，具体指物、行为、智力成果、人身利益、有价证券等，也可简单理解为民事主体间争夺的对象。在上述两个客体中，前者审查的是客体是否合法，后者审查的是行为引起的后果归属于谁，合法性构成了判断归属的前提，归属的确定完成了合法性的行为指向（详见图1）。

---

❶ 案例一援引自马怀德.行政诉讼原理［M］.北京：法律出版社，2003：43. 案例二系笔者所在的基层人民法院审结案件。

❷ 伍富勤.论行政附带民事诉讼的适用范围［D］.重庆：西南政法大学硕士学位论文，2014：16.

❸ 吴光荣.论行政争议与民事争议相互交织的解决路径——评《行政诉讼法修正案（草案）》第63条第1款［J］.政治与法律，109.

❹ 关保英.行政处罚法新论［M］.北京：中国政法大学出版社，2007：74.

❺ 李永军.民法总论［M］.北京：中国政法大学出版社，2008：23.

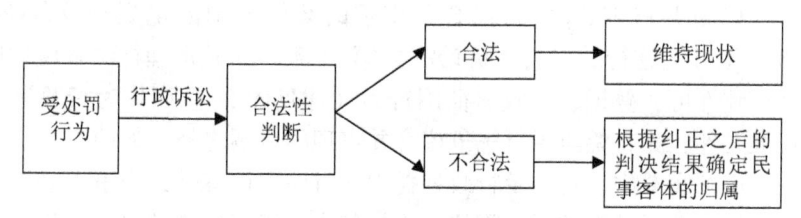

```
受处罚    行政诉讼   合法性    合法 → 维持现状
行为    →          判断   →
                          →  不合法 → 根据纠正之后的
                                     判决结果确定民
                                     事客体的归属
```

图 1　行政处罚与民事争议之客体竞合

从图 1 中可以看出，行政机关的具体行政行为一旦经法院审理认定为不合法，随之而来的就涉及对先前民事法律关系客体的再分配问题。此时行政诉讼与民事争议的客体便产生了竞合，如果人为地割裂为两个诉，则是对司法资源的重复使用，也未能穷尽当事人利益的保护手段。

（三）审判结果一致性

附带类诉讼最本质的特征，在于案件的关联性和附带审理诉讼的效益性及判决的统一性。也就是说，"行政争议与民事争议的诉讼请求均来自同一法律事实"。[1] 在一并审理行民争议案件中，法院在对行政案件进行审理的过程中已经对民事争议一并做了审查，且行政争议的审查不可能完全抛开民事争议，这就决定了基于同一法律事实作出的裁决结果应当具备实质上的统一性。因此，由一个审判组织作出的行民争议判决从程序上保证了审理结果的一致性，防止一案多判、判决冲突。

三、荆榛满目：行政处罚类案件纳入合并审理行民争议适用范围之现实障碍梳理

众所周知，行政诉讼中最常见就是行政处罚案件。如果将此类案件纳入合并审理行民争议的范围，是否会造成行政审判权对行政权的干预？[2] 或导致大量民事争议在行政诉讼中解决？本部分拟对上述问题作出梳理与回应，为提高审判质效垫下基石。

（一）缺乏法律支撑

1. 受理范围无依据。一并审理行民争议问题走入制度化的视野，始自《最高人民法院关于执行〈中华人民共和国行政诉讼法〉若干问题的解释》[3]（以下简称《若干解释》）的颁布。其中第六十一条规定："被告对平等主体之间民事争议所作的裁决违法，民事争议当事人要求人民法院一并解决相关民事争议的，

---

[1] 马怀德，张红. 行政争议与民事争议的交织与处理 [J]. 法商研究，2003（4）：124.
[2] 马怀德. 行政诉讼原理 [M]. 北京：法律出版社，2003：38.
[3] 该司法解释于 1999 年 11 月 24 日通过，自 2000 年 3 月 10 日起施行。

人民法院可以一并审理。"将行民合并审理的案件范围限定到行政裁决行为。2015年5月1日起施行的《行政诉讼法》第61条将一并审理行民争议的适用范围扩大至行政许可、登记、征收、征用行为（详见图2）。而作为行政诉讼中的行政处罚类案件，一直游离于行民争议合并审理的范围之外。如前文案例的实证考察所说，审判实践中一旦涉及行政处罚中的行民争议案件，当事人必须先进行行政诉讼，待行政诉讼审结后，再依据生效判决书提起相应的民事诉讼。现行的法律未给该类案件纳入行民争议合并审理提供立法支撑。

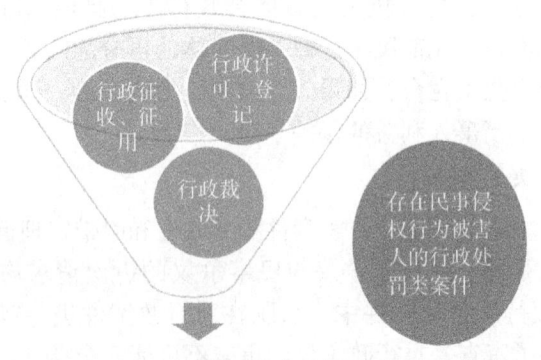

图2 行民争议一并审理案件之适用范围

2. 管辖原则相冲突。当事人在行政诉讼过程中，提出两项诉讼请求，一项是确认行政行为违法，另一项是确认争议不动产的所有权或使用权归自己。行政诉讼对具体行政行为进行审查是毫无问题的，但确认不动产所有权或使用权的归属问题却属于民事诉讼调整范围，一般当事人在行政诉讼中一并提出的大都被判决驳回诉讼请求。[1] 如果出于程序效率性和判决统一性考虑将其合并审理，首先面临的是管辖原则的适用问题。按照行政诉讼法的管辖原则，由违法行为发生地法院受理，而按照民事案件的管辖原则，应由侵权行为地或被告住所地法院管辖。一般情况下，违法行为发生地与侵权行为地是一致的，但当存在多个侵权行为地或者当事人向被告住所地提起行民案件一并审理时，该被告住所地法院是否享有管辖权？也就是说，行民案件合并审理时，行政处罚类与民事争议案件的管辖原则相冲突时，该如何确定具有适格管辖权的法院，这在目前法律规定中尚未明晰。

（二）审理方式不明确

本部分拟从审理期限和审理模式两方面分析。

1. 审理期限。行政处罚类案件一审审理期限适用行政诉讼法中六个月审结

---

[1] 宋冬梅.论民行交叉案件审理模式的完善——基于行政审判的视角[D].济南：山东大学硕士学位论文，2014：18.

的一般性规定❶，民事诉讼法则规定简易程序案件应在立案之日起三个月内审结，经过当事人同意可以延长三个月；适用普通程序审理的案件应在六个月内审结❷。那么，行民争议一并审理的案件应适用哪个审理期限呢？如果将行、民审理期限全部加起来计算，不但不会提高程序效率，反而延长了诉讼期间；如果均以行政诉讼的审理期限计算，有些较为复杂的民事案件审理工作将会捉襟见肘。

2. 审理模式。目前审判实践中关于行民争议一并审理的审理模式大致有三种观点：一种观点认为，行民争议一并审理案件的审理模式一般有三种：其一，两案一并审判；其二，分开审理，一并判决；其三，分别审理、分别判决❸。还有一种观点认为此类案件应当一并审理，分别裁判❹。较为中和的观点则认为可根据行政争议与民事争议的主次关系、内在关联性及相互之间的影响，正确选择分开审理时的先后顺序，大致可分为"必须"分开审理和"可以"分开审理两种情况❺。而对于行政处罚类案件纳入行民争议一并审理，应适用哪种审理模式更贴合行政处罚类案件特点需要进一步探讨。

（三）证据认定机械化

虽然新《行政诉讼法》颁布实施已经一年有余，但由于法律规定过于原则化，相关指导性案例和司法解释的滞后导致在行政诉讼过程中，当案件涉及民事争议类证据时，审判人员一般不予审查，而是会优先选择调解结案，抑或是由当事人庭外和解，然后再向法院申请撤诉解决纷争。如果调解不成，对于复杂的行民争议一并审理纠纷，审判人员会按照一贯审理思路只对行政争议部分作出裁决，对于民事部分不予支持，让当事人再行起诉。某种程度上架空了行民争议一并审理制度，有违制度设计初衷。以笔者所在的基层人民法院新行政诉讼法实施一年期间的数据统计为样本，可以看出以调解、撤诉结案的案件占总案件的88.9%。（详见图3）。支持当事人行政部分、民事部分所有诉讼请求的案件仅有一件。抛开当事人诉请合理性和提供证据证明力大小不谈，从侧面反映出审判实践中对该制度的刻意规避。

---

❶ 参考《中华人民共和国行政诉讼法》第81条。

❷ 参考《中华人民共和国民事诉讼法》第149条、第161条；最高人民法院关于适用《中华人民共和国民事诉讼法》的解释第258条。

❸ 详见马怀德. 行政诉讼原理 [M]. 北京：法律出版社，2003：45.

❹ 郭修江. 一并审理民行争议案件的审判规则——对修改后的《行政诉讼法》第六十一条的理解 [J]. 法律适用，2016（1）：78.

❺ 黄薇. 行政、民事争议交叉案件审理模式研究 [D]. 上海：复旦大学硕士学位论文，2013：17.

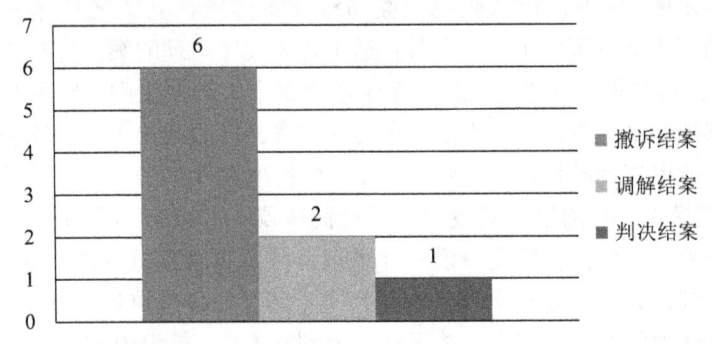

图3　S市F区法院2015.5.1—2016.5.1行民争议一并审理结案方式统计

（四）人民法院内部庭室信息共享渠道不畅

民事审判庭和行政审判庭之间案件信息共享渠道不畅通，是行民案件（特别是行政处罚类案件，因此类案件一定存在有先前民事法律关系）一并审理过程中面临的一大障碍。一旦当事人同时提起民事诉讼和行政诉讼，但由于其自身法律知识匮乏，错误地认为两个案子没有关系，未将案件情况及时反馈给审判人员，而法院庭室之间没有案件信息共享渠道，不同庭室的审判人员在遇到民行关联案件时缺乏沟通，在对案件事实认定不一致的情况下，可能做出相互矛盾的判决，损害司法权威性。❶

四、釜底抽薪：行政处罚类案件纳入一并审理行民争议适用范围之审理重点刍议

在建设法治国家的大背景下，任何制度得以施行的正当性来源均是法律规定。回归到行政处罚类案件纳入行民争议一并审理，能够指导审判实践的最大动力便是法律的完善，同时辅以配套的制度设计，方能实现程序效益和制度创新的最大突破。

（一）完善立法，稳固行民争议一并审理之根基

我们建议扩大行民争议一并审理的适用范围，将目前适用合并审理的5类行政诉讼延伸至存在民事侵权行为被害人的行政处罚类案件。理由有三：

1. 程序效益原则。我们援用曼昆宏观经济学中"菜单成本"❷的理论来论证

---

❶ 宋冬梅. 论民行交叉案件审理模式的完善——基于行政审判的视角 [D]. 济南：山东大学硕士学位论文，2014：20.

❷ 所谓"菜单成本"源自餐馆印刷新菜单的成本。菜单成本包括决定新价格的成本、印刷新清单和目录的成本、把这些新价格表和目录送给中间商和顾客的成本、为新价格做广告的成本等因价格变动引起的生产成本的总称。

该原则在本文的适用：菜单成本（menu costs）是指调整价格的成本。生产商不经常改变价格是因为改变价格会有成本。通货膨胀增加了企业必须承担的菜单成本。❶而在当前中国经济中，由于通货膨胀率相对较低，一年调整一次价格是许多企业认为合适的经营策略，不会增加其菜单成本。但当高通货膨胀率使企业成本迅速增加时，一年调整一次价格就是不现实的。例如，在超速通货膨胀期间，企业必须每天甚至更频繁地变动价格，以便与经济体中其他价格水平保持一致。

反映到制度设计层面，如果将企业的菜单成本比作制度增加成本，那么当该制度的实践需求增多，达到经济学上的通货膨胀率较高的程度时，制度变更的菜单成本（可以理解为制度改变成本的增加）与实践带来的改善（可以理解为司法效果的改善）相比就会显得微乎其微。现实情况是，现行的审判制度对当事人更为复杂的诉讼请求，日渐失去强有力的支撑基础。只有改进制度路径，方能更好地服务于审判实践。

2. 行政处罚案件中易一并引发行民争议。在行政处罚中，由于对相对人的民事权利作出了实质处分，因此在行政诉讼中涉及民事赔偿的案件，更多地存在于行政裁决和行政处罚案件❷。行政裁决案件已经纳入行民争议一并审理的范围。而行政处罚类案件，由于没有一并审理的法律依据，导致现实情况中法院只能对行政行为合法性进行审查并判决，而对民事争议置之不理，无法彻底解决当事人之间的争议。这些案件如果能够一并审理处罚行为之前的民事法律关系，将大幅度降低当事人的起诉率，使得纠纷得到实质性解决❸。

3. 回应行政审判权对行政权的干预之说、回应大量民事争议在行政诉讼中解决之说。对于理论界认为将行政处罚类案件纳入一并审理行民争议范围是否会造成行政审判权行政处罚权的干预之说，本文认为，当法院审查行政处罚行为合法性时一般会作出两种判决：一是撤销行政机关的处罚决定；二是责令其重新作出决定。法律虽然赋予了行政机关一定的解决民事争议的权力，但最终的司法审查权仍然在法院手中，当事人对行政机关的处罚决定不服仍然可以向法院提起诉讼❹，并没有造成对行政权的实质干预。

对于有学者质疑大量的民事争议在行政诉讼中解决之说，由于此处讨论的民事争议是基于行政处罚行为产生的，并不是行政相对人与案外人之间独立的民事法律关系。将两者放在一个诉讼中解决并执行是出于对当事人尽职尽责、对判决结果统一负责、对执行效果人民满意的积极应对方式。无论从制度成本、社会效

---

❶ ［美］曼昆. 经济学原理［M］. 5版. 梁小民，梁砾，译. 北京：北京大学出版社，2009：679.
❷ 张晓睿. 论我国民行交叉案件审理模式之构想［D］. 济南：山东大学硕士学位论文，2009：16.
❸ 行政处罚类案件占行政诉讼整体案件的比例相对较大，因此更应将此类型案件纳入行民争议一并审理的适用范围，从而发挥该制度的优越性。
❹ 马怀德. 行政诉讼原理［M］. 北京：法律出版社，2003：38.

果还是司法统一的角度分析都是有利之举。

对于行政处罚类的行民争议案件管辖原则的适用，应遵从行政诉讼管辖原则而定，因为此类案件中行政诉讼具有主导性与优先性。以违法行为发生地确定管辖法院既有利于法院查清案件事实、准确下判，也便于行政机关与行政相对人参与诉讼。

（二）明确审理方式，描绘行政审判体系之蓝图

其一，关于审理期限应为6个月，一般在6个月内法院可以将案件审结，但如果民事争议部分较为复杂或出现其他法定原因不能在6个月内审结的，可以在行政案件审结后，由原合议庭继续审理民事部分，但必须在受理民事部分争议6个月内审结。值得关注的是，民事争议部分的审理期限应从法院受理之日起算，而不是从立案之日起算，因为当事人可能会在立案之后、法庭调查结束以前提出一并审理民事争议的诉讼请求。

其二，关于审理模式，考虑到存在民事侵权被害人的行政处罚案件的特殊性，即行政处罚行为合法性的判断结果为处理之后的民事争议提供依据。我们认为应采用分别审理、一并判决的模式更为妥当。在审判实践中，合议庭可先对行政处罚行为的合法性从事实上和执法程序❶上进行判断。待审查清楚后再审理行政处罚行为与民事侵权法律关系之间是否具有法律上的因果关系。

（三）灵活审查证据，把握行民争议一并审理之细节

一项制度的长久生命力，在于贯彻施行。如果只是纸上谈兵，则失去其存在的价值。将行政处罚类案件纳入行民争议的适用范围，重点在于案件审理中对证据的把握和采纳。

首先不能只要出现行民争议一并审理，就采取消极迂回态度规避该制度的使用，应转变审判理念，追求行政权与公民权利之间的新平衡点。❷ 正如孟德斯鸠所言，"一切有权力的人都容易滥用权力，这是万古不易的一条经验。有权力的人们使用权力一直遇到有界限的地方才休止。"❸ 对证据认定的细致处理就是对行政处罚权的法律规制，使行政机关作出具体行政行为限定在法律的界限之内，超出法律之外的行政处罚行为，既应当在行政诉讼范围内认定为不合法，在被害人有证据证明存在侵权的情况下，行政机关也应当承担民事部分的法律责任。

其次就证据分配原则而言，行政诉讼部分被告对具体行政行为负有举证责任，应当提供具体行政行为的证据及所依据的规范性文件。在民事争议部分，则

---

❶ 一般情况下，影响民事侵权关系法律判断的大多为事实上不合法的行政处罚行为，但此处为更贴切行政审判思路，笔者也将执行程序的审查列入其中，以便周延行政审判逻辑。

❷ 罗豪才. 现代行政法的平衡理论［M］. 北京：北京大学出版社，2008：235.

❸ 转引自〔法〕孟德斯鸠. 论法的精神［M］. 北京：商务印书馆，1961：154.

仍实行"谁主张谁举证"的证据规则。

（四）构建庭室信息共享平台，疏通行民争议一并审理案件信息交流之渠道

在目前施行的网上审判辅助系统中，各审判人员可以清楚地知晓其承办案件的数量、审限、当事人名称等信息。但对于该案件是否涉及其他类型诉讼则无从查起，尤其是在民事争议部分没有立案的阶段。对此我们建议：可设立由立案庭牵头主导，以行政审判庭为核心，民事审判庭为辅助的信息共享平台。在立案阶段即在审判辅助系统的个案信息中明确标注该案系行民一并审理案件❶，并将行政诉讼及一并审理的民事争议各方当事人信息输入完整，引起承办法官的足够重视，也避免当事人再行起诉。（详见图4）同时，民事审判庭一旦发现案件已经进入行政诉讼审理环节并具有很高关联性的，应借助该平台与行政诉讼承办法官及时沟通，便于当事人撤诉，再在行政诉讼中提起一并审理民事争议诉求。为行政处罚类案件纳入行民一并审理提供硬件支持。

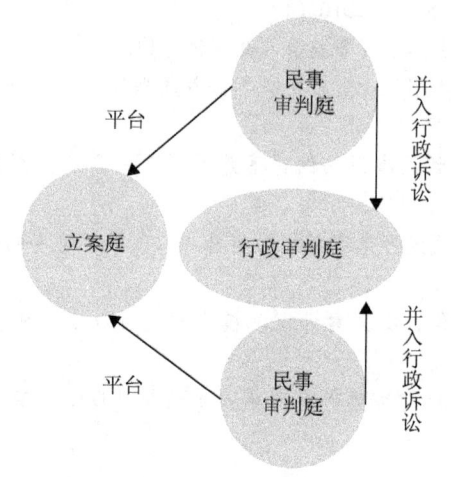

图4　庭室信息共享平台运转

五、结语

当然，将行政处罚类案件纳入行民争议一并审理的适用范围不只有本文上述探讨的问题，还涉及原告起诉资格的认定、诉讼时效的计算、判决书的制作等一系列细节需进一步考究。如何将其尽快纳入法制轨道，并在审判实践中规范运作，已成为新行政诉讼法实施以来的一个重点，而顺利地将此制度从理论研究走

---

❶　因行民一并审理案件系分别立案，一并审理，故应在行政案号下方标注民事案号，便于司法数据统计。

到实践运用层面则需要学者们和司法审判人员的不懈努力。

参考文献

[1] 〔美〕曼昆. 经济学原理（第五版）[M]. 梁小民, 梁砾, 译. 北京：北京大学出版社, 2009.

[2] 〔法〕孟德斯鸠. 论法的精神 [M]. 北京：商务印书馆, 1961.

[3] 罗豪才. 现代行政法的平衡理论 [M]. 北京：北京大学出版社, 2008.

[4] 马怀德. 行政诉讼原理 [M]. 北京：法律出版社, 2003.

[5] 关保英. 行政处罚法新论 [M]. 北京：中国政法大学出版社, 2007.

[6] 李永军. 民法总论 [M]. 北京：中国政法大学出版社, 2008.

[7] 马怀德, 张红. 行政争议与民事争议的交织与处理 [J]. 法商研究, 2003（4）.

[8] 吴光荣. 论行政争议与民事争议相互交织的解决路径——评《行政诉讼法修正案（草案）》第63条第1款 [J]. 政治与法律.

[9] 郭修江. 一并审理民行争议案件的审判规则——对修改后的《行政诉讼法》第六十一条的理解 [J]. 法律适用, 2016（1）.

[10] 朱辉. 行政附带民事诉讼程序整合问题探讨 [J]. 甘肃政法学院学报, 2014（6）.

[11] 张馨. 构建和完善我国行政附带民事诉讼制度探究 [D]. 青岛：中国海洋大学硕士学位论文, 2014.

[12] 伍富勤. 论行政附带民事诉讼的适用范围 [D]. 重庆：西南政法大学硕士学位论文, 2014.

[13] 宋冬梅. 论民行交叉案件审理模式的完善——基于行政审判的视角 [D]. 济南：山东大学硕士学位论文, 2014.

[14] 黄薇. 行政、民事争议交叉案件审理模式研究 [D]. 上海：复旦大学硕士学位论文, 2013.

[15] 张晓睿. 论我国民行交叉案件审理模式之构想 [D]. 济南：山东大学硕士学位论文, 2009.

揆理与量衡：司法合理性审查权的检视和运用

胡亚斌　项天伦[1]

摘　要：《行政诉讼法》第 70 条规定："行政行为有下列情形之一的，人民法院判决撤销或者部分撤销，并可以判决被告重新作出行政行为"，其中第六款增设了"明显不当"这一款项，实际赋予了法院对行政行为具有有限度的合理性审查权。司法实践中，司法对行政行为的合理性审查存在三重困境。在理论上，引入"成本与收益"经济学分析框架，并根据"成本与收益"的分析考量，明确了宽松的审查标准、严格的审查标准、绝对的审查标准三重尺度。在方法上，引入以"类案模式"为主，比例原则、信赖保护原则为补充的审理方法，弥补审查标准难以把握的困境。在衔接上，进一步理顺了司法合理性审查与行政机关之间的关系。

关键词：明显不当；合理性审查权；审查标准

合理性原则（principle of reasonableness），作为行政法学的一项重要原则，在行政管理领域，其无论是从实践的角度还是从学理角度来说都已得到普遍认可。但是合理性原则是否可以应用到行政诉讼领域，一度存在着争议。学界主流观点认为，行政合理性原则不能适用于司法诉讼活动，原因主要在于，行政机关所实施的行政行为通常极具专业性，法院对此未必熟悉，因而法院对行政行为进行合法性审查更为适宜。然而，新修改的《行政诉讼法》中对行政行为合理性审查的态度有了明显的转变，第 70 条规定："行政行为有下列情形之一的，人民法院判决撤销或者部分撤销，并可以判决被告重新作出行政行为"，第六款中增设了"明显不当"这一款项，于法律层面默认了法院对行政行为具有合理的审查权。[2] 但在司法实践中，我们理应看到，法院在行政机构权力过于强大的背景下，在行政行为合理性问题上进退维谷。有鉴于此，本文主要就"明显不当"

---

[1] 作者单位：上海市奉贤区人民法院。
[2] 参见《行政诉讼法》第 70 条："行政行为有下列情形之一的，人民法院判决撤销或者部分撤销，并可以判决被告重新作出行政行为：（一）主要证据不足的；（二）适用法律、法规错误的；（三）违反法定程序的；（四）超越职权的；（五）滥用职权的；（六）明显不当的。"与原《行政诉讼法》相比，增设"明显不当"项，因而有学者认为："明显不当行政行为的撤销，标志从合法性审查到合理性审查的突破，这个理论突破会深深影响中国的行政审判。"参见信春鹰. 新行政诉讼法的 4 个重要问题 [EB/OL]. http://blog.sina.com.cn/s/blog_ 4c79ccf80102vphz.html, 2016 年 5 月 15 日访问。

在理解和适用上不得不面对的若干关键问题,以现行法为基础,将相关司法经验进行梳理,以期抛砖引玉,对司法合理性审查指明一条可供完善的路径。

一、问题切入:"合理性审查权"困境的实践审视

(一) 困境一:消极观望

案例1:B市H先生进入高速公路,在短短300米距离内,就被收取了两次高速费。H先生认为,只走了300米就收两次费用,完全不合理,要求收费公司返还他过路费并从此停止不合理收费的行为。起诉收费不合理并败诉之后,H先生又向B市发改委提出申请,要求查处高速公路违规收费,但未被受理。于是,H先生将B市发改委告上法院,请求法院判令该发改委履行法定职责,对高速公路违规收费行为依法予以查处。最后,尽管法院认为,高速公路的收费并不合理,国家发展改革委员会不作为的行为有不当之处,但最终作出了驳回诉讼请求的裁定。

评论:许多法院往往基于这样一种习惯认识,"合理性裁量是行政机关的事情",因而规避合理性审查。本案中,根据新修改的《行政诉讼法》,人民法院认为"明显不当"的,可以判决被告重新作出行政行为,但在本案中,法院则采取了消极、观望的态度,尽管认识到明显不合理,但还是不敢擅自推翻行政机关的判断,因而通过驳回诉讼请求的方式来规避风险。而这种做法也代表了当下许多法院的做法。

(二) 困境二:标准缺位

案例2:L先生以"资本家竞争力顾问有限公司"作为企业名称,向S市X区工商局申请登记。S市工商局以申请人申请登记的企业名称含有"资本家"一词,违反了《企业名称登记管理规定》第9条"企业名称不得包含有损于国家、社会公共利益的内容和文字"规定为由,予以驳回。L先生认为,"资本家"一词有损于国家和社会公共利益缺乏依据,遂向S市X区法院提起行政诉讼,法院判决予以驳回。事后,L先生又提起上诉,二审再次判决驳回。二审法院在判决中指出:"行政诉讼当中,人民法院对行政自由裁量权的合理性审查坚持一个标准,即行政自由裁量权的滥用是否足以达到一般公众无法容忍的程度。由于'资本家'不被社会主流所接受,因而行政机关的自由裁量权未被滥用。"

评论:法院的合理性审查尚属新生事物,对其适用存在着诸多困惑,其中最大的困惑莫过于合理性审查标准的缺失。本案中,法院的一审、二审裁判确立了严重不合理的判断标准,即考量行政自由裁量权被滥用是否达到了正常人无法容忍的程度。那么这种标准是否合理,能否成为司法实践的普适标准,还有待进一步探索与明晰。

（三）困境三：定位模糊

案例3：笔者在中国裁判文书网以"明显不当"作为关键词搜索，将"本院认为"部分出现的"明显不当"分类（见表1）。第Ⅰ类将"明显不当"等同于适用法律错误；第Ⅱ类则是指行政程序违反正当程序，这里的"不当"可以理解为"不正当"；第Ⅲ类"明显不当"意指主要证据不足；而第Ⅳ类"明显不当"指的是行政行为的瑕疵，可能包含证据不充分、适用法律错误、违反法定程序、超越职权、滥用职权等情形中的一种或多种。唯有第Ⅴ类才是符合立法精神的明显不当，它指的是行政裁量的不合理。

表1　司法实践中"明显不当"混用的情形

编号	类型	表述举例	实质
Ⅰ	适用法律错误	"S市P区教育局对总院作出的免去原告分院院长的任免决定依法不具有核准权，被告作出的核准意见是法律适用错误，被告的行为明显不当"	行政行为的合法性裁量
Ⅱ	违反法定程序	"被告作出的行政处罚决定书原件及复印件均未送达原告，也未告知原告家属，送达程序明显不当"	行政行为的合法性裁量
Ⅲ	主要证据不足	"H区房屋管理局作出的《涉及第三方权益告知书》证据不足，属明显不当"	行政行为的合法性裁量
Ⅳ	行政行为瑕疵	"被告作出的被诉答复，如实告知有关情况，并无明显不当"	行政行为的合法性裁量
Ⅴ	行政裁量不合理	"对原告作出罚款六万五千元整的行政处罚，无明显不当"	行政行为的合理性裁量

评论：以上分析可知，"明显不当"在我国司法实践中的定位非常模糊。许多实为明显违法的内容，在司法实践中都以"明显不当"作为判决理由，这样做可以说与立法原意相去甚远。由此可以联想到，在行政诉讼当中，"明显不当"条款并没有发挥其应有的赋予司法机关合理性审查权这一价值，而是沦为合法性审查的兜底条款，而这需要我们仔细审视。

二、原因剖析：合理性审查权失灵的溯源辨思

（一）"审查成本"与"审查收益"思辨下的审查缺位

行政诉讼除了通说所认为的"解纷功能""救济功能""监督功能"三大功

能[1]以外，其所特有的"纠错功能"（corrective function）及"预防功能"（preventive function）[2]也不容忽视，前者旨在通过纠正具体行政行为的瑕疵来实现公正与减少"错误成本"[3]；后者则借助行政审判来实现"规则之治"[4]，即通过案件的审理来实现法律与适用的统一，进而指导规范预期的行政行为。然而问题随之而来，既然是"纠错"，是"规则之治"，为什么法院对合理性审查权消极对待？既然正确的行政行为要同时满足合法、合理两个层面，那么对合理性问题进行审查不是更有利于错误的发现以及"规则之治"的实现吗？对此，"成本与收益""边际效率递减"的经济学原理或许能够作一番合理解释。

首先，对于司法程序而言，并非仅仅是追求正确，诉讼成本的存在，决定着司法活动都必须建立在效率的考量之上。合理性审查与合法性审查相比，新增收益十分有限。笔者查阅S市F区法院内部系统案例发现，行政机关裁量失当的情形十分罕见，但相对而言，法院对行政行为进行合理性审查付出成本却十分高昂，因为合理性的认定更多地取决于裁判者的智识，有时由于裁判者专业的缺失，还可能导致新错误。综上，基于真正的错误只占很小的比例，但资源投入却十分高昂这一原因，绝大多数法院对合理性审查采取消极观望的态度，以减少不必要的审查成本。

此外，经济学的"边际效率递减规律"告诉我们，多次审查的总体效益呈边际递减趋势，实践中，行政机关作出一项具体行政行为以前，必然已经对行政行为的合理性问题作过一番翔实的审查，如若当事人进行复议，则是第二次，诉讼将会是第三次，如果有上诉则是第四次，而"多次复审在减少错误成本上的收益在总体上为零，没有理由最新的判决会比以往的审查更为准确"[5]。从这一点来看，也一定程度上导致了法院的对合理性审查的消极漠视。

但尽管如此，笔者认为，"明显不当"条款引入新《行政诉讼法》还是有其必要性。当行政机关的行政行为严重危害人身利益、公共利益时，此法院必须肩负起合理性审查的责任，诉讼成本的耗费与公共利益的损害相比，还是"小巫见大巫"了。

（二）"规则空白"与"理论缺失"影响下的适用失范

新《行政诉讼法》虽然引入了"明显不当"，赋予司法机关合理性审查权，

---

[1] 姜明安. 行政诉讼功能和作用的再审视 [J]. 求是学刊，2011（1）：81.
[2] 于明. 司法审级中的信息、组织与治理 [J]. 法学家，2011（2）：15.
[3] 司法的成本不仅包括维持运转的"直接成本"，还包括"错误成本"（error cost），即由行政机关或司法机关本身的错误而导致的效率减损。参见 Richard Posner，"An Economic Approach to Legal Procedure and Judicial Administration"，The Journal of Legal Studies，Vol. 2，No. 2，1973，pp. 399-401.
[4] 苏力. 农村基层法院的纠纷解决与规则之治 [J]. 北大法律评论，1999（1）：81.
[5] 〔美〕波斯纳. 法律的经济分析（下）[M]. 蒋兆康，译. 林毅夫，校. 北京：中国大百科全书出版社，1996：729.

但适用依旧存在困境——合理性原则作为一项极为抽象的原则，在司法实践中迄今没有一个明确的标准。

从规则层面看，我国新《行政诉讼法》只规定了"明显不当"四字，内容过于原则和抽象，没有相配套的制度予以明确细化，从而导致司法实践者只能"摸着石头过河"，要么以"正常人无法容忍"作为标准（如案例2），要么索性就将"明显不当"作为合法性审查的兜底条款予以适用（如案例3）。那么，可否明晰"明显不当"的适用条件，从而填补"规则空白"呢？笔者失望地认为，无法实现。根本原因在于，大陆法系严格的演绎推理模式与灵活多变的合理标准之间存在巨大的紧张关系。

合理性审查，在判例法国家一度发挥着积极作用。其标准可溯自英国1947年格林勋爵（Lord Greene MR）审理的温斯伯里案，因而也被称作"温斯伯里不合理原则"（Wednesbury Unreasonableness）❶，该原则指出，只有当行政行为如此不合理，以至任何一个行政机构都不会作出的情形下，法院才能介入干预。在此后数十年间，合理性审查标准通过判例的积累不断发展，可操作性得以增强。但将视角切换至我国境内，由于演绎推理模式的存在，法律规定尽可能详细且具有可操作性。而这对于如此抽象又如此灵活的合理性原则来说，这恰是一项艰难的任务，正如英国大法官黑尔什姆所说的，"两个合理的人可以对同一件事件得出完全相反的结论，且不能指责这两个相反的结论有任何不合理"❷，既然合理与否的界限尚难确定，更遑论用成文法的方式将合理性原则的内涵用一套标准完整无误地表达出来了。

综上认为，建立健全合理性审查标准不能全部寄希望于规则的细化与改良，这不现实也不可取，而应从具体案例着眼，从判例中寻找出路。遵循这个思路，笔者查得谭炜杰论文《行政合理性原则审查强度之类型化——基于行政典型案例的解析与整合》❸一文，通过类型化的研究方法，将审查强度与不同案例类型之间建立起联系，对司法实践有一定的参考价值。尽管如此，纵观理论界，笔者也只查到这一篇论文，可见"理论缺失"也在一定程度上阻碍了司法实践中合理性标准的把握。

（三）"专业壁垒"与"质疑诘难"积习下的保守妥协

就法官本身而言，作为外行的法官，在对行政机关具体行政行为的合理性问题进行审查时，由于缺乏专业知识，很难用自己的专门知识证明行政行为的合理

---

❶ 谭冰霖. 行政裁量行为司法审查标准之选择［J］. 湖北行政学院学报，2011（1）：55.
❷〔英〕威廉·韦德. 行政法［M］. 徐炳，等，译. 北京：中国大百科全书出版社，1997：77.
❸ 谭炜杰. 行政合理性原则审查强度之类型化——基于行政典型案例的解析与整合［J］. 法律适用，2014（12）：49.

性。对此笔者查阅 S 市 F 区法院内部系统案例发现，行政案件的立案案由十分广泛，涉及公安、工商、技术监督、食品药品、农业、物价、环保等方面，法官不可能对所有裁量标准都能具体掌握。在风险权衡的趋利避害下，法官潜意识中就会沿袭"职权主义"的思维定式，只遵循合法性原则对行政行为的合法性进行审查，而对合理性问题予以规避（如案例1），这种做法，成为众多法官选择的保险路径。

此外，在法院外部，一些媒体质疑声音也在一定程度上导致了司法对合理性审查权的规避。有人认为，确立合理性司法审查制度可能会促使司法裁量权的滥用。由于合理性本身存在灵活性与多变性，法律赋予司法机关合理性审查权，意味着行政诉讼中司法裁量的力度将被无限放大，司法审查权被滥用的可能也将提升。正是在这种司法合理性审查权受到舆论质疑的情形下，法官如果执意坚持行使合理性审查权，一旦出现瑕疵，将会面临巨大的舆论压力。对此，法官出于无奈，只好选择"趋利避害"，在司法实践中对行政行为的合理性问题进行规避。尽管如此，笔者还是认为司法只要能坚守住程序正义，只要能落实好司法公开，"让人民群众在每一个司法案件中都感受到公平正义"[1]，那么合理性审查权滥用的机会将会很小，正如有的学者所说"司法本身所具有的公正性，至少在理论上可以抵御司法自由裁量权过大所产生的负面效应"。[2]

三、呼唤就位：合理性审查权适用的路径廓清

据上文可知，司法中的合理性标准实难准确把握，再加上专业壁垒，导致在司法实践中存在诸多困惑。为此，笔者试图从理论、方法、衔接三个方面寻求出路。

（一）理论就位：在"经济原理"引领下"量化"审查标准

经济学"成本与收益"理论告诉我们，在收获司法效益的同时，我们需要正视为此所付出的司法成本。对于合理性审查标准之把握，也应建立在经济学原理之上，即审查标准是否能使审查利益得以最大化。据此而言，合理性审查标准应该是动态的。

法院对行政行为进行合理性审查，取得的社会总效益，大致可分为三项：一是社会利益，包括公共利益和私人利益两个方面，合理性审查有助于纠正失当的行政行为，使案件当事人恢复到正常的生活状态，从而维护私人利益与公共利益。二是规范利益，即通过行政审判最终形成的价值取向，对预期的行政行为进行引导，降低行政机关作出失当行政行为的概率，进而增加社会整体福利。三是

---

[1] 习近平. 努力让人民在每一个司法案件中都感受到公平正义 [N]. 人民日报, 2013-01-08.
[2] 沈岿. 制度变迁与法官的规则选择 [J]. 北大法律评论, 北京：法律出版社, 2001：159-203.

公开利益，行政审判具有公开性，而公开的信息本身就具有十分重要的价值，例如它能促使那些潜在做出不合理行政行为的行政机关及时改进，从而保护相对人的利益。此外，合理性审查成本主要体现在法官克服专业壁垒所需的成本。据此，合理性审查的社会效益可以通过以下公式表达，并且根据该公式，以社会所得利益的不同强度❶，我们可以"量化"出三大标准：

审查总收益＝社会利益＋规范利益＋公开利益－审查成本

1. 宽松的审查标准

当公民的权利属于一般权益，并未危及重大的人权利益或公共利益时，此时行政行为影响的社会整体利益较小；而行政机关具有较大的专业技术上的优势，法院的审查成本很高，对此司法审查的总体收益不大，此时可以采取宽松的审查标准，尽可能地尊重行政机关的意见，只做合法性审查。例如，在大学生诉某高校学位授予案件中，高校可根据自身教学情况确定学位授予标准，法院不应过分干涉，况且该高校是否向学生授予学位并未实际侵害学生的受教育权，权衡之下，法院更倾向于尊重高校的标准。

2. 严格的审查标准

当某项行政行为的作出可能危及相对人的生命健康、人身自由等重大人身利益或者危及公共利益时，前者如行政拘留，后者如重大规划项目的实施，此时无论行政机关有多大的专业技术优势，法院都应进行审查。"法院作为国家机构，不可避免要承担一定治理国家和社会的政治责任"❷，这就决定了人民法院当以保障人权与维护公共利益为己任，以积极主动的姿态对行政行为合理性问题予以全面的权衡。例如，在一起行政拘留案例中，两人互殴各自造成对方轻微伤，违法程度大致相同，但公安机关对一方拘留的天数明显高于另一方，此时法院可以"明显不当"作出撤销该行政行为的判决，因为拘留在一定程度上限制了自由，法院可以对此进行合理性审查。

3. 绝对的审查标准

"裁量缩减"❸ 理论告诉我们，当公民的人身、财产等基本权利处于急迫危难之中时，行政机关的裁量空间会相应地缩小，甚至根据情况可以缩减为零。最典型的例子莫过于行为人报警，公安人员在接警后必须到场，并没有裁量的余地。如若其不作为，法院有绝对的审查权作出相应的判决。

---

❶ 笔者认为规范利益和公开利益一般是一个定值，前者与裁判说理有关，而后者取决于司法公开，因此"合理性审查权"所获得的收益，主要与社会利益相关，据此作出以下划分。

❷ 苏力. 关于能动司法与大调解 [J]. 中国法学，2010（1）：7.

❸ 〔德〕哈特穆特·毛雷尔. 行政法学总论 [M]. 高家伟，译. 北京：法律出版社，2000：132.

表2 司法合理性审查标准位阶

	社会利益（+）	审查成本（-）
宽松的审查标准	行政行为影响的社会整体利益较小，司法审查取得的社会整体收益不大	一般而言，司法合理性审查成本较高。合理性的认定更多地取决于裁判者的智识，由于法官相关专业背景方面的缺失，需要投入较多的时间、精力对某一行政行为的合理性进行审查
严格的审查标准	行政行为与人身利益、社会公共利益相关，错误一旦纠正，可取得较大的社会整体收益	
绝对的审查标准	行政机关的作为与不作为促使相对人陷于急迫危难中，此时司法有绝对的审查权	

（二）方法就位：在"类案模式"框架下"引导"具体适用

拉伦茨所言："法律适用中的价值判断因素，并不是说法学家可以不依一定的方法来处理问题，假如我们不尊重方法的话，法律适用的任务是不可能实现的。"❶ 博登海默也说："逻辑与经验是盟友。"❷ 对此，法院合理性审查权之行使必须有一套行之有效的方法。

1. "类案模式"的适当引入

与演绎推理法相比，类案分析法在合理性审查标准的把握上更具优越性。演绎推理法，遵循的是"规范→事实→结论"的思维模式。❸ 然而，在行政机关合理性审查过程中，由于"明显不当"标准的缺失，导致大前提无法准确固定，因而司法无法通过演绎推理的模式对具体行政行为的合理性问题进行审查。此时，"类案模式"的引入就十分必要。"类案模式"，就是将案件审理中所发现的事实与典型类案相比对，进而将类案中的处理标准运用到具体案例中去，以此来弥补标准难以把握的困境。

2. "类案模式"的适用位阶

首先初步审查侵害的法益，如是一般利益，则遵从行政机关裁量标准；如是紧迫利益，则直接作出确认违法判决。对于重大利益，法院需要进一步确认侵犯利益的具体内容，然后到相应案例库中找到相应的处理标准（见表3）。综上可知，"类案模式"其本质是一种类推适用，有助于将同类事物作相同处理。❹

---

❶ 〔德〕卡尔·拉伦茨. 法学方法论 [M]. 陈爱娥，译. 北京：商务印书馆，2003：20.

❷ 〔美〕博登海默. 法理学、法律哲学与法律方法 [M]. 邓正来，译. 北京：中国政法大学出版社，2004：517.

❸ 邹碧华. 要件审判九步法 [M]. 北京：法律出版社，2010：15.

❹ 参见〔德〕卡尔·拉伦茨. 法学方法论 [M]. 陈爱娥，译. 北京：商务印书馆，2003：258.

图3 "类案模式"适用架构

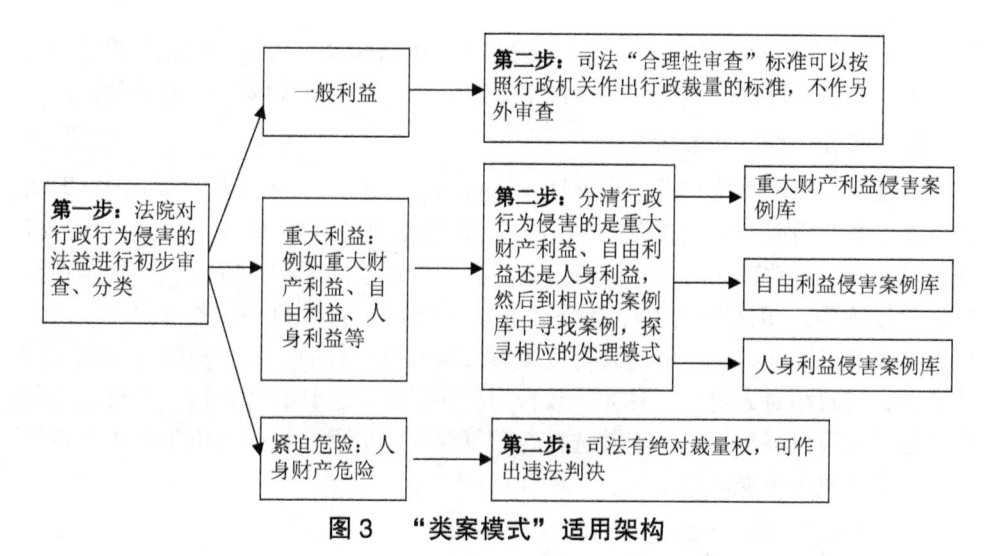

3. "类案模式"的补充——比例原则、信赖保护原则的适用

在类案阙如之情形下，法院可以将比例原则、信赖保护原则运用到具体案例中去。首先，对于负担性行政行为，可以引入比例原则，即审查该项行政行为是否适当、是否必要、是否对公民损害最小。例如在一起规划局责令某公司采取相应措施整改的行政处罚案例中，法院认为拆除的面积明显大于违章遮挡的面积，不必要地增大了相对人的损失，因而法院能够判令撤销。又如两家排污企业违法情节大致相当，但行政处罚却大相径庭，此时违反了比例原则中的适当性原则，法院可以作出撤销该行政行为的判决。其次，对于授益性行政行为，可以适用信赖保护原则，即行政机关对行政相对人做出授益行政行为后，没有重大理由，不得随意撤销或改变。例如在某一案例中，Y公司取得燃气专营权，在Y公司的专营权未被撤销的情形下，政府又授予Z公司燃气专营权损害了Y公司信赖利益，违反了信赖保护原则，法院据此予以撤销该项行政行为。

（三）衔接就位：在"司法审判"与"行政裁量"互动中"理顺"审查机制

"一切有权力的人都很容易滥用权力，这是万古不变的一条经验。有权力的人们使用权力一直遇到有界限的地方才休止。"❶ 行政行为必须监督，以避免行政的专横与恣意，对此理顺"司法审判"与"行政裁量"的衔接尤为必要。

1. "就位"而不"缺位"

观念上，司法机关应转变只审查行政合法性问题的传统观念，逐渐树立合理性审查权意识。传统法治只要求行政合法，但这种合法性审查可以说对行政自由裁量权的

---

❶ 〔法〕孟德斯鸠. 论法的精神（上册）[M]. 北京：商务印书馆，1963：154.

制约是毫无针对性的，因为行政自由裁量并未超出法律规定之范围和幅度。❶ 此时，法院需要通过对行政行为进行合理性审查，促使行政争议能够得到实质性解决。

2．"在位"而不"越位"

行动上，司法机关在进行合理性审查权时，应遵从"谦抑性"原则❷，即司法不能干涉、阻碍行政机关的裁量权，而应遵循"不告不理"原则，只有当行政相对人提起行政诉讼时，才能对行政行为的合理性问题进行审查。特别是在行政复议过程中，司法机关不能将自己的意志强加于行政机关。作为"双轨制"行政争议的解决方式，行政复议与行政诉讼应该是并行的，两者相辅相成发挥作用。例如行政相对人对某一具体行政行为存在异议时，具有选择权，既可以提起行政复议也可以进行诉讼，当其选择行政复议时，应由上级行政机关审查合理性问题，司法机关不能随意干涉。

3．"实位"而不"虚位"

司法机关对具体行政行为进行合理性审查之后，如若发现行政机关存在裁量失当情形，应该及时与行政机关进行回应反馈，以取得长久实效。其一，特别回应。对于不具有一般性的裁量失当问题（即个别案件的裁量失当），由法院专门对行政机关进行说明。其二，概括回应。在司法裁量中，对于具有普遍性的裁量失当问题，例如裁量基准本身明显不当的情况，司法机关可以通过对裁量基准附带司法审查的方式予以回应。

四、结　语

对具体行政行为的合理性问题进行司法审查，对于制约政府权力、促使行政行为积极向善具有重大的意义，有助于制约行政权力的擅断与滥用，也有助于"确保行政决定最低限度的公正合理"❸。但是，我们理应看到，新《行政诉讼法》中规定的合理性审查权依旧抽象，何谓"明显不当"仍未有明确解释，同时理论学界对合理性审查权的适用研究也几乎消失。本文只是对合理性审查权的适用问题作了一番初步探索，如何强化合理性审查在司法实践中的适用，仍然需要学者和司法实务专家共同作出努力。

---

❶ 张明新，谢丽琴. 论自由裁量权膨胀条件下的"行政合理性"原则——兼论行政合理性原则在现代行政法中之地位［J］. 南京社会科学，2000（7）：66.

❷ 黄先雄. 从美国司法审查看行政案件中的司法谦抑［J］. 求索，2007（3）：83.

❸ 江必新. 论行政程序的正当性及其监督［J］. 法治研究，2011（1）：123.

参考文献

[1] Richard Posner, "An Economic Approach to Legal Procedure and Judicial Administration", The Journal of Legal Studies, Vol. 2, No. 2, 1973.

[2] 〔英〕威廉·韦德,徐炳等.行政法[M].北京:中国大百科全书出版社,1997.

[3] 〔德〕哈特穆特·毛雷尔,高家伟译.行政法学总论[M].北京:法律出版社,2000.

[4] 〔美〕波斯纳,蒋兆康译,林毅夫校.法律的经济分析[M].北京:中国大百科全书出版社,1996.

[5] 〔法〕孟德斯鸠.论法的精神[M].北京:商务印书馆,1963.

[6] 姜明安.行政诉讼功能和作用的再审视[J].求是学刊,2011(1).

[7] 江必新.论行政程序的正当性及其监督[J].法治研究,2011(1).

[8] 苏力.农村基层法院的纠纷解决与规则之治[J].北大法律评论,1999(1).

[9] 苏力.关于能动司法与大调解[J].中国法学,2010(1).

[10] 于明.司法审级中的信息、组织与治理[J].法学家,2011(2).

[11] 沈岿.制度变迁与法官的规则选择[J].北大法律评论,法律出版社,2001:3.

[12] 谭冰霖.行政裁量行为司法审查标准之选择[J].湖北行政学院学报,2011(1).

[13] 谭炜杰.行政合理性原则审查强度之类型化——基于行政典型案例的解析与整合[J].法律适用,2014(12).

[14] 张明新,谢丽琴.论自由裁量权膨胀条件下的"行政合理性"原则——兼论行政合理性原则在现代行政法中之地位[J].南京社会科学,2000(7).

Wi-Fi 服务商之版权责任

王红珊[1]

摘 要：数字经济日新月异，信息技术飞速发展，Wi-Fi 的广泛使用几乎成为数字时代标志，逐渐走入人们的生活日常。Wi-Fi 提供商版权责任正成为各国数字时代版权改革重要议题，挑战传统版权法，引领未来版权法发展方向。本文作者就 Wi-Fi 服务商之版权责任展开讨论，并认为：数字环境下，Wi-Fi 提供商版权责任不宜加重，而以考虑平衡权利人利益与消费者利益为价值取向，在顾及版权人利益的同时，兼顾消费者信息的及时获得与使用；不仅网络用户非商业性使用版权作品为法律允许，而且 Wi-Fi 提供商不承担网络用户侵犯版权行为的侵权责任，仅承担网络传输连接一般责任，无针对网络用户侵权监管义务。

关键词：Wi-Fi 提供商；网络版权责任

一、Wi-Fi 连接服务与版权责任

（一）WIreless-Fidelity 技术连接服务

Wi-Fi 是 WIreless-Fidelity 的缩写，是一种允许电子设备连接到一个无线局域网（WLAN）的技术，又称为无线保真，甚至有把 Wi-Fi 等同于无线网际网路（Wi-Fi 构成 WLAN 的重要组成部分）也有称 HI-FI（/haɪ. faɪ/）。中文称无线宽带、无线网。Wi-Fi 电子终端以无线方式互相连接，是一种能够将个人电脑、手持设备（如 PDA、手机）等终端以无线方式互相连接的技术。

无线网络技术由澳洲研究机构 CSIRO[2] 于 20 世纪 90 年代发明并于 1996 年在美国成功申请了无线网技术专利。[3] 发明人是悉尼大学工程系毕业生 Dr John O'Sullivan 领导的悉尼大学工程系毕业生组成的研究小组。美国工程师协会 IEEE[4] 请求澳洲政府放弃其无线网络专利遭拒绝后，澳洲政府在美国通过官司胜诉或庭外和解，收取了世界上几乎所有电器电信公司（包括苹果、英特尔、联想、戴尔、AT&T、索尼、东芝、微软、宏碁、华硕等）的专利使用费。

---

[1] 作者单位：上海商学院。
[2] http://csiro.au/.
[3] US Patent Number 5,487,069.
[4] Institute of Electrical and Electronics Engineers.

无线网络被澳洲媒体誉为澳洲有史以来最重要的科技发明，其发明人 John O'Sullivan 被澳洲媒体称为"Wi-Fi"之父并获得了澳洲的国家最高科学奖和全世界的众多赞誉，其中包括欧盟机构、欧洲专利局，European Patent Office（EPO）颁发的 European Inventor Award 2012，即 2012 年欧洲发明者大奖。

今天，Wi-Fi 这一无线网络连接广泛用于手机、电视、相机、笔记本电脑、打印机、路由器和游戏机等，全球有超过五十亿 Wi-Fi 网络设备用于办公室、公共场所、家庭以及咖啡餐饮等。Wi-Fi 的奇妙应用根本性地改变了人们日常对技术的想象与使用，成为信息社会的标志，构成人们日常所需。正如创新总与知识产权相关，Wi-Fi 本为专利技术，而其连接使用又涉及版权问题。

（二）Wi-Fi 提供商承担网络链接服务商版权责任

Wi-Fi 以提供网络链接服务为功能，其提供者是网络中介服务提供商（ISP）之一，我国《信息网络传播权保护条例》将网络中介服务提供商具体分为接入与连线服务提供商、系统缓存服务提供商、网络存储空间服务提供商、链接与搜索服务提供商。我国《信息网络传播权保护条例》中作了不同的规定，该条例第十四条规定了提供信息存储空间或者提供搜索、链接服务的网络服务提供者，均属于网络技术服务提供者。

因此，Wi-Fi 提供商对其提供链接服务所涉侵犯版权行为所承担的法律责任被称为第二版权责任，又称间接侵权责任，与直接侵犯版权行为构成版权侵权行为的不同类型。

二、网络中介服务商框架下的 Wi-Fi 提供商版权责任

（一）网络中介服务提供商范围与类型

根据美国版权法第 512 条规定，❶ 因特网服务提供商（Internet Service Provider, ISP）即指提供因特网服务的公司，能提供拨号上网服务、网上浏览、下载文件、收发电子邮件等服务，是网络最终用户进入 Internet 的入口和桥梁。ISP 为家庭和商业用户提供因特网连接服务。有本地、区域、全国和全球四种 ISP。ISP 通常是本地服务提供商，为客户提供因特网接入和支持。提供带宽、转接和路由业务的区域和全国提供商称为 NSP（网络服务提供商）更适合。2006 年香港数字环境下的版权保护规则在第一阶段咨询文件定义，"互联网服务供应商泛指提供互联网服务的营办商"。在"香港数字版权改革与法律移植"一文（余家明著，毕荣建译，）称为在线服务提供商（online service provider，简称 OSP）。❷ 2015 年 4 月，泰国版权法修订中，将"网络服务提供者"定义为，涉及互

---

❶ 17 U.S.C. § 512 (K) (1) http://codes.lp.findlaw.com/uscode/17/5/512，最后访问日期：2015-05-17。

❷ 金福海. 版权法改革理论与实践 [M]. 北京：北京大学出版社，2015：76。

联网技术接入提供者、人际交流平台提供者以及计算机数据存储提供者。借用该国 2007 年《计算机犯罪法》规定的含义，即网管、网站所有者、提供互联网内容以及使读者和用户能够在其网页上进行评论或发帖的人都被视为服务提供者。❶ 在澳大利亚，2015 版权修订法案❷ [Copyright amendment（online infringement）bill 2015]，针对网络侵权，规定传输服务提供商（Carriage Service Providers，简称 CSP）对网络侵权的阻却义务。2014 年 7 月，澳大利亚政府发布的网络侵权讨论稿❸（Australian Government Online Copyright infringement Discussion Paper, July2014）中，对网络侵权中介则沿用国际通用的网络服务提供商（Internet Service Provider）简称 ISP。该讨论稿重点讨论对网络服务商在网络侵权中的法律责任问题。

我国《信息网络传播权保护条例》中作了不同的规定。该条例第十四条规定了提供信息存储空间或者提供搜索、链接服务的网络服务提供者，这均属于网络技术服务提供者；该条例第二十条及第二十三条分别对提供网络接入服务、短暂储存、提供储存空间以及提供链接或搜索服务的网络服务提供者的责任承担作出规定。因而《信息网络传播权保护条例》对于网络服务提供者的区分比较细，对网络服务提供者规定的不同责任构成要件也是与其在网络服务中的不同角色相对应的。概括地说，依 ISP 提供的"服务"不同，网络服务提供者具体可以分为网络接入、平台、内容及产品服务提供者。除了突破技术屏障的行为类型之外，网络著作权侵权最终都要通过内容体现。就网络内容而言，上述 3 类网络服务提供者的角色是完全不同的：网络接入服务提供者与网络平台服务提供者通常而言并不对传输内容进行主动编辑、组织或者修改，而网络内容及产品服务提供者，则涉及主动对内容进行编辑、组织或修改。因此，区分不同网络服务提供者，对其责任要求不同。

在行政责任方面，国务院法规《互联网信息服务管理办法》规定，互联网服务提供者论分为互联网信息服务提供者（INTERNET CONTENT PROVIDER，简称 ICP）和互联网接入服务提供者（INTERNET SERVICE PROVIDER，简称 ISP）。无论是从事互联网内容提供服务的网络信息服务提供商，还是提供搜索、文件存储分享服务的其他网络信息服务提供商，都需承担管理责任，即审查义务，比如内容审查制度，并需要承担因传播违法内容涉及的行政责任。从事互联网接入服务的网络服务提供商需要承担部分审查义务或注意义务。

---

❶ "Thailand Toughens Copyright Law To Deal With Internet Providers, Unlawful Movie Recording In Theaters", http://www.ip‐watch.org/2015/04/01/thailand‐toughens‐copyright‐law‐to‐deal‐with‐internet‐providers-unlawful-movie-recording-in-theaters/.

❷ Copyright amendment（online infringement）bill 2015.

❸ Australian Government Online Copyright infringement Discussion Paper, July2014.

(二) 不同网络服务提供者不同的责任状态

互联网发展迅猛，网络著作权侵权领域内的争论聚焦于网络服务提供者的责任承担的难题。网络服务提供者行为的不同，决定了其责任的不同。根据我国《侵权责任法》第36条规定，网络用户、网络服务提供者利用网络侵害他人民事权益，应当承担侵权责任。网络用户利用网络服务实施侵权行为的，被侵权人有权通知网络服务提供者采取删除、屏蔽、断开链接等必要措施。网络服务提供者接到通知后未及时采取必要措施的，对损害的扩大部分与该网络用户承担连带责任。网络服务提供者知道网络用户利用其网络服务侵害他人民事权益，未采取必要措施的，与该网络用户承担连带责任。该法在我国大陆法体系下，开启法律适用英美普通法下的间接侵权理论的先河。如在我国《信息网络传播权保护条例》颁布之前，若要起诉网络服务提供商间接侵权，则必须以共同侵权为由同时起诉直接实施侵权行为的用户，之后中国通过《信息网络传播权保护条例》引入"避风港"规则。在美国，他人对第三方的侵权行为承担责任，则涉及帮助侵权或者替代责任条件。以下分述：

1. 网络服务提供商（ISP）直接侵权责任

网络时代，信息网络传播权是著作权人的重要民事权利。网络服务提供商直接侵犯权利人著作权，承担直接侵权责任，一般指未经授权，通过网络直接向用户提供存储在服务器上受版权保护的内容。根据2012年12月最高法发布的《最高人民法院关于审理侵害信息网络传播权民事纠纷案件适用法律若干问题的规定》的司法解释第3条，（ISP）网络服务提供者未经许可，通过信息网络提供权利人享有信息网络传播权的作品、表演、录音录像制品，除法律、行政法规另有规定外，法院认定其构成侵害信息网络传播权行为。通过上传到网络服务器、设置共享文件或者利用文件分享软件等方式，将作品、表演、录音录像制品置于信息网络中，使公众在个人选定的时间和地点以下载、浏览或者其他方式获得的，法院认定其实施了前款规定的提供行为，构成侵犯权利人的信息网络传播权。简言之，当ISP未经许可直接提供侵权作品内容、产品时，侵权人行为直接涉及侵权，构成直接侵权。就归责原则而言，未经版权人授权行使版权人专有权利的直接侵权实行严格责任。❶ 即不以行为人主观上是否恶意为要件，只要行为人实施了侵犯网络版权专有权的行为就必须承担责任。

2. 网络服务提供商（ISP）间接侵权责任

实践中，更多的情况是，网络服务提供商（ISP）仅作为网络通道提供者，

---

❶ 薛虹. 因特网上的版权及其有关权保护 [J]. 郑成思. 知识产权论丛. 北京：中国政法大学出版社，1999：158.

因不直接涉及侵权，权利人基于网络终端用户的直接侵权行为而追究 ISP 的间接侵权责任。如果其没有实施提供行为，在提供网络服务时，教唆或者帮助网络用户实施侵害信息网络传播权行为的，根据司法解释的规定，人民法院认定网络服务提供者构成间接侵害信息网络传播权行为，需对网络用户的直接侵害信息网络传播权的行为承担连带责任。2014 年 6 月，《最高人民法院关于审理利用信息网络侵害人身权益民事纠纷案件适用法律若干问题的规定》司法解释第 15 条规定，雇佣、组织、教唆或者帮助他人发布、转发网络信息侵害他人人身权益，行为人承担连带责任。《最高人民法院关于审理侵害信息网络传播权民事纠纷案件适用法律若干问题的规定》第 7 条第 2、3 款规定，网络服务提供者以言语、推介技术支持、奖励积分等方式诱导、鼓励网络用户实施侵害信息网络传播权行为的，构成教唆侵权行为。网络服务提供者明知或者应知网络用户利用网络服务侵害信息网络传播权，未采取删除、屏蔽、断开链接等必要措施，或者提供技术支持等帮助行为的，构成帮助侵权行为。该规定第 8 条规定，根据网络服务提供者的主观过错，确定其是否承担教唆、帮助侵权责任。网络服务提供者的过错包括对于网络用户侵害信息网络传播权行为的明知或者应知。网络服务提供者未对网络用户侵害信息网络传播权的行为主动进行审查的；网络服务提供者能够证明已采取合理、有效的技术措施，仍难以发现网络用户侵害信息网络传播权行为的，不认为有过错。该规定第 9、10 条规定了法院认定的应知条件。就是说，ISP 在存在明知或应知的主观过错条件下，实施雇佣、组织、教唆或者帮助网络用户实施侵害信息网络传播权行为的，承担间接侵权责任。间接侵权是未直接涉及版权及相关权利保护的作品，而为侵权行为提供便利，行为人自觉而不直接参与的侵权行为，并对权利人合法利益造成损害的行为状态，如进口、出售、出租、分销或展览版权作品。间接侵权以行为人主观知道或应知为条件，❶ 即以行为人主观过错为归责原则。间接侵权是直接侵权的继续，依法律明确规定承担责任。

3. 网络服务提供商（ISP）的共同侵权，承担连带责任

我国《信息网络传播权保护条例》第 23 规定网络服务提供者明知或应知所连接的作品、表演、录音录像制品侵权，仍然为服务对象提供搜索或服务的，承担共同侵权责任。《最高人民法院关于审理侵害信息网络传播权民事纠纷案件适用法律若干问题的规定》司法解释第 3 条第 2 款规定，通过上传到网络服务器、设置共享文件或者利用文件分享软件等方式，将作品、表演、录音录像制品置于信息网络中，使公众能够在个人选定的时间和地点下载、浏览或者其他方式获得的，认定其实施提供行为。该解释第 5 条第 1 款规定，ISP 以提供网页快照、缩略图等方式实质替代其他网络服务提供者向公众提供相关作品的，认定为提供

---

❶ Craig Collins · Heather Forrest,《INTELLECTUAL PROPERTY》, LexisNexis Butterworths, 第 63 页。

行为。第 4 条规定，有证据证明网络服务提供者与他人以分工合作等方式共同提供作品、表演、录音录像制品，构成共同侵权行为的，网络服务提供商承担连带责任。可见，ISP 连带责任以分工合作共同提供侵害行为为条件。

因此，对 ISP 侵权责任而言，为侵权提供便利、共同参与侵权分别承担间接侵权、共同侵权责任，前者是以过错为主观条件的侵权行为方式，后者为根据在侵权中的主次地位确定承担责任的类型。需要注意的是，间接侵权虽是第三人对侵权行为责任的承担，是当然的侵权；连带责任则是侵权责任中可能的责任更重承担方式，成为 ISP 法律风险评估中的重要环节。

（三）Wi-Fi 服务商的平台类型

Wi-Fi 提供商是以无线方式提供网络服务的中介商，属于广义网络服务提供商，与提供网络内容服务商不同，对其网络用户侵犯版权行为承担的法律责任不尽相同。2017 年 4 月 15 日、16 日，笔者参加 2017 知识产权南湖论坛"新发展理念与知识产权法治现代化"国际研讨会，作为互联网巨头腾讯公司设专场"平台治理问题的新思考"就网络平台治理开展讨论。其中，腾讯公司平台策略中心总监李平认为，互联网发展迅速，平台数量增多，运营模式差别大，平台治理不可一概而论；他结合平台业务类型，将平台分为技术服务类平台、信息聚合类平台和特别业务类平台；根据不同平台类型和平台对业务的介入程度，来区分平台责任，包括版权责任。沪江网法务总监林华指出，互联网技术使传播门槛降低，互联网平台具有信息聚合优势和性能，处理政府、平台、第三方之间关系应考虑平台特性、平台责任的可能性，平衡多方利益，兼顾社会治理与互联网产业的发展。这些来自互联网产业一线的声音，从现实的产业发展出发，要求区分不同的平台类型，兼顾各方利益，从而确定不同的版权责任，与数字经济下各国版权改革行同一路，如澳大利亚关于版权改革与现代化自 2014 年以来已进行多次全社会范围的征询与讨论。[1] 在其他西方国家，伴随 Wi-Fi 的普及化，对其提供商的版权责任引发热议，Wi-Fi 提供商的版权责任成为平台责任热点。

三、Wi-Fi 提供商版权责任边界之争议

数字时代，科技一日千里，虽然对 ISP 版权责任已有基本规则，随着 Wi-Fi

---

[1] Australian government online copyright infringement discussion paper, July2014.

"Australia Eyes Copyright Act Amendment To Curb Downloading", 11/08/2014 by Catherine Saez, intellectual property watch leave a comment.

Rebecca Giblin, Commissioned by the Australian Digital Alliance, August 2014, Authorisation in context potential consequences of the proposed amendments to Australian secondary liability law; Australian government discussion paper online copyright infringement submission from the Australian Digital Alliance, September 2014.

Copyright Amendment Online Infringement, Bill 2015, A Bill for an Act to amend the Copyright Act 1968, and for related purposes.

广泛使用，注入寻常生活，直接影响权利人与消费者的利益，有关版权责任争议不断。

（一）欧盟的相关实践

索尼音乐称企业主麦克法登的 Wi-Fi 网络被用来非法下载版权音乐，要求其赔偿，麦克法登因此起诉索尼音乐。麦克法登称其无须直接对版权侵权负责。最后欧盟法院支持原告。欧盟法院明确，权利人不能要求 Wi-Fi 运营者因第三方侵权承担赔偿责任，并称 Wi-Fi 使用者可以通过密码登录或用户注册等安全措施使用网络。此等措施将构成连接网络中需要采取的步骤之一，这样消费者就不愿意连接到这样的网络。并且权利人可以要求 Wi-Fi 运营者补偿其获取禁令产生的费用，这对那些想要开放 Wi-Fi 网络的运营者来说是一个负面信号，❶ 但通过这种方式可有效解决 Wi-Fi 使用者的侵权行为。因此，如何平衡经营者利益与保障相关版权，是立法者需要思考的问题。

1. 德国增加网络平台商版权责任弹性，放宽 Wi-Fi 普及

德国是一个在高新技术方面领先于世界的发达国家，可是它的免费 Wi-Fi 覆盖率却与国家先进化水平不相符。这主要是由于德国法律中特殊的"侵权责任"内容，要求 Wi-Fi 的所有者对该连接下发生的任何不法行为负责。❷ 这就意味着提供免费 Wi-Fi 的人群还要为使用其 Wi-Fi 的素不相识的人承担责任，这简直就是费力不讨好的苦差事，因此，在这种法律下，德国的公共场所很难找到免费 Wi-Fi。德国互联网活动家海泽（Christian Heise）表示，"在外国乘坐公共交通工具时，我总是能够获得持续稳定的互联网连接。可是在德国，这样一个现代国家却在数字连接方面如此落后。近些年，德国更改了相关法律，首先在《电信媒体法》的提案称将明确"在什么情况下提供访问的运营商应该为其用户的侵权行为承担法律责任"的问题。❸ 德国政府称，此举将使免费 Wi-Fi 的数量大大提高。慕尼黑的知识产权法专家 Igor Barabash 称，德国的 Wi-Fi 运营商传统上无论是否具有过错，都会因用户利用其提供的网络连接实施侵权行为而面临法律追责。即使没有任何过错，仍需停止侵害行为，这样就逼迫他们关闭所有 Wi-Fi 连接点。而现在他们只需采取合理措施即可避免不法分子利用其网络实施侵权行为。但问题随之出现，一些提供 Wi-Fi 的小企业并没有采取合理措施的能力。改革会迫使公司采取技术保障措施，制定潜在用户为了访问网络不得不签署的使用

---

❶ 欧盟法院明确 Wi-Fi 运营者为阻止版权侵权应采取的措施 [J]. 中国保护知识产权网，2016年9月23日.

❷ 欧盟法院明确 Wi-Fi 运营者为阻止版权侵权应采取的措施 [J]. 中华人民共和国国家版权局，2016.

❸ 德国政府寻求为 Wi-Fi 运营商明确法律责任 [J]. 中国保护知识产权网，2015.

条款。这些措施是有成本的，而一些大企业能够承担这一成本，可是多数小企业难以承担这一费用。❶《电讯媒介法》修改后，补充 Wi-Fi 运营者可以因承担版权侵权和其他网络非法活动的责任获取哪些补偿。修订后的语言具有模糊性，但反映了它的灵活性。以便由法院通过判决来确定法律，而不是完全由立法确定。因此，德国立法者委托德国法院根据欧盟法院判决来解释新立法，而无须再次修订立法本身。❷ 2016 年 9 月 19 日通过以上修订的法律，可以看出，虽然德国关于 Wi-Fi 提供者版权责任的相关法律有一些缺点，但德国立法者对网络版权问题越来越重视。

2017 年 3 月，德国加重对社交媒体传播内容的监控。❸ 2016 年 9 月，德国法院判决认为，提供 Wi-Fi 服务商不对网络用户侵犯版权行为承担侵权责任，但通过使用密码进入网络有利于网络安全和平衡版权人的利益。❹

2. 西班牙限制平台商版权作品网络使用，数字盗版率高

近年以来，网络中介版权责任在西班牙以保护版权人利益为主导，侧重传统保护版权人利益，严厉打击网络侵犯版权行为。2016 年 2 月，西班牙警察突袭提供英超盗版内容的网络服务供应商基地，警方对涉嫌通过流媒体非法转播英格兰足球超级联赛（Premier League）的一家网络服务供应商（ISP）基地进行突袭。警方发表声明称该 ISP 隶属于提供 100 多个付费电视频道订阅服务的通信公司。英超方面对提供该盗版服务的销售者提出了诉讼，相关调查已开展。西班牙警方随后对基地进行了突袭。有 5 名雇员在场，但不清楚是否进行了逮捕。❺ 3 月以来，该国出版界拒绝法律委员会通过版权立法加大出版行业竞争力度的建议，反对比利时等国提出的以版权法保护言论自由的观点。❻

2016 年 10 月，美国斯坦福大学法学院博士生 Antoni Terra 发表"Copyright Law and Digital Piracy: An Econometric Global Cross-National Study"（版权法与数

---

❶ gor Barabash [J]. Out-law.com Views of legal professors add weight to Google campaign against German publisher levy plans, says expert Google's opposition to proposed changes to copyright law in Germany is backed by the views of German legal professors in the areas of IT and copyright, an expert has said. 29 Nov 2012.

❷ 欧盟法院明确 Wi-Fi 运营者为阻止版权侵权应采取的措施 [J]. 中国保护知识产权网，2016.

❸ Social Media Providers Could Face Stiff Punishment For Hate Speech, Fake News In Germany, 14/03/2017 BY MONIKA ERMERT FOR INTELLECTUAL PROPERTY WATCH LEAVE A COMMENT.

❹ The European court of justice risks to restrain Mr. Juncker's enthusiasm on public WiFi POSTED ON 15 SEPTEMBER 2016 UPDATED ON 15 SEPTEMBER 2016）（WiFi Providers Can Be Forced To Require Passwords On Rightsholder Request, ECJ Rules, 15/09/2016 BY WILLIAM NEW, INTELLECTUAL PROPERTY WATCH 1 COMMENT）.

❺ 中国保护知识产权网，2017-02-14.

❻ Spain's El Pais Newspaper Comes Out Strongly Against Ancillary Copyright Madness, Posted by REPOST on March 31, 2017, infojustice.org.

字盗版：一项经济的跨国研究），❶ 文章认为西班牙与美国同为发达国家却有不同的盗版率，美国呈现非常低的18%，西班牙则高达45%盗版率，❷ 与其国家不富裕、失业多，特别是与该国版权立法等相关版权法制过多强调版权人利益，增加网络中介ISP版权责任有直接关联。文章经济分析结论是：版权措施反映数字盗版率高，与勤勉收集和ISP间接责任有关；合理使用和允许私人复制有利降低盗版率；形式版权人越多，盗版率越高；国家越富裕，盗版率越低。❸

（二）美国为ISP版权责任提供弹性空间，平衡消费者利益

互联网技术最早出现于美国，因此，美国关于保护网络产权的相关法律也最为完善。自1995年9月白皮书发布之时起，就通过判例法和制定法寻求适当的ISP规则，经过几次修改，1998年，国会通过《数字千年著作权法》(The Digital Millennium Copyright Act，简称DMCA)，首度确立了"避风港原则"。将ISP责任归入著作权规则中。❹ 相关法律规定，单纯地向公众提供网络服务设施而不提供或不介入或不能控制网上传播的行为，不负著作权侵权责任。1995年，原告Religious Thchnology center（简称RTC）控被告Dennis Erlish及为其提供网络服务的Netcom和为其提供BBS服务的站长Klemsud。控告理由为被告未经原告许可通过网络连接公司Netcom公司将版权作品传输给电子公布版系统经营者，原告认为该网络服务提供商应监督并阻止Dennis Erlish的侵权行为。最后，加州北区法院驳回原告。❺ 通过该案，可以看出Netcom对于资料内容并无制作或控制的权利，而仅是给用户提供使用网络的机会，所以Netcom不构成代理侵权。并且网上的资料无法由任何独立的单位所控制。网上流通的著作权作品数以千万计，要求网络提供者判断是否侵权不符实际，也不合理。该案件对美国关于相关版权责任认定影响重大。并且在1998年美国推出的《网络著作权责任限制法案》，着重强调行为人对于侵权的控制能力、参与程度及知情与否。所以，如果网络连接提供商Netcom知悉第三人将侵权作品传至网络上，而未采取必要的措施加以阻止，这时应负辅助侵害责任。这个法案为网络提供商提供了弹性法律策略。对网络版权保护起到了重要作用。

2016年，美国斯坦福大学法学院博士生Antoni Terra "Copyright Law and

---

❶ North Carolina Journal of Law and Technology, Vol. 18, No. 1, 2016, Antoni Terra, Doctor of the Science of Law (J. S. D.) candidate, Stanford Law School.

❷ NORTH CAROLINA JOURNAL OF LAW & TECHNOLOGY VOLUME 18, ISSUE 1: OCTOBER 2016, 110.

❸ NORTH CAROLINA JOURNAL OF LAW & TECHNOLOGY VOLUME 18, ISSUE 1: OCTOBER 2016, 109.

❹ 郭杰. 美国著作权法ISP责任之演进 [J]. 法制与社会发展, 2003 (6): 123.

❺ 郭杰. 美国著作权法ISP责任之演进 [J]. 法制与社会发展, 2003 (6): 126.

Digital Piracy: An Econometric Global Cross-National Study"❶ 一文通过跨国经济数据分析进一步指出,强化版权权利保护和 ISP 版权责任无益数字盗版降低,相反,扩大合理使用、平衡消费者权利促使数字盗版走低,❷ 从而确认：加强的 ISP 版权责任将导致更高的数字盗版率。❸

四、结语

数字环境下,Wi-Fi 提供商版权责任不宜加重,而以考虑平衡权利人利益与消费者利益为价值取向,在顾及版权人利益的同时,兼顾消费者信息的及时获得与使用。不仅网络用户非商业性使用版权作品为法律允许,而且 Wi-Fi 提供商不承担网络用户侵犯版权行为的侵权责任,仅承担网络传输连接一般责任,不具有对用户侵权行为监管义务,可以通过技术措施设置平台协议,如用户进入注册,签署使用协议等方式规范相应责任。

在各国版权法纷纷为适应数字经济进行改革的形势下,网络中介版权责任的版权人利益与消费者利益平衡标准应成为版权法相关内容改革的方向。传统权利人保护标准是非数字条件的产物,数字环境的版权保护无论在保护期限、范围、程度上都发生了变化,适应数字环境的版权法需要融合信息获取量大、快速等特点,缩短保护期,适当降低保护程度,平衡相关各方利益；值得注意的是,互联网平台作为数字经济发展的引擎,以不同平台类型为前提规范提供不同服务平台责任,处理好技术与创新、道德与经济、政府与社会、用户与平台共荣共生关系,以利信息传播、技术进步,促进产业发展。

参考文献

[1] 薛虹. 因特网上的版权及其有关权保护 [J]. 知识产权论丛 (第一卷), 中国政法大学出版社, 1999.

[2] 金福海. 版权法改革理论与实践 [M]. 北京：北京大学出版社, 2015 (1).

[3] 王迁. 著作权法 [M]. 北京：中国人民大学出版社, 2015 (3).

[4] Allen N Dixon, Liability of Users and Third Parties for Copyright Infringement on the Internet, at 12-15, Alain Strowel ed., 2009.

[5] SECONDARY LIABILITY FOR COPYRIGHT INFRINGEMENT & SAFE HARBORS, IP-Casebook2014-Ch14.

[6] Alain Strowel, Peer-to-Peer File Sharing and Secondary Liability in Copyright Law, 2009.

---

❶ North Carolina Journal of Law and Technology, Vol. 18, No. 1, 2016, Doctor of the Science of Law (J. S. D.) candidate, Stanford Law School.

❷ NORTH CAROLINA JOURNAL OF LAW & TECHNOLOGY VOLUME 18, ISSUE 1: OCTOBER 2016, 97.

❸ NORTH CAROLINA JOURNAL OF LAW & TECHNOLOGY VOLUME 18, ISSUE 1: OCTOBER 2016, 103.

[7] Alfred Chueh-Chin Yen, Internet Service Provider Liability for Subscriber Copyright Infringement, Enterprise Liability and the First Amendment, 2000 (3).

[8] Australian government online copyright infringement discussion paper, July 2014.

[9] Andrew Stewart, Philip Griffith, Judith Bannister and Adam Liberman,《Intellectual Property in Australia》, 5th, LexisNexis, Sydney, 2014.

[10] https://www.law.cornell.edu/copyright/cases/76_F3d_259.htm, 最后访问日期: 2016-05-01.

[11] 宋海燕. 中国版权中的新问题 [M]. 北京: 中国商务出版社, 2011 (2).

[12] 祝建军. 数字时代著作权裁判逻辑 [M]. 北京: 法律出版社, 2014.

[13] 〔匈〕菲彻尔. 版权法与因特网 [M]. 郭寿康, 译. 北京: 中国大百科全书出版社, 2009 (1).

[14] 郭杰. 美国著作权法 ISP 责任之演进 [J]. 法制与社会发展, 2003 (6).

[15] Roger E. Schechter, John R. Thomas. Principles of Copyright Law. WEST, 2010.

[16] Craig Collins · Heather Forrest. INTELLECTUAL PROPERTY. LexisNexis Butterworths, 2013.

[17] Paul Torremans. Copyright Law: A Handbook of Contemporary Research. Edward Elgar Publishing Ltd, 2007 (12).

论知识产权"三审合一"背景下司法变更权的有限扩张

黄训迪[1]

摘　要：知识产权区别于一般民事权利的主要特征在于时效性，它很容易因其他知识产权客体的产生而失去经济价值。因此知识产权保护的一大要旨就是不断提高审判效率，尽快帮助当事人保护知识产权。然而，在知识产权"三审合一"全面推广7年之后，知识产权行政审判与民事审判之间的关系仍然有待厘清。知识产权法院、知识产权法庭在民事、行政两个审判流程的衔接方面尚不能做到无缝链接。其中，横亘在这条道路上的一只"拦路虎"是"司法变更权"。知识产权行政审判结束后，由于缺少直接改变具体行政行为的司法变更权，通常情况下当事人只能等待行政机关重做具体行政行为后才能进入下一步的民事审判流程。而行政机关重做行政行为的流程在知识产权领域无法脱出行政判决的意图范围，属于重复劳动，浪费了不少当事人宝贵的维权时间，也阻碍了知识产权行政诉讼与民事诉讼之间的流程衔接。本文建议有计划地按照"法院邀请，行政机关快速决定"—"行政机关委托，法院一并变更"—"立法授权，法院统括实施"三步走的方式协调好司法机关与行政机关、立法机关之间，司法权与行政权之间的关系，实现知识产权"三审合一"机制的"进化升级"。

关键词：知识产权；三审合一；司法变更权

知识产权是现代社会提升生产力的重要因素，保护知识产权是中国未来发展的核心任务。知识产权具有严格的时效性，其经济利益更是与时间紧密联系在一起的，如何高效、快速地对知识产权进行保护是法院的重要课题。在中国知识产权审判开始通过"三审合一"理顺民事、行政、刑事审判三者之间的关系时，如何促进三者流程上的无缝链接，根本上提高审判效率成为重中之重。在知识产权行政审判中，如果行政机关的非处罚行为存在错误，法庭不能直接改变该行为，而只能选择撤销，并要求行政机关重做具体行政行为，这一制度设计影响了知识产权行政审判和民事审判的衔接，造成了严重的时间及资源的浪费，对当事人经济利益的保护带来巨大损失。

司法变更权是解决这个问题的关键。能否在知识产权行政审判中赋予法院更

---

[1] 作者单位：上海市奉贤区人民法院。

大范围的司法变更权，以解决当前知识产权行政审判与民事审判之间存在的衔接问题和效率问题，是本文讨论的核心。

一、从合一到归一：有限扩张的必要性

（一）问题的表面：案例视角中知识产权行政审判的三个问题

案例 1：K 集团公司针对第三人张某申请注册的"K"商标，以诉争商标侵犯其"K"企业字号权、张某具有恶意抢注行为且未实际使用诉争商标为由，提出无效宣告请求。商标评审委员会认为，K 集团公司提供的证据未涉及美容院公共卫生浴服务，不能证明在诉争商标指定的美容院、公共卫生浴服务或与之类似的服务上具有一定知名度。遂裁定维持争议的商标注册。K 集团不服被诉裁定，向 B 市知识产权法院提起行政诉讼。法院审理认为，诉争商标"K"的注册损害了 K 集团公司的在先商号权，商标评审委员会对此认定有误，应予以纠正，遂判决撤销商标评审委员会做出的无效宣告请求裁定，责令商标评审委员会重新作出裁定。

本案中，当事人 K 集团等待行政机关确认后，再就张某的侵权行为进行侵权诉讼，其间其利益持续受到侵害。而法院的此份判决意图明显，即要求商标评审委员会作出认定张某商标无效的裁定。在此判决结果下，商标评审委员会基本上失去了维持原裁决的余地，但是囿于法律对司法变更权的限制，法院仍然只能判令商标评审委员会重做决定，从而影响到了民事侵权诉讼的开展和当事人正当权利的保护。

案例 2：S 市 J 环保科技有限公司认为 S 市 Q 科贸有限公司实施并销售的"空调节能雾化器"商品侵害了其"空调器节能雾化装置"的专利权，向 S 市知识产权局提出申请，请求知识产权局责令 Q 科贸有限公司停止侵害其权益。S 市知识产权局经过查证，认为 Q 科贸公司实施的产品项目在 J 公司专利基础上有所创新，因此裁定不构成权利侵害。J 公司不服，向 S 市中级人民法院提出行政诉讼。法院审理认为 Q 公司实施的产品项目虽在 J 公司"空调节能雾化器装置"的基础上有所改动，但并未形成创新，S 市知识产权局认定错误，判决撤销被诉决定，责令知识产权局重新作出决定。

此案也是民事诉讼的前提条件，J 公司只有依据新的行政处理决定才能进一步展开民事诉讼。在等待行政机关重做行为的过程中，其专利权利益持续受到损害，并有被侵害方通过技术攻关实现创新的危险。而 S 市知识产权局在判决生效后，理论上只能作出与原行为相反的具体行政行为。这种责令重做的制度设计，耗费了大量宝贵的维权时间，置当事人的利益于危险之中，与知识产权审判保护当事人利益的初衷有一定的背离。

由以上案例可以看出，在当前知识产权审判过程中，由于司法变更权受限，

司法判决与行政行为互为前提的现象引起了知识产权权利保护上的一定问题，此处可以总结为三问：

一问：知识产权时效利益如何保障？

知识具有时效性。旧知识会被新知识所取代，这是知识产权有别于单纯的物权和债权的显著特征之一。如以上两个例子所述，当事人在行政、民事交叉的知识产权诉讼中，行政诉讼获得支持的情况下，需要重新走一遍行政程序才能获得行政审判中认可的诉讼利益，无论其是否继续进行民事诉讼，其知识产权利益也在将在这漫长的过程中受到损害。专利权的更新速度极快，当事人甚至可能程序尚未走完，其专利就已失去经济价值，这对我国的知识产权保护和发展有很大损害。

二问：知识产权行政诉讼与民事诉讼的衔接如何保障连贯？

2009年开始，我国普遍落实知识产权"三审合一"模式，即将知识产权民事、行政、刑事案件统一交知识产权庭审理，其目的是保持知识产权审判的连续性，防止反复审理，避免知识产权高度专业化带来的审判资源浪费。但是行政诉讼与民事诉讼之间往往隔着一个行政行为重做的过程，这使得知识产权审判处于尴尬地位：一是如果不待行政行为重做，则存在冲突风险，同时，在行政行为尚未确定时，即依靠行政审判结果开展民事审判则有越俎代庖之嫌，对于行政权颇不尊重；二是如果等待行政机关重做具体行政行为，审判的连贯性将被打断，两次审判之间存在较长的时间间隔，一方面是否能够确保原法官进行审判尚难确定，另一方面由于案件众多，即使是原班人马也需要重新温习案件材料，形成二次浪费。

三问：在知识产权行政诉讼领域判决撤销重做决定后，再走行政程序确定权利是否有其必要？

知识产权行政诉讼主要涉及的内容为登记公告纠正之诉、行政裁决变更之诉等形式较为单一的诉讼，在行政诉讼撤销行政行为并要求行政机关重做具体行政行为后，不存在行政部门继续进行原行政行为的周旋余地。等待行政机关重做行政行为的过程实际上成为多余程序。

（二）问题的里层：知识产权"三审合一"模式的体系瓶颈

1. 原点：知识产权"三审合一"概念

知识产权理念引入之初，就有学者提出以知识产权作为焦点打破传统审判区分的观点，"由知识产权法庭或相应的知识产权法院，越出民事审判的范围，一并审理涉及知识产权的行政与刑事诉讼案件，已经是实实在在的国际惯例。而认为民庭却受理知识产权行政、刑事案件超出了'民'的范围，名实不符，正是较典型的因名废实"。❶ 而知识产权"三审合一"便是这种理论影响下的产物。

知识产权"三审合一",简单地说就是将民事、刑事、行政三种审判方式结合在一起,以知识产权为核心,统筹审判过程。而这三种审判程序之间的连接点,便是它们的共同对象——知识产权。知识产权"三审合一"审判方式自1996年上海市浦东法院开创"浦东模式"到2009年最高法提出在各地试点的十多年间,我国各地出现了大量有地方特色的知识产权"三审合一"审判模式,如武汉模式、珠海模式、西安模式、重庆模式等❷。这种试图打破传统诉讼法分野的制度安排在诉讼程序中是一个非常新的事物,它通过实体法来连接程序法,改变了以往程序法决定实体法审判方式的既有思路,因此,不能用单个的民事、刑事、行政审判方式来对其性质进行简单的衡量和评价。

2. 扩展:知识产权"三审合一"的体系架构

(1) 统一管辖。知识产权"三审合一"模式的发展脉络显示,其想要解决的核心问题一直以来都是同一的,即解决知识产权审判效率的问题。而这种效率的提升多年来一直是通过统一管辖的方式来实现的。"三审合一"审判模式的出现,使知识产权审判的管辖得到了空前统一,无论是"浦东模式"中的基层法院,还是"武汉模式"中的中级人民法院,都将民事、刑事、行政审判统一在一个法院中进行审理,从而简化了流程,提高了审判效率,节约了审判资源。

(2) 统一主体。知识产权审判的各类模式虽有差异,但是都对审判机构进行了非传统意义上的改变,审判机构由原来单一的民事审判庭,改变为吸收刑事审判庭、行政审判庭的法官,组成以民事审判庭法官为主的审判机构,从而有效提高审判的专业性和处置各类型案件的应对能力。

(3) 统一管理。在以往的知识产权审判过程中,由于案件的事实在各个不同的审判庭中流转,需要进行多次重复的审判程序及案件事实认定,严重影响当事人知识产权权益的保护,"三审合一"审判机制通过统一三种程序的管理来解决这种问题。由于案件在一定程度上是在同一个审判部门当中进行审判和流转,其审判效率得到了质的提高,也推动了"三审合一"模式在我国知识产权审判发展过程中得到认可和实践。

3. 冲突:知识产权"三审合一"的瓶颈

(1) 疏离:一个事实与三个程序。知识产权"三审合一"审判在形式上已经具备了将民事、刑事、行政审判糅合在一起进行审理的雏形,但是在内部管理的框架下没有形成有效的分工,行政审判民事审判和刑事审判之间,仍然遵循着各自的审判模式审判规则,仅仅是民事法官与行政法官、刑事法官之间进行了简

---

❶ 郑成思. 郑成思文选 [M]. 北京:法律出版社, 2003:383-384.
❷ 丁寿兴,陈惠珍. "三审合一"中相关问题的探讨 [J]. 人民司法, 2010 (15):4.

单的合作。由于分工的不明确，以及程序之间存在着隔阂，使得具有高度交叉性和复杂性的知识产权审判之间泾渭分明，一个事实要分开成为三个程序的对象反复审核，没有达到当初将知识产权的三种审判模式归于一个系统中进行审理实现审判效率革命性提高的初衷。

（2）疏导：一个审判庭到一个合议庭。可以说，知识产权的利益就是时间的利益，"产权交易成本理论说明，发展中国家在适用国际通行的高水平知识产权法律时，须尽力降低社会成本，争取利益最大化"❶，而"三审合一"的使命正是保障知识产权这种具有高度时效性的权利。知识产权是一种民事权利，但它又是特殊的民事权利，它是无形的民事权利，不能占有，只能使用，作为一种知识，其权利可以在相当远的距离外受到侵犯。同时，一项知识产权的权利，可能只有几年的有效时间。审判时间拖得越长，其被他人覆盖和超越的风险就越呈几何式态势疯长。因此知识产权"三审合一"审判的根本目的和发展方向，是完善审判结构，加快审判资源利用率，从将几个审判流程堆砌在一起的"审判庭"，改变为将三种程序捏合在一起的"合议庭"，在更为统一的框架体系下，进行连续性的审判，从而减少权利保护的成本和时间，用时效保护利益。

（三）问题的内核：知识产权审判引入司法变更权的意义

1. 钩沉：司法变更权与它的限扩之争

司法变更权是司法机关对行政机关具体行政行为进行直接变更的权利。根据我国《行政处罚法》的规定，只有在法院认为行政处罚合法但不合理的情况下，才可以改变处罚的幅度，行使司法变更权。

关于司法变更权扩张的讨论由来已久，但是由于司法权与行政权分野、变更后的执行难等问题的争议不断而并无定论。因此知识产权"三审合一"审判过程中有限扩张司法变更权的理由，必须具备普通行政审判所没有的特殊性。

2. 内因：知识产权审判自我完善的需要

知识产权"三审合一"审判的发展方向和急需解决的问题是统一的，就是要提高审判效率，而提高审判效率的出路在于提高分工效率，如果要进行合理的分工，就必须打破民事、刑事、行政审判固有的隔阂，拉近三种审判之间的距离。因此"三审合一"的改革远没有结束，而是刚刚开始，其当前的目标就是尽可能地扫清三种审判模式之间影响效率的各种制度。其中，行政审判与民事审判之间司法变更权的限制使得两种审判衔接之间的关系变得非常微妙，这种突破旧有样态，实现制度完善的动力在近几年的"三审合一"试点中体现得尤为强烈。

---

❶ 吴汉东. 知识产权多维度学理解读 [M]. 北京：中国人民大学出版社，2015：14.

3. 外因：效率的需要

正如本文开头所引的两个例子所述，司法变更权由于根据法律的规定只能在行政处罚的过程当中使用，因此对于知识产权审判针对登记、裁决等类型的具体行政行为无法进行司法变更，必须要等待行政机关重做具体行政行为之后，才能进行民事审判。根据既往的审判经验，知识产权审判的最后一步就是民事审判，往往其前置的程序是刑事审判和行政审判，如果存在审判程序之间的矛盾，将会严重影响到审判的公正性和效率。因此，从外部条件看，为了更好地保护当事人的知识产权权益，有范围、有限制地扩张司法变更权是有利于知识产权行政审判与民事审判衔接的重要步骤。

二、从普遍到特殊：有限扩张的可行性

（一）非黑即白：有限扩张的可行性研究

以 S 市 2006—2015 年 10 年间进行的知识产权行政审判的 28 件案件为例：登记公告类案件 6 件，裁决更正类案件 5 件，剩余 17 件是处罚类案件（见表1）。由此可见，知识产权行政诉讼的类型主要集中在登记公告类、纠纷裁决类、行政处罚类三种。前两种是典型的"非黑即白"类型的行政行为，即法院判决行政行为重做以后，行政机关没有作出与判决意图相反的行政行为的空间，只能做出登记或者不登记、支持一方或不支持一方的符合判决引申意图的行政行为。法院判令行政机关重做行政行为并没有实际意义，并且增加了时间成本和公共资源的浪费。例如，本文开头的案例一，K 集团诉商标评审委员会案中，B 市法院判决行撤销商标评审委员会的无效宣告裁定，要求商标评审委员会重做决定，此时，商标评审委员会除非继续作出法院认定的违法行政行为，否则就应依照法院的判决，做出支持 K 集团的行政决定。因此，知识产权行政审判增加司法变更权可以有效节省中间环节，提高审判结果的转化效率，有利于行政诉讼作为前置程序与民事诉讼的快速衔接。

表1

	登记公告类案件	纠纷裁决类案件	行政处罚
2006 年	1	—	1
2007 年	1	2	1
2008 年	1	—	—
2009 年	1	1	1
2010 年	—	—	2
2011 年	—	—	2

续表

	登记公告类案件	纠纷裁决类案件	行政处罚
2012 年	—	1	1
2013 年	1	1	5
2014 年	1	—	2
2015 年	—	—	2

而在以行政处罚类知识产权行政诉讼中则存在两种情况，一是行政处罚不合法，则会被撤销，不需要重做行政行为；二是行政处罚行为合法但是处罚不合理，法院就可以依据《行政诉讼法》第55条行使司法变更权进行变更。

因此，在知识产权行政审判中有限地扩大司法变更权的范围是狭小而周延的，需要通过行政机关再次进行能动执法的案件从归纳中可以看出，其出现的概率很低，几乎可以忽略不计。

(二) 泾渭分明：有限扩张的几个关键要素

1. 知识产权审判司法变更权扩张的范围

根据上述归纳，知识产权行政审判的案件主要是登记公告类案件、纠纷裁决类案件及行政处罚类案件，并且由于在行政处罚类案件中法院已经通过法律形式获得了司法变更权，因此在知识产权领域，司法变更权只需要针对登记公告、纠纷裁决相关的具体行政行为即可。将知识产权行政审判的司法变更权限制在这两类案件中是有限扩张的重点。一方面，登记公告类案件和纠纷裁决类案件如表1所示，在上海市过去十年中仅仅发生11件，不仅范围狭小，而且数量有限，便于对扩张效果进行评估和应对；另一方面，在登记公告类案件和纠纷裁决类案件中设置司法变更权也使得知识产权行政诉讼的司法变更权行使范围得到全面覆盖，可以有效解决知识产权"三审合一"连续性的需要，而不至于产生行政审判特例，便于维护体系的完整。

2. 知识产权审判司法变更权的生效对象

从对象上看，知识产权行政审判有限扩张的司法变更权主要对象是国家知识产权局和工商总局及他们的下属机构。在这个封闭的结构中，知识产权行政判决中行使司法变更权无论在前期的渐进式探索过程还是在大范围推广阶段，都能有效减少司法权与行政权之间的冲突，保障司法变更权的效力，不至于落于空谈。

3. 知识产权审判司法变更权的效力

知识产权行政审判的司法变更权行使的形式应当和《行政诉讼法》第55条所规定的司法变更权相同，在判决生效的同时，司法变更权所改变的具体行政行为也被予以明确。在知识产权行政审判领域，由于登记公告类案件和纠纷裁决类案件并不需要进行实质的执行，因此，司法变更权的效力将在两种互为周延的情况中得到实现（见图1）：

（1）在登记公告类案件中，当事人在判决生效的同时，即获得了与登记、公告相同的法律权利。这种权利类似于离婚判决中判决的效力❶，不需要登记机关审核，其效力即得到法律的认可，而当事人完全可以依据判决文书向行政机关要求履行进一步的义务。

（2）在纠纷裁决类案件中，当事人可以依据判决内容要求行政机关督促相对方履行义务或者对抗行政机关要求其履行义务的裁决结果，而不需要主动与行政相对人或行政机关产生主动的互动关系。

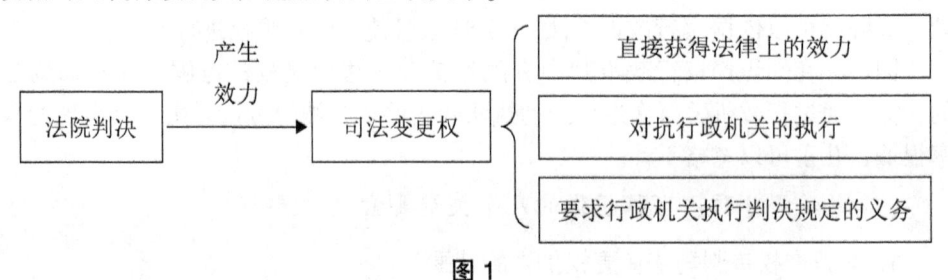

法院判决 →产生效力→ 司法变更权 → { 直接获得法律上的效力 / 对抗行政机关的执行 / 要求行政机关执行判决规定的义务 }

图1

（三）逆推证伪：有限扩张的反向性研究

如果要证明一个事务是否合理，除了提出其意义及可行性外，还需要从反方向解答对它的质疑。从既往争论来看，司法变更权扩张的反对理由主要有以下三个：一是司法权与行政权的地位问题；二是审判人员的专业素质问题；三是执行问题。那么这三个问题放在知识产权审判的特定视野下又是如何的呢？

1. 东风压倒西风？——司法权与行政权的关系如何梳理？

司法变更权的扩张之所以长期以来存在巨大争议，其中的焦点问题就是司法权与行政权如何分野。如果具体行政行为中的大部分行为，包括许可、处罚等关系到社会重大方面的行政行为在被做出后都可以由法院直接更改，司法权是否凌驾于行政权之上了呢？

笔者在本文中不想讨论这一宏观问题，但是有一点是可以肯定的，司法权的本质是判断权，行政权的本质是管理权，两者本身并非是泾渭分明、水火不容的。❷ 而知识产权是一种特殊的权利，它作为一种民事权利，受到司法权的保护

---

❶ 在离婚案件中，根据《婚姻法》的规定，离婚判决生效后即产生效力，当事人依据判决书即获得了等同于离婚登记的效力，并可以依文书要求行政机关变更财产登记等，从而确立了法院判决的优先性，此处笔者认为知识产权司法变更权也可借鉴这种效力安排。

❷ 孙笑侠. 司法的本质是判断权——司法权与行政权的十大区别 [J]. 法学，1998（8）：34.

理所应当，但同时，作为一种无形权利，它又是依据行政行为而产生的。❶ 因此，行政权和司法权之间的冲突并没有财产权和人身权领域那么突出。行政权作为主要力量对知识产权的产生、流转、收益进行全面管理的同时，为防止权力过度集中，而由司法权通过司法变更权的方式进行最后救济。这种分工关系使得两者之间在知识产权领域不存在主导与被主导的关系，而是各司其职的一种监督与被监督、帮助与被帮助的关系。❷

2. 龟兔赛跑——法官的专业性会输给行政部门吗？

法官专业性问题也一直是知识产权在审判领域饱受质疑的问题。从行政审判的大局来讲，行政审判部门对应的是全体行政部门，其业务从市场管理到特许经营，业务范围之广、对专业的要求之高是不言而喻的。一个行政审判法官可能需要数十年的积累才能对比较常见的行政案件类型达到熟练的地步，如果放开司法变更权的使用，其专业性确实需要受到巨大的考验。而在知识产权领域则不同，知识产权的类型比较集中，即只有专利权、商标权、著作权等类型，因此对案件流程的把握、法律规范的使用等方面都是比较容易掌握的。知识产权案件的难点在于其涉及的知识既纷繁复杂，又艰涩难懂。在这方面，法官或许在专业水平上与行政机关的专业工作人员存在一定差距，但是这种差距正在缩小。

（1）从操作层面上看，法官的工作是通过一系列方法论的引导去了解知识产权案件的事实，并适用法律，不需要对相关知识达到精通的程度，相应地，知识产权立法也并非从专业人士的程度来进行规制，而更注重对知识产权普遍规则的确定和叙述。可以说，知识产权的知识只是公式中可以约分的未知数，不需要法官成为专家后才能作出公正审判。

（2）从实践角度看，自1996年知识产权"三审合一"开始尝试以后，各地法院的经验已经说明，只要进行有针对性的培训，知识产权是审判队伍是完全可以胜任案件审理工作的，同时，即使是专业行政部门如中国知识产权局专利复审委员会等专门机构，在面对专业问题时，也不是单纯由负责工作的公务员直接判定的，而要结合外部专家的意见来解决专业知识储备的问题。在知识产权审理过程中，通过专家证人和专业证人的参与，也能有效弥补办案人员知识上的不足。因此，法院虽然在与行政机关的专业性竞赛中处于晚出发的一方，但是通过自身

---

❶ 知识产权除了自产生就存在的著作权外，专利权、商标权需要行政权力登记或备案后才能受到法律的保护，可以说，知识产权的产生是行政权力拟制的结果。吴汉东. 知识产权多维度学理解读［M］. 北京：中国人民大学出版社，2015：28.

❷ 自然法上，传统财产权与人身权都是业已存在、法律追认的权利，行政权和司法权之间没有明确的分工关系，司法权进行救济的同时，行政权也可以进行管理，两者之间只有程度的差别，没有天然的职责划分，因此冲突比较尖锐。知识产权中行政和司法的分野比较明确，也是两者在发展过程中合作多于冲突的主要原因。

努力和制度弥补，是可以实现齐头并进之势的。

3. 难于上青天？——执行难真的那么可怕吗？

在普通行政诉讼中，立法者选择采用行政机关重做行政行为的规定方式，和执行问题有很大关系。在行政许可、行政职责履行相关的案件中，法院如果拥有司法变更权，也无法通过自身的执行部门对判决进行执行，是否予以许可、是否履行职责归根结底还是要行政部门切实履行才能收到实效。因此，法院司法行政权扩张过大反而会进入一个"自行判决—无法执行—请求行政部门执行—行政部门重做行政行为"的死胡同。

在知识产权案件中，基于前述的归纳分析，其审判的行政案件主要是"登记公告""纠纷裁决"和"行政处罚"三类，且这三类案件都不需要执行或者可以通过法律文书效力的优先性来取代执行问题。在登记错误、不服纠纷裁决、行政处罚不合理等场合，由于诉讼文书效力更大，相关的法律关系在判决生效后即发生了变动，当事人完全可以持判决文书要求登记机关变更登记或对抗裁决、处罚决定的执行。正因为知识产权行政诉讼在执行问题上具有这样的特点，有限扩张司法变更权在这方面的可行性障碍就可以扫清了。

三、从一步到位到分步前行：有限扩张的阶梯式解决

（一）第一步：构建行政权与司法权的联动机制

在不牵涉立法的层面上，知识产权行政审判可以通过与行政机关联动的方式提高重做行政行为的效率。在法院判决重做行政行为的场合，可以邀请行政机关现场或者就近选择时间在法院对行政行为的对象进行重新审核，并作出新的行政行为（见图2），以提高审判与现实效果的转化效率。如果当事人需要依据重做的行政行为提起民事诉讼的，可以更为快捷地得到回应，从而将行政审判与民事审判有效链接在一起，实现知识产权司法保护从一个"审判庭"向一个"合议庭"的转变，充分利用民事、行政、刑事法官混合组成合议庭的优势，提高司法资源的利用效率。

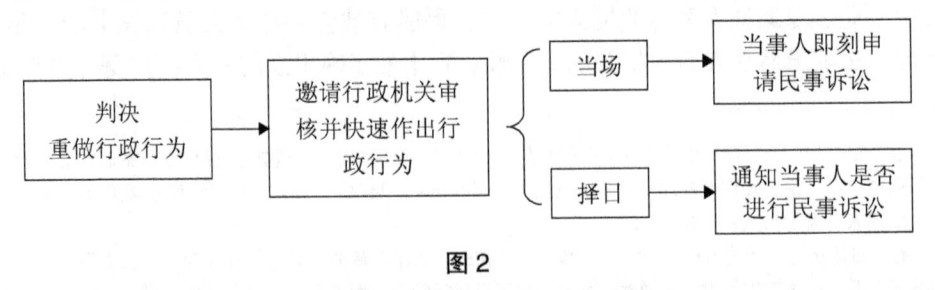

图2

（二）第二步：试点行政委托方式行使变更权

在行政权与司法权的联动机制构建起来后，可以逐步探索将联动机制中互相

合作的因素省略的可行性。由于知识产权行政诉讼所涉及的行政部门非常有限，因此，在不牵涉修改法律的情况下，通过行政法规赋予行政机关委托重做行政行为的权利是可行的。当出现法院判决重做行政行为，即可依照行政机关的委托，直接对行政行为进行重做（见图3），这样既节省了行政资源，也促使合议庭通过行政审判获得的事实情况不至于浪费。

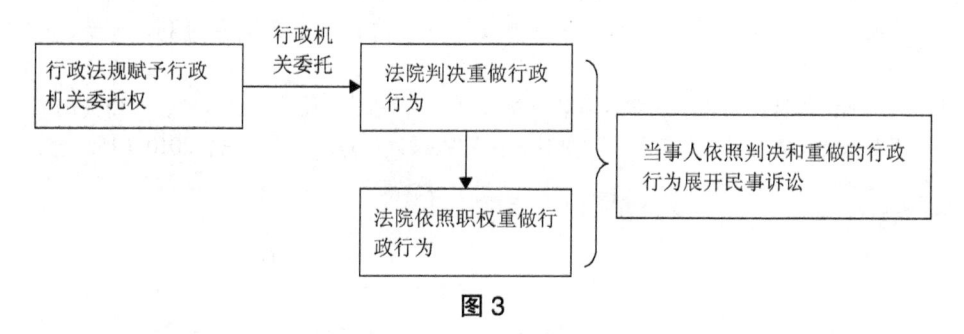

图3

（三）第三步：立法授予法院司法变更权

当法院经过了与行政机关的联动阶段及委托重做阶段后，积累了丰富的与行政机关磨合沟通及应对知识产权行政诉讼行政行为重做的经验后，可以通过立法的方式赋予法院在知识产权行政诉讼领域适用有限的司法变更权，对不合法或不合理的具体行政行为在一个判决中进行撤销并重做（见图4），从而形成知识产权行政诉讼与民事诉讼的"无缝链接"，提高知识产权权利人的保护程度，也将知识产权审判体系彻底从"一个审判庭"改变为"一个合议庭"。

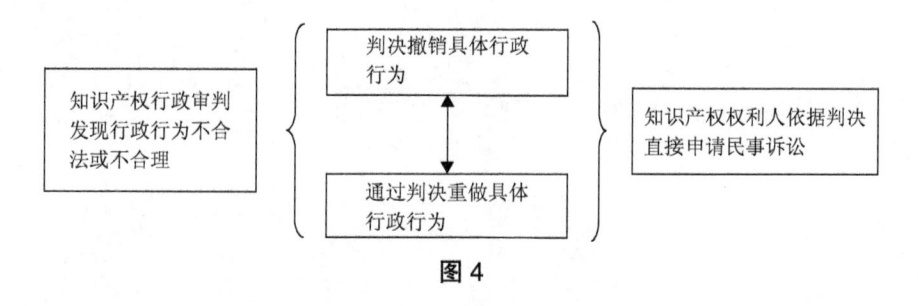

图4

结　语

一样事物发端于此地，则应由此地不断完善，至臻完善。即使在我国最为发达的城市，拥有这个国家最为顶尖的法学人才，如何在知识产权这个新兴的世界中边探索边进步也并非一件容易的事情。本文试图通过解构知识产权"三审合一"体制的固有特性和发展方向，将司法变更权作为楔子深深刺入它的机体直至两者吻合，并迸发新活力。但是对于大陆法系森严的部门法之间的"门第之见"，这种尝试或许需要更多的法官去探索，需要更多的时间去尝试，需要更宽广的胸怀去接受改革中可能存在的错误和岔路,但这个未来可以期待,因为知识产权审判的发展趋势已经告诉了我们一切。

参考文献

[1] 郑成思. 郑成思文选 [M]. 北京:法律出版社,2003.
[2] 孙笑侠. 司法的本质是判断权——司法权与行政权的十大区别 [J]. 法学,1998 (8).
[3] 吴汉东. 知识产权多维度学理解读 [M]. 北京:中国人民大学出版社,2015 (1).
[4] 丁寿兴,陈惠珍. "三审合一"中相关问题的探讨 [J]. 人民司法,2010 (15).

著作权"一权二卖"行为性质探析

——兼论《著作权法修订草案送审稿》第59条第1款

徐晓颖　李　翔❶

摘　要：著作权的移转规则是解决著作权"一权二卖"问题的前提，《中华人民共和国著作权法》"送审稿"规定了登记对抗第三人制度，这使得并不基于"登记"而产生的权利需要"登记"才有对抗效力，这一矛盾的产生源于对著作权性质的误读。著作权的无体性决定其本质上不需要拘泥于传统准物权思维中的"一物一权"观念，著作权的权利效力并非"非此即彼"的关系，而是可以在实际作者、拟制著作权人、被授权人之间并存并作为一个整体对外享有绝对权效力，对内再讨论对抗规则。

关键词：著作权；一权二卖；登记对抗；有限第三人；拟制作者

著作权"一权二卖"一般是指著作权冲突授权、重复转让或两者混合。著作权的移转规则是解决著作权"一权二卖"问题的前提，但是，在移转规则尚且含混的前提下，实践中对此问题的处理观点不一，有观点认为所受让著作权应为各受让人共同享有❷，也有观点认为应由一方享有❸，等等。结论迥异源于对著作权转移规则和对世效力的认识不同。

一、"登记对抗"无法解决著作权"一权二卖"问题

《中华人民共和国著作权法》（2014年6月6日修订草案送审稿）（以下简称"送审稿"）第59条第1款规定："与著作权人订立专有许可合同或者转让合同的，使用者可以向国务院著作权行政管理部门设立的专门登记机构登记。未经登记的权利，不得对抗善意第三人。"

---

❶ 作者单位：徐晓颖，华东政法大学知识产权学院；李翔，上海市徐汇区人民法院。

❷ 参见湖北省武汉市中级人民法院（2007）武知初字第134号民事判决书。相似观点如，若存在多次转让或多次独占授权的情况，则应按照普通许可来认定，每个受让人或被授权人都享有普通许可使用的权利，而不能受让取得著作权或取得独占许可使用权。合同中的受让人和独占许可使用权人再依据与权利人的合同追究权利人的违约责任。张冬梅.著作权重复转移纠纷案件审理中的疑难问题［J］.人民司法，2009（9）.

❸ 参见湖北省高级人民法院（2010）鄂民三终字第32号民事判决书。又见冯刚.《最高人民法院关于审理买卖合同纠纷案件适用法律问题的解释》对著作权重复转移行为的适用［J］.法律适用，2015（11）.

(一) 登记对抗违反公约

"送审稿"中"未经登记不得对抗"之规定违反了《保护文学艺术作品伯尔尼公约》(以下简称"伯尔尼公约")确立的著作权"自动保护"原则。《伯尔尼公约》规定,享有和行使这类权利(著作权)不以履行任何手续为前提(The enjoyment and the exercise of these rights shall not be subject to any formality❶)❷,如果"享有"(enjoyment)的含义包括"继授取得著作权",则对"继受取得"行为设置任何限制,包括规定"登记(才能)对抗",都是对伯尔尼公约的违反,所以该制度只能对本国国民产生影响。

(二) 著作权中"登记对抗"适用条件先天不足

物权领域中的"登记对抗"之所以可以解决不动产"一房二卖"问题,是基于完善的物权法构架(包括初始登记制度、基于"形式主义"❸的交付制度、占有制度、善意取得制度等)。虽然有观点类比物权规则,将知识产权的变动进行"意思主义"和"形式主义"❹区分,但在未规定著作权初始登记制度、交付等制度的前提下"登记对抗"将独木难支且会破坏既有体系。

首先,与商标、专利基于登记而获得不同,著作权的登记仅具有程序利益,对不得要求强制登记的作品进行转让登记,其效力不应优于权利登记本身,因此不应具备对抗效力(权利登记都不能对抗,受让权利登记何以对抗?)。

其次,在没有法律拟制的情况下,债权登记不产生绝对效力。有观点认为,"基于合同产生的知识产权对第三方有约束力"❺,并套用学界"债权物权化说"❻观点进行理论撑托,认为"法律规定债权具有对世的绝对效力",并据此认为知识产权"独占使用许可人"得以自己的名义诉请侵权,是因为本身享有绝对权。这一观点是对"债权物权化"的误读。"合同的相对性决定了其效力只约束缔约双方,不可能成为知识产权这种具有对世效力权利产生的依据"❼,在实践中存在契约实物(如提单)具有物权效力的情况,但其效力并非源自契约

---

❶ 说明:"formality"在布莱克英文词典中的含义为"A small point of practice that, though seemingly unimportant, must usu. beobserved to achieve a particular legal result."译为"为获得某种法律结果而必须实施的微小行为,即便看上去无足轻重"。

❷ 《保护文学艺术作品伯尔尼公约》第5条第2款。

❸ 说明:"形式主义"指仅具有当事人的意思表示尚不足以发生变动,还需要采取一定的公示形式。与之相对的"意思主义"指仅凭当事人的意思(如买卖、赠与或设定抵押权合同)即发生物权(权利)变动的效力,不必另外作出以物权变动为内容的物权行为。梁慧星,陈华彬. 物权法[M]. 5版. 北京:法律出版社,2010:83.

❹ 齐爱民. 知识产权法总论[M]. 北京:北京大学出版社,2010:346-347.

❺ 贺荣. 北京市第二中级人民法院经典案例分类精解. 知识产权卷[M]. 北京:法律出版社,2009:197.

❻ 温世扬. 财产支配权论要[J]. 中国法学,2005(5).

❼ 徐晓颖,李翔. 署名权与署名行为辨析[J]. 中国版权,2016(2).

内容，而是基于其"物权凭证"的法律拟制❶和物权交付规则（如"指示交付"）的支撑。知识产权中"独占使用许可人得以自己的名义诉请侵权"其本质是程序便利规则下的"代表"（代位）规则（后文详述），并非法律拟制——即便代行了著作权人权利，独占许可人也不是理论意义上的"著作权人"。和物权使用权人不同，知识产权的无体性决定了"独占使用许可人"无法基于"占有"而产生对世效力，而只能借助著作权人在作品上的"公示"效力，本质上该种绝对权仍旧源于权利人，被授权人的诉权本质上仍是代权利人行使。

二、著作权取得的特殊类型——法律拟制

类比物权取得方式，著作权取得也可分为原始取得（如创作、法定继承等）和继受取得（如授权转让、遗嘱继承等）。但实践中最为常见也最具著作权特点的取得方式是"法律拟制取得"。

《著作权法》第11条第3款规定"如无相反证明，在作品上署名的公民、法人或者其他组织为作者"，该表述方式是《伯尔尼公约》国内化时产生的理解偏差，其真正含义为：如无相反证明，在已发行作品上署名的主体"视为"（be deemed to）作者，可"代表"作者（represent the author）"行使著作权具体权能和维权"（protect and enforce the author's rights），❷ 真正的作者出现时"终止"（cease）。

公约中的如下含义是著作权法第11条第3款无法直接体现的：

在真正的作者被确定前，在作品上署名的人是"代表"作者行使部分作者权利❸，该项权利是基于法律拟制而得，是有权处分。实践中，由于对《著作权法》第11条第3款的理解偏差，多数基于"署名"行为认定作者身份进而确认原告著作权的判决是存在隐患的，一旦真正作者出现，特别是署名人基于作者身份转让权利的案件中存在事实认定错误风险。同时，在真正作者出现时，由于署名人"代行"著作权是法律拟制权利，因此署名人的授权或转让行为是有权处分，保护了交易安全。

这些特点为解决著作权"一权二卖"纠纷提供了理论指导。

---

❶ 说明，从习惯法中"document of title"中抽象，并为我国《海商法》接受后被《物权法》确认，这个才是要引出处的，难道我国物权法说，哦，这个是我引海商法的？!参见《物权法》第224条。

❷ 参见《伯尔尼公约》第15条第3款："the publisher whose name appears on the work shall, in the absence of proof to the contrary, be deemed to represent the author, and in this capacity he shall be entitled to protect and enforce the author's rights. The provisions of this paragraph shall cease to apply when the author reveals his identity and establishes his claim to authorship of the work."

❸ 徐晓颖，李翔. 署名权与署名行为辨析[J]. 中国版权，2016（2）.

三、著作权移转

著作权基于其"无体性",其移转无法借助对物占有而表征。通说认为,著作权具有"排他效力"和"支配效力"。著作权的转移规则可通过上述权利的对外效力窥探分析。

(一) 著作权"排他效力"从不间断

著作权的公示方式有三种,登记、署名和加注权力管理信息[1](诸如CSRC[2]、ISRC[3]、©[4]和℗[5]等标记是常见的权利管理信息)。有观点认为,上述公示方式"缺乏公信力……署名人推定为……权利人存在例外……登记进行形式审查……不具公认力……"[6] 此种观点忽视了著作权公示的内涵。

与昭示"明确的权利人"为核心物权公示方式不同,知识产权起源于对自由的限制,其公示的内涵在于"昭示特定行为已经为法律所禁止",特别是著作权的无体性决定其无法通过"占有"来表征具体权利人信息。这一公示特征导致的"通说"——认为的"知识产权侵权不以主观过错存在与否为要件"只是"主观上无过错的侵权人不承担赔偿责任"[7] 是一种感官误读。由于作品上已经公示了禁止义务,未经许可而利用作品的行为本身就存在过错,并未改变传统民法中关于侵权判定以过错为要件的理论基础[8]。

且由于著作权的对世效力中不存在"返还请求权"等物权义务,结合著作权"代表"制度,不会有影响"民事权益有权处分规则"[9] 之虞。

---

[1] 英文为:"Rights Management Information",《著作权法》中翻译为"权利管理(电子)信息",一些著述中如《美国知识产权法(第二版)》中翻译为"版权管理信息",由于规定该内容的公约为"版权条约",所以在含义上,"权利管理信息"和"版权管理信息"并无差别。

[2] 中国标准音响制品编码。

[3] 国际标准音像制品编码。

[4] ©为版权标志符号,"copyright symbol"或"copyright sign",一般被视为除录音以外作品的版权标志。资料来源:http://en.wikipedia.org/wiki/Copyright_symbol,2016年2月6日访问。

[5] ℗通常被称为"录音制品版权标志";"sound recording copyright symbol",它是为保护录音制品制作者利益,并将制作者利益与词曲作者权利区分开来的符号。资料来源:http://en.wikipedia.org/wiki/Sound_recording_copyright_symbol,2016年2月6日访问。

[6] 董美根.论版权转让登记的对抗效力——评著作权法修改草案(送审稿)第59条[J].知识产权,2016(4):39-40.

[7] 贺荣.北京市第二中级人民法院经典案例分类精解.知识产权卷[M].北京:法律出版社,2009:197.

[8] 郑成思.侵权责任、损害赔偿责任与知识产权保护[N].知识产权日报,2014-09-05.

[9] 董美根.论版权转让登记的对抗效力——评著作权法修改草案(送审稿)第59条[J].知识产权,2016(4):37.

(二)"支配效力"的转移是著作权转移的标志

著作权具有无形性,故其支配效力并不及于物——所有及于物的著作权效力均系排他权效力。有学者将该特点称为著作权的"非自用权"[1]性质。因此,著作权的支配效力仅体现在著作权的授权与转让中。

1. 著作权授权

排除一元论[2]、二元论观点差别,著作权的授权在德国法上归纳为"以权力行使为目的的信托"[3],在我国体现为"普通许可""排他许可"和"独占许可"等许可形式,散见在各类司法解释[4]、部门规章[5]和地方政府规章[6]中("法律"中未见规定)。被许可人的"诉权"并非源自自身享有的对世权,而是依据授权合同"代理"权利人行使,"以自己的名义"起诉并非"法律拟制",只是行使诉权的便利方案[7],并未改变各类许可合同的债权关系(签订独占许可合同或排他许可合同后,又在合同规定的范围内许可他人实施的,和签订独占许可合同后自己又在该范围内实施的,应承担违约责任,许可人除应停止违约行为外,需支付违约金或赔偿损失……[8])。

2. 著作权转让

著作权法没有对著作权转让效力作出规制,也没有如美国著作权法一样,规定"著作权默认放弃"规则——对未公示权利人信息的作品(加注版权标记或未经期间内行使恢复行为)视为进入共有领域[9],著作权的无体性决定其不存在"现实交付",因此在我国,著作权转让的唯一依据是当事人合意。(此处值得讨论的是,由于著作权的无体性,其转让无须现实"交付"行为,故受让人无"接受"行为,且依据公约,获得著作权无须履行任何手续,著作权对世效力也不因转让而间断,因此该转让意思表示一经作出则受让人自动获得,系形成行为,无须合意)。

---

[1] 王迁. 知识产权法教程 [M]. 4 版. 北京:中国人民大学出版社, 9.
[2] 说明:德国著作权法采一元论,我国采二元论,后文详述。
[3] [德] M. 雷炳德. 著作权法 [M]. 张恩民, 译. 北京:法律出版社, 2004:387.
[4] 参见:《最高人民法院关于审理商标民事纠纷案件适用法律若干问题的解释》第 4 条、《最高人民法院关于审理不正当竞争民事案件应用法律若干问题的解释》第 15 条等。
[5] 参见:《集成电路布图设计保护条例实施细则》第 10 条、《专利行政执法办法(2015 年)》第 10 条等。
[6] 参见:《吉林省专利许可合同管理暂行办法》第 14 条等。
[7] 王珊, 胡震远, 范静波, 等. 知识产权被许可人的诉权研究 [J]. 东方法学, 2011 (6). 2011 年上海市高级人民法院课题"知识产权诉讼转让问题研究"部分成果。
[8] 《吉林省专利许可合同暂行办法》第 14 条。
[9] 李明德. 美国知识产权法 [M]. 2 版. 北京:法律出版社, 2014:428.

所以著作权转移的时点是可以确定的，即作者作出意思表示时著作（财产）权转移。

四、著作权"一权二卖"纠纷的解决

（一）他国成例的借鉴与吸收

著作权一元论，以德国著作权法为代表，指著作权的财产属性和人身属性不可分割，是"统一权利的双重功能"[1]。由著作权一元论和著作权人身性质可以推出"著作权不可转让"原则，即"著作权的整体和各个组成部分均不得转让"……作者只能通过许可的方式在自己的著作权上设定"负担"而不能处分[2]。

这一理论在解决著作权"一权二卖"问题上有天然的优势。由于著作权的一切绝对效力源于作者，被许可人基于制度便利代理作者行使绝对权，其权利义务归因于作者，其财产利益基于契约产生，因此在授权后无须就权利再次进行公示。因作者"一权二卖"行为导致的损失援引合同或不当得利进行主张。

我国著作权采用二元体系，著作财产权的依法或依约移转，该制度与美国近似但在著作权移转后的公示制度上缺乏如美国法中的强制"版权标记""权利丧失"和"权利管理信息"制度[3]，致使在一权二卖问题上缺乏制度撑拖。

同样采用二元论的日本著作权法承袭了其物权法领域"权利形式"可约定的规则（与我国"物权法定"规则不同），著作权合同双方对著作权具体内容的约定得产生绝对效力[4]，一此理论为基础在法条中明确了著作权"登记对抗"[5]规则，其内部逻辑是统一的。

我国既采用著作权二元论观点，又采用绝对权法定观点，在面对一权二卖的问题时，应从自身特点出发，设计本国制度规则。

（二）立法建议

1. 明确著作权转移规则

著作权转移规则是判断著作权"无权处分"行为的前提，也是著作权"一权二卖"纠纷中明确各受让人之间权利义务的逻辑前提。

---

[1] 〔德〕M. 雷炳德. 著作权法 [M]. 13 版. 张恩民，译. 北京：法律出版社，2004：26.
[2] 〔德〕M. 雷炳德. 著作权法 [M]. 13 版. 张恩民，译. 北京：法律出版社，2004：360.
[3] 徐晓颖，李翔. 论署名权的涵盖范围及救济途径 [J]. 法制前言问题探索与思辨. 北京：知识产权出版社，2016：130.
[4] 说明，《日本著作权法》第 79 条是比较典型的基于合同双方合意而设定绝对权"出版权"的条款。
[5] 《日本著作权法》第 77 条。参见 http://www.110.com/fagui/law_ 14285.html，访问时间：2016 年 9 月 18 日。

上文已经论述，在我国现有著作权制度下，将"著作权自权利人作出转让权利意思表示时转移"纳入著作权法较为适宜，确认著作权转让的形成权效力。

在此基础上，还可以讨论在著作权二次转让的情形下设定"著作权善意取得"制度的必要性。

2. 完善权利管理信息制度

权利管理信息是著作权转让交易中受让人对外公示权利的重要途径之一。我国现行《著作权法》第48条第7款仅对"故意删除……权利管理电子信息❶"的行为规定了法律责任，《信息网络传播权保护条例》第14条也只对"改变……权利管理电子信息❷"的行为规定了责任，对"非电子"形式的权利管理信息疏于规范。对此疏漏，立法者在《著作权法草案（第二稿）》第64条后段（《著作权法草案（第三稿）》66条后段）❸中已经得到修改，将保护范围扩大到了非"电子"领域，和WCT保持一致。

3. 改"权利登记对抗"为"合同登记对抗"

著作权排他效力和权利拟制规则决定在"一权二卖"情况下不会影响各受让人对外主张侵权救济，只是在涉及著作权出让人与各受让人之间内部关系时存在纠纷。因此规定"权利登记对抗"既不符合现有制度规则也没有设定对世效力的必要，仅规定"合同登记对抗"以排除在后受让人"善意"即可，相应地，登记人应为合同双方而此前规定的受让方。

根据此规则，"送审稿"第59条第1款可修改为："与著作权人订立专有许可合同或者转让合同的，'双方'可以向国务院著作权行政管理部门设立的专门登记机构登记。未经登记的'合同'，不得对抗善意第三人。"

参考文献

[1] 张冬梅. 著作权重复转移纠纷案件审理中的疑难问题 [J]. 人民司法, 2009 (9).
[2] 冯刚.《最高人民法院关于审理买卖合同纠纷案件适用法律问题的解释》对著作权重复转移行为的适用 [J]. 法律适用, 2015 (11).
[3] 梁慧星, 陈华彬. 物权法（第五版）[M]. 北京：法律出版社, 2010.
[4] 齐爱民. 知识产权法总论 [M]. 北京：北京大学出版社, 2010.
[5] 贺荣. 北京市第二中级人民法院经典案例分类精解（知识产权卷）[M]. 北京：法律出版社, 2009 (5).

---

❶ 《著作权法》第48条第7款"未经……许可，故意删除或者改……权利管理电子信息的……"
❷ 《信息网络传播权保护条例》第14条"……人认为其服务所涉及的作品……改变了自己的权利管理电子信息的，可以……"
❸ 两稿对该部分内容表述一致，均为："本法所称的权利管理信息，是指……"

[6] 温世杨. 财产支配权论要 [J]. 中国法学, 2005 (5).
[7] 徐晓颖, 李翔. 署名权与署名行为辨析 [J]. 中国版权, 2016 (2).
[8] 董美根. 论版权转让登记的对抗效力——评著作权法修改草案（送审稿）第59条 [J]. 知识产权, 2016 (4).
[9] 郑成思. 侵权责任、损害赔偿责任与知识产权保护 [N]. 知识产权日报, 2014-09-05.
[10] 王迁. 知识产权法教程 [M]. 4版. 北京：中国人民大学出版社, 2013.
[11] [德] M. 雷炳德. 著作权法 [M]. 张恩民, 译. 北京：法律出版社, 2004.
[12] 王珊, 胡震远, 范静波, 等. 知识产权被许可人的诉权研究 [J]. 东方法学, 2011 (6).
[13] 李明德. 美国知识产权法（第二版）[M]. 北京：法律出版社, 2014 (4).
[14] 徐晓颖, 李翔. 论署名权的涵盖范围及救济途径 [J]. 法治前沿问题探索与思辨, 知识产权出版社, 2016.

论夫妻忠诚协议的效力

杨 倩[1]

摘 要：近年来，夫妻忠诚协议作为一大热点，引起人们的强烈关注。本文以夫妻忠诚协议的效力为研究对象，笔者收集了大量相关案例，通过对其全面分析，了解法院对于夫妻忠诚协议效力的认定情况，从而更好地探究其效力。并且在文章最后对夫妻忠诚协议的完善提出了建议。

关键词：婚姻；夫妻忠诚协议；效力

自2001年《婚姻法》修订之后，人们的婚姻家庭观念发生了很大的变化。尤其是近几年，为了维护婚姻的稳定，夫妻双方签订夫妻忠诚协议的事例屡见不鲜。那么，夫妻忠诚协议的效力到底如何？

一、夫妻忠诚协议的立法现状

我国《婚姻法》第4条首次明确规定了夫妻忠实义务，[2]这可以被认为是夫妻间应当忠于婚姻最直接的法律根源。而《婚姻法》第19条规定了夫妻财产约定制，[3]夫妻之间可以约定财产的分配，法条的这一修订无疑使得人们对此更加关注。

《婚姻法》第46条虽然规定了无过错方有权要求损害赔偿，[4]但是对于这一条款，只列举了四种情况，很明显涵盖的相关情形过少。对于不忠实的行为仅仅规定了重婚、有配偶者与他人同居两项。至于婚姻生活中其他违反夫妻忠实义务的，如通奸、嫖娼等，但是尚未达到重婚、有配偶者与他人同居程度的行为并不能依据此条款追究法律责任，这无疑是对婚姻保护的一大限制。[5]

---

[1] 作者单位：上海商学院。
[2] 《婚姻法》第4条："夫妻应当互相忠实，互相尊重；家庭成员间应当敬老爱幼，互相帮助，维护平等、和睦、文明的婚姻家庭关系。"
[3] 《婚姻法》第19条："夫妻可以约定婚姻关系存续期间所得的财产以及婚前财产归各自所有、共同所有或部分各自所有、部分共同所有。约定应当采用书面形式。没有约定或约定不明确的，适用本法第十七条、第十八条的规定。夫妻对婚姻关系存续期间所得的财产以及婚前财产的约定，对双方具有约束力。"
[4] 《婚姻法》第46条："有下列情形之一，导致离婚的，无过错方有权请求损害赔偿：（一）重婚的；（二）有配偶者与他人同居的；（三）实施家庭暴力的；（四）虐待、遗弃家庭成员的。"
[5] 孙杰. 论夫妻忠诚协议的法律效力 [D]. 重庆：西南政法大学，2014：18.

法律并没有对夫妻忠诚协议的效力进行明确规定，学术界也一直存在着不同意见。《最高人民法院关于适用〈中华人民共和国婚姻法〉若干问题的解释（三）》曾对忠诚协议的效力进行规定，❶这条规定的争议很大，实践中有太多的问题，最终该条款未纳入《婚姻法》司法解释三。因一直没有对忠诚协议的性质和效力进行明确规定，造成了司法实践中很多"同案不同判"的现象，这在法学界引起了很大争论，无疑产生了更多的不确定性。

二、夫妻忠诚协议的法律效力

（一）夫妻忠诚协议的具体案例

笔者收集了53则与夫妻忠诚协议相关的案例，其主要来源于中国裁判文书网的民事判决书，极个别案例来源于网络资源。为了更好地探究夫妻忠诚协议的效力，对于案件中夫妻忠诚协议签订的时间、协议中约定的责任形式，以及审理法院的判决结果进行了简单说明，着重对法院判决的依据进行了分析。

不完全统计结果如表1所示：

表1

序号	时间（年）	审理法院	责任形式	处理结果	处理依据
1	2002	上海闵行区法院	30万元名誉损失及精神损害费	协议有效，一审判决支持30万元，二审调解25万元	忠诚协议是夫妻忠实责任的具体化，符合婚姻法的原则和精神
2	2003	重庆市第一中院	空床费4 200元	协议有效，判决支持空床费4 200元	协议内容未违反法律和公序良俗，是双方真实意思表示
3	2005	河南焦作市解放区法院	违约金1万元	协议有效，判决支持违约金1万元	在自愿基础上订立的协议有效
4	2005	江苏南京溧水县法院	违约金10万元	判决驳回	丈夫一方早有不忠诚行为
5	2005	沈阳市东陵区人民法院	房产归无过错方所有	协议无效，门面房归赵某所有，赵某给付黄某房屋折价款35万元	证据不足及没有法律依据，不予采信

---

❶ 《最高人民法院关于适用〈中华人民共和国婚姻法〉若干问题的解释（三）（草案）》第4条："夫妻一方以婚前或婚后双方所签订的相互忠实、违反予以赔偿的财产性协议主张权利的，人民法院不予受理；已经受理的，裁定驳回起诉。"第6条："离婚时夫妻一方以婚前或婚后双方签订的'忠诚协议'主张权利的，人民法院经审查认为该协议系自愿签订且不违反法律、法规的禁止性规定的，应当予以支持。"

续表

序号	时间（年）	审理法院	责任形式	处理结果	处理依据
6	2006	江苏常州市新北区法院	100万元精神及经济赔偿费	协议有效，判决支持100万元	意思表示真实，合法有效
7	2006	湖南益阳资阳区法院	5万元违约金	协议有效，判决男方支付5万元赔偿金	在自愿基础上订立的协议有效
8	2007	湖北随州市曾都区法院	赔偿精神损失10万元	协议有效，判决支持	意思表示真实，合法有效
9	2007	广西南宁西乡塘区法院	违约金10万元	协议无效，判决驳回	忠诚义务非法律义务，不适用《合同法》
10	2007	山东省广饶县人民法院	赔偿精神损失费100万元	协议无效，不予支持	协议内容限制了婚姻自由权并违反了法律相关规定，属于无效协议
11	2007	北京海淀区法院	精神损害赔偿金101万元	协议有效，判决支持	意思表示真实
12	2007	广东省东莞市第三人民法院	赔偿精神损失费150万元	协议有效，判决支持精神损害赔偿10万元	根据意思自治原则，协议系双方真实的意思表示
13	2008	北京市中级人民法院	夫妻所有财产归女方	协议有效，一审支持，二审维持原判	平等协商，协议合法有效
14	2008	河南省新郑市人民法院	30万元精神损失及青春损失费	协议有效，一审驳回；再审支持15万元精神损失费	协议书系双方真实意思的表示，且不违反法律规定，应当认定有效
15	2010	重庆渝中区人民法院	夫妻共同财产8套房屋归个人所有	协议有效，判决支持	该协议经公证，并附带"忠诚"保证书
16	2010	新疆奎屯垦区人民法院	20万元名誉损失及精神损害费	协议有效，判决支持	忠诚义务是婚姻关系最本质的要求
17	2010	江西泰和县法院	无条件放弃夫妻全部财产并支付5万元精神损害赔偿金	协议有效，双方调解，夫妻共同财产归一方	平等自愿；不违反法律禁止性规定
18	2010	河南郑州高新区法院	财产归女方债务归男方；并赔偿30万元	协议有效，判决支持协议全部内容	双方意思表示真实
19	2012	福建省漳州市法院	无过错方得到全部财产	协议有效，判决支持协议全部内容	意思表示真实、不违反法律禁止性规定、不违法公序良俗

续表

序号	时间（年）	审理法院	责任形式	处理结果	处理依据
20	2012	安徽省蚌埠市蚌山法院	婚后购买的房屋归一方所有	协议有效，双方调解，判决支持	意思表示真实，双方自愿签订，并不违反法律禁止性规定
21	2012	江西陕江县法院	精神损害赔偿30万元	协议有效，判决支持5万元	协议基于平等自愿而合法有效
22	2012	山东日照市开发区法院	违约金100万元	协议无效，判决驳回	无法律依据
23	2012	山东青岛市市北区法院	婚外情赔偿30万元；夜不归宿1 000/天元空床费	协议无效，判决驳回	属道德协议，不具有法律效力
24	2013	山西长治沁源县法院	名誉损失及精神损失10万元	协议有效，判决支持10万元	意思表示真实；不违反法律禁止性规定、不违法公序良俗
25	2013	湖南省宜章县人民法院	过错方应在分割财产时不分或少分	不予支持	协议有效，但证据不足以认定对婚姻存在不忠行为
26	2013	江苏省南京市中院	过错方净身出户且赔偿精神损失150万元，放弃孩子抚养权	协议有效，一审判决支持，二审维持原判	协议是双方自愿签订的，是其真实意思表示。但孩子抚养权不能约定
27	2014	江西省赣县人民法院	过错方支付对方赔偿金10万元并且无条件同意离婚，无权分割夫妻共同财产	协议有效，判决支持	没有违反法律禁止性规定，平等条件下自愿签订的，也没有损害他人利益
28	2014	江苏省南京市中级人民法院	根据协议仇某应赔偿张某150万元，考虑到给付能力，仅要求赔偿5万元	协议有效，判决支持赔偿5万元	协议约定的违反忠实义务的一方过于严厉，该协议的履行可能造成仇某生活困难，不能完全按照协议履行，张某仅主张5万元，应予支持
29	2014	陕西省西安市长安区（县）人民法院	过错方不应分得家庭共同财产	协议有效，将夫妻共同财产中房、车分配给被告，付给原告30%的折价款	考虑双方"忠诚协议"的约定，再结合本案情况综合考量
30	2014	江苏省常州市中级人民法院	所有财产都应归无过错方所有	协议有效，一审判决驳回，二审维持原判	协议有效，但证据不足以证实蒋某与曹某某存在不正当关系，不予采信

续表

序号	时间（年）	审理法院	责任形式	处理结果	处理依据
31	2014	河北省宁晋县人民法院	确认忠诚协议有效	协议无效，判决驳回	婚姻等有关身份关系的协议不受《合同法》的调整
32	2014	北京市丰台区人民法院	所有财产归无过错方所有	协议无效，不予支持	无论从立书目的还是内容来看，双方均无分割财产之意，而且这份保证的内容只是对夫妻忠诚义务的确认和约束，并非重在财产分割，因此这不是被告对财产分割的真实意思表示
33	2014	北京市海淀区人民法院	过错方净身出户	协议无效，不予支持	应根据实际情况分配财产
34	2014	江苏省无锡市中级人民法院	按照协议内容分割财产	协议有效，判决支持	协议不违反法律禁止性规定，对双方产生拘束力。一方违反协议的，法院审判时可适当参照相关约定
35	2014	广州花都区法院	赔偿200万元	协议无效，不予支持	缺乏公平基础、违背良俗，也不符合婚姻法的损害赔偿条件
36	2014	广东省佛山市禅城区人民法院	赔偿损失30万元	协议有效，判处赔偿损失8万元	承诺书符合婚姻法的原则和精神
37	2014	湖北省武汉市洪山区人民法院	过错方净身出户，并支付100万元赔偿金	协议无效，不予支持	证明目的本院不予采信，无法律依据
38	2014	重庆市第三中级人民法院	双方离婚，夫妻全部财产归无过错方所有，并且过错方支付精神损害赔偿1万元	协议有效，维持一审判决，准予夫妻两人离婚，夫妻共同财产按6:4进行分配	该约定系对夫妻一方违反忠诚义务的惩罚性约定，不违反法律、行政法规的禁止性规定，合法有效，对双方具有约束力。但本案中证据不足，不符合协议中约定的净身出户的情形
39	2014	山东省莒县人民法院	30万元损失	协议无效，一审判决不予支持，二审维持原判	"忠诚协议"涉及身份关系，不能由合同法进行调整

195

续表

序号	时间（年）	审理法院	责任形式	处理结果	处理依据
40	2014	海南省海口市龙华区人民法院	过错方净身出户且支付精神损失费50万元，至离婚之日每年追加10万元	协议有效，判决支持	双方真实意思表示，内容没有违反法律、行政法规的强制性规定，合法有效
41	2015	安徽省肥东县人民法院	过错方净身出户	协议无效，不予支持	虽然双方曾有共同保证之约定，但该约定并不当然具有法律效力，除非原告自愿放弃该房屋的分割请求权
42	2015	河北省泊头市人民法院	夫妻共同财产无过错方占90%，过错方占10%	不予支持	协议有效，但没有提供有效证据，本院不予支持
43	2015	陕西省定边县人民法院	精神损失费2万元，同时放弃孩子抚养权	不予支持	真实性无异议，但该协议内容中关于孩子抚养权的约定违反了法律的强制性规定，因此对该证明目的不予认定
44	2015	河北省沧州市中级人民法院	将过错方婚前个人所有腾龙小区的楼房归无过错方所有	协议有效，一审判决支持，二审不予支持	"忠诚协议"是当事人的合意，法律应认可其效力。过错方的行为虽对无过错方的感情造成伤害，但不符合协议中感情背叛的约定
45	2015	河南省济源市人民法院	过错方净身出户	协议有效，判决支持	双方均承认忠诚协议的效力
46	2015	江苏省南京市鼓楼区人民法院	过错方净身出户	协议无效，不予支持	该协议是基于双方的婚姻关系而订立，而夫妻忠诚是道德义务，非法定义务，故该协议不属于《合同法》调整范围
47	2015	北京市高级人民法院	给付精神损害赔偿金10万元	协议无效，不予支持	保证书之目的是对夫妻忠诚义务的确认和约束，而不是对财产分割的真实意思表示

续表

序号	时间（年）	审理法院	责任形式	处理结果	处理依据
48	2015	四川省绵阳高新技术产业开发区人民法院	无条件偿还婚前财产6万元	协议有效，判决支持	双方当事人的真实意思表示，且不存在足以导致合同无效的情形，根据诚实信用原则，协议有效
49	2015	广东省佛山市顺德区人民法院	过错方自动放弃个人婚前财产及夫妻共同财产	协议有效，判决支持	双方均为具备完全民事行为能力的成年人，能够理解协议条款的内容和法律后果，无证据证明存在受胁迫、受欺诈、显示公平等情形，也未在一年内请求撤销，故属于双方真实意思表示
50	2016	广东省湛江市中级人民法院	补偿无过错方50万元，并承担80%孩子的抚养费用	不予支持	虽认可忠诚协议书的效力，但是并没有证据证明黄某实施过协议书中所罗列的不忠于婚姻的行为，故不予支持
51	2016	重庆市江津区（县）人民法院	过错方失去小孩的监护权，自愿放弃夫妻共同房产的所有权	判决对于夫妻共同财产的约定支持，孩子抚养权的约定无效	双方自愿签订协议，是真实意思表示，不违反法律规定，合法有效。抚养小孩是父母的法定义务，不因双方的约定而排除
52	2016	江苏省南京市鼓楼区人民法院	夫妻共同财产全部归无过错方所有	协议无效，判决不予支持	夫妻忠诚是道德义务，非法定义务，不属于《合同法》调整范围
53	2016	新疆维吾尔自治区阜康市人民法院	过错方净身出户	协议无效，不予支持	忠实义务不是法律义务，属道德协议，不具有法律效力

（二）夫妻忠诚协议案件分析结果

对53个案件进行了简单的分析，案件的不完全分析结果：

1. 案件发生时间分析

通过忠诚协议签订的时间我们可以发现，在2001年《婚姻法》修订之前，几乎没有签订忠诚协议的案例，而在新《婚姻法》颁布之后，新增夫妻应当相互忠实，夫妻之间可以对共同财产进行约定，以及无过错方有权要求损害赔偿的规定，不断冲击着人们的思想，人们的婚姻观念逐渐发生变化，法律意识也不断增强，夫妻之间签订忠诚协议的案例逐渐增多。

2. 案件发生地及审理法院地区分析

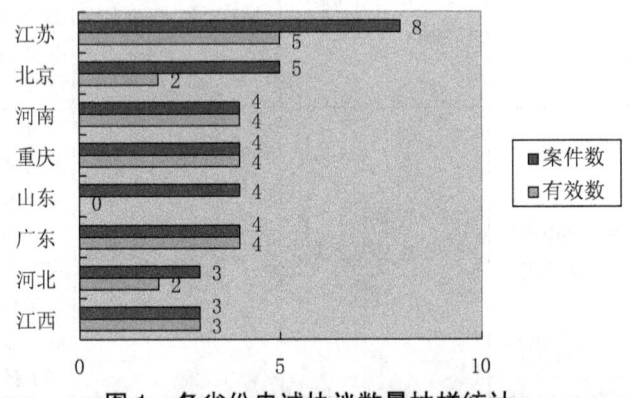

图1 各省份忠诚协议数量抽样统计

如图1所示，签订夫妻忠诚协议比较多的省份有江苏、北京、河南、重庆、山东、广东等。江苏省最多，有8则，其中5则有效；北京市有5则，其中2则有效；河南省有4则，全部有效；重庆省有4则，也是全部有效；山东省有4则，全部无效；广东省有4则，全部有效；河北省有3则，其中2则有效；江西省有3则，全部有效。其余，湖南、湖北、新疆、安徽、陕西等省区也有少量夫妻签订忠诚协议。

地域不同，签订忠诚协议的数量也不同，通过分析数据，我们可以发现，内陆地区签订忠诚协议的夫妻较多，而沿海地区则很少。经济发展水平比较高的地区夫妻之间签订忠诚协议的也较多，例如，江苏、河南、重庆、广东等地区，同时，是比较认可夫妻忠诚协议效力的。而经济实力不强的地区很少有夫妻签订忠诚协议。这说明忠诚协议是以经济条件为基础的，经济越发达的地区，对财产及人身的保护意识也越强，夫妻双方更倾向于通过法律的形式处理财产。所以，夫妻忠诚协议的签订及效力与所在地区的经济水平也有密切关系。

3. 案件判决结果分析

如图2所示，上述53则案例中，支持夫妻忠诚协议有效的有35则，认为夫妻忠诚协议无效的有18则。夫妻忠诚协议有效的支持率是66%。通过这个数据我们可以发现，大部分法院还是认为夫妻忠诚协议是有效的，只有少部分法院不认可夫妻忠诚协议的效力。

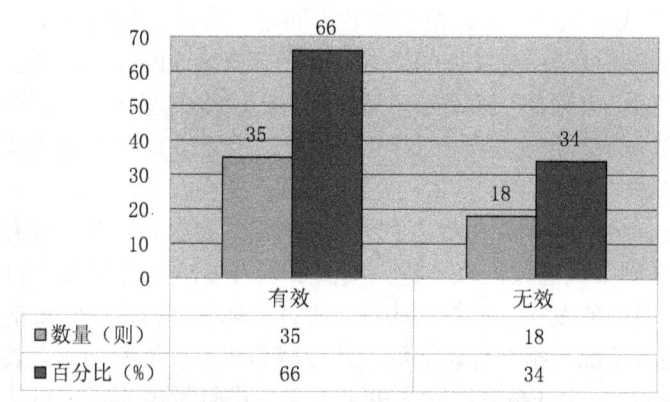

图2 夫妻忠诚协议案件百分比抽样统计

法院认可夫妻忠诚协议效力的主要依据是《婚姻法》和《民法通则》。在35则支持忠诚协议效力的案件中，有20%的案件法律依据是《婚姻法》，理由是忠实义务是婚姻关系最本质的要求。《婚姻法》第4条对夫妻忠实义务有明确规定。忠诚协议是夫妻忠实义务的具体化。此外，夫妻财产约定制也为其提供了法律依据。有80%的案件法律依据是《民法通则》，理由是忠诚协议是在自愿基础上订立的协议，内容未违反法律和公序良俗，是双方真实意思表示，且不存在受胁迫、受欺诈、显失公平等导致协议无效的情形。

在18则认为忠诚协议无效的案件中，大部分法院都以婚姻等有关身份关系的协议不受《合同法》的调整为由驳回。也有一部分法院的判决理由是无法律依据，忠实义务不是法定义务，忠诚协议属于道德范畴的协议，没有法律效力。

4. 法院对忠诚协议的支持内容分析

在上述案件中，一部分案件对于忠诚协议，夫妻双方不仅约定了财产条款还涉及人身条款。对于忠诚协议中的财产条款法院的判决不同，但是对于人身条款则一律判决无效。人身权利不能强制执行，法律对于其效力是无可争议的。例如，案件中涉及孩子的抚养权问题，法院一律判决这部分内容无效。

上述35则认可忠诚协议效力的案件中，除了极少的几则案件法院对于约定的内容全部支持外，其余大部分的案件法院通常会根据赔偿义务人的经济情况适当进行减少。从判决的内容上来看，如果双方在忠诚协议中约定了具体的金额，而约定的金额过高，法院虽然认可忠诚协议的效力，但还是会考虑案件的具体情况以及赔偿义务人的承受能力。在对赔偿义务人过于严厉，协议的履行可能造成其生活困难的情况下，法院通常不会完全按照协议进行判决。这也说明赔偿义务人的经济情况对于法院的判决是有一定影响的。

(三) 夫妻忠诚协议的效力

对于夫妻忠诚协议的效力，学术界一直持有很大争议，支持"有效论"和

"无效论"的都大有人在，忠诚协议的效力问题一直没有得到解决。不可否认的是，作为学术界和社会一直关注的话题，夫妻忠诚协议的效力问题，确实已经成为司法实践中的一大难题。而对于忠诚协议各地法院的态度大不相同，在审理案件时并没有统一的标准与规则可以援引。❶ 现实生活中签订忠诚协议的夫妻在不断增多，因忠诚协议而产生的纠纷也层出不穷。社会在发展，人们的婚姻观念也在不停地变化，将来必然会直面这个问题，确定夫妻忠诚协议的效力势在必行。

通过对53则案例进行汇总分析，我们发现夫妻忠诚协议的效力是受多方面因素影响的。时间的变化、法律的修订、签订的地区、协议中约定的内容以及赔偿义务人的经济情况等都与忠诚协议的效力密切相关。笔者支持夫妻忠诚协议是有效的。《婚姻法》第4条首次对夫妻忠实义务进行了说明，这是法律明确的要求，夫妻双方签订协议等于把法定的义务变成了约定的义务，对此，法院应当认可。而且，忠诚协议符合《婚姻法》的基本精神，可以促进婚姻的稳定，加强夫妻双方对于家庭的责任感，也是对法律规定的夫妻忠实义务的具体化。仅以违背夫妻忠实义务为由进行起诉，法院是不予受理的，而夫妻双方签订了忠诚协议，这就使得原则上的夫妻忠实义务具有了可诉性。❷ 协议内容符合法律规定，没有欺诈、胁迫的情形，约定的内容合情合理，并对违反忠诚协议行为的违约责任进行了提前约定，夫妻双方在经过深思熟虑之后签订"忠诚协议"，是自愿作出的一种意思表示，该意思表示虽然对双方的自由在一定范围内进行了限制，但这种限制只是一种相对的，并无明显不当。❸ 而当一方违反协议时，就应当受到约束。在这种情况下，笔者认为其效力并没有可争议的。

三、完善夫妻忠诚协议的建议

（一）将"忠诚协议"的效力以法律的形式确定下来

《婚姻法》自2001年修订至今，对忠诚协议的效力从"有效说"到"无效说"，再到如今的"不作规定"，依然没有作出明确说明，忠诚协议的效力目前没有统一的说法。❹ 通过法律的形式把忠诚协议的效力确定下来，可以为忠诚协议提供强有力的保障。在法律明确允许的范围内，夫妻二人在双方真实意思表达下，自愿平等地进行协商，对忠诚协议的形式、内容、违约责任等进行明确的约定。对于违反夫妻忠诚协议的行为，按照双方协议约定的内容追究其过错，加重

---

❶ 俞立珍. 夫妻忠实协议有效性辨析 [N]. 上海法治报，2013，10 (16)：B06.
❷ 张忠民. 夫妻相互忠实义务法律保护的反思与完善 [J]. 重庆大学学报（社会科学版），2010，(2)：115-119.
❸ 孙书灵，高魁，潘龙峰. 夫妻忠诚协议的效力 [J]. 人民司法，2009，(22)：76-79.
❹ 佚名.2015年384.1万对夫妻离婚立"忠诚协议"等于为婚姻买"保险"？[EB/OL]. 中工网. [2016-08-29]. http://jiangsu.china.com.cn/html/2016/kuaixun_0829/7157875_2.html.

了背叛婚姻的成本，也体现了法律对于婚姻的基本立场和保护。

（二）避免协议无效的情形

夫妻双方在签订忠诚协议时，对于协议内容的设置应尽量避免致使协议无效的情形。首先，限制基本人权的条款无效。在设置夫妻忠诚协议的内容时，应当避免涉及夫妻双方的人身权利。例如"不能夜不归宿""允许查看对方的手机""不准和任何异性往来"等。❶ 人身权是公民的法定权利，禁止自己设定。其次，侵害第三人利益的协议无效。忠诚协议中涉及夫妻共同财产的分配，这有可能会损害到第三人的利益。过错方可能因违反协议而不能清偿债权人的债务，而且可能导致无法履行对父母、孩子的赡养、抚养义务。最后，危害家庭关系的协议无效。例如"不能以任何理由提出离婚""过错方无条件丧失孩子的抚养权"等。此外，协议最好采用书面形式，避免口头协议证据不足的情形。

（三）引进公证制度

司法实践中，为了强化忠诚协议的效力，很多夫妻选择对忠诚协议加以公证。在签订协议时，夫妻双方其实并不一定清楚签订忠诚协议的法律后果，公证员在公证时仔细审查忠诚协议并且明确地告知当事人的权利义务，在这种情况下就会尽量避免当事人对自己行为的法律后果的认知不足。除此之外，还有的夫妻，一方为了哄对方开心或其他原因签订忠诚协议，但并没有认真对待协议，真实意思并不是对夫妻共同财产的分割，但是在进入公证程序后，也就表示协议当事人是慎重思考过的，愿意对签订忠诚协议的行为承担相应的法律后果。在这种情况下，其意思表示的真实性是不可否认的。❷ 公证制度对夫妻忠诚协议的效力起到了保障作用。对于公证程序的进行，可由法院专门机构专门公证夫妻约定的忠诚协议。也可以作为法院审理的一个参考，这对于减轻法院的工作量，避免同案不同判的情形有很大的帮助。

（四）赋予法官自由裁量权

"法无明文禁止即许可"的私法基本理念在我国的婚姻家庭领域一直发挥着重要的作用。❸ 在法律没有具体规定的情况下，应赋予法官处理相关案件的自由裁量权。法官在审理时应当根据案件的情况进行具体分析，对于案件综合考量来确定协议是否有效，以及如何进行判决。随着时代的发展，忠诚协议的内容会越来越多，而且形式也会各种各样，在仅仅依靠道德不能正常约束婚姻不忠行为的情况下，采取一定的法律手段对其规制是很有必要的。赋予法官自由裁量权，在法律规定的范围内，法官根据案件的实际情况综合考量，进行灵活的处理，对于

---

❶ 武雷. 夫妻忠诚协议效力研究［D］. 辽宁：大连海事大学，2010：13.
❷ 肖晚霞. 论夫妻忠诚协议［D］. 上海：华东政法大学，2012：16.
❸ 刘加良. 夫妻忠诚协议的效力之争与理性应对［J］. 法学论坛，2014，（4）：101-108.

"度"要把握好,最终作出公平合理的判决。❶

四、结语

婚姻是庄严而神圣的。人们对于婚姻总是有各种期待,但现实往往不尽如人意。随着人们对待婚姻越来越随意的态度,婚姻破裂是必然的结果。在这种情况下,无过错方如何在婚姻破裂之后保护自己的财产尤为重要。夫妻忠实协议不仅可以让婚姻有一份保障,更是对我国现行夫妻损害赔偿制度的重要弥补。不可否认的是,夫妻忠诚协议的签订给婚姻背上了一个沉重的枷锁,相比用强制手段约束夫妻双方的行为,更希望夫妻之间能够认真对待婚姻,用心经营一个美满幸福的家庭。

参考文献

[1] 王歌雅. 夫妻忠诚协议:价值认知与效力判断 [J]. 政法论丛,2009 (5).
[2] 张忠民. 夫妻相互忠实义务法律保护的反思与完善 [J]. 重庆大学学报(社会科学版),2010 (2).
[3] 隋彭生. 夫妻忠诚协议分析——以法律关系为重心 [J]. 法学杂志,2011 (2).
[4] 刘加良. 夫妻忠诚协议的效力之争与理性应对 [J]. 法学论坛,2014 (4).
[5] 何艳艳. "忠诚协议"效力"度"的探讨 [J]. 法制与社会,2012 (16).
[6] 孙书灵,高魁,潘龙峰. 夫妻忠诚协议的效力 [J]. 人民司法,2009 (22).
[7] 何晓航,何志. 夫妻忠诚协议的法律思考 [J]. 法律适用,2012 (3).
[8] 武雷. 夫妻忠诚协议效力研究 [D]. 辽宁:大连海事大学,2010.
[9] 孙杰. 论夫妻忠诚协议的法律效力 [D]. 重庆:西南政法大学,2014.
[10] 肖晓霞. 论夫妻忠诚协议 [D]. 上海:华东政法大学,2012.
[11] 俞立珍. 夫妻忠实协议有效性辨析 [N]. 上海法治报,2013,10 (16).
[12] 佚名. 2015年384.1万对夫妻离婚立"忠诚协议"等于为婚姻买"保险"? [EB/OL]. 中工网. [2016-08-29]. http://jiangsu.china.com.cn/html/2016/kuaixun_0829/7157875_2.html.
[13] 陈金梅. "忠诚协议"签订后丈夫出轨法院判协议有效 [EB/OL]. 赣县法院网. [2014-02-26]. http://jxgxfy.chinacourt.org/public/detail.php?id=3698.

---

❶ 何艳艳. "忠诚协议"效力"度"的探讨 [J]. 法制与社会,2012 (16):182-183.

"互联网+"时代的慈善罗生门

——从"罗尔事件"谈网络慈善的法律困局

朱浩然[1]

摘　要：网络慈善是"互联网+"时代慈善事业发展的新业态。由于法律的滞后性，《慈善法》对于网络慈善并未予以特别规制，导致近几年网络诈捐、骗捐案件时有发生。近期发生的"罗尔事件"集中反映了网络慈善面临的诸多法律困局。笔者从慈善的法律概念出发，分析"罗尔事件"中，作为求助者的罗尔、捐赠者的网友、推广者的小铜人公司以及微信平台四方的权利义务，试图找到并解决网络慈善面临的法律困局，以期为《慈善法》的完善助力。

关键词：网络慈善；个人求助行为；信息公开；诉讼代表人制度

"罗尔事件"概述：2016年11月25日，一篇题为《罗一笑，你给我站住！》的文章刷爆朋友圈。文章作者罗尔称五岁的女儿罗一笑，被查出患有白血病，医疗费用高昂。罗尔通过"卖文"筹款，与深圳市小铜人金融服务有限公司（以下简称小铜人公司）达成协议，其文章由公司公众号"P2P观察"发布，每转发一次，公司捐款一元，上限是五十万元。众多网友纷纷转发，转发量很快超过了百万人次。部分网友通过微信文章赞赏功能捐款，甚至添加罗尔为好友，直接向其转账。之后，罗尔通过公众号"P2P观察"及个人微信账号，又发布多篇文章。然而，事件却突然发生了转折，有网友深挖罗尔家庭条件并不困难，有车有房，另有一家广告公司，收入颇丰；另外，罗一笑的治疗费用绝大部分可以通过医保报销。网友们纷纷质疑罗尔骗捐、小铜人公司"带血营销"。罗尔迫于舆论压力退还了二百六十二万余元的善款，[2] 不包括小铜人公司于12月2日捐助的五十万元。据罗一笑入住的深圳市儿童医院发布的《关于深圳罗某笑小朋友医疗救治的情况通报》显示：截至11月29日，罗一笑三次住院总费用合计为204 244.31元，其中医保支付168 050.98元，自付36 193.33元，三次平均自付费用占总治疗费用比例为17.72%。[3] 2016年12月24日，罗一笑因病去世。

---

[1] 作者单位：上海市长宁区人民法院。
[2] 综合《新京报》"罗尔事件"追踪系列报道，http://www.bjnews.com.cn/search.php?type=1&sk=罗尔&page=1，2017年1月10日访问。
[3] 陈谋，周茂梅. 我们献出了爱心，又想讨回什么？[N]. 成都商报，2016-12-01 (9).

莎士比亚曾说："慈善是高尚人格的真实标记。"随着我国经济的快速发展和国民素质的不断提高，中国慈善事业迎来一个发展的春天。中国社会科学院社会政策研究中心发布的《中国慈善发展报告（2016）》显示：截至2015年12月底，全国共有慈善社会组织65.8万个，登记注册志愿者超过1亿人，社会捐赠总量达992亿元。"互联网+公益"成为新热点，以腾讯公益为例，2015年该平台上的年度捐款总额超过5亿元，是过去8年的2.5倍，累积捐款人次近2 000万，且九成以上来自移动端。"互联网+公益"已经成为中国慈善事业发展的重要推动力！然而，在网络慈善欣欣向荣的同时，一些不和谐的事件也时有发生，如文章开头提到的"罗尔事件"。对于"罗尔事件"，网络舆论山呼海啸，同情、辩护的声音有之，质疑、指责的声音有之，谩骂、嘲讽的声音也不在少数。然而，比起情绪的宣泄，法律人更应该剥开事件的表象，分析其中存在的法律问题，自问法律可以在网络慈善中做什么。

2016年颁布实施的《中华人民共和国慈善法》是我国首部关于慈善事业的立法，为发展慈善事业，规范慈善活动，保护慈善活动参与者的合法权益提供了法律依据。然而，《慈善法》自出生即滞后，仅规定了"慈善募捐""慈善捐赠"两种比较常见的慈善行为，主要针对依法成立的慈善组织进行规范和监督，对于日益盛行的"个人求助""网络慈善"则未予以规制。这也是法律界人士在分析"罗尔事件"时，多从《民法通则》和《合同法》关于赠与的法律条文入手，而非援引《慈善法》的原因。笔者认为《慈善法》作为特别法，应该得到法律界的研究和重视。罗尔事件中的很多法律问题也可以从《慈善法》出发进行分析，部分未涉及的法律问题，也正是未来《慈善法》修改完善的方向。

一、比较法看"慈善"的法律概念及本质属性

《慈善法》并未对"慈善"的法律概念予以阐述，而是在第三条以列举的方式将扶贫、济困、扶老、救孤、恤病、助残、优抚等十七项符合慈善要求的活动认定为慈善活动，其立法模式类似于英国。英国最早的慈善法律是1601年由伊丽莎白一世女王颁布的《1601年慈善用途法》（*The Statute of Charitable Uses 1601*），它在序言部分涵盖了当时社会上几乎所有的慈善事业，包括"救济老年人、弱者和穷人；照料病人、残疾的士兵和水手；兴办义学和赞助大学里的学者；修理桥梁、码头、避难所、堤道、教堂、海堤和大道……"[1]，这也因此成为英国近现代慈善法体系中有关慈善定义的最原始的依据。之后，英国通过颁布多部慈善法律法规，逐渐扩展了慈善事业的范围。

---

[1] 褚蓥. 慈善法的公法化嬗变——于《慈善法》制定前[J]. 北京航空航天大学学报, 2016 (1): 59.

列举式的法律规定有利于民众清晰地辨识何为法律认可的慈善活动，但是却对慈善的内涵不甚理解。英国经过几百年的判例法总结，将慈善的内涵归纳为"慈善目的"（Charitable Purpose）❶、"公益原则"（Public Benefit）❷。我国《慈善法》也汲取了国外慈善立法的经验，强调慈善活动应该重视"自愿性""公益性"。所谓自愿性，是慈善主体自主意愿的体现，任何人不应当强迫他人，尤其是不得借助公权力强迫他人从事慈善。所谓公益性是与私益相对，慈善的本质是利他，为自己以及与自己有利害关系的人谋利益，不是慈善。自愿和公益是慈善的本质属性，贯穿于《慈善法》全文。❸

二、罗尔的罪与罚

（一）罗尔求助属于个人求助行为，不属于慈善活动

罗尔求助是否可以定性为慈善活动，是判断事件性质的关键。罗尔求助的目的是救助女儿罗一笑，是为与自己有利害关系的人谋利益，利己而非利他，并不符合慈善"公益性"的本质属性。因此，罗尔求助是个人求助行为，并非慈善法规定的慈善活动。

个人求助不属于慈善活动，不受《慈善法》调整，但《慈善法》也不禁止个人求助❹。每个人都有向他人向社会求助的权利，罗尔也不例外。虽然个人求助行为并不受慈善法规制，但并不意味着个人发布求助信息可以肆意妄为。根据民政部等四部委于2016年8月30日联合下发的《公开募捐平台服务管理办法》（以下简称《平台管理办法》）第十条规定："个人为了解决自己或者家庭的困难，通过广播、电视、报刊以及网络服务提供者、电信运营商发布求助信息时，广播、电视、报刊以及网络服务提供者、电信运营商应当在显著位置向公众进行风险防范提示，告知其信息不属于慈善公开募捐信息，真实性由信息发布个人负责。"因此，发布者要保证求助信息的真实性，否则要承担相应的法律责任。

（二）罗尔错在信息披露不真实、不完整、不及时

罗尔的求助行为虽然不适用《慈善法》，但是可以参考《慈善法》的法律规定。《慈善法》第七十一条要求慈善信息发布主体"应当依法履行信息公开义务""信息公开应当真实、完整、及时"。显然罗尔发布的求助信息没有达到这

---

❶ 李德健. 论英国法上的慈善目的 [J]. 梁慧星. 民商法论丛 [M]. 北京：法律出版社，2015：597.
❷ 吕鑫. 法律中的慈善 [J]. 清华法学，2016（10）：169.
❸ 全国人大内务司法委员会内务室，民政部政策法规司编著，于建伟主编. 中华人民共和国慈善法学习问答 [M]. 北京：中国法制出版社，2016：29.
❹ 同注③，第86页。

三点要求。首先，罗尔对于个人经济状况披露不真实，其声称失业，杂志社刊物停刊，每月收入仅4 000元，甚至无法负担儿子的大学生活费用。网友误以为罗尔经济困难，难以负担罗一笑治疗费用。实际上，罗尔名下有三套房产，甚至还曾在朋友圈炫耀其广告公司收入颇丰，完全有能力负担罗一笑的治疗费用。❶ 其次，罗尔对于个人真实支出披露不完整，虽然罗尔在撰文中称为罗一笑治疗已经花费二十多万元，但是却有意隐瞒了医保报销数额，根据深圳市儿童医院发布的《情况通报》其个人支出仅有三万六千余元。最后，罗尔发文后，共计收到善款二百六十余万元，远远超过了罗一笑治疗所需，罗尔未及时公布善款信息，导致网友还在不停捐款，不符合及时的要求。综上所述，笔者认为，罗尔错在信息披露不真实、不完整、不及时。

（三） 罗尔应该承担的法律责任

罗尔要承担怎样的法律后果值得深思。首先，罗尔网络求助，并不适用《慈善法》，《慈善法》中对于违反信息公开的惩戒措施无法适用。其次，有学者认为应该适用《合同法》关于赠与的相关法律规定，认为双方形成了一种附特定目的的赠与。❷ 毫无疑问，网友和罗尔之间确实形成了赠与关系，然而，赠与的法律规定中没有对于受赠人信息披露失实应该承担法律责任的规定。笔者认为，可以从《民法通则》及《合同法》中关于民事行为及合同效力的条款来解决这一问题。《合同法》第五十四条规定："一方以欺诈胁迫手段或者乘人之危，使对方在违背真实意思的情况下订立的合同，受损害方有权请求人民法院或者仲裁机构变更或撤销。"因此，捐赠人完全可以以罗尔欺诈为由，要求撤销赠与合同。第五十八条规定："合同无效或者被撤销后，因该合同取得的财产，应当予以返还；不能返还或者没有必要返还的，应当折价补偿。有过错的一方应当赔偿对方因此受到的损失。"因此，罗尔应当全部返还善款，捐赠人还可以要求罗尔赔偿因此受到的损失，如善款的利息损失等。

三、保护网友的慈善捐赠活动是《慈善法》义不容辞的责任

罗尔事件中，众多网友慷慨解囊，不仅通过微信文章的赞赏功能向罗尔捐款，更有网友添加罗尔为好友，直接向其汇款。有学者认为网友的捐款行为属于民法的赠与行为。但是网友的捐款基于慈善目的，与普通赠与存在根本区别，更应该适用《慈善法》的特别法规定。笔者认为，网友的捐款行为属于慈善捐赠，

---

❶ 综合《新京报》"罗尔事件"追踪系列报道，http://www.bjnews.com.cn/search.php?type＝1&sk＝罗尔&page＝1，访问时间：2017-01-10。

❷ 金锦萍．罗尔事件：如何厘清六大核心法律问题［N］．人民法院报，2016-12-02 (2)．

是赠与的一种特殊形态。❶

（一）《慈善法》第三十四条规定，所谓慈善捐赠是指"自然人、法人和其他组织基于慈善目的，自愿、无偿赠与财产的活动"

网友为救助患病的罗一笑，自愿无偿向其捐款，其无疑是基于慈善目的。

有学者从比较法出发，认为慈善的最终受益者应当是全体或者部分公众，而不能是特定的个人，即对象上需要具有公共性。❷而罗尔事件中，最终受益者仅是罗一笑一人，不符合慈善对象上公共性的要求，因此网友的捐款行为不应认定为慈善活动。然而笔者认为，我国《慈善法》并无对象上公共性的要求，仅是要求遵循合法、自愿、诚信、非营利的原则。我国慈善事业尚处于起步阶段，公民尚未养成慈善的习惯。而比起保护自然环境、促进科教事业发展等大而广的公益活动，某些特定人或某一特定人的悲惨遭遇和生活困境更能激发民众的良善之心，引导更多的公民主动参与慈善活动。另外，根据《慈善法》第四十条的规定，捐赠人进行捐赠活动，可以约定捐赠的受益人。因此，笔者认为即使捐赠的对象特定，也不应否定其慈善活动的性质。

（二）网友的捐款符合《慈善法》对慈善捐赠途径的要求

根据《慈善法》第三十五条的规定："捐赠人可以通过慈善组织捐赠，也可以直接向受益人捐赠。"网友的捐款有以下几种途径：1. 通过微信文章的赞赏功能，向罗尔打赏；2. 直接向罗尔转账汇款；3. 通过小铜人公司及其创始人刘侠风捐款❸。不论是通过小铜人公司及刘侠风捐款还是直接向罗尔捐款，均是"直接向受益人捐赠"，符合《慈善法》的规定。

对于网友通过微信文章赞赏功能进行打赏的性质，存在一定争议。微信的文章赞赏功能，是微信为了鼓励作者发表原创文章所开发的功能，读者阅读文章后，可以自愿打赏作家一定金钱，相当于有偿阅读。有观点认为这是对罗尔文章的有偿阅读而自愿支付的费用，并非慈善捐赠。然而笔者认为，虽然网友以有偿阅读的方式打赏罗尔，但是其打赏的金额远远超过对普通文章的打赏，带有明显的慈善捐赠意图。微信文章赞赏每日上限为5万元，罗尔通过文章赞赏短短几天就获得赞赏金2 525 808.99元❹，每天都突破了5万元的上限。同时，网友在阅读后，响应小铜人公司的号召，积极转发文章，以达到50万的转发量，也是帮助罗尔的善意行为。所以，在罗尔事件中，网友对罗尔文章的阅读、打赏和转发，已经超出了一个读者对作家有偿阅读的范畴，而是通过这种方式进行慈善

---

❶ 郑功成.《中华人民共和国慈善法》解读与应用 [M]. 北京：人民出版社，2016：118.
❷ 同注⑤，第175.
❸ 笔者注：对于小铜人公司及刘侠风代收善款的法律评价，详见"（二）小铜人公司行为的法律评价"。
❹ 罗尔. 感谢让我懂得爱的人. 罗尔微信公众号，2016年12月3日访问。

捐赠。

四、鼓励慈善捐赠，禁止非法募捐

罗尔事件中，公众对于小铜人公司以慈善捐款为手段，变相打广告以提高公司的知名度的行为质疑颇多。小铜人公司承诺文章每转发一次，捐款一元，上限为50万元。在罗尔事件愈演愈烈之际，小铜人公司履行了自己的承诺，于2016年12月2日向罗一笑捐款50万元❶。对于小铜人公司的行为，应该予以区别对待：

（一）对于公司法人通过慈善活动进行市场宣传，提升知名度的行为，法律并未禁止

《慈善法》第九章给予慈善捐赠者经济上的获益，如税收优惠、金融政策支持；或声誉上的获益如慈善项目冠名、慈善表彰等，都是鼓励自然人、法人或其他组织参与慈善活动的重要手段。虽然小铜人公司捐款的目的并不纯粹出于慈善，有营销宣传的嫌疑，但是捐赠是真实的，应当予以肯定。然而，小铜人公司之所以受到质疑，一是因为明知对罗尔经济困难的描述不实甚至夸大的情况下，仍然推送相关文章；二是其捐款的金额与文章转发的次数成正比，公司的商业利益与慈善直接挂钩，难免给人带血营销的印象。

（二）小铜人公司及其创始人刘侠风不具备发起慈善募捐的资格，不应收取慈善捐款

笔者查阅P2P观察刊发的对罗尔事件的一系列说明，发现小铜人公司除了捐款50万元外，还在P2P观察开通文章赞赏功能，募集网友善款101 110.79元，公司创始人刘侠风也募集个人捐款25 398元。❷ 公司及其创始人是否有资格募集并接收善款，是《慈善法》需要规范的问题。根据《慈善法》第22条的规定，只有具有慈善募捐资格的慈善组织才能发起慈善募捐活动。小铜人公司及创始人刘侠风并非慈善组织，更不具备慈善募集资格，没有权利开展慈善募捐活动。对其私自开展募捐活动，并收取善款的行为，应予以否定性评价。根据《慈善法》第101条的规定，不具有公开募捐资格的组织或者个人开展公开募捐的，由民政部门予以警告、责令停止募捐活动；对违法募集的财产，责令退还捐赠人；难以退还的，由民政部门予以收缴，转给其他慈善组织用于慈善目的；对有关组织或者个人处两万元以上二十万元以下罚款。

---

❶ "罗一笑事件"捐款情况说明．P2P观察微信公众号，2016年12月2日访问。

❷ 王巍．小铜人创始人：罗尔公众号爱心打赏207万元远超预期．载新京报网2016年11月30日，http://www.bjnews.com.cn/news/2016/11/30/425469.html，2017年1月22日访问。

（三）小铜人公司应该与具有慈善募捐资格的慈善组织合作，为罗一笑募集善款

《慈善法》并未堵塞非慈善组织和个人参与慈善募捐的途径，根据《慈善法》第二十六条的规定，不具有慈善募捐资格的组织及个人要开展募捐活动，需要与具有慈善募捐资格的慈善组织合作，由该慈善组织开展募捐活动并管理募得款物。虽然小铜人公司并不具备慈善募捐资格，但可以通过与具有慈善募捐资格的慈善组织合作，为罗一笑发起慈善募捐活动。募捐所得善款应由该慈善组织收取和管理，小铜人公司及个人不应私自收取。

五、网络平台在网络慈善中负有风险提示和信息审查的义务

不论是罗尔的个人公众号还是小铜人公司的 P2P 观察公众号，均是腾讯公司开发的微信平台账号。微信（WeChat）是腾讯公司于 2011 年推出的一款智能终端并提供即时通信服务的应用软件，其范围覆盖 90% 的智能手机，200 多个国家和地区，超过 20 种语言。微信最初倡导隐秘私人朋友圈的概念，与微博等公开平台相区别。但是随着用户的日益增多，私人、隐秘的概念越来越少。微信已经成为中国第一大通信服务平台和信息传播平台。其公共号模式正是适应其定位的转变而开发的，截至 2016 年，品牌微信公共账号数已经达到 800 万个[1]。微信具有用户多、传播快、范围广的特点，这正是罗尔选择在微信平台求助的原因。在"互联网+"时代，网络平台对于用户发布的个人求助信息，应当承当何种义务，如信息失实，网络平台是否要承担相应的法律责任，是摆在《慈善法》面前的一道难题。

（一）对于个人求助信息，网络平台负有风险提示义务

《平台管理办法》第 10 条的规定："个人为了解决自己或者家庭的困难，通过广播、电视、报刊以及网络服务提供者、电信运营商发布求助信息时，广播、电视、报刊以及网络服务提供者、电信运营商应当在显著位置向公众进行风险防范提示，告知其信息不属于慈善公开募捐信息，真实性由信息发布个人负责。"对于个人求助信息，网络平台要承担对用户的风险提示义务。个人求助信息不同于慈善公开募捐信息，无法通过慈善组织核实信息的真伪。在真伪难辨的情况下，平台应当向用户予以特别提示，明示个人求助信息不属于慈善公开募捐信息，以免用户误以为相关信息经过平台审核，产生不应有的信任。

---

[1] 刘炎."微信朋友圈"之法律问题反思——以"互联网+"为时代背景[J]. 法制与社会，2016 (10)：201.

具体到罗尔事件中，求助信息的真实性由罗尔负责，但是微信平台应当对用户进行风险提示，告知该求助信息不属于公开募捐信息，责任由发布者承担。否则，微信平台应当承担怠于风险提示的法律责任。

（二）不具备"互联网募捐信息平台"资格的网络平台，有义务禁止用户发布慈善募捐信息

根据《平台管理办法》第2条第2款的规定："通过互联网提供公开募捐平台服务的网络服务提供者应当依法由民政部指定，并符合《互联网信息服务管理办法》等规定的条件。"笔者查询2016年8月31日民政部指定的首批"互联网募捐信息平台"，仅有13家，包括"腾讯公益网络募捐平台""淘宝公益""广州市慈善会慈善信息平台"等❶。虽然微信与"腾讯公益"同属腾讯公司旗下产品，但是不能混为一谈，微信并不具备"互联网募捐信息平台"资格，不能发布慈善募捐信息。小铜人公司在P2P观察公号为罗一笑募集善款，涉嫌非法开展慈善募捐活动，微信平台应当在小铜人公司发布系列文章之前就对信息进行审查，并予以禁止。

微信平台并未做到防患于未然，直到事件愈演愈烈，微信平台才作出了反应。2016年11月30日晚间，微信平台发布了针对此事的通报，罗尔的《罗一笑，你给我站住!》一文因大量用户赞赏，触发系统漏洞，导致单日5万元赞赏金上限失效，随即超出限额的200余万元赞赏金被平台暂时冻结。……发布于小铜人"P2P观察"的公号上，由刘侠风与罗尔等人商议后推出的"你转发一次，我捐款一元"的文章，因"在摘要和正文中明确引导用户转发朋友圈，涉嫌诱导分享"，在11月30日早上10点被微信平台删除。❷ 冻结赞赏金、删除诱导分享文章，算是微信平台的亡羊补牢之举。

六、理想丰满，现实骨感：罗尔为什么不向慈善组织求助？

笔者注意到，罗尔称曾经为女儿申请小天使救助基金，但是据北京青年报调查，小天使救助基金并未收到罗尔的申请。❸ 笔者登录小天使救助基金官网，发现其申请流程比较复杂，详见图1所示。且不谈罗尔需要准备多少资料、申请最终能否审核通过，即便审核通过，考虑到层层审核所花费的时间，罗一笑能否等到善款还要打个问号。

---

❶《民政部关于指定首批慈善组织互联网募捐信息平台公告》，载民政部官网2016年8月30日，http://www.mca.gov.cn/article/zwgk/tzl/201608/20160800001648.shtml，2017年1月22日访问。

❷ 张雅、李铁柱. 罗尔将退还262万元网捐善款——昨日发出致歉声明 历次失控的爱心网捐事件多以退款收场［N］. 北京青年报, 2016-12-02（A）.

❸ 同注19。

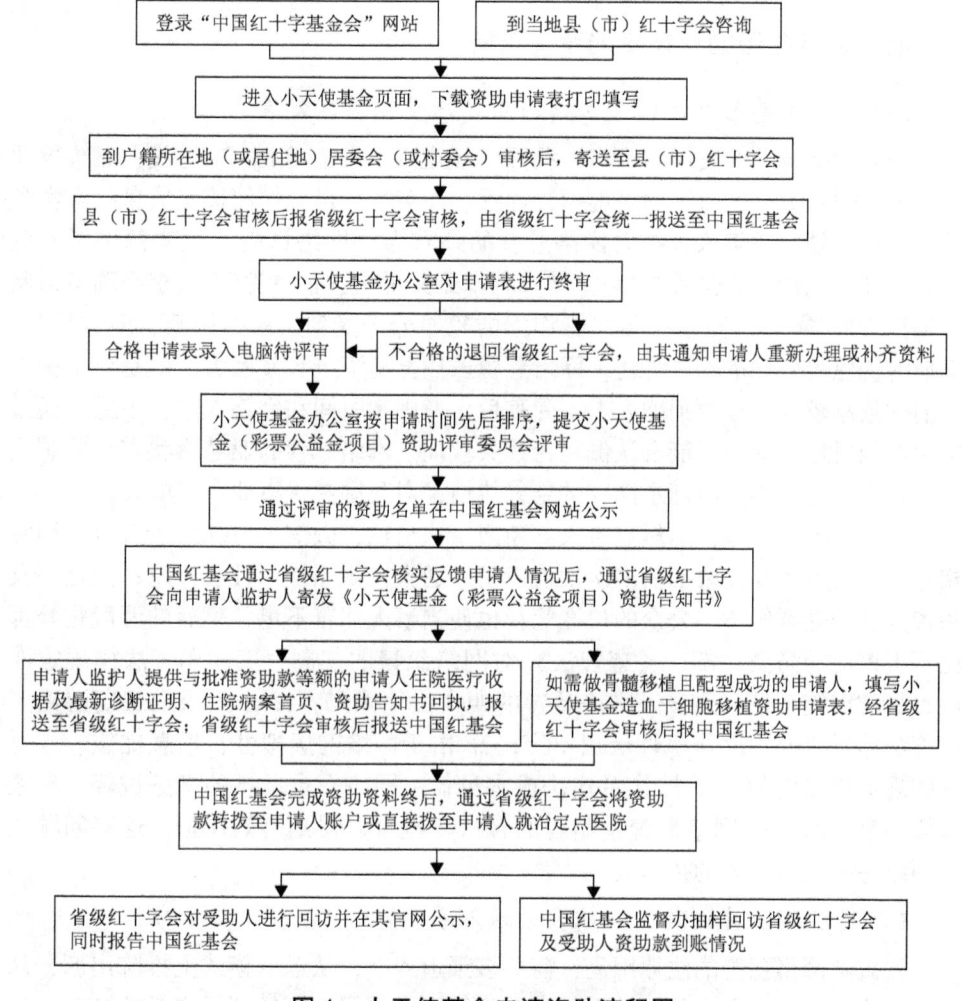

```
登录"中国红十字基金会"网站 → 到当地县（市）红十字会咨询
          ↓
进入小天使基金页面，下载资助申请表打印填写
          ↓
到户籍所在地（或居住地）居委会（或村委会）审核后，寄送至县（市）红十字会
          ↓
县（市）红十字会审核后报省级红十字会审核，由省级红十字会统一报送至中国红基会
          ↓
小天使基金办公室对申请表进行终审
          ↓
合格申请表录入电脑待评审 ← 不合格的退回省级红十字会，由其通知申请人重新办理或补齐资料
          ↓
小天使基金办公室按申请时间先后排序，提交小天使基金（彩票公益金项目）资助评审委员会评审
          ↓
通过评审的资助名单在中国红基会网站公示
          ↓
中国红基会通过省级红十字会核实反馈申请人情况后，通过省级红十字会向申请人监护人寄发《小天使基金（彩票公益金项目）资助告知书》
          ↓
申请人监护人提供与批准资助款等额的申请人住院医疗收据及最新诊断证明、住院病案首页、资助告知书回执，报送至省级红十字会；省级红十字会审核后报送中国红基会 / 如需做骨髓移植且配型成功的申请人，填写小天使基金造血干细胞移植资助申请表，经省级红十字会审核后报中国红基会
          ↓
中国红基会完成资助资料终审后，通过省级红十字会将资助款转拨至申请人账户或直接拨至申请人就治定点医院
          ↓
省级红十字会对受助人进行回访并在其官网公示，同时报告中国红基会 / 中国红基会监督办抽样回访省级红十字会及受助人资助款到账情况
```

图1 小天使基金申请资助流程图

小天使基金官网发布的数据显示，2016年，该基金共救助患病儿童5 519人，每人资助款项为三万到五万元不等。罗一笑是不幸的，她患有白血病，难以治愈；但又是幸运的，她生活在深圳这样一个医疗技术发达，医保体系健全的城市。如果没有深圳大病保险和医保报销，罗一笑仅三次住院就需要花费二十余万元，三万元的资助款真是杯水车薪！其实，在中国广大的边远地区、农村、小城镇，因病致穷的例子比比皆是。申请流程复杂，审核批准时间漫长，资助款项不大，这些都制约着慈善组织救助更多的患儿。而罗尔通过网络求助，短短几天就收到了二百六十余万元善款，真是没有对比就没有伤害！

七、网络慈善的法律困局亟待破解

（一）网络慈善遭遇四大法律困局，严重制约其发展

随着网络技术的发展和推广，我国已经进入了"互联网+"时代，慈善事业由线下转战线上。但由于网络虚拟、远程、隐蔽的特点，如何核实信息的真实性成为一道难题。近年来，披着网络慈善的外衣为"网络诈骗"之实的例子不胜枚举，如"大凉山直播诈捐事件"[1] "利辛见义勇为骗捐事件"[2] "李小璐遭遇网络骗捐事件"[3]等。除了少数涉嫌诈骗的犯罪分子受到了法律制裁，多数诈捐、骗捐的伪慈善事件都不了了之。网络慈善虽然募集资金数额巨大，但是单个捐赠人捐款数额较少，多数捐赠人上当受骗后，考虑到时间和经济成本，不愿意通过法律途径讨还善款，只能自认倒霉花钱买教训。网络慈善的亚健康状态无疑刺痛了公众的良善之心，冷却了网友的慈善热情，对我国慈善事业伤害极大。

以罗尔事件为例，虽然当事人不断澄清、道歉，微信平台冻结赞赏金、删除相关文章，卫生及民政部门多次发表声明、通报，试图挽回社会舆论；但是网友的善良已经受到伤害，公众的口诛笔伐也使当事人痛苦不堪，事后的万般弥补都比不上事前的防微杜渐。《慈善法》对网络慈善的规制力度薄弱，法律规定滞后，惩戒措施不足，凸显了网络慈善的四大法律困局：1. 个人求助长期游离于慈善法体系之外，欺诈事件层出不穷；2. 由于网络的虚拟性，信息虚假、不对称的现象难以消除；3. 欺诈者违法成本过低，网络平台承担的义务过轻，导致虚假信息泛滥；4. 网络慈善捐赠者的合法权益难以得到有效保护。这些问题成为网络慈善发展壮大的拦路虎。

（二）破解法律困局，应从多渠道入手

要破解网络慈善的法律困局，需要多渠道入手，从运营模式上推陈出新，从立法上弥补法律空白，从行政上加强监督管理，从司法上便利捐赠者维权。

1. "个案捐"模式是将个人求助纳入"慈善体系"的重要途径

虽然个人求助不受《慈善法》调整，但是向求助者进行的慈善捐赠属于

---

[1] 笔者注：杨某、刘某利用网络直播平台"快手"在凉山地区从事虚假慈善，向当地村民捐赠现金、物资，全程进行网络直播。待直播结束后，再收回全部现金和大部分物资。两人利用这种方式提高直播的关注度获利，因涉嫌诈骗被公安机关逮捕。

[2] 笔者注：安徽省利辛县李某在男友张某某的养狗场内被狗咬成重伤。张某某在网络上谎称李某是在下班路上见义勇为，为救助一名女童被狗咬伤，筹得善款七十余万元。张某某因涉嫌诈骗被公安机关逮捕，捐款账户被冻结。

[3] 笔者注：影星李小璐在微博爆料遭遇骗捐。骗子盗用他人信息及患病儿童照片，向李小璐求助。李小璐通过支付宝捐款后发现骗子删除了求助微博，音信全无。后莆田警方经过侦查，抓获了犯罪嫌疑人郭某某，其涉嫌多起网络诈骗案件。

《慈善法》规范的活动，慈善捐赠者属于《慈善法》保护的对象。作为诈捐骗捐案件的多发地带，法律还是要对个人求助行为予以特别关注。另外，由于慈善组织运营模式的局限性，很多需要救助的个体无法通过正规途径获得慈善帮助，探索适应"互联网+"时代的慈善新模式，是慈善机构的重大课题。将网络慈善收编为"正规军"，把个人求助纳入"慈善体系"，是解决以"罗尔事件"为代表的网络慈善案件的根本途径。"个案捐"模式值得法律界和慈善机构的深入研究。

所谓"个案捐"是指特定求助者向慈善机构提交求助申请，经审核通过后，由慈善机构专门针对该特定求助者发布募捐信息；其区别于传统的慈善募捐活动，仅针对特定个体，其本质在于代为求助。早在2015年，广州市慈善会就依托官方微信平台推出针对重疾病患者的"个案捐"服务。[1] 重疾病患者可以通过微信平台向广州市慈善会提出求助申请，该平台不仅接受求助者的求助申请，还允许爱心人士通过平台向特定重疾病患者进行定向捐赠，社会反响良好。当然，目前"个案捐"模式还是传统慈善模式的有益补充，以广州市慈善会为例，其"个案捐"主要运用于在获得慈善救助后，仍然不足以解决其困境的个体。

2. 提高网络平台的信息审查义务，加重骗捐、诈捐者的法律责任，是减少信息虚假、不对称现象的有力措施

英国著名政治家、文学家埃德蒙伯克曾说："邪恶之所以得逞，是因为好人的无动于衷！"要减少甚至杜绝信息虚假、不对称的现象，根本举措还是要加强监管。《平台管理办法》仅要求网络平台对用户进行风险提示，显然不足以遏制虚假信息的泛滥。网络平台作为信息发布的主要渠道，应当承担基本的审查义务，要求求助信息的发布者提供基本的身份证明材料、个人困难情况的说明及证据，并对相关材料进行审查，不能放任虚假慈善信息的发布和传播。当然，为了避免网络平台因惧怕承担责任而不允许用户发布求助信息或慈善信息，对于网络平台不应该过分苛求，信息的真实性及发布虚假信息的法律责任还是由发布者负责和承担，网络平台仅承担形式审查义务。

加强虚假信息发布者的法律责任，是法律的应有之义。对骗捐、诈捐者，除了返还善款、赔偿利息损失等民事责任外，更要从制度设计上让不诚信者付出代价，如记入个人诚信档案、制作慈善求助黑名单、将骗捐诈捐行为在新闻媒体上曝光，让恶人无处可藏，无处发声，不敢再骗捐、诈捐。对于特别严重的骗捐、诈捐行为，依据刑法追究其刑事责任。

---

[1] 同注(11)，第104。

3. 诉讼代表人制度，是保护网络慈善捐赠者合法权益的有力武器

网络慈善捐赠存在捐赠人数较多，捐款数额较小，地域分散的特点，一旦遭遇骗捐，维权难度较大。即便捐赠人向公安机关报案，由于数额不大也难以认定为诈骗，像李小璐一样受到警方重视迅速破案的情况并不多见。而通过民事诉讼途径维权，时间和经济成本较高，最终能否追讨回善款，也存在疑问。

就民事诉讼途径而言，笔者认为，运用诉讼代表人制度能够最大化地减少捐赠人的维权成本，鼓励更多的捐赠人用法律武器维护自己的合法权益。所谓"诉讼代表人制度"是指在民事诉讼中，当事人一方或者双方人数众多，所涉及的诉讼标的是共同的或同一种类的，难以全部到法院进行诉讼，由当事人推选出的代表人，代表人数众多一方当事人进行诉讼活动的诉讼制度。"诉讼代表人制度"改变了传统一人一案的模式，减少了案件数量，既有利于减轻当事人的维权成本，也有利于减轻法院的审判压力，确保了判决和法律适用的同一性。❶ 捐赠人可以运用该制度，推选出代表人参加诉讼，不需全员到庭；可以推选具备专业法律知识和诉讼经验的代表人，或由代表人聘任律师出庭诉讼，解决了单个捐赠人法律知识不足的问题。

八、结语

法律存在滞后性，需要不断追赶社会发展的脚步。在"互联网+"时代，新的慈善业态逼迫《慈善法》作出改变，以适应时代发展的潮流。希望"罗尔事件"能够成为《慈善法》不断完善的推动力。

参考文献

[1] 陈谋、周茂梅. 我们献出了爱心，又想讨回什么 [N]. 成都商报，2016，12（1）.
[2] 褚鋆. 慈善法的公法化嬗变——于《慈善法》制定前 [J]. 北京航空航天大学学报，2016（1）.
[3] 李德健. 论英国法上的慈善目的. 民商法论丛（第59卷）[M]. 北京：法律出版社，2015.
[4] 吕鑫. 法律中的慈善 [J]. 清华法学，2016（10）.
[5] 全国人大内务司法委员会内务室，民政部政策法规司编著，于建伟主编. 中华人民共和国慈善法学习问答 [M]. 北京：中国法制出版社，2016.
[6] 金锦萍. 罗尔事件：如何厘清六大核心法律问题 [N]. 人民法院报，2016，12（2）.
[7] 郑功成.《中华人民共和国慈善法》解读与应用 [M]. 北京：人民出版社，2016.
[8] 王巍. 小铜人创始人：罗尔公众号爱心打赏207万元远超预期. 载新京报网，http://www.bjnews.com.cn/news/2016/11/30/425469.html，最后访问日期：2017-02-04.

---

❶ 施玮. 我国诉讼代表人制度评析 [J]. 法治研究，2009（2）：32.

[9] 刘炎."微信朋友圈"之法律问题反思——以"互联网+"为时代背景[J]. 法制与社会, 2016 (10).

[10] 民政部关于指定首批慈善组织互联网募捐信息平台公告. 载民政部官网, http://www.mca.gov.cn/article/zwgk/tzl/201608/20160800001648.shtml, 最后访问日期: 2017-01-22.

[11] 张雅, 李铁柱. 罗尔将退还262万元网捐善款——昨日发出致歉声明 历次失控的爱心网捐事件多以退款收场[N]. 北京青年报, 2016, 12 (2).

[12] 施玮. 我国诉讼代表人制度评析[J]. 法治研究, 2009 (2).

解决"执行难"的"互联网+民间资源"方式探索

刘 郡[1]

摘 要： 当前，破解"执行难"攻坚战形势十分严峻，如何从可行性上着眼，为其提供可期的路径方法以达有的放矢的效果，显得尤为重要。在此，本文提出"执行难"实际难在"信息失真"的全新解读，进而结合"互联网+"时代大数据的信息优势，探索建立一条"互联网+民间资源"的破解路径，即在强制执行中吸收互联网企业和不特定个体两类民间资源，分别打造"点对点"与"多对点"两个信息平台，大力矫正现阶段强制执行中的"信息失真"，并就其制度保障进行一番前瞻思考，最终以期有益于"执行难"的破解。

关键词： 信息失真；矫正；民间资源；信息平台

在十二届全国人大四次会议上，最高法院周强院长强调要向"执行难"全面宣战，声势浩大的"执行难"攻坚战就此全面打响。在此严峻形势下，如何从可行性上着眼，为解决"执行难"提供可期的路径方法以达有的放矢的效果，显得尤为重要。21世纪是"互联网"时代，人类社会越发成为一个信息的"村落"，如能对"互联网+"下的大数据信息优势加以有效利用，定能使之为法院破解"执行难"提供一条全新而有效的"互联网+"解决路径。

一、"执行难"的另一种解读："信息失真"

（一）强制执行中的"信息失真"

"执行难"，从纵向时间跨度而言是一个老问题；从横向影响广度而言更是一个大问题。因而长期以来，其备受司法界乃至社会各界高度关注。对"执行难"进行原因分析进而求取有效解决之策，也是各级法院历年工作中不断探索的重点。毋庸置疑，"执行难"的形成原因是多方面的，既有社会诚信度低的方面，也有执行手段不足的方面，也存在体制机制不足的问题。这些原因，也往往是我们如今提及"执行难"时所必言的。然而，抛开这些问题表象进行细致的分析，当所有外在表象经过背景剥离而得以深入事物本质以后，所有问题似乎汇集到一个关节——"信息"之上。这是因为，"人类社会的各项活动与信息（数

---

[1] 作者单位：上海市长宁区人民法院。

据）的创造、传输和使用直接相关"，❶ 执行工作当然也概莫能外。"互联网+"时代下的21世纪人类社会，越发成为一个信息的"村落"，信息大数据的存在，使得单个个体在社会中的零星信息得以更快、更高效地集中、整合和归纳，进而使其个体更加有迹可循。缺乏这种信息数据收集、整合和归纳的能力，即会造成认识偏差的结果。而这一"信息"，在执行工作中，指的是被执行人信息，即能够确认被执行人下落的人身信息或被执行人名下可供执行的财产线索信息。

执行案件的标的，无论行为还是给付，得以执行到位的基础必须是也只能是被执行人信息。然而，在执行过程中，对被执行人信息及时、有效地掌握却并非易事，甚至由于信息的不对称常令执行人员身处被动。因此，抽丝剥茧后的"执行难"问题，本质上是"信息难"的问题。因此，本文对"执行难"作出这样一种全新的解读：对被执行人信息掌握得不全面、不及时、不整合，而这些信息"不能"的聚合，本文称为"信息失真"。

（二）"信息失真"的表征

立足基层执行工作的相关经验，本文总结出"信息失真"的常见表现方式为对被执行人信息掌握得不全面、不及时、不整合三种"不能"形态。

1. 信息不全面

信息不全面，概指掌握的被执行人人身、财产信息难以面面俱到，存在不周延之处。如果用一个形象的比喻，可以说是存在"漏网之鱼"。而产生鱼儿漏网的因素，一般可归结为"渔网太小"（信息来源窄）和"网线不密"（信息渠道少）。

（1）信息来源窄：地域因素掣肘，管辖地外信息查询困难。

被执行人的执行信息，无论人身信息还是财产信息，都因被执行人的能动性而呈现动态属性，致其信息范围广阔，存在不同地域、不同省级行政区划间的分布，亦即存在地域属性。然而现有执行措施尚不具备跨省级行政区划的信息查询、收集能力。比如，在被执行人财产线索的常规对象查询中，房产、车辆、户籍信息目前都不具备跨地域的查询和反馈。即是说，在一般情况下，执行法院还无法对其所属省级行政区划外的财产线索进行查询，而采取相应的强制措施更显得有些奢望。这样一来，相当一部分的被执行人信息，就会因信息来源窄的"渔网太小"而被"遗漏"在外。

（2）信息渠道少：调查模式固化，信息渠道未能与时俱进。

如果说一个被执行人信息对应一个点，那无数个信息的汇集将构成一个完整的被执行线索。掌握尽可能多的信息，无疑将使执行工作更加接近成功。这就如

---

❶ 阿里巴巴研究院．"互联网+"重新定义信息化——关于"互联网+"的研究报告（上篇）[J]．光明日报，2015-10-16（5）.

同解谜游戏，只有不断收集更多的信息或情节，并进行分析和处理，进而发掘线索，才能完成任务。执行中，调查方式固化、信息渠道有限所凸显的信息量少，是横亘在执行人员与被执行人信息间的一条丘壑。一方面，传统执行线索调查固化，调查标的限于房产、银行钱款、车辆、社保账户、证券、户籍等几大类；另一方面，新型的信息载体未能纳入调查范围，比如被执行人行踪有关的身份证登记线索、出入境线索、网络IP线索等，又如被执行人财产相关的理财账户线索、保险账户线索、银行保险柜线索等，均未能实现与相关职能单位的有效连接。"网线"如此不密，自然导致信息未能为执行人员有效掌握。

2. 信息不及时

信息不及时，指的是被执行人信息时效性不足，导致调查结果与实际状况存在一定的差异。造成不及时的原因，一般主要有信息反馈慢、信息准度偏低两个方面。

（1）信息反馈慢：线下调查费时费力，反馈结果时效性欠缺。

从有效执结的角度而言，执行工作的第一个要求便是"快"。可以说执行人员在执行案件中，既要与被执行人斗智斗勇，更要争分夺秒与时间赛跑。越能尽快、尽早掌握被执行人的信息，就越能有利于执行工作的开展和进行，避免因信息迟滞而造成执行困难。当前，被执行人信息的调查和收集过程中，羁绊力求"快速"的则是调查过程中的信息反馈偏慢。以上海法院执行7.0系统为例，存款、房产、证券信息的反馈一般需2周左右的时间，个别情况下还存在2周以上的反馈时间。而对于车辆持有（抵押）信息、详细户籍资料信息则更需要线下的人工调查。执行部门需为此专门安排查询的人员、时间，同时还须协调协助调查单位的人员及时间。信息反馈慢，催生了信息时效性的欠缺，在一定程度上给迅速执结造成了消极影响。

（2）信息准度低：信息及时更新不足，反馈结果精准度偏失。

除去"快"的要素，有效执结的另一个要求则是"准"。如果费尽周折调查的被执行人信息缺失了准度，既会浪费司法资源，又会影响执行效果。但是，通过现有执行手段获取的被执行人信息，囿于协执单位的信息更新滞后，时常丧失准确性，进而误导执行走向。例如，因房产管理单位未及时更新产权变动或查封情况，可能造成执行措施的错误；又如，户籍资料的迟延更新，有关被执行人下落的户籍地址、居住地址不准确，极有可能让执行人员在错误的线索上浪费宝贵的执行时间；再如，婚姻状态信息更新不及时，很可能导致民间借贷案件执行中错误追加或遗漏配偶的执行信息。

3. 信息不整合

被执行人信息经调查后反馈，需要将反馈结果进行相应的信息整合，以确认被执行人可供执行的有效信息，进而为作出下一步的执行决策提供依据。但受制于信息归口反馈不一、筛查方法落后等因素，达到在有限时间内完成有效信息的整合尚不具备适当条件。

（1）信息分布零散：归口反馈不一，有效信息分散。

现有被执行人信息的调查内容中，不同的信息内容对应的是不同的归口路径，如房产反馈信息由房产管理单位发回；车辆信息反馈由车管所不定期书面反馈（目前，最高法"总对总"平台已可直接查询车辆信息，但诸如抵押情况等信息仍不完备）；人口户籍信息由公安机关协助查询反馈。诚然，各归口单位配合调查已节省法院执行部门的诸多资源，实属不易。但各归口路径反馈效率不一、反馈不协同，缺乏统一的信息反馈和整合平台，导致信息分布严重零散。

（2）信息筛查繁累：筛查方法落后，提取信息烦琐。

归口路径的协查信息反馈后，需要对相关信息进行查阅并整合，以筛选出可供执行的线索，进而作出执行决策。当前最普遍的模式是：在需要人工查询的场合，执行部门经办人员获取纸质反馈资料后，分发至各承办执行人员，各承办人再分别对照具体案卷进行人工查阅、记录并整合分析。整个过程既方法老化，又烦琐费力。在案多人少的现实环境下，陡增工作压力。

二、"互联网+"视野下民间资源助力强制执行的可行性探讨

及时、准确、有效的信息，是提高执行工作效率、解决"执行难"的基础。而"信息失真"的存在，无疑给高效执行蒙上了一层面纱，也在客观上成就了"执行难"。因此，如何让失真的信息回归真实，成为解决"执行难"的关键。"互联网+"的大数据时代，为我们带来了信息的繁荣，也为我们矫正"信息失真"提供了思路。只要施以合理的方法途径，定能利用"互联网+"的信息大数据达到"他山之石可以攻玉"的效果。

（一）"互联网+"大数据对"信息失真"的有力矫正

"互联网+"，就是指以互联网为主的一整套信息技术（包括移动互联网、云计算、大数据技术等）在经济、社会生活各部门的扩散、应用过程。"互联网+"的本质是传统产业经过互联网改造后的在线化、数据化。[1]"互联网+"下信息大数据的特点与优势，对于矫正"信息失真"而言，至少有三个方面值得期待。

1. 信息来源"海量"：跨越时空，多维延伸

大数据时代的三大特征，即俗称的"3V"，第一个即是"海量"（Volume），表明越来越大的数据信息容量。[2] 互联网虽是一个虚拟的世界，但也是一个真实

---

[1] 阿里巴巴研究院."互联网+"重新定义信息化——关于"互联网+"的研究报告（上篇）[N].光明日报，2015-10-16 (5).

[2] 参见陈光锋.互联网思维 [M].北京：机械工业出版社，2015：217.

的世界，它触及人类以往从未能想象的认知边界，接收超越时间空间界限的庞大信息，获取任何一个与之相连的载体信息。多维延伸的信息来源，可以有效打破现有被执行人信息收集中的时间、空间界限，获取无限可能的信息，有力克服"信息不全面"的短板。

2. 信息反馈"秒回"：更新快速，即时传输

互联网相较传统沟通交流模式，具备"秒回"式反应快速的极大优势。而大数据的"速度（Velocity）"特征，正是数据的处理速度变得即时之意。❶ 如能有效加以利用，"快速的信息反应+即时的数据处理"将使"信息不及时"成为永久的过去式。

3. 信息整合"靠谱"：智能筛选，简便操作

在一个大数据库里，辅以必要的筛选程序设计，可以使对有效被执行人信息的筛查变得智能化、简便化，进而在基础工作上完全摆脱人工依赖性，将执行人员从烦琐的信息筛查中解放出来，而将宝贵的时间使用在后期的执行策略上。

（二）审时度势：法院构建大数据库的局限

"互联网+"大数据的独特信息优势，为矫正"信息失真"提供了创设解决路径的方向。然而，在现有体制机制下，想要凭借法院一己之力构建足以消除"信息不能"的大数据库，尚存较大困境。

1. 信息来源屈指可数，限于传统信息载体

"大数据"是以多元形式，来自许多来源收集而来的庞大数据组，其数据可能得自社交网络、电子商务网站、来访记录及其他来源。❷ 因而，大数据的基础必须是数据信息来源广泛。而正如前所述，执行实践中，我们针对被执行人信息的收集来源是极其有限的，仅限于固定的传统执行信息来源，这一点尚与大数据的前提相去甚远。

2. 技术手段力不从心，限于简单数据整理

大数据的庞大信息来源，是其应用的基础，快速的信息整合处理则是其目的，而这一快速整合又以云计算分布式处理、虚拟化技术等先进技术为依托。在云计算尚未在各级法院的日常审判管理系统中得到普及的当下，对于技术应用并非专长的法院系统而言，现阶段所具备的技术手段和软件条件都不足以应付庞大的数据处理。

3. 人力财力难以负担，限于预算资源配置

维系一个可靠的、高效运转的大数据系统，避不开人力财力的物质需要，而

---

❶ 参见陈光锋. 互联网思维 [M]. 北京：机械工业出版社，2015：217.
❷ 参见《大数据理论》，载12readers，http://www.12reads.cn/26280.html，2016年5月30日访问。

这恰巧是法院系统的难言之隐。更何况，当下如火如荼进行的司法改革，对于人员分类改革、财物省级统管等尚处在不断地摸索和调试之中，或无余力来对此进行人力和财力的支配。

（三）另辟蹊径：民间资源助力强制执行的构想

虽然当前的客观条件使法院在充分创建自身大数据库上显得捉襟见肘，但"互联网+"时代下的信息思路，为我们解决"执行难"提供了创设新型解决路径的依据。要想达到"快、稳、准"收集被执行人信息的目的，法院直接主导的官方信息数据库现阶段虽欠可行性，但"互联网+"时代下的民间资源或许可以使我们另辟蹊径。在现有条件下，可以充分利用"互联网+"模式下的民间信息载体，将具备不断接收并存储处理即时数据能力的大型互联网企业与具备随时随地报告信息能力的不特定个体，拓展为被执行人信息的有效来源，并围绕这两个主体搭建两个平台，获取有效被执行人的信息，借以助力强制执行。

1. 借助"两个主体"——民间资源助力强制执行的可行主体

诚然，法院一己之力尚不足以建立专门的大数据库。然他山之石，可以攻玉。21世纪的人类社会"信息村落"，使无数信息通过互联网的传播变得唾手可得。"互联网+"的时代，除去公权力所能掌握的信息，民间资源也是重要的被执行人信息渠道，在现有条件下甚至可以说是更为宽泛、更为便捷的信息渠道。

（1）互联网企业：不断接收并存储即时数据的能力。

"互联网+"下大数据对经济产业的巨大影响，反过来令大数据获得空前的发展。越来越多的企业，尤其是大型的互联网企业，不断利用大数据优势、发展大数据技术来开拓市场，具备大数据能力已成为一个大企业能力的象征。这些互联网企业的经营运作中，不断接收存储广泛、大量的信息，并根据经营需要对这些信息进行处理整合。这些庞大的数据库，所涉信息范围之广，绝非法院所能比拟。而这些数据，由于与生活日常有关，极大可能会覆盖被执行人的信息（如被执行人网络购物的联系地址、电话等），借助这些即时的信息数据，对收集被执行人信息绝对大有裨益。

（2）不特定个体：不拘于时空条件的信息报告能力。

互联网的存在，一方面，克服了时空的界限，拉近了信息交流的距离；另一方面，实现了"一对多"的信息交流方式。因此，利用互联网，可以实现在一个有效数据终端下，将任何不特定个体延伸为有效被执行人信息的来源。借助有效的网络连接，任何一个不特定个体（自然人），都可以将其所掌握的被执行人信息以极为便捷、快速的方式反馈给执行法院，供执行法院审查和使用。它无疑将无限扩大被执行人信息的来源数量、宽度和广度，成为被执行人信息收集的"第二双眼睛"。

2. 打造"两个平台"——民间资源助力强制执行的拟制路径

利用"两个主体"的独特信息能力，能够有效扩展被执行人信息的来源，为矫正"信息失真"提供资源基础。至于如何利用，或仍需通过互联网的思维进行路径创设。在保持现有执行操作平台收集相关被执行人信息的基础上，为更好地吸收"互联网+"下的民间资源力量，可着眼于两类民间主体的不同特性，分别打造"点对点"信息协助平台与"多对点"信息采集平台，作为民间资源助力执行的拟制路径。

（1）"点对点"信息协助平台：互联网企业与法院的信息共享。

虽然执行法院并不具备大型互联网企业所具有的庞大数据信息存储及处理能力，但却可以合理方式"借用"这一能力。法院可以与此类互联网企业协商达成合作协议，为司法执行之目的，合理合法地共享其所获取的信息。在法院与互联网企业之间搭建起"点（法院）对点（互联网企业）"信息协助平台，法院如遇有执行案件，即可通过此平台共享被执行人在互联网企业数据库中的相关信息。

（2）"多对点"信息采集平台：不特定个体向法院的信息报告。

由于不特定个体"不特定"的特性，其很难适用互联网企业型的"点对点"模式。但是，获取信息的一方即法院却是特定且可见的。因此，只要提供一个不特定个体均可传递信息的固定渠道，获取其信息便不是难事。这样一来，"多（不特定个体）对点（法院）"信息采集平台是完全可行的。法院只需提供一个专门的网络平台（一般为网站），在其平台发布相应被执行人的信息及法院希望获取的信息，并设置信息反馈的方式，即可发挥不特定个体随时随地的报告能力，有的放矢地采集相应信息。

三、前瞻思考——民间资源助力强制执行的法制保障

强制执行，具备国家意志力，是司法权力的有力延伸，更是公平正义的坚强护盾。民间资源助力强制执行，在法理基础上具备合法性，在实践操作上也具备可行性。但从强化制度的法制基础角度而言，上述民间资源助力强制执行的拟制路径，有待在相关执行法律法规中予以明确。另外，在民间资源助力强制执行的过程中，也需加强对民间资源主体的法制保障，确保这一力量真正长久、有效地服务于执行工作。

（一）完善强制执行相关立法

近年来，学界对强制执行立法的呼声越来越高，认为强制执行立法的滞后与"执行难"不无关联。[1] 主流观点并认为应以制定单行强制执行法而使其脱离民

---

[1] 王娣. 我国强制执行立法体例与结构研究 [J]. 法学评论, 2014 (6).

事诉讼法为立法模式。❶ 不过，无论采取何种立法模式，对于完善执行制度、丰富执行手段、提高执行效率而言，完善强制执行立法并提高立法水平，实有必要。在现行强制执行的立法模式下，民事诉讼法是强制执行的主要法律依据，而在2012年新修订的民事诉讼法中，似乎仅有其第255条可以视为民间资源参与强制执行等非传统执行措施的依据。❷ 然而，这一规定对于完善民间资源助力强制执行的具体需求还远远不够，对于顺应社会发展需求而丰富其他执行措施则更显不足。

因此，在借助民间资源的信息优势构建相关信息平台的创新执行措施设计过程中，还应同步推动强制执行的相关立法。在建立完整强制执行立法体系的前提下，细化和丰富执行措施的法律法规，为民间资源助力强制执行提供充分有效的法律支撑。

（二）加强民间资源法益保护

在民间资源助力强制执行的路径探索及制度建设过程中，民间资源的法益保护也应予以重视，否则容易造成制度设计的短板。而在其法益保护上，至少有两个方面需要兼顾：一方面，需要给予这些民间资源主体相应的执行奖励，保障其利益并调动其协助执行的积极性；另一方面，应注重对民间资源主体相关信息和隐私的保护，保护其免受不利益。

1. 给予协助执行奖励

民间资源助力强制执行的制度设想，本身就是希望"借用"民间主体的庞大信息数据而为法院执行所用，因而其本质是一种平等合作模式（形象地说，近乎民法上的双务合同关系）。因此，法院在获取民间资源主体提供的信息时，也有支付对应给付的必要。而履行这一义务，在能力所及范围内给予民间资源主体相应执行奖励就是不错的选择。当然，奖励的目的在于坚持平等合作的前提下，以互惠互利的方式促进制度的良性发展。尽管如此，法院在此方面能力依旧有限。"执行难不仅是一个法律问题，也是一个社会问题。破解执行难是一项系统工程，非法院一家所能独立完成，需要整合法院内外各种力量和社会资源"，❸ 因而在给予执行奖励方面，就需要各界尤其是各级行政部门的支持与帮助。围绕法院自身的资源及各界给予的支持帮助，可针对两类民间资源主体的不同特性，给予不同的执行奖励。

---

❶ 席锋宁. 王利明代表：制定"民事强制执行法"破解执行难 [J]. 法制资讯, 2009 (3). 肖建国. 单行法模式：我国强制执行立法的选择 [J]. 公民与法, 2013 (3).

❷ 该条规定："被执行人不履行法律文书确定的义务的，人民法院可以对其采取或者通知有关单位协助采取限制出境，在征信系统记录、通过媒体公布不履行义务信息以及法律规定的其他措施。"

❸ 杨奎，张夏云. 基本解决执行难的三大关键 [N]. 人民法院报，2016-04-07 (2).

首先，对于互联网企业而言，有益于企业经营发展的奖励，既能对应其所需又具备给付可能性。基于这一考量，可以适度对合作的互联网企业给予税收优惠、提高企业信用度评级及其他行政政策倾斜等奖励。

其次，对于不特定个体，因其通过"多对点"平台进行信息提供很少具备频率高和期限长的特征，且一般为自然人主体，因而并不宜类推适用企业有关的奖励措施。对这一主体具体奖励措施的选择上，可以物质奖励为主，并辅之个人征信方面的积极评价或个人荣誉奖励等方法。

2. 加强对民间资源主体信息保护

民间资源主体在向法院提供被执行人信息的过程中，也存在着自身信息被侵害的可能性，且一旦被侵害就将产生难以预料的后果。这一可能性的产生有多方因素，但最主要的还集中在网络传输的开放性上。因此，如何在两个信息平台中有效保护两类主体的自身信息，是保障民间资源主体安全的第一要务。

网络的问题，还是应通过网络的方式进行应对和处理。加强对民间资源主体信息安全保护，需要我们在平台设计过程中，就将保护不特定个体隐私信息、互联网企业商业秘密、企业客户人身信息等问题纳入开发之中。在不特定个体隐私保护上，平台需要隐蔽其全部个人信息不为他人所见；而在互联网企业信息保护上，平台需要建立和完善相关防护墙，限制平台的可入路径并防范网络攻击，防止信息外流。

（三）合理平衡被执行人信息之"披露与保护"

在执行过程中，利用民间资源的信息平台获取被执行人信息，如其他执行披露措施一样，不可避免地会涉及被执行人隐私的问题，这也是目前法院执行措施中经常遇到的问题。就此，曾有人提出被执行人信息的披露存在侵犯被执行人隐私权、名誉权等权利之嫌。[1] 这种观点，显然有些言过其实，但提出了如何在执行过程中达到对被执行人信息披露与隐私保护相平衡的社会关切。

1. 被执行人信息披露的合法性

无论如何，需再次明确和强调的是，强制执行是法律赋予的司法权力，而为保证依法生效的法律文书所确定的义务得以履行，保障执行案件申请人的合法权利，依法采取相应执行措施以督促被执行人履行或获取执行信息，是其应然之义。因此，对被执行人信息，尤其是其基本信息及案件信息进行披露，本身并不具备侵犯隐私的基础。更何况，披露信息的根本原因是被执行人拒不履行生效法律文书义务，不同于一般意义上的故意或过失侵犯他人隐私权。对此，最高人民法院副院长江必新曾表示："司法的公开性决定了涉案执行信息原则上不是被执

---

[1] 翁里，龚呈婷. 法院曝光隐私与执行难问题初探 [J]. 行政与法，2008（9）.

行人的隐私信息。"❶ 因而，被执行人信息披露的合法性和司法的公开性，共同奠定了其法律正当性的基础，并不侵犯被执行人隐私。

尽管对被执行人信息的披露不属于隐私侵犯的范畴，但仍需注意到被执行人的隐私权利同样受法律保护。如果对被执行人信息的披露远远超越了执行的需要或信息的披露与执行需要无关，则势必给被执行人带来困扰。为避免这种情况的发生，通过两个信息平台披露或获取信息，都需严格以执行需要为前提，牢固把控信息披露的范围。

2. 信息平台的"披露—保护"平衡

为达到对被执行人信息披露与保护的平衡，在平台的创设过程中，首先要明确在执行需要引导下可披露信息的范围。以目前执行实务中的"被执行人信息查询系统"及"失信被执行人名单"为参考，两者所公布并为公众所能查询的信息仅限于被执行人的基本信息及案件信息，包括姓名、性别、年龄、身份证号码（已隐去部分号码）/组织机构代码及执行案号等内容。但这一信息内容及范围，实质而言仍相对较小。如要达到可为互联网企业或不特定个体准确识别被执行人并提供被执行人信息的目的，较为合理地讲，其范围或应适当延伸，将包括被执行人的照片、籍贯等信息纳入其中。而对于被执行人配偶（家属）、家庭住址等较为隐私的信息，则不应公布。

其次，在"多对点"平台中，由于网站的公开性，如不采取必要措施，很容易让报告的信息为他人获取。因此，平台必须隐藏不特定个体就被执行人提供的具体被执行人信息不为第三人所见，以防止信息为人恶意利用，造成对报告人员或被执行人的人身、财产损害。

做好"互联网+"的大文章，才能站在风口顺势而为。"互联网+"时代的信息繁荣，为完善强制执行制度带来无限可能，而互联网信息化与执行工作的深度融合是大势所趋。"剑锋所指，所向披靡"，成功把握"互联网+"的时代利器，定能取得"执行难"攻坚战的最终胜利！

参考文献

[1] 陈光锋. 互联网思维 [M]. 北京：机械工业出版社，2015.
[2] 王娣. 我国强制执行立法体例与结构研究 [J]. 法学评论，2014（6）.
[3] 席锋宁. 王利明代表：制定"民事强制执行法"破解执行难 [J]. 法制资讯，2009（3）.
[4] 肖建国. 单行法模式：我国强制执行立法的选择 [J]. 公民与法，2013（3）.

---

❶《全国法院被执行人信息查询平台开通》，载中国政府网，http://big5.gov.cn/gate/big5/www.gov.cn/fwxx/sh/2009-03/31/content_1272839.htm，2016年6月6日访问。

[5] 翁里，龚呈婷. 法院曝光隐私与执行难问题初探 [J]. 行政与法，2008 (9).
[6] 杨奎，张夏云. 基本解决执行难的三大关键 [N]. 人民法院报，2016, 4 (7): 2.
[7] 阿里巴巴研究院. "互联网+" 重新定义信息化——关于 "互联网+" 的研究报告（上篇）[N]. 光明日报，2015, 10 (16): 5.
[8] 大数据理论. 载12readers，http://www.12reads.cn/26280.html，最后访问日期：2016-05-30.

我国海外公民外交保护的法律适用

陈志强[1]

摘　要：在外交保护过程中，国家拥有自由裁量权，无须被保护者提出请求或征得被保护者同意。在一国行使外交保护权时，即使一国与某一公民没有国籍联系，也可以在一定条件下（如受害者为难民）对其行使外交保护。面对出境人口的急剧增加，中国需要制定针对海外重大突发事件的应急措施，推动建立和完善侨民安全保护联席会议制度，实现境外侨民登记制度网络化和便捷化，最终需要按照国内法保护与国际法保护并重原则加快外交保护立法的进程。

关键词：海外侨民；外交保护；法律适用

外交保护是指一国针对其国民（包括公民或法人）因另一国的国际不法行为而受到的侵害，依照所在国法律用尽了一切当地的行政和司法救济仍不能获得补救时，以国家的名义为其采取外交行动或其他合法手段以解决争端的行为。根据国家主权平等原则和属人管辖的原则，任何一个作为国际法主体的国家均有权通过本国的外交机关对在境外侨民提供各种保护，特别是本国侨民或法人的合法权益在外国受到非法侵犯时，国籍国有权对该侵权国提起国际诉讼或进行其他外交交涉，并对有关损害要求赔偿。

一、外交保护概念界定及其发展历程

国际上实施外交保护的法律实践最早可以追溯至18世纪。现代国际法意义上外交保护的出现是以1924年马弗罗马蒂斯巴勒斯坦特许权案为标志，并在瓦特尔拟制[2]的基础上发展起来的，后来随着各国对本国侨民的保护行为日益多元化，外交保护作为解决国际争端的手段曾经不再被重视。但随着人类进入21世纪，经济全球化和科技信息化浪潮席卷全球，不同国籍、不同种族、不同文化的交融与冲突日益加剧，于是，外交保护具有了蓬勃的生命力和重要现实价值。实践中，各国都是通过本国外交机关对在国外的本国国民提供各种保护。2006年联合国国际法委员会二读通过的《外交保护条款草案》是该制度的最新发展成

---

[1] 作者单位：上海商学院。
[2] 瑞士法学家瓦特尔（Emmerich de Vattel）是外交保护制度的理论奠基人之一，因为他提出了这样一个理论，即对个人的损害就是对其国家的损害，被称为瓦特尔拟制（Vattel Fiction）。在1758年撰写的论著中，他认为，任何人不公正地对待了一国国民，就间接地对该国造成了损害，而该国必须保护其国民。

果,它扩大了外交保护对象,明确了外交保护条件中的国籍原则和用尽当地救济原则,但在对外交保护的性质界定、外交保护适用的国籍条件和用尽地方救济原则的例外情形以及相关配套制度等方面尚待明确和完善,以顺应全球化背景下国际人权保护的发展需要。

(一)我国的外交保护的理论与实践

进入20世纪后,西方关于外交保护的理论与实践已经比较系统和深入,在各个时期都有专题性的论著和文章问世。我国的外交保护制度的确立始于新中国成立后,但真正意义上的外交保护则要从改革开放以后才开始有所发展。随着联合国国际法委员会着手编纂,并最终通过《外交保护条款草案》,国内学术界越来越关注外交保护这个原本被误认为"无疑可议"的课题,相关文章陆续发表,例如,周忠海教授撰写的《海外投资的外交保护》(《政法论坛》2007年第3期);黄涧秋教授撰写的《论外交保护制度中的公司国籍规则——2004年联合国国际法委员会〈外交保护条款草案〉述评》(《甘肃政法学院学报》2007年第6期);余劲松教授撰写的《公司的外交保护》(《政法论坛》2008年第1期);另有2篇博士学位论文:华东政法大学2007届博士生殷敏撰写的《外交保护法律制度及其发展态势》、华东政法大学2010届博士生张磊撰写的《外交保护国际法律制度研究》,此外还有一篇吉林大学2012届王涛撰写的硕士论文《我国外交保护法律制度研究》。由此可见,得益于现实需要和学术环境的变化,我国学界对外交保护的研究热情和重视程度正在不断提高。然而,目前国内仅有的研究成果主要集中在对海外投资(公司)的外交保护,涉及自然人的外交保护研究非常少。即使是针对海外投资(公司)的研究,仍然以宏观性地阐述国际规则为主。

由于我国有关立法和行政机关对外交保护的理论与实践重视不够,尤其是对于外交保护与领事保护的相互关系认识不清,导致我国侨民的海外权益遭受侵害时无法得到有效救助,因此,有必要对外交保护与领事保护的基本范畴及其相互关系进行深入分析。

(二)外交保护与领事保护的相互关系

领事保护与外交保护有很多相同之处,却有本质的区别。外交保护泛指一国根据其对一切在国内或国外的本国人享有的属人优越权,通过外交途径对在国外的本国国民(公民或法人)的合法权益所进行的保护。根据主权原则,一国对具有本国国籍的人享有管辖权。国家对其国民采取的外交保护行为是国家的主权行为,是根据国家属人优越权,即"属人管辖权"❶ 而确立的,是一国对其侨民进行保护的法律基础。"国家依据属人管辖权,可以对其在外国旅游或居住的侨

---

❶ 属人管辖权,是指国家有权对一切具有本国国籍的人实行管辖,而不问其居住在国内或国外,因此也称依据国籍的管辖。

民实行管辖,这是国际法所允许的以国籍为法律纽带而行使的国家管辖权。"❶从国际法角度而言,国籍是一个人对国家承担效忠义务的根据,也是国家对其进行保护的根据。基于国籍,公民对母国享有特殊权利并承担特殊义务,母国对本国国民享有管辖权并负有保护义务,这已得到了国际法的普遍承认。这里所说的保护主要有两种:外交保护与领事保护。

与外交保护相比,领事保护指的是一国的领事机关或领事官员,根据本国的国家利益和对外政策,在国际法许可的限度内,保护派遣国及其国民权利和利益的行为。根据《维也纳领事关系公约》规定,领事职务包括"于国际法许可之限度内,在接受国内保护派遣国及其国民——个人与法人——之利益"。中国同外国签订的领事条约通常都规定,领事官员有权保护派遣国及其国民的权利和利益,这里所说的派遣国国民指具有派遣国国籍的自然人,也指派遣国法人。

外交保护和领事保护原则上适用于一国的国家行为已经或必将侵害外国人合法权益的各种事项,主要包括:(1)国民被非法逮捕或拘禁;(2)国民的财产或利益被非法剥夺;(3)国民受到歧视性待遇;(4)国民被"拒绝司法"等情况。此外,合法权益还包括海外侨民的个人身份、以前因个人身份而取得的权利(如婚姻、信仰等)应得到所在国的尊重,其动产和不动产、艺术权利和工业财产、结社权利(非政治性和非营利性的社团以及同业公会组织向当地法院申诉的权利等不受侵害。海外侨民的公共教育、公共救济、旅行证件、资产合法转移等活动应该不受不法侵害。

外交保护与领事保护有相同之处,两者保护的对象都是从事非官方国际活动的普通公民或法人,一般情况下都要求受保护的公民和法人具有保护国国籍;两种"保护"的实施均需遵守各自的相关国际法规则和有关外国国内法,不属于一国行政机关的具体行政行为。两者的法律渊源同出于宪法中有关公民权应受国家保护的条款,对当事人来说,国籍国政府负有在某种条件下为其提供外交或领事保护的义务,而对于所在国政府来说,国籍国政府享有为本国公民进行领事或外交保护的权利。领事保护往往是外交保护的前奏,与外交保护存在相互补充的关系。

但是,外交保护与领事保护毕竟是两种不同性质的行为,有着本质区别。

1. 前提条件不同。外交保护针对的是外国不法行为,并采取措施追究外国国家责任。领事保护则不是针对国家,而是协助本国国民适用当地救济。针对接受国境内使本国公民或法人利益受到侵害的任何行为,如普通民事纠纷或刑事案件,甚至当本国公民或法人利益尚未受到现实侵犯的情况下,均可实施领事保护。在此意义上,领事保护具有一定的预防作用。一国通过领事保护的介入,可

---

❶ 林灿铃.论"侨民保护"[J].中国政法大学学报,2013(1):151.

以敦促接受国更为妥善、公允地处理涉及该国公民或法人利益的事务，防止接受国实施国际不法行为，避免有关问题上升为国家间的争端。

2. 行使的名义不同，即实施主体不同。外交保护以国家名义行使，而领事保护并非总以国家的名义行使。实践中，外交保护通常由大使馆中负责领事事务的外交官具体实施，而领事保护则由领馆中的领事负责执行。

3. 自由裁量权不同。对是否行使外交保护，国家有自由裁量权，无须被保护者提出请求或征得被保护者同意。而领事保护一般是一国驻外使领馆应被保护公民或法人的请求或经其同意后才予以提供。实践中，一国公民或法人在其权益受到侵害后，可能并不寻求领事保护，也可以拒绝领事保护。如《维也纳领事关系公约》第36条第1款第3项明确规定，被监禁或羁押的一国国民可以反对该国领事官员为其聘请法律代表、探访等行为，在这种情况下，该国领事官员应避免采取上述行动。

总之，外交保护与领事保护是两个不同的概念。外交保护的行使条件较为严格，迄今为止实践较少。领事保护是中国驻外使领馆的重要日常工作，对于维护中国公民和法人在外国的合法权益发挥着重要作用。

二、外交保护的利益归属及其本质

国际社会由拥有平等主权的不同国家组成，只要国家间存在交往，就会产生涉外关系，从而产生海外利益、利益主体和利益诉求。

（一）外交保护的利益主体问题

利益主体可以分为以下两类：第一，海外国家利益。该类利益主体为国家，国家是虚拟的法律人格。判断海外国家利益，必须首先确认按照国家行为规则该利益是否在法律上归于国家，例如，一国外交官员的特权与豁免可以被认定是一类国家利益。海外国家利益的保护可直接通过国与国之间的交往来主张和实现，因此，外交保护制度是不适用于此类国家利益所涉的事件的；第二，海外侨民利益。一般而言，海外侨民，是指不拥有所在地国家国籍的自然人，因此，在所在地国通常被称为外国人，而这些外国人的国籍国，则称其为本国的海外公民。侨民利益由于处于各所在国领土主权管辖范围之内，需要依据属地国的法律来解决。"在国际法上，正是基于侨民在所在国为弱势群体这一事实，规定了外交保护制度，在满足一定的严格条件的情况下，国家可以对本国的侨民利益进行国与国之间的外交交涉与保护。"[1] 传统国际法理论认为一国对其侨民进行保护意味着该国已经将另一国对其侨民的侵害视为对其国家的侵害。这种法理上的虚构近来在西方国际法理论界引发了不少争议。

---

[1] 万霞.外交保护国际制度的发展及演变[J].国际观察，2009（2）：15.

从利益的内容看，外交保护的利益有三类：第一，海外的财产利益。主要是一国侨民或者国家在海外的财产权利及利益。例如，国家财产、法人的投资及收益、公民的房屋及货币财产等。在我国，海外利益中财产利益占据很大比重，特别是以国有股为主体的海外法人利益，其既是法人利益，也有国家利益的因素；第二，海外的人身利益，主要指侨民的人身利益，包括公民的生命健康及其他人格权、身份权等利益等。人身利益损害通常伴随着财产损害而发生，例如，一些国家的犯罪分子对华人华商实施的暴力抢劫或枪杀，在伊拉克、阿富汗、巴基斯坦、尼日利亚、埃塞俄比亚、索马里等国发生的针对中国人员与机构的袭击和绑架事件等。一些意外事件中也常常出现人身利益的损害，如交通事故、地震、海啸等自然灾害；第三，海外的政治利益，包括结社权、向法院起诉权、出入境权、自由迁徙权等联合国关于公民权利和地位的有关政治权利；第四，海外的经济社会利益，如工作权、动产不动产权、知识产权、自雇和自由职业权、住房权、公共教育权和其他社会保障权。

（二）外交保护的权利主体问题

在国际法上，外交保护权究竟是国家的权利还是被保护者个人的权利？这一基本理论的争议具有十分重要的实践意义。如果外交保护权是个人的权利，那么该个人的国籍国就可能具有保护该个人的国际法义务，它所主张的求偿范围限于该个人所受到的损害，它所得到的另一国的赔偿结果也应归于该个人。传统观点认为外交保护权是国家的权利，一个国家没有保护其在国外国民的义务，居留国外的国民没有权利要求其本国给予保护，尽管按照国内法它可能有这样的权利。国际法院在著名的1970年"巴塞罗那牵引公司案"中也认为：在国际法规定的限度内，一个国家可以用它认为合适的方法并在它认为合适的范围内实行外交保护，因为该国所维护的是它自己的权利。国家所享有的外交保护权，从法律规则的角度可以从两个角度来理解："在国家间法关系中，外交保护是一国的权利；在国内法关系中，外交保护是国家的义务。"❶ 如1978年《大韩民国宪法》第2条第2款就规定："国家根据法律规定，有保护在外国民的义务。"

"国家权利说"与"个人权利说"分歧的焦点在于外交保护所维护的实体权利的归属，而不是外交保护在程序上的权利。外交保护是一种以国家名义所进行的国际求偿，而不是赋予个人以直接进入国际求偿程序的权利，因为个人是国家的组成要素，个人权利被侵害可以推断为国家的主权也受到了侵害❷。因此"国家在决定是否行使外交保护权的问题上，需要综合考量国家的整体利益与对外政

---

❶ 姜绍甜. 外交保护性质之新解［J］. 公民与法，2010（10）：55.

❷ Emmerich de Vattel, "The law of Nations or the principles of Natural Law" (1758), in Fenwick (trans.), The Classics of International Law, ed. Ⅲ, Carnegie Institute, 1916: 136.

策上的得失，从而拥有对外交保护的自由裁量权"。❶

（三）外交保护的性质

外交保护是国家可以援用的一项程序规则，它规定的是如果国家想要进行外交保护，必须符合国际法的哪些原则和制度，程序如何。外交保护是国籍国为保护受损害的人并使该人从受国际不法行为造成的损害得到赔偿所使用的程序。使用外交保护必须通过合法及和平的手段，这种手段主要通过两种方式进行：一是外交行动；二是法律诉讼。这就意味着外交保护属于国际关系范畴，同时，外交保护并不意味着只是国与国之间的外交交涉，还包括由国家采取的其他行动（如战争、诉诸司法等）。

综上所述，外交保护是属人管辖权的重要体现，本质上是处理国家间关系的制度，是将国家与私人之间的事情转化为两个国家之间的事情。

三、外交保护的构成要件分析

传统国际法认为外交保护必须同时符合以下三个前提条件：第一，受害人持续地保有本国国籍；第二，所受损害必须是属地国的国际不法行为导致的损害；第三，受害人须用尽当地司法救济。如今，对以上三个条件的解释在联合国《外交保护条款草案》中都出现了一定的变化。

当今的国际法不再强调保护国与其公民必须是真实而有效的联系。时至今日，联合国国际法委员会转变了过去的看法，认为当今社会，不应再要求一国按照诺特博姆案中所认定的方式证明该国与某一国民之间的有效联系或真正联系作为行使外交保护的另一个附加因素。因为在经济全球化和移民大量增多的今日世界中，很多人与其国籍国的联系十分薄弱，因此，过分要求国籍的真实而有效地联系，将会导致成百上千万人将因此无法得到外交保护的利益。

基于当今国际法的外交保护不再必须是基于对拥有本国国籍的对象的保护。国籍是联系国家和个人或法人利益的纽带，这种联系使得国家可以对抗任何其他国家。国籍不仅是联系个人与国家之间的特定利益与义务的因素，也是联系个人与国际法上的利益之间的关键因素。传统国际法确认国家之所以保护某个对象，是因为该对象具有本国国籍。

那么，即使一个自然人与一国没有国籍联系，是否也可以获得该国的外交保护呢？答案是肯定的。联合国《外交保护条款草案》规定，在特殊情况下，即使该国与此人没有国籍联系，也可以对其行使外交保护，其前提条件是：

第一，该国可以为在其境内拥有常住地的无国籍人士在海外所遭受的损害进行外交保护。

---

❶ 黄涧秋. 论海外公民权益的外交保护 [J]. 南昌大学学报：人文社会科学版, 2008 (3)：95.

第二，在难民不能或不愿受国籍国保护的情况下，该国应该考虑提供外交保护。按照国际通行规则，"即使寻求庇护者因为不符合难民条件不能享受难民待遇和法律地位，但是也享有基本人权和作为外国人的待遇"。❶ 当代国际法在外交保护方面突破了只有本国国民才可享受外交保护这一传统条件，容许一国对无国籍人和难民进行外交保护，反映了国际法日益关注国家层面之下的个人权利，不断加强国际制度在实现个人权利方面的作用。

那么，是不是一人拥有某国国籍就必须由该国提供外交保护呢？答案是否定的。联合国《外交保护条款草案》认为，一些拥有本国国籍的人在特定情况下不能得到本国的外交保护：（1）非持续性国籍持有者。传统国际法规则要求，一国所保护的国民必须在受到损害时至正式求偿之日持续地保有本国国籍。这种规定实际上是为了防止有人钻法律的空子，为了获得外交保护而选购国籍；（2）拥有本国国籍的外交特权或豁免人士；（3）双重或多重国籍的人。传统国际法规定，双重或多重国籍的人，所拥有的双重或多重国籍国之间不能相互主张外交保护。但条款草案肯定了这种情况下的一种例外：除非在发生损害之日和正式提出求偿之日，该国的国籍为该人的主要国籍。例如，一个拥有美国、日本双重国籍人士，美国和日本不能就对方主张对该国民的保护。但如果美国认为自己为主要国籍国，则可以向日本主张外交保护，但须举证证明。如果双重或多重国籍人在第三国，则双重或多重国籍国均可以将第三国主张外交保护；（4）公司受到损害的情况下申请国籍国保护的公司股东。《外交保护的条款草案》第11条规定沿袭了传统国际法的规则：在公司受到损害的情况下，公司股东的国籍国无权为这些股东行使外交保护。也就是说，公司的利益应由公司的国籍国来保护，而不是由公司股东的国籍国来保护。

国际法委员会认为，尽管传统规则中强调公司国籍国才可能对公司损害负有保护的责任，但在公司国籍国是侵害者的情况下，国际规则的趋势是，支持股东国籍国对该公司蒙受损失后受到损害的股东提起外交保护，以此干预或限制一些跨国公司的国籍国非法侵害公司利益。这种国际规则的目的是，为体现公平原则，保护相对弱势的海外投资者的应有利益。如果侵犯公司权利的行为针对股东的直接权利，如获得已公布红利的权利、出席大会和在会上投票的权利、股东分享公司清理结束处理剩余财产的权利。股东应有独立的行动权。

外交保护前提条件中的用尽当地司法救济原则来源于国家主权原则，特别是一国的司法主权。《外交保护条款草案》规定，除了条款第15条规定的几种例外情况之外，一国对于其国民或者第8条草案所指的其他人所受的损害，在该受损害的个人用尽一切当地救济之前，不得提出国际求偿。当地救济指受损害的个人

---

❶ 刘国福. 国际难民法［M］. 北京：世界知识出版社，2014（12）：146.

可以在所指应对损害负责的国家，通过普通的或特别的司法或行政法院或机构获得的法律救济。一般而言，救济途径主要有两种：第一，国内法规定的可利用的一切司法救济，包括各种上诉审、上诉许可，也包括普通法院和特别法院等；第二，国内法规定的行政救济。另外，国际法委员会在第 14 条中要求受损害的人自己必须用尽当地司法救济。但在特殊情况下，并不排除受损害人援引另一人在同类案件中用尽当地司法救济后的结果来证明自己满足了此条件。

《外交保护条款草案》第 15 条规定了无须用尽当地救济的情况：（1）不存在合理的可得到的能提供有效补救的当地救济，或当地救济不具有提供此种补救的合理可能性；（2）救济过程受到不当拖延，且这种不当拖延是由被指称应负责的国家造成的；（3）受损害的个人与被指称应负责国家之间在发生损害之日没有相关联系；（4）受损害的个人明显被排除了寻求当地救济的可能性；（5）被指称应负责的国家放弃了对受害人用尽当地救济的要求。国内有学者认为该原则适用条件不够明确，"应细化'用尽当地救济原则'的例外情形"[1]，譬如，"合理救济"与责任国救济过程"不当拖延"的判断标准、受害人与责任国"没有相关联系"的明确含义、国家放弃用尽当地救济的方式都需要进一步明确。

一般而言，受损害的个人与被告国之间都存在着某种联系，例如，自愿停留该国、居住在该国、在该国拥有财产以及与该国有某种契约关系等。按照中国传统，前往外国的国民必须接受其所在地的当地法律，因为他已经通过自己的某种联系行为接受了被告国的管辖。但是，时代发展到今天，个人受到外国的伤害并不一定与当地国家建立某种领土或财产的联系，苏联切尔诺贝利核泄漏造成的跨界环境损害就是一例。1986 年，苏联乌克兰基辅的切尔诺贝利核电站的爆炸，使得遥远的日本和斯堪的纳维亚受到放射性物质损害，日本或挪威境内的个人显然没有与苏联建立事先接受管辖权的联系。此时，要求他们到乌克兰去用尽当地司法救济就不合理也不公平。

另一种情况是难以界定一国针对其国民（包括公民或法人）因另一国的"国际不法行为"。如果该侨民（或侨民群体）在另一国从事违法犯罪活动而受到所在国的法律制裁，是否我国政府应该出面提供保护？如果该国的法律制裁行为符合该国国内法而与国际法抵触，我国如何应对？

第三种情况是如果该侨民是以非法移民身份滞留目的地国乃至获得了长期居留权，当该侨民受到所在国不法侵害时，其母国是否给予外交保护？

第四种情况是如果该侨民以政治避难身份在国外获得合法身份，当该侨民受到所在国不法侵害时我国是否给予其政治保护？

---

[1] 孔小霞：论外交保护制度的发展——兼评《外交保护条款草案》[J]．河南师范大学学报（哲学社会科学版），2008（4）：139．

四、对策与出路

我国的外交保护制度的确立始于新中国成立后，而真正意义上的外交保护则要从改革开放以后才开始有所发展。改革开放以来，中国积极参与了《外交保护条款草案》的国际立法全过程，提出了我国对《外交保护条款草案》的建议和立场，并于2003年颁布了《中国境外领事保护和服务指南》；2006年，外交部领事司成立了领事保护处，并建立了高层联席会议制度。在实践层面，多次成功组织了中国侨民海外救援和领事保护。由此可见，我国外交保护制度才走过三十几个年头，而如今摆在我们面前的是每年超过7 000万的出境人次和愈加复杂的国际形势，从这个角度来看，我国外交保护制度就显得捉襟见肘。

（一）外交保护相关的法律制度尚需完善

早在1949年召开的中国人民政治协商会议上通过的具有临时宪法性质的《中国人民政治协商会议共同纲领》第58条中就规定："中华人民共和国中央人民政府应尽力保护国外华侨的正当权益。"1954年的第一部《中华人民共和国宪法》第98条中进一步确定："中华人民共和国保护国外华侨的正当的权利和利益。"时至今日，我国已历经四部宪法的更替，通过了四个宪法修正案，而关于外交保护的规定却还是简单笼统一句话，这显然远远不能适应我国外交保护工作的现实需要。

新中国成立后，有关我国外交保护方面的立法一直在不断完善，但有关立法层次较低，内容过于抽象笼统，迄今为止还没有出台《外交保护法》等专门法律。1954年，外交部制定了《关于领事工作任务的初步规定》，其中规定："对华侨的正当权益，采取积极的保护措施。"

随着改革开放的不断扩大，我国先后出台的还有《公民出入境管理法》（1986）、《外交特权与豁免条例》（1990）、《中国公民出国旅游管理办法》（2002）、《国家涉外突发事件应急预案》（国务院2005年发布）、《境外投资管理办法》（商务部2009年发布）等。但这些法律法规法律效力普遍不高，缺乏协调统一性，内容又过于抽象笼统和零散，缺乏针对性、可操作性。如这些立法始终未提及外交保护的概念；并且大部分保护的对象仅限于华侨，而实际上我国海外公民中，相当一部分只是临时留学、旅游、劳务或商事活动，他们还称不上是华侨，但并不能就此将这些人排除在保护对象之外。

（二）相关保护规定过于宏观宽泛，很难适应形势变化，采取灵活多样的保护策略

有几个问题需要引起关注：一是是否所有的我国海外侨民都应该得到外交保护？随着我国出境人口日益增多，出境方式日益多样化，出境目的日益差异化，既有国际劳务、留学、经商、旅游、家庭团聚等合法迁移，也有偷渡、人口贩

运、政治避难等非法迁移。从到目的国后的状况看，既有短期居留也有长期定居甚至入籍等情况。针对不同的群体需要有差异性地对待，同时还要与通行的国际惯例和法规接轨，难度可想而知；二是外交保护是否需要分轻重缓急，有重点进行？显然，对于自我保护能力弱、易受侵害的群体需要给予特别关注。

（三）缺乏相应的预警机制

预警机制是指利用网站和其他媒体渠道及时发布各国的旅游、劳务、经商、安全状况等信息；跟踪、分析并研究涉及国外中国公民和企业安全的信息；对不同国家和地区的安全状况进行动态评估，经由外交部网站、驻外使领馆及媒体及时向社会发布预警信息或旅行警示。2005 年 10 月，由商务部合作司、农业部渔业局、外交部领事司和交通部海事局组成的远洋渔业合作管理协调小组于 10 月 17 日启动预警机制，四部委联合发布 2005 年首个远洋渔业合作预警通报，要求中国各远洋渔业企业不得向索马里海域派遣渔船从事捕捞生产；对外劳务合作经营公司不得向在索马里海域作业的境外渔船派遣船员劳务；各地渔民切勿到索马里海域作业。

当前，我国预警机制的建设虽取得了一定成果，但仍存在许多不足之处，主要表现在：预警宣传不到位、渠道少；信息不全面，反馈慢；手段单一，覆盖面窄；尚未形成常态化机制；主要工作完全由政府独自承担等。这些都说明了我国外交保护预警机制的缺失。近年来不断变化的国际形势致使我国公民海外权益受损后无法得到及时有效维护的事件时有发生，越来越多的海外公民对我国的外交保护表示不满，对我国相关部门施加压力，要求进一步保护他们在海外的合法权益；同时由于外交保护相关立法的缺失，造成了外交保护职责和权限的混乱，令本就处于重压之下的外交保护工作人员普遍感觉摸不着头脑、无从下手，各种外交保护的尺度与做法也是大相径庭。

总之，在外交保护机制建立方面，我国已形成了初步的框架，但具体内容和相关措施还有待进一步完善和充实，需要从以下方面有所突破：

首先，需要建立针对海外重大突发事件的应急措施。外交保护和领事保护虽然能够保护一般的国家利益和侨民利益，但我们要清醒地意识到，其保护程度、保护范围及其效果的有限性。

就严重升级的恐怖事件及其带来的大量死伤而言，仅仅通过这些救助形式远远不能达到完全有效的保护效果，侨民的生命安全依然岌岌可危。不仅如此，当遇到战争、两国断绝外交关系、领事关系或者发生一国暴力事件严重危及我国外交保护权利行使的情形，尤其是使馆或领事机构暂时或长期停闭时，对我国侨民进行领事保护事实上则是不可能的。2009 年巴布亚新几内亚发生的排华事件就是充分证明。

在此类灾难发生时，通过外交渠道或使、领馆实施保护和救助的方式其作用相当有限。当海外侨民不会因为中国的抗议而安全，华侨的商店也不会因此就比其他人更不容易遭到哄抢的时候，必须寻求一种新颖的、有力的方式以保护正在或已经受到侵害或损害的侨民。当然在实施此项保护和救助时必须遵守国际法，将行为限制在保护和救助本国侨民的范围。针对我国侨民数量众多和近些年来频发的危及侨民的严重暴力恐怖事件，可以考虑组建专门实施保护和救助海外侨民的武装力量，使侨民保护得到切实保障。

同时要看到，现有《中华人民共和国归侨侨眷权益保护法》已远远不能满足当今现实的紧迫需求，必须大力加强和完善进行武装保护和救助海外侨民的专项立法。实践表明，在处理海外中国公民和企业的各类突发事件中，我国的侨民保护工作仍因法律的缺失而困难重重。

其次，需要我国侨务部门等机构推动建立和完善侨民安全保护联席会议制度。该联席会议制度旨在加强政府各部门之间的统一领导与协调，为涉及我国公民和企业的海外权益提供安全保护和求助，为侨民家属提供及时必要的服务。启动此机制的要求相对较高，需要国内与国外、侨务与外交等部门联合，设立常设机构，发挥有效作用。

再次，需要实现境外侨民登记制度网络化和便捷化，利用"互联网+"和大数据推进侨民常态化管理。目前我国已经开始尝试在国外一些有条件的地区推行侨民登记制度，此项制度的初衷是对海外华侨的数量、联络方式、分布区域等基本资料进行登记了解，便于日后及时有效地开展外交保护或协助工作。但由于宣传力度不够、登记手段单一、华侨流动性强、积极性不高等原因，登记制度的效果并不理想，从而对准确掌握我国境外华侨的具体情况产生影响。

最后，需要加强国际合作，按照国内法保护与国际法保护并重原则加快外交保护立法进程。由于侨民"身居海外"的特点，侨民保护涉及国外保护问题，涉及不同国家的法律冲突问题，与国际公约、国际习惯相关等，因此，侨民保护立法也需要具有"特色"。在侨民保护立法中立足建立健全本国法治的同时须重视国际法相关原则的运用，融合相关国际法的原则、规则，例如，国家管辖权、国民待遇、国家责任等。与此同时，要进一步重视和加强国内法与国际法的衔接，重视双边、多边条约的缔结和合作范围的扩大，以便更好、有效地保护侨民。因此，除了国际法的依据外，还须建立和完善国内法，规范国家、法人、公民在海外利益保护事务中的地位与作用、权利与义务。

总之，我国海外侨民外交保护法涉及面广泛，所涉事务敏感程度高，如果一国怠于保护其境内的公民和法人，不仅将面临国际、国内道德及舆论的谴责，也将面临法律制度的管制和约束，同时对国内法与国际法两个体系间制度的衔接与配合提出了更高的要求。外交保护制度从实体到程序均涉及国际法与国内法的多项制度，各项制度之间还存在相互协作、相互配合、相互支撑等关系，新的条款草案对于国内法与国际法各制度之间的相互配合与衔接提出了更高的要求。有鉴于此，我国相关侨务等部门更要加强研究，加大投入，尽快完善我国的外交保护制度，给我国公民和法人提供更多的海外保护，对于中国梦的实现和"一带一路"建设的顺利推进具有重要的理论和现实意义。

参考文献

[1] 刘国福. 国际难民法 [M]. 北京：世界知识出版社，2014（12）.

[2] 李其荣，陈志强，等. 跨越与转型——国际商务视野下的华侨华人与华商 [M]. 上海：复旦大学出版社，2015（9）.

[3] 刘国福. 移民法——国际文件与案例选编 [M]. 北京：中国经济出版社，2009（1）.

[4] 黎海波. 当前中国领事保护机制的发展及人权推动因素 [J]. 创新，2010（4）.

[5] 朱建庚. 中国领事保护法律制度初探 [J]. 中国司法，2008（10）.

[6] 黎海波. 国外学者的领事保护研究：一种人权视角的审视与批判 [J]. 法律文献信息与研究，2010（2）.

[7] 王秀梅，吴殿朝. 非传统安全背景下的海外中国公民保护问题初探 [J]. 广东外语外贸大学学报，2009（5）.

[8] 夏莉萍. 试析近年来中国领事保护机制的新发展 [J]. 国际论坛，2005（3）.

[9] 夏莉萍. 中国政府在保护海外公民安全方面的制度化变革及原因初探 [J]. 国际论坛，2009（1）.

[10] 殷敏. 外交保护与领事保护的比较研究 [J]. 国际商务研究，2008（4）.

[11] 殷敏. 外交保护的发展势态及其对中国的启示 [J]. 甘肃社会科学，2009（5）.

[12] 张磊. 论我国领事保护制度的内涵 [J]. 河北法学，2009（5）.

[13] 毛竹青. 试论在美国的中国公民权益受侵犯及其保护 [J]. 华侨华人历史研究，2008（3）.

[14] 许肇琳. 略论清代后期的设领护侨政策 [J]. 八桂侨史，1995（1）.

浅析 REITs 在中国发展的法律环境

叶诚豪[1]

摘　要：2009年出台的《信托公司房地产投资信托计划试点管理办法》（草案）和《银行间债券市场房地产信托受益券发行管理办法》（征求意见稿）是对我国REITs试点的初步框架文件，为REITs在我国的开展搭建了架构。2014年，国内首只REITs产品——中信启航专项资产管理计划正式获得证监会的批准。同年，中国人民银行《关于进一步做好住房金融服务工作的通知》提到了要积极稳妥地开展REITs试点工作。随后中国的类REITs进入快速发展道路，相继出现了中信苏宁、海航大厦、云南彩云之南酒店、中信华夏苏宁云享等类REITs产品。本文认为REITs的发展有利于彻底改变商业地产投融资机制，使大型商业物业的持续运营转向提升品质、提升服务的房型发展，有助于规范房地产企业的投资行为。同时，REITs降低了商办地产的投资门槛，有利于广大中小投资者参与，拓宽了投资渠道。但我国REITs还处于初级阶段，在法律层面还存在诸多问题，如制度设计不完善、法律层级较低、监管主体不确定等。未来我国仍需向国外成熟市场学习经验，以开辟一条适合基本国情的REITs发展之路。

关键词：REITs；房地产投资信托基金；资产证券化；法律环境

一、REITs 的理论与背景

（一）REITs 的概念与分类

1. REITs 的概念

REITs（Real Estate Investment Trusts）的中文翻译为房地产投资信托基金。作为基金，REITs是指投资人将资金以类债券的形式投入各类不动产，通过专业机构的管理获得持续、稳定回报的一种投资模式。REITs的投资标的通常是成熟的大型商业物业，以这些物业的租金收益作为投资回报。通过投资REITs，投资者可以迅速参与到投资周期较长、投入额较大的商办市场（商业、办公楼市场）中，分享相应的红利。

2. REITs 的分类

根据投资形式不同，REITs可以分为权益型REITs、抵押贷款型REITs、混

---

[1] 作者单位：上海师范大学。

合型 REITs。

权益型 REITs 就是投资并直接拥有不动产的产权，其收入主要来源于所持有不动产产生的租金，这是 REITs 的主要类型，占 90% 以上；抵押型 REITs 不直接拥有不动产的产权，而是将资金投资于房地产贷款或贷款支持凭证（MBS），其收入主要来源于贷款利息。混合型 REITs，既投资于不动产产权，也投资于房地产贷款。

大部分 REITs 在证券交易所上市，且公开交易，成为挂牌交易的单位信托基金，为投资者提供相对稳定的红利收入。在美国，由于信托管理人对投资者有信托义务，REITs 的主要投资对象就会集中在有稳定收益的大型商业物业。REITs 不是短期投机行为，不偏好风险，其追求的是一种长期、稳定的收入，所以 REITs 倾向于投资具有长期租金来源的商办市场，而不倾向于直接买卖的私人住宅。

（二）REITs 在国外的发展情况

在国外，REITs 通过资本市场向公众投资者发行，已是一个较为成熟的投资品种。目前，全球已有 30 个国家和地区相继推出 REITs，总市值超过一万亿美元。其中，美国是全球首个开辟 REITs 市场的国家，也持续保持着全球第一大 REITs 市场地位，欧美多数发达国家的 REITs 参照了美国模式。根据 2014 年数据，美国 REITs 总市值超过 6000 亿美元，占全球 REITs 总市值的 59%。通过 REITs 美国人可以拥有一小部分华尔街的写字楼，或是享受罗斯福购物中心的稳定收入回报，这对于传统的个人房产投资者来说是难以想象的。美国从 20 世纪 60 年代开始发展 REITs，在 REITs 出现之前，美国的商业地产投资长期被机构投资者以及高净值人群所垄断，而 REITs 的出现给了中小投资者参与这些项目的机会。REITs 不仅为美国的中小投资者投资商业地产提供了新的投资渠道，也为地产开发商进行资产重组、为银行减缓贷款压力提供了可行的途径[1]。

二、REITs 的金融法律逻辑

（一）REITs 背后的逻辑

关于 REITs 要理解两点：其一，REITs 是一种资产证券化；其二，它是一种建立在房地产业务基础上的资产证券化。结合资产证券化以及房地产行业各自的特点，我们可以发现 REITs 的一些运作规律。

首先，从投资者角度，REITs 降低了房地产投资的门槛。传统房地产投资以购地—造房—卖房—维护的模式运营，投资具有资金需求大，回报周期慢的特点，这导致了一般的中小投资者难以进入该领域。那房地产投资就与这部分投资

---

[1] 李雪莹. 美国 REITs 面面观 [J]. 中国外汇, 2015 (7): 64.

者无缘了吗？显然不是，中小投资者也不愿意错过地产业的巨大红利。比较理性的做法是，这些投资者把钱集合，设立一个叫 REITs 的主体，等资本聚集到一定程度之后再委托专业的金融机构代其进行投资与管理，以达到房地产投资的高门槛。聘请的金融机构具有信息优势以及专业人才，对于投资行业有着较强的把控能力，在投资策略运用合理的情况下，其相对于中小投资者其更适合参与房地产行业的投资。相较于传统的个人买房策略，REITs 为中小投资者进入房地产投资领域提供了更多渠道。

其次，从房产商的角度，REITs 降低了房产商的经营压力，分割了房地产投资一体化的长期风险。对于房产商来说，物业、商场都是较难出手的资产，相较于住宅的刚需，商办类项目周期长、资金周转率低，建成之后还要建立配套的服务团队持续经营才能维持正常利润。租金的回收也远比购房款缓慢，导致许多中小型房产商无法承受这种经营压力，即使能存活下来的，提供的物业服务质量也不一定高。但是通过 REITs，房产商可以把项目开发与项目运营两个环节分割开来，高风险的开发环节由其自身承担，风险较低的后期运营环节由 REITs 转移给广大投资者。如此，房产商可以快速回笼资本提供更多优质服务，投资人可以参与房地产运营，分享长期、稳定的红利。更进一步地说，REITs 将传统房地产行业长期一体化的风险割裂开来，不仅缓解了房产商的压力，也降低了房地产行业整体的杠杆率，使得不同的风险与不同的环节相匹配，不同的环节与不同的投资主体相匹配。根据中信证券与苏宁云商联合创设的一款 REITs 产品所披露，苏宁云商通过本次交易将使得公司在交易完成当年确认利润的基础上，为公司降低了资产负债率，改善了各项财务指标，并实现现金流入，增加了营运资金。❶ 可见，REITs 可以改善房地企业的财务资本结构，能够为房产商分担持续运营的压力。

最后，站在宏观经济的角度，房地产行业正在发生内生性的变革。虽然中国依旧是世界经济的"发动机"，在整个世界经济处于疲软地位而中国 GDP 增长率仍可以维持在 6.5% 之上，但无法否认的一个事实是：整个经济的增速在变缓，经济发展的模式正在发生内外变革。比如，城市化的脚步在放慢，城市越来越无法承担人口过度集中所带来的各种问题，回到农村成为被广泛关注的一个新话题。而就房地产行业来说，房地产过去那种大范围扩张，依靠简单的造房卖房就可以养活一批人的传统经营模式已经受到了挑战，再加上政府严厉调控房市，严控土地出让，未来的房地产行业竞争必定更加竞争，行业自身正在发生内生性的变革。笔者认为，房地产企业只有更加专注于提升品质，提供高质量的持续服务及配套设施，才能在这个高压的环境中生存下去，未来的房地产一定会转向专注

---

❶ 张竞怡. 中国版 REITs 要来了 [N]. 国际金融报, 2014, 11 (24)：16.

于集品质、服务、体验、环保等方面于一体的可持续发展型行业。这就给了 REITs 以生长空间，REITs 作为一个风险匹配工具，其将房地产运营维护环节分割出来，将运营维护风险由长期受益偏好的中小投资者承担，稳中求进，专注于提升房地产品质，降低了房地产开发商的压力。实际上，中国房地产市场现有大量存量资产，REITs 可以引导这些资产提高品质，提升流动性。不少专家认为，中国发展房地产市场需要进一步盘活存量资产，要盘活大量基础设施中的存量资本，要让市场产生优质流动性，就必须引入 REITs 这种专业工具以及开辟新投资渠道。

（二）REITs 的优劣

1. REITs 的优点

对投资者而言，REITs 拓宽了投资渠道，优化了投资者的资产组合配置，使中小投资者可以参与到大型商业地产项目中来。REITs 是一种收益稳定且流动性较强的投资工具。由于投资于商业地产行业，REITs 与股票、债券的相关性较低。在国外，REITs 较股票收益低，比债券收益高，是一种介于中间的投资品。同时，REITs 较股票的风险低，在金融市场发生波动或者异动时，投资者往往会把资金转投于专注房产领域的 REITs。REITs 与传统股票证券相比，不仅有物业回报稳定、风险较低的优点，而且其每年高分红免税的机制使投资者可以拿到实实在在的回报；对于基础物业资产的升值则会提升相应的投资者权益，这部分溢价会在将来退出之时返还投资者，给予其一个"双重受惠"的机会。另外，REITs 财务透明，披露程度高，更容易吸引投资者。

对房产商而言，REITs 提供了转手渠道，提高了资产流动性，改善了企业各项财务指标，并为实现现金流入增加了营运资金。REITs 将房产商手中流动性较低的资产进行分割、打包、组合并进行标准化包装，在资产之上设立证券或者其他标准化产品，然后将其上市交易卖给投资者。投资者委托专业的金融机构管理 REITs，再聘请专业的服务机构管理物业，恰当的管理使 REITs 不断增值；同时，地产本身的附加升值也会提高投资者的权益。这种资产证券化+专业管理服务的运营模式符合了房地产行业的风险特点：首先，资产证券化减轻了地产企业的压力，分散了房地产投资规模大、回报慢的风险，将之分摊到各个中小投资者身上，为银行减缓贷款压力提供了可行的途径；其次，拿到的融资款可以用来提升商业地产项目的服务质量，打造专业的团队对项目进行持续维护与管理，提高项目层次使其高端化、品牌化，也可以进行再投资以创造新的价值；最后，专业的管理对于房地产投资来说必不可少，地产投资专业化程度高，环节多、风险大，资本市场更是荆棘丛生，只有资本市场服务与基础物业服务齐头并进，才能为投资者不断创造持续、稳定、长期的价值。

2. REITs 的风险

REITs 的风险主要表现为房地产行业的周期性风险以及宏观经济的风险。我国房地产行业与宏观经济联系紧密，房价的涨跌在很大程度上受政府"看得见的手"调控。REITs 的资金主要投向商办地产，而商办地产与住宅又不同，不属于刚性需求，需求主要来自一线、二线城市。当宏观经济下行，商办市场可能表现出疲软状态，由此影响 REITs 的表现，盈利降低，分红减少，甚至导致破产。

除了宏观经济风险外，基础资产的质量也是投资者需要关注的风险点。项目所在的城市、区域、人流量、政府补贴、金融化程度都是潜在的风险因素。例如，最近中央大力推动雄安新区的发展，当地地产行业迅速蹿起，房价应声拔高。但是投资者需要考虑的是，如果在雄安发展商业地产有没有可行性？3 年内是否会有大型的商业地产建成？建成后能否保证有稳定的人流量？继而才可能有稳定的租金收入源。雄安周围配套设施条件如何？当地政府对发展 REITs 这类金融创新的态度？融资渠道有没有打开？诸如此类的问题需要投资者谨慎对待。中国很多二线城市的商业地产供应量充足，人均商业面积上升太快，已趋饱和甚至过甚，可想而知这些项目未来的租金回报率不会很高。[1]

还有一点须注意，商业地产的发展十分注重品牌效应，是否有大品牌地产商的加盟直接影响了地产项目的未来发展情况。万达、华润、绿地、恒隆等这些响当当的名字走到哪里都不缺投资人。对此，也应关注项目背后是否有这些大型商业地产企业的背书。

三、REITs 在中国发展的法律现状

（一）REITs 在中国发展的初步历程

2007 年 6 月，央行联合住建部等部门提出"试点与立法平行推进"原则推进 REITs。2008 年，银监会发布了修订版的《信托公司管理办法》，为 REITs 试点铺路。2009 年 8 月，央行和银监会发布《信托公司房地产投资信托计划试点管理办法》（草案），自此正式拉开中国 REITs 的试点大幕；同年 11 月，央行发布《银行间债券市场房地产信托受益券发行管理办法》（征求意见稿），明确了 REITs 的发行措施以及相关要求。此间，由于遭遇世界金融危机的影响 REITs 发展遭遇阻力，"次贷危机"及"房市阴谋论"使得民众对于 REITs 这种西方舶来品产生抵触情绪，加上 2010 年开始中央明确"史上最严房地产调控"，国内关于 REITs 的讨论逐渐冷却下来。恐慌持续蔓延，一直到 2014 年，国内首只 REITs 产品——中信启航专项资产管理计划正式获得证监会的批准，REITs 才回归公众视线。同年，央行《关于进一步做好住房金融服务工作的通知》提到了要积极稳

---

[1] 张竞怡. 中国版 REITs 要来了 [N]. 国际金融报，2014，11（24）：16.

妥地开展 REITs 试点工作。随后中国的类 REITs 进入快速发展道路，相继出现了中信苏宁、海航大厦、云南彩云之南酒店、中信华夏苏宁云享等类 REITs 产品。❶

（二）中国有关 REITs 的法律规范

1.《信托公司房地产投资信托计划试点管理办法》（草案）

《信托公司房地产投资信托计划试点管理办法》（草案）（以下简称《草案》）是我国 REITs 试点的框架性文件，其对 REITs 的性质、发售主体资质、发售文件、管理人及托管人职责、REITs 投资方向和限制、REITs 持有人的权利、信息披露、监管和处罚等方面作了方向性规定。

根据《草案》，REITs 会以房地产投资信托计划的名字在我国发行，发行主体为我国设立的信托公司，发行方式为公开发售信托单位，采用封闭式，投向为房地产和房地产相关权利，监管主体为中国银监会。❷ 中国版 REITs 也具备了国际上通行的一些标准，比如，《草案》第 11 条第 1 款规定了信托期限不少于 5 年，体现了 REITs 长期投资的特性；再如，第 11 条第 3、4、5 款规定信托单位持有人不少于 100 个、投资者集中度不能过高、项目原始权益人持有份额不能过高，这就与 REITs 低门槛，以中小投资者为募集对象的理念相契合；以及第 38 条规定，信托计划应至少每年现金分配 1 次，比例不低于净收益的 90%，这与美国 REITs 分配给投资人的比例保持一致。

该《草案》第 27 条规定了托管人为商业银行，托管人与信托公司的财务应当分开独立且不得互相出资或持有股份。托管人应当为投资人的利益保管信托账户安全，确保信托财产的独立与完整。当发现信托公司有违法违规活动时，应当及时向银监会报告。

对于资金的投向，该《草案》第 34、35、36、37 条作了详细规定：信托财产应当用于投资成熟的具有稳定、可预见现金流的商业用房、办公用房、住宅用房、工业用房并予以出租、出售，不得用于非房地产或相关权利的投资，所投资对象中包含 80% 以上能产生可预见现金流的房地产项目，房地产项目产生的租金收入、处置收益等不低于该房地产投资信托总收入的 75%、用于本办法规定的其他投资方向的，不得超过信托财产总值的 20%。可见，成熟、稳定且长期的房地产投资才是 REITs 所瞄准的方向。

2.《银行间债券市场房地产信托受益券发行管理办法》（征求意见稿）

《银行间债券市场房地产信托受益券发行管理办法》（征求意见稿）（以下简称《征求意见稿》）由中国人民银行办公厅于 2009 年 11 月印发，目的是向发展

---

❶ 中债资信 ABS 团队. ABS 视点：REITs、类 REITs 的差别你真的了解吗？ [EB/OL]. 和讯网. [2017-04-17]. http://bond.hexun.com/2017-01-11/187696406.html.

❷ 《信托公司房地产投资信托计划试点管理办法》第 2 条、第 3 条、第 5 条、第 7 条。

和改革委员会、财政部、住房城乡建设部、银监会、证监会、上海市人民政府等单位征求有关开展发行房地产信托受益券的意见。《征求意见稿》是我国对REITs试点的进一步细化，规定了REITs在资本市场发行的形式以及途径，是对上述《草案》的强调以及衍生。

《征求意见稿》规定了由信托公司代房地产原始权益人在银行间债券市场发行信托受益券（以下简称"REITs受益券"），投资者认购受益券后获得相应房地产物业的受益权。❶《征求意见稿》还进一步明确了REITs受益券的发行形式，受益券采用分级制，分优先级与次级，优先级为固定收益产品，可在银行间债券市场转让。而次级受益券由房地产原权益人全部持有，在受益券存续期间，次级受益权不得转让。❷ REITs受益券对基础房地产的标准与《草案》基本相同：应当已经投入使用、具有稳定的现金流，并按照住房和城乡建设主管部门的有关规定办理房地产信托登记。对于REITs受益券的分红，《征求意见稿》并没有规定比例，只是规定了受托人在扣除相关税费以及为了投资人利益保留必要储备后，将其余收益全部分配给受益人。对于这个必要储备究竟是多少，《征求意见稿》并没有作出进一步的解释，但还是可以从中读出REITs的大部分收益应当分配给投资人这一层含义。

3. 对于上述两部办法的评价

《草案》和《征求意见稿》是对我国REITs试点的初步框架文件，为REITs在我国的开展搭建了架构。《草案》对REITs的性质、发售主体资质、管理人及托管人义务、投资要求及限制、持有人权利、信息披露、监管处罚等方面作了详尽规定，为我国REITs定了基调。《征求意见稿》是在《草案》基础上的衍生，对REITs在我国资本市场的发售作了进一步细化。两部规范中的某些条款也已经达到了国际REITs的一般标准，如对投资者的分红比例、对基础资产的选择要求、投向限制等，明确了REITs应当投资于"成熟的、有稳定收入的房地产项目"这一根本属性。另外，定期分红可以提高投资者的参与度，进一步提升REITs本身的热度，吸引更多的中小投资者加入，由此达到分散风险的目标，也可以增强市场流动性。

当然，该两部规范还是我国在REITs道路上的探索性尝试，并没有真正意义上实施生效，其文件本身也存在一些不足。比如，《征求意见稿》规定了REITs受益券的发行渠道在银行间债券市场，而银行间债券市场的参与者基本都是机构，广大中小投资者几乎无法进入，这就导致了REITs受益券的投资门槛较高，投资人集中度高，无法分散风险。REITs试点并未赋予其公募属性，只能在银行

---

❶ 《银行间债券市场房地产信托受益券发行管理办法》（征求意见稿）第2、3条。
❷ 《银行间债券市场房地产信托受益券发行管理办法》（征求意见稿）第8、9、10条。

间市场流通，融资渠道变化不大，因此，在市场实践中应者寥寥。同时，投资者获得的是部分受益权，也就是说只能享受收益无法左右决策，对于 REITs 的管理与监督投资者并没有正式的权限。如果所投 REITs 没有营利，投资者只能选择忍耐或者退出，《征求意见稿》第 5 条明确规定：受益券的投资风险由投资人自行承担。这与国外公司制的 REITs 还是有很大的差距，公司制 REITs 的投资者有改变投资战略的权利，投资者是股东，他们可以投票选出自己信任的董事以代表其利益，在投资失利的情况下，公司制 REITs 能较为有效地"调转枪头"。

四、REITs 在中国发展的法律思考

（一）中国 REITs 所面临的法律问题

1. 信托制还是公司制

我国设立 REITs 需要解决的一大重要问题是：REITs 的运作模式究竟是采用公司制还是信托制？这背后牵扯到税收问题。

根据我国法律，公司需要缴纳企业所得税，REITs 在对投资者进行分红后还须缴纳个人所得税，由此产生二次征税的问题。❶ 而在美国，公司制 REITs 有税收豁免，其投资所获取的利润可以更多地分配给投资者，并且法律规定每年分配利润达到 90% 才能享受税收豁免。但是我国现阶段并不存在这种税收豁免，如果成立公司制 REITs，不可避免地要交高额税，这样就根本没法满足 REITs 的收益率要求。

信托是西方产物，类似于我国的委托代理，但比委托代理赋予更多的信赖与善意管理责任。我国 REITs 如果采用信托制则不存在双重征税的问题，投资者认购的是信托单位份额，由个人投资者自行申报纳税，实践中申报这部分税的自然人很少，法律也没有明文规定，可以说是间接达到了免税的功效。在这种情况下，REITs 的税负被减小，利润相应提高，可以更多地分红给投资者。不过，目前税收优惠大多是暂行性质的，并没有明确税收优惠的长期、既定规则。可以说，信托制 REITs 的税收问题依旧是模糊地带❷。

此外，公司制 REITs 拥有一个按照投资者最佳利益行事的董事会，可以更好地解决投资者和管理者之间的利益冲突问题；❸ 而信托制 REITs 聘请外部管理人，专业的机构管理人可能对资本市场有着更敏感的把控。

---

❶ 王仁涛. 我国发展房地产投资信托基金的环境分析与构建 [J]. 建筑经济, 2008 (4): 72.
❷ 丁建成. REITs 特征与制度移植考量 [J]. 辽宁师范大学学报（社会科学版）, 2014 (11): 787.
❸ 中债资信 ABS 团队. ABS 视点：REITs、类 REITs 的差别你真的了解吗？ [EB/OL]. 和讯网. [2017-04-17]. http://bond.hexun.com/2017-01-11/187696406.html.

2. 对基础资产的选择困难

在成熟市场中，REITs 以长期投资为主，投资于具有稳定收益的出租物业中，其对风险是厌恶的，管理人对基础物业的选择会十分谨慎，要求产权必须完整明晰。而我国的 REITs 由于种种原因，有一部分资金进入了房地产开发行业，风险高周期短，这与成熟的物业出租行业是两个概念。很多房地产项目不以长期持有、持续经营为目的，而是以出售为目的，物业的产权被开发商分割成许许多多的小产权。有些管理人没有做好尽职调查或者被开发商欺骗，将资金投入后才发现，所谓的"成熟、具有稳定收入的商业地产项目"只是刚刚造好的样板楼，这对于投资人来说是极大的风险。

3. 缺少 REITs 的专项立法

由于遭遇金融危机以及国内"最严房市调控"，REITs 试点被搁浅，在《草案》以及《征求意见稿》之后，并没有新的文件、规定出台，国内有关 REITs 的立法工作暂时停止。从 2009 年的两部文件内容来，笔者认为当时立法者推动 REITs 的意愿是强烈的，两部文件无论从内容还是结构上都比较完整，条文精细，对 REITs 的性质、当事人主体、权利与义务、信息披露、监管、资本市场发售运营等方面都作了详细规定，达到了国际的一般水平。这对于当时的市场来说是一个创新，若不是遭遇到了特殊情况，我国的 REITs 试点应该搞得"如火如荼"。

4. 对 REITs 的监管关系尚未理顺

从未来的发展看，银监会主导银行间市场的债权类 REITs，证监会主导在交易所的股权类 REITs。但其实银监会和证监会对 REITs 的监管关系尚未理顺。银行间市场是我国机构投资者的重镇，是柜台市场、场外交易的平台；而交易所市场多为个人投资者，监管对产品的标准化程度要求高。两种差异可能导致未来对 REITs 的监管标准不同，其产品发行的主体、门槛、托管机构、税收政策、信息披露的程度、标准化程度可能都不尽相同，导致产品最后的利润率不同。这就可能产生一个问题，同为 REITs，给到投资者的收益回报率可能差很多。同是 REITs 却处于不同的竞争环境，发展的路径可能也不同。这是我国分业监管必定会遇到的一个问题：同样的产品在债市和股市发，监管主体不同，所面临的监管力度可能完全不同，监管的侧重点也不一样。分头监管将不利于产品的设计和交易规则的统一，也不利于形成规模经济，反而会增加这一市场的成本。

（二）笔者对上述问题的观点

1. 现阶段信托/基金型 REITs 较为合理

对于公司制还是信托制的问题，笔者以为，现阶段在公司制 REITs 尚未有税收优惠的情况下，选择信托/基金 REITs 将会是较为合理的路径。否则，REITs

的收益率无法覆盖投资者的预期，资金就不会投向 REITs，导致流动性缺失，而这些资金很有可能转投一些短期高风险的项目，这将无益于我国房市的结构性改革，也会阻碍 REITs 在我国的发展。REITs 的税收优惠政策又是该产品设立的关键要素，纵观美国 REITs 的魅力就是在于其免税措施，我国对 REITs 的税收优惠制度的配套建设将成为该领域发展的重要动因。

2. 对基础资产的选择要进行内外部控制

对于如何避免基础资产的选择风险以及管理人道德风险，笔者认为需从内外部两个角度入手：首先，内部要加强控制，建立严格的内控制度。对于管理人的选任、投资决策的决定、经营模式的改变这类事宜都需要书面文件明确规定，按章办事。其次，托管财产必须独立，REITs 的资金必须托管给合格的托管人，由托管人保管并监督，管理人进行投资必须经过 REITs 持有人大会的同意。最后，聘请有资质律师事务所起草法律文件、对重要交易合同进行审核，聘请会计师事务所对公司进行审计、出具年报、半年报、季报，聘请其他第三方机构对公司的各项投资管理事务进行有效性评定。

3. 尽早出台 REITs 的专项立法

对于 REITs 配套法律制度的建设，美国通过税法推动 REITs 的发展，中国香港、新加坡更是专门建立有关 REITs 的法案。笔者认为，我国对于 REITs 的试点不能停，实践中，也不断有准 REITs、类 REITs 以及打着 REITs 旗号的金融产品在问市，说明市场还是有需求的。对此，立法者应当担起责任，整合相关现有文件，尽早出台 REITs 的正式法律文件，以使我国 REITs 走上正轨。当然如果不能短时间内在法律层面出台文件，可以由房地产金融领域的监管者在部门规章层面或由地方政府金融主管部门出台相应的地方法规。

4. 对 REITs 的监管应从债市逐步推向股市

对于监管关系来说，笔者认为，从长远来看，整合银行间市场和交易所各自的优势来发展 REITs 才是长久之计。虽然国外的 REITs 大部分是以公募基金的形式对不特定投资者发售，但结合我国国情，现阶段似乎还未达到可以直接向不特定投资人发售 REITs 产品的程度。究其原因还在于资本市场的结构存在较大差异，比如美国以机构投资人为主，而我国以中小散户为主。从防范风险的角度，对我国 REITs 的试点可以从债券市场开始，随着配套制度和投资者认知的不断提高和完善再推广至股市。对此，现阶段应以债权类 REITs 为主，在债市发售产品，由银监会负责监管。而债市由于以专业机构投资者为主，也能对 REITs 试点形成较为合理的市场反馈。同时，银监会要积极与证监会取得紧密联系，要互相合作，多多交流，发挥协同效应才能推动 REITs 在我国长期稳定的发展。

（三）对中国 REITs 发展的争论

对于我国 REITs 的发展，实践中有两种声音：第一种认为我国已具备 REITs

发展的必要条件和法律土壤，应当大力推动，积极建设配套法律制度；第二种声音认为，在我国构建REITs的条件还不够充分，尚不宜大力推动，需静观其变。

1. 应当大力发展的声音

早在2005年，人行副行长吴晓灵在"2005中国地产金融年会"上表示，在当前房地产公开发行证券融资受条件制约的情况下，采取私募方式融通资金是值得探索的道路。用公开发行受益凭证的方式，设立房地产信托投资基金（REITs），是房地产直接融资的方向和可持续发展模式，也是解决房屋租赁市场投资来源的重要融资方式。❶ 其认为我国房地产问题不是信贷政策的松紧问题，而是房地产融资方式没有形成风险分担的机制，绝大部分风险集中在银行身上，蕴藏了金融风险，对此，应当逐步拓宽对房地产商的股本融资渠道。可见，2005年监管层就对REITs的发展奠定了基调。

作为开发商代表，联想控股旗下的物业投资和运营商融科投资管理顾问有限公司执行总裁李汝容认为，房地产行业从前到后的各个环节的风险都是不一样的——在开发环节，借来银行短期贷款，也就只能做短期的事（房地产开发、销售）；而深入发展到物业持有业务，公司就需要一个与之匹配的长期资金来源，如果没有REITs这个进出的资本通道，房产商自持物业的风险太大。❷ 同样，REITs也向房地产开发商提供了这样一个机会：将沉淀于不动产中的资金或短期贷款进行变现，优化投资结构，使不动产实现长期稳定经营的资金支持。

从投资者的角度，REITs的呼声不断。国内商业地产实践证明，传统商铺产权分割发售不利于统一管理大型商业物业，限制了物业整体租金水平的提升。中小商铺投资者呼吁"门槛"更低、投资收益更有保障的投资工具。目前，中国个人投资者涉猎的投资领域只有股票、基金、银行存款和一些初级理财产品。如个人想投资于房地产，投资风险会相当集中，资金流动性也很差。市场对于通过集合广大中小投资者用于投资房地产项目的"国产REITs"呼声越来越高。

有人认为，REITs运作在我国已经具备现实的条件和资源基础，国内不是没钱，只是能用好这个钱的人拿不到钱，这是最大的问题，如果REITs推出，这当中的渠道会被打通。同时，国家一行三会以及税务部门也一直在积极完善我国房地产金融市场的相关制度建设，以支持未来优质商业地产的"REITs化"。

2. 尚不宜发展的反驳

反对大力推动REITs的主要意见集中在：

---

❶ 陈学慧，吴晓灵：房地产开发采取私募方式融资值得探索[EB/OL]. 中国经济网. [2017-04-20]. http://www.ce.cn/finance/main/gd/200511/05/t20051105_5126426.shtml.

❷ 曾晖. 2007我们走在通往REITs的路上[EB/OL]. 新地产. [2017-04-20]. http://www.xindichan.com.cn/article_8950.html.

(1) 税务。

多项课税使基础物业收益率难以达到 REITs 的要求。按照全球几百只 REITs 的 6%~8% 年净收益率为标杆，加上我国商业地产的租金收入需缴的租赁税、所得税和房产税等，粗略统计，国内 REITs 的收益率需要 13%~15% 才能达到 REITs 收益的基本要求。这也说明，我国若没有相应的免税政策出台，REITs 将无法得到规模化发展。同时，给予商业地产还缺乏免税的理由，作为美国的 REITs 主要是由养老金和社保资金购买，它对于帮助养老金稳妥盈利起到了重要作用。但这种免税对于中国来说难以实现，因为中国股市资金多来自散户，国情决定参与 REITs 的资金多是富人的闲钱，而不是普通居民养老保命的养老金和保险金。这就从资金来源上缺少了给予免税的理由[1]。

(2) 门槛太高。

之前的试点，REITs 产品主要发行在银行债券市场，以机构参与者为主要对象。这与 REITs 的本质并不符。REITs 解决的是大型商业物业持续经营和长期稳健型资金错配的问题，两者的特点都是厌恶风险，追求稳定，风险越分散越好，持有的人越多越好。这就给了中小投资者参与这一市场的机会。对中国市场而言，REITs 必须作为一种大众化的投资工具，而不能是高端金融产品[2]。REITs 应该为投资者提供的是较低门槛和较高流动性直接投资于大型商业物业的投资机会。

(3) 制度缺陷。

上文所述，我国缺少针对 REITs 的专门立法，其实，在 REITs 上市层面更有诸多法律限制。现行《证券法》中指定的证券仅限于股票、债权和国务院依法认定的其他证券，而信托受益凭证已被明文禁止进入"证券"的范畴[3]。因此，REITs 上市面临挑战，配套制度仍不完善，也许在很长一段时间内我国 REITs 仍需以公募证券或者私募基金的形式推出。

(4) 标准化程度不够。

我国现有以 REITs 命名的产品与国际标准的 REITs 仍存在差距，在产品设计、基础资产的选择、投资人广度、信息披露程度、监管力度以及配套制度等方面仍有诸多不足，REITs 的标准化之路任重道远，中国 REITs 的发展市场仍不成熟。

---

[1] 曾晖. 2007 我们走在通往 REITs 的路上 [EB/OL]. 新地产. [2017-04-20]. http://www.xindichan.com.cn/article_8950.html.
[2] 孟培. REITs 在我国公租房建设中的应用研究 [D]. 重庆：重庆大学硕士学位论文，2012.
[3] 丁建成. REITs 特征与制度移植考量 [J]. 辽宁师范大学学报（社会科学版），2014 (11)：787.

五、总结

REITs 的发展有利于彻底改变商业地产投融资机制，使大型商业物业的持续运营转向提升品质、提升服务的房型发展，有助于规范房地产企业的投资行为。同时，REITs 降低了商办地产的投资门槛，有利于广大中小投资者参与，拓宽了投资渠道。REITs 将为中国商业地产开辟新的经营领域，将传统造房卖房的经营模式改良，为房地产行业带来新气象。但我国 REITs 还处于初级阶段，仍需向国外成熟市场学习经验；未来，我国须结合国情，开辟一条属于自己的 REITs 之道。

参考文献

[1] 张竞怡. 中国版 REITs 要来了 [N]. 国际金融报，2014 (11).

[2] 李雪莹. 美国 REITs 面面观 [J]. 中国外汇，2015 (7).

[3] 丁建成. REITs 特征与制度移植考量 [J]. 辽宁师范大学学报（社会科学版），2014 (11).

[4] 王仁涛. 我国发展房地产投资信托基金的环境分析与构建 [J]. 建筑经济，2008 (4).

[5] 孟培. REITs 在我国公租房建设中的应用研究 [D]. 重庆：重庆大学硕士学位论文，2012.

[6] 王小明. 首只公募 REITs 破冰，万科商业艰难的一步 [N]. 中国经营报，2015 (5).

[7] 张磊. 前海万科 REITs——实例分析 [J]. 邢台职业技术学院学报，2016 (4).

[8] 中债资信 ABS 团队. ABS 视点：REITs、类 REITs 的差别你真的了解吗？[EB/OL]. 和讯网. [2017-04-17]. http://bond.hexun.com/2017-01-11/187696406.html.

[9] 曾晖. 2007 我们走在通往 REITs 的路上 [EB/OL]. 新地产. [2017-04-20]. http://www.xindichan.com.cn/article_ 8950.html.

[10] 陈学慧，吴晓灵. 房地产开发采取私募方式融资值得探索 [EB/OL]. 中国经济网. [2017-04-20]. http://www.ce.cn/finance/main/gd/200511/05/t20051105_ 5126426.shtml.

涉诉信访矛盾化解中以律师为主体的第三方参与机制的实践与探索

上海市奉贤区人民法院课题组[1]

摘　要：《四五纲要》关于探索建立社会第三方参与机制，增强涉诉信访矛盾多元化解合力的顶层设计与现实中地方性探索发展不均衡的矛盾，为本文研究涉诉信访矛盾化解中以律师为主体的第三方参与机制指出了研究方向。在审视各地在第三方参与的工作上无统一制度要求，导致在参与模式、内容各有不同的现实状况下，提出应优化基本理念，秉持诉访分离理念，确立第三方有限参与原则，以追求法律职业共同体的良性互动和共同发展。认为在坚持传统诉前调解、政府采购、法律援助的模式下，应探索社会公益服务模式，引导诉访分流，在主体选任、经费和办公场所保障、激励和制约机制、保密工作等方面给予制度保障，并从告知、征询、回避、信息备案与通报等方面进行程序设计。

关键词：第三方参与机制；涉诉信访矛盾化解；法律职业共同体

一、审视：涉诉信访矛盾化解中以律师为主体的第三方参与机制的现实概况

（一）运行的基本状况和基本样态

1. 运行的基本状况

律师参与化解矛盾纠纷，国内外都有很多实例和做法。如英国的刑事案件复查委员会，其成员中至少1/3具有10年以上律师从业经历。[2] 我国政府主导的律师参与信访矛盾化解工作在20世纪90年代就已经非常普遍。随着律师参与的普遍和深入，2004年司法部、国家信访局出台了《关于进一步加强律师参与涉法信访工作的意见》，进一步推动律师在涉法信访工作中发挥积极作用。虽然《四五纲要》提出了探索建立第三方参与机制的要求，但因律师等第三方力量参与涉诉信访工作并非强制，且无相对统一的制度要求，所以律师等第三方参与的涉诉

---

[1] 作者单位：上海市奉贤区人民法院。
[2] 引自姜启波在2013年9月13日由人民法院报社和中华全国律师协会联合举办的"律师参与涉诉信访 协力化解矛盾纠纷"专题研讨会的发言摘要。

信访化解工作还处在各地的实践和自发性探索中。

2. 运行的基本样态

由于多是地方性探索，所以实践中，各地律师等第三方力量参与的样态有所不同。（1）参与模式多样。如参与层面和形式有别，有些地方是司法行政机关组织，依托法律援助形式，指派具体律师或律师事务所；有些地方是律协协调，成立专业性的法律援助专门机构，提供公益法律服务；有些地方是律所或律师、学者等个人行为，是私权利的体现。（2）参与内容不同。有安排律师日常接待涉诉信访人或陪同领导接待涉诉信访人；有设立专门服务窗口或是律师热线，为信访人提供现场或线上法律咨询；还有对一些涉诉信访的大案、难案进行研讨，为息访工作提供法律意见等。

（二）运行中存在的问题

1. 难以排除招揽生意之嫌

律师可以利用其专业知识为信访人提供法律意见，但如果律师同样在法院的诉讼服务大厅办公，与法院其他工作人员无别，难免给人一种该参与的律师或律所与法院关系非同寻常的感觉，影响法院司法独立形象，而且有律师借机接受代理，招揽生意。

2. 参差不齐影响实际效果

作为参与的第三方有律师，但不仅包括律师，虽然组织性较强，易于协调工作的开展，但也有因为对于法律的理解和适用存在不同认识，水平有优劣，给出的法律意见不同而加大息访工作难度的情况发生。

3. 难获部分信访人认可

律师等第三方力量参与的一个职业优势是其在涉诉信访案件中处于信访人和司法机关等主体外的中立主体，但该中立性并非被所有信访人接受和认可，部分信访人会认为与司法机关一同出现的律师等已经被"收买"，无法保持其中立性。

4. 难获审判一线法官认同

虽然许多地方实践中，在涉诉信访矛盾化解中引入律师等第三方方参与机制已有明显实效，但也有许多法官发出了反对的声音，基于的考虑是信访本身就是对审判权的独立行使产生影响，认为律师等第三方力量参与进来是对法官独立办案的"指手画脚"。

（三）问题的成因分析

1. 律师行业本身的趋利性所致

律师行业的实质就是以其服务换取利益，营利性是其行业本性。即便是参与法律援助的律师，接受当事人的委托，没有收取代理费用，但该部分的法律服务业并非是无偿或是律师"倒贴",而是纳入财政,给予律师适当的财政补贴。因此,无论是其本身对利益的追求,还是其行业给当事人留下的印象,都无法回避营利性所造成的影响。参与到涉诉信访案件化解中,即使律师对该信访个案不收取费用,但不排除其带有一种"政治"投资的目的,旨在通过参与工作获取更多的案源,得到更多的利益。又由于行业中一些律师执业不规范,代理案件不尽职,部分当事人对律师行业存在偏见,难以建立信任关系。

2. 信访群体"理性"的"臣民"思想所致

信访群体法治观念与维权能力薄弱是一个不争的事实,但只是涉诉信访的一个原因,涉诉信访的深层次愿意,可以借鉴经济学中的"理性人假设"和"成本—收益理论"分析,"一个决策者在做决策时,在他可做的选择中,总会选择他认为是最好的选择"。❶ 作为"理性"的信访人,都熟谙一个真理——"会哭的孩子有奶吃",这是由于我国几千年行政主导型统治制度影响下的权力结构给"让领导知道""让领导重视"保留了法律之外的可操作空间,让信访人"唯上""唯官"的臣民思想没有因社会变迁和法治发展而改进。而作为合力化解的第三方力量,并不是信访人所依赖的"上"和"官",故难以获得信访人的认可。

3. 法律共同体内固有的职业差异而互生嫌隙所致

作为一种权力存在,审判权的限制与范围职能取决于它的赋予者和实施者,即法律和法官,这也是独立司法的理论基础。大量涉诉信访案件仍处于诉讼阶段,非法院主体的意见,往往混淆司法者的视听,即便是司法者再怎样避免舆论干扰,因为涉诉信访本身就已经影响了司法。❷ 而对于将以律师为主体的第三方纳入信访矛盾化解力量中,就不得一线法官的心,这其中有碍于独立司法可能被干预原因,也有法律共同体内固有的职业差异所致。在我国,由于制度设计不同,法官和律师职业准入和法律实施等方面存在着差异,而这种差异在当下司法改革背景下更是异化为金钱和权力的对立,导致法官和律师之间的嫌隙更大。雪上加霜,难以避免一线审判法官对律师等参与涉诉信访化解的抵触情绪。

4. 行业性的第三方机构发展不完善所致

作为社会治理的一种方式,第三方机构越来越得到社会各界的认可。非甲方、乙方的中立性,是第三方机构立足的身份保障;具有相关的专业性,又是第三方得以开展工作的技术基础。就涉及司法相关的第三方机构而言,主要是鉴

---

❶ 袁小刚. 涉诉信访成因的深层探究——从法院审判、权利结构、当事人三维视角的考察. 全国法院第二十五届学术讨论会论文.

❷ 有一基层法院关于涉诉信访的调查显示,在涉诉信访影响度方面,所有被调查法官都认为涉诉信访的处理对案件的独立审理造成了影响,其中47%的法官认为影响程度较大,另外53%认为存在较轻的影响。转引自郭玉. 戴枷之舞:权利救济语境下的涉诉信访与独立审判. 全国法院第二十五届学术讨论会论文.

定、评估、审计等行业。目前这些行业也因多种原因发展不均衡。扩大到纠纷解决而言，第三方机构包括各种民间调解或仲裁组织，而这些纠纷解决的途径多是由政府主导，在面对涉诉信访矛盾化解时，也难免心有余而力不足。虽然也有地方出现了一些类似公益服务性组织，但难以掩饰第三方机构在发展上的不完善，无法承担起相应的社会责任的事实。

二、优化：涉诉信访矛盾化解中以律师为主体的第三方参与机制的理念

（一）秉持诉访分离、依法治访的理念

现代法治社会的基本特征，就是法律的地位及其作用不容动摇。面对各种利益之争，司法程序应该成为解决纠纷的最基本的形式，也是最后的形式。从这个角度而言，法律应该是一种超越工具主义意义的存在。[1] 运用法治思维和法治方式，把涉诉信访案件纳入法律程序处理，是依法治国的必然要求，也是引导涉诉信访改革进入良性循环轨道的前提和要求。这就要做好诉访分离，尤其是畅通出入，保证畅通法律问题通过法律程序解决的途径，不让法律诉求在法律大门之外长期徘徊，引起新的更加复杂尖锐的矛盾；还要避免不加区别、不分情况把普通信访也纳入诉讼程序中，造成司法权的滥用和诉讼程序的无序。[2] 调研数据显示，[3] 涉诉信访中当事人想要通过诉讼解决纠纷的比例非常大，可以占到一半以上，立案登记制实施以后，全国民商事、行政案件数量大幅攀升，也在一定程度上解决了部分案件导访入诉难的问题。但同时存在公民对立案登记制的错误理解，出现了诉权滥用的现象。因此，在现有法律规定下，把握好诉访分离的标准，并对现实涉诉信访个案进行诉求分类，架起信访诉求与司法有机对接的话语同构桥梁是涉诉信访矛盾化解的有效着力点，也是律师等第三方力量参与涉诉信访矛盾化解应遵循的基本理念和功能所在。

（二）并重司法的程序正义和实体正义的理念

受司法传统影响，程序正义和实体正义，就像一对欢喜冤家被我国学术界和实务界所讨论。无论怎样讨论，现代司法，程序正义和实体正义都是相辅相成、唇亡齿寒的关系，即使两者有不同的指向和不同的判断标准。就涉诉信访案件实现诉访分离而言，将涉及刑事、民商事、行政诉讼程序等"诉"的问题纳入法

---

[1] 刘炳君. 涉法涉诉信访工作的法治化研究 [J]. 法学论坛, 2011 (1).

[2] 浙江省人民检察院课题组. 涉法涉诉信访工作改革的法治化研究 [J]. 法治研究, 2015 (2).

[3] 沿海某基层法院 2014 年上半年的案件情况：来信来访 1263 件次，涉及立案类 694 件，占 54.95%（其中，立案诉讼 427 件；涉及立案执行 228 件）；反映执行问题 104 件，占 8.23%（其中，反映程序违法 6 件；反映作风 13 件；催办 85 件）；反映裁判不公 15 件，占 1.19%；申诉或申请再审 14 件，占 1.11%；审判类 54 件，占 4.28%（其中，催办 39 件，作风 7 件，程序违法 8 件）；其他（委托公告等）382 件，占 30.25%。

律程序，由司法机关依照法律程序解决，这既是涉诉信访工作改革的出发点，也是涉诉信访工作法治化的基本路径。这就要求对涉诉信访问题的处理以当事人诉权的行使和实现的程序化为根本和依托。特别是在当前，我国已经通过三大诉讼法的修改，对当事人的诉权保障均有了明显改观，现代司法的理念也在逐步确立过程中。涉诉信访矛盾本身，也并非是要抛弃程序正义，只关注实体正义。通过诉访分离来化解涉诉信访矛盾，其实质就是在彰显和实现程序正义，无论是整合了何种社会力量来化解涉诉信访矛盾，均应遵循现代司法理念，追求程序的绝对公正，实现实体的相对公正。

（三）确立第三方有限参与的理念

涉诉信访法治化道路固然给了律师等第三方主体参与合力化解的空间，但根据经济学的"边际效应"理论，这种第三方参与的力量并不是无限扩大的，而是要有一个度，即应确立有限参与的理念。根据边际递减效应，在其他条件不变的情况下，如果一种投入要素连续地等量增加，增加到一定产值后，所提供产品的增量就会下降，即可变要素的边际产量会递减。同理于律师等第三方力量参与涉诉信访矛盾化解。主要是有以下三种理由：第一，律师等第三方力量参与的行为是一种私权利的体现，即使在一定条件下这种力量可以被整合，但毕竟不是公共资源，不能被公权力无限使用，应尊重其市场主体和社会主体的地位；第二，就涉诉信访的本质而言，其终归是法律问题，需要通过司法程序解决，即使囿于立法和司法的局限性，无法通过司法程序解决的，也应纳入社会治理的范畴，桥归桥，路归路，律师等第三方力量也没有过多参与的必要；第三，根据力学原理，在计算合力时，不仅要看作用力的大小，还要看作用力的方向，只有在同方向上的力越多，合力才会越大。法律职业共同体内的固有嫌隙导致律师和法官对于涉诉信访案件的化解合力可能会有方向上的偏差，所以在具体制度设计上谨小慎微，以保证司法和参与力量的方向一致。

（四）追求法律职业共同体全面发展的理念

法律职业共同体是推进法治中国建设的主体和重要力量，对司法公正和社会公平肩负特殊的历史使命。法律职业共同体建设本身就应当成为法治中国建设的重要内容。❶ 律师、法官、法学家等的职业素养和的执业水平均关系到职业共同体的建设。在我国，法律职业共同体的概念提出就较晚，构建过程更是困难重重，其中一个困难就是各个法律职业的分支之间存在着四分五裂、互相冲突的问题。❷ 要形成团结和共同的力量，无论着力的点和面有多少，努力的方向应是一致的。就司法和共同体内其他分支的关系而言，法官在具体案件中不能放弃独立

---

❶ 罗东川．法律职业共同体建设之急. http://t.cn/Rn1rohY，2015年6月30日访问。
❷ 贺卫方．法律职业共同体建设的困难. http://t.cn/RLhPZyK，2015年6月30日访问。

判断和理性说服的义务，但有必要关注、考量和回应法律职业共同体已经形成的普遍认识。

三、探索：涉诉信访矛盾化解中以律师为主体的第三方参与机制的制度设计

（一）以诉访分流为统筹确立参与模式

1. 坚持诉前调解模式以减少纠纷的涉诉率

涉诉信访案件大体可以概括为三大类：申诉求决类、检举控告类、建议咨询类。就沿海某基层法院 2013 年、2014 年涉诉信访案件数据来看，反映立案诉讼或立案执行的案件占比近六成，这在一定程度上反映出，涉诉信访案件中诉前化解有很大空间。我国在替代性纠纷解决机制上的探索已经取得了很大成果，主要以依托区县、乡镇、社区三级的基层干部或人民调解员为主体，也有一些地方将纳入律师的力量，且取得了良好的效果。在纠纷调解中，更广泛地吸引律师等第三方力量参与，从源头上降低纠纷的涉诉率，是整合多元化解合力解决涉诉信访矛盾的最初端口，应予坚持推广。

2. 坚持政府采购模式以规范社会治理行为

以政府购买服务的第三方参与形式，在我国上海等地旧城区改造工作矛盾化解中早有实践，其中有很好的经验可以借鉴到涉诉信访矛盾化解工作中，从以下两方面着手：第一，坚持并推广行政各地政府以购买法律等服务的形式规范社会治理，提高依法行政能力，从源头上减少涉诉行政案件；第二，涉诉信访案件已经穷尽法律程序，对非司法属性的问题，在导入社会治理程序过程中，引进律师等第三方力量，做好判后答疑和司法救助、社会救助等相关工作的引导和辅助工作。

3. 坚持法律援助模式以保障当事人诉权行使

法律援助在政府保障公民合法权益，实现"公民在法律面前人人平等"原则，保障人权，实现社会公平正义等方面有着极为重要的作用，但在实践中存在许多问题，最大的问题就是法律援助的适用范围和覆盖面较小。在涉诉信访矛盾化解工作中，也可以扩大法律援助的适用范围，主要从以下方面着手：第一，对于导访入诉的刑事申诉案件，强制适用律师辩护制度，对于经济困难，符合法律援助条件的，由信访部门提出申请，司法行政机关指派辩护人参与案件审理工作。对于导访入诉的民事、行政诉讼案件，符合条件的，也建议适用法律援助，以更好地维护当事人诉权。

4. 探索社会公益服务模式以引导诉访分流

应探索建立新型公益法律服务模式，培养公益法律服务组织和专业人才，填

补司法行政推动和个体参与之间的空白。在全国律师协会的指导下，截至2013年，全国已经建立8家律师协会公益法律服务中心。❶ 借鉴该模式，可以依托省级律师协会的指导，探索成立针对涉诉信访矛盾化解工作的律师公益法律服务中心或是在现有的社会公益法律服务中心内专设涉诉信访矛盾化解部门，在涉诉信访矛盾化解尤其是诉访分离的引导与分流上下功夫。

（二）以律师为主体的第三方参与制度的机制保障

1. 主体选任上应任人唯贤

在主体的选任上，应以律师为主要组成，但不限于律师。可以设立以下制度：（1）设立省、市、区县等不同层级的第三方参与力量人才库。参与人员可以有律师、学者、退休公职人员、人民陪审员、人民调解员、心理咨询师以及其他社会专业人士；（2）任人唯贤的遴选机制。对参与人员应综合考察其政治素养、业务水平和应急能力等。（3）组织必要的教育培训。定时或适时对参与的第三方主体进行与信访工作相关的必要培训，弥补其在信访知识结构和经验上的不足；（4）建立相应的评价机制。定期对参与人员涉诉信访化解工作的实绩进行相关考察评价，确保参与力量的有进有出，并对人才库的相应数据及时更新。

2. 物质保障上可探索多种渠道

对以律师为主体的第三方力量参与涉诉信访矛盾化解而言，一直以来最大的障碍就在物质保障上，主要为经费和办公场所。（1）就经费保障而言，以财政支出为主，❷ 但应鼓励个人无偿公益服务方式，也可探索律师参与的会员制方式、社会捐助方式（公益基金）等。（2）就办公场所保障而言，可以类似于驻法院的人民调解委员会办公的做法，单独设立标注"第三方参与"名牌的信访接待室，强化第三方中立的性质。

3. 建立激励和制约机制

为激发第三方参与信访矛盾化解的积极性，可建立相应的激励机制。如从有助于律师等第三方主体的提高从业能力方面着手，或是从法律共同体内职业流动提供认知机会和流动可能着手。同时应建立相关的制约机制，以保证第三方参与的规范性，如对于有碍司法公正、有损公民利益的行为依法追究相关责任等，或是因故意或重大过失造成涉诉信访案件矛盾升级，导致公共利益损失的行为，给予职业准入限制等。

---

❶ 主要承担律师参与社会管理的法律咨询、法律帮助、法律服务和法制教育，其中也包括参与政府信访接待、提供法律服务，参与重大疑难信访事项的法律论证，提供法律意见或建议等，但该模式中缺乏涉诉信访矛盾化解工作的针对性。

❷ 也有观点提出，由于律师等第三方力量的参与，部分涉诉信访案件转入诉的程序，可以减少"买平安所指出的费用"，可以转移支付律师等第三方的力量，所以，经费应是财政支付。

（三）设计科学的参与信访化解程序

1. 告知征询程序

以律师为主体的第三方力量的参与并非是直接作为信访部门的组成部分，所以参与形式也有别于人民陪审员组成合议庭审理案件。其参与，是作为第三方，不代表利益相关方，所以在工作开展中，应当将其身份明示于各利益相关方，这就要求各利益相关方首先同意可以由第三方参与，其次是知悉第三方相关资质并进行选择后确定具体的参与人员。

2. 确立回避制度

为了避免因参与的第三方主体与其参与的涉诉信访案件有利害关系或其他关系，可能影响其中立性，出现"一手托两家"的情况，对以律师为主体的第三方参与也应适用回避制度。可以从不同参与人员的职业性质确定回避制度的具体内容，对律师、法学学者等，要求其不能作为第三方参与到本人或本律师事务所代理的案件的涉诉信访矛盾化解工作中，当然也应回避与其有利害关系的案件；对于非具有代理资格的其他职业的参与人员，则应回避其有利害关系或其他关系的涉诉信访案件。

3. 信息备案及通报制度

第三方参与涉诉信访化解工作主要从以下方面做好信息备案及通报工作：（1）做好出勤登记，便于对参与的第三方进行相关的监督、考核和奖惩，也可以对一段时间内涉诉信访矛盾化解需求进行规律性分析，便于为后续工作确定改进方向；（2）做好参与过程工作记录，便于信访部门掌握涉诉信访个案化解进程，为有效化解涉诉信访矛盾打好基础；（3）定时与信访部门进行信息通报，便于信访部门及时、准确地掌握涉诉信访案件时态与动向，并有助于参与第三方和信访部门的工作经验的交流和推广。

参考文献

[1] 袁小刚. 涉诉信访成因的深层探究——从法院审判、权利结构、当事人三维视角的考察. 全国法院第二十五届学术讨论会，2014.

[2] 郭玉. 戴枷之舞：权利救济语境下的涉诉信访与独立审判. 全国法院第二十五届学术讨论会，2014.

[3] 刘炳君. 涉法涉诉信访工作的法治化研究 [J]. 法学论坛，2011（1）.

[4] 浙江省人民检察院课题组. 涉法涉诉信访工作改革的法治化研究 [J]. 法治研究，2015（2）.

[5] 罗东川. 法律职业共同体建设之急 [EB/OL]. [2015-06-30]. http://t.cn/Rn1rohY.

[6] 贺卫方. 法律职业共同体建设的困难 [EB/OL]. [2015-06-30]. http://t.cn/RLhPZyK.

司法改革研究专题

司法责任制背景下
审判管理权的边界、重点与规则

上海市长宁区人民法院审监庭课题组❶

摘 要：2014年7月，人民法院《四五改革纲要》明确提出："完善以审判权为核心、以审判监督权和审判管理权为保障的审判权力运行机制，落实审判责任制，做到让审理者裁判，由审判者负责。"2015年9月21日，最高人民法院公布了《关于完善人民法院司法责任制的若干意见》，被视为我国人民法院司法责任制走向完善的重要标志。❷如何在司法责任制的背景下健全审判管理体系，从而促进司法改革的推行及审判工作的良性发展，成为当前阶段的重要课题。传统审判管理权具有主体多样性、方式行政化、行使任意性、边界不清晰等特点，司法责任制实施后，各试点法院对审判管理权的运行模式也进行了积极调整，但仍存在审判管理权应该加强还是削弱、法律适用不统一、审判效率下降、职责推诿等困惑和问题。基于此，应厘清审判管理权与审判权、人事行政管理权、审判监督权等权力的边界，以此明确审判管理权的权力清单及其重点；应明确审判管理权的运行规则，理念选择上从行政性向保障性转变，管理主体上从层级化向扁平化转变，介入方式上从任意性向法定性转变，制度设计上从模糊化向明确化转变，形成以独任庭和合议庭自我管理为基础、以专门审判管理机构为枢纽、以庭长管理为补充、以审判委员会、院长管理为例外的管理主体结构，并健全对实体监督、程序控制与案件质效进行审判管理的具体制度，形成可复制、可推广的审判管理规则，促进审判管理体系的科学构建与发展。

关键词：审判管理；司法责任制；审判权运行机制改革

审判管理被正式提出是在20世纪90年代，为应对日益繁重的审判任务和层出不穷的新类型案件，审判管理作为提升人民法院审判质效的一项重要举措被提

---

❶ 作者简介：赵敏，上海市长宁区人民法院副院长；王俊，上海市长宁区人民法院审监庭庭长；汪露，上海市长宁区人民法院审监庭法官助理；程茜，上海市长宁区人民法院审监庭法官助理；刘阳，上海市长宁区人民法院审监庭法官助理。

❷ 王敏远. 完善司法责任制系列谈：破解司法责任制落实中的难点[N]. 人民法院报，2015-09-26（2）.

出，[1]并在之后的司法实践中不断发展、变化。最高人民法院于 2011 年 1 月和 2014 年 7 月分别发布了《关于加强人民法院审判管理工作的若干意见》和《关于新时期进一步加强人民法院审判管理工作的若干意见》，对审判管理的理念和职能进行了全面阐述。自 2014 年以来，司法体制改革开始试点，目前已在全国所有省市启动，将落实司法责任制作为改革的核心内容，将审判权"还权"于法官，使得审判管理面临着新形势、新任务和新要求。如何积极适应司法责任制改革的要求，梳理、调整审判管理的边界、重点与规则成为一项重要课题。

一、现状透视：审判管理权的传统特点与当前转变

审判管理权是指通过组织、领导、指导、评价、监督、制约等方法，对审判工作进行合理安排，对司法过程进行严格规范，对审判质效进行科学考评，对司法资源进行有效整合，确保司法活动公正、廉洁、高效运行的权力。[2]概言之，审判管理权涉及审判工作的方方面面，范围较广，行使方式多样，内涵丰富。

（一）传统审判管理权的运行特点

1. 主体多样性导致管理多重交叉

行使审判管理权的主体众多，包括院长、庭长、审判长以及审委会、审判管理办公室、立案庭、研究室、办公室等部门。各主体依据自身职能进行审判管理，如立案庭对立案管辖、审限、上诉移送等进行流程管理；研究室对信息系统、司法统计等进行数据管理；办公室对法庭设备、档案卷宗等进行事务管理；审管办更为综合，根据上级法院审管条线的要求以及院长的批示，对审判工作的各方面进行综合管理；院长、庭长、审判长也根据自身的分管范围进行案件管理等；另外，院务会、党组会等也偶尔涉及审判事务。职能部门的横向管理与院级、庭级的纵向管理交错纵横，导致令出多门，管理内容多重交叉。

2. 方式行政化形成上下层级关系

与法院体制行政化一样，审判管理也呈现行政化的层级关系，表现为上令下从的管理方式，法官处于金字塔的底端，处于服从和被管理的地位。比如，在审判效率管控方面，为完成同期结案率排名考前的目标，院内制订了同期结案率的目标，分解到各审判庭，然后由庭长将结案指标落实到各合议庭、各法官，法官再通过加紧存案排摸、加快办案节奏等方式完成指标。在这种层级模式下，对全院的目标完成有积极的促进意义，但法官的主体地位没有得到很好的体现。

---

[1] 上海市第一中级人民法院宁博. 略论审判管理权与审判权的边界及其对审判权的作用. 一中辖区法院审判管理情况交流，2014（2）.

[2] 参见《最高人民法院关于加强人民法院审判管理工作的若干意见》，2011 年 1 月 6 日发布。

3. 行使任意性导致管理理念常变

从宏观层面上说，审判管理模式在 2000 年前采取行政化色彩浓厚的高度收权模式，2002 年至 2004 年采取"还权于合议庭"的高度放权模式，2004 年以后采取审判管理权限扩张的约束型放权模式❶，这是审判管理权随着审判权运行方式的变化而做出的调整，具有一定的积极意义。但从微观层面来说，审判管理更多地作为"工具性"的手段存在，其"法治化"规则较弱，审判管理理念也常发生变化。比如，随着院长等主要领导的调动而发生变化，有的领导推崇精细化的过程管理，有的偏重数据化的结果管理；有的坚持现有的管理模式，有的积极吸取企业管理的模式和经验，造成审判管理的思路和风格上存在明显区别。

4. 边界不清晰留有不当干预空间

审判权与审判管理权相生相伴，在高度收权的管理模式下，审判管理行为深度侵入审判活动领域，院庭长在签发文书时可以对法律适用、裁判结果等方面进行审查，对案件具有最终决定权，这种直接的干预方式已逐步消失。但审判管理权对审判权的间接干预仍然存在，院庭长把关的方式由直接改变裁判结论转变为提出并不具有强制力的指导意见和建议❷。即便不具有强制力，但因审判管理权行使边界不清晰，方式不透明，留有不当干预的空间。

（二）司法责任制实施后审判管理的积极转变

1. 最高法对审判管理内涵的深化阐述

《最高人民法院关于新时期进一步加强人民法院审判管理工作的若干意见》于 2014 年 6 月公布，比《四五改革纲要》早一个月，可以说是同期推出的，吸纳了部分司法改革的理念。其中，确立了审判管理"规范、保障、促进、服务"审判执行工作的作用，提出要实行"民主管理、科学管理和人性化管理"，"各级人民法院要以专门审判管理机构为枢纽，切实在人民法院内部建立起审判委员会、院长、庭长、审判长、审判人员各负其责的层级管理体系"，明确了审判管理部门负有的七项基本职能，即"案件信息管理、案件质量评估、案件质量评查、审判流程管理、审判运行态势分析、审判绩效考核、审判委员会事务管理"。该份文件对新时期审判管理工作的作用、机制和职能进行了较为全面的阐述。

2015 年《最高人民法院关于完善人民法院司法责任制的若干意见》的发布，被视为司法责任制完善的标志。其中对审判管理的表述主要有："以有效的审判管理和监督制度为保障"，"监督有序、制约有效"，"建立符合司法规律的案件

---

❶ 李生龙，贾科. 反思与重塑：法院系统内部审判管理机制研究 [N]. 西南政法大学学报，2010, 12 (4).

❷ 李生龙，贾科. 反思与重塑：法院系统内部审判管理机制研究 [N]. 西南政法大学学报，2010, 12 (4).

质量评估体系和评价机制，审判管理和审判监督机构应当定期分析审判质量运行态势，通过常规抽查、重点评查、专项评查等方式对案件质量进行专业评价"等。进一步明确了司法责任制背景下审判管理的主要内容及需以"有效"性为其目标前提。

2. 各地试点法院对审判管理模式的探索实践

北京市高院于 2014 年 6 月制定了《关于深化审判权运行机制改革的指导意见》；提出完善审判组织运行模式，基层法院也可以探索实行以审判长为主导的"审判团队办案模式"，所有案件分配到审判长名下，由审判长视团队内部人员情况，将案件指定给具体承办法官办理；审判长负责审判团队裁判文书的签发。北京市第四中级人民法院以平台建设为抓手构建"扁平化管理新模式"，在对原有内部管理部门集中整合、优化配置后，建设法官职业综合管理平台、审判业务综合管理平台、司法服务综合管理平台、队伍综合管理保障平台。❶ 上海市高院于 2016 年 5 月出台了《关于完善司法责任制的实施意见》，对试行的 6 项配套制度规定进行了整合和修订，对审判权力运行机制、审判人员职责和权限、审判责任的认定和追究等作了详细规定，明确了各主体的审判管理职责，如审判长的审判流程控制，庭长的审核程序事项、人员配置、分案调整等，院长的审核程序事项、质效管理、主持法官考评等。上海市第二中级人民法院借鉴上海自贸易区改革经验，采取"清单管理"的模式，既设置"权力清单"，从正面规定院长 9 项、庭长 14 项审判管理职权；又设置"负面清单"，规定了院、庭长不得强令合议庭改变案件评议结论等四条禁令；针对重大疑难复杂案件的监督指导，要通过开办主审法官联席会议、专业法官会议的方式进行。广东花都法院通过建立审判权力清单制度，将原庭长、院长行使的 78 项审批权限精简至 28 项，还权于主审法官和合议庭；同时强化院、庭长审判管理和审判监督职责，共可行使 12 项审判管理权、6 项审判监督权，也有效确保了审判权放而不乱。❷ 以上各地各层级法院各有侧重，或从管理主体整体权限设置上，或从团队自我管理上，或在信息化建设上等方面进行实践探索，取得了有益的经验。

(三) 司法责任制改革带来的审判管理上的困惑

1. 管理存废之争：审判管理权应该加强还是削弱

改革之初，有观点认为审判权与审判管理权是对立的，存在此消彼长的关系，强调以"审判权为中心"必然导致审判管理权的弱化，导致院庭长、审判管理部门不敢管、不能管的局面。还有观点将管理等同于干预，认为管理过多会

---

❶ 吴在存. 以平台建设为抓手构建扁平化管理新模式 [N]. 人民法院报，2016-05-25 (8).
❷ 赵峰. 完善司法责任制需要统筹兼顾的几个相关问题 [J]. 山东审判，2015，1 (31)：28.

影响法官的独立性。但事实上，审判管理权也是确保审判权公正、高效运行的保障，故审判管理权在司法改革的大背景下，不能简单地"削弱"，而是应该进行科学化的转型。最高法《二〇一六年人民法院审判管理工作要点》中提出：在新形势下，人民法院的审判管理工作只能加强，不能削弱；加强审判管理与依法独立审判并不矛盾，而是辩证统一、相互促进的关系，要切实做到"放权不放任"。尤其是面对目前法官队伍业务能力存在参差不齐、社会法治体系尚待完善、人民群众对司法公正的期待与司法现状还存在矛盾的情况下，加强审判管理显得极为重要。

2. 审判质量管理：各自为政引发类案适法统一问题

在落实"让审理者裁判"的一段时期内，法律适用、执法尺度不统一的问题将较为突出，成为审判质量管理的一大难题。过去，解决法官间能力水平的差异，统一办案标准，主要依赖院、庭长的审核把关和指导。改革后，由于取消院、庭长听取案件汇报的制度，新的统一执法尺度的制度机制尚不能及时有效运转，导致院、庭长对审判工作的统筹、指导力下降，对案件的综合情况难以把握，与相关部门沟通协调交流过程中也出现障碍。法官会议制度虽能一定程度解决该问题，但与以往的方法相比，由于制约力明显减弱，实际效果还有待检验和完善。❶ 其中，较为明显的是，庭长对年轻法官的指导带教减少，庭长由原来的指导管理为主转为以参与案件审理为主，一些原来在一线办案时间不长的助理审判员遴选为入额法官后，也要承担独任法官的职责，同时要完成结案数要求，引发办案质量的下滑。另外，中级人民法院本身负有通过审级监督来指导下级办案、促进适法统一的职责，如果中级人民法院本身出现适法不统一的问题，将对基层法院的审判业务开展带来较大的负面影响。

3. 审判效率管理：配置不足引发审判效率下降问题

从客观情况看，一是员额制使得入额法官人数减少，减少了法官数量，主审法官人均办案量大幅上升；二是法官助理等审判辅助人员水平参差不齐，职责界定不清晰，使审判事务性工作尚不能完全从主审法官手中剥离出来；三是主审法官新增了对审判团队的管理责任，需要通过合理配置才能提升审判团队的整体运转效能。❷ 其中，审判辅助人员与法官的配比未到位是法官员额制度设计未达到预期效果的主要原因。法官助理和书记员人数不足，远未达到英美国家的成熟模式下的比例，虽然规定了法官助理协助法官处理大量的庭前证据交换、调解等工作，但实践中，法官助理仍承担了大部分的书记员工作，辅助功能未能发挥。另外，"院庭长办案"制度旨在充实审判力量，发挥院、庭长办案经验的作用。但

---

❶ 慕平. 健全和完善审判责任制的关键 [J]. 人民司法, 2015 (21).
❷ 慕平. 健全和完善审判责任制的关键 [J]. 人民司法, 2015 (21).

在实践中，院、庭长承担了大量综合事务管理工作，院、庭长的办案指标比普通法官低得多，该制度更多的是起到示范宣传效应，而非实际的办案效能❶。因此，在一段时间内，可能会出现审判效率不升反降的情况。

4. 错案责任落实：惧怕担责引发行使职责推诿问题

（1）庭长对自身管理监督职权不明确。

司法责任制实施后，对裁判文书的签发进行了放权，院、庭长对未直接参加审理案件的裁判文书不得审核签发，引发庭长管理监督职权虚化的困惑，有些庭长认为案件质量完全由独任法官和合议庭承担，自己不再有把关的义务，案件质量出了问题，也可以以没有经自己签发为由予以免责。

（2）合议庭成员意见采用策略性选择。

按照《上海市高级人民法院关于完善司法责任制的实施意见》的规定，对于合议庭责任的分担，因实体问题被认定差错，合议庭意见一致的，审判长、承办法官承担主要责任，其他成员承担次要责任；评议时持少数意见为正确意见或明确指出多数意见为错误的合议庭成员不承担责任。有人戏称，合议庭评议时可以一直提反对意见，如果判决结果正确，则不存在错案的问题，如果判决结果错误，则可避免担责的风险。虽然法官出于自身法律信仰与约束不会刻意而为之，但这种说法也说明该制度下存在一定的道德风险。

（3）人民陪审员的错案责任无法落实。

实践中，随着案件数量和难度增加，而法官员额数量百分比固定，人民陪审员被作为审判力量大量增加到审判工作中来。基层法院合议庭成员中多有人民陪审员参加，也常出现一名法官与两名陪审员组成合议庭的情况，陪审员在合议庭评议中多是同意法官的意见，在二审改判发回后，征求合议庭成员对改发的意见时，陪审员也鲜有提出自己的意见。而且，陪审员并无公务员等身份，对其担责问题也难以操作。

二、问题厘清：审判管理权的行使边界与管理重点

（一）审判管理权与审判监督权、人事管理权、行政管理权的边界

1. 审判管理权与审判监督权宜合不宜分

有学者认为，院长、庭长和审判委员会以及上级法院所享有的对个案实体裁判作出变更的审判监督权在本质上是一项司法权力，属于审判权的行使范畴；审判管理不介入案件的实体处理，才能回到"管理"的本质；审判管理权的重心

---

❶ 参见上海虹口法院席建林在上海法院审管条线的培训《司法改革背景下审判管理模式研究——以提升审判质效为中心》。

是审判事务管理权❶。此处采取的是狭义的审判管理权的概念，将审判监督权与之相区分，并归入审判权的范畴内。该观点从理论上来说较为清晰，也明确了审判管理权的侧重点，但因其将"院长、庭长和审判委员会以及上级法院"这些主体对审判工作的行为进行了割裂，事实上未对审判实体管理进行探讨，笔者认为难以进行操作。

目前，多数司法责任制相关文件中也都将审判管理权与审判监督权放在一起阐述。实践中，许多基层法院的审管办与审监庭都是合署办公，工作内容也存在部分重叠。从现行的机构设置而言，以上海法院为例，审判监督庭和审判管理办公室的职能分别为：审判监督庭负责再审案件的审理、改判发回案件的检查、审监工作建议书的制作、案件检查评查、裁判文书检查推优等；审判管理办公室负责审判质效分析、案件检查评查、庭审检查推优、司法建议工作、裁判文书上网、适法统一、立审执协调等。两者在案件的检查评查方面存在重合，在裁判文书和示范庭审的检查推优方面，只是条线分工不同，不存在权力方面的根本区别。本文中，对审判管理权采取广义的概念，即将除了申诉、再审案件审理之外的审判监督职责都归入审判管理之中。

2. 法官考评等人事管理中审判管理权的参与和区分

审判管理要发挥作用，不能"单打独斗"。要强化审判管理成果的运用，将审判流程运行态势与法官员额调剂、辅助人员配备、案件调度、物质装备保障等紧密结合。❷ 审判管理权需不同程度地参与到人事管理中去。人事管理包括组织（制定修改权限和职能责任的组织结构）、计划（预测人员需求）、人员的配备和使用（录用、调配、考核、奖惩、安置等）、培训、工资福利、政治思想工作等❸。其中，审判管理权在职能责任的设置、人员调配考核、培训内容的提供等方面都与人事管理权有紧密的合作。如，法官考评是组织对法官进行考核评价，以作为业绩考核、评优评先、等级管理、员额退出等依据的一项工作，属于人事管理权范畴，由人事专门机构进行。审判管理权依据自身职责提供案件质量情况、审判质效等相关评估数据，作为法官考评的参考。又如，审判管理在动态监控中发现某部门存在较大、较长时间的审判力量空缺，或者发现某法官的审判质量有所下滑时，可以对人事管理提出人员调配、培训等方面的建议。人事管理、行政管理、审判管理是法院管理的"三驾马车"，其中审判管理是最重要的一驾，应与人事管理、行政管理保持密切的协调联系，共同为改进法院整体工作，

---

❶ 黄浦区法院课题组. 审判权运行机制改革背景下院庭长的职能定位与职责划分 [J]. 上海审判实践，2015（6）.

❷ 盛勇强. 在2016年上海法院审判管理工作会议上的讲话.

❸ 参见百度百科"人事管理"词条.

促进司法公正和高效服务。但审判管理的边界不能无限扩张，要保持其自身的界限，要避免出现"什么都往里装"的趋势，审判管理权仅依职责范围对审判事务进行管理，以其工作成果为人事、行政管理提供数据分析、优化建议等，不能越俎代庖进行考核制度修订等工作。

3. 审判辅助事务中心等行政管理中审判管理权的参与和区分

审判辅助事务中心是近年来提出的一个与"法官中心"相对应的概念，即为法官的审判工作提供服务的一系列行政组织的集合，具体包括技术支持、案卷管理、法庭及设备管理等，设置目的是便利审判工作的开展，减少法官的非审判性事务工作，从而提高审判工作整体效率。如上文所述，审判管理的结果也可运用于物质装备保障等中，审判管理也应与行政管理保持密切联系，但两者同样有职能上的区分，不应混为一谈。

(二) 审判管理权与审判权的边界

1. 审判管理权与审判权在程序、实体上的重合地带

审判管理权是审判权正当行使的保证，是法院回应人民群众不断增长的司法需求的产物，是西方法治国家的经验性产物。❶ 审判管理权存在的目的是确保审判活动的合法、公正、高效。"从审判管理的效用角度看，一方面通过对审判过程进行严格规范、通过审判流程管理实施监控，可以实现对程序公正的要求。另一方面通过对审判工作进行合理安排、对司法资源进行有效整合，可以实现对司法效率的要求。"❷ 审判管理权与审判权在程序问题上的重合普遍为大家接受。如程序上《民事诉讼法》第149条规定的普通程序案件审理期限有特殊情况需要延长的，由本院院长批准，还有协助执行通知书、限制出境决定书等，也都由审判人员提出，由庭长或院长签发。

但在实体问题上两者是否重合存在不同观点。有学者认为案件的实体公正更多地要依靠二审、再审程序予以监督纠正，审判管理权行使的范围不能是对案件实体裁判权的干预❸。也有人认为，法官高度自治的能力和水平尚存疑❹。笔者认为：(1) 落实司法责任制的最终目标是为了促进公正司法、更好地满足人民群众的司法需求。对于个案而言，在出现明显与类案处理原则相悖、存在廉政风

---

❶ 余静. 权力制衡：论审判权与审判管理权运行机制的完善——以S省法院审判管理为样本 [D]. 成都：西南财经大学硕士学位论文，2011：6-7.

❷ 黄浦区法院课题组. 审判权运行机制改革背景下院庭长的职能定位与职责划分 [J]. 上海审判实践，2015 (6).

❸ 黄浦区法院课题组. 审判权运行机制改革背景下院庭长的职能定位与职责划分 [J]. 上海审判实践，2015 (6).

❹ 参见上海虹口法院席建林在上海法院审管条线的培训《司法改革背景下审判管理模式研究——以提升审判质效为中心》。

险等情况下，如果采取放任态度，不闻不问，而将司法公正的接力棒交由二审甚至审判监督程序来行使，会极大地延长当事人的诉讼时间成本，是无法为当事人接受的，也是无法体现"让人民群众在每个案件中都感受到公平正义"的。（2）社会舆论环境不允许。我国目前的社会法治意识还没有进步到一定的程度，能够足够宽容、理解法官有一定的出错率。在敏感案件、涉群体案件中，往往一些小问题也会被放大炒作，引发广泛关注。所以，审判管理权在法律适用问题上存在监督管理的必要，在涉群体纠纷、涉重大敏感案件等特殊类型案件上存在全程监控的必要，两者在实体上存在重合。

2. 依法独立行使审判权中的核心权能

审判权属于判断权和裁量权，其核心在于平等地参与合议庭评议并发表意见，作出裁判结论。这是审判管理权不能代替行使的。基于此，可以从"独立性"的原则划出审判权的核心权能，即建立审判管理权的负面清单。《上海市高级人民法院关于完善司法责任制的实施意见》中以"不得"和"仅"为审判管理权划出边界。如，裁判文书的签发方面，院、庭长对未直接参加审理案件的裁判文书不得审核签发；案件讨论方面，院长、副院长、专审委委员、庭长、副庭长仅可在参加审判委员会、专业法官会议时对未参审案件发表倾向性意见。可见，裁判结果、包括裁判理由的最终决定权在独任法官或合议庭手上，除了"审委会的决定，合议庭应当执行"外，其他任何形式的讨论和汇报不能代替合议庭评议，任何人不能更改和作出决定。参与合议庭评议的权力以及裁判的最终决定权是审判权的核心权能，也是落实"让审理者裁判"的必然要求。

3. 审判管理权的权力清单及合法行使

除了上述审判权的核心权能为审判管理权树立起界限之外，对于审判管理权权力清单上的权力行使，也要以"合法性"为原则划分其行使的边界。上海的司法责任制文件中以"不为"和"禁止"来规定。如，审判长的"五不为"，即违规变更合议庭成员、违规决定程序事项、未依法评议即作出裁判、违反合议庭平权原则及少数服从多数原则即改变评议结果等；庭长、副庭长履职"七禁止"，即违规变更已分配案件的审判人员、违规变更案件审理程序及期限、违规决定程序性事项等；院长、副院长、专审委委员"七禁止"，即违规或超越授权和分管范围行使审判管理权、违规变更案件审理程序及期限、违规决定程序性事项等。可见，各管理主体必须按其职权范围行使审判管理权，不得违反组织法、程序法等规定，并要做到全程留痕。以上所述均为审判管理权在程序和实体管理上的合法行使。在司法效率的管理上，也要以法定的审限等制度为依据，以制度性规范代替运动式清理。"厘清三权边界应坚持审判监督权、管理权服务保障审判权公正运行之理念，矫正审判管理中异化的对法官审判绩效实行行政化考核管理方式，取消违反司法规律的排名排序做法，消除法官对管理者依赖的制度环境，保障审判内部独立。"[1]

4. 审判管理权与审判权冲突解决原则

构建两权的冲突规则，首先要明确两权之间的主次关系，明确审判权是目的，审判管理权则更具有手段价值；两权发生冲突时，要尊重审判权的实体判断权，严格介入的程序，强化介入者的责任，在程序上区分情形适当介入，当审判权运行脱离正轨时才应介入。[2]（1）审判管理权要找准定位，要改变以往"上管下"的行政级别观念，而要结合审判管理"规范、保障、促进、服务"的作用，将审判管理权放在与审判权平等的"制衡"甚至次级的"服务"上来。（2）审判管理权要把握好介入审判权的程度，切实做到"放权不放任""不缺位、不越位"。（3）两者发生冲突时，要以"合目的性"为原则，即采取符合审判管理权与审判权最终的共同目的的解决方式，考察司法行为是否规范、审判质效是否得到提升、是否符合司法为民、司法公开、司法公正的要求。

（三）新形势下审判管理权的重点

审判管理权包括两个层次的内容，即对案件实体处理的指导监督权和以程序控制、质效管理为主的审判事务管理权，审判事务管理是审判管理的核心内容和发展方向[3]。最高法将审判管理的基本职能概括为案件信息管理、案件质量评估、案件质量评查、审判流程管理、审判运行态势分析、审判绩效考核、审判委员会事务管理七项。七项审判管理基本职能中的重点如下。

1. 数据监控：审判运行态势分析

通过每月、每季度的审判质效评估数据，对审判运行的宏观情况进行监控，分析二审改判发回率、人均结案数、长期未结案数、审限内结案率等体现审判公正、效率、效果方面的重点数据，发挥"体检表"的作用。在全院分析时，还可以在信息化的基础上，利用大数据的手段，对每类案件、每个合议庭的审判运行情况进行分析，对异常情况进行排摸。此类数据监控不会直接影响审判行为，但要避免指标排名引起的审判工作的异化操作，如对可以在一案中处理的案件进行分案处理等，导致某些审判数据的偏差。

2. 同步管控：审判流程管理监督

根据"流程"管理的"犹太法则"，应当重点抓好审判管理的"关键环

---

[1] 杜豫苏，何育凯. 明晰权力边界：审判权内部运行机制改革路径探索——以最高人民法院四个"五年纲要"和七个典型法院为实证研究样本 [J]. 司法体制改革与民商事法律适用问题研究，224.

[2] 上海市第一中级人民法院宁博. 略论审判管理权与审判权的边界及其对审判权的作用 [J]. 一中辖区法院审判管理情况交流，2014（2）.

[3] 李生龙，贾科. 反思与重塑：法院系统内部审判管理机制研究 [J]. 西南政法大学学报，2010，12（4）.

节"……立案环节重点监控进入诉讼和排期开庭等程序的顺利推进；审理环节重点监控审限延长、中止、审限扣除、中断等情形；结案归档环节重点监控案件审判全程运行质效管理以及结案归档验收。❶ 该项同步管控针对在审案件，会在一定程度上对审判权的行使造成影响，主要体现在规范和促进上。应通过制定制度的形式固定规则，对超出时限的时间节点进行提醒。

3. 事后评价：案件质量评价定责

案件质量评价是指通过常规抽查、重点评查、专项评查等方式，对各类案件程序、实体及文书的质量等进行专业评价。审管职责中的案件质量评估、案件质量评查都属于此范畴，包括事中评价和事后评价，侧重于事后评价。本项职责是司法责任制落实的重要保障，也是审判管理权中最为核心的部分。在案件质量评价中，审判管理权要采取审慎的态度，要尊重司法规律，对文书或案件质量影响不大的微小瑕疵仅予以提示，不认定差错；对于审理程序明显违法、事实严重偏差或适法明显错误的案件，应提交审委会或专业法官会议讨论。

三、完善路径：审判管理权的科学构建

（一）从行政性到保障性，秉持理念选择的"服务性"宗旨

1. 司法责任制下审判管理权需要加强

司法责任制是高度放权的运行模式，充分尊重和信任法官的主体地位，但权力越大越需要强有力的管理机制，更要加强审判管理权，形成"有权必有责、用权受监督、失职要问责、违法要追究的管理责任体系❷"。而且在法官职业素养仍需提升、法律职业共同体尚待塑成、公民法治意识还应涵养的现实语境下，司法责任制改革后，有可能会带来法律适用不统一、案件审理质效下滑、法官作风、廉政风险等问题。更不能简单地将审判权的"独立"行使等同于"孤立"行使，将"去行政化"等同于"去管理"。❸

2. 民主管理、科学管理和人性化管理理念的重塑

《最高人民法院关于新时期进一步加强人民法院审判管理工作的若干意见》（2014年）提了"民主管理、科学管理和人性化管理"。要实行民主管理、科学管理和人性化管理，着力解决审判工作中的突出问题，切实为法官依法审判排忧

---

❶ 李生龙，贾科.反思与重塑：法院系统内部审判管理机制研究 [J].西南政法大学学报，2010，12（4）.

❷ 最高人民法院《关于新时期进一步加强人民法院审判管理工作的若干意见》法发〔2014〕8号.

❸ 上海市静安区人民法院李兴魁，沈烨.审判管理办公室履职的限度及尺度 [N].人民法院报，2016-06-01.

解难，有效减轻一线法官的非审判事务性负担❶。民主管理，要求在制定管理制度时，充分听取法官的意见，使得制度贴近实践、切实可行。科学管理，要求遵循审判规律，不搞唯数字论、唯指标论，避免干扰审判工作的正常进行。人性化管理，要求从被管理的对象角度出发，而非从管理的主体出发，根据审判人员的工作需要，提供数据支持和相关保障。如对卷宗移送、评估、拍卖、鉴定、审计、公告送达等诉讼服务性工作，都应加强服务与保障。

3. 法治化、精细化、信息化管理理念的更新

最高法在《二〇一六年人民法院审判管理工作要点》中提出，要以"法治化、精细化、信息化"为目标，进一步完善审判管理工作机制。法治化管理，要求将审判管理手段公开化、规范化，依托信息化手段推行全流程网上办案，用公开透明、全程留痕的方式，倒逼审判组织自我管理、自我约束。如，上海法院于2016年年初开始全面推行审委会全程录音和记录制度，将审委会的申请、记录和结果录入模块嵌合入审判综合管理系统，作为案件信息的一部分。精细化管理，要求不仅对全院审判质效的结果进行分析，更要求对审判节点进行监控、对合议庭甚至法官个人的质效情况进行分析。信息化是审判管理的重要抓手，是法院整体工作方式的升级，涉及案件信息管理、案件质量评估等方面。如可以运用司法大数据为法官办案提供智能化服务，帮助解决工作难题，提升审判执行效率。又如，近日上海法院与阿里巴巴公司合作在淘宝网上开设司法拍卖平台，利用互联网技术提高司法拍卖的透明度和效率。

（二）从层级化到扁平化，形成各管理主体协同的"大管理"格局

要树立"大管理"理念，发挥管理合力；开展审判管理不能仅靠审管办"单打独斗"，要把审委会管理、院庭长管理、审管办管理、标准化管理、法官自我管理等方式结合起来，形成管理合力。❷ 各主体的管理职能有所不同又相互补充，要改变以往主要依靠"院庭长管理"的模式，将重点转移到法官的自我管理上来，形成以独任庭和合议庭的"母案管理"为基础，以专门审判管理机构为枢纽，以庭长管理为补充，以审判委员会、院长管理为例外的扁平化管理模式。

1. 以独任庭和合议庭的"每案管理"为基础

独任法官和合议庭的自我管理至关重要，是通过自我组织、自我约束、自我激励、自我完善的方式，最终实现既定的奋斗目标，具有自发性、内源性。司法责任制要求法官对其承办的案件终身负责，因违法审判受到处理的应依规定退出法官员额。在此司法公正的信仰和职业风险的双重压力下，独任庭和合议庭更应

---

❶ 摘自沈德咏. 在全国法院审判管理工作座谈会上的讲话. 2013-12-25.
❷ 盛勇强. 在2016年上海法院审判管理工作会议上的讲话.

提高管理能力，确保每件案件的公平正义，避免错案的发生。深圳福田法院在"三五"期间，就在全院选任了35名审判长，每人配7~9名助理，组成35个审判小组；审判长负责签发判决书、分配案件及管理审判团队；弱化庭长、副庭长对法官行使管理职权；对审判小组加强案件质量评查和审判流程管理❶。本轮司法改革期间，北京等地也探索实行以审判长为主导的审判团队办案模式，构建扁平化管理新模式。在当下审判专业化分工日益精细的趋势下，审判长对合议庭案件质量控制的作用最为直接和明显，在审判要件的具体解释、类案审理口径的把握等方面，负有对年轻法官进行指导的义务，在"每案管理"上起到最重要的作用。法官的自我管理也很重要，要善于运用各种工具提高自我管理的水平。如，通过日程管理、案件信息表、流程预警等对案件流程进行管理，正确处理质量和效率的关系，树立既要保证在审限内结案，也要确保案件质量的意识。

2. 以专门审判管理机构的"统筹管理"为枢纽

审判管理办公室作为专门审判管理机构，处于枢纽的关键位置，承担了审判运行态势分析、审判流程管理监督、案件质量评价定责等职责。同时，审判管理办公室作为审判委员会、院长管理的专门机构，还负责落实审委会的决议，办理院长交办的任务。以上审判管理办公室的职能集中体现了审判管理权"质效管理""程序控制"两项权能，对审判态势进行分析、对流程异常情况进行分析通报。另外，审判管理办公室还具有对全院立、审、执等部门统筹协调的功能，收集各部门间因分工不明确、衔接不流畅等导致的审判工作运转不畅的问题，并起草相应的制度。

3. 以院、庭长的"监督管理"为补充

司法责任制后，院、庭长也要办理独任案件或者编入合议庭，办理疑难、复杂案件。以S市C区法院为例，庭长每月的办案指标是普通法官的1/3，除了参加会议、外部联络等事务性的管理事项之外，庭长还应有较大的精力投入审判管理之中，其管理职能更多地集中在个别案件的适法统一、监督职责上。从这个意义上说，庭长不再是以行政长官的身份，而更多的是以经验丰富的审判专家的身份履行管理职责。如对本庭的案件进行定期抽查、评查，发现问题；提议召集专业法官会议，对新类型案件或影响较大的案件、超大标的案件进行讨论。

4. 以审判委员会的"指导管理"为例外

审判委员会指导全院的审判工作，覆盖范围广，负责对案件质量进行讨论认定、管理全院审判质效、管理全院其他审判工作事务等。审判委员会以审判管理

---

❶ 杜豫苏，何育凯. 明晰权力边界：审判权内部运行机制改革路径探索——以最高人民法院四个"五年纲要"和七个典型法院为实证研究样本［J］. 司法体制改革与民商事法律适用问题研究，211.

办公室为执行机构,通过评议审判工作相关报告,作出审判运行态势、案件质量评价方面的决议或通报,制定院内规章制度等工作来履行职责。以上审委会职责体现了审判管理权"实体指导监督""质效管理""程序控制"三项权能。实践中,经审委会讨论的案件数量占全年案件审理数的比例极低,主要为再审案件、抗诉案件等。该数字在基层法院、中院及高院一起统计的比例约为 0.2% 左右❶,在基层法院中仅占不到 1%。所以对案件的实体监督极少,可以说是个案管理的"例外",审委会的任务更多地体现在总结审判经验上,通过事后发布生效案件、文书质量等通报,指出存在的问题,总结好的做法。在质效管理方面,审委会通过听取汇报等形式,促进长期未结案件等的及时审理。

(三)从任意性到法定性,采取"法治化"的介入方式

1. 实体监督:区分情况、提交讨论

(1)提交审判委员会讨论的情形。

《上海市高级人民法院关于改革和完善审判委员会工作机制的意见》规定,规范审判委员会讨论的案件范围,除法律规定情形和涉及国家外交、安全和社会稳定的重大复杂案件外,审判委员会主要讨论案件的法律适用问题。上海嘉定法院还进一步规定,建立审委会讨论事项的先行过滤机制,明确规定 9 类案件由承办法官或合议庭层报业务庭负责人、分管副院长,并由院长或院长授权的副院长决定是否提交审委会讨论,决定不提交的,判决前由业务庭将"案件报备表"等材料报送审监庭,再呈报院长并备案,由此进一步限缩讨论案件范围。❷ 因审委会的决议具有约束性,独任法官或合议庭应依审委会决议作出判决,故对审委会讨论的案件范围进行了限缩。上述规定分别从提交案件的类型和提交的程序上作出了明确要求,体现了"法治化"的要求。

(2)提交专业法官会议讨论的情形。

在审判委员会讨论的案件范围限缩的情况下,专业法官会议成为一项有力的补充。专业法官会议的讨论结果不具有约束力,仅是独任法官或合议庭作出判决的参考。《上海市高级人民法院关于专业法官会议的规定》规定了院、庭长可以按程序决定召开专业法官会议的情形,包括涉及群体性纠纷,可能影响社会稳定的;涉及国家外交、国家安全、民族宗教等重大复杂敏感案件和新类型案件,或在社会上有重大影响的案件;与本院或者上级法院的类案判决可能发生冲突的;有关单位或者个人反映法官有违法审判行为的等。以上规定明确了专业法官会议

---

❶ 盛勇强、赵武罡. 审判权运行机制改革背景下审判委员会制度改革路径研究[J]. 上海审判实践,2015(6).

❷ 上海嘉定法院修订《关于审判委员会工作规定》进一步完善审判权力运行机制. 上海法院内网,2016-05-27.

讨论案件类型。因专业法官会议的讨论结果不具有约束力，故在提交的程序上应简于提交审委会的程序。

2. 程序控制：民主讨论、制定制度

以往，在行政化的管理结构下，审判管理权的行使往往较为随意，经常以通知、口头要求等形式发出。在司法责任制的背景下，审判管理权对审判权的介入方式应逐步从任意性向法定性转变。在对现有审判管理制度进行变更或者增加审判管理延伸职能时，首先要充分听取民主意见，在此基础上制定管理制度，再按照制度自行运转。如，随着司法公开的推进，从2014年开始裁判文书要求全面实施上网，最高法就该项制度多次下发征求意见稿，在此基础上不断补充、修订管理制度，规范了裁判文书对社会公开的程序。

3. 介入记录：电子办公、全程留痕

有学者提出，按照"有行必有据、有为必留痕、有权必受限"原则，研发审判管理权运行系统，细化审判管理权行使的时限要求，公开审判管理权的行使范围，实现对院、庭长审判管理权行使的动态跟踪与评估，实现对院庭长的调案、程序性事项审批、解除案件冻结、案件审核、介入案件管理等情况自动统计，以便于对院庭长的管理权是否越位、管理是否规范、管理是否到位、管理是否有效等进行评判分析通报。[1] 审判管理权本身也要受到一定的监督，以保证其"不越位"。该项工作应由审判管理权行使主体以外的机构实施，比如监察室，并与"领导干部干预司法记录"等工作联系起来。

（四）从模糊性到明确性，打造"精细化"的制度设计

1. 明确对四类案件进行实体审判管理的甄别标准、介入方式

《最高人民法院关于完善人民法院司法责任制的若干意见》中明确，对于四类案件，院长、副院长、庭长有权要求独任法官或者合议庭报告案件进展和评议结果。这四类案件涉及司法与社会的互动，关系到群众对司法公正的"感知"。

（1）适法统一机制：与类案判决相冲突的案件。

《上海市高级人民法院关于完善司法责任制的实施意见》规定，完善有关法律适用统一机制的规定，由审判管理办公室牵头，研究室及各审判业务庭协同开展法律适用统一的管理、协调、调研、指导，确保法律适用的统一和司法公正。在制度设计上，对个案的管理，仍要以尊重"亲历性"为原则，充分听取承办法官对案件与类案在案件事实、诉讼行为等方面是否存在差异，不对事实问题作出评判，仅对法律适用探讨意见。

---

[1] 余静. 权力制衡：论审判权与审判管理权运行机制的完善——以S省法院审判管理为样本［D］. 成都：西南财经大学硕士学位论文，2011：6-7.

（2）社会影响机制：涉群体纠纷、涉舆论案件。

最高法对该类案件的裁判文书质量提出了更高的要求，要求加强该类案件上网裁判文书的核对和技术处理，避免引发舆论炒作。上海高院也制定了《关于重大敏感案件处置工作的管理办法》，要求加强统筹协调，防患于未然，确保各项处置和应对工作依法、妥当、及时。健全新闻发言和信息发布机制，对于涉群体纠纷和涉舆论案件，按照不同情况设定应对预案，避免发生造成负面影响的司法事件。

（3）法律研究机制：首例案件、疑难复杂案件。

建立首例案件报告制度，从立案开始，就将首例案件纳入审判管理，在审理过程中，由独任法官或合议庭提起召开法官专业会议，对案件的法律适用问题开展研讨。必要时，可以邀请其他法院法官、学者参加研讨。建立疑难复杂案件发现和汇报机制，因实践中对"疑难复杂"的标准难以把握，可以以两种方式进行筛选，一是由独任法官或合议庭自行汇报，二是通过庭长、审管办对长期未结案件抽查等形式发现，及时组织研判。

（4）廉政风险机制：法官有违法违纪行为案件。

健全廉政风险提示和过滤机制，对于法官收到投诉和举报的情况，先由监察室进行调查，过滤掉当事人因为不满情绪而恶意进行的投诉。对于初步核实法官有违法违纪行为的案件，由法官向院长、庭长汇报相关案件，核查是否存在影响案件公正处理的情况。

2. 明确对案件程序进行审判管理的必要性和有效性

（1）各类程序事项审批的必要性梳理。

三大诉讼法或文书格式中，规定了诸多要求审批的情形。"一些可以通过审判管理流程监控的程序性事项审批权应归还给合议庭和独任法官。"[1] 民事案件中，公告、调查令、转普通程序、管辖权异议、诉讼保全及协助执行通知书、回避决定权、延长审限等，都需要审判长或者庭长、院长逐级签发。司法责任制实施后，法律文书签发权回归独任法官和合议庭。在扁平化管理模式下，对一些常规文书管理的必要性进行梳理。比如诉讼保全，在商事案件中大量存在，诉讼保全的裁定和协助执行通知书由独任法官或合议庭制作后，再由庭长和院长逐级签发，效率不高。其合理性和必要性值得反思。

（2）合议庭自我管理等的有效性梳理。

实行司法责任制后，独任庭和合议庭的自我管理成为最基础和最重要的方面。合议庭自我管理的作用是否得到了有效的发挥？以往，有些案件三位合议庭

---

[1] 黄浦区法院课题组. 审判权运行机制改革背景下院庭长的职能定位与职责划分 [J]. 上海审判实践，2015（6）.

成员中有两位都是人民陪审员，对法律问题陪而不审；大标的案件要求组成合议庭进行审理，有的大标的案件中，合议庭委托承办法官进行调解，其他合议庭成员事实上没有发挥作用；有的案件合议庭评议形同虚设，走过场，以承办法官意见为主，其他合议庭成员简单附议。合议庭的作用要得到发挥，司法责任制对合议庭成员的追责要落到实处，必须完善"合议庭评议规则"，并通过审管办的案件抽查等形式对此进行严格管理。另外，要加强对人民陪审员的培训，提高陪审员的遴选门槛，提高陪审员的待遇，建立健全简案快审、繁案精审的审判机制。

3. 明确对审判质效进行审判管理的平衡机制、精确推送

审判质效的管理中，要重视质量和效率的平衡。在长期以结案率为主要目标的理念指导下，庭长往往偏重抓效率。在案件质量终身负责制下，独任法官和合议庭要提高统筹能力，做好案件质量和效率的平衡，既要简案快办，又要及时消化、攻克难案。要将审判运行态势分析与法官员额调剂、辅助人员配备、案件调度、职能调整、物质装备保障等有机结合，探索建立常态化的平衡办案任务工作机制。❶ 要打通审判运行态势分析与人事、行政管理的协调通道，建立自动的审判资源调配制度，破解制约审判质效的关键问题。

对审判质效的管理，还要着力利用信息化和大数据的手段提升管理方式，改变传统的事后管理、书面通报等方式，实现动态实时、主动提醒、精确推送的现代管理模式，如对个人的审判绩效数据、审判流程异常节点、关联案件审执信息、类似案件文书裁判要旨等的自动推送，实现审判态势的可视化，提高法官自我管理的能力和审判管理的针对性。

结　语

通过上述分析，笔者认为，在司法责任制的背景下，审判管理权只能加强不能削弱，面对新出现的问题，应厘清审判管理权的边界和重点，秉持审判管理权对审判权"服务性"的理念，建立"大管理"的审判管理格局，以"法治化"的规则进行管理，着力通过"信息化"手段提高管理能级，切实促进司法责任制的全面落实和审判工作的全面提升。

参考文献

[1] 王敏远. 完善司法责任制系列谈：破解司法责任制落实中的难点 [N]. 人民法院报，2015-09-26.

[2] 宁博. 略论审判管理权与审判权的边界及其对审判权的作用 [J]. 一中辖区法院审判管理情况交流，2014（2）.

---

❶ 最高人民法院《二〇一六年人民法院审判管理工作要点》。

[3]《最高人民法院关于加强人民法院审判管理工作的若干意见》，2011-01-06.

[4] 李生龙，贾科. 反思与重塑：法院系统内部审判管理机制研究 [J]. 西南政法大学学报，2010（8）.

[5] 吴在存. 以平台建设为抓手构建扁平化管理新模式 [N]. 人民法院报，2016-05-25.

[6] 赵峰. 完善司法责任制需要统筹兼顾的几个相关问题 [J]. 山东审判，2015（1）.

[7] 慕平. 健全和完善审判责任制的关键 [J]. 人民司法，2015（21）.

[8] 参见上海虹口法院席建林在上海法院审管条线的培训《司法改革背景下审判管理模式研究——以提升审判质效为中心》.

[9] 黄浦区法院课题组. 审判权运行机制改革背景下院庭长的职能定位与职责划分 [J]. 上海审判实践，2015（6）.

[10] 盛勇强. 在2016年上海法院审判管理工作会议上的讲话.

[11] 参见百度百科"人事管理"词条。

[12] 余静. 权力制衡：论审判权与审判管理权运行机制的完善——以S省法院审判管理为样本 [D]. 成都：西南财经大学硕士学位论文，2011（11）.

[13] 杜豫苏，何育凯. 明晰权力边界：审判权内部运行机制改革路径探索——以最高人民法院四个"五年纲要"和七个典型法院为实证研究样本 [Z]. 司法体制改革与民商事法律适用问题研究.

[14] 最高人民法院《关于新时期进一步加强人民法院审判管理工作的若干意见》法发〔2014〕8号.

[15] 李兴魁，沈烨. 审判管理办公室履职的限度及尺度 [N]. 人民法院报，2016-06-01.

[16] 沈德咏. 在全国法院审判管理工作座谈会上的讲话，2013-12-25.

[17] 盛勇强，赵武罡. 审判权运行机制改革背景下审判委员会制度改革路径研究 [J]. 上海审判实践，2015（6）.

[18] 上海嘉定法院修订《关于审判委员会工作规定》进一步完善审判权力运行机制. 上海法院内网，2016-05-27.

[19] 最高人民法院《二〇一六年人民法院审判管理工作要点》。

人民法院标准化建设思考

上海市奉贤区人民法院课题组

摘　要： 人民法院标准化建设对于完善审判权运行机制、统一司法裁判标准、提升司法能力和司法公信力，具有积极作用。本文在提出人民法院标准化的"PDCA"理论的基础上，将人民法院标准化建设划分为标准制定阶段（对应P）、标准落实阶段（对应D）、检验改进阶段（对应C、A），构建与我国审判实践相适应的标准化建设模式。第一，应以一定的程序着力于"标准"建构，打造标准框架体系，重点从繁简分流标准、诉讼服务标准、案件质量标准、案件追责标准四方面推进具体标准的制定。第二，抓好标准的落实，从思想认识、行动落实、成效监管三个层面探讨标准落实的具体进路。第三，应对所制定的标准进行改进完善，通过定期自查、多方评估的方式持续改进标准体系。

关键词： 标准化；PDCA模式；诉讼服务标准化建设

最高人民法院院长周强高度重视人民法院标准化工作，明确提出标准化工作对人民法院提升司法公正水平、增强服务大局能力具有基础性和战略性作用。人民法院标准化建设的工作已提上议事日程，深入研究尤为必要。

一、辨析与厘定——人民法院标准化建设的相关理论

（一）标准化的概念解构

"标准"（standard）和"标准化"（standardization）的定义是整个人民法院标准化建设体系的逻辑起点。

1."标准"的定义

根据我国国家标准GB/T 20000.1—2002《标准化工作指南第1部分：标准化和相关活动的通用词汇》中定义，"标准"指"为了在一定范围内获得最佳秩序，经协商一致制定并由公认机构批准，共同使用和重复使用的一种规范性文件。标准以科学、技术的综合成果为基础，以促进最佳的共同效益为目的"[1]。"标准"内涵包含四个关键：就标准制定的对象而言，制定标准的对象是共同使用和重复使用的事物和概念；就标准制定的目的而言，是"获得最佳秩序""促进最佳共同效益"；就标准的产生而言，具有程序，须经协商一致通过并由权威

---

[1] 李春田. 标准化概论 [M]. 北京：中国人民大学出版社，2014：9.

机构批准；就标准的本质而言，标准即统一，是由特定形式发布并作为共同遵守的准则和依据。❶

2. "标准化"的定义

根据我国国家标准 GB/T 20000.1—2002《标准化工作指南第 1 部分：标准化和相关活动的通用词汇》中的定义，"标准化"指 "为了在一定范围内获得最佳秩序，对现实问题或潜在问题制定共同使用和重复使用的条款的活动"❷。主要包括制定、发布和实施标准的过程。这一过程称作 PDCA 循环，分为 "Plan（策划）—Do（实施）—Check（检查）—Action（处置）" 四大模块。❸ 一是策划，即通过对现有状况分析，发现存在的问题，并据此建立必要的标准。二是实施，即根据贯彻标准，以实现目标的落实过程。三是检查，即对标准实施的过程进行评估，检查实施效果与预测目标之间的匹配度。四是处置，即对成功经验和失败教训予以总结，并采取相应的措施加以改进。标准化过程的 PDCA 循环，非一次次原地旋转，而是每次循环都在原来的基础上有所创新，即通过标准的重新制定或修订，使标准升至更高水平。

（二）人民法院标准化建设的界定

1. 人民法院标准化的概念厘定

人民法院标准化的概念，即人民法院为获得最佳司法秩序效果，对司法活动、审判管理、人事管理、后勤保障等方面制定并实施可重复使用的规则的活动，包括标准制定（P）、推动实施（D）、标准检验（C）、研判改进（A）四方面。基于内涵，人民法院标准化建设就是为了获得司法的最佳秩序，推进严格公正司法，提升司法公信力，而将标准化原理应用到法院内部，对司法过程中实际或潜在的问题制定共同的和可以重复使用的规则的活动。基于外延，人民法院标准化工作包括司法行为标准化、审判管理标准化、奖惩考核标准化、法院信息标准化四个层面，覆盖司法活动、审判管理、人事管理、后勤保障四方面。

---

❶ 参见洪生伟. 标准化工程 [M]. 北京：中国标准出版社，2008：28.

❷ 国际标准化工作中通用的标准化定义是国际标准化组织与国际电工委员会（ISO/IEC）第 2 号指南中的定义。我国国家标准 GB/T 20000.1—2002《标准化工作指南第 1 部分：标准化和相关活动的通用词汇》中的定义其实是将（ISO/IEC）第 2 号指南中的定义翻译为中文后的表述。可以与 ISO/IEC Guide 2 的英文原文进行比对。ISO/IEC Guide 2：1996/2004 1.1 Standardization："activity of establishing, with regard to actual or potential problems, provisions for common and repeated use, aimed at the achievement of the optimum degree of order in a given context."

❸ PDCA 循环模式引自 ISO 9000 现代质量管理理念。ISO 9000 标准指出："持续改进整体业绩应当是组织的一个永恒的目标，包括 PDCA 四个步骤。" 刘文华. 行政服务标准化实务 [M]. 北京：经济科学出版社，2013：18.

2. 人民法院标准化的运作模式

人民法院标准化的运作模式，与标准化一样，也遵循 PDCA 循环，即 "Plan（策划）—Do（实施）—Check（检查）—Action（处置）" 四方面。一是标准制定工作（P），即坚持以提升司法公信、"让人民群众在每一个司法案件中都感受到公平正义"[1] 为目标，着力构建以司法活动、审判管理、人事管理、司法辅助等为主要内容的标准化规则体系。二是标准实施工作（D），在法院标准的贯彻落实上，广大干警应发挥落实标准化工作的主观能动性，标准化的应用应该成为广大干警的自觉行动。三是标准检验工作（C），即对标准实施的全过程进行检查，评估其政治效果、法律效果和社会效果。四是标准研判改进（A），即对既有的标准进行调整、修改、补充、完善，始终保证标准的先进性和适用性。此外，人民法院标准化的运作模式（PDCA 模式）具有可持续性，是循环往复的，各项标准随着形势的发展不断提升、超越。

（三）人民法院标准化建设的价值分析

人民法院标准化建设重要价值可归纳为以下四方面。

1. 人民法院标准化建设是提升司法公信的客观需要

首先，标准设计可促进司法公正。标准化是将暗含在司法理念和司法经验中的准则予以具体化的过程，是对法官自由裁量尺度的限缩，有助于防止"类案不同判"的现象发生，从而实现公正。其次，标准设计可增进司法为民。特别是针对诉讼服务而言，推行限时办结、预约服务、首问负责、一站式受理等有标准支撑的特色服务，能真正体现司法情怀，切实满足群众实际司法需求。最后，标准设计可提升司法权威。标准化将审判流程予以固定、对追责标准予以明确，并通过一种看得见的方式予以实现，从而在一定程度上增强了审判的权威性和公信力。

2. 人民法院标准化建设是提升司法能力的有效利器

首先，标准设计是将众多法律法规变成少量的易于理解操作的指南，这有利于深化法官对法律的理解和认识。其次，标准设计是定性与定量的结合，有助于将抽象的法治要求转化为可以量化的惩戒标准，这种考核标准迫使法官采取行动，将提升司法能力、公正司法作为自己职业生涯中努力的方向。最后，标准设计是经验的制度化，以往"师傅带徒弟"的经验传授模式，由于缺乏统一的标准，时间成本相对较高，而标准化有助于明确法官要做什么、怎么做，推动新任法官实现从知识到能力、理论到实践、从潜在法律素质到专业法律身份的转换。

---

[1] 习近平. 努力让人民在每一个司法案件中都感受到公平正义 [N]. 人民日报, 2013-01-08.

3. 人民法院标准化建设是破解人案矛盾的有力支持

引入标准化模式有助于让有限的司法资源得到最有效的利用。一方面，有助于提升案件审判效率，特别是案件繁简分流等标准的构建，很大程度上弥补了人手的不足，提升了司法效率；另一方面，以诉讼服务标准化建设为媒介，通过贴心的服务、温馨的设施、郑重的承诺、顺畅的流程，能够有效化解人民群众的不满。人民法院标准化建设对破解人案矛盾发挥了积极的作用。

4. 人民法院标准化建设是参与国家治理体系和治理能力现代化的重要基础

第一，人民法院标准化建设能为国家治理输送秩序价值。充分发挥人民法院标准化建设的作用和优势，有助于统一裁量制度，实现公平正义，为国家治理提供理想的秩序保障。第二，人民法院标准化建设能为国家治理输送法治价值。通过标准化裁判保障当事人的诉权，使得写在纸上的法律变成一个个公正的具体裁判，才能真正促使群众信任法律，这为建设社会主义法治国家奠定了基础。第三，人民法院标准化建设能为国家治理输送信用价值。随着司法公开标准化等建立健全，司法在推进信用体系建设中的教育引导和示范功能不断增大，这为国家治理中的信用体系建设奠定了基础。

二、剖析与开阔——人民法院标准化建设的宏观引领

（一）现状透析——人民法院标准化建设应实现三个转变

当前人民法院的标准化依旧存在一些问题，需要在人民法院标准化建设过程中引以为鉴。

1. 观念转变——从"固守纸面"到"勇于实践"

多年以来，法院标准化工作尚未被引起高度重视。多数地方期望虽高，也存在不少研究成果，但仅仅停留在理论层面。标准建设水平低、制度机制不完善、标准内容不健全、职责分工不明确等问题普遍存在。原因是标准化实践观念不强，对标准化工作的基础性地位和战略性意义认识不足。对此，一是要促使各级法院深刻认识法院标准化工作是实现司法公正的需要。二是要促使各级法院深刻认识法院标准化工作是提升司法能力的需要。三是要促使各级法院深刻认识法院标准化工作是推动法院科学发展的需要。随着司法改革深入推进，法院各项任务更加艰巨，这就要求人民法院充分发挥标准化的科学管理优势。

2. 体例转变——从"条块割裂"到"集聚体系"

目前从法院标准具体制定来看，条块分割明显，结构关系模糊。对此，我们需要强化对标准内容的框架性和体系性建设，按照"先粗后细"的原则，逐步构建一套分类科学、覆盖全面、结构稳健的人民法院标准体系；要严格规范各类标准的适用范围、效力等级以及结构关系，注重搭建标准之间的"连接点"，留

足拓展和完善空间，增强标准的可扩展性和稳定性；要注重法院标准与其他领域标准尤其是国家标准的横向衔接以及自身新旧标准的纵向衔接，提升标准的外部融合性和内部延续性。

3. 管理转变——从"滞于静态"到"续航上升"

持续改进是标准化PDCA理论的应有之义。标准化过程的PDCA循环，意味着标准必须契合实际情况改变创新。目前从法院标准化实践看，人民法院的标准化工作往往停留在标准的制定层面，只注重制定"静态"的标准，而往往忽视标准的落实与更新改进。一方面，法院在标准的需求调研、起草、制定、发布以及维护等方面尚无完备的工作机制，诸多标准制定以后没有建立后续评估，导致标准落后于实践发展、滞后于群众需要。另一方面，目前法院系统还缺乏一套完备的标准管理规范，与国家其他领域标准的衔接机制还不到位，未能充分吸收借鉴国家其他方面的标准化工作经验和成果，使法院的标准更新到更高水平。

（二）价值遵循——人民法院标准化建设应符合五个原则

1. 司法公信原则

最高人民法院常务副院长沈德咏指出："所谓司法公信力，是指司法权凭借自身的信用而获得公众信任的程度，这是一种具有信用和信任双重维度，既能够引起普遍服从，又能够引起普遍尊重的共性力量。"❶ 司法公信力是司法机关依法行使司法权的客观表现，是裁判过程和裁判结果得到民众充分信赖、尊重与认同的高度反映。人民法院标准化建设要以实现提升司法公信力为根本导向。❷ 一是标准可预见。健全司法公开标准，打造透明法院，接受群众监督，使法院的各项活动都能得到人民的支持。二是正义可感知。打造程序标准，严守立案、审判、执行各项司法程序，使人民群众认同裁判结果、主动履行债权债务，力促矛盾纠纷的化解。

2. 经济效益原则

人民法院标准化建设，社会总效益包括：社会利益，审判管理标准等有助于纠正失当的审判行为，最终实现公平公正，维护私人利益与公共利益；预期利益，通过标准化建设，最终形成一种正确的价值取向，对预期的司法行为进行引导，降低法院作出失当司法行为的概率；公开利益，信息公开标准有助于司法行

---

❶ 沈德咏. 关于公信立院的几点思考［N］. 人民法院报，2009-09-08（1）.

❷ 19世纪著名的古典自由主义经济学家约翰·穆勒曾毫不讳言地指出："商人是否愿意使用信用，取决于他对盈利的预期"，〔英〕约翰·穆勒. 政治经济学原理（下卷），赵荣潜，译. 北京：商务印书馆，1991：75. 在司法领域，我们相信，信用也源于利益预期，司法公信的源泉就是群众对于司法公正的预期，而标准化建设有助于树立司法标准、规制审判程序，让"标准看得见""让正义可感知"，因而人民法院标准化建设当以提升司法公信为导向。

为得到公众监督，使潜在不合理司法行为得到规制，从而保护相对人的权益。此外，法院标准化建设成本主要体现在 PDCA 的全过程，即标准的制定、实施、检查、处置的全过程❶。据此，法院标准化建设的社会效益可以通过以下公式表达：社会总效益＝（社会利益+预期利益+公开利益）−标准化成本。需要尽可能地提升前三者的效益，并且减少标准化的成本（PDCA 成本），实现最大社会总效益。

3. 规范裁量原则

人民法院标准化建设，还应以规范法官司法裁量权为导向。德国汉堡大学教授沙弗尔指出，发展中国家应制定详尽的标准，以规制自由裁量因素的不确定性。他的理由是：一是标准能够减少因做复杂决定而导致的法庭拖延；二是标准可以减少司法腐败，以精确取代自由裁量；三是标准有助于人力资本的集中使用，减少法官的信息处理工作，提高司法裁判过程的确定性。❷ 为此，人民法院标准化建设需特别注重审判标准化的建设，法官在审判过程中，必须将自由裁量权限制在标准的框架以内，严格遵守司法程序，具体到立案、审判、执行各个环节，法官无一例外都要严格遵守，不得超越行使，否则会导致司法的不公正。

4. 司法为民原则

人民法院标准化建设也应突出社会治理功能，"更多地回应社会大众的需求"❸。具体而言，要从人民群众立案、信访环节抓起，搞好司法为民第一窗口的建设，切实解决人民群众立案难、告状难、申诉难的问题；广泛深入街道社区、田间炕头巡回办案，就地立案、就地开庭、就地调解，方便群众诉讼；恰当行使释明权，把法律语言转换成符合法律精神的群众语言，让群众听得清、听得懂、听得明，在合法自愿前提下引导当事人和解，将矛盾化解在萌芽状态；加大司法救助和法律援助力度，对特困群体推行诉讼费减、免、缓措施，为弱势群体指定辩护人、代理人，让合法权益受侵害但经济确有困难的群众打得起官司等，最大限度地满足人民群众对正义的新期待、新要求。

5. 权责一体原则

权责一体是司法责任制的要求，即法官在被赋予审判权力的同时应当承担相应的责任。法官也是人，具有人性的种种优点与缺点，在办案过程中可能会有差错，可能会违法，可能会受到其他如行政权力的干预。可以说，司法责任制改革

---

❶ 关于"PDCA"相关概念及原理可以参见本文第一部分。

❷〔德〕沙弗尔."规则"与"标准"在发展中国家的运用——迈向法治征途中的一个重大现实问题［J］.李成钢，译.法学评论，2001（2）.

❸ Jerome Frank, "Mr. Justice Holmes and Non—Euclidian Legal Thinking", Cornell Law Quartrely 17 (1932): 568, 586. J. W. I.

正在于有效地对法官的司法判断加以一定的外在规制，准确界定法官承担责任的界限，让没有过错的法官不受媒体舆论和社会压力的负面影响，保证人民法院独立行使审判权，确保法官的裁量意志能够最大化。综上所示，法院标准化建设应该紧密围绕司法责任制，以确保法院权威与司法公信力的实现。

（三）科学引领——人民法院标准化建设应借鉴三大理念

1. 过程控制理念

在部署阶段（预备阶段），我们应该对标准化工作有一个宏观的控制。在制定阶段（对应 P），要遵循一定的价值原则，即人民法院所要制定的标准是否契合上文所提到的司法公信原则、经济效益原则、规范裁量原则、司法为民原则、权责一体原则五方面。在标准落实阶段（对应 D），一是考虑通过什么方法使这些标准得到有效实施，二是考虑这些标准的落实是由哪些部门或岗位完成，三是考虑标准的落实应达到什么样的质量要求并如何检验。在标准的检验阶段（对应 C），由专门部门对标准进行评估，重点梳理法院标准化推动中的经验总结、存在问题和完善建议等。在标准的完善阶段（对应 A），对标准改进也应当有宏观的控制。在数据分析、多方反馈、内部评估、协商研讨等基础上，不断发现标准化运行的薄弱环节，并切实改进。

2. 系统管理理念

系统管理理念指的是将相关过程作为体系来看待、理解和管理，有助于组织提高实现目标的有效性和效率。所建构的人民法院标准应协调一致，没有矛盾，一目了然，包括同一标准各要素协调一致、下位标准遵从上位标准等。又如标准制定的相互顺序应有系统框架，可以先抓住繁简分流标准、司法服务标准、案件质量考评标准、案件违法差错追责标准等主要方面，以点带面推进整个标准化工作向前发展。再如标准化工作应建立在各部门协商一致的基础上，明确牵头部门，明确各部门之间的责任分工，协调一致做好标准化工作。

3. 持续改进理念

对人民法院来说，持续改进就是要求根据形势的变化和社会的进步不断完善标准，以促使人民法院不断提升司法公信力。人民法院标准化建设的持续改进可以考虑如下步骤：①分析和评价标准落实的现实状况，以识别改进范围、确定改进目标；②寻找可能的解决办法，以实现这些目标；③评价这些解决办法并作出选择；④实施选定的解决办法；⑤测量、验证、分析和评价实施的结果，以确定这些目标已经实现；⑥正式采纳更改。必要时，对结果进行评审，以确定进一步改进的机会。从这种意义上，改进是一种持续的活动。

三、探索与进路——人民法院标准化建设的构建路径

(一) 制定阶段（P）——科学搭建标准体系

"标准化"的"标"字告诉我们，人民法院标准化的首要任务在于"标准"的建构。❶

1. 快速厘清工作思路，搭建标准体系框架

标准体系框架的建构力争做到以下三方面：一是结构层次优，人民法院标准体系界限分明、层次合理，以司法活动、审判管理、人事管理、后勤保障为逻辑起点，构建标准体系，可以说标准之间相互制约、互为补充、协调配合，很好地体现了 ISO 9000 管理科学中的系统管理理念。二是涵盖范围广，人民法院标准体系涉及标准 30 余项，基本涵盖了司法活动、审判管理、人事管理、后勤保障四方面，覆盖法院工作各个方面，没有留下"死角"和"盲点"。三是重点内容突出，人民法院标准化建设实践，涉及范围极广，短时间内不太可能做到面面俱到。为此，在人民法院标准化建设中，特别应当注重轻重缓急，抓住关键，率先推进重点内容（图 1 中加深显示）的标准化建设，以点带面带动整个人民法院标准化建设全面发展。课题组认为应严格遵循繁简分流标准、诉讼服务标准、案件质量标准、案件追责标准四方面。

2. 严格遵循制定程式，抓实标准起草工作

标准的制定也需要依据一定程序（见图 2）。第一步：标准制定计划。在市高院的统筹部署下，各级法院根据当前法院自身实际需要❷，认为需要制定标准的，筛选、编制人民法院标准化项目计划清单，由其院长办公室提出，统一报送市高院院长办公室审批。市高院根据司法实践的具体情况，采取指定与"招投标"相结合的方式分解标准化建设项目，由中院及基层法院通过书面竞标的方式承接制定。而后由各级法院的标准化职能机构向各部门下达制标任务书，着手制定具体标准。第二步：下达制标任务书。标准化职能机构应根据年度标准制定计划及时向有关部门下达标准制定任务书。第三步：编制标准制定项目计划。负责起草标准的部门根据标准制定任务书的要求编制一份制标项目计划。第四步：起草标准草案。负责起草标准的部门根据制标项目，组织必要的调查研究，并在调

---

❶ 从时间顺序上看，标准体系的制定应该是首要任务。根据"标准化"（PDCA）理论，标准制定（P）是基础，有了标准以后才有实施（D）、检验（C）和改进（A）这些步骤。

❷ 市高院根据司法实践具体情况，采取指定与"招投标"相结合的方式分解标准化建设项目，一定程度上能充分发挥各区法院在新情况、新问题领域的标准引领作用。由于各区的差异，一些区法院所面临的新类型案件、新业务、新管理领域的问题较多，相关处理经验也较为丰富，因而该区制定的标准涉及的问题也更全面，对司法实践也更具有适用性与可行性。

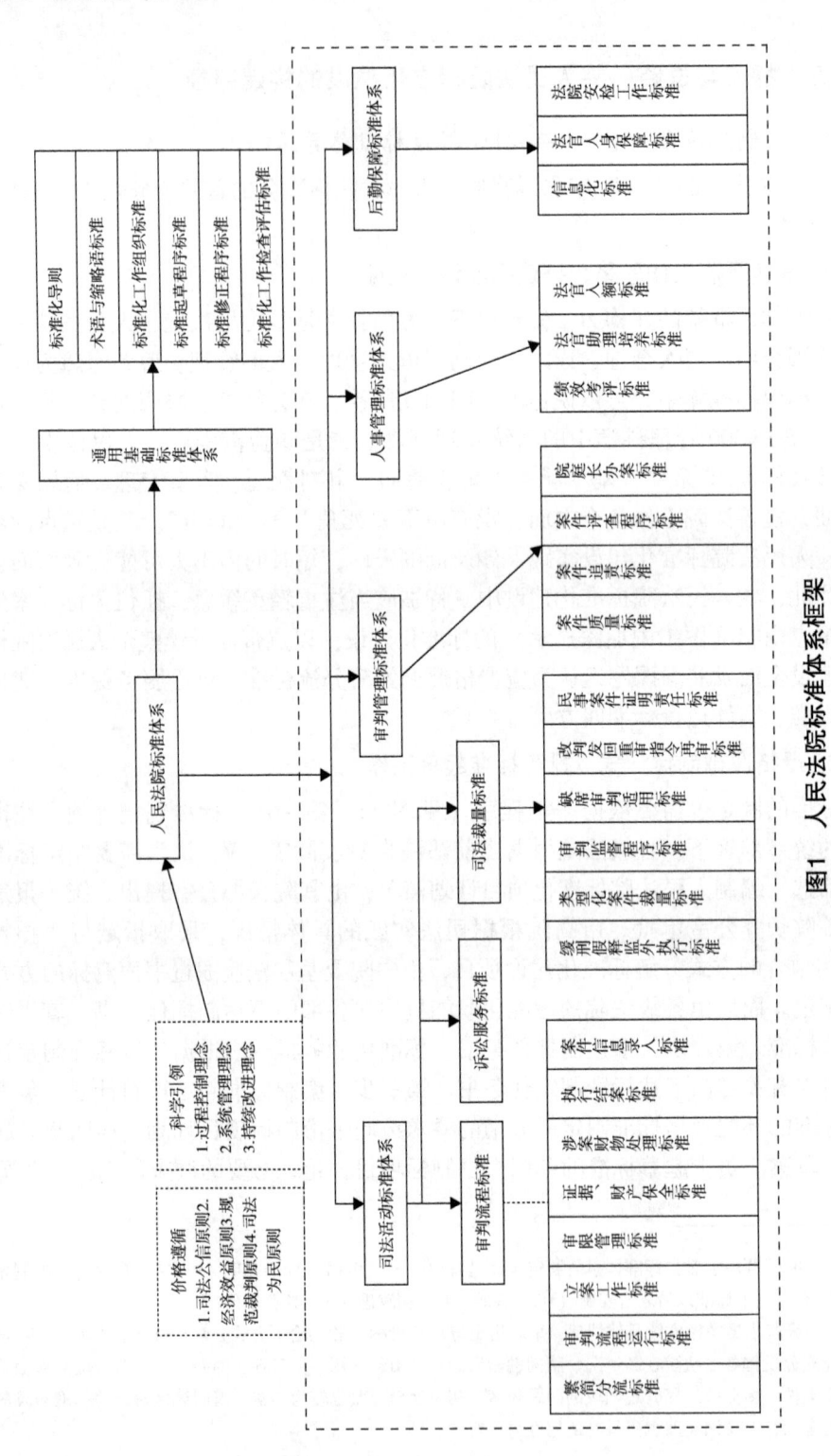

图1 人民法院标准体系框架

查研究及相关参考资料的基础上，起草标准草案。第五步：审查（会签审查或会议审查）。标准起草部门将标准送审稿（打印件）连同编制说明提交标准化职能部门进行初步审查，认为符合送审要求时，确定组织审查。第六步：批准发布。标准起草部门应根据审查意见对标准送审稿进行修改，形成标准报批稿，送标准化职能部门审查后，将标准报批稿、编制说明、审查意见汇总表和标准审批表报党组会通过。最后标准通过红头文件发布。

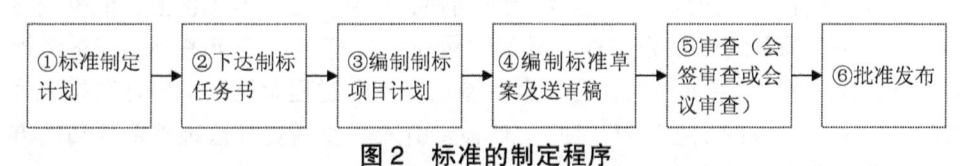

①标准制定计划 → ②下达制标任务书 → ③编制制标项目计划 → ④编制标准草案及送审稿 → ⑤审查（会签审查或会议审查） → ⑥批准发布

图 2　标准的制定程序

（二）落实阶段（D）——抓好标准落实工作

"标准化"的"准"字告诉我们，人民法院标准化建设不仅要有标准，而且应"做得准""抓得实"。❶

1. 辅导宣传，加深标准化工作认识

一是标准化研究院专题辅导。邀请中国标准化研究院专家为各省市高级人民法院开展专题辅导，系统介绍人民法院标准化工作，为开展全面培训做好人才和技术储备。二是"地毯式"全面培训。由各省市高级人民法院采取视频直播的形式对下属中级人民法院和基层法院开展培训，培训内容涵盖标准、标准化、标准化的作用、标准的分类分级、标准体系架构、标准化基本原理、标准的实施步骤、标准化管理等内容。三是条线专题培训。各省市高院按照立案、审判、执行等不同条线划分，面向中院及基层法院集中开展专题培训，培训内容为人民法院标准体系架构的各项细化内容。

2. 多措并举，分步落实标准内容

一是编制标准落实计划表。实施标准是一项复杂细致的工作。各个部门在落实标准之前，应该结合各自的实际情况，制订切实可行的标准实施计划。二是贯彻执行标准。完成了前面的工作之后，就正式步入标准的实施阶段。这个阶段的中心工作就是各岗位认真贯彻执行标准。按标准规定办事，并按照标准要求做好必要的记录。在标准实施过程中，如果遇到疑难问题，应该及时与部门负责人、标准化职能部门联系，商量妥善处理。三是年度总结工作。每年年末，法院各部门应该及时对标准的落实情况加以总结。自我检查各项标准是否落实到位，查漏补缺，确保标准的实施率接近100%。

---

❶ 根据"标准化"（PDCA）理论，实施（D）是标准的落实阶段。只有标准有落实，标准才能真正凸显其实际价值。

3. 抓实监管，保障标准落实到位

考评方式有以下两种：一是内部评分法。所谓内部评分法，指的是法院的管理部门对标准的落实情况予以评分考核的一种方法。内部评分法，操作简便、效果显著，因而是一种主要方法。二是外部评价法。所谓外部评价法，指的是一种社会评价，通过问卷调查等外部考评的方法，询问社会公众对标准落实情况的满意程度及改进意见。内部评分法虽然操作简便，也有一定的实用价值，但弊端显而易见，考评采取的"扣分"这一看似"量化"的标准，囿于考评者与被考评者同在法院内部，"身处熟人社会，容易导致'考评过程走过场，你好我好大家好'一团和气现象的发生"。❶ 对此，有必要引入问卷调查等这种外部评估的方式，以弥补管理评分法的不足。

（三）检验改进（C、A）——动态修正标准内容

"标准化"的"化"字告诉我们，人民法院标准化建设不是一劳永逸、一成不变的，而应该是"可持续化"、不断改进的。❷

1. 定期自查，实时汇总问题建议

随着法律、法规和政策的变化，以及人民群众越来越高的司法需求，标准需要逐步进行更新与改进。一是确保自查工作常规性开展。我们可以从整合法院司法资源角度出发，由审监庭作为负责自查工作的日常机构，自查工作由院长办公室和审委会负责，方便把握全院标准化工作推进，及时总结标准化工作经验。二是建立标准化工作自查系统。进一步明确自查范围、规范自查程序，形成一套行之有效的自查问责工作方法。在自查方式上，进一步向细处延伸，通过看、听、议、评、报、讲等形式，落实标准化工作自查的各个细节。三是公开自查结果。定期在内网上分析通报本院各部门标准制定情况，并开通网上信箱等方式集中收集问题或意见建议，对标准的改进提供参考。

2. 多方评估，找准标准薄弱环节

除了标准的自我检查，还应抓实多方评估。一是自上而下评。自上而下评，是指省市高级人民法院标准化工作领导小组负责对标准化达标考评的活动。中、基层法院对各自标准进行自查结束以后，在规定时间内向省市高级人民法院申报，省市高级人民法院标准化工作领导小组通过实地考察，对总体情况进行判断，总结优点，找出薄弱点。二是交叉互相评。交叉互相评，是指中院之间以及

---

❶ 江苏省高级人民法院审判管理办公室. 关于加强法官审判业绩考评工作的基本原则 [N]. 人民法院报，2008-10-22.

❷ 根据"标准化"（PDCA）理论，检验（C）、完善（A）是标准的改进阶段。这一阶段的目的是对既有标准的保障、补充、完善，始终保证标准的先进性和适用性。

基层法院之间采取交叉互评的方式，按照业已制定的法院标准指标，划分出标准化基础工作考评、司法活动标准考评、审判管理标准考评、人事管理标准考评、后勤保障标准考评等不同项目，采用阶段性驻院实地考察的方式，进行清单式考评，总结优点，找出薄弱点。三是第三方评估。引入由人大专门委员会成员、上级法院或检察院的法官或检察官、律师、法学教授等与法官同属职业共同体的法院外部人员，对拟定的标准进行评估。

3. 严守程序，持续改进标准体系

结合标准的自查情况以及多方评估得到的结论，当出现下列情形时，标准应该进行改进。一是当标准由于打印、校对等方面出现差错时，标准应加以修订。二是标准中部分内容不切合运作实际；标准中内容不符合法律法规或者与其他相关标准有冲突或者相关部门提出有充分理由的修改要求时，标准应该重新制定。三是某项标准已经没有存在必要的（如出现新法规、新政策），应予以废止。标准的改进应严格控制，并按规定程序进行。即首先由提出更改要求的部门填写"标准更改申请单"，经标准制定部门评估，再送标准化职能办公室复核，最后由原标准批准人做出裁决。对经批准的更改应编制"标准更改通知单"，经批准人签发后发放到各标准持有部门进行标准的更改。

结语

根据马克斯·韦伯的观点："人的理性分为价值理性与工具理性两类。工具理性的基本特征就是要求人的行为必须是选择最有效的手段以实现既定目的的行为，或者说以手段的最优化作为理性的最高要求。"❶人民法院标准化建设体现了对工具理性的推崇，标准化这一模式有助于规范司法活动、司法服务、审判管理等法院的各项活动。此外，工具理性还意味着，人民法院标准化工作重在应用、贵在实践。如果标准得不到执行和应用，则说明标准并没有起到应有的作用，此时人民法院标准化建设也就没有任何意义了。对此，人民法院标准化建设不仅注重标准的制定过程，还应注重标准的实践过程，在标准引领下，促使法院各项工作向着理想目标逐步推进，真正提升司法公信，"让人民群众在每一个司法案件中都感受到公平正义"。

参考文献

[1] 李春田. 标准化概论 [M]. 北京：中国人民大学出版社，2014.
[2] 洪生伟. 标准化工程 [M]. 北京：中国标准出版社，2008.
[3] 刘文华. 行政服务标准化实务 [M]. 北京：经济科学出版社，2013.

---

❶ 张康之. 公共行政：超越工具理性 [J]. 浙江社会科学，2002 (4).

[4] 习近平. 努力让人民在每一个司法案件中都感受到公平正义 [N]. 人民日报, 2013-01-08.
[5] 沈德咏. 关于公信立院的几点思考 [N]. 人民法院报, 2009-09-08.
[6] [德] 沙弗尔. "规则"与"标准"在发展中国家的运用——迈向法治征途中的一个重大现实问题 [J]. 李成钢, 译. 法学评论, 2001 (2).
[7] 江苏省高级人民法院审判管理办公室. 关于加强法官审判业绩考评工作的基本原则 [N]. 人民法院报, 2008-10-22.
[8] 张康之. 公共行政：超越工具理性 [J]. 浙江社会科学, 2002 (4).

论邹碧华精神在法院思想政治建设中的实践运用

王卫民　韩妍艳　黄训迪　胡亚斌[1]

摘　要：在新形势下极为重要的法院思想政治建设领域，积极援引受到法律职业共同体所推崇的邹碧华精神，将邹碧华精神最大限度地与思想政治建设融合在一起，能使每一位法院干警经受更为有的放矢的精神洗礼。本文从探究邹碧华精神之于新时期法院思想政治建设的方法论意义出发，阐述了两者内在的深层次关系：思想政治建设是邹碧华精神的作用场域和滋养土壤，邹碧华精神是思想政治建设的重要利器和标杆力量。在研判两者共同特质及新常态下亟待援引邹碧华精神的思想政治建设实践场域后，独创地提出邹碧华精神指引下的为思想政治建设提供宏观指引的"五项理念革新"——遵循规律、统筹兼顾、有的放矢、善抓重点、推陈出新，并按逻辑递进顺序，架构了邹碧华精神在思想政治建设中实践运用的"视觉、行为、理念、价值"——"四项塑造机制"。期冀以邹碧华精神引领法治队伍思想政治建设助推依法治国梦想的实现。

关键词：邹碧华精神；理念剖析；价值塑造

邹碧华精神是伟大时代的产物，是中国共产党人先进性在新的历史时期的具体体现。习近平总书记高度评价邹碧华是"新时期公正为民的好法官、敢于担当的好干部"。笔者认为，在新形势下极为重要的法院思想政治建设领域，积极援引受到法律职业共同体所推崇的邹碧华精神，将邹碧华精神最大限度地与思想政治建设融合在一起，能使每一位法院干警经受更为有的放矢的精神洗礼。

一、影响与超越：邹碧华精神之于新时期法院思想政治建设的方法论意义

（一）从"遵循司法规律"到"规律意识"的认知

邹碧华同志是上海市司法改革的领军人物和上海市司法改革的实际操盘手之一，他在推动司法改革的进程中对于"确定法官员额的主要依据的工作量计算的问题"的推敲，尤其体现了他对司法规律的尊重。在长宁法院期间，归纳出了民商事案件的四个"不固定"，并写就《要件审判九步法》，也是他尊重规律、利用规律的重要体现。

---

[1] 作者单位：上海市奉贤区人民法院。

（二）从"职业共同体"到"普遍联系"的认知

邹碧华在生前最后一次演讲中说，"律师对法官的尊重程度，表明一个国家法治的发达程度；而法官对律师的尊重程度，则表明这个社会的公正程度。"❶邹碧华去世后引发了法律职业共同体集体怀念的邹碧华现象，本质在于其对于共同体内各类分工的普遍尊重和感同身受，我们在思想工作中也要有借鉴这种普遍联系的认知，整体性地部署推进工作。

（三）从"导向意识"到"有的放矢"的认知

邹碧华精神体现在司法中始终坚持问题导向。对此，他有一段经典描述：法院院长最大的敌人是不知道有没有问题，不知道哪里有问题，不知道是谁的问题，不知道问题背后的问题以及怎么解决问题。❷对于思想工作，我们也要有这种导向意识，明确短板，发力整改，才能有的放矢地提升工作水平。

（四）从"以审判为中心，以法官为主"到"主要矛盾"的认知

在邹碧华同志看来，法院工作的主要矛盾就是审判工作，如果抓住这个主要矛盾，其他问题就能迎刃而解。而法院工作的矛盾的主要方面是法官。在法院工作当中审判工作和法官都具有主要矛盾和矛盾的主要方面这个特殊重要意义。这启示我们，在推进思想政治建设中要善抓重点，不能眉毛胡子一把抓，影响工作成效。

（五）从"创新工作方法"到"永恒发展"的认知

邹碧华同志在长宁法院担任院长时，在全国法院系统率先推出"法官尊重律师十条意见"；在上海高院担任副院长时，在全国法院系统率先推出律师服务平台，始终把创新当作工作的首要任务来抓。从方法论上，邹碧华精神启示我们在思想政治工作中要不断推陈出新，只有创新才能出精品，也只有创新才能不断提升工作实效。

二、剖析与开阔：邹碧华精神融入法院思想政治建设的宏观指引

基于邹碧华精神方法论的演绎，笔者在将邹碧华精神融入法院思想政治建设的课题时，革新"五项理念"，以期望为新常态下思想政治建设的推进提供宏观指引。

理念一：遵循规律——基于邹碧华精神内蕴对"规律意识"的尊重

做好新形势下的思想政治建设工作，需要我们注重探索和把握思想政治建设的工作规律，注意把握好"三个统一"：一是传承性与创新性相统一。思想政治

---

❶ 邹碧华. 法官与律师的良性互动 [J]. 法制资讯, 2014 (12): 72.
❷ 邹碧华. 法院院长的"问题意识" [N]. 人民法院报, 2015-03-16 (4).

建设强调传承，但并不是简单地照搬过去；强调创新，但并不是割断历史、构建空中楼阁，而是把传承与创新统一起来，在分析中扬弃、在选择中继承、在创新中超越。二是理论性与现实性相统一。思想政治建设的效果脱离不了社会现实的影响和制约，只有坚持理论性与现实性相统一，既通过"务虚"引导政法干警坚定中国特色社会主义理想信念，又通过"务实"帮助其解决现实问题，才能具有生命力、影响力和说服力，才会取得良好的效果。三是先进性与广泛性相统一。加强思想政治工作，必须在坚持先进性的前提下注意区分层次、因人而异，针对不同对象和群体，提出不同层次的思想道德要求，充分体现广泛性。

理念二：统筹兼顾——基于邹碧华精神内蕴对"普遍联系"的认知

思想政治工作坚持统筹兼顾，要着重注意以下三个关系：一是要统筹思想政治工作与政法部门主业的关系。政法部门坚持思想领先，就是要把加强思想政治建设放在各项工作的首位，同时，要做到切实提高法院工作大局、围绕中心工作开展思想政治工作和解决实际问题的能力和水平。二是统筹思想政治工作的当前工作重点和长久保障机制的关系。既要针对干警中存在的主要思想问题开展思想政治工作，又要注重建立健全思想政治工作的长效机制，本着"重在治本"的原则，建立一套稳定的、长效的工作运行机制。三是思想政治工作的实效上要统筹办案的法律效果和社会效果的关系，更加注重服务大局的效果。政法部门思想政治工作要为中心工作发挥服务保障作用，要使政法干警树立正确的政绩观。因此，在新形势下做好思想政治工作，应当教育广大政法干警树立正确的司法政绩观以指导自己的各项工作，讲究办案的法律效果与社会效果相统一。

理念三：有的放矢——基于邹碧华精神内蕴对"导向思维"的运用

政法部门思想政治工作要避免一刀切，搞清楚思想政治工作对象的特点、思想动态、利益诉求，因人因事因时因地制宜，采取有效措施。要针对政法干警特点，根据其不同年龄、不同岗位、不同政治面貌、不同学历制订思想政治工作的方案。要把握干警思想动向，讲清政策，说明道理，及时稳定他们的情绪，使其全身心投入到工作中去。

理念四：善抓重点——基于邹碧华精神内蕴对"主要矛盾"的把控

邹碧华曾说，"日本著名管理学家远藤功先生提出了可视力理论，认为管理中必须让问题看得见。法院管理要取得成效，同样必须让问题浮出水面。"❶ 具体而言，就是要求我们在思想政治建设中抓好以下三个矛盾的化解：一是主体和客体之间的矛盾。思想政治教育主体和客体之间的关系是一种客观的矛盾关系。主体要用相对稳定和完备的思想体系去教育客体，而客体的思想状况却是变动

---

❶ 邹碧华. 把握原理, 促进工作 [N]. 人民法院报, 2012-07-09 (2).

的、开放的；主体要体现其思想干预的主导性，而客体却要争取自己是否接受干预的自愿选择性。二是理论和实践之间的矛盾。就经验性的理论而言，随着历史条件和时代任务的变化，"老把式"的经验虽仍有效，但却难以应对新情况和新问题，二者之间存在着现实的"两张皮"的问题。三是手段和效果之间的矛盾。现在的思想政治教育在时间方面是间断的和片段式的，对信息通畅、个性张扬、思想活跃的新生代而言，这样的教育手段与其入脑、入心，乃至真心喜爱、终身受益、毕生难忘的效果诉求之间相距甚远。

理念五：推陈出新——基于邹碧华精神内蕴对"发展理念"的推崇

邹碧华精神对于创新发展的内在追求，要求我们在推进思想政治建设时与时俱进、不断创新。一是在观念上有所创新。要积极探讨新形势下政法干警的精神需求和价值取向，研究与之相适应的思想政治建设的新内容、新方式、新途径，使思想政治建设富有生命力。二是在载体上有所创新。要以文化为载体，将理论教育寓于各种喜闻乐见的群众性活动和文化建设之中，紧紧围绕中心工作，开展岗位竞赛、争先创优等活动，进一步激发干警的政治热情、工作热情。三是在手段上有所创新。当前及今后在思想建设领域要掌握并运用好互联网络这个"第四媒体"，使思想政治建设的内容在新媒体上占有一席之地，要研究新情况，趋利抑害，开展网络宣传，努力占领干警思想阵地。

基础性理念	方法性理念			目的性理念
遵循规律	统筹兼顾	有的放矢	善抓重点	推陈出新
五大理念内在逻辑顺序：	→			

图1 邹碧华精神指引下的思想政治建设"五项理念革新"

三、探索与形塑：邹碧华精神在法院思想政治建设中的实践运用

笔者认为，为进一步使课题指导运用于实践，应按逻辑递进顺序，构建邹碧华精神在思想政治建设中实践运用的"四项塑造机制"。

（一）视觉塑造

榜样引领：以点带面地培树"邹碧华式"的好干部。在推进中，目标考核要可视化，榜样引领也要可视化。尤其要以邹碧华精神为导引，从身边人、身边事选树先进典型，进一步扩大宣传效果和视觉冲击。实践中要特别注意以下几点：（1）实现从"完美榜样"向"真实榜样"的转变。摒弃以往"高大全"的"完美榜样"，努力发掘有培树价值、树得起来的真实典型，更好地发挥引领、带动作用。（2）实现从"树远榜样"向"树近榜样"的转变。注重身边典型鲜活的感召作用，着眼发掘身边的"邹碧华式"的好干部，给予其他干警在思想

政治教育中有说服力的参考。(3) 实现从"少树榜样"向"多树榜样"的转变。可以从单位、部门甚至合议庭（小组）等分层级树立榜样、标兵，将典型的引领力广为覆盖。(4) 实现从"以人为榜样"向"以事为榜样"的转变。注重身边与思想政治建设相关的典型事例的挖掘，以事为榜样，更好地发挥参照、示范作用。

（二）行为塑造

关系建构：科学运用共情技术。运用共情技术，使思想政治教育的主体能设身处地、感同身受地体验客体的所思所想，消弭两者矛盾，实现工作的针对性和有效性。(1) 要善于"倾听"干警的呼声。邹碧华强调倾听，他在论述法庭管理时说，"正确的倾听，意味着法官必须接受当事人的所有信息，而不仅仅是用耳朵去听，必须把注意力全部放在当事人身上。"❶ 对当事人如此，对法院干警也是如此。思想政治工作的核心是要把着眼点放在干警本身，要善于从政法干警个人的角度去理解他们，真诚地与他们沟通，争取他们的理解和支持，并从中汲取有益的启示，进而改进工作。(2) 要善于"接纳"干警的意见和建议。要善于体恤下情，在工作中多让干警参与计划决策，对提出建设性意见、被采纳的干警予以适当鼓励和奖励。(3) 要善于在思想政治建设中导入积极、乐观、向上的情绪。循序渐进地将政治思想教育内容渗透到各项活动中，在潜移默化中为职工导入积极、乐观、向上的情绪。

（三）理念塑造

需求导向：努力遵循需要规律。马斯洛需求层次理论将人类需求从低到高分为生理需求、安全需求、社交需求、尊重需求和自我实现需求五个层次，其与邹碧华精神中"以人为本"的理念存在共通之处。在思想政治建设我们尤其需要满足干警以下需求点：(1) 关爱干警，确保"安全需要"的满足，建立稳定和谐的工作环境。(2) 关心干警"尊荣感的需要"，不断提高干警对职业的自我认同。(3) 畅通干警的上升渠道，搭建干警评价体系，将"有所为"的内心需求与不断成长的内心确认相结合，不断提高干警的职业自信和理想信念。

（四）价值塑造

1. 明晰职业发展路径

邹碧华在担任长宁法院院长期间，十分重视青年干警的职业规划。首先，应根据教育背景、能力水平、思想性格、职业目标、发展需求等因素，将干警进行类型化、个性化区分，在立足法官职业发展客观规律的基础上，为不同类型、不同个体的干警量身定做职业发展规划。其次，进一步完善队伍梯队化建设，把那

---

❶ 邹碧华. 论法庭情绪管理 [J]. 法律适用, 2011 (8): 102.

些看得准、有潜力、有发展前途的年轻同志列入各级各类领导班子后备人选，正视他们的棱角和个性，为他们制订切实可行的培养计划。"当一个组织把一个干警成长作为管理目标时，这个干警将会焕发出无限活力。"❶

2. 促成职业价值实现

邹碧华说过："只有在追求自我实现的时候，人才会迸发出持久强大的热情，才能最大限度地发挥潜能，最大限度地服务于社会。"❷ 因此，职业价值的实现，对职业价值观塑造的作用举足轻重。一方面，可以通过完善政法队伍培养模式、增进和外系统部门交流、内部人员从业心得交流等手段，破除"职业围城"心理，增强职业价值认同；另一方面，通过开展场景教育、社区普法、高校授课等活动，让政法干警从社会正面评价中真切感受到职业价值所在。

3. 营造职业归属氛围

一是营造公平激励环境。严明奖惩制度，对成绩突出的给予奖励，对不思进取的予以惩罚，做到奖勤罚懒；合理安排分工，避免"忙闲不一、苦乐不均"现象，充分调动干警工作的积极性。二是营造博雅人文环境。充分依托机关党委和工青妇等群众组织，支持干警组建各类兴趣小组，开展运动、读书、拓展等文体活动，同时邀请名师大家来院举办人文讲座，提升干警文化生活品位。三是营造集体关爱环境。努力畅通干警思想交流渠道，及时掌握队伍思想状况，有效开展思想引导；帮助干警解决就医、子女入学、家属落户等实际困难，在干警职业生涯重要时间节点举办纪念活动；在政策范围内最大限度地提高干警物质待遇，创造舒适的办公环境。

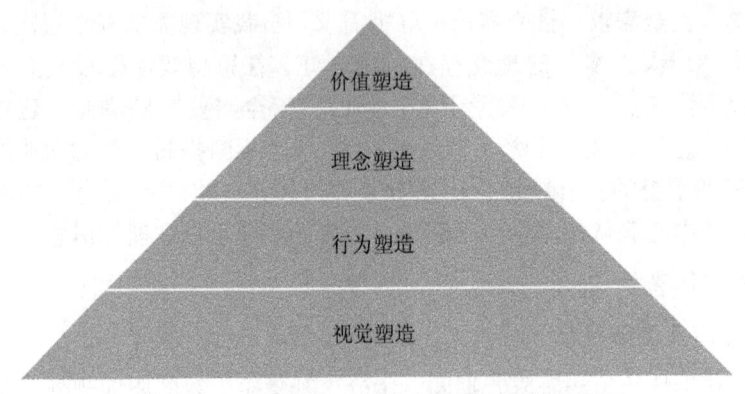

图2 "四项塑造机制"内在逻辑关系

---

❶ 严剑漪. 一个基层法院院长的榜样——追记司法为民公正司法的模范法官邹碧华[N]. 人民法院报，2015-02-28（1）.

❷ 陈震. 念念不忘 必有回响——谨以此文纪念我的初任法官培训班导师邹碧华[N]. 人民法院报，2015-03-27（6）.

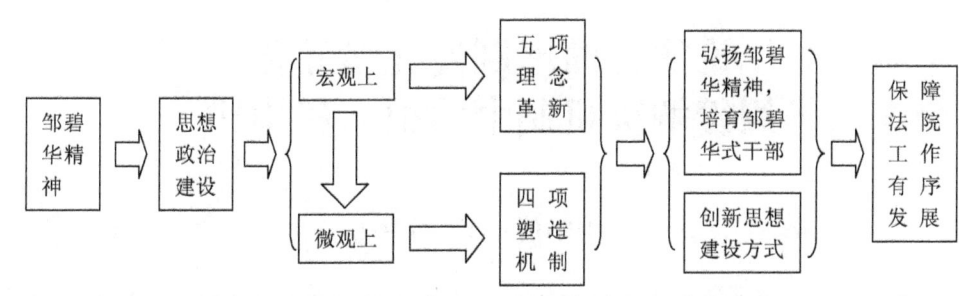

图3 邹碧华精神在法院思想政治建设中作用示意

参考文献

[1] 邹碧华. 法官与律师的良性互动 [J]. 法制资讯, 2014 (12).

[2] 邹碧华. 法院院长的"问题意识" [N]. 人民法院报, 2015-03-16.

[3] 邹碧华. 把握原理, 促进工作 [N]. 人民法院报, 2012-07-09.

[4] 邹碧华. 论法庭情绪管理 [J]. 法律适用, 2011 (8).

[5] 严剑漪. 一个基层法院院长的榜样——追记司法为民公正司法的模范法官邹碧华 [N]. 人民法院报, 2015-02-28.

[6] 陈震. 念念不忘 必有回响——谨以此文纪念我的初任法官培训班导师邹碧华 [N]. 人民法院报, 2015-03-27.

论法官助理制度在多元化
纠纷解决机制中的引入和构建

卫晓蓓　丁　宁[1]

摘　要： 在推进多元化纠纷解决机制改革的进程中，司法机关在主体范畴、程序范畴和机制范畴都遇到了一系列的困境，限制了多元化纠纷解决机制的长足发展。这一背景下，法官助理制度的引入是破解上述困境的有益思路。梳理我国法官助理制度的缘起与演进，并考察域外法官助理在 ADR 中发挥的作用以及承担的职责，结合我国司法改革中对法官助理的定位，分析法官助理制度在我国多元化纠纷解决机制中的作用与功能。并细化法官助理诉调对接工作的各个阶段的工作职责，如立案、诉前和诉讼中的调解阶段、调解未能达成调解协议阶段、小额诉讼阶段和巡回调解阶段，使法官助理在权责范围内发挥最大效用，推进多元化纠纷解决机制不断发展和完善。

关键词： 多元化纠纷解决机制；法官助理；ADR；诉调对接

建立健全多元化纠纷解决机制一直是中央及法院系统的一项重点工作。2004年最高人民法院发布的《人民法院第二个五年改革纲要》把完善多元化纠纷解决机制作为50项改革任务之一，正式启动了这项改革。近几年，中央新一轮的司法体制改革则将多元化纠纷解决机制纳入依法治国的战略部署中。2014年，党的十八届四中全会通过的《中共中央关于全面推进依法治国若干重大问题的决定》提出"健全社会矛盾纠纷预防化解机制，完善调解、仲裁、行政裁决、行政复议、诉讼等有机衔接、相互协调的多元化纠纷解决机制"，将多元化纠纷解决机制提到最高的政治日程。2015 年中央又出台了《关于完善矛盾纠纷多元化解机制的意见》，对完善矛盾纠纷多元化解机制作出了全面部署。

在法院系统中，健全多元化纠纷解决机制也是一项重点改革，对于破解案多人少的矛盾困境，实现真正的案结事了具有重大意义，它被纳入《人民法院第四个五年改革纲要》之中，最高人民法院也先后发布了《关于进一步发挥诉讼调解在构建社会主义和谐社会中积极作用的若干意见》《关于建立健全诉讼与非诉讼相衔接的矛盾纠纷解决机制的若干意见》《关于进一步贯彻"调解优先、调判结合"工作原则的若干意见》等一系列规定，为完善多元化纠纷解决机制提供

---

[1] 作者单位：上海市长宁区人民法院。

制度保障。

但在推进多元化纠纷解决机制不断完善的进程中,法院也遇到了一系列困境:法官主导案件调解耗费成本大、任务重;多元化纠纷解决机制发展不平衡;调解程序欠缺正式性、独立性;新进法官调解能力欠缺等,这些都是限制多元化纠纷解决机制长足发展的因素。在这一背景下,法官助理制度的引进尤为重要,这一制度能够为法官减负,使其聚焦核心审判工作;细化审判职责,提高审判效率和质量;指导人民调解、行业调解,平衡发展各种调解机制;提升新进法官素质,推进法官队伍职业化建设。

本文采用研究和实证考察的研究方法,梳理了域外 ADR 中典型的国例,考察他国法官助理在 ADR 中发挥的作用以及承担的职责,并结合我国司法改革中对法官助理的定位,选择适合我国国情的法官助理参与多元化纠纷解决的机制。最后提出法官助理具体引入诉调对接工作的实施方案,界定法官助理在立案、诉前和诉讼中的调解阶段,调解未能达成调解协议阶段、小额诉讼阶段和巡回调解工作中的职责,使法官助理在权责范围内发挥最大效用,推进多元化纠纷解决机制不断发展和完善。

一、多元化纠纷解决机制格局下法院面临的困境

(一)主体范畴:工作分工欠缺精细化

1. 法官主导调解耗费成本大

调解工作相较审判工作,所需的专业能力较低,花费的时间反而较长。从从业经历来讲,现行《法官法》对不同学历人员担任法官规定了不同的法律从业年限。司法改革之前,上海市对审判员没有明确的年限规定,即审判员都有资格参与选任,只区分目前是否在办案岗位以适用不同的考试考核程序。高院、中院从事司法工作满六年且任命助审员满三年,或具有博士学位(不含在职攻读)任助审员满两年的,基层法院从事司法工作满五年且任助审员满两年的助审员才有资格参与遴选。司法改革之后,在上海任命法官助理 5 年后才有资格遴选法官。因此司法改革后对于法官的职业经验要求越来越高,加之法官的培训、教育成本,每个法官都"来之不易"。让"来之不易"从事所需专业能力较低,而花费时间较多的调解工作将消耗大量成本。

2. 法官审查调解协议任务重

以 S 市 C 区诉调对接中心为例,2015 年收案 14 551 件,结案 9 545 件,平均每月结案 795 件,该中心共有法官 6 名,平均每月每名法官结案 132.5 件,平均每个工作日审查协议 6 件,每件案件都要经过庭前准备、开庭、出具调解书、支付费用等程序,工作任务繁重。需要引入法官助理从事该项工作,减轻法官负

担,同时使更多专业能力强、审判经验丰富的法官充实到疑难复杂的案件中去。

3. 新进法官调审能力欠缺

法官不仅要有专业的法律知识,同时需要经过长期的技能培养。当前法院新进法官在上岗前对调审核心业务接触较少、调审经验不足、课本上的专业知识与实务知识存在出入,同时突然的身份转换、责任加大与自身实务经验不足形成矛盾体,也给新进法官带来较大的心理压力。建立法官助理制度,让法官助理在法官的指导和监督下,组织庭前工作、进行诉前调解,使法官助理在实际业务中不断提升技能、学习业务知识,从而为将来担任法官做业务准备。如此,经过几年的实务锻炼,办案能力强的法官助理转为法官后便可迅速投入法官工作,可大大提升法院业务工作效率。

(二)程序范畴:调解程序欠缺专业性、独立性

1. 调解程序欠缺专业性

当前法院诉前调解一般由人民调解员主导,随着案件量、复杂程度逐年增加,对人民调解员专业知识的要求越来越高,例如必备的法律知识、心理学知识、谈判技巧等。现有的人民调解员对这些知识较欠缺,如组织大规模培训学习又将耗时耗力,且人民调解员又因年龄较大吸收能力较弱。因此,调解过程多从事实、情理的角度展开,缺乏法官的专业引导,专业性不足。

2. 调解程序欠缺独立性

"调判结合"是我国法院长期采用的解决民事纠纷的方式,但调解与审判至少具有12个方面的不同面相,是本质上存在重大区别的两种纠纷解决机制。将调解与审判分离才符合各自的规律,并有利于优化我国的民事诉讼制度,有利于保障司法公正。[1]调解没有独立的程序,调解不成则由调解法官继续审理,其中存在着诸多隐患。调解协议是当事人双方在法官的主持下达成的,看似自愿,但可能是在法官通过一些"手段"促成协议的达成。例如:法官可能明示或暗示当事人如不同意调解、不接受其提出的调解方案,继续进行诉讼,就可能会败诉,让原告、被告都处在败诉的担忧中而接受法官的调解意见。所以调审分离对于维护司法公正有着极为重要的作用。

(三)机制范畴:多元化纠纷解决机制发展欠缺平衡性

1. 司法调解任务繁重

2015年12月6日,中共中央办公厅、国务院办公厅印发的《关于完善矛盾纠纷多元化解机制的意见》中提到:法院要发挥司法在矛盾纠纷多元化解机制中

---

[1] 李浩. 调解归调解,审判归审判:民事审判中的调审分离 [J]. 中国法学, 2013 (3).

的引领、推动和保障作用,建立健全诉讼与非诉讼相衔接的矛盾纠纷解决机制,加强与行政机关、仲裁机构、人民调解组织、商事调解组织、行政调解组织或者其他有调解职能的协调配合,推动在程序安排、效力确认、法律指导等方面的有机衔接。

当前,我国经济发展平稳快速,人民生活水平显著改善,社会总体上和谐稳定,但影响和谐稳定的因素大量存在。正确应对各种社会矛盾和纠纷,妥善协调各方利益关系,有效平息矛盾纷争,大力促进社会和谐稳定,是党和国家工作的大局。人民法院作为国家审判机关,必须坚定不移地服从和服务于这一国家大局和中心任务,高度重视、充分运用司法调解这一正确处理社会矛盾的重要方法与构建和谐社会的有效手段,最大限度地增加和谐因素,最大限度地减少不和谐因素,承担起促进和发展和谐社会的重大历史使命和政治责任。责任重大、工作量多、协调各方难度高,司法调解任务繁重可见一斑。

2. 人民调解、行业调解式微

人民调解、行业调解都是我国一种正式的制度,但是人民调解、行业调解仍然面临许多现实困境,包括法律渊源效力层级低;缺乏相关政策的支持,经费不足,调解员流动大,从业人员缺乏积极性;调解员从业资质和任职标准不清,专业培训不足;忽视调解技巧对调解结果的影响;调解公信力不足;调解协议效力不确定,司法确认制度不健全等。[1]就实践来看,司法调解依然是调解主力,但司法调解面临案多人少的窘境,建立多元化纠纷解决机制迫在眉睫。如何通过司法主导、指导,并引导人民调解、行业调解,构建一个多元化的调解新模式,应当作为一个司法改革的重大课题。

二、破解困境之思路——引入法官助理制度

(一) 法官助理制度的缘起与演进

我国法官助理制度缘起1999年最高人民法院制定的《人民法院第一个五年改革纲要》(以下简称《纲要》)。《纲要》第33条提到:"高级人民法院可以对法官配备法官助理和取消助理审判员工作进行试点,摸索经验。"经过十几年的发展,法官助理制度日趋完善。目前对法官助理的定位一般是:法官的助手,是为法官开展审判活动提供辅助服务的助手,其目的是使法官能从审判活动中的琐事里解脱出来,专心致志、优质高效地审判案件。法官助理制度则是各级法院内部建立的具体规范法官助理的选任、职责分工、奖惩的一系列管理制度。然而,随着司法改革的不断推进以及近年来法院案件量的急剧增加,尤其是在现在多元化纠纷解决机制的大格局下,这样的定位已经不再那么准确,甚至将极大地

---

[1] 张晓茹,张美娟. 行业调解的困境与出路 [J]. 北京仲裁, 2015 (2).

限制了诉调对接模式的发展。如何突破已有的限制，让法官助理制度焕发新生机，这正是研究之重。

从《纲要》出台以来，我国先后在2000年、2002年、2005年、2006年、2007年、2009年、2010年、2014年、2015年、2016年出台过关于加强法官助理的制度建设的相关文件达22个（表1列举部分）。尤其2014年十八届四中全会后，法官助理制度的改革、试点和推行力度加大，十八届四中全会以后最高法涉及法官助理制度改革的文件有7个，法官助理制度改革的重要性可见一斑。

表1 法官助理重点文件统计

序号	文件名	文件号	发布日期	有关法官助理摘录
1	最高人民法院关于印发《人民法院五年改革纲要》的通知	法发〔1999〕28号	1999.10.20发布	随着审判长选任工作的开展，结合人民法院组织法的修改、高级人民法院或以对法官配备法官助理和取消助理审判员工作进行试点，摸索经验
2	最高人民法院关于印发《人民法院第二个五年改革纲要》的通知	法发〔2005〕18号	2005.10.26发布	建立符合审判工作规律和法官职业特点的法官职务序列。在总结试点经验的基础上，逐步建立法官助理制度
3	最高人民法院关于印发肖扬院长和曹建明、姜兴长副院长在第七次全国民事审判工作会议上讲话的通知	法发〔2007〕5号	2007.01.29发布	在基层法院尤其是"案多人少"和西部的基层法院，优先推行法官助理工作，以解决法官断层带来的问题，缓解办案压力
4	最高人民法院印发《最高人民法院关于进一步发挥诉讼调解在构建社会主义和谐社会中积极作用的若干意见》的通知	法发〔2007〕9号	2007.03.01发布	经当事人同意，法官助理等审判辅助人员受人民法院指派也可以调解案件。对疑难、复杂和有重大影响的案件，人民法院的庭长或者院长可以主持调解

续表

序号	文件名	文件号	发布日期	有关法官助理摘录
5	最高人民法院关于印发《人民法院第三个五年改革纲要（2009—2013）》的通知	法发〔2009〕14号	2009.03.17发布	建立健全以案件审判质量和效率考核为主要内容的审判质量效率监督控制体系，以法官、法官助理、书记员和其他行政人员的绩效和分类管理为主要内容的岗位目标考核管理体系
6	最高人民法院印发《关于进一步贯彻"调解优先、调判结合"工作原则的若干意见》的通知	法发〔2010〕16号	2010.06.07发布	要进一步优化审判资源配置，有条件的人民法院可以探索试行法官助理等审判辅助人员开展庭前调解工作，提高调解工作效率，减轻审判人员的工作负担
7	最高人民法院关于进一步加强新形势下人民法庭工作的若干意见	法发〔2014〕21号	2014.12.04发布	探索根据审判工作量，组建以主审法官为中心的审判团队，配备必要数量的法官助理、书记员等审判辅助人员
8	最高人民法院关于全面深化人民法院改革的意见——人民法院第四个五年改革纲要（2014—2018）	法发〔2015〕3号	2015.02.04发布	健全法官助理、书记员、执行员等审判辅助人员管理制度。科学确定法官与审判辅助人员的数量比例，建立审判辅助人员的正常增补机制，切实减轻法官事务性工作负担
9	最高人民法院关于完善人民法院司法责任制的若干意见	法发〔2015〕13号	2015.09.21发布	法官助理在法官的指导下履行以下职责：（1）审查诉讼材料，协助法官组织庭前证据交换；……（7）完成法官交办的其他审判辅助性工作

· 305 ·

（二）域外法官助理经验的比较与借鉴

1. 美国 ADR 模式中的法官助理

Alternative Dispute Resolution（ADR）概念源于美国，原来是指 20 世纪逐步发展起来的各种诉讼外纠纷解决方式，现已引申为对世界各国普遍存在着的、民事诉讼制度以外的非诉讼纠纷解决程序或机制的总称。❶ 在美国 ADR 调解中，法官助理的主要工作职责是帮助法官起草法律文书，对法官所引用的案例及文件进行核对。为了让他们更有效地工作，法官通常会让其助理在法庭内拥有一个席位。另外，法官助理有时还要负责召集当事人双方的律师开会，处理一些与案件相关的事务。

在美国初审法院，法官助理需要承担：①案件甄别管辖权问题；②案件甄别利益冲突；③初始案件评议；④案件监控；⑤对民事审前动议进行法律研究；⑥案件聆讯；⑦谏言者；⑧审理过程中的协助作用；⑨法律更新；⑩与律师联系等十项职责。

2. 德国法官助理职能

在德国，法院一般都将立案审查的工作交由法官助理来完成。德国法律规定，受理民事诉讼的是"法院办公室"，并由该办公室人员确定起诉状是否符合德国民事诉讼法典第 130 条、131 条和 253 条的规定。❷ 在庭前准备阶段，德国法官和合议庭成员一般不会自己现行阅卷，其目的主要是让法官有更多的时间去研究案件所涉的法律问题。因此案卷材料通常由法官助理完成阅卷，同时负责查看当事人所提交的各项法律文件及相关证据材料，了解当事人的各项争议点及各自所持观点的诉答理由。合议阶段，法官助理主要协助法官审判工作，他们可以在法官的监督下组织当事人双方进行言词辩论，并且可以参与开题审理的部分程序，且他们的意见是案件处理过程中正式的一票。在裁判执行阶段，法官助理还要完成案件的善后事宜，主要包括：计算案件花费的诉讼费用，并依照案件进行过程以及裁判结果等各种因素确定分担；使裁判文书有效送达，确保所涉当事人上诉权等诉讼权益能够合法实现。

综合来看，先进的西方国家法官助理权责相较我国更为清晰、权限相较我国也更大，充分使用了法官助理的专业知识与能力，在司法资源的安排、配置上确实比我国现阶段更为优化。

---

❶ 范愉. 非诉讼纠纷解决机制（ADR）与法治的可持续发展——纠纷解决与 ADR 研究的方法与理念 [J]. 法制现代化研究，2004（7）.

❷ 乔宪志，上海市法官协会. 中国法官助理制度研究 [M]. 北京：法律出版社，2002：13.

（三）法官助理制度对多元化纠纷解决机制的重塑

1. 解脱法官：聚焦核心审判工作

我国法官不仅要承担组织庭前证据交换等准备工作，承担开庭审理案件、撰写法律文书责任，甚至还需要上网公布法律文书、开展判后答疑等。事无巨细的工作容易导致法官超负荷运转，无法将精力集中于通过庭审定纷止争上，办案质量和效率无法得到进一步提升，无法满足案件数量大幅增长的要求。由法官助理承担事务性工作，不仅能使法官将全身心投入到庭审和裁判文书撰写中，有效提升办案质量，还能为法官继续加强学习腾出必要时间，提升法官业务素质，进而促进执法办案质量提升，实现法官素质提升与办案质效提升的良性互动。

2. 厘清分责：提高审判效率和质量

从形式上看，法官助理是主审法官的助手，应当围绕审判这一中心开展工作；从工作内容上看，法官助理在工作中既要接受主审法官的业务指导，又要担负协调、指导书记员开展工作的职责；从法官助理本身的职责来看，法官助理没有审判权，但应当赋予法官助理审判权以外的更多辅助性权力。例如法官助理可以在法官的指导下组织庭前调解、组织庭前证据交换等准备工作、撰写部分法律文书、上网公布法律文书、开展判后答疑等，而法官则专注于案件的具体审判工作。

3. 指导调解：平衡发展各种调解机制

当前司法调解压力大，法官主导调解成本高，破解案多人少的窘境，离不开多元化纠纷解决机制。急需一个通过司法主导、指导，并引导人民调解、行业调解，构建一个多元化的调解新模式。在诉调对接格局下，将法官助理扩大为诉前调解工作主体，不但能实现人民法院诉前调解与人民调解、行业调解的有机结合，还能促进"大调解格局"的形成，推动多元化纠纷解决机制的建立，使纠纷化解在诉外、化解在基层。

4. 提升素质：推动法官队伍职业化建设

法官助理作为法官的预备军，应当严格法官助理的准入条件，法官助理作为承担审判辅助任务的独立主体，其来源必须坚持综合考核、择优选拔。尤其应当注重拟选人员的专业能力和素质。建议建立统一的国家法官助理职业资格考试，只有通过考试的法院公务员，并仿效助理审判员任命程序，由院长提请审委会会议讨论通过后才能被选拔为法官助理，协助法官办案。同时加大对法官助理的技能培训，并且在主审法官的指导下尽量多地参与审判辅助工作，从而全面提升职业素质，为法官职业队伍培养优秀人才，以逐步提升法官助理整体工作素质。

三、诉调对接工作中法官助理的职责界定

（一）立案、诉前和诉讼中的调解阶段

立案、诉前和诉中调解关系到矛盾纠纷能否尽快解决，从速定纷止争有助于当事人之间关系修补，对促进和谐社会建设意义重大。故立案、诉前和诉中调解阶段需要法官助理从事的主要工作有：

（1）征询调解意向，及时向当事人征询是否愿意调解，根据被告调解意向择期进行庭前调解；对立案时双方当事人均在场、争议不大的案件，应在法官的指导下，即收即调、即调即结；

（2）审查诉讼材料，依据法律规定审查当事人所诉事项是否符合相关法律规定，并对当事人递交的材料进行程序性审查，及时查漏补缺，以便后续工作开展；

（3）办理委托鉴定、评估、审计，及时对需要办理委托鉴定、评估、审计的案件进行办理；

（4）草拟调解协议，对事实清楚、争议不大的案件草拟调解协议，并交由法官审核确认；

（5）预审人民调解协议，对人民调解协议进行预审，确保协议内容、格式符合法律基本规定，对不当之处及时指导修改。

（二）调解未能达成调解协议阶段

本阶段法官助理发挥司法辅助功能可极大地提高后续工作效率，在法官的指导下承担以下工作职责：

（1）草拟无异议调解方案，对于双方有调解意向但未达成调解协议的，当事人之间分歧不大的，草拟无异议的调解方案，交由法官确认；

（2）记载无争议事实，对当事人就已书面签认的无争议事实进行记载，后续工作中无需在诉讼过程中就已记载的事实举证，可提高调解成功率和效率。

（三）小额诉讼阶段

小额诉讼工作程序较为简易，但事务性工作较为复杂，充分发挥法官助理的辅助作用可将法官从繁杂的事务工作中解放出来，从而提高审判效率，本阶段法官助理可以履行的职责主要有：

（1）审查诉讼材料，并在法官的指导下，组织庭前证据交换；

（2）在法官的安排、指导下组织庭前调解，草拟调解文书；

（3）准备案件有关法律争议难点的法律资料，进行研究，并与法官交流；

（4）草拟裁判文书并交由法官修改。

(四) 巡回调解工作

建立多元化纠纷解决机制离不开法院的主导与指导，法官助理可以发挥自身专业优势辅助法官完成巡回调解工作，从而推动多元化纠纷解决机制的建立与完善，巡回调解工作中法官助理能够发挥的主要职责有：

(1) 指导人民调解、行业调解，必要时提供部分帮助，以保证人民调解、行业调解工作规范有序进行；

(2) 为群众提供巡回调解工作中所需的法律咨询、培训、宣传服务，确保工作的有序推进。

完善多元化纠纷解决机制是缓解法院案多人少矛盾的关键举措之一，而法官助理制度的引入和作用的充分发挥则是完善多元化纠纷解决机制的重要突破口，发挥好法官助理的"助手"作用，完善案件繁简分流，不断推动多元化纠纷解决机制向纵深处发展。

参考文献

[1] 李浩. 调解归调解，审判归审判：民事审判中的调审分离 [J]. 中国法学，2013 (3).

[2] 张晓茹，张美娟. 行业调解的困境与出路 [J]. 北京仲裁，2015 (2).

[3] 范愉. 非诉讼纠纷解决机制（ADR）与法治的可持续发展——纠纷解决与ADR研究的方法与理念 [J]. 法制现代化研究，2004 (7).

[4] 乔宪志，上海市法官协会. 中国法官助理制度研究 [M]. 北京：法律出版社，2002.

区分主体维度下司法大数据有效应用路径探析

王朝莹　赵家齐[1]

摘　要：本文以上海法院的司法大数据平台的运维情况为分析样本，并根据司法大数据平台的使用主体的不同，从内部主体及外部主体的角度来探究目前司法大数据平台使用上存在的问题。结合国内外司法大数据平台运维的先进经验，并以我国的司法实践为基础，一方面首先明确了构建司法大数据合理应用模式的前提，即软性要求上要明确电子法律交往的法律基础，硬件要求上要满足一定的基础设施要求。另一方面对构建司法大数据合理应用模式进行了路径构建，即对内要加强使用培训和内部运维，对外要形成应用司法大数据的完整链。最后要在内外部主体之间架起沟通应用的桥梁，进一步拓展司法大数据平台的应用范围。

关键词：区分主体；司法；大数据

加强大数据的司法应用，是人民法院推进司法为民和公正司法的必然要求，是信息化建设的必然趋势。2015年3月，在最高人民法院信息化建设工作领导小组2015年第一次会议上，周强院长强调"加强云计算和大数据技术的运用，为司法决策服务，分析把握新形势下审判执行工作的特点和规律，提高司法决策的科学性"。[2] 随着上海法院信息化建设的稳步推进，如何有效运用大数据来助力队伍建设、服务审判、便利诉讼便成为一个重要话题。

一、上海：司法大数据平台的运维情况及困境分析

对司法大数据平台使用情况的分析，需要区分主体有针对性地展开，根据数据平台针对的目标群体的差异，大体可以分为两类主体：一是法院内部主体，即在法院内从事审判管理类工作的人员；二是法院外部主体，即诉讼过程中的诉讼参与人等。下文将以上海法院的数据平台为例，以不同的主体为划分标识，对上海法院的几个主要司法数据平台进行梳理，并对其中所面临的困境进行分析。

---

[1] 作者单位：上海市徐汇区人民法院。
[2] 周强. 全力促进人民法院信息化升级转型 [N]. 人民法院报，2015-03-26.

（一）法院内部主体的主要司法数据平台

1. 队伍管理系统

系统类型	设计初衷	主界面图例
干部业绩档案	全面共享案件、人事、档案、网站和调研等信息系统即时生成的数据，为审判与队伍管理提供数据支持	
书记员文员业绩档案	从法院各应用系统中提取上海法院书记员、文员工作数据，对数据进行整合、统计、分析，为书记员文员管理提供数据支持	
人事信息管理	为法院人事管理提供全方位、立体化、多方面的信息化服务	
老干部工作管理	建立法院老干部管理信息化平台	
法官权益保护平台	维护法官正当合法权益平台	

续表

系统类型	设计初衷	主界面图例
教育培训管理	利用信息技术辅助管理全市法院干警"菜单式"教育培训	
远程教育管理	利用网络技术打造网上培训平台,建立开放、兼容、共享的网络培训体系	

2. 审判管理信息系统

系统类型	设计初衷	主界面图例
审判案例库	整合法院各类案例信息,提供办案参考	
法律文书库	提供文书编辑、文书上网、文书纠错、文书附法条等功能,实现文书编辑、上网、检索一体化管理	
审判业务文件库	汇总高院各审判条线业务类文件,并提供全文检索功能	
法律适用疑难问题咨询库	面向全市法官,提供法律适用方面的信息化交流平台,由专家组协助法官解决在案件审理过程中产生的疑难法律问题,达到促进沟通交流、统一法律适用的目的	

续表

系统类型	设计初衷	主界面图例
司法建议库	覆盖全市三级法院的网上司法建议信息库，具有反馈状态查询及全文检索功能	
案件审判	以审限跟踪、节点控制为核心的审判流程管理系统，实现案件信息同步录入、办案文件自动生成、流程节点智能控制、案件情况实时监督等功能	
C2J法官办案知识库	以案件办理为主要连接点，由法院直接向一线法官提供全方位、多角度、互动式在线法律资源服务	

（二）法院外部主体的主要司法数据平台

系统类型	设计初衷	主界面图例
12368诉讼服务平台	对来自网络、热线、App、微信等渠道的诉讼请求进行办理并提供管理的专项平台	

续表

系统类型	设计初衷	主界面图例
网络诉讼服务	面向当事人、律师及社会公众，提供贯穿诉讼程序始终的诉讼服务综合平台	
袁月全信箱	互联网站"司法为民"类栏目，以回复网上来信的方式，为社会公众提供法律咨询	
律师服务平台 当事人服务平台	为律师和当事人提供一站式诉讼服务	

(三) 司法大数据平台面临的应用困境

1. 法院内部主体对司法大数据平台缺乏使用认知

为更好地了解法院内部主体对司法大数据平台的使用情况，笔者对100位法院工作人员进行了随机调查，调查对象按照年龄层级划分，分成四组：第一组（25~35岁）、第二组（35~45岁）、第三组（45~55岁）、第四组（55岁及以上）（文末附调查问卷）。经过调查后发现，仅有第一组对主要的司法数据平台较为了解，且有一定的使用率。其余三组，随着年龄的增长，其对司法数据平台的了解度呈递减态势，80%以上的工作人员表示，日常工作中仅使用案件审判系统，并仅使用其中的"工作台"界面，而对其他案例库、C2J等司法数据平台均未曾了解，亦未曾使用。究其原因主要在于两个方面：一是长久以来对于书面文件的惯性依赖，难以在较短时间内改变。二是部分司法数据平台在推广使用时未做大力度的宣传，导致大部分法院工作人员并不知晓这类数据平台的存在，甚至无从得知该数据平台的入口。

2. 部分法院内部主体对于司法数据的输入、维护缺乏严肃性

以最常用的案件审判系统为例，按照设计初衷，通过这个系统，审判人员、管理人员可以一目了然地了解案件的收、结、审等情况，从而对案件审理情况进行一个全盘的掌握，方便进一步作出调整和决策。然而在实际调查中发现，这些基础司法数据在录入时却存在一定的随意性，例如在输入结案日期等信息时，经常存在倒签的情况，这就导致审判管理部门对于审理期限的监督缺少了客观的数据来源；再如对于当事人身份信息的输入，除了姓名之外的其他信息也有较大的随意性，这就导致对于当事人信息的把握需要进一步调取相应纸质卷宗才可确保准确性。这些都影响了数据平台充分发挥其原有的设计功能。

3. 针对外部主体的数据平台的稳定性、体量性有待提升

以律师服务平台、当事人服务平台为例，笔者随机对50名律师、当事人进行了调查，了解其对上述两个司法数据平台的使用情况（文末附调查问卷）。8%的律师、当事人表示对该平台不甚了解，92%的律师、当事人表示使用过上述平台，但他们同时表示，一方面这个平台经常出现系统不稳定的情况，发生无法登录；另一方面这个平台的信息并未达到全面完整的水平，部分信息无法查询。所以大部分律师、当事人依然选择通过与承办法官电话沟通的方式来获取自己所需要的信息。我国在司法大数据平台的维护水平上，不但与美国、英国、澳大利亚等发达国家存在较大差距，也落后于印度、马来西亚等发展中国家。以印度为例，2013年启动的印度全国电子法院门户网站（ecourts.gov.in）已发布了2 500万案件（含已结案和未结案）的基本信息，包括案件状况、判决理由及裁判文书的信息，这个数据是中国裁判文书网发布案件数量的两倍，其电子法院数据平台每天点击量达到70万次，且呈现每周以几何级数增长的态势，获得社会的广泛认可。❶然而，目前外部主体对我们的司法数据平台的使用情况不容乐观，这也将进一步影响司法公开及全社会的法律监督。

4. 针对外部主体的司法数据平台尚未形成完整的电子诉讼服务链

目前，外部主体通过网上司法数据平台已能实现网上立案、网上缴费等功能，即仅实现了设立电子平台的第一步工作，但是后续的电子诉讼、电子法院尚未真正实现。比如目前困扰大部分审判业务部门的送达问题，是否可以通过司法数据平台来实现网上立案后的电子送达，在部分简易案件的审理过程中是否可以真正应用远程庭审系统，而不仅仅让其存在于报道的纸面，而切实成为提高审判效率的一项有力措施。只有使得电子诉讼服务形成一条完整的链条，才能真正在诉讼参与人心中形成一个电子法院的形象，而非割裂式的电子平台，从而真正实现增加司法供给，不断促进程序公正，提高司法效率。

---

❶ 王福华. 电子法院——由内部到外部的构建[J]. 当代法学, 2016（5）: 25.

二、构建司法大数据合理应用模式的目标设定

（一）实现内部主体的数据管理能力的提升

司法数据的管理，包括司法数据的采集、录入、整理和储存等环节。因此一方面要培养互联网思维，提高法院工作人员重视数据、尊重数据的意识；另一方面要加快计算机、服务器和网络技术等硬件设施的更新升级。同时要建章立制、完善司法数据管理运行机制，加强对司法数据的保护，构筑起司法数据的保护防火墙。总之，提升司法数据的管理能力就是要"管好"数据，保证司法数据全面、客观、真实、安全，确保各级法院对司法数据胸中有"数"。❶

（二）实现内部主体对司法数据的分析挖掘能力的提升

获得司法数据只是第一步，重点是对司法数据的"深加工"处理。原始的司法数据只是一串串冰冷的数字或字符，只是掩埋在地下沉睡的"宝藏"，只有挖掘分析这些原始数据，才能转化和激发司法数据的潜能，赋予它新的生命，创造出更多的审判业务提升机会和便民的服务。提升司法数据分析挖掘能力，就是要知"数"善用，充分发掘整合司法数据的价值，让司法数据"说话"，更好地服务人民法院领导决策、审判办案、司法调研、司法管理等各项工作。❷

（三）实现内部主体对司法数据"预测"能力的提升

"数据的使命在于预测"。事实上，大数据预测早已在商业消费、经济管理和科学技术等领域适用并取得了实效。海量的司法数据，不仅为司法决策提供了更加全面、翔实的现实依据，更让司法预测成为可能。如果说司法数据的分析挖掘着眼于解决现实中的司法问题，那么司法数据预测，则着力于未来的司法问题。法院要善于从海量的司法数据中发现司法审判实践中的问题和趋势，要注重挖掘司法数据背后的经济社会问题，及时提出司法建议，为各级党委政府提供参考。各级法院可对自己辖区内受理的案件数量、特点和增减趋势进行系统总结分析，发现具有普遍性和代表性的新兴司法需求，努力把社会矛盾消除在萌芽状态。❸

（四）实现外部主体对司法数据使用频率的提升

要增加司法数据的透明性、过程可回溯性、程序公开性，以此让外部主体更多地了解审判过程、理由和结果；另外，要增加司法数据的开放性、共享性、交互性等优势，能够让外部主体更方便地提供信息、查阅诉讼资料。在为外部主体

---

❶ 朱明，郭富民. 让司法数据活起来［N］. 人民法院报，2014-07-16（2）.
❷ 同上.
❸ 同上.

提供诉讼便利条件的同时，改变法院和社会之间的关系，增加诉讼的协同性。因此，要努力提高外部主体对司法数据的使用频率，切实发挥电子诉讼的便利功能。

三、司法数据有效应用之国内外经验借鉴

司法数据的应用在当前时代不能说是一个新名词了，在许多外国的司法部门中，对司法数据的应用已经积极地进行探索与发展，在我国的一些地区，司法数据的应用也取得了比较好的效果。

（一）美国：PACER 系统和 CM/ECF 系统

Pacer 系统，又称美国法院电子记录公共访问系统，由美国行政办公室管理。它允许用户从美国地区法院、上诉法院和破产法院获取已审和待审案件的相关信息。每个法院维护其自己的案例档案数据库。正因为美国法院电子记录公共访问系统由每个法院去维护，所以，每个司法管辖区将有一个不同的网址。法院电子记录公共访问系统提供的信息包括：①诉讼参与人名单：包括法官，律师及代理人；②汇编的案例相关信息：如提起诉讼的情况、案件数量、诉讼性质、诉讼标的的数额；③进入资料系统的案件情况的年度统计表；④诉讼的立案登记情况；⑤每天新案件的名单；⑥上诉法院的意见；⑦判决或案件处理情况；⑧某些类型的案件文件复印件；⑨某些法院提供的影像文件的副本。美国国会司法委员已经授权，法院可以对所有电子记录公共访问系统的用户收取信息使用费。以 2006 年为例，访问法院电子记录公共访问系统的收费是每页 0.08 美元。2005 年 1 月 1 日之前是每页 0.07 美元。费用适用的页数适用于任何搜索结果，包括事实上不匹配页码。费用还与是否打印、查看或下载有关。但任何一项单项的资料最高收费不得超过 2.40 美元。

CM/ECF（Case Management/Electronic Case Files）是大部分美国联邦法院都有的案件管理和案件电子档案系统（下称案件电子档案系统）。案件电子档案系统于 1996 年在美国俄亥俄州北区处理大量石棉案件时开始使用。根据电子政府法，获取这些文件应当是免费的。为方便在线访问，法院案件电子档案系统要求律师在诉讼中对大部分诉讼文件采用电子件方式，而不是传统的纸张方式。该系统的主要目的，是法院履行记录保管的法律义务。虽然应用程序开发和维护由美国联邦法院行政管理办公室处理，但各地法院工作人员根据当地的规则和惯例具体填写相关材料。由于源代码可以在本地进行修改，各地区在具体应用时会有一些不同。大多数地方的变化只是表面的，并不改变应用程序的核心功能。

（二）韩国：SBC、ECFS 及专门的电子诉讼负责部

韩国法院行政处信息电算局实施为建立虚拟专用网络而进行隧道网络分离的工作，在国内称之为 SBC（Server Based Computing）架构。SBC 网络搭建完毕，

不管是无线网络环境还是有线网络环境，只要能够上网，每位法官无论何时何地，都可以通过网络连接到法院服务器办理业务。法官们可以一年 365 天随时随地处理工作。

韩国法院有一个非常完善的电子提交系统，即 ECFS，其具体运作流程如图 1 所示：

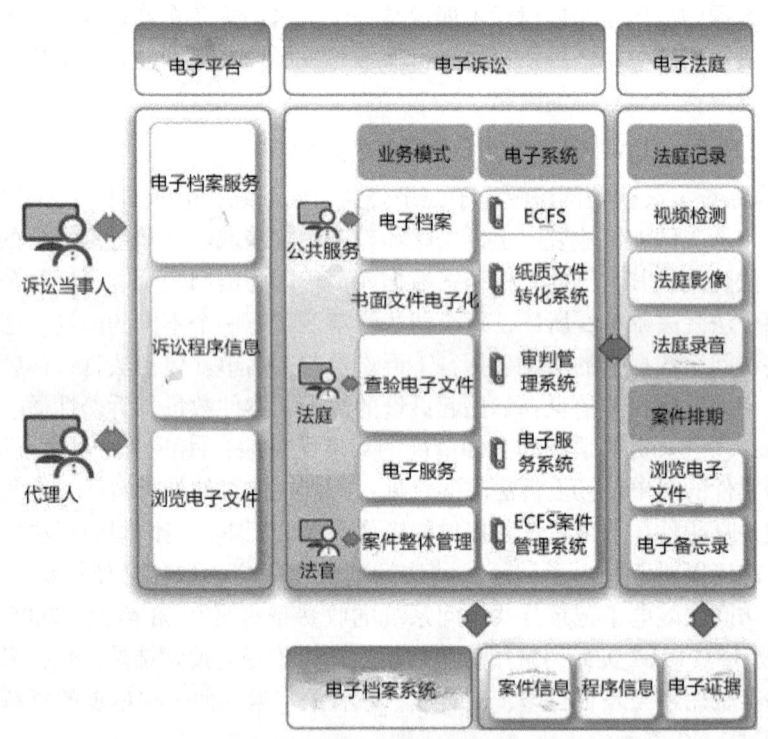

图 1 ECFS 具体操作流程

在各级法院设立专门的电子诉讼负责部，由这个机构负责裁决部的电子诉讼。电子诉讼负责部所受理的电子诉讼案件必须是当事人各方均同意使用电子诉讼的案件，但是依照电子诉讼法及大法院的相关规定，国家、地方自治团体、公共机关是电子诉讼的义务方，以这些主体为当事人的案件应当送至电子诉讼负责部。

（三）长沙开福法院：真快诉讼通诉讼服务平台

开福区法院开发出一款名叫"真快诉讼通"的 App。这款 App 具有 30 多项功能：①可以直接进行电子送达，上线以来已经有 1 820 件案件代理律师通过该平台收到了法院电子送达的材料，其中，电子送达了 4 000 余份诉讼文书，电子递交诉讼材料 661 次、证据副本 866 份。律师与承办法官短信交流和申请预约法官接见的信息,共计5 500多条。❶ ②GT拍摄功能,该功能主要用于在一些现场进行拍照和摄影,可以用于取证和留置送达的情况,这些视频音频数据可以保存在本地并且快速地上传到网络平台中。③律师开庭冲突回避功能,律师常常会遇到多个法院不同案子开庭时间排在同一天的困扰,这个困扰在这样一个司法数据应用平台上就能够有效解决。④设置法同码,法同码是发给律师的二维码,通过这样的二维码,律师可以刷开法院相关赋予权限的门禁,阅卷登记,也可以将这条二维码发给自己的助手方便对案件事务进行办理。该平台还有多主体远程阅卷、法律文化宣传、待办事务提醒、电子档案归档等多项功能,是地方司法数据有效应用的前沿典范。

四、构建司法大数据合理应用模式的路径设定

(一) 前提设定

1. 明确电子法律交往的法律基础

方便、快捷、高效的电子法律交往是合理运用司法大数据的重要表现形式,它包括法院外部主体利用司法大数据进行诉讼行为,同时包括法院内部主体利用司法大数据进行审判管理。使得电子法律交往进一步普及、提升有一个前提,即要明确这类合理应用司法大数据形式的法律基础。我国《民事诉讼法》第87条规定了电子送达,《民诉法司法解释》第259条规定了视频庭审。然而除此之外,还有大量电子法律交往形式需要得到立法、司法的确认。大部分的电子法律交往涉及当事人的诉讼权利义务,这应该属于《立法法》的调整范畴,因此有必要由立法机关制定《人民法院电子诉讼法》,或者授权最高人民法院制定《电子诉讼程序规则》,从而使得司法大数据运用的各种形式,如电子送达、案件流程管理自动化、案件等级、案件数字化、法庭记录自动化、视频会议等诉讼活动明确化与合法化。同时,还需要法律进一步明确:无论司法大数据的应用程度将来会得到多大程度的普及,法院内、外部主体对于司法大数据的应用与否应该都有选择性,且应明确电子化的法律交往与曾经的书面交往具有完全的"功能等价"性。

2. 具备合理利用司法大数据的基础设施

司法大数据相较于司法数据而言,"大"字即展现了史无前例的数据规模,在大数据思维模式下,司法数据的研究对象将不再是单个法院的数据报表,而是每个法院、每个案件、每个办案环节、每个法律文书上的每一个关键字。司法大

---

❶ 人民法院报.长沙:"诉讼通"让诉讼真的"通"了.[2016-08-10]. http://kfqfy.chinacourt.org/article/detail/2016/02/id/1802059.shtml.

数据的全数据性、复杂多样性，对收集、应用司法大数据的基础设施提出了较高要求，必须从原来分布式的分散服务器模式转变为云计算模式，云计算模式在数据的储存、处理、分析上发挥着巨大作用，使得资源具备了可扩展性、灵活性和经济性，提高了司法效率和社会服务能力。

（二）路径构建

1. 强化内部主体培训，使司法大数据应用前景明晰化

传统的路径依赖使得大部分法院工作人员对于原始的纸质办公有着较大的依赖性，由全纸质转为无纸化，必然要求法院内部工作人员对司法大数据的应用需要有一个分步骤的认识：一是意识到合理应用司法大数据将带来便利、高效的使用前景；二是基于期待而接受司法大数据的使用培训。针对第一点，笔者认为要加强对某些司法大数据平台的宣传推广力度，以 C2J 平台为例，它具有较强的案例搜索功能，在法官需要查询类似判例时，或者在需完成案例评析时，它可以提供较大的帮助，但是根据前期的抽样调查，我们发现大部分法官对于这个平台不甚了解，更不知道它可以带来的便利功能。因此在信息部门推出一个司法大数据平台时，可以通过发布通知、借力公众号等新媒体形式宣传的方式增加某个司法大数据平台的法院内部的知悉度，向各法院下发功能宣传册，确保大部分法院工作人员知晓相关平台的主要功能。针对第二点，即加大培训力度，在每年的法官、法官助理等业务培训中，笔者认为有必要加入一节课，即对上海法院几个主要司法大数据平台做一个功能使用专题培训，为法院工作人员提供一个可供使用的平台选项。同时，在每年的新进人员入职一月后，在其对法院工作有了一个大致了解后，对其进行数据平台的使用培训。以此来拓展一些功能强大的司法大数据平台的使用面。

2. 强化内部运维，使司法大数据应用更具稳定、全面、系统性

随着法院信息化集成度越高，运行维护的重要性日益凸显，因此，如何对法院信息化运维合理规划，最大限度地集约利用资源，提高运维效率，形成一个有序体系，保证整个审判工作高效、稳定、安全，已经成为法院信息化工作的重要内容。笔者认为强化内部运维，主要应加强四方面的工作：一是加强应用系统运维。即要保证系统的稳定性，因为所有应用都是架设在系统平台上的。法院办案办公集中部署后，系统运维更为重要，运维人员每天需要监测服务器、数据库、中间件等的运行状态，对案件上传平台进行维护，保证数据完整性和准确性，定期对数据库运行环境进行优化，对数据库中的垃圾数据进行清理，对服务器集群进行管理和负载均衡。二是加强基础设施运维。即加强机房运维、计算机设备运维、网络运维。所谓机房运维，即指通过对机房环境支撑系统、监控设备、空调与配电设备、消防设备、计算机服务器、存储、网络设备等定期检测、维护和保

养，保障机房设备运行稳定。所谓计算机设备运维，即指运维人员需要逐台对计算机终端设备进行安装、调试、操作系统杀毒、应用软件版本升级等，同时需要现场操作数字法庭设备开启和关闭、庭审系统的检查、远程提讯设备的调试、视频接访设备的保障、视频会议的设备管理和视频调度、外设的连接等。所谓网络运维，即指运维人员通过网络监控软件随时查看网络设备运行状况、线路数据流量、网络拓扑状态、各种报警等，发现故障及时处理，保障整个网络的安全可靠和正常运行。三是加强安全运维，一方面要通过制定一些安全管理措施来规范网络管理，另一方面在策略上可通过路由器过滤、防火墙、代理服务器管理、病毒防治、备份、容灾等策略来消除数据应用平台的安全隐患。四是加强运维队伍建设。一方面要加强专业技术队伍建设，鉴于法院的专业技术人员多为事业编制或聘用人员，常会造成专业技术人员进入角色慢，人员流动频繁；与公务员的收入差距大，晋升渠道单一，造成专业技术人员工作积极性低。为了保证信息化建设的可持续发展，法院应该拓宽专业技术人员的招录渠道和晋升渠道，加强专业技术队伍建设。另一方面要加强管理型技术人员的培养，运维可以外包，但管理不能外包，法院技术人员需从技术干部向管理型技术干部转变，同时需承担法院的一些关键业务（如密码、密钥、核心业务、信息安全等）的运维，信息化部门管理人员也应从技术管理向技术决策方向转变。

3. 修补司法大数据运用缺口，形成外部主体运用司法大数据的完整链

根据现有的司法数据平台，外部主体可以实现网上立案、网上缴费，以及个别情况下的远程视频，但鉴于上述环节仅是诉讼流程中的一小部分，无法形成一个完整的电子诉讼链条，因此使得司法数据的运用存在割裂、不充分的情况。笔者欲选取数个诉讼中的重要节点，构建一个相对完整的电子诉讼链条，从而提高外部主体对于司法大数据的有效运用率。

（1）注册电子法院用户。

电子诉讼的首个步骤应当是用户在电子法院系统中注册。为此，外部主体须按照 Web 应用程序和提供的说明，输入与个人身份识别相关的数据。之后，电子法院系统会向注册人登记的电子邮箱发送有关注册要求的 PDF 文件。PDF 文书经打印、签字后连同身份证、营业执照等复印件邮寄到法院立案部门备案，文件中应当包含申请人同意使用电子法院的声明，这是在所有程序中唯一需要他签字的文书。一旦注册得到法院批准，诉讼主体的数字身份便与物理身份相关联，诉讼文书就可以以数字方式提交了。

（2）提交电子文件。

在这里我们可以借鉴韩国的电子提交系统 ECFS。电子文件提交的程序可设计为：首先要求当事人的律师按照法院要求准备诉讼文书，而不必像传统诉讼那样打印签名并亲自送交法院，电子传送 PDF 文件即可。这里，我们需要对《民事诉讼法》第 70 条中规定的"提交书证原件"做扩大解释，电子版的原件也属于书证原件。由于当事人已经事先在电子法院系统签名而认证身份，因此身份识别和文书的不可否认性问题已经解决。之后，用户通过选择"提交文件"功能菜单，选择提交诉讼文书的类型及页数、代理当事人的姓名、案件编号等信息，确认之后发送。系统自动生成唯一的文件代码，以防原始文件被篡改（如果被改动则编码也发生变化），提交文书的真实性因此得以保证并存储于法院的数字档案之中。❶

（3）完成电子送达。

在实现电子送达这一目标过程中，最重要的一点即需确保弥补其中存在的安全风险。即在电子送达过程中，必须有一个可靠的、可回溯、可证明的传送时间系统，一方面要防止当事人否认相关文件已经送达，另一方面要防止第三人查看到法律文书。此时，若引入数字签名技术，将可以在很大程度上解决安全性的问题，即文书一旦电子送达，当事人需要通过电子签名来确保其已收到法律文书。但此时还面临两个问题：一是如果当事人在收到文书后不愿应诉，未完成数字签名动作时，如何认定其已经收到法律文书。笔者认为在电子送达过程中，应该形成一个文书送达列表，里面包括已发送到用户及它们等待接收的状态，受送达人姓名、接收日期等，如果使用状况显示已收到但未下载，或显示已下载，那么在文书送达后七天后就可被推定为接收送达。二是数字签名程序烦琐，成本较高，如何尽可能降低成本。笔者认为可以参考德国民事诉讼法的做法，按照诉讼文书的重要性，确定安全分级标准，在送达传票时，普通的电子签名即可；在送达文件时就应当要求加重的电子签名。❷

4. 形成内外部连接，拓展司法大数据应用范围

在信息化社会，如果司法大数据处于封闭状态，那么司法大数据的信息化效益就会难以实现，因此法院内部主体应该助力实现信息释放及数据流动，使得司法数据可以在更大的范围内被分享和使用。一方面应该加强法院之间、法院与公检司之间、法院与政府机关及其他组织之间的数据共享，而这就要求在建立电子档案系统时实现软件或系统的统一化与标准化，从而使得例如法律援助信息、司法救助信息、检察机关与法院在再审、抗诉、检查建议信息上的共享与交换。同时可通过数据共享为政府机关及其他组织在作出公共决策时提供科学依据。另一方面，应加强法院内部与律师、当事人等外部主体之间的数据共享。比如湖南开福区法院打造"真快诉讼通"App，实现部分司法数据在法院内部主体与外部主体之间的信息共享，从而为诉讼带去便利。另外，也可大力推进电子法院网站建

---

❶ 王福华. 电子法院：由内部到外部的构建［J］. 当代法学，2016（5）：34.
❷ ［德］罗森贝克，等. 德国民事诉讼法（上）［M］. 李大雪，译. 北京：中国法制出版社，2007：74.

设，充分体现出法院的后台应用系统、信息资源、网络基础设施、安全系统及制度保障等要素的发展水平，该平台还需要包括信息公开、提供公共服务、搜索、个性化服务等功能，从而使得外部主体能借力该平台进行诉讼活动，真正实现法院内外部的信息资源共享。

参考文献

［1］周强. 全力促进人民法院信息化升级转型［N］. 人民法院报，2015-03-26.
［2］王福华. 电子法院——由内部到外部的构建［J］. 当代法学，2016（5）.
［3］朱明，郭富民. 让司法数据活起来［N］. 人民法院报，2014-07-16.
［4］人民法院报. 长沙："诉讼通"让诉讼真的"通"了.［2016-08-10］. http://kfqfy.chinacourt.org/article/detail/2016/02/id/1802059.shtml.
［5］王福华. 电子法院：由内部到外部的构建［J］. 当代法学，2016（5）.
［6］〔德〕罗森贝克，等. 德国民事诉讼法［M］. 李大雪，译. 北京：中国法制出版社，2007.

司法衍生治理行为界说

——基于上海法院司法建议实证与逻辑的双重展开

汪景洪[1]

摘 要：我国法院积极参与国家治理，在行使司法权的同时衍生出司法建议等治理行为。能动司法与司法克制的司法二重属性的张力导致了司法建议的实践乱象与现实困境，解决司法建议运行的问题，不仅要对策措施完善来治标，更需进一步研究司法衍生治理行为的功能、边界和技术等深层次机理。本文在把握当代中国司法语境的前提下，从司法建议的实践切入，由实证分析到理论逻辑，探寻司法衍生治理行为得以有效实施的理想路径。

关键词：司法建议；能动司法；司法克制；司法衍生治理行为

一、问题的提出

司法系统作为国家治理的子系统，不仅在市场治理和社会治理中发挥着无可替代的功能，而且在国家治理体系中，它也可通过其司法理性的传递促进各子系统及其相互关系的规范化和制度化，进而在根本上促进国家治理系统的适应、目标达成、整合和维持功能的实现。[2] 随着能动司法的提倡以及社会管理创新，法院不再固守司法的被动与中立，而是通过发送司法建议、发布审判白皮书、报送专报等方式向审判职能外延伸，参与国家治理，司法衍生治理行为滥觞并发展。

司法衍生治理行为是指人民法院为推进法治建设和国家治理，立足于司法审判工作，对于在案件审理过程中发现的不属于法院审理范围的社会现象和制度问题，用裁判之外的方式与有关对象进行沟通的活动。司法建议作为一种重要表现形式，也是根植于我国的司法体制和法治文化的"小问题"，却折射出中国司法权运行的宏观问题，因此，本文以小见大，从上海法院司法建议的实证考察入手，运用司法权运行的相关理论对司法衍生治理行为进行边界廓清和机能探寻。[3]

---

[1] 作者单位：上海市徐汇区人民法院。
[2] 沈德咏，曹士兵，施新州. 国家治理视野下的中国司法权构建 [J]. 中国社会科学，2015（3）.
[3] 本文所探讨的司法限定为诉讼活动，这样不仅具有理论依据，也符合中国国情。相关文献对此作了详尽论述，参见陈光中，崔洁. 司法、司法机关的中国式解读 [J]. 中国法学，2008（2）.

二、能动司法的提倡与司法建议的发展

（一）能动司法：职能延伸与司法克制之间

司法能动主义是源于美国的舶来概念。在我国的法治语境中，能动司法作为一种审判职能延伸的政治愿景而兴起并被提倡。中国司法的现状是一个从司法万能主义到司法保守主义的连续体，❶ 由于体制国情的不同，我国不存在严格意义上两大法系的司法克制（司法保守），但是基于现代司法制度的共性，滥觞于西方司法制度环境的司法能动与司法克制等概念可以在我们分析中国司法问题时借鉴使用。当前，我国正处于社会转型时期，各种利益诉求相互交织，各类矛盾纠纷大量涌现，各种新问题层出不穷，人民群众对司法工作提出了许多新要求、新期待，为了适应新形势，人民法院和法官必须发挥主观能动作用，延伸司法审判职能，更加积极能动地开展审判工作，切实维护人民群众的合法权益。❷ 司法审判职能延伸的同时，衍生出司法参与社会治理行为。能动司法的核心就是司法积极参与社会治理创新。法院不能仅仅满足于消极被动地受理案件，而是要主动地预防、发现、解决纠纷；不能拘泥于裁判这个狭隘的职能分工，而要积极开展调研、建立纠纷预警机制、提供司法建议，为党委、政府决策献计献策；法官不能只做单纯适用规则的消极裁判者，而要做担当肩负治理社会、维护社会和谐稳定责任的社会工程师，有普法宣传、教化民众、消除纠纷隐患、预防新纠纷的意识，结合案件的审理，开展调查研究，发现社会治理方面存在的问题，研究解决对策。❸ 2009年8月，原最高人民法院王胜俊院长明确提出"能动司法"的要求之后，"能动司法"正式进入我国司法实务界的主流话语之中，成为指导法院司法工作的基本理念以及学术研究的理论热点。

（二）司法建议：立法确认与实践推动之维

司法的基本功能在于通过审判和调解方式解决纠纷和打击犯罪，法院审判权之外的活动，会受到司法中立和司法克制的约束，但是，"司法机关没有理由把自己置身于经济社会的主战场之外"，❹ 司法克制在很大程度上是针对法院审判权提出的要求，它并不否认法院还具有一定的公共政策形成的功能，特别是我国社会急剧转型需要法律在变动性与稳定性之间作出有力的平衡，需要法院来形成一定的公共政策。❺ 因此，根植于我国法律文化和政法传统的司法衍生出了审判

---

❶ 吴英姿. 司法的公共理性：超越政治理性与公共理性 [J]. 中国法学，2013 (3).
❷ 江必新. 司法能动：依据、空间和限度 [N]. 光明日报，2010，1 (4)：9.
❸ 公丕祥. 应对金融危机的司法能动 [N]. 光明日报，2009，9 (9)：11.
❹ 沈德咏. 中国特色社会主义司法制度论纲 [M]. 北京：人民法院出版社，2009：446.
❺ 郑智航. 司法建议制度设计的认识偏差与校正 [J]. 法学，2015 (2).

权行使之外的社会治理行为。司法建议就是其中一项极具本土特色和时代气息的法律现象。

我国目前的法律体系中,《民事诉讼法》《行政诉讼法》和《法官法》对司法建议有明确的规定。❶ 值得注意的是,两大诉讼法的相关规定是为了保障生效裁判的执行,维护司法权威。而《法官法》只是将司法建议作为一项法官的奖励业绩。司法建议的法律内涵和实施方案并没有明确。显然,法律的笼统规定与最高人民法院对司法建议的要求相去甚远。2007年3月、2012年3月,最高人民法院先后两次出台《关于进一步加强司法建议工作为构建社会主义和谐社会提供司法服务的通知》和《关于加强司法建议工作的意见》等文件,在司法政策层面对司法建议予以细化和推动。明确"司法建议是法律赋予人民法院的重要职责,是人民法院工作的重要组成部分,是充分发挥审判职能作用的重要方式",在最高人民法院的政策指导下,各地法院相继出台有关规定,❷ 推动司法建议规范化发展。多年来,各级法院积极运用司法建议参与社会治理,司法审判职能由此衍生的社会治理行为日趋多样性和常态化。❸ 司法建议成为司法衍生行为参与社会治理的一个缩影,分析司法建议的理论背景与实践路径,有助于深入研究司法衍生治理行为。

三、司法建议的实证分析与逻辑展开

近年来,司法建议的实务发展带动了理论研究的繁荣,司法实务和学术理论界关于司法建议的研究成果层出不穷。❹ 笔者对相关文献进行梳理发现,以往的研究主要是以学者以及法院管理者的视角,对司法建议的理论背景、历史演进以及对策建议等问题进行论述。笔者作为基层法院的法官助理,实际参与了司法建

---

❶ 《民事诉讼法》第114条规定:"有义务协助调查、执行的单位有下列行为之一的,人民法院除责令其履行协助义务外,并可以予以罚款……人民法院对有前款规定的行为之一的单位,可以对其主要负责人或者直接责任人员予以罚款,对仍不履行协助义务的,可以予以拘留;并可以向监察机关或者有关机关提出予以纪律处分的司法建议。"《行政诉讼法》第96条规定:"行政机关拒绝履行判决、裁定的,第一审人民法院可以采取以下措施:……(三)向监察机关或者该行政机关的上一级行政机关提出司法建议。接受司法建议的机关,根据有关规定进行处理,并将处理情况告知人民法院……"。《法官法》第30条规定:"法官有下列表现之一的,应当给予奖励:……(六)提出司法建议被采纳或者开展法制宣传、指导人民调解委员会工作,效果显著的。"

❷ 如上海高院在2009年6月发布了《上海市高级人民法院关于加强和规范司法建议工作的若干规定(试行)》并于2010年9月进行修订,江苏高院在2010年10月发布的《关于进一步加强和规范全省法院司法建议工作的意见》,浙江高院在2012年6月发布的《关于加强司法建议工作的实施意见》。

❸ 我国司法审判职能的延伸不仅衍生出司法建议,还有审判白皮书、司法备忘录、典型案例发布等,它们共同构成了司法衍生社会治理行为的运行体系。

❹ 笔者在中国知网期刊论文数据库以"司法建议"为关键词对2007年最高法出台司法建议首个文件以来至2016年12月有关司法建议论文进行搜索,共搜得论文85篇,其中核心期刊论文23篇。

议工作,因此,为了使研究更具现实性和针对性,本文试从笔者所处的上海法院司法建议的样本和数据入手,探究司法建议的实际操作情况,进而考察司法衍生治理行为。

(一) 实证分析:司法建议的样本考察

实证分析首先要解决的问题是样本收集和数据统计。所幸的是,上海高院依托现代信息技术于 2009 年 6 月在全国率先建立了覆盖全市法院的网上司法建议信息库,❶ 这为本文的研究提供了极大便利。由于本文不是对司法建议的全面调查报告,而是以司法建议样本数据实证分析为切入点向司法衍生治理行为的逻辑延伸,为了兼顾研究样本的全面性和代表性,笔者以 2013—2016 年上海法院系统司法建议 2 059 份以及其中的优秀司法建议 114 份作为研究的数据源。❷

1. 变化趋势

笔者从总量及时间两个维度对上述样本进行了统计,详见图 1:

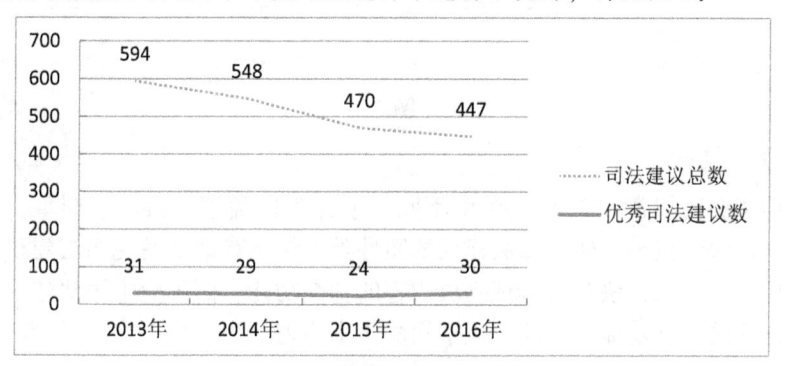

图 1 从总量及时间维度进行统计

该统计反映出近年来上海法院司法建议一个显著的运行态势:不论是司法建议发送的总量还是优秀司法建议数量都呈下降趋势。而此前的研究成果显示,自最高人民法院发布司法建议的相关规定以来,上海法院司法建议的制发数量逐年提高,涨幅也持续保持高位。❸ 这种变化折射出司法建议热度的下降,透过现象

---

❶ 张冠群,卫建萍. 上海:司法建议为社会管理支招 [N]. 人民法院报,2012,3 (10):8.
❷ 本文司法建议的相关数据来源于上海法院司法建议信息库,统计时间截至 2016 年 12 月 31 日。需要说明的是上海法院司法建议信息库还将审判白皮书收录了进来,但是笔者未将其纳入本文所探讨的司法建议,因为审判白皮书最大的功用在于对存在的普遍性问题和解决方案的列明,透明度高,并没有具体的指向性,让广大受众有选择地从中获取所需信息。最高法院《意见》第 8 条也明确相应的调研报告、审判工作报告(白皮书)等材料被定位为司法建议的附件材料,只在与司法建议正本存在关联或作为说理部分时予以引入。可见审判白皮书不宜作为独立的司法建议。
❸ 沈志先. 审判职能的延伸与提升——关于上海法院司法建议制度的运行现状的实证分析 [J]. 法律适用,2011 (11).

看本质，是内部管理的松怠，还是外部认同的衰弱，下文将深入展开。

2. 主体分布

基层法院是上海三级法院中司法建议发送的主力军，占全市法院司法建议总量的81.60%，中级人民法院则占17.96%，而上海高院制发的司法建议数量非常有限，只占0.44%。虽然中高级法院不论在总量还是优秀数量上都不及基层法院，但是质量上具有明显优势，中高级法院司法建议的优秀率分别为7.76%和12.5%，而基层法院只有3.96%，司法建议总体的优秀率并不高。详见图2。

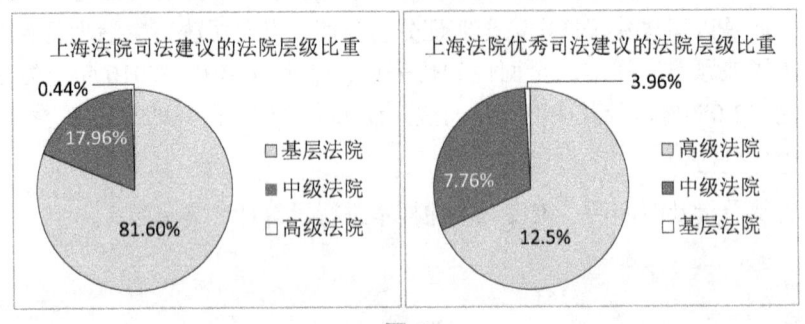

图2

3. 类型结构

根据司法建议源自的案件类型不同，可分为民商事、行政、刑事、海事海商、执行司法建议等。研究司法建议的案件类型结构有助于发现司法建议的不同功能。比如，行政司法建议体现判决内容的补充功能，而民商事司法建议则侧重于判决内容的延伸功能，由此产生了司法衍生治理行为。关于案件类型的分布情况，详见图3。

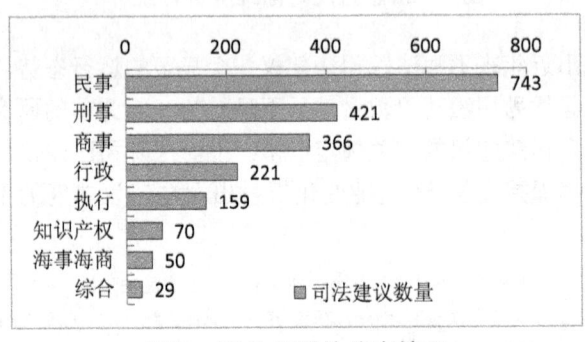

图3 案件类型的分布情况

从图3可以看出，民事司法建议的数量最多，其次为刑事、商事，包含上述两种以上类型的综合类司法建议的数量最少，司法建议的类型结构存在严重不均衡的现象。

4. 反馈情况

统计发现，司法建议发送的对象涉及各类社会组织，归纳起来，主要包括国家行政机关、检察机关、企事业单位和行业性团体四类。2 059份司法建议样中，发往国家行政机关的有583份，占28.31%；发往检察机关的有1份，占0.05%；发往企事业单位的有1355份，占65.81%；发往行业性团体的有120份，占5.83%。可见，企事业单位占了被建议对象的半壁江山。笔者在此基础上对各被建议对象的反馈情况进行了统计，如图4所示。

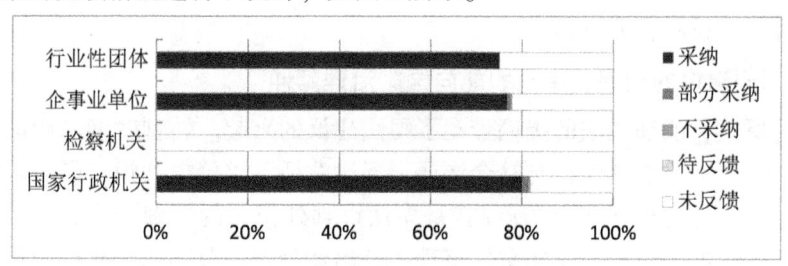

图4 各被建议对象的反馈

在被建议的对象中，反应最为冷淡的是检察机关，唯一的一份也没有得到反馈。其他对象也都有不反馈的情况。有超过两成的司法建议没有得到被建议对象的任何反馈。而国家行政机关的态度相对比较积极，采纳和部分采纳的比例最高，不反馈的也比较少。行业性团体的表现明显两极分化，要么采纳，要么漠视不理。只有在国家行政机关和企事业单位中出现了反馈但予以拒绝的现象。

（二）逻辑展开：由表及里与循果溯因

通过对上海法院司法建议样本的实证分析，我们可以发现，司法建议数量近年来呈现了递减的趋势，热度不如从前。基层法院是司法建议的主力军，这与基层法院受理案件最多、与社会联系最为密切有关。刑事和民事领域成为司法建议的高产区。国家行政机关和企事业单位是司法建议最多的对象，超过七成的司法建议都积极回馈并予以采纳，而行业性团体的反应则相对单一，不予理会或全部采纳。唯一一份针对检察机关的司法建议并没有得到反馈。上述现象让我们了解了司法建议的分布、适用情况以及实际效果，但是，司法建议的发生动因及运行机理则隐藏于这些数据背后，用案卷调查、统计分析等实证方法研究司法建议只是一种方法而非研究目的。在实证分析基础上，透过行为现象看制度本质，由现实问题到制度机理的逻辑展开才是本文的题中之意。

1. 司法建议的本质：司法衍生治理行为之辩

司法权的核心是国家裁判权，本质是对案件事实和法律适用的判断权和决定权。诉讼法将司法建议的范围限定在审判执行过程中的问题，属于审判执行补充型建议。但是，实践中还有大量现象衍生型和政策推动型的司法建议，它们已超出法定的范围，最高人民法院关于司法建议规定认为司法建议是法院基于社会责任、人民司法的理论，秉承司法为民的理念，坚持法院的能动性，延伸法院的审判职能，推进社会管理创新的重要举措，对司法建议的范围作了广义扩展，不再限于诉讼法的狭义规定。因此，司法建议不是司法权的权力扩展，而是司法能动的行为衍生，是司法服务于国家治理的具体行为。法治社会建设之"建设"，是一个由国家主导，涉及立法、司法多维度的社会法治化的过程。❶司法建议在审判执行之外，通过行为指引和政策推动主动参与国家和社会治理，已成为积极践行法治社会建设的重要举措。

2. 司法建议的动因：审判职能向国家治理延伸

如前所述，能动司法的提倡带动了司法建议的兴起。转型时期的中国社会价值多元，要求司法必须保持与社会沟通，通过对话寻求价值共识，最大限度地争取社会对裁判的支持。❷司法建议就是司法审判外衍生的治理行为之一，它突破了司法权的限度，对于在具体案件审理中超出裁判处理范围的矛盾以及相关单位在规章制度、组织管理等方面的问题也能有所作为。直接的、刚性的司法裁判和间接的、柔性的司法建议结合，可以使司法在法律实施中的监督、规范和推进作用从个案向社会整体辐射扩张，从而在更大范围内形成遵法、守法的社会氛围，提升法律的权威性。❸

司法权的提法本身就意味着一种界限的存在，意味着司法权与其他公共权力的不同，也意味着司法权与其他公共权力之间的制约关系。司法权是一种被动的中立的裁判权，因此，司法制度本身从设定之初就是一种受到外部广泛控制的权力。❹司法权是有限度的，作为其衍生行为的司法建议也必然存在一定的边界，不可能随意插足国家治理的任意空间。这种审判职能延伸与司法权边界的张力成为司法建议运行态势和现实困境的症结。只有厘清司法衍生治理行为的基本要素，才能真正破解司法建议的效果困局。

四、司法衍生治理行为的要素分析

当前司法建议问题的根源应当从司法衍生治理行为的要素中发掘。司法审判职能的延伸和裁判被动中立的张力可以将司法衍生治理行为划分为两个基本的范畴：功能与边界。行为发挥作用的另一个关键因素是技术。功能和边界是政治理性，而行为的运行方式则属于技术理性。或是由于功能定位的偏差、行为边界的

---

❶ 江必新. 法治社会建设论纲 [J]. 中国社会科学，2014 (1).
❷ 吴英姿. 论司法认同：危机与重构 [J]. 中国法学，2016 (3).
❸ 沈志先. 法院管理 [M]. 北京：法律出版社，2013：227.
❹ 葛洪义. 司法权的"中国"问题 [J]. 法律科学（西北政法大学学报），2008 (1).

模糊，或是因为操作的内容和方法，才导致司法建议实践日渐式微甚至被束之高阁。进一步透视导致这些困局的司法体制、机制根源，正确定位司法衍生治理行为的功能，廓清其边界，探究其技术，也有助于探寻司法建议理性回归与重构的有效路径。

（一）功能定位

司法衍生治理行为的功能定位偏差是司法建议所面临的反馈难题的症结所在。司法衍生行为是司法权审判职能的延伸，法律对于法院司法审判权已有明确的规定。以正当程序和专业司法决策为基础的客观性标准，在大陆法系中仍然是司法功能和程序的中心原则。❶ 司法权是中立单一的，但是司法职能是多方位的，不限于裁判纠纷，还可以消解不属于法院裁判的附随性问题。比如指向公共政策调整、规范修改的司法建议类型，在某种程度上创造性地实现了行政诉讼对规范性文件的功能性审查。❷ 由于法院的体制结构和功能及其在国家治理系统中的关系尚未厘清，司法职能延伸就出现了乱象，因此，对司法衍生治理行为进行功能定位是基础和前提性工作。

1. 补充裁判功能

虽然司法权涉及范围是有限的，不可能插足任何领域。但是，为了积极参与国家治理，赢得法院的政治地位和司法裁判的社会认同，法院不得不将审判权向诉前和诉后延伸，以此弥补治理的司法阙如。与司法建议相似，诉前调解也不是严格意义上的司法裁判，同样属于司法衍生治理行为，通过诉前调解和司法社会化，法院促成多元纠纷化解机制的形成。把法院的纠纷审判功能向社会化的ADR转移，ADR的广泛应用，❸ 为社会主体提供了多元便捷的纠纷解决渠道，进一步扩大了司法利用的范围和方式，促进了新型非正式司法机制的发展。❹ 司法衍生治理行为延伸和扩大了裁判效果。补充裁判是司法审判职能延伸的应有之义。行政诉讼法所规定的行政司法建议是具体体现，法院用司法建议的形式提醒

---

❶ 〔英〕韦农·波格丹诺. 布莱克维尔政治制度百科全书 [M]. 邓正来，等，译. 北京：中国政法大学出版社，2011：324.

❷ 卢超. 行政诉讼司法建议制度的功能衍化 [J]. 法学研究，2015 (3).

❸ ADR 英文全称 Alternative Dispute Resolution，原指 20 世纪逐步发展起来的各种诉讼外纠纷解决方式的总称，现已引申为对世界各国普遍存在的、民事诉讼制度以外的非诉讼纠纷解决方式或机制的称谓。ADR 原来指民间解决纠纷的办法，与在法院进行的诉讼无关。但是，70 年代以来，在英美法系国家特别是美国一些州的法院内设了仲裁和调解等第三人解决纠纷的制度，实际上是把 ADR 当作了诉讼程序中的一环，这种 ADR 叫作司法 ADR，或称附设在法院的 ADR (Court Annexed ADR)。附设在法院的 ADR，虽然是诉讼程序的一环，但按照法院解决纠纷的传统方法来看，ADR 仍然被视为诉讼外的即不经过判决解决纠纷的程序。章武生. 司法 ADR 之研究 [J]. 法学评论，2003 (2).

❹ 范愉. 诉前调解与法院的社会责任：从司法社会化到司法能动主义 [J]. 法律适用，2007 (11).

行政机关及时对相关规范性文档进行修改,❶ 解决了行政诉讼法排除规范的可诉性问题,实现了行政诉讼对规范性文件的功能性审查。

2. 跨界治理功能

法院的本职是审理案件,但法院通过公共政策职能参与国家治理。法院作用于公共政策的具体实现方式有以下两种:立足于审判发挥公共政策职能;延展审判职能作用于公共政策。❷ 比如,法院通过司法裁判活动衍生的司法建议参与和推进社会管理,引导社会各界特别是行业协会、政府主管部门从司法案件中总结教训、发现问题、采取措施,作出肯定或否定的司法评价。❸ 跨界治理在当前"能动司法"与"社会管理创新"工作中被形象地描述为法院主动延伸司法权的"手臂":各地方法院往往同时负责向企业开展法律职业培训与咨询等服务工作。❹ 通过司法衍生治理行为,法院积极参与政治、经济和文化等领域的治理。

3. 启蒙宣教功能

司法通过一系列程序化的活动作出终局性的裁判,明晰权利义务边界,向社会输出主流的价值观,启蒙民众的法治理念。在社会主义国家中,法律实践的一个重要特色是法律具有一种异乎寻常的教育功能。❺ 但是裁判说理的范围是有限的,因此由司法衍生出来的行为就扩展了裁判启蒙宣教的功能。法院发布司法建议、审判白皮书等司法衍生行为就如同布道者、宣讲师,起到了很好的教育指引作用。宣教的价值共识也是司法认同的观念基础,客观上搭建了司法机关与其他社会主体进行沟通的制度平台,有利于司法公正社会共识的达成。

(二) 边界廓清

司法衍生治理行为的功能使得其行为突破传统的裁判边界,以诉讼活动为纵轴,向诉前多元纠纷化解模式和诉后治理行为延伸,以权力结构为横轴,向立法行政渗入。司法过于延伸,不仅会过于增加法院的非法律事务负担,影响审判职能的完成,而且会为社会各种力量干涉司法开了口子。❻ 因此,司法衍生行为应该遵循司法理性,不能任意插足法外事务。司法建议的遇冷与过泛过深地涉及行政权力治理领域和企业自主管理领域不无关系,与其说是建议对象的任性,不如说是司法的任意。司法理性决定了行为边界,包括法律规范和知识壁垒两个

---

❶ 章志远. 我国行政诉讼司法建议制度之研究 [J]. 法商研究, 2011 (2).

❷ 梁平. 公共政策理论与法院审判职能延展性论析 [J]. 河北法学, 2014 (6).

❸ 刘思萱, 李友根. 社会管理创新为何需要司法建议制度——基于司法建议案例的实证研究 [J]. 法学家, 2012 (6).

❹ 鲁篱, 凌潇. 论法院的非司法化治理 [J]. 现代法学, 2014 (1).

❺ [德] 茨威格特·克茨. 比较法总论 [M]. 潘汉典, 米健, 高鸿钧, 等, 译. 北京: 法律出版社, 2003: 439.

❻ 苏力. 法治及其本土资源 [M]. 北京: 北京大学出版社, 2015: 156.

方面。

1. 遵守法律规范

司法衍生治理行为的基础是法律的规定和相关规范性文件的修正。以司法建议为例，很多建议遭遇被建议对象的冷遇是由于权限的不清和依据不足，其强制性和可行性被质疑。各级法院对司法建议出台了五花八门的规定，对法律和司法解释进行了扩张。除了行政诉讼法及其司法解释规定的情形外，对审判中发现的行政机关在行政管理和执法中存在的问题和漏洞、行政机关在应诉工作方面存在的不足，以及案件审结后需要行政机关进一步做好善后或维稳工作的，均可以向相关行政机关提出司法建议，一定程度上动摇了司法建议的法律基础，并导致各地的行为乱象，因此，为了适法统一和行为协调，司法衍生治理行为必须遵守相关法律和司法解释的规定。

2. 明晰知识壁垒

法院是专司审判的机关，法官所擅长的是以法律为依据，运用法律逻辑来判断当事人的权利与义务。随着现代社会分工越来越细化，知识的通用性逐步削弱而专业性不断增强，出现了"隔行如隔山"的知识专业化倾向，法官也是如此。❶ 法官不可能全部熟练掌握公共政策、治理方略、企业管理等领域的知识，法官进行非司法行为必然因其知识壁垒而受到限制，况且，实践中司法衍生行为的实际实施者主要是书记员和青年法官群体，绩效指标的层层下压加上知识与经验的局限，很难释放工作活力和激情，因此，司法衍生治理行为应该限于发挥法官的法律专业知识，突出法律贯彻实施相关问题的发现和揭示，淡化专业化的对策建议。现有的司法衍生行为很多触及的是如医患矛盾、教育公平等历经多年整顿治理却未能得到根本性解决的问题，这已超越了司法的能力和法官的知识范畴。如果不尊重法律专业知识理性，那么，就难以避免许多司法建议提不出具体对策，只能诉诸一些空泛的表述，例如"高度重视""认真学习""加强领导"等表述，这种难以避免的模糊性和空洞性反而损害了司法衍生行为的品质和权威。

（三）技术证成

相对于专业化的审判，司法衍生治理行为还处于碎片化的分散规定和实践阶段，尚未形成一套系统的规范体系和操作模式。作为非强制性的司法衍生行为，要发挥其理想作用，需要从以下几个方面进行技术整合与完善。

1. 法律整合与系统化，加强立法

从现行的法律体系来看，只有关于司法衍生治理行为的零散而笼统的规定，

---

❶ 梁平. 公共政策理论与法院审判职能延展性论析 [J]. 河北法学, 2014 (6).

缺乏专门系统的规范依据。首先要明确法律地位，在法院组织法层面对司法衍生治理行为的内涵、功能、作用等原则性问题予以明确，在三大诉讼法层面对司法衍生治理行为的范围、程序、效力等操作问题作出规定。收集、清理和汇编各地方法院的相关文件，由最高法作出统一的司法解释，解决各自为战的弊病。各地实践中遇到具体问题可以报请最高法院解答。逐步建立起全国四级法院统一的行为标准。

2. 管理分类与统筹化，优化管理

法院内部建立起司法审判与司法衍生治理行为的分类管理机制，将审判职能与治理职能赋予不同的内设部门行使。审判部门专司审判，不被治理事务分散精力，而研究室等综合部门具有协调整合的工作优势，参与司法衍生治理。此外，还要取消硬性考核指标，由约束变为激励，真正激发法院干警参与司法衍生治理行为的激情与活力。司法建议是法院全局性工作，需要有效整合各方资源优势，形成合力。审判岗位人员要善于发现问题，综合调研人员要善于研究对策。改变传统为了考核指标摊派任务，为了完成而走过场的局面。借助司法改革的深入推进，以司法建议等具体司法衍生治理行为的质量、实效、反馈、整改和外界评价等作为目标管理考核要素，设置科学合理的考核机制，充分激发法官开展司法衍生治理工作的积极性。在法院内部的层级结构上，上收权限，提高治理主体的层级，中高级法院应加大司法衍生治理行为的开展力度，基层法院的工作重心在审判业务，将审判问题向上级法院反映。

3. 合力落实与长效化，形成制度

司法衍生治理行为不仅是静态的文书制作，更是司法和社会互动的动态过程。要搭建信息共享和意见反馈的互动平台，形成长效机制，组织治理对象或所涉有关主体参与磋商、论证，及时修正和完善并做好跟踪回访，由司法的"一厢情愿"变为多方的互动。一是与人大、政府相关部门建立联合督办制度。与人大内司委、政府法制办建立了督促行政机关反馈司法衍生治理行为的备案及信息沟通制度，着力加强对行政机关、司法机关或授权行使行政管理职责等单位的督促落实，使人大、政府等部门更深入地了解法院司法衍生治理行为的情况，有效促使相关部门认真办理落实。二是与行业协会、监管部门建立沟通联络制度。为加强对中小民营企业等对象的督促落实，要与运输、海运、建筑工程、物业管理等行业协会或监管部门建立沟通联络制度，了解行为对象的实际情况，通报需整改的管理漏洞和措施建议，共同督促落实。三是建立新闻发布制度。当司法衍生治理行为涉及社会公共利益、重大民生问题时，通过召开新闻发布会形式，充分运用电视、广播、报纸、网络等多种媒体，加强对司法衍生治理工作的宣传，扩大社会影响。同时借助社会舆论的力量，监督法院的工作。

4. 规范形式与创新化，推广经验

目前，司法衍生治理行为出现了一些创新形式。以司法建议为例，出现了调研报告、要情专报形式发送的"司法建议"、类似审判白皮书的涉诉纠纷分类剖析年报、宣传手册、会议纪要等多重面相。如前文所述，司法衍生治理行为应以法律规范为界，不能超出法律的制度框架，坚持立足审判、合法有效、规范合理的原则，在此基础上的形式创新是值得鼓励的。依托信息化建设平台，建立健全司法衍生治理行为的管理平台和数据库，实现流程化的管理和智能应用。上海法院在司法建议等司法衍生治理行为信息化、大数据方面建设的有益尝试值得推广和学习。

五、结语

司法建议作为当前法院在能动司法的背景下参与社会管理创新的重要表现，一斑可以窥豹。中国法院特别是基层法院因为特殊的社会、政治、文化、财政环境，总是从有效彻底解决实际问题的角度开展司法行动。而有效彻底解决实际问题，要求法院必须注意科学、逻辑之外的另类司法方法的运用。❶ 司法衍生治理行为正是由此产生的另类司法方法和司法行为。

与传统的由现状问题到对策建议的对策法学研究范式不同，探究司法衍生行为的深刻内涵，从制度背景、行为边界、功能定位、技术生成进行全方位透视，为我们进一步发掘司法建议的现状及困境的深层原因并寻找其破解路径提供了新视角。司法改革背景下，法院人员分类管理，司法及其衍生行为的分流与实施，如何科学布局有待进一步研究。回到当下，法院所能选择的最优方案是司法审判为主体，衍生治理行为辅助，完善中国特色的审判体系。

参考文献

[1] 沈德咏，曹士兵，施新州. 国家治理视野下的中国司法权构建 [J]. 中国社会科学，2015（3）.

[2] 陈光中，崔洁. 司法、司法机关的中国式解读 [J]. 中国法学，2008（2）.

[3] 吴英姿. 司法的公共理性：超越政治理性与公共理性 [J]. 中国法学，2013（3）.

[4] 江必新. 司法能动：依据、空间和限度 [N]. 光明日报，2010（1）.

[5] 公丕祥. 应对金融危机的司法能动 [N]. 光明日报，2009（9）.

[6] 沈德咏. 中国特色社会主义司法制度论纲 [M]. 北京：人民法院出版社，2009.

[7] 郑智航. 司法建议制度设计的认识偏差与校正 [J]. 法学，2015（2）.

[8] 张冠群，卫建萍. 上海：司法建议为社会管理支招 [N]. 人民法院报，2012（3）.

---

❶ 刘星. 司法日常话语的"文学化"：源自中国基层司法经验 [J]. 中外法学，2010（2）.

[9] 沈志先. 审判职能的延伸与提升——关于上海法院司法建议制度的运行现状的实证分析 [J]. 法律适用, 2011 (11).

[10] 江必新. 法治社会建设论纲 [J]. 中国社会科学, 2014 (1).

[11] 吴英姿. 论司法认同：危机与重构 [J]. 中国法学, 2016 (3).

[12] 沈志先. 法院管理 [M]. 北京：法律出版社, 2013 (227).

[13] 葛洪义. 司法权的"中国"问题 [J]. 法律科学（西北政法大学学报）, 2008 (1).

[14] ［英］韦农·波格丹诺. 布莱克维尔. 政治制度百科全书 [M]. 邓正来, 等, 译. 北京：中国政法大学出版社, 2011.

[15] 卢超. 行政诉讼司法建议制度的功能衍化 [J]. 法学研究, 2015 (3).

[16] 章武生. 司法 ADR 之研究 [J]. 法学评论, 2003 (2).

[17] 范愉. 诉前调解与法院的社会责任：从司法社会化到司法能动主义 [J]. 法律适用, 2007 (11).

[18] 章志远. 我国行政诉讼司法建议制度之研究 [J]. 法商研究, 2011 (2).

[19] 梁平. 公共政策理论与法院审判职能延展性论析 [J]. 河北法学, 2014 (6).

[20] 刘思萱, 李友根. 社会管理创新为何需要司法建议制度——基于司法建议案例的实证研究 [J]. 法学家, 2012 (6).

[21] 鲁篱, 凌潇. 论法院的非司法化治理 [J]. 现代法学, 2014 (1).

[22] ［德］茨威格特·克茨. 比较法总论 [M]. 潘汉典, 米健, 高鸿钧, 等, 译. 北京：法律出版社, 2003.

[23] 苏力. 法治及其本土资源 [M]. 北京：北京大学出版社, 2015.

[24] 梁平. 公共政策理论与法院审判职能延展性论析 [J]. 河北法学, 2014 (6).

[25] 刘星. 司法日常话语的"文学化"：源自中国基层司法经验 [J]. 中外法学, 2010 (2).

区域重大建设项目司法保障研究

朱 佳[1]

摘 要：区域重大建设项目主要是以政府为主导，规划、开发、实施的有利于区域经济发展、促进社会民生改善、保护区域文化、提升区域整体形象的建设工程项目，具有基础性、经济性、保障性等特点。法院为区域重大建设项目提供司法保障的结合点与切入点就是要紧紧围绕区域建设发展大局，坚持以审执工作为核心，不断提升司法能力，拓宽司法服务领域，既要注重司法保障的全面性，即坚持审判业务为核心，充分发挥司法审判的保护及引导职能，特别是刑事、商事、行政和知识产权领域的司法保护与司法引领尤为重要；又要注重司法保障的延续性，即充分利用自身优势，拓宽司法服务领域，不局限于司法审判职能，要注重矛盾化解工作的源头把控和后续稳控。

关键词：重大建设项目；司法保障；全面性；延续性

一、区域重大建设项目的概念

项目是指为完成某一特定的产品所作出的一次性努力。项目有两个显著特点，一是独特性，二是临时性。独特性意味着任何一个项目都明显有别于其他项目，因而无法照搬或拷贝。临时性意味着任何一个项目都存在确切的开始时间和结束时间。[2] 重大建设项目，一般是指具有一定投资规模，对国民经济和社会发展有着重要作用的骨干项目。在实践中，根据相关政策文件的规定，我们主要从投资规模和筹资渠道上将重大建设项目划分为中央政府批准的项目和省（市、县）政府批准的项目。[3] 本文所指的区域重大建设项目，是指用以提升城市公共服务能力、推动经济社会发展和促进社会民生改善，具备一定规模，并经市

---

[1] 作者单位：上海市徐汇区人民法院。
[2] 李红兵. 建设项目集成化管理理论与方法研究 [D]. 武汉：武汉理工大学博士学位论文，2004：1.
[3] 周震，田禾. 重大建设项目信息公开的实证分析 [J]. 上海政法学院学报（法治论丛），2016，31（3）：85.

(区）政府审核同意，正式列入本市（区）年度国民经济和社会发展计划的建设项目。❶

区域重大建设项目主要是以政府为主导，规划、开发、实施的有利于区域经济发展、促进社会民生改善、保护区域文化、提升区域整体形象的建设工程项目。以上海市徐汇区为例，在"十三五"期间，全区将以构建"一轴一带七片区"的城市发展格局为目标，已动工或计划动工23项产业发展重大载体项目和20项社会事业重大项目。这些项目涵盖经济、科技、文化、社会保障、生态环境等领域，对徐汇区未来五年在带动区域经济转型、产业发展、结构优化、科技创新、民生保障、社会稳定等方面都有着重要影响。

二、区域重大建设项目的特点

区域重大建设项目之所以对于该区域的经济发展和社会生活都有着重要影响，主要是因为这些项目一般具有以下几个特点：

1. 基础性

区域重大建设项目一般都涉及该区域的基础性建设，例如道路修整、河道整治、轨交线建设、公共绿地改造等。以徐汇区为例，龙吴路大修工程（下立交—内环）（淀浦河—外环）、华发路拓建工程（老沪闵路—长华路）、"蒲汇塘、龙华港、漕河泾港"等八条河道整治工程、轨道交通15号线、吴中路绿地改造等，这些基础建设项目既关系到该区域的城市形象，又关系到该区域民众的生活环境状况，是促进区域经济社会发展，保障民众生活的基础要素。

2. 经济性

区域重大建设项目对优化区域经济结构，促进区域经济发展有着重要意义。例如中心商务区建设、商业地产开发、文化产业开发等项目，都会影响到该区域经济发展的原动力与可持续性。以徐汇区为例，徐家汇中心、西岸传媒港（含腾讯、挚信地块项目）、梦工厂、梦中心（M、L、F地块）等，这些重大建设项目都对区域的经济发展，尤其是提升区域经济的可持续发展能力，推动区域商业发展，促进区域文化产业发展等方面有着至关重要的影响，同时还能促进区域经济结构转型，优化商业布局，提升区域形象和区域品位。

---

❶ 参考《国家重点建设项目管理办法》第2条："本办法所称国家重点建设项目，是指从下列国家大中型基本建设项目中确定的对国民经济和社会发展有重大影响的骨干项目：（一）基础设施、基础产业和支柱产业中的大型项目；（二）高科技并能带动行业技术进步的项目；（三）跨地区并对全国经济发展或者区域经济发展有重大影响的项目；（四）对社会发展有重大影响的项目；（五）其他骨干项目。"和上海市人民政府《关于进一步加强本市重大工程建设管理的实施意见》："一、……本实施意见所称重大工程，是指用以提升城市公共服务能力、推动经济社会发展和促进社会民生改善，具备一定规模，并经市政府审核同意，正式列入本市年度国民经济和社会发展计划的建设项目。"

3. 保障性

区域重大建设项目也有许多涉及民生工程，例如学校、医院、菜场、福利院、社区服务中心等，都是与区域民众的日常生活最息息相关的保障性建设项目。以徐汇区为例，华发路中学、区牙防所、南部医疗中心、徐家汇街道社区服务设施及周边改造、凌云社区服务中心等，都是即将动工的惠及民生的重大建设项目，都是区域民众日常生活所需的建设项目。这些项目能有效提升区域民众的生活幸福指数，改善百姓生活条件，使百姓安居乐业。

三、区域重大项目司法保障的结合点与切入点

司法是安全与秩序的保障，也是吸引投资，促进区域经济发展的重要因素。社会发展日新月异，各项重大建设项目上马更是对区域经济发展、民生保障、文化保护等方面起着至关重要的作用。相对而言，面对层出不穷的商业开发模式和经济发展模式以及相应产生的社会问题，法律是滞后的。但是法院的核心工作就是适用法律，维护社会的公平正义。所以，法院若想要通过其核心工作来为区域重大建设项目提供司法保障，就要找准两者之间的结合点和切入点。

不管社会如何变化发展，法院应该以不变应万变，坚守法律底线，恪守司法规律，面对发展着的事物保持必要的司法克制与司法谦抑，正如美国联邦最高法院首席大法官约翰·罗伯茨所言："相当程度的谦抑应当是法官角色的特征，法官是法律的仆人，而不是相反。法官就像裁判，裁判适用规则但不制定规则。裁判和法官的作用是至关重要的，他们保证每个人按照规则比赛。但他们的作用又是有限的：没有人会为了看裁判而去球场。"所以，司法保障还是要坚持以审执工作为核心，通过审执工作来明确司法政策导向，依法支持、鼓励和引导有利于区域重大建设项目实施，有利于区域经济社会转型和发展的经济活动和社会活动。

与此同时，法院还是要坚持用发展的眼光看待发展的问题，用发展的方法解决发展中的问题。所谓"稳中求变"，就是法院的审执工作要紧紧围绕区域建设发展大局，积极参与社会管理创新，通过与有关部门建立联动机制、积极参加有关项目的协调沟通会议、针对特殊事项设立绿色通道、开展重大法律问题的调研活动等方式方法，不断增强司法保障和服务的针对性和有效性，不断提升司法能力，扩展司法服务领域。

综上所述，法院为区域重大建设项目提供司法保障的结合点与切入点就是要紧紧围绕区域建设发展大局，坚持以审执工作为核心，不断提升司法能力，拓宽司法服务领域，既要注重司法保障的全面性，又要注重司法保障的延续性，为区域发展建设提供具有公信力和吸引力的司法环境，保证区域建设与发展的安全性与可持续性。

四、区域重大项目司法保障的全面性

法院为区域重大建设项目提供司法保障，要注重司法保障的全面性。所谓司法保障的全面性是指法院在为区域重大建设项目提供司法保障时，要坚持以审判业务为核心，充分发挥司法审判的保护及引导职能，在刑事、商事、行政和知识产权领域的司法保护与司法引领尤为重要。

（一）刑事审判领域——充分发挥刑事审判打击职能

依法惩处刑事犯罪活动，特别是各种侵害区域重点建设项目及其相关方利益的犯罪活动。其中，要特别注意职务类犯罪和新型经济类犯罪的审判效果，即注重法律效果与社会效果的统一。

1. 职位类犯罪

区域重大建设项目集聚了市（区）级财政的大量资金，如果资金监管不到位，必然诱使别有用心之人牟取非法利益。历史经验告诉我们，工程建设项目是职务犯罪的高发地。其中，工程建设项目招投标、工程建设项目发包分包、建筑工程土建施工、建筑材料设备采购、工程建设项目验收等环节中出现职务犯罪的情况尤为突出。为保障区域建设项目的有序进行，法院在审理此类案件时，要注重法律效果与社会效果的有机统一，既要依法严惩此类职务犯罪行为，又要起到社会警示作用，减轻该类案件的社会负面影响。

2. 新型经济类犯罪

近年来，以 P2P 网贷为代表的新型网络金融在中国蓬勃发展，但其中隐藏着很大的法律风险。从性质上分析，所有 P2P 网贷都构成了非法集资活动。但考虑到合理的社会需求，监管者可以在不触及犯罪底线和控制风险的前提下，通过适度监管，允许其在一定范围内自由发展。而正是"有限的自由"招来许多以 P2P 为幌子的非法集资或诈骗犯罪活动。由于区域重大建设项目一般都具有政府信誉和资金的保证，不法分子借着重大建设项目的名义，诱使百姓上当，而从在社会上造成不良影响。法院在处理此类犯罪时，既要加大惩罚力度，又要做好宣传教育工作，通过现实典型案例给予民众充分的警示教育。

（二）商事审判领域——妥善化解企业矛盾，保护投资者利益

区域重大建设项目具有一定的政府背景，对于广大企业和投资者来说必定具有很强的吸引力。因此，一旦在重点建设项目过程中发生了矛盾纠纷，要尽量以和谐的方式予以稳妥处理，要讲求办案方法，注重国家、集体和个人之间的利益平衡，尤其要注意化解企业矛盾和保护中小投资者的利益。

1. 化解企业矛盾

区域重大建设项目往往涉及资金较大，参与竞争或合作的企业也较多。在项

目建设过程中，必定伴随着优胜劣汰的选择过程，有的企业兴起，有的企业消亡。所以在此过程中，法院要妥善处理相关企业品牌、产品、市场和资本经营过程中产生的纠纷。要完善涉企纠纷处理机制，强化涉企纠纷司法服务职能，注重采用和解、调解等柔性司法手段，解决企业之间的纠纷。特别在审理和执行涉及高新技术、现代服务业企业纠纷案件时，要更加谨慎、稳妥。

2. 保护投资者利益

近年来，由政府主导的重大建设项目吸纳民间资金参与建设的情况已日渐成风，导致在确保建设资金足额到位的同时，又形成了投资来源的分散性。一旦引起纠纷，如何妥善处理各方投资者的利益成为法院面临的首要难题。法院在审理此类案件时，要注意协调各方利益，尤其要保护投资者权益，促进社会投资主体多元化，鼓励和引导资本向新兴产业转移。此外，要强化对中小投资者，特别是民间投资者权益的保护，促进民间投资健康发展。在审理涉及民营企业的案件时，要平等保护民营企业合法权益，保障投资稳定持续增长。

（三）行政审判领域——保障民众知情权，平稳处理动拆迁纠纷

在处理与区域重大建设项目相关的行政案件中，法院要坚持从规范行政行为、促进依法行政和维护社会稳定的大局出发，积极做好疏导与协调工作，及时化解矛盾，减少社会不稳定因素，尤其要妥善处理政府信息公开和动拆迁纠纷。

1. 保障民众知情权

区域重大建设项目是该区域发展规划的重要组成部分，其是否建、怎么建、何时建都是政府作出的重大公共决策，对区域内民众有着直接或间接的影响。一般而言，区域重大建设项目都设置了公众参与机制，让社会公众参与到项目的决策之中，确保项目开发建设的合法性与合理性。公众要参与决策，势必要掌握相关信息，那么政府信息公开是社会公众掌握政府信息的重要途径。此外，相关法律法规也规定了政府对部分信息具有公开义务。但是，由于行政诉讼成本较低，个别当事人会利用政府信息公开诉求来缠讼，造成司法资源的浪费。所以，法院在处理此类案件时，要注意把握申请者的申请目的，既要确保公众对于重大建设项目的知情权与参与权，便于公众监督，降低信息不对称，压缩信息寻租空间，减少腐败现象的发生；又要确保项目信息在合法合理的范围内予以公开，保证项目顺利进行，避免造成不必要的信息资源浪费。

2. 平稳处理动拆迁纠纷

区域重大建设项目必然会涉及相关动拆迁问题。由于区域经济的发展，相关动拆迁纠纷涉及利益较大，当事人众多，很容易引发群体性事件。法院在处理此类案件时，要善于利用司法智慧，坚持支持与监督并重，注重加强与行政部门的沟通联络，既要保障行政行为的顺利开展，确保建设项目的顺利推进，又要维护

被迁居民的合法权益。要及时、合理地解决动拆迁户的合理诉求，积极与当事人沟通，通过释法说理，缓解对立情绪，避免矛盾升级，防止恶性事件发生。

（四）知识产权审判领域——注重区域品牌建立，促进文化产业发展

区域重大建设项目是区域发展的集中体现，是区域形象的重要载体，也是区域交往的宣传名片。所以，在项目建设过程中要特别注重相关知识产权的保护工作。法院要充分利用知识产权审判领域的"三合一"改革，加强与重大建设项目相关的知识产权保护，以此推动区域品牌的建立，促进区域文化产业的发展。

1. 注重区域品牌建立

法院在相关民事、行政案件的处理过程中，要充分发挥知识产权司法保护的主导作用，坚持以鼓励创新为原则，加大对知名品牌、驰名商标、著作权、软件信息业、文化创意产业、高新技术成果的司法保护力度。依法维护知识产权拥有者的合法权益，促进个人和企业的自主创新能力建设。要通过知识产权审判工作，引导企业树立品牌意识，注重品牌建设和技术创新，为区域的创新发展和品牌建立提供智力支持。

2. 促进文化产业发展

法院要加大对文化产业中侵权行为的制裁力度。要依法严惩各类侵犯知识产权的犯罪行为，综合运用各种制裁措施，充分发挥刑事审判惩治与预防知识产权犯罪的职能。同时要坚持贯彻全面赔偿原则，对于情节严重的侵权行为，可以采取销毁侵权产品、责令赔偿损失等制裁措施。要加大知识产权类案件的执行力度，健全知识产权案件强制执行机制，充分运用执行工作联动机制，完善委托执行等措施，保证知识产权案件的执行到位率，有效维护权利人的合法权益。

五、区域重大项目司法保障的延续性

法院为区域重大建设项目提供司法保障，要注重司法保障的连续性。所谓司法保障的延续性是指法院在为区域重大建设项目提供司法保障时，要充分利用自身优势，拓宽司法服务领域，不局限于司法审判职能，要注重矛盾化解工作的源头把控和后续稳控。

（一）源头把控——信息预警、风险预判

为有效提供司法保障，有针对性地解决具体法律问题，要加强司法服务主动性，进一步拓宽司法服务领域，尤其要从源头入手，做好沟通调研工作，建立健全联动机制，搭建网络信息平台。

1. 沟通调研

要注重与相关单位的交流互动，通过定期研讨等方式对服务、保障区域重大建设项目中出现的难点、热点问题进行讨论。同时要深入项目现场，加强实地调

研，通过研究分析，形成调研成果，做出防范预案。做好政策和风险的评估工作，对可能出现的法律问题做好预判。及时反馈有关部门，提出司法建议和对策，防范和避免行政行为因程序瑕疵而出现的纠纷。

2. 建立健全联动机制

定期与当地重大项目办公室、重大项目企业召开联席会议或协商会议，建立联动机制，加强信息通报和信息反馈，共同破解项目建设过程中遇到的法律难题。建立健全涉及重大建设项目案件的"绿色通道"机制，对涉重大建设项目的拆迁、征地案件，要快速启动立案、审判、执行程序。建立诉前联动调解机制，加强立案前息诉工作，把纠纷解决在萌芽阶段，保证重大项目建设进度。

3. 搭建网络信息平台

充分利用信息化技术，建立健全信息共享互通平台。搭建预警信息模型，及时了解项目进展情况，录入相关信息，进行同步风险评估，并对可能产生的法律问题及法律风险点进行实时预警，通过网络平台实时共享，便于相关部门在项目决策过程中及时避免法律纠纷，防范法律风险，保证项目的顺利推进。

（二）后续稳控——全程调解、化解心结

项目建设是一个动态过程，司法保障服务也是一个动态过程，阶段不同，措施不同，但目的都在于定纷止争，化解矛盾。对于不满意审判结果的当事人，既要有司法硬度，确保执行到位，又要有司法温度，全程调解，化解心结。

1. 加强执行力度

对涉重大建设项目的申请执行案件，要注重执行力度，提高执行效率，缩短办案周期。群策群力，联合有关部门破解土地征收、城市房屋拆迁和城乡拆违工作中遇到的执行难题。要充分运用法律规定的各种强制措施，及时、快速执行到位，杜绝"久拖不决、久拖不执"的现象，确保重大建设项目的顺利进行。

2. 坚持全程调解

坚持"调解优先"原则，将调解贯穿于立案、审判、执行、信访各个环节，不断拓展调解领域，创新调解方法，提高调解效率。充分利用"诉调对接"机制，强化"大调解"体系力量，完善人民调解、行政调解与司法调解的联动机制，建立调处化解社会矛盾纠纷的综合平台，整合各方力量，合力化解社会矛盾。对群体性纠纷或影响面较大的案件要加大调解力度，积极鼓励、引导双方当事人进行调解或自行和解，防止矛盾激化。

3. 努力化解心结

区域重大建设项目由于涉及拆迁强制执行，极易引发群体性纠纷。为有效解决纠纷，避免矛盾激化，不但要依法办事，更要耐心倾听诉求，细心查找症结，

用爱心与热心化解当事人的心结。同时联合有关部门，积极寻求化解方案，在法律允许的范围内，尽可能地提供条件满足当事人的合理诉求，保证拆迁强制执行工作顺利开展。

参考文献

[1] 李红兵.建设项目集成化管理理论与方法研究［D］.武汉：武汉理工大学博士学位论文，2004（1）.

[2] 周震，田禾.重大建设项目信息公开的实证分析［J］.上海政法学院学报（法治论丛），2016（3）.

审判前沿与案例精解专题

反不正当竞争中的"引人误解"应以整体观察标准判断宣传是否可能足以误导相关公众的交易决定

——德凯国际贸易(上海)有限公司诉库胜管道系统(上海)有限公司、上海素欧贸易有限公司侵害商标权、虚假宣传纠纷案

李 忠[1]

依字面理解,"引人误解"与"虚假"均是认定虚假宣传行为的必要条件,但以《反不正当竞争法》一般原理为出发点可推知"引人误解"是认定虚假宣传行为的本质要件,而"虚假"与否仅是考量因素。至于如何判断"引人误解",应以相关公众的一般注意力为标准,依整体观察方法,分析宣传是否可能引起足以误导相关公众交易决定的误解。

【案情】

原告:德凯国际贸易(上海)有限公司(以下简称德凯公司)
被告:库胜管道系统(上海)有限公司(以下简称库胜公司)
被告:上海素欧贸易有限公司(以下简称素欧公司)

原告德凯公司于2002年2月28日经商标局核准注册了第1720019号"洁水"文字商标,核定使用商品为第17类的塑料管、板、杆、条。案外人德国瑟姆公司于1997—1998年,经商标局核准注册了第G677693号、第G698102号"aquatherm"商标。上述各商标经续展均处有效期内。

2006年4月6日,德凯公司与德国瑟姆公司签订独家销售协议,约定由德凯公司在中国(不包括香港)区域内作为其产品的代表并享有独家经销权。德凯公司确认在2013年7月1日前,其"洁水"注册商标仅用于推广销售德国瑟姆公司产品。

2013年5月23日,德国瑟姆公司致德凯公司通知函,决定终止合作关系,该通知应在2013年6月30日生效。2013年7月1日,德国瑟姆公司出具声明书,载明从即日起,其在华的新代表机构为库胜公司,首次官方引入中文商标"阔盛",原先和德凯公司的代理合作关系已于2013年6月底解除,德凯公司过

---

[1] 作者单位:上海市徐汇区人民法院。

往一直使用他们所持有的中文商标"洁水"来推广 aquatherm 产品，这个商标现在已经和 aquatherm——阔盛产品没有任何关联。库胜公司、素欧公司确认自 2014 年 1 月 1 日起建立经销关系，素欧公司负责上海区域总代理。

2013 年 11 月 6 日，登录库胜公司运营的 www.aquatherm.cc 网站，显示该网站对存储在其他网站中的部分文章设置了链接，该部分文章中存在多处如下类似表述："德国 aquatherm Gmbh（原德国洁水）首推官方中文标识——阔盛""德国 aquatherm 阔盛品牌（原德国洁水）举办 40 周年庆""德国 aquatherm Gmbh 从 2013 年 7 月 1 日起正式启用官方持有的中文标识'阔盛'用于中国区市场推广，原在华使用的中文标识'洁水'系原代理商所持有，现已和德国阔盛 aquatherm Gmbh 公司及其产品无任何关联""原代理商曾以德国'洁水'在华推广，从 7 月 1 日起德国厂方正式启用中文标识'阔盛'，用于中国市场推广"。2013—2014 年间，德凯公司共计四次申请了证据保全公证，从素欧公司的四家下属经销商店铺处取得了安装施工联系、宣传资料、照片等若干物品，物品中存有与上述文章中内容相类似的表述字样。

德凯公司诉称，德凯公司与德国瑟姆公司的总代理合同尚未解除，两被告即对外进行不实宣传，使广大消费者对原、被告销售产品的来源产生混淆，构成了虚假宣传不正当竞争，并且虚假宣传中使用了"洁水"商标，也侵害了德凯公司享有的"洁水"注册商标专用权，故诉至法院，要求判令：1. 两被告停止涉案虚假宣传不正当竞争行为；2. 两被告停止侵害德凯公司享有的第 1720019 号"洁水"注册商标专用权；3. 库胜公司在《扬子晚报》等刊登声明，消除影响并向德凯公司赔礼道歉；4. 两被告连带赔偿德凯公司 500 万元；5. 案件受理费、保全申请费由两被告共同承担。

库胜公司辩称，德凯公司"洁水"商标的知名度建立在代理销售的德国瑟姆公司产品上，自 2013 年 7 月 1 日起，德凯公司丧失了代理资格，"洁水"商标与德国瑟姆公司的产品不再关联。

素欧公司辩称，涉案的相关表述只是客观表明德国瑟姆公司产品的代理厂商发生了变化，主观上没有过错，客观上也未造成消费者的混淆，不存在虚假宣传的行为。故二被告要求法院驳回德凯公司全部的诉讼请求。

【审判】

一审法院经审理认为：一、关于两被告是否侵害原告商标权。本案中库胜公司、素欧公司对"洁水"文字的引用只起到了指示性作用，对于相关公众而言，明确地知晓"洁水"商标指向于德凯公司，而不会混淆误认"洁水"商标指向于两被告，两被告对"洁水"的使用应认定为合理使用，不构成对德凯公司"洁水"注册商标专用权的侵害；二、关于两被告是否构成虚假宣传。第一，两被告宣称德国瑟姆公司自 2013 年 7 月 1 日起停止使用"德国洁水"标识，在宣传中对于德国瑟姆公司产品使用"原德国洁水""老德国洁水"予以表述，与事实相符，未作虚假陈述。第二，两被告在宣传中使用的"原德国洁水""老德国洁水""原德国'洁水'，现德国'阔盛'"等文字，不能对其孤立地进行解读，而应从具体使用的文章、宣传资料的整体进行解读，从整体来看，文中均有旨在说明德国瑟姆公司的中国区域总代理发生变化，德凯公司不再继续代理该公司产品，由库胜公司担任中国区域总代理，在 2013 年 7 月后不再使用"洁水"商标用于宣传，而开始启用"阔盛"商标等事实的内容。相关公众施加一般注意力阅读上述内容后，不会对"原德国洁水""老德国洁水""原德国'洁水'，现德国'阔盛'"用语产生歧义，不会对原、被告经营产品产生混淆，也不会对两者关系产生误解。第三，库胜公司在 www.aquatherm.cc 网站设置链接过程中，素欧公司在制作相关宣传资料过程中，均采取了有效措施以避免造成消费者的错觉，防止市场混淆，二者不存在侵权的故意。

综上所述，两被告为使相关公众明确知晓德国瑟姆公司产品的新旧代理商更替、原代理商用于推广产品的商标不再使用等重要事项进行的相关宣传，既与法院查明事实相符，也不会导致相关公众误解，德凯公司就此主张两被告构成虚假宣传的诉讼请求，应不予支持。故一审法院判决驳回德凯公司的诉讼请求。

一审判决后，德凯公司不服，向上海市知识产权法院提起上诉。上海市知识产权法院经审理后认为，一审判决认定事实清楚，使用法律正确，故判决驳回上诉，维持原判。

【评析】

审判中，引人误解的虚假宣传行为的认定标准有待明确，本案涉及该类行为认定的两项关键原则，对类似案件的处理具有借鉴意义。

一、虚假宣传的本质是引人误解

《中华人民共和国反不正当竞争法》（以下简称反不正当竞争法）中对虚假宣传行为进行直接规制的条款为第五条第四项规定的"引人误解的虚假表示"与第九条规定的"引人误解的虚假宣传"。"虚假表示"与"虚假宣传"的内涵与外延在上述法条语境以及司法适用中并无区分实效，故一般统称引人误解的虚假宣传。

依字面理解，"引人误解"与"虚假"是"宣传"的并列性限定词。"引人误解"与"虚假"均是构成"引人误解的虚假宣传"行为的必要条件，两者缺一不可。由此文义解释进行逻辑推导，不引人误解的虚假或真实宣传、引人误解的真实宣传均不可归于反不正当竞争法上述条款的调整范围，这种结论引起了理论与实践中的极大质疑，成为部分观点反驳的对象。一种代表性观点认为，在"虚假宣传"前附加"引人误解的限定"使得该规范适用范围过窄，不能适应现实生活的需要，应当做扩大解释，使其包括"引人误解的宣传"和"虚假宣传"两种情况。

实则，上述争议的解决有赖于回归反不正当竞争法的一般原理，厘清虚假宣传行为的本质。反不正当竞争法旨在制止经营者的不正当竞争行为，保护市场参与者的合法权益，其所调整的为市场中的竞争关系。这种竞争关系的竞争主体为市场经营者，竞争客体为相对稀缺的市场资源，竞争主体争取客体的方式可归结为最大化获取市场中的交易机会。凡以不正当手段影响相关公众的交易决定，而欲获取本不属于自己的市场交易机会的行为，均应受反不正当竞争法的规制；反之，若相关公众的交易决定并未受特定行为影响，则即使该行为存有不当之处，也不应适用反不正当竞争法调整。因此，反不正当竞争法规制的虚假宣传行为应是足以误导相关公众交易决定的宣传行为，宣传本身与事实相符并非认定虚假宣传行为的适当标准。换言之，上述有关虚假宣传行为的法条中虽对"宣传"设置了"引人误解"与"虚假"的限定词中，但"引人误解"才是虚假宣传行为的本质，不引人误解的宣传，即使虚假（如以明显夸张方式进行宣传的），也不应纳入上述法条的调整范围，宣传即使真实，但引人误解的（如将商品作片面的对比宣传）也不应从上述法条的调整范围中排除，而"虚假"则应仅作为认定该种不正当竞争行为的考量因素之一。

本案中，经法院认定，两被告宣称德国瑟姆公司自2013年7月1日起停止使用"德国洁水"标识，在宣传中对于德国瑟姆公司产品使用"原德国洁水""老德国洁水"予以表述，与事实相符，未作虚假陈述。但论述至此，并不能得出两被告不构成虚假宣传的结论。鉴于德凯公司仍是"洁水"商标的商标权人，且该商标本身并未进行过变更，两被告使用的"德国阔盛（原德国洁水）——不变的品质""原德国洁水，现德国阔盛"等类似宣传用语是否会因虽为真实陈述但却引人误解而仍构成虚假宣传呢？下面将重点论述。

二、引人误解的判断标准

在个案中，对引人误解的虚假宣传行为进行认定，应根据相关公众的一般注意力，以整体观察标准来判断发生的误解是否足以误导相关公众做出交易决定。

一般注意力是指公众在通常市场条件下决定是否购买某种商品或服务时的通常注意程度，同样会因商品或服务的价格、质量、种类或性质的不同而有所差异。经营者利用广告等手段以相关公众为对象进行商业宣传时，一般公众只会对宣传的整体进行观察，仅留下大略的、模糊的印象，并以此作为决定交易的依据，而很少就宣传中的每个细节进行分析。整体观察标准即是指判断广告等宣传行为是否会引人误解，应从宣传的整体或主要部分进行观察，以辨别其整体上是否可能给相关公众造成误解，而不应将宣传内容中可能产生误解的某一词语或某几句话断章取义。因为即使部分宣传内容在隔离分析时会产生歧义，但相关公众在整体接受后可以消弭有关的歧义内容，则实质上并没有产生引人误解的效果。

虚假宣传行为构成要件中所要求的相关公众可能发生的误解应是指足以误导相关公众交易决定的误解。虽因不当宣传行为而引起了一定误解，但若误解与交易无关或较为细微，未改变相关公众对商品或服务的主要理解，对相关公众的交易决定几无影响，则该误解不能认定为虚假宣传行为所要求可能发生的误解，该宣传虽有不当之处，但不构成反不正当竞争法规定的虚假宣传行为。例如，某老牌企业在广告中宣称其成立于1880年，但该企业事实成立于1882年。该宣传与事实不符，也肯定会引起相关公众的误认，似乎当然构成引人误解的虚假宣传。但一方面，依整体观察标准，相关公众在接受上述宣传时，一般产生的整体认识是该公司历史悠久，而该公司成立的准确年份并不被一般公众重点关注；另一方面，一般而言商品或服务提供者成立时间上的1880年与1882年之差，对相关公众决定是否进行交易几乎没有影响。因此，上述宣传没有从根本上造成公众的误解，不能认定为虚假宣传行为。

本案中，若对两被告使用的"德国阔盛（原德国洁水）——不变的品质""原德国洁水，现德国阔盛"等类似宣传用语进行单独隔离分析，其用语上的不准确之处确有可能引起相关公众的误解。但对上述用语的认定不能脱离具体语境，而应放置在整体的宣传内容中进行合理解读。依整体观察标准判断，两被告所作宣传的中心思想在于说明德国瑟姆公司的中国区域总代理发生变化，德凯公司不再继续代理该公司产品，由库胜公司担任中国区域总代理，在2013年7月后不再使用"洁水"商标用于宣传，而开始启用"阔盛"商标等事实，相关公众依据已有的认知经验，施加一般的注意力阅读上述内容后即可知晓上述宣传的真实含义，而并不会对"洁水"商标本身是否发生了变更、库胜公司所销售商品的来源等产生误解。因此，两被告的宣传内容并未产生引人误解的效果，不构成虚假宣传行为。

抄袭具有商业利益的网站资讯信息构成不正当竞争行为

——世纪信息网络有限责任公司诉上海环网商务服务有限公司等不正当竞争纠纷案

刘秋雨[1]

【案情】

原告：世纪信息网络有限责任公司（以下简称世纪公司）
被告：上海环球商务服务有限公司（以下简称环球商务公司）
被告：A（上海）国际旅行社有限公司（以下简称A旅行社）

原告世纪公司于1999年成立，经营范围为互联网接入服务等，同年经批准设立公司网站（以下简称权利网站），许可业务种类为第二类增值电信业务中的信息服务业务等。原告为编辑、更新权利网站，分别与案外人汉美（天津）图像技术有限公司、东方（天津）视讯科技有限公司签署了《年度版权素材合作协议》，约定由原告向对方采购版权素材，并支付了全部采购费用。此外，案外11人等均以原告在职员工身份出具《职务作品版权归属声明》，称其于权利网站发表署名文章是完成原告世纪公司的工作任务，并确认除作品署名权外的著作权，自作品完成创作之日起即归原告世纪公司享有。另有案外人谢某出具说明，称其与原告世纪公司的媒体频道专栏开展约稿合作，为原告提供特约稿件作品。

被告环球商务公司于2005年成立，经营范围为旅游信息咨询等。A旅行社于2010成立，经营范围为国内旅游、企业管理咨询等。网址为www.××new.cn的网站（以下简称涉案网站）的主办单位为被告环球商务公司，在该网站备案信息真实性核验单上除记载涉案网站域名外，记载的还有to360.com、hlto360.com、to365.cn、tuc365.net等15个域名。

2014年4月3日、4日，分别登录涉案网站及权利网站并浏览相关信息，发现：①涉案网站的版式设置、部分颜色搭配、栏目设计、栏目标题等网页构架功能等元素与原告主张的权利网站整体近似；②涉案网站与权利网站页面均加载有商业广告，但广告内容不同，此外，涉案网站页面还发布有页面广告位招租信息；③涉案网站与权利网站均为新闻资讯类网站，其中涉案网站中刊载的相当数

---

[1] 作者单位：上海市徐汇区人民法院。

量的新闻资讯、配图报道及图片均与权利网站相同。其中，涉案网站刊载的多幅图片均含有世纪公司标识。经原、被告查看、统计公证影像，原告主张涉案网站共有146则新闻报道及1 319张图片与权利网站相同，两被告予以确认；④涉案网站页面底端注有与权利网站相同的内容，即"经营许可证编号：粤B2-20040116 不良信息举报：[点击联系] 客户服务世纪公司版权所有"。

原告诉称：涉案网站不仅抄袭了原告网站中的146则新闻报道以及1 319张图片，还高度模仿了权利网站的整体版式布局、栏目设计、栏目标题、下拉菜单的运用等要素，不正当地利用了本属于原告的竞争优势，减少了本属原告享有的商业交易机会，尤其是还设置大量广告链接为己牟利，在严重损害原告竞争权益的同时，扰乱了正常的市场竞争秩序，已构成不正当竞争。两被告作为涉案网站的共同经营者，在实际经营场所、经营业务、股东等公司要素上均存混同，理应对涉案的不正当竞争行为承担连带责任。鉴于涉案网站已无法打开，故请求法院判令：①两被告共同赔偿原告经济损失868 900元；②两被告在www.to360.com、新浪网（www.sina.com.cn）、网易网（www.163.com）、搜狐网（www.sohu.com）、腾讯网（www.qq.com）上公开刊载声明消除影响。

两被告共同辩称：①原告提交的所有证据均不能证明其对主张的146则新闻报道及1 319张图片具有独占的、排他的著作权权利，因此原告并不据此享有合法的竞争优势。至于原告主张有关权利网站的整体版式布局、栏目设计、栏目标题、下拉菜单的运用等要素为网站建设的通用元素，对于权利网站来说并不具有可辨识性和独创性，原告不能对此享有任何权利；②原告权利网站与涉案网站不构成竞争关系。原告通过权利网站提供的是电信增值服务，但涉案网站没有提供电信增值服务的内容，两被告经营的是旅游服务业，与原告没有交集；③原告在本案主张的86万余元巨额赔偿没有事实依据。其既没有提供所谓权利网站被分流量的具体数据，也没有提供涉案网站因不正当竞争的获利情况，仅是通过与案外人签订的素材协议确定的合同金额与聘用员工的支出相加估算得出，明显不能成立。故请求法院驳回原告全部诉讼请求。

【审判】

上海市徐汇区人民法院经审理认为，根据诉辩意见，本案主要争议焦点为：一、原被告之间是否构成竞争关系；二、原告对刊载于权利网站的涉案新闻报道、图片以及权利网站的整体版式布局、栏目设计、栏目标题、下拉菜单的运用等要素，是否具有合法竞争权益；三、被告行为是否构成不正当竞争；四、若不正当竞争行为成立，被告应当承担的民事责任形式及内容。

对于争议焦点一，法院认为，电信增值服务仅为权利网站所营内容的一部分，而权利网站与涉案网站主要展示的内容均为时事资讯及相关评论，就浏览、获取上述信息的特定公众而言,权利网站、涉案网站各自提供的资讯服务已具有明显的可替代性,形成了分流观众、争夺交易机会的市场竞争格局,故法院认定权利网站与涉案网站的运营所有人之间,即原告世纪公司与被告环网公司之间已构成竞争关系,对被告环网公司相应抗辩主张不予采纳。

对于争议焦点二,法院认为,资讯类网站作为信息聚合、发布的互联网公共平台,其吸引公众浏览的亮点之一就在于资讯内容的即时、丰富与翔实,而图文并茂的资讯刊载方式增强了公众浏览时的感官体验效果。以此吸引相关公众访问,必然会增加权利网站的点击浏览数量,继而获得相应的广告刊载收益。因此,有鉴于权利网站所采取的上述运营模式已蕴含了一定程度的市场价值,且在建立较为稳定之交易秩序的同时,形成了商业获利的合理预期,故法院认定原告对于权利网站刊载的涉案新闻报道、图片享有合法的竞争权益。但是网页通常是由相关标识、栏目、标题、线条、颜色、功能菜单等元素组合布局组成,其中标识、线条、颜色、栏目及标题设计,甚至版式整体布局具有一定的通用性,一般不会单独成为吸引公众浏览的重要因素。故法院认定权利网站的整体版式布局、栏目设计、栏目标题等要素不具有竞争优势,原告相应主张不予支持。

对于争议焦点三,被告环网公司未经原告同意,在无须付出交易成本或付出交易成本甚微的条件下,即可凭借向公众提供与原告权利网站部分内容相同的资讯信息获得相应的竞争优势。被告于涉案网站中使用了与权利网站相近的标识、线条、颜色、栏目及标题设计等元素,被抄袭的权利网站图文内容一并公开展示,却足以导致相关公众的误认、混淆;加之涉案网站部分页面底端明显标注有与权利网站内容相同、指向原告的权利声明,故相关公众会认为涉案网站与权利网站及原告间存在法律、经济上或者组织上的特定关联,对两者关系产生误判。法院认定涉案网站利用原告竞争优势,足以导致公众混淆,被告环网公司构成不正当竞争。

对于争议焦点四,法院认为,从被告环网公司、环旅公司的工商登记信息看,两被告虽然法定代表人相同且有部分股东存在交叉,但均为依法注册的独立企业法人,且现有证据不能得出两被告在法人人格及财产上彼此混同的判断。另有鉴于原告并无证据证明被告环旅公司一并实施了不正当竞争行为,故法院认定涉案不正当竞争行为仅为环网公司独自实施,并应由其承担相应的法律责任,对原告要求两被告承担连带责任的诉讼请求不予支持。

综上所述,依据《中华人民共和国反不正当竞争法》第二条、第二十条规定,法院判决:一、被告环球商务公司于本判决生效之日起十日内,赔偿原告世纪公司经济损失人民币185 000元。二、被告环球商务公司于本判决生效之日起十日内,就其实施的不正当竞争行为,在世纪公司网站首页连续48小时刊登声明,消除影响;三、驳回原告世纪公司其余诉讼请求。

判决后，被告环球商务公司不服，向上海市知识产权法院提起上诉。后该院以上诉人环球商务公司未按规定预缴上诉案件受理费为由，作出裁定：该案按自动撤回上诉处理。

【评析】

一、网络经济环境下"竞争关系"的司法界定

通常而言，除非法律另有规定，只有彼此之间具有竞争关系的经营者所实施的竞争行为，才可能对其他经营者的经营活动造成损害从而构成不正当竞争行为，竞争关系的存在是判断不正当竞争行为成立与否的逻辑起点。那么何为竞争关系？传统的界定是指"生产经营相同、类似或可替代商品的经营者之间在特定的市场经营活动中为争夺市场份额而形成的社会关系[1]"，即同业竞争关系，要求两经营者的主营业范围相同。然而，由于当前互联网经济行业分工细化、业务交叉重合的情况日益普遍，对竞争关系的界定不应限定主营业范围内的同业竞争关系，在某特定细分领域内，两经营者针对的用户群体或者其服务范围有交叉重合，同样可以构成竞争法意义上的竞争关系。本案中，原告的主营业务系电信增值类服务，被告提供的主要系旅游咨询类服务，两者之间确无交集，但是，从网络经济这一特定领域来看，权利网站与涉案网站，都是采用通过提供资讯信息获取用户群和广告费的运营模式在网络市场下进行营利的，其网络服务类型、范围以及针对的用户群虽然并不完全相同，但是存在着重合或交叉关系，综上所述，法院认为，权利网站与涉案网站的服务范围，已经能够形成分流用户和争夺交易机会的竞争格局，故作为两网站经营者的原被告之间具有了竞争关系。应当说，本案判决对竞争关系的解读并未完全拘泥于传统的市场分析，能够更好地规制网络不正当竞争行为。事实上，由于网络经济模式日新月异，传统经济模式下关于竞争关系的认定方式已然不能有效制止网络环境下的不正当竞争行为。故当下，许多法院都通过判例发展了对竞争关系的认定标准，如在业内引发巨大影响的百度诉360插标案、优酷诉金山猎豹浏览器不正当竞争案等，都从网络竞争的本质等方面对竞争关系作出了重新认定，对类似案件的审理具有重要借鉴意义。

二、如何评判争议客体是否具有"竞争权益"

竞争权益，是指平等市场主体之间，通过其合法正当的市场竞争行为，所能争取到的价值、市场份额等竞争优势。对于一个争议客体而言，具有竞争权益是其受反不正当竞争法保护的前提。那么，如何评判争议客体是否具有竞争权益

---

[1] 郑友德，杨国云. 现代反不正当竞争法中"竞争关系"之界定 [J]. 法商研究，2002（6）：65.

呢？从本案的判决来看，法院着重从两方面进行了综合考量，一是看争议客体是否能够为权利人带来竞争优势，二是看权利人是否对争议客体付出了一定的经营成本。两者缺一不可。

在互联网领域，网络运营商的商业模式具有一定的典型性，主要是采用"基础网络服务免费+增值服务收费+广告服务收费"模式运营，因此，用户资源和广告资源成为各大网络运营商能否在市场中立足或取胜的关键。而对于资讯网站而言，信息的丰富性、多样性、新颖性决定着其对网络用户而言是否有足够的吸引力，继而通过用户点击率的增加获得更多的广告资源和收益，体现了网站运营商在网络市场中的竞争优势。因此，评判一个网站是否具有竞争优势，主要是看其对网络用户而言是否具有足够的吸引力。本案中，法院即是从这个角度对争议客体的竞争优势进行了评判。对于原告主张权利的1 319张图片与146篇新闻报道，法院认为，其作为权利网站的核心内容，丰富、翔实，且通过图文并茂的形式予以展示，增加了网络用户的整体观感，能对网络用户产生吸引力继而使得原告网站获得竞争优势；而对于原告主张权利的网站设计，由于其板块布局、栏目设置以及使用的元素等皆具有行业通用性，对于资讯类网站而言，并不足以构成吸引网络用户浏览、点击的因素，因此，其无法给权利人带来竞争优势，故无法受反不正当竞争法保护。值得一提的是，根据反不正当竞争法第五条第（二）项规定，擅自使用知名商品特有的名称、包装、装潢，或者使用与知名商品近似的名称、包装、装潢，造成他人的知名商品相混淆，使购买者误认为是该知名商品的，属于不正当竞争行为。而在我国相关司法解释中，已经将"经营者营业场所的装饰、营业用具的式样等构成的具有独特风格的整体营业形象"纳入知名商品"装潢"范畴，故，对于抄袭网站设计的行为，如果被抄袭的是知名网站的网页设计，且导致消费者混淆或误认的，可以尝试通过反不正当竞争法第五条"知名商品装潢"条款寻求保护。

禁止不劳而获和搭便车，是不正当竞争理论中的重要思想。通过付出一定程度的经营成本从而获得竞争优势，是合法正当的市场竞争行为，应当受到保护与鼓励。作为资讯类网站，为了增加网络用户的浏览量和点击率，网站经营者需要不断丰富网站的资讯信息，从而吸引用户、获得竞争优势。而在这其中，网站经营者必然要付出一定的人力、物力，去编辑、优化、丰富自己的网站，这是其获得竞争优势的重要保障。而对于网站抄袭者而言，其却可以通过简单的复制、抄袭行为不费吹灰之力地将他人的劳动成果安置在自己的网站上，达到同样吸引用户注意力的效果，从而使得本应属于原告的用户群体分流出去，损害原告本应获得的竞争优势。因此，网站抄袭是一种不当利用他人劳动成果、不劳而获的恶性竞争行为，由此使得该行为具有了不正当性与可责性。关于权利人对争议客体成本投入的举证责任，鉴于资讯网站信息的海量性，要求权利人一一举证存在现实上的不可能,故在本案中,虽然原告只提供了部分采购合同和证人证言,但法院根据证据优势原则,认为现有证据足以证明涉案图片与新闻报道系其通过支付合理对价而获得,原告对此付出了一定的经营成本,由此产生的竞争优势应当受到法律保护。

三、本案的延伸——争议客体是否可从著作权角度进行保护

因知识产权具有客体与其载体相互分离的属性,故在同一载体上可能同时承载着两个或两个以上的知识产权客体。对于网站而言,如果其承载的利益符合《反不正当竞争法》所规制的利益,则其应当受《反不正当竞争法》的保护;同时,如果其承载的表达也符合《著作权法》中作品的要求,则其也属于《著作权法》保护的对象,他人未经许可不得实施应由著作权人所控制的行为。根据《著作权法》第十四条的规定,汇编若干作品、作品的片段或者不构成作品的数据或者其他材料,对其内容的选择或者编排体现独创性的作品,为汇编作品。从网站的构成要素来看,其主要由文字、图片等作品或者作品的片段以及不属于作品的线条、色彩等综合编排而成,如果对这些内容的选取、编排、组合体现了创作者的独创性,则可以将其归入汇编作品进行保护,这也是当今在对网站进行作品归类时的主流观点。实践中,不乏从著作权角度对网站进行保护的判例,如被称为"中国第一网页侵权案"的"北京瑞得集团公司诉宜宾市翠屏区东方信息服务有限公司网页著作权侵权案"[1] "重庆首例金融网络著作权案——重庆新天泽股权投资基金管理有限公司诉重庆贝多拉股权投资基金管理有限公司网页著作权侵权纠纷案"[2] 等,但是,多数生效裁判还是认为权利人对于网站内容的选择和编排达不到独创性的要求,故无法受到著作权法的保护。此外,即便法院认定权利网站构成汇编作品,由于汇编作品的保护范围仅限于作品的编排和体例,并不延及作品内容,在抄袭者抄袭的仅仅是网站的文字、图片等信息内容的情况下(这些作品的著作权人往往是第三人,如本案),权利人也无法得到著作权法的保护。可见,在网站能为权利人带来竞争权益,而权利人又不具备著作权主体身份的情况下,竞争法意义上的保护就显得尤为重要。当然,实践中,对于网站的著作权法保护与竞争法保护,当事人是只能择一进行主张还是可以同时主张,尚存有争议,因本案并未涉及著作权之诉,故在此不作阐述。

---

[1] 参见北京市海淀区人民法院(1999)海知初字第 21 号民事判决书。
[2] 参见重庆市渝北区人民法院(2014)渝北法民初字第 05799 号民事判决书。

本应负有清算责任的公司法人主体资格存疑时应由出资资料提供者承担赔偿责任

——原告华波信托有限责任公司诉被告
上海肖廷实业有限公司等股东损害公司债权人利益责任纠纷

周隽超[1]

【案情】

原告：华波信托有限责任公司（以下简称华波公司）
被告：上海肖廷实业有限公司（以下简称肖廷公司）
被告：陈某宁
被告：上海茗楼餐饮管理有限公司（以下简称茗楼公司）

1999年5月20日，原告华波公司受案外人A旅游（集团）有限公司（以下简称A旅游公司）委托，将250万元贷款给上海金色餐饮有限公司（以下简称金色公司）用于流动资金周转。到期后金色公司无力还款，故华波公司于2002年起诉至上海市浦东新区人民法院（以下简称浦东法院），该案判决金色公司归还华波公司借款250万元及自2000年1月26日起至给付之日止、按照中国人民银行规定的利息。后华波公司依法向浦东法院申请执行，因双方协商处理，浦东法院作出（2002）浦执字第5970号民事裁定书中止该案执行。2012年，华波公司以金色公司欠付债务，且金色公司营业执照被吊销后未成立清算组进行清算为由，向上海市静安区人民法院（以下简称静安法院）申请对金色公司进行清算。同年9月27日，静安法院以金色公司的清算义务人未及时依法清算导致公司财产、账册等重要文件和公司人员下落不明，以公司无法清算为由，裁定终结被申请人金色公司的强制清算程序，债权人可以要求清算义务人对公司债务承担偿还责任。

金色公司工商登记股东为被告肖廷公司和香港宁化集团有限公司（以下简称宁化公司）。宁化公司的法人代表为被告陈某宁。1996年9月，宁化公司出具《委派书》，任命被告陈某宁为金色公司的董事长。而上海市高级人民法院于2006年6月10日作出（2005）沪高民三（知）终字第56号民事裁定书，认定

---

[1] 作者单位：上海市徐汇区人民法院。

在香港特别行政区（以下简称香港）并不存在依法登记注册或进行适当商业登记的华宁集团有限公司。华波公司还提交了金色公司的资产清单、浦东法院2006年的执行笔录等，以证明茗楼公司是受被告陈某宁的委托接管金色公司，也证明茗楼公司是金色公司的实际控制人。

华波公司认为，因肖廷公司与宁化公司作为金色公司股东未及时清算导致金色公司财产、账册等下落不明，又因生效文书认定，香港并不存在依法登记注册或进行商业登记的宁化公司，陈某宁作为宁化公司的法定代表人，与宁化公司在主体上混同，另外由于茗楼公司是金色公司的实际控制人，故要求肖廷公司、陈某宁、茗楼公司对金色公司在（2002）浦民二（商）初字第375号民事判决书中的债务本金人民币244万元及利息承担赔偿责任。

【审判】

一审法院认为，金色公司于2010年6月被吊销营业执照，肖廷公司作为金色公司的股东，负有自行清算的法定义务，现由于其未及时启动清算程序，导致金色公司财产、账册等重要文件灭失，无法进行清算，华波公司主张肖廷公司对金色公司的债务承担连带清偿责任，于法有据，应予支持。金色公司的注册材料中登记的股东之一及工商部门记载的该公司出资人之一均为宁化公司，故宁化公司应同被告肖廷公司一起对本案系争债务承担连带清偿责任，但根据（2005）沪高民三（知）终字第56号民事裁定书的认定，在香港并不存在依法登记注册或进行适当商业登记的华宁集团有限公司，同时对宁化公司的主体资格予以否定。故法院对金色公司工商记载的出资人之一宁化公司的主体资格存在认定困难。现金色公司无法清偿到期债务的行为，对华波公司造成了侵害，故陈某宁作为金色公司出资人之一宁化公司委派的代表以及宁化公司相应出资材料的提供者，应负有举证义务证明宁化公司系合法成立，否则，陈某宁应对其提供上述出资材料的行为承担相应的责任。现本案中陈某宁没有证据证明宁化公司合法成立，故法院确认由其对华波公司承担相应的赔偿责任。至于华波公司主张茗楼公司是金色公司的实际控制人，因华波公司提交的证据不足以证明茗楼公司系金色公司的实际控制人，故对华波公司要求明轩楼公司承担赔偿责任的诉请，不予支持。故判决被告上海肖廷实业有限公司、被告陈某宁于本判决生效之日起十日内对（2002）浦民二（商）初字第375号民事判决书确定的金色公司所欠华波公司的未清偿款项承担连带清偿责任，并驳回了华波公司的其余诉讼请求。

一审判决后，陈某宁提起上诉，认为一审法院查明的事实与其承担责任没有逻辑联系。金色公司的清算义务人是肖廷公司与宁化公司，陈某宁并不是金色公司的股东，是宁化公司派驻的代表，现宁化公司作为合资公司的一方被认定为主体不存在，则合资公司的所有权利义务必然归并另一方，因此金色公司的清算主体只能是肖廷公司。陈某宁并不是金色公司的清算义务人，华波公司要求陈某宁作为金色公司的股东承担责任没有任何法律依据。本案的举证责任在于华波公司，但一审法院却强令陈某宁举证，陈某宁举证不能就成为金色公司的股东，该认定没有法律依据。

二审法院认为，华波公司针对金色公司的债权未能实现，根据公司法及其司法解释的相关规定，对华波公司的债权损失需承担赔偿责任的主体应是对金色公司负有清算义务的人。本案中，根据现有证据材料反映，金色公司是中外合资经营企业，其登记的中方股东为肖廷公司，外方股东为宁化公司。因此，宁化公司作为金色公司登记的控股股东，是依法负有清算义务的责任主体。然而，经法院生效裁定认定，宁化公司的主体并不存在，在此情况下，陈某宁作为宁化公司资料的签字确认人及宁化公司的法定代表人，其对宁化公司主体不存在的事实以及提交材料的虚假性应当是明知的，且对此负有过错。同时，陈某宁又是宁化公司委派的金色公司的法定代表人，故宁化公司对金色公司的清算责任依法应由陈某宁承担。陈某宁上诉认为其不应承担任何责任的主张，缺乏事实和法律依据，法院不予采纳。陈某宁虽陈述其仅是金色公司挂名的董事长，金色公司的经营由肖廷公司负责，且宁化公司的虚假材料亦由肖廷公司的人员提供，但陈某宁对此未能提供有效证据予以证明。相反，陈某宁实际控制的茗楼公司在金色公司停止经营后有实际接管金色公司部分资产的行为，此与陈某宁陈述的其从不参与金色公司经营的情况有矛盾之处。故陈某宁的上述抗辩意见不成立，法院不予采纳。故二审法院认定上诉人陈某宁的上诉理由均不能成立，一审判决认定事实清楚，适用法律正确，应予维持。故判决驳回上诉，维持原判。

【评析】

一、公司股东怠于履行清算义务所应承担的责任

根据我国公司法第一百八十四条规定，公司应当在解散事由出现之日起十五日内成立清算组，开始清算。有限责任公司的清算组由股东组成，股份有限公司的清算组由董事或者股东大会确定的人员组成。由此可见，及时清算是有限责任公司股东的法定义务，股东在公司出现解散事由，尤其是在公司因经营不善，资不抵债时，应当履行清算义务。这是维护和保障公司债权人权利的有效措施，也是让丧失生产经营能力的企业及时退出市场，维护市场经济健康发展的必要手段。否则，将会造成大量效益差、产能低的"僵尸企业"挤占有限的社会经济资源，同时，这些"僵尸企业"的存续必然导致各种债务累积的恶性循环，使得债权人的合法权益得不到有效清偿。为了督促公司股东及时履行清算义务，我国《公司法》司法解释二第十八规定，有限责任公司的股东、股份有限公司的董事和控股股东未在法定期限内成立清算组开始清算，导致公司财产贬值、流

失、毁损或者灭失，债权人主张其在造成损失范围内对公司债务承担赔偿责任的，人民法院应依法予以支持。有限责任公司的股东、股份有限公司的董事和控股股东因怠于履行义务，导致公司主要财产、账册、重要文件等灭失，无法进行清算，债权人主张其对公司债务承担连带清偿责任的，人民法院应依法予以支持。该司法解释对有限责任公司股东未及时履行清算义务的后果予以明确，并强调若因公司股东怠于行使清算责任而导致公司账册灭失而不能清算的，公司股东需要对公司债务承担连带清偿责任。该条文实际是对公司有限责任制的突破，旨在通过加大公司股东的责任风险，达到促使其及时履行清算义务的目的。然而，事实上，债权人因公司股东怠于履行清算责任而提起的清算责任纠纷案件不在少数，本案也是其中一例。而本案的特殊性在于，宁化公司作为债务人金色公司工商登记的股东之一，是金色公司法定的清算义务人。但是宁化公司本身的主体资格存疑，并非是我国公司法所认可的、经过合法有效注册登记的公司法人。

二、应当承担清算责任的主体

如前所述，股东作为公司的清算责任人，在公司出现清算事由时应当及时履行清算义务。本案中，肖廷公司和宁化公司作为金色公司工商登记的股东，怠于行使清算义务，在金色公司因账册灭失而无法清算的情况下，其应当对金色公司的债务承担连带清偿责任。但是，由于宁化公司主体资格存疑，其事实上不是法律上规定的适格主体，也无承担责任的能力。本案争议焦点正是基于此特殊性而产生。华波公司认为，陈某宁作为宁化公司委派的代表及宁化公司相应出资材料的提供者，在宁化公司主体资格存疑无法承担相应责任时，陈某宁应当向华波公司承担本应由宁化公司承担的赔偿责任。而陈某宁则认为，由于宁化公司主体资格存疑，故金色公司的清算责任人便只有另一股东肖廷公司，宁化公司及陈某宁均不是本案适格被告，陈某宁不应当向华波公司承担任何赔偿责任。

随着我国经济全球化的发展，市场主体亦越发多元化。我国欢迎外资企业来华发展，并为外商投资企业开放了诸多优惠政策。但这不代表法律能够容忍个别人利用外资企业的所谓"优势"，做出损害他人利益的行为。本案中，肖廷公司和宁化公司作为金色公司经工商登记的股东，应当已经通过形式审查，具备成为公司股东的各项形式要件，该工商登记信息具有公示效力。华波公司在与金色公司发生交易时，既没有义务，也不可能去审核金色公司股东主体的真实性，陈某宁以宁化公司主体资格存疑为由，认为宁化公司因主体不适格而不应当承担责任的意见显然不符合公平正义的原则，也不利于我国社会经济的健康发展。宁化公司理应与肖廷公司一同承担清算责任。因宁化公司主体资格存疑无法承担相应责任，给华波公司造成损失，那么就应当进一步追究导致宁化公司无法承担责任的原因和责任人。这类似于源于英美法国家的法人人格否认制度。

现陈某宁既是宁化公司名义上的授权代表，又是宁化公司资料的提供者，其对宁化公司主体资格存疑应当负全部责任。法院判决显然支持了这一观点。

三、公司主体资格存疑时举证责任的分配

本案在审理过程中，根据法院生效裁定认定，香港并不存在依法登记注册或者进行适当商业登记的华宁集团有限公司。如前文所述，陈某宁关于宁化公司因主体资格存疑故而无须承担清算责任的意见法院并不予认可。因此，在已有生效裁定对宁化公司主体资格加以否认的前提下，陈某宁如果抗辩要求免除其自身责任，那么按照"谁主张，谁举证"的证据规则，陈某宁有义务证明宁化公司主体的资格真实有效。同时，商事主体在交易中，仅应对交易相对方尽到形式审查的义务，对交易相对方的股东主体资格没有审查义务。本案中，根据金色公司的工商资料显示，宁化公司是在中国大陆境外设立的企业，华波公司既没有义务也没有条件去审核宁化公司主体资格的真实性；而陈某宁作为宁化公司委派的代表以及宁化公司出资材料的提供者，应当清楚宁化公司的主体资格存续现状，也完全有条件对此加以举证。故从证据距离出发，由陈某宁对宁化公司主体真实性加以举证，也符合证据规则。

委托人收取固定利息的投资
理财类协议实为借款合同

——徐某静与王某林民间借贷及委托理财合同纠纷案[1]

孙建伟[2]

【案情】

原告（反诉被告、被上诉人）：徐某静
被告（反诉原告、上诉人）：王某林

徐某静诉称：2013年7月31日，徐某静、王某林签订《股票投资协议》，协议约定由徐某静出资，王某林借用炒股投资；王某林出资一个跌停板即10%作为保证金，并自负盈亏；徐某静只拿每月2%的固定利息，且不承担风险；合作期限为一年。后经过多次追加资金，截至2013年11月19日，股票账户的资金本金固定为2 500 000元。2013年12月2日，双方再次签订《炒股补充协议》，确认炒股资金为2 500 000元。此后，王某林经营的股票账户一直处于亏损状态。2013年12月26日，王某林再次出具《补充说明》，说明保证金已经全部亏损，本金也亏损了100 000多元，并承诺尽快补齐本金2 500 000元。2014年5月初，王某林虽亏损严重，但仍向徐某静口头承诺于2014年7月19日会将本金及利息一并归还。

2014年7月19日，徐某静无法与王某林取得联系，只得收回股票账户，并将股票账户交易密码重置。截至2014年7月24日，徐某静抛售股票获利2 029 726.39元，王某林炒股期间亏损合计470 273.61元。徐某静认为，双方约定王某林自负盈亏，且徐某静在协议期间未操作过股票账户，也未收取过除约定利息以外的其他收益，双方之间的法律关系应为民间借贷，而非委托理财。诉争《股票投资协议》因双方口头协商于2014年7月19日借款期限届满。徐某静诉至本院，请求依法判令：①王某林归还徐某静借贷的炒股本金470 273.61元；②王某林支付徐某静逾期利息损失（以470 273.61元为计算基数，按照每月2%的标准计自2014年7月19日起至实际支付之日止）。

本案审理中，徐某静将本诉诉讼请求变更为：①王某林归还徐某静借贷的炒股本金316 701.93元；②王某林支付徐某静逾期利息损失（以316 701.93元为计

---

[1] 本案本诉案由为民间借贷纠纷，反诉案由为委托理财合同纠纷。
[2] 作者单位：上海市徐汇区人民大法院。

算基数，按照每月2%的标准计自2014年8月1日起计算至实际支付之日止）。

王某林辩称：徐某静、王某林之间是委托理财的法律关系，因《股票投资协议》《炒股补充协议》中均约定了王某林自负盈亏，而徐某静固定收取每月2%的利息，该约定属于保底条款，应认定为无效，望本院查明事实后依法判决。

王某林反诉称：2013年7月31日，徐某静、王某林之间签订了《股票投资协议》，协议中明确约定徐某静不承担风险，只收取固定利息，该条款属于委托理财合同中的保底条款，应认定无效。徐某静确认收到王某林的保证金250 000元。2014年7月24日，徐某静私自将应由王某林操作的股票全部抛售，造成了王某林400 000元左右的经济损失。此外，炒股所有资金都存在徐某静的股票账户，徐某静也未将所谓的借款交付给王某林，因此徐某静、王某林并不成立民间借贷法律关系。王某林提起反诉，请求本院判令：①徐某静归还王某林收取的利息519 832元；②徐某静退还王某林保证金250 000元。

徐某静辩称：王某林在炒股期间确实向徐某静支付了利息519 832元，但双方之间系民间借贷关系，该519 832元属于双方约定的借款利息。此外，王某林仅实际向徐某静股票账户支付2013年11月13日收条所载的保证金100 000元，且该保证金也被王某林全部亏损。徐某静请求本院驳回王某林的全部反诉请求。

法院查明：2013年7月31日，徐某静与王某林签订《股票投资协议》，约定：徐某静出资500 000元给王某林用于炒股投资，500 000元的资金在徐某静开户的华泰证券公司；同时王某林打给徐某静50 000元作为保证金，账户共计550 000元；王某林每月支付徐某静2%的利息10 000元，汇到徐某静的中国银行徐汇支行卡里，王某林自负盈亏，徐某静不承担风险，只收取固定利息；合作期限一年，徐某静不能中途擅自停止，不能在股票账户里任意操作；每月一日付利息。此外，留存在王某林处的《股票投资协议》中，还写有"今已收到50 000元保证金和一个月利息10 000元"。2013年8月1日，徐某静出具收条一张，载明：股票账户资金增加500 000元共1 000 000元，保证金总共100 000元，已全部收到；利息2%，20 000元也已收到，从资金到股票账户开始计息，利息先付后用，提前支付。

2013年8月27日，徐某静与王某林签订《增资补充协议》，约定：①徐某静在王某林原有1 000 000元炒股基础上增资到2 600 000元；②徐某静借500 000元给王某林用于垫资办贷款用一个月，月利息3.5%，即17 500元于2013年8月29日前支付；股票资金利息仍为月利息2%（每月一日支付），保证金10%；③垫资结束后500 000元还到徐某静的光大银行虹口支行股票账户里，期限为2013年8月30日至2013年9月30日；④增资1 600 000元的手续费16 000元由王某林承担，于2013年8月29日前支付；⑤合作期限为2013年9月1日至2014年5月1日；⑥有纠纷发生指定在本院解决。该《增资补充协议》同时载明：8月27日当日网银立即支付12 000元，余21 500元于8月29日前付清。2013年10月5日，王某林出具总结一份，载明：至今股市资金增资到3 000 000元整，利息10月总应付70 000元，下月开始利息60 000元；500 000元借款自2013年10月3日起每超一天按照600元/天计算，归还时结算。2013年11月13日，徐某静又出具收条一张，载明：今收到王某林炒股垫1 000 000元的保证金100 000元，以及500 000元的利息18 000元（2013年11月3日至2013年12月3日），1 000 000元利息20 000元（2013年11月13日至2013年12月13日），以前的利息都已结清。2013年12月2日，徐某静与王某林签订《炒股补充协议》，约定：王某林和徐某静炒股资金2 500 000元的利息变更为每月1.5%，即王某林每月支付37 500元给徐某静，同时王某林欠徐某静500 000元的借款利息变更为5%，即王某林每月支付25 000元给徐某静。2013年12月26日，王某林出具补充说明，载明：2013年12月15日至2014年1月13日，原告2 500 000元的炒股资金利息1.5%变更为2%；2014年1月3日，在支付下月利息时补交12 500元（炒股本金2 500 000元属徐某静所有）。在签名日期下方有"目前保证金已没有，本金也缺失了十多万，王某林承诺会尽早补齐本金2 500 000元"的字样。

2014年7月24日，徐某静自行将诉争股票账户的487 827股"平庄能源"全部抛售，获利2 183 656.06元，扣除股息红利税357.99元，剩余2 183 298.07元。

2014年12月30日，徐某静、王某林共同出具说明一张，载明：500 000元和2 500 000元借款的利息全部结清到2014年7月，王某林均已支付给徐某静。

本案原审审理中，徐某静、王某林一致确认：截至2013年11月，徐某静存入诉争股票账户资金合计2 500 000元；自2013年8月至2014年7月，王某林支付徐某静利息合计519 832元（含2013年8月20 000元、9月30 666元、10月57 666元、11月24 000元、12月37 500元；2014年1月50 000元、2月50 000元、3月50 000元、4月50 000元、5月50 000元、6月50 000元、7月50 000元）；诉争股票资金账户和密码均是原始的，自2014年7月16日起王某林未再操作诉争股票账户。徐某静陈述：徐某静因无法联系到王某林，并得知其涉嫌构成刑事犯罪，故于2014年7月24日将诉争股票账户的487 827股"平庄能源"全部抛售；双方存在先出具收条、后支付款项的交易习惯。王某林陈述：2014年7月16日前，徐某静未操作诉争股票账户；2014年7月16日，王某林被拘留于上海市徐汇区看守所；自王某林以徐某静资金操作诉争股票账户后，未转出过诉争股票账户任何资金；徐某静诉争股票账户里的股票应为王某林所有，只是借用徐某静的资金购买。

【裁判】

一审法院认为：诉争《股票投资协议》是认定本案法律关系的基础性合同。

该合同是徐某静、王某林双方的真实意思表示，且不存在合同法第五十二条所列之情形，应属合法有效，双方均应恪守。从诉争《股票投资协议》约定的内容分析，徐某静将资金存入双方约定的股票账户，交由王某林进行投资管理，王某林无论盈亏均保证徐某静获得固定本息回报，超额投资收益均归王某林所有。故《股票投资协议》显属"名为委托理财、实为借贷关系"之情形。徐某静于2013年11月陆续将2 500 000元存入双方约定的股票账户，并由王某林实际控制，已完成了借款资金的交付行为。结合后续《增资补充协议》《炒股补充协议》的约定，双方于2013年11月成立金额为2 500 000元的民间借贷法律关系。王某林有关双方成立委托理财合同关系、固定本息的约定为保底条款的相应意见不能成立。此外，双方约定借款期限为2014年5月1日。根据本院查明的事实，借款期限届满后，双方并未进行结算，相反王某林仍在股票账户内继续操作股票且按每月2%的标准支付借款利息至2014年7月底，双方已实际将借款期限进行了延长，但鉴于双方并未签订书面的展期协议，故本院认定自2014年5月1日以后的借款期限没有约定，但借款利息的标准仍为每月2%。王某林于2014年7月16日被公安机关羁押，诉争《股票投资协议》已无法实际履行，徐某静作为出借人有权要求王某林归还借款并支付相应的利息。徐某静于借款期限届满后的2014年7月24日抛售诉争股票，维护借款本金安全，并无不妥。由于徐某静抛售诉争股票后仅剩余借款本金2 183 298.07元，尚欠316 701.93元，故王某林应归还徐某静借款本金316 701.93元。有关逾期利息损失，双方并无相应约定，徐某静主张按照期内利息每月2%的标准计算，本院予以支持。结合双方均确认2014年7月的借款利息已全部付清的事实，徐某静要求王某林支付上述本金自2014年8月1日起的借款逾期利息，本院亦予以支持。针对反诉，因双方成立民间借贷法律关系，并约定每月2%的利息标准，该利息标准并未超过法定上限，故徐某静按照双方约定的利息标准收取利息合计519 832元受法律保护。故本院对于王某林要求徐某静归还已收取的利息519 832元的反诉诉请不予支持。有关王某林主张徐某静退还保证金250 000元的诉请，王某林于2013年12月26日书面确认"保证金已没有，本金也缺了十多万"，结合《股票投资协议》"徐某静出资50万元给王某林用于炒股投资""同时王某林打给徐某静5万元作保证金，账户共计55万元"之约定，故本院认定即便王某林实际交付了保证金，该保证金也是交付至诉争股票账户用于王某林股票投资，并于2013年12月26日前亏损完毕。此外，双方存在先出具收条、后支付款项的交易习惯，然王某林并未提供具体的支付凭证，故王某林应对其已向徐某静支付保证金的事实承担举证不能的法律后果。故本院对退还保证金250 000元的反诉诉请亦不予支持。依照《中华人民共和国合同法》第八条、第二百零五条、第二百零六条、第二百零七条，《最高人民法院关于审理民间借贷案件适用法律若干问题的规定》第二十九条，《最高人民法院关于适用〈中华人民共和国民事诉讼法〉的解释》第九十条规定，判决如下：一、王某林于本判决生效之日起十日内归还原告徐某静（反诉被告）借款本金316 701.93元；二、王某林于本判决生效之日起十日内支付原告（反诉被告）徐某静以借款本金316 701.93元为基数，按每月2%的标准，计自2014年8月1日起至实际支付之日止的逾期利息；三、王某林的全部反诉请求，不予支持。

　　二审法院认为：双方的"股票投资协议"中明确约定王某林自负盈亏，徐某静不承担风险，只收取固定利息，且徐某静不能中途擅自停止，不能在股票账户里任意操作，说明双方真实意思即为徐某静向王某林出借股票投资款，盈亏均与徐某静无关，只收取固定利息。因此，本案的合同关系应为借贷关系，原审法院对于合同的定性正确。王某林认为本案属委托理财合同，固定利息条款作为保底条款无效的意见，本院不予采纳。王某林要求投资损失各半承担的诉称意见也难支持。由此，徐某静按照双方的借贷合意收取约定利息也无不妥。徐某静虽将钱款本金打入自己的股票账户，但根据约定其无权操作股票也不能擅自停止，账户交由王某林操作后，实际上王某林已经获得了资金的控制权。按照双方约定，如若王某林炒股获利，则该利润也归属王某林，因此王某林就借款实际未交付的诉称意见，本院也难采纳，王某林应就借款支付约定利息。关于保证金，王某林称其向徐某静共支付25万元，但根据双方约定，截至2013年8月1日，徐某静股票账户共有股资100万元，则按比例保证金数额应为10万元，对于为何支付超出约定的保证金额，王某林无法自圆其说，因此，本院采纳徐某静关于8月1日收据中涵盖了7月31日收据中提到的5万元保证金的辩称意见。而对于2013年8月1日徐某静出具的收据中提及的保证金10万元，徐某静辩称从未收到过。可无法忽视徐某静又于2013年11月13日向王某林出具了收到10万元保证金的收条，且徐某静自认此笔10万元保证金已收到。故即便如徐某静所说双方有先出收据后支付款项的习惯，但在王某林未结清前保证金的情况下，徐某静又出具保证金收据的行为有悖常理。诉讼中徐某静就此也不能做出令人信服的合理解释。因此，本院对徐某静该辩称不予采信。双方均认可王某林支付款项的方式有多种，根据双方约定及习惯和徐某静前后出具的三份收据之字内容，本院认定王某林共向徐某静支付20万元保证金。原审法院以未提供付款证据为由，驳回王某林全部反诉请求本院难以认同。但是就保证金损失的承担，首先，双方从未就保证金的性质用途进行过明确约定，2013年12月26日的补充说明仅提到目前保证金没有了，但对保证金的亏损如何承担，双方并未作进一步约定。根据常理，徐某静认可将王某林交付的保证金放入股票账户一并操作，则应对于股票操作的风险有一定的心理准备，而作为实际操作者的王某林也应承担相应的亏损责任。因此，本院酌情认定双方对于保证金的损失各承担一半责任。综上所述，原审法院认定事实虽正确,但适用法律有偏差,所作判决欠妥,本院予以部分改判。王某林的上诉请求合理有据的部分,本院予以支持。依照《中华人民共和国合同法》第五条、《中华人民共和国民事诉讼法》第一百七十条第一款第(二)项之规定,判决如下:一、维持上海市徐汇区人民法院(2016)沪0104民初6320号民事判决第一、二项;二、撤销上海市徐汇区人民法院(2016)沪0104民初6320号民事判决第三项;三、徐某静于本判决生效之日起十日内返还王某林保证金100 000元。

【评析】

本案争议焦点:徐某静、王某林签订的涉案合同性质认定。一种观点认为,涉案合同应认定为委托理财合同,固定利息条款为保底条款,应属无效。另一种观点认为涉案合同约定委托人仅收取固定利息,涉案合同的性质应为"名为委托理财,实为民间借贷"。因对固定利息收益条款性质认定上存有分歧,徐某静与王某林的涉案争议前后经过两级法院的四次审理。本案是发回重审后所作的相关处理。

一、委托理财与民间借贷之厘定

一般而言,借款合同是借款人向贷款人借款,借款人到期向贷款人返还借款并支付利息的合同,借款合同中贷款人与借款人的权利义务关系为,贷款人按照约定将货币借给借款人支配,借款人到期偿还借款并支付利息作为使用借款的对价,贷款人只收取固定收益并不直接参与借款人的经营与管理,对其经营损失也不承担任何责任。对于自然人之间的借款合同即民间借贷而言,是否支付利息并不是判断借款合同成立与否的关键要件,而借贷合意、实践性是民间借贷的基本特征。

委托理财合同是委托人与受托人在合同中约定,委托人以自己的名义开设资金账户和股票账户,委托受托人从事投资管理的;或者委托人直接将资金交付给受托人,由受托人以自己的名义或实际上借用他人名义从事投资管理的合同。以高民尚[1]署名的《关于审理证券、期货、国债市场中委托理财案件的若干法律问题》一文(以下简称高民尚一文)认为,委托理财的法律性质一般认为是委托代理关系。在合同主体方面,自然人作为受托人签订委托理财合同,一般并不因

---

[1] 系最高人民法院某法官的笔名。

此否定合同效力。除非该自然人系期货从业人员等特定领域的从业人员❶，或者有同一时期内共同或分别接受社会上不特定多人委托从事理财业务，特别是进行集合性受托投资管理业务之情形。

二、委托理财中保底条款之分析

对于委托人而言，委托理财具有收益不确定的特征，合同中一般有保底条款。司法实践中，保底条款一般可以划分"保证本息固定回报条款""保证本息最低回报条款""保证本金不受损失条款"三种类型。高民尚一文认为，"保证本息固定回报条款"是指委托人与受托人约定，无论盈亏，受托人均保证在委托资产的本金不受损失之外，保证给付委托人约定利息。故该情形中，保本付息之内容已经充分明确地表达出委托人纯粹追求资产的固定本息回报，而对受托人管理资产行为及收益后的分成并无预期，此种情形的委托理财与通常情况下的民间借贷并无区别。对此，也有法官有不同认识：委托人在签订此类固定本息的委托理财合同时的真实意思往往并非拆借资金给受托人，而是以之作为投资渠道保证资产增值。❷ 对此，笔者认同高民尚的观点，认为"保证本息固定回报条款"表明委托人并不承担投资理财的风险，与以出借资金收取固定利息的做法并无差异。

对于委托理财中的后两种保底条款，在司法实践中，一般倾向于认定为无效。保底条款无效是否会导致整个委托理财合同无效，对此又有争论。高民尚一文认为，保底条款应属委托理财合同之核心条款，不能成为相对独立的合同无效部分，故保底条款无效应导致委托理财合同整体无效。笔者认同上述观点。就本案而言，合同缔约主体均为自然人，法院原则上无法从主体上否定合同的效力。而认定固定利息条款的性质，决定了涉案合同是否有效，对双方而言影响较大。对此，应结合民间借贷与委托理财内涵的差异，充分评判合同当事人的缔约本意。

三、涉案固定利息条款之评判

涉案《股票投资协议》中明确约定"徐某静出资给王某林用于炒股投资""王某林自负盈亏，徐某静不承担风险"。徐某静先后将自有资金合计2 500 000

---

❶ 参见上海市第一中级人民法院（2015）沪一中民一（民）终字第2655号民事判决书。该民事判决书认为，证券及期货从业人员以个人名义接受委托人全权委托进行交易，是证券法和期货行业相关规定严格禁止的行为。因此，期货从业人员违反从业禁止性规定以个人名义接受委托进行理财的行为，是扰乱金融市场秩序的行为，应属无效，其与投资者所订立的委托理财合同应归于无效。

❷ 徐子良.委托理财案件法律适用难点辨析——以保底条款负外部性分析及其无效后果处理为重点［J］.法律适用，2011（1）.

元汇入双方约定的徐某静的股票账户，由王某林独自操作账户买卖股票，虽然徐某静也知晓股票账户密码，并在无法联系王某林的特定条件下被迫强制平仓，但其在约定的借款期限内及强制平仓前并未参与选股、买卖操作及股票盈利分配，故双方并无共同炒股的意思表示。与通常的民间借贷不同的是，涉案合同还约定了借款的用途，且委托人为受托人使用借款提供了平台。但涉案合同中明确约定，徐某静收取每月1.5%~2%的固定利息作为其收益，该内容才是涉案合同的核心条款，委托人提供操作平台是收取高额借款利息的对价。综上所述，应当认定双方已就2 500 000元款项达成了借贷合意，并约定了相应的借款利息。到期还本、按期付息是双方订立涉案合同的本意，也应据此履行。固定利息条款并非委托理财合同中的保底条款，双方当事人均应恪守。有关自然人之间的民间借贷是实践性合同，应以实际交付为借款合同生效要件的辩称观点。对此，评判如下：双方约定借款用途为投资股票，且在诉争的《股票投资协议》《炒股补充协议》中明确了约定徐某静的账户，故徐某静陆续将资金2 500 000元打入自己的股票账户，并由王某林实际控制、操作，应视为徐某静已经完成借款的交付行为，诉争借款合同已经生效。

不动产相邻关系中不可量物噪声污染的判断

——钟某某诉史某、徐某某排除妨害纠纷案

张 栋[1]

【案情】

原告：钟某某

被告：史某 徐某某

原告是本市长宁区某路12号房屋的共有产权人之一，两被告是同弄16号房屋的产权人，双方是邻居关系。原、被告的房屋类型均为花园住宅，16号房屋于1994年被列为市级建筑保护单位，属优秀历史建筑。16号房屋的北墙与12号房屋庭院的南围墙毗邻，原告庭院南面围墙内侧至原告房屋南墙垂直距离约为6.6米。原、被告房屋的东侧为小区的通道。

2009年6月间，被告史某向上海市住房保障和房屋管理局（以下简称市房管局）申请对系争房屋进行修缮、装修。市房管局受理后向被告史某出具了告知单。2010年1月，被告在16号房屋北墙东侧靠近小区通道的外墙上安装一风冷（热泵）式冷水机组，该冷水机组系室内中央空调的外机组，空调型号为CGAR1205F，制冷功率为31千瓦，涡轮风口面向小区通道。被告在该外机组外，包裹了防护材料并用木质条板予以装饰。原告的围墙高2.35米，被告装饰后的外机组构建，长1.6米、宽1.2米、距离地面2.35米，高于原告围墙2.16米。

原告为减少噪声影响，于2010年11月间自行更换安装了双层玻璃，在花园南围墙上安装了木质栅栏。2013年4月，被告自行在空调外机上安装添置了隔声板等减震减噪材料。

原告钟某某诉称：原告居住的本市长宁区某路12号房屋与两被告所居住的16号房屋相邻。2010年1月，被告在16号房屋外两层楼高度安装一重达450公斤的风冷式（热泵）冷水机，安装位置紧靠原告的庭院，直接面对原告的客厅及卧房。冷水机运行时产生的强烈噪声和振动，使原告既无法在庭院中休息或园艺，也无法在室内休息和安睡。原、被告的房屋均为优秀历史建筑，根据《上海市优秀历史建筑修缮技术规章》，被告增设大型设备，须安置于隐蔽的位置，并加以美化修饰，被告安装的空调外机违背了该规定。原告多次与被告交涉，但被

---

[1] 作者单位：上海市长宁区人民法院。

告始终不同意进行任何整改。原告虑及邻里和睦及精力有限，自费安装双层玻璃窗，并在庭院边安装隔音墙，尽量缓解强烈噪声对生活的影响。但冷水机组的强烈噪声依然使原告及家人无法忍受，遂委托上海沪新专业检测管理有限公司（以下简称沪新检测公司）进行检测，检测结果显示噪声明显超过国家标准。被告不当安装冷水机组的行为对原告及家人的生活起居造成极为严重的影响，侵犯了原告的合法权利。故诉请法院判令：①被告拆除安装于本市长宁区某路16号别墅外的冷水机组；②被告赔偿原告购买、安装双层玻璃的费用分别为人民币10 700元、19 000元（以下币种相同）；③被告赔偿原告安装隔音墙的费用12 500元；④被告赔偿原告噪声检测费用2 000元；⑤被告赔偿原告精神损失费50 000元。

被告史某、徐某某辩称：本案不存在噪声污染，不构成相邻妨碍。原告单方委托的检测，被告不认可，该检测报告不具有证明效力。被告安装系争空调的小区属于长宁区，长宁区最高的地区标准为二类，不能以一类或零类标准为依据。本案安装系争空调的房屋是历史优秀建筑。房屋与房屋间间距非常小，被告能安装中央空调外机的位置非常有限，安装前已向有关部门报批。被告安装前已充分考虑，选择了较合适的位置。本案在被告向高院申请再审期间，由上海市环境监测中心对本案系争噪声做了检测，检测结果证明冷水机组产生的噪声已经低于国家有关空调噪声的标准。被告安装的冷水机组，没有对原告构成妨碍。为进一步减少对原告的影响，2013年被告在原空调外机上又增设了隔音材料，降低了空调运转时的声响。原告作为相邻一方，应根据客观情况，有一定的容忍义务。另原告安装的双层玻璃、隔音墙，不能证明系为减少噪声而采取的措施，原告的精神损失赔偿也没有相应法律依据。综上所述，被告安装空调外机，已尽到了相邻方的注意义务，空调产生的噪声，并未达到妨害原告生活的标准，请求法院驳回原告诉请。

【审判】

本院认为：本案的争议焦点是被告安装的空调室外冷水机组，使用时产生的噪声，是否对原告构成相邻妨碍。本院结合本案的事实和证据，综合评判如下：

其一，根据《社会生活环境噪声排放标准》及《声环境质量标准》对声环境功能区的划分。零类区域是指康复疗养区等特别需要安静的区域。一类区是指居民住宅、医疗卫生、文化教育等为主要功能，需要保持安静的区域。二类区是指居住、商业、工业混杂，需要维护住宅安静的区域。2011年修订的《上海市环境噪声标准适用区划》，对噪声标准适用区作了划分。长宁区最高为二类区。原、被告房屋虽属花园独栋住宅，但周边有普通住宅、商业等其他公共设施，区域位置属于需要维护住宅安静的二类区域。原告认为属于零类区域，不符合实际情况和区划标准。

其二，目前经国家批准的噪声排放标准有《工业企业厂界环境噪声排放标准》和《社会生活环境噪声排放标准》，前者针对企业，后者针对营业性文化娱乐场所、商业性活动和居民区的公用设施。居民间设施所产生的噪声尚无国家标准，上海市也无相应标准。被告提供的由上海市环保局委托上海市环境监测中心对某路16号空调外机噪声的《测试报告》，测试方法参考了《工业企业厂界环境噪声排放标准》，检测结果昼间为46.2dB（A），夜间为44.5dB（A），根据环境噪声限值，二类区域昼间应不高于60dB（A），夜间应不高于50dB（A），被告空调外机使用时产生的噪声，未超过二类区域的噪声限值。原告自行委托测试的检测结果是，夜间庭院中央52.5dB（A）、客厅阳台49.1dB（A）、主卧44.9dB（A）、次卧43.8dB（A），除庭院中央区域外，其余也均未超过二类区域的噪声限值。因被告的检测在原告检测之后，且是在被告已采取减震减噪措施后进行的测量，两次数据的差异值不是很大，存在一定的可信度，故后次检测数据可以作为本案噪声现状的参考。

其三，对于本市空调设备的安装使用，应适用《上海市空调设备安装使用管理规定》（以下简称《规定》）。该《规定》第十二条对空调设备排风口中心与相对方房屋固有门窗的最近距离设定了距离要求，即制冷额定电功率10千瓦以上不满30千瓦的为6米，30千瓦以上的，按每增加20千瓦距离相应增加1米计算。确因客观条件所限，应当采取其他保护相对方权益的措施，并征得相对方同意，方可安装。本案被告空调的制冷功率为31千瓦，根据规定相对距离应至少为6.05米。被告安装的空调设备排风口中心与原告房屋门窗最近距离为6.6米左右，基本符合《规定》的距离要求。

其四，被告房屋属于优秀历史建筑，东面为小区通道、南面为自家花园、西面与邻居房屋隔1米左右，北面与原告的花园相邻。系争的空调外机无论安装在哪一面墙体上，均会一定程度上有碍观瞻。根据上海市优秀历史建筑修缮的技术要求，房屋修缮时增设大型设备，如冷凝机组等，应设置于较为隐蔽处，并在外观上作适当的美化遮挡处理。现被告选择安装的位置在北墙东侧，该处与原告花园围墙有1.2米的距离。虽然体积较大，但外部已采用防护材料包裹并有木质板条作为装饰，整体上与被告建筑风格相协调。

其五，原告作为相邻方应有一定的容忍义务。虽然被告安装的空调外机确实体积相对较大，使用时有噪声，给原告原有的生活环境带来不便和影响。但综合双方房屋的实际情况，噪声的分贝及被告周边其他居民对该噪声的容忍度，本院认为原告应适应所居住区域的生活环境和生活习惯，对相邻方本着友谊的态度，对轻微的噪声予以容忍。同时被告作为产生噪声的责任方，也应理解相对方，最大限度地做好减震减噪防护措施，一旦设备老旧，噪声增大，应及时更新和维护。

其六，原告确实在被告安装完空调外机后，在庭院南面紧邻被告空调外机的部分水泥围墙上加装了木质栅栏，其中空调外机北面高出围墙的部分，原告也用木栅栏遮挡。同时，原告为减少噪声影响，更换和重新安装了双层隔音玻璃。虽然庭院内的木质栅栏对消除噪声并不能起到明显作用，但视觉上会缓解噪声产生的压力。

综上所述，被告安装的空调室外冷水机组使用时产生的噪声，虽对原告有一定的相邻妨碍，但被告在原告提起诉讼后已自行采取了减震减噪措施，从目前的影响程度和状况来看，尚未达到必须拆除才可以解决的程度，原告要求被告拆除空调外机的诉请，本院不予支持。考虑到原告的空调外机紧贴原告花园围墙，产生的噪声确会降低原告的声环境质量。相邻关系应以互不损害和最低损害为原则。被告虽已自行对空调设备采取了减震减噪措施，但原告诉请中更换、安装、添置的设备是在被告安装完空调后，为减少噪声损害而添加的设施，与被告空调噪声的发生存在因果关系，故被告应给予原告一定的赔偿。综合添置设备的必要性和实际作用，本院酌情考虑被告赔偿原告30 000元。原告要求被告赔偿购置物的全部钱款及精神损失费的赔偿请求，无相应法律依据，本院不予支持。据此，依据《中华人民共和国物权法》第84条、第90条，《中华人民共和国民事诉讼法》第207第1款之规定，判决如下：

一、被告史某、徐某某应于本判决生效之日起十日内赔偿原告钟某某钱款人民币30 000元。

二、驳回原告钟某某的其余诉讼请求。

【评析】

《物权法》第90条规定"不动产权利人不得违反国家规定弃置固体废物，排放大气污染物，水污染物，噪声、光、电磁波辐射等有害物质"。该条款是对不动产相邻关系中不可量物侵害的规定。在适用时，以是否违反国家规定为依据，同时综合判断妨害是否具有实质性，并以此作为衡量行为合法性的标准。具体可以从一个理性的正常人的理解出发进行利益衡量，并以生活习惯以及被妨害的不动产的用途和持续时间等综合考量。尽量顾及各方当事人基本权利所体现的价值和大众利益。

国家规定是前提。这里的国家规定主要指国家有关环境保护方面的法律法规规章和相关文件的规定。在审判实践中，首先要查清是否有相关的国家规定，如有法律法规规章，违反了即视为存在妨害行为。如没有相关国家规定，或者当事人的争议点不属于既存的国家规定调整范围的情形下，如本案居民间的空调噪声，则是否构成相邻妨害要综合进行判断，不能没有国家规定就无边界的不受限制。

相邻侵害的综合判断问题。本案噪声污染，虽然没有相适用的国家标准，但没有标准不等于不构成相邻侵害。判断时应结合案件的具体情况进行利益衡量。①为维持相邻共同体关系的存续，受到侵害的当事人负有一定程度的容忍义务；②相邻一方因另一方的行为受到损害，而经利益衡量又不能禁止侵害方的行为时，受害方有权享有赔偿请求权；③相邻一方对另一方造成本质侵害，且不能通过赔偿对侵害予以补偿时，受害方可以要求侵害方排除妨害，禁止某种行为，恢复原状。上述三层表述，是随着侵害程度层层递增的判断标准。对最终采取何种处理方式有一定的参考依据。

相邻纠纷排除妨害的处理原则。《物权法》第84条规定了相邻纠纷的四个处理原则，即有利生产、方便生活、团结互助、公平合理。该条款文字表述清晰，但在具体适用时无法避免法官的主观性判断。运用时，要将四个原则作为一个有机的统一体，相互兼顾，不可偏废。本案虽认定了被告空调外机使用时发出的噪声，对原告构成一定的影响，但考虑到噪声产生的分贝、空调安装的位置，被告之后已采取减震减噪措施、周围邻居相同情况的容忍度及房屋的历史状况等，本案最终判决以被告赔偿原告损失来替代最严厉的拆除空调的排除妨害方式。同时告知被告，一旦出现设备老化等情况，应及时更新设备。本案最大限度地维持了被告希望以理想方式利用物权，同时原告又希望平静享有原生活环境的两种利益之间的平衡。

亲属对老人入住养老院承诺的监护责任之范围界定

——上海某某敬老院诉连某某、钱某服务合同纠纷案

王　俊[1]

当事人之间虽非直系亲属或者《民法通则》规定的近亲属，但其向敬老院承诺对老人承担监护责任的，应依约履行义务；合同没有明确监护责任的具体范围的，可从老人的身体状况、案件的具体情况及便利执行等角度出发，公平合理确定。

限制民事行为能力人没有近亲属的，可以根据本人与其他亲属之间的关系密切程度、双方意愿及单位意见等，确定法定代理人。

【案情】

原告上海某某敬老院诉称，原告与两被告于2010年11月9日签订协议书，约定在合同期内（2010年11月9日至2011年12月31日），由原告为被告连某某提供入住养老服务，被告连某某应按约支付相关费用，被告钱某承担连某某入住期间的监护人职责。合同签订后，原告按约履行了义务，而被告连某某自2011年2月起拒不支付费用；合同期满后，拒绝离院，经原告多次催告仍不搬离，至今还住在原告处接受养老服务，但一直分文不付，给原告造成了严重损失。故诉请法院判令：①被告连某某支付2011年2月1日至2013年5月31日所欠托管费、护理费、伙食费共计68 900元，2011年2月1日至2011年12月31日的违约金3 102.14元，2012年1月1日至2013年5月31日的逾期利息2 001.69元；自2013年6月1日至被告搬离之日止按每月2 700元支付托管费、护理费、伙食费，并按银行同期贷款利率支付违约金（其间若有调整另案主张）；并按银行同期贷款利率支付逾期付款利息；②被告连某某搬离原告处至上海市浦东新区上钢八村10号510室；③被告钱某对前述两项请求承担连带保证责任及监护人职责。

被告连某某、钱某辩称，认可原、被告之间的合同关系、合同内容以及被告连某某目前仍在原告处居住养老、费用未支付的事实，但不同意原告的诉讼请求。理由是：连某某在原告处入住期间出现了精神异常，说明是受到了刺激，而

---

[1] 作者单位：上海市长宁区人民法院。

该刺激肯定是由原告造成的，原告未按照合同约定提供养老护理服务，无权要求支付相应费用并要求连某某搬离。原告除非有证据证明连某某在原告处发生精神异常不是由原告造成的，否则就要承担举证不能的法律后果及相应的法律责任。至于原告主张的收费标准，由于其对原告是否尽到通知义务、是否属于营利性机构、调价是否有合同依据等均存有疑问，故不认可原告对收费标准进行的调整。本案是原告违约在先，原告无权主张违约金和逾期利息。另外，并没有经过法定程序确认钱某是连某某的监护人，钱某不应承担监护人责任。故请求法院驳回原告的诉请。

法院经审理查明：原告上海某某敬老院（以下简称敬老院）系从事提供老人住养及为老人提供生活护理业务的民办非企业社会福利机构，属于自负盈亏的民办非企业法人；被告钱某系被告连某某之外甥。

2010年11月9日，敬老院与连某某、钱某签订《上海市神州敬老院老人入住协议书》（以下简称《入住协议书》），约定了各方的权利义务、费用的支付标准、违约责任、协议的变更、终止、履行期限等。与本案争议有涉的条款主要如下：第一条、乙方（连某某）自愿要求入住甲方（敬老院），接受甲方提供的养老服务。丙方（钱某）同意为乙方入住甲方期间应承担的付费义务及因过错造成甲方损失的连带保证责任，并保证履行本协议规定的丙方应承担的其他义务；第二条、（甲方）按物价部门核定的收费标准及本协议约定，按月向乙方收取托管费（含床位费）、护理费等和其他必要费用；第三条、（乙方）有权依据养老护理等级，获得甲方提供的相应服务，并按时向甲方缴付各项规定费用；第四条、（丙方）在乙方入住甲方期间，应承担监护人应当承担的职责；第七条、如需对本协议内容进行适当变更，甲方应书面通知乙方或丙方，共同协商完成变更事宜，如乙方或丙方在15日内不提出异议，视为同意该项变更并即日起生效；第九条、乙方和丙方如违反本协议约定，未按时付清服务费用，则应按银行贷款利息支付违约金；第十三条、（协议）期限为一年，自2010年11月9日至2011年12月31日止。关于费用的结算方式和支付标准，《入住协议书》在第五条和第十一条作了约定，明确：（乙方）每月应支付的基本费用包括托管费、护理费以及伙食费；首月费用在入院当日支付，以后每月费用以（在）当月8—15日前付清；托管费、护理费的收费标准以现行的物价规定及护理等级而定，其他以约定标准收费；入院时，乙方的护理等级为专2；每月托管费800元、护理费1 000元；等等。协议签订当日，连某某按约履行了付费义务，敬老院也为连某某办理了入住手续，并按约为其提供养老服务。但自2011年2月起，连某某及钱某便拒绝向敬老院支付费用。2011年3月，钱某向连某某退休前单位上海市公安局长宁分局（以下简称长宁分局）递交申请书，表示因连某某患精神疾病与敬老院发生纠纷，为提起诉讼申请长宁分局指定其为监护人。同年4月，长宁分局出具证明，指定钱某为连某某的临时监护人，并表示仅为诉讼之用。2011年4月18日，连某某以敬老院护理人员在护理老人时发生死亡情形导致其精神异常为由，将敬老院诉至一审法院，请求判令敬老院赔偿连某某医药费、交通费、护理费、精神损害抚慰金共计人民币52 104.50元。一审法院于2012年6月15日作出（2011）长民一（民）初字第5087号民事判决，认为根据鉴定结论不能认定连某某亲眼见到敬老院护理人员在护理老人时发生死亡的情形与连某某在2011年2—3月出现精神异常有因果关系，故连某某认为敬老院存在护理不当的行为无事实依据。据此判决驳回连某某的诉讼请求。一审判决后，连某某不服该判决，提起上诉。二审法院于2012年8月20日作出（2012）沪一中民一（民）终字第2050号民事判决：驳回上诉，维持原判。嗣后，敬老院诉请连某某支付欠付费用及违约金，搬离敬老院；钱某对此承担连带责任。原一审法院于2013年6月21日作出（2013）长民一（民）初字第2159号民事判决，支持了敬老院的诉请。连某某、钱某不服该判决，提出上诉。原二审法院于2013年8月14日作出（2013）沪一中民一（民）终字第1790号民事判决：驳回上诉，维持原判。连某某、钱某向检察机关申诉。上海市人民检察院作出沪检民（行）监〔2014〕31000000028号民事抗诉书，向上海市高级人民法院（以下简称高院）提出抗诉。高院于2014年6月18日作出（2014）沪高民一（民）抗字第23号民事裁定：指令一中院对本案进行再审。一中院再审后，于2015年3月25日作出（2014）沪一中民一（民）再终字第10号民事裁定：撤销原一审、二审判决，发回原一审法院重审。

另查明，2011年6月开始，敬老院将连某某的护理费收费标准由1 000元/月调整为1 200元/月；2012年1月开始，敬老院将连某某的托管费收费标准由800元/月调整为850元/月；2012年5月开始，敬老院将连某某的伙食费收费标准由360元/月调整为450元/月；2012年10月开始，敬老院将连某某的托管费收费标准由850元/月调整为1 050元/月。

2012年3月12日、3月26日，敬老院向钱某发出《告知书》，要求其付清连某某拖欠的费用并接回老人。钱某未予理会。2012年5月2日，连某某自行离开敬老院，于同年5月4日晚被钱某带回。2013年5月6日，敬老院发函给钱某，主要内容是告知连某某在敬老院经常擅自离院、不遵守规章制度，表明合同期早已届满要求钱某将连某某带回等。钱某认为敬老院蛮不讲理，不讲信用，未予理睬。

再查明，连某某系88岁老人，未婚，无子女，亲属中跟钱某联系相对较多。根据司鉴所司鉴中心出具的鉴定意见，其在本案中应评定为具有限制民事行为能力。上海市浦东新区上钢八村10号510室是连某某动迁分得的使用权房，多年来一直由钱某一家居住。至今，连某某仍在敬老院居住并接受敬老院提供的养老服务，但未支付过任何费用。连某某入住敬老院后，其养老金账户银行卡由钱某保管和支取。

【审判】

上海市长宁区人民法院于 2016 年 2 月 24 日作出（2015）长民一（民）再重字第 1 号民事判决：一、被告连某某应于本判决生效之日起十日内支付原告上海某某敬老院 2011 年 2 月 1 日至 2011 年 12 月 31 日止的托管费、护理费、伙食费共计人民币 25 160 元及上述钱款的违约金人民币 3 102.14 元；支付 2012 年 1 月 1 日至 2013 年 5 月 31 日止的托管费、护理费、伙食费共计人民币 43 740 元，并按中国人民银行同期存款利率支付上述钱款的逾期利息；自 2013 年 6 月 1 日至其搬离之日止按每月人民币 2 700 元支付托管费、护理费、伙食费，并按中国人民银行同期存款利率支付上述钱款的逾期利息；二、被告连某某应于本判决生效之日起十日内从原告上海某某敬老院搬离至上海市浦东新区上钢八村 10 号 510 室；三、被告钱某应对本判决第一项承担连带责任，并协助被告连某某搬离。宣判后，连某某、钱某提出上诉。上海市第一中级人民法院于 2016 年 7 月 1 日作出（2016）沪 01 民再 40 号民事判决：驳回上诉，维持原判。

【评析】

法院生效裁判认为：双方签订的《入住协议书》合法有效，当事人应当按照约定全面履行自己的义务。敬老院依约接收了连某某，并为其提供了养老服务，连某某理应依约支付相关费用。连某某、钱某抗辩称连某某精神出现异常是由敬老院造成的，但其并没有提供相关证据，司法鉴定意见也否认了其主张。故其以此为由拒绝支付敬老院应付费用的抗辩主张缺乏事实依据和法律依据，法院不予采纳。双方的合同履行期已于 2011 年 12 月 31 日届满，权利义务应当终止，但多年来，连某某既不搬离，照常接受敬老院提供的服务，又拒绝支付费用，此举不仅与合同约定不符，也缺乏法律依据。敬老院主张连某某搬离并支付搬离前的费用有事实依据和法律依据，法院应予支持。至于费用标准，敬老院按照实际情况调整收费标准的行为，符合政策规定，且有事实依据，连某某应当按照调整后的价格支付。双方在《入住协议书》中约定了违约责任条款，敬老院主张连某某支付违约金，并承担合同届满后逾期付款的利息损失，有合同依据和法律依据。连某某、钱某主张是敬老院违约在先，没有事实依据，法院不予采纳。至于合同期满后的逾期利息标准，考虑到双方纠纷的实际情况，按银行同期存款利率计息为宜。钱某在协议中言明为连某某应付费用承担连带保证责任，同时承诺承担监护人的责任，应依约履行承诺。连某某系八十八岁高龄的老人，且在本案中属于限制民事行为能力人，加之其动迁分得的住房也由钱某居住，在其搬离过程中，钱某应履行陪同、接收、安顿之协助义务。综上所述，敬老院的诉请有合同依据、事实依据和法律依据，法院应予支持。

一、本案法定代理人的确定

当事人连某某未婚，没有子女，父母已经故世，兄弟姐妹之间没有往来，平时跟外甥钱某联系较为密切。近亲属中，其现有几个兄弟姐妹、联系方式等连某某本人和钱某都无法陈述清楚。经向连某某退休单位长宁公安分局查询其人事档案，连某某在档案材料上填写过的家庭成员为母亲王娟英（已去世）和姐姐连蕴芬（钱某之母），除此之外，无其他记载。从其与钱某的自述及实际情况来看，亲属中其与钱某的关系较为密切；加之在前案诉讼前钱某曾书面要求长宁分局指定其为连某某的监护人，长宁分局对钱某作为连某某法定代理人代为诉讼也没有异议，并书面指定钱某作为其诉讼的法定代理人；再则，涉案协议中钱某也作为连某某的监护人参与其中，故本案根据现有证据和案件具体情况，确定由钱某作为连某某的法定代理人，符合《民法通则》第十四条、第十七条第一款第（五）项的规定。

二、本案监护责任及其范围的确定

钱某辩称，虽然合同中约定其是监护人，但是监护人确认应当经过法定程序，当时为了让连某某入住敬老院，其才在监护人一栏中签上自己的姓名，故其在本案中不应当承担监护责任。如何来认定这一争议？一方面，本案为服务合同纠纷，应依据合同约定确定原、被告的权利义务关系。钱某作为完全民事行为能力人，应当对自己签约的法律后果有清楚的认识。其在《入住协议书》第一条中承诺"同意为乙方入住甲方期间应承担的付费义务……的连带保证责任"，在第四.6条中明确，其在"乙方入住期间应承担监护人应当承担的职责"，故钱某应按协议履行相关义务。敬老院按照协议接收了连某某，为其提供养老服务，如果钱某拒绝履行合同义务，不仅对原告会产生不公，也有违诚信，不符合民法倡导的诚实信用原则。另一方面，连某某系八十八岁高龄老人，且在本案中属于限制民事行为能力人，其承租的房屋由钱某一家居住，养老金也由钱某掌控，判决钱某承担监护责任，不仅符合《民法通则》第十七条第一款第（五）项之规定，而且也符合人之常情和社会常理。至于监护责任的范围，当事人在《入住协议书》中没有约定，可以结合案件具体情况、当事人订立合同时的初衷等因素，公平合理确定。本案根据连某某的身体状况及案件实际情况，判决钱某负有协助连某某搬离的监护责任，并在本院认定中明确，协助义务的范围为陪同、接收、安顿之内容。该判决对于维护敬老院的正常运营秩序，保护连某某的合法权益，保障案件的顺利执行具有积极意义。

按照设计图纸对建筑物内部进行装修装潢不构成著作权法意义上"从平面到立体"的复制

——AT设计公司诉杰安技防公司、C古镇旅游发展有限公司著作权权属、侵权纠纷案

林佩瑶[1]

著作权法意义上实施"从平面到立体"的行为是指按照设计图纸去建造受著作权法保护的建筑作品,而不包括按照设计图纸对建筑物内部进行装修装潢的行为。

【案情】

被告杰安技防公司(以下简称杰安公司)委托原告AT设计公司(以下简称AT公司)为"C古镇安防博物馆"进行内部设计,并接收了后者发送的创意思路和初步创意方案,双方还就设计方案进行了多次磋商和修改。但因报价等内容未达成一致意见,最终双方未签订书面设计施工合同,也未就设计方案的相关权利形成一致书面意见。

之后AT公司在杰安公司官方网站上发现《杰安推出了安防博物馆宣传片》一文,文中记载"……安防博物馆是由杰安技防公司与B区政府、C古镇旅游发展有限公司通力合作建成的……",文字下方还附有宣传视频。AT公司据此认为,杰安公司未经其许可擅自将其创意思路及设计图纸使用在"C古镇安防博物馆"项目及其宣传片中,C古镇旅游发展有限公司(以下简称C旅游公司)未经AT公司许可擅自依照AT公司设计方案进行施工建设其负责管理的C古镇安防博物馆,故诉至法院,要求二者承担相应的著作权侵权责任。审理中,AT公司明确在本案中主张权利的是一张平面设计图和一张效果图。

杰安公司辩称AT公司在设计文件中所提及的"参观线路"不属于著作权法保护的客体,并对著作权权利归属、不构成实质性相似以及民事责任承担方面分别提出抗辩意见。C旅游公司则认为涉案博物馆是公益项目,而其只是场地提供者,并未参与前期施工及后期管理,不应承担侵权责任。

---

[1] 作者单位:上海市徐汇区人民法院。

【审判】

本案争议焦点之一是杰安公司和 C 旅游公司的行为是不是对 AT 公司设计图纸"从平面到立体"的复制，从而构成著作权侵权。

一审法院认为，根据《中华人民共和国著作权法》（以下简称著作权法）的相关规定，复制权，即以印刷、复印、拓印、录音、录像、翻录、翻拍等方式将作品制作一份或者多份的权利。结合本案而言，著作权法意义上实施"从平面到立体"的行为是指按照平面设计图去建造受著作权法保护的建筑作品，该建筑作品受到著作权法保护的前提是建筑物必须具有独立于建筑实用功能以外的艺术美感；但本案中 C 古镇安防博物馆只是出于参观线路的安排对空间进行了简单分割，只是为了实现实用功能，而并未体现独创性的艺术美感，不构成建筑作品。故 C 古镇安防博物馆内部的施工并未侵害 AT 公司就涉案图纸享有的著作权。

一审宣判后，AT 公司不服，提起上诉。

二审法院经审理认为，按工程设计图施工的建筑物属于著作权法意义上的建筑作品是构成复制的前提条件。本案 C 古镇安防博物馆出于参观路线的安排对空间进行分割，体现了实用功能性，并无可与其实用功能性相分离的艺术美感，故不能受著作权法保护。故对于 AT 公司关于 C 旅游公司、杰安公司设计施工 C 古镇安防博物馆构成对其设计图"从平面到立体"的复制的主张，不予支持。二审法院遂判决驳回上诉，维持原判。

【评析】

一、一般侵害作品复制权构成要件=接触可能性+实质性相似-合理抗辩

接触并实质性相似是著作权侵权判定的基本原则。知识产权法的立法目的之一就是保护和鼓励创新，著作权法并不排斥巧合，如果在后创作者并没有接触过在先作品，而其独立创作出的作品符合著作权法的要求，就应当受到著作权法保护，而不应当因其与在先作品构成实质性相似而认定侵权。因此，接触可能性是判定著作权侵权的构成要件之一。需要注意的是，此处的"接触可能性"是偏正短语，即权利人要证明的是可能性而非侵权者实际接触了其作品，在证明标准上应当予以正确把握。

关于实质性相似的认定方面，应当牢牢把握著作权法只保护作品本身蕴含的美感，而不保护其实用功能的立法精神。如本案中 AT 公司主张的效果图，在与宣传片截图比较之前，应当首先将二者包括空间分割、布局结构等实用功能予以剔除。即使两图在总体布局上呈现出一定程度的雷同，但只要二者在表现方式上存在明显差异进而体现不同的美感，就不能认定二者构成实质性相似。

关于合理抗辩部分，由于不是本案焦点，在此不予赘述。

二、"从平面到立体"复制构成要件＝双作品+一般侵害作品复制权构成要件

本案与一般侵害作品复制权纠纷不同之处在于，本案 AT 公司主张的是"从平面到立体"的复制，而非通常的"从平面到平面"的复制。该项主张成立的条件不仅包括一般侵害复制权构成要件，更为关键的在于要求设计图纸和按照设计图纸建造的建筑物均构成著作权法意义上的作品。本案复制权侵权的主张未得到法院支持的关键原因就在于双作品条件不具备。

关于设计图纸是否构成作品的认定。本案中杰安公司认为，涉案图纸展现的"参观线路"是思想而非表达，故并非著作权法保护的客体，且囿于客观环境和杰安公司的要求，AT 公司所作设计是唯一表达，不具有独创性。然而，AT 公司在创意思路等邮件中提及的"参观线路"确是创意思想，并非著作权法保护客体，但 AT 公司将上述创意思想用于设计具体的建筑项目，通过绘制图形在图纸上固定后，相关图纸即成为具有独创性并能以某种有形形式复制的作品，因而受到著作权法的保护。

关于涉案博物馆内部施工行为的认定。并非所有的建筑物都受著作权法保护，只有那些蕴含了区别于实用功能的独特美感的建筑作品才得以受著作权法保护，简而言之，著作权法不可能保护简易工棚[1]。本案中设计的对象是博物馆，但并非对博物馆的整体设计，而是内部装修装潢的设计。那么这个内部设计是不是著作权法所保护的作品呢？著作权法第三条规定的作品类型[2]中并无对应的项目，也就是说内部装修装潢并非著作权法所保护的作品。设计图与按照设计图施工的建筑物均属于著作权法意义上的作品，才有可能对原设计图构成复制权侵权，而本案中该前提并不成立，因此 AT 公司关于复制权的主张无法得到支持。AT 公司称，2001 年著作权法修改时，删去 1990 年著作权法有关按照工程设计图、产品设计图进行施工和生产不构成复制的条款，从侧面反映了现行著作权法中的复制行为应当包括按照工程设计图进行施工。然而，在笔者看来，该主张是对法律的误读。删除上述规定，并不意味着法律确认按照工程设计图和产品设计图去建造和生产不受著作权法保护的工程和产品是著作权法意义上的复制行为，因为这样就会为著作权法保护实用功能打开例外之门，以致违反著作权法保护艺术之美的基本原则。同时，应当注意到，2001 年修改后的著作权法将建筑作品

---

[1] 王迁. 知识产权法教程［M］. 4 版. 北京：中国人民大学出版社，2014.
[2] 著作权法保护的作品包括文字作品、口述作品、音乐作品、戏剧作品、曲艺作品、舞蹈作品、杂技艺术作品、美术作品、建筑作品、摄影作品、电影作品和以类似摄制电影的方法创作的作品、工程设计图、产品设计图、地图、示意图等图形作品和模型作品、计算机软件以及法律、行政法规规定的其他作品。

纳入保护范围，按照建筑作品的设计图去施工建造该建筑物才是著作权法意义上的复制行为。关于新旧法律的对比和理解应当建立在立法基本原则的基础上，著作权法保护艺术之美的精神始终未有改变。

三、司法实践中保护"从平面到立体"复制的案例

那么司法实践中有没有"从平面到立体"复制得到支持的案例呢？当然有。同年，上海某基层法院就有一起类似案件❶，该案被告为参加展览会，就其展厅的设计和搭建项目进行公开招标，该案原告的方案中标。之后双方对初步方案进行了多次磋商和修改，形成了包括展厅外部设计和内部结构一系列效果图在内的最终设计方案。但是在该案原告提出报价方案后，该案被告以该案原告报价远高于其中标价为由，转而与案外人签订了设计施工合同。该案原告认为该案被告参展时的展厅设计与该案原告设计方案基本相同，故诉至法院要求该案被告承担侵害其作品复制权的侵权责任。法院最终支持了该案原告的该项诉讼主张。

该案与本案的最大区别在于，本案的内部装修装潢并非著作权法所保护的作品，而该案中被告的展厅是在大型室内展馆内用建筑等材料搭建成的大型展馆，而且通过设计装饰，体现了艺术之美，因而可以认定为著作权法所保护的建筑作品。通过案例对比，我们可以进一步明确，著作权法对于"从平面到立体"的复制的保护前提，就是设计图和按照图纸形成的标的均需构成作品，这即是本案的典型意义所在。

---

❶ （2014）浦民三（知）初字第 827 号。

用人单位单方调岗调薪的法律适用分析

——王某鸣诉 A 对外服务有限公司、斯浩化学（上海）有限公司劳务派遣合同纠纷案

戚垠川[1]

【案情】

原告（被上诉人）王某鸣
被告（上诉人）A 对外服务有限公司（以下简称 A 外服公司）
被告斯浩化学（上海）有限公司（以下简称斯浩公司）

2005 年 7 月 15 日，王某鸣与 A 外服公司建立劳动关系，同日，被派遣至斯浩公司工作。2008 年 6 月，王某鸣与 A 外服公司签订期限为 2008 年 7 月 15 日至 2010 年 7 月 14 日的劳动合同及派遣协议书。2012 年 7 月 15 日，王某鸣与 A 外服公司签订期限为 2012 年 7 月 15 日至 2014 年 7 月 14 日的签订劳动合同、《劳动合同》内容确认书、派遣协议书，其中派遣协议书记载王某鸣职务为电子商务经理。

2014 年 7 月 8 日，王某鸣与 A 外服公司签订期限为 2014 年 7 月 15 日至 2016 年 7 月 14 日的劳动合同及《劳动合同》内容确认书，其中《劳动合同》内容确认书记载王某鸣住址为申港路某住宅。2014 年 7 月 15 日，王某鸣与 A 外服公司签订派遣协议书，期限为 2014 年 7 月 15 日至 2016 年 7 月 14 日，王某鸣担任 IT/区域销售经理，工作地点为上海市徐汇区肇嘉浜路某广场，工资组成是岗位工资+销售提成。

2014 年 8 月起，斯浩公司将王某鸣调离销售团队，并表示王某鸣不再享有佣金，王某鸣多次表示异议。2014 年 10 月 30 日，王某鸣与斯浩公司总经理李广兵谈话，李广兵要求王某鸣至上海市松江区申港路某办公室从事 IT 工作，并再次告知王某鸣 2014 年 6 月之前享有佣金，之后不再享有佣金。王某鸣表示同意至上海市松江区申港路某办公室工作，但对 2014 年 6 月之后不享有佣金明确反对。2014 年 10 月 31 日，斯浩公司关闭王某鸣两个工作邮箱，并要求王某鸣 2014 年 11 月 3 日起至上海市松江区申港路某办公室工作，王某鸣不同意斯浩公司安排，仍至原工作地点上海市徐汇区肇嘉浜路某广场报到，斯浩公司与 A 外服公司分别

---

[1] 作者单位：上海市徐汇区人民法院。

于 2014 年 11 月 5 日、11 月 7 日解除王某鸣的劳务和劳动关系，系违法解除。

另查，2014 年 8 月 28 日，斯浩公司与东化药业股份有限公司（以下简称东化公司）签订数量为 300 千克的间甲酚买卖合同，合同价款为 3 450 000 元，该份合同结尾处卖方斯浩公司委托代理人为张某芹。再查，王某鸣在 2012 年 12 月之前工作地点为上海市松江区申港路某住宅，之后工作地点变更为上海市徐汇区肇嘉浜路某广场。在职期间，斯浩公司除支付王某鸣工资外，另支付数额不等的佣金。

2014 年 12 月 25 日，王某鸣向上海市徐汇区劳动人事争议仲裁委员会申请仲裁，要求：（1）A 外服公司支付解除劳动合同赔偿金 349 287 元，斯浩公司承担连带赔偿责任；（2）A 外服公司支付 2014 年第三季度佣金 120 800 元，斯浩公司承担连带赔偿责任；（3）斯浩公司报销 2014 年 9 月至 11 月电话费 945.06 元，A 外服公司承担连带责任。2015 年 2 月 10 日，该仲裁委员会作出裁决：对王某鸣全部申诉请求均不予支持。

王某鸣不服该仲裁裁决，向法院提起诉讼，请求判令：1. 被告 A 外服公司支付违法解除劳动合同赔偿金 302 160 元，被告斯浩公司承担连带赔偿责任；2. 被告斯浩公司支付 2014 年第三季度佣金 120 750 元，被告 A 外服公司承担连带赔偿责任；3. 被告斯浩公司支付 2014 年 9 月至 11 月电话费 945.06 元。

被告 A 外服公司辩称，A 外服公司与王某鸣于 2005 年 7 月 15 日建立劳动关系，将其派遣至斯浩公司工作。2014 年 11 月 5 日，斯浩公司以王某鸣严重违反规章制度为由将其退回 A 外服公司，A 外服公司据此解除王某鸣劳动合同，系合法解除。A 外服公司从未与王某鸣就佣金有过约定，其实际服务单位是斯浩公司，不同意承担连带赔偿责任。综上所述，请求驳回原告王某鸣的诉讼请求。

被告斯浩公司辩称，2014 年 11 月 5 日斯浩公司以严重违反规章制度为由将王某鸣退回 A 外服公司，解除理由已在解除劳动关系通知书上明确说明，系合法解除，不同意支付赔偿金。斯浩公司从未与王某鸣就佣金有过书面约定，王某鸣提交证据不足以证明销售合同系王某鸣签订，客户也未认可王某鸣的销售合同，故不同意支付佣金。另外，斯浩公司从未与王某鸣就电话费有过约定，王某鸣也无法证明电话费与其工作有关，不同意支付。综上所述，请求驳回原告王某鸣的诉讼请求。

【审判】

一审法院认为，关于 2014 年度第三季度佣金，王某鸣曾代表斯浩公司与东化公司签订过买卖合同，据此王某鸣主张 2014 年 8 月 28 日斯浩公司与东化公司买卖合同的佣金，但根据该份买卖合同显示，斯浩公司的委托代理人为张某芹，并非王某鸣，王某鸣表示系斯浩公司变更其 ERP 系统的订单并将订单分配给其他销售人员，但未进一步提供证据证明，退一步来说，即使东化公司系王某鸣开发客户，也并不必然代表斯浩公司与东化公司签订的买卖合同，王某鸣均享有佣金。故根据现有证据，尚无法得出2014年8月28日斯浩公司与东化公司的买卖合同系王某鸣签订，故王某鸣要求斯浩公司支付2014年第三季度佣金，并要求A外服公司承担连带赔偿责任，缺乏事实依据，法院不予采信。

关于违法解除劳动合同赔偿金，王某鸣表示其同意斯浩公司调整其工作地点，但不同意斯浩公司降低其工资待遇。根据法律规定，用人单位与劳动者协商一致的，可以变更劳动合同内容，根据2014年7月15日派遣协议书显示，王某鸣工作岗位为IT/区域销售经理，之后斯浩公司单方将王某鸣调离销售岗位并不支付其佣金，王某鸣多次提出异议。根据2014年10月30日谈话记录及之后电子邮件内容显示，斯浩公司将王某鸣调整到上海市松江区申港路某办公室从事IT工作，不再从事销售岗位，结合斯浩公司之前支付王某鸣工资及佣金的事实，斯浩公司该调岗行为实质上降低了王某鸣的工资待遇，王某鸣对此提出异议，并无不当。2014年11月3日至5日王某鸣至上海市肇嘉浜路某广场正常出勤，未至上海市松江区申港路某办公室报到，并非无故旷工，斯浩公司据此将王某鸣退回A外服公司，A外服公司据此解除王某鸣的劳动合同，缺乏事实依据，故A外服公司应支付王某鸣解除劳动合同赔偿金，合法有据，但王某鸣要求斯浩公司承担连带赔偿责任，缺乏法律依据，法院不予支持。如前所述，法院对王某鸣2014年度第三季度佣金的主张不予支持，故其要求将该笔佣金计入赔偿金计算基数的意见不予采信，由于三方一致确认王某鸣离职前12个月平均工资为12 900.64元及工作年限9.5年，故A外服公司应支付王某鸣解除劳动合同赔偿金245 112.16元。

关于2014年9—11月电话费，如前所述，根据现有证据，尚无法得出王某鸣与斯浩公司就电话费有过约定，斯浩公司无义务支付王某鸣电话费，故王某鸣要求斯浩公司支付2014年9—11月电话费，缺乏事实依据，法院不予支持。

综上所述，依照《中华人民共和国劳动法》第七十八条、《中华人民共和国劳动合同法》第四十七条、八十七条的规定，判决如下：（1）被告A对外服务有限公司于本判决生效之日起七日内支付原告王某鸣解除劳动合同赔偿金245 112.16元；（2）驳回原告王某鸣的其余诉讼请求。

一审判决后，被告A外服公司不服提起上诉。二审法院认为，一审法院判决事实清楚，适用法律正确，判决驳回上诉、维持原判。

【评析】

用人单位在行使用工管理权过程中，通过调岗调薪，对劳动者权利义务进行单方调整，其实质是对劳动合同的单方变更。受倾斜保护立法理念的影响，我国

《劳动合同法》第35条明确规定："用人单位与劳动者协商一致，可以变更劳动合同约定的内容。变更劳动合同，应当采用书面形式。"由此可见，我国对劳动合同变更以双方协商变更为主，单方变更为辅，并要求采用书面形式，尤其是对用人单位单方变更劳动合同的情形，限制较为严格。但在司法实践中，用人单位单方调岗调薪情形较为普遍，由此产生的争议也较为集中，本案即极具典型意义。在调岗调薪过程中，用人单位如何有效控制其法律风险，应从以下几方面着手。

一、用人单位调岗调薪的原则性限制

针对调岗调薪，我国台湾地区确立了"调职五原则"，即"（一）基于企业经营上所必需；（二）不得违反劳动契约；（三）对劳工薪资及其他劳动条件，未作不利之变更；（四）调动后工作与原有工作性质为其体能及技术所可胜任；（五）调动工作地点过远，雇主应予以必要之协助"。[1] 结合我国司法实践，用人单位调岗调薪受以下两大原则限制：第一是合法性原则，即对劳动者的调岗调薪不得违反法律强制性规定，例如禁止安排女职工、未成年人、伤残员工在禁忌岗位工作，主要体现在《女职工劳动保护特别规定》《女职工禁忌劳动范围的规定》《工伤保险条例》等规定；第二是合理性原则，即对劳动者的调岗调薪必须在合理限度内，不得影响劳动者的基本生活，例如对劳动者减薪幅度可以参考《工资支付暂行规定》规定，每月减薪比例应小于该月职工工资的20%。

二、用人单位调岗调薪的程序性限制

对用人单位调岗调薪必须有严格的程序性限制，保障劳动者的基本权益：第一，用人单位应向劳动者提前告知调整后的工作内容、薪酬水平等相关情况，保证劳动者的知情权；第二，为劳动者设定一定的异议期间，在此期间内允许劳动者对用人单位单方变更提出异议，并给予相应的救济途径；第三，为防止用人单位借劳动者不能胜任本职工作为由而调整劳动者的工作岗位，然后再以劳动者不能胜任新的工作为由依《劳动合同法》第40条规定解除劳动合同，法律应当明确在第一次调整工作岗位后一定期间内用人单位不得依该规定解除劳动合同；第四，采用书面形式，虽然《最高人民法院关于审理劳动争议案件适用法律若干问题的解释（四）》第11条允许变更劳动合同未采用书面形式的存在，但为了保证双方权利义务的明确，尤其是劳动者日后举证的便利，调岗调薪应当采用书面协议。

---

[1] 黄越钦. 劳动法新论［M］. 北京：中国政法大学出版社，2003：238.

三、用人单位调岗调薪的举证责任分配

在劳动争议处理实践中，针对用人单位的调岗调薪，既要审查合法性，又要审查合理性，而且是否合法、合理，均应当由用人单位承担主要举证责任。在各省司法实践中均有所体现，例如江苏省高级人民法院《关于在当前宏观经济形势下妥善审理劳动争议案件的指导意见》规定，用人单位有权依据其劳动规章制度或双方的书面约定调整劳动者的工作内容和工资报酬，发生争议的，用人单位应当对调整劳动者工作内容和工资报酬的合法性和合理性承担举证责任。上海市高级人民法院《关于审理劳动争议案件若干问题的解答》第15条规定，用人单位和劳动者因劳动合同中约定，用人单位有权根据生产经营需要随时调整劳动者工作内容或岗位，双方为此发生争议的，应由用人单位举证证明其调职具有充分的合理性。用人单位不能举证证明调职具有充分合理性的，双方仍应按原劳动合同履行。由此可见，用人单位在调岗调薪过程中，应当对合法性、合理性承担举证责任。

持有烟草专卖零售许可证但违规销售境外生产且禁止在国内销售卷烟的行为构成非法经营罪

——陈某明、陈某星非法经营案

朱以珍　吴昉昱[1]

持有烟草专卖零售许可证但违规销售卷烟的行为是否具有刑事违法性，长期以来备受争议，尤其是行为人持有零售许可证但非法销售境外生产且禁止在国内销售的卷烟时该如何判处，在实践中并无指导性先例可循。最高人民法院《关于被告人李某华非法经营请示一案的批复》明确了持有零售许可证但超越经营地域和经营范围经营卷烟的行为不具刑事违法性。本案的裁判厘清了上述批复的前提，即行为人经营的烟草必须是在中国境内允许销售的烟草，同时行为人需拥有合格的烟草专卖资质，否则属于非法经营违禁卷烟，符合非法经营罪构成要件。此外，本罪作为情节犯，查清非法经营数额是确认犯罪情节、认定非法经营罪的关键。本案对两高《关于办理非法生产、销售烟草专卖品等刑事案件具体应用法律若干问题的解释》第四条的适用标准进行了有益的实践探索。

【案情】

被告人陈某明

被告人陈某星

被告人陈某明持有烟草专卖零售许可证，在上海市徐汇区经营公明百货商店，从事卷烟零售。2014年3月起，被告人陈某明从非法渠道购入"红双喜"卷烟1 860条、"红塔山"卷烟620条，共计2 480条，存放于福晟物流公司，上述卷烟均为境外生产并禁止在国内销售的真品卷烟。2014年4月1日，被告人陈某星经被告人陈某明授意，驾车至福晟物流公司，以"刘明"的名义提取陈某明非法购入的上述"红双喜"及"红塔山"卷烟共计1 240条。随后，陈某星运送上述卷烟至某建材市场，准备出售时被警方抓获。同日，警方抓获被告人陈某明。次日，警方又到福晟物流公司查扣被告人陈某明非法购入的上述"红双喜"及"红塔山"卷烟共计1 240条。经鉴定，上述二批被查扣的"红双喜"及"红塔山"卷烟共计2 480条，均为境外生产且禁止国内销售的真品卷烟，每批卷烟

---

[1] 作者单位：上海市徐汇区人民法院。

价格为人民币169 458.40元，共计人民币338 916.80元。

公诉机关认为，陈某明、陈某星违反国家烟草专卖管理法律法规，未经烟草专卖行政主管部门许可，非法经营烟草专卖品，其中陈某明参与非法经营卷烟2 480条，非法经营额33万余元，情节特别严重，陈某星参与非法经营卷烟1 240条，非法经营额16万余元，情节严重，两名被告人的行为均触犯《中华人民共和国刑法》第二百二十五条第一款之规定，应当以非法经营罪分别追究被告人陈某明、陈某星的刑事责任。被告人陈某明、陈某星系共同犯罪，其中被告人陈某明系主犯，应当按照其参与的全部犯罪处罚。被告人陈某星系从犯，应当从轻或者减轻处罚。

被告人陈某明承认非法购入第一批"红双喜"和"红塔山"卷烟共计1 240条的事实，但否认从福晟物流公司查获的第二批"红双喜"和"红塔山"卷烟1 240条与其有关，并认为起诉书认定的卷烟价格与真实交易价格不一致。被告人陈某明的辩护人进一步认为，根据最高人民法院的批复精神，被告人陈某明持有烟草专卖零售许可证，其行为属于《烟草专卖实施条例》第二十五条和第二十六条规定的"未在许可证规定的经营范围和地域范围内从事烟草制品的批发业务"和"未在当地的烟草专卖批发企业进货"的情形，应按第五十七条和第六十条的规定予以行政处罚，故陈某明的行为不构成非法经营罪，陈某明无罪。

被告人陈某星对起诉书指控的犯罪事实和罪名均无异议。

【审判】

法院审理后认为，被告人陈某明、陈某星违反国家烟草专卖管理法律法规，未经烟草专卖行政主管部门许可，非法经营烟草专卖品，扰乱市场秩序，二人行为均已构成非法经营罪，且部分系共同犯罪，应予处罚。被告人陈某明通过手机向福晟物流公司确认收货，并授意陈某星提取货物予以销售，被告人陈某明及其辩护人认为从福晟物流公司查货的第二批1 240条"红双喜"和"红塔山"卷烟与陈某明无关的辩解，与事实不符，故不予采纳。被告人陈某星到案后如实供述自己的罪行，依法予以从轻处罚。上海市徐汇区人民法院2016年1月21日作出（2014）徐刑初字第1070号刑事判决书判决陈某明犯非法经营罪，判处有期徒刑六年，并处罚金人民币二万元；判决陈某星犯非法经营罪，判处有期徒刑二年，缓刑二年，并处罚金人民币五千元，没收缴获的烟草制品及被告人的违法所得。

一审判决后，被告人陈某明、陈某星以事实不清、量刑过重等为由提出上诉。上海市第一中级人民法院经审理，于2015年8月19日作出（2015）沪一中刑终字第21号刑事判决，认为原审判决事实不清、证据不足，裁定撤销原判，发回重审。

徐汇区人民法院经审查认为，（1）涉案"红双喜"及"红塔山"虽系境外生产的真品卷烟,但被禁止在国内销售,行为人陈某明虽持有烟草专卖零售许可证,也不具有在国内销售上述涉案卷烟的资格。陈某明、陈某星违反国家烟草专卖管理法律法规,未经烟草专卖行政主管部门许可,以经销走私烟的故意,非法经营境外生产、禁止在国内销售的"红双喜"及"红塔山"真品卷烟,其行为扰乱市场秩序,符合我国刑法第二百二十五条非法经营罪的构成要件。(2) 被告人陈某明从非法渠道购入禁止在国内销售的真品卷烟共计2 480条,涉案卷烟按照查获地即上海市的上年度卷烟平均零售价格计算,其中,被告人陈某明参与非法经营额达33万余元,被告人陈某星参与非法经营额度达16万元,其行为均已构成非法经营罪,且部分系共同犯罪,应予处罚。公诉机关的指控成立。故于2016 年 6 月 10 日作出上海市徐汇区人民法院(2015)徐刑重字第 1 号判决陈某明犯非法经营罪,判处有期徒刑六年,并处罚金人民币二万元;以非法经营罪判处陈某星有期徒刑二年,缓刑二年,并处罚金人民币五千元,没收缴获的烟草制品及被告人的违法所得。

【评析】

本案的争议焦点在于被告人陈某明、陈某星经销境外生产且禁止在国内销售的卷烟,其行为该如何定性。亦即被告人陈某明在持有国内烟草专卖零售许可证的前提下,故意销售境外生产且禁止在国内销售卷烟的行为,是否构成非法经营罪。此外,如果构成非法经营罪,其非法经营数额如何确定。

一、经营境外生产、境内禁售卷烟行为具有刑事违法性

合法的烟草零售商不仅需要经营者取得经营许可,且经营的卷烟品牌需与许可经营范围具体对应。若经营者不具有烟草专卖零售许可证,情节严重的,可能触犯我国现行刑法第二百二十五条非法经营罪第(一)项规定"未经许可经营法律、行政法规规定的专营、专卖物品或者其他限制买卖的物品"。本案特殊之处,经营者取得零售许可证,但销售的是在境外生产、销售的真品卷烟,是否构成非法经营罪。控辩双方对涉案行为如何定性存在较大争议。被告人和辩护人坚持无罪辩护,理由是最高人民法院(2011)刑他字第 21 号《关于被告人李明华非法经营请示一案的批复》(以下简称《批复》):"被告人李明华持有烟草专卖零售许可证,但多次实施批发业务,而且从非指定烟草专卖部门进货的行为,属于超范围和地域经营的情形,不宜按照非法经营罪处理,应由相关主管部门进行处理。"

因此,明确本案是否属于超范围销售真烟、不作为犯罪处理的情形,是确定本案是否具有刑事违法性的关键。法院认为,应当严格《批复》的适用范围,不得对《批复》精神作扩张解释,即必须以烟草制品允许在中国境内销售为前

提。《中华人民共和国烟草专卖法实施条例》（以下简称《条例》）明确规定我国烟草实行专营、专卖制度。持有烟草专卖批发企业许可证、烟草专卖零售许可证进行中国烟草制品批发、零售活动时，以该烟草制品允许在中国境内销售为前提。若违反《烟草专卖法》《条例》等行政法规，超越经营范围和地域范围经营真烟时，予以行政处罚；若违法情节严重的，则涉嫌构成犯罪。同样，持有特种烟草专卖经营企业许可证批发、零售外国卷烟制品时，也以该外国烟草制品允许在中国境内销售为前提，否则可能造成行政违法，情节严重的，甚至构成刑事犯罪。

具体而言，当经营者销售真烟，且拥有烟草专卖零售许可证时，可能出现两种违规经营真烟的情况：第一种情况是"有证超范围销售真烟"，即行为人有零售许可证，但超越经营范围和地域范围经营真烟，根据《批复》精神不作犯罪处理；第二种情况是"有证销售禁售卷烟"，即行为人有零售许可证，但经营禁止在中国境内销售的真品卷烟，构成非法经营罪。本案即属于后者情况。

对于第一种情况，具备烟草专卖资格，但未从当地的烟草专卖批发企业进货，或未在零售许可证规定的经营范围和地域范围内从事烟草制品的批发业务的，仅属于行政违法，不构成非法经营罪。这是由刑法作为部门法的后盾法、保障法的体系地位决定的，即当前置部门法的法益受到侵害，无力自行恢复时，才动用刑法恢复法秩序。根据《行政许可法》《烟草专卖法》的规定[1]，烟草专卖零售许可证有特许权利的一面，又有确定义务的一面，要求持证人必须在许可范围内从事烟草专卖品经营活动，且证件在经营方式、经营范围、进货渠道等方面作出限制，超出许可范围即违法。[2]《条例》和《批复》也体现了该精神。《条例》规定"未在许可证规定的经营范围和地域范围内从事烟草制品的批发业务"和"未在当地的烟草专卖批发企业进货"的情形，仅予以行政处罚，不构成刑事犯罪。[3]《批复》指出，超范围经营烟草销售仅构成行政违法，并不触犯现行刑法第二百二十五条非法经营罪。

---

[1] 2015年4月24日，第十二届全国人民代表大会常务委员会第十四次会议对《烟草专卖法》进行了修正，删去了涉及特种烟草专卖经营企业许可证方面的条款。修正后的《烟草专卖法》第六条规定烟草专卖许可证分为烟草专卖生产企业许可证、烟草专卖批发企业许可证和烟草专卖零售许可证三类，删去了涉及特种烟草专卖经营企业许可证方面的条款。这意味着普通零售户、企业可以销售的烟草范围为国产及进口卷烟。同时《实施条例》第二十三条明确，取得烟草专卖批发企业许可证的企业，应当在许可证规定的经营范围和地域范围内，从事烟草制品的批发业务。

[2] 吕斌.试论行政许可在烟草专卖管理中的适用 [J]. 云南大学学报（法学版），85.

[3] 1997年国务院颁布实施的《中华人民共和国烟草专卖法实施条例》第二十五条、2016年2月6日修正后第二十三条："取得烟草专卖批发企业许可证的企业，应当在许可证规定的经营范围和地域范围内，从事烟草制品的批发业务。取得烟草专卖零售许可证的企业或者个人，应当在当地的烟草专卖批发企业进货，并接受烟草专卖许可证发证机关的监督管理。"

对于第二种情况，经营者虽有烟草专卖许可，但经营禁止在中国境内销售的真烟，其行为严重破坏我国烟草专卖制度，构成非法经营罪。此时，行为人对特殊商品专卖专营、限制买卖秩序造成的损害程度，仅依靠行政法本身无力自行恢复，因此需要科以刑罚才能实现受损法秩序的修复。销售禁止在中国境内销售的卷烟，不是超越行政许可范围，而是行政禁止事项。《条例》第二十三条第二款之所以要求烟草零售经营者必须从当地烟草专卖批发企业进货，因为在我国，经营卷烟进出口业务、在免税店经营"外烟"必须有特种烟草专卖经营企业许可证，这是外烟进入我国境内的唯一合法途径，从其他渠道进入我国的外烟禁止在我国境内销售。经营者销售为从其他渠道拿到的外烟，其实质与无证经营无异，对经营秩序的破坏达到情节严重程度，因此以非法经营罪加以规制。本案中，涉案2 480条"红双喜"及"红塔山"真品卷烟，系禁止在国内销售的真品卷烟，被告人的行为构成非法经营罪。辩护人的无罪辩护意见，忽略了《批复》适用的前提，即行为人销售的境外卷烟，必须是允许在中国境内销售的真品外烟。否则，尽管被告人陈某明持有零售许可证，外烟也为真烟，但该外烟被禁止在我国境内销售，违反从当地烟草专卖批发企业进货的规定，因此其行为依然涉嫌构成非法经营罪。

综上所述，若行为人持有烟草专卖零售许可证，却从事批发经营允许在中国境内销售烟草的，则根据批复精神不以犯罪论处；而本案中被告人陈某明虽持有烟草专卖零售许可证，但其经营的却是境外生产且禁止在中国境内销售的真品卷烟，属于经营违禁品的情形，不符合《批复》精神。

二、非法经营数额特别巨大且具备刑事可罚性

非法经营罪作为情节犯，情节严重是定罪情节。情节从形式上区分了违法与犯罪，实质上划定了可罚违法性的范围，情节特别严重是加重情节，影响量刑。根据两高《关于办理非法生产、销售烟草专卖品等刑事案件具体应用法律若干问题的解释》（以下简称《解释》），涉烟非法经营罪的追诉标准可从"非法经营数额"和"违法所得数额""卷烟支数""行政再犯"三方面确认，且以非法经营数额为主、以违法所得数额为辅。❶ 因此，就涉烟犯罪而言，明确非法经营数

---

❶ 根据最高人民法院、最高人民检察院2010年3月颁布的《关于办理非法生产、销售烟草专卖品等刑事案件具体应用法律若干问题的解释》第三条规定："非法经营烟草专卖品，具有下列情形之一的，应当认定为刑法第二百二十五条规定的'情节严重'：（一）非法经营数额在五万元以上的，或者违法所得数额在二万元以上的；（二）非法经营卷烟二十万支以上的；（三）曾因非法经营烟草专卖品三年内受过二次以上行政处罚，又非法经营烟草专卖品且数额在三万元以上的。具有下列情形之一的，应当认定为刑法第二百二十五条规定的'情节特别严重'：（一）非法经营数额在二十五万元以上，或者违法所得数额在十万元以上的；（二）非法经营卷烟一百万支以上的。"

额对是否构成非法经营罪的认定至关重要。

第一，非法经营数额的计价对象包括经营各环节涉及的卷烟。非法经营犯罪可表现为生产、运输、储存、销售等多种行为方式，只要行为人实施其中的一种行为，就侵害了国家限制买卖物品和经营许可证的市场管理秩序，情节严重，构成非法经营罪既遂。行为人是否完成销售行为，只是造成危害社会后果的程度不同而已，并不影响非法经营罪既遂的成立。本案中，被告人陈某星经被告人陈某明授意以"刘明"的名义提取并准备出售给他人的前述"红双喜"及"红塔山"卷烟共计1 240条，其非法经营行为已经进入销售环节。而次日警方至福晟物流公司查扣被告人陈某明非法购入的前述"红双喜"及"红塔山"卷烟1 240条，尚处于非法经营的储存阶段。无论是销售环节还是储存环节，均属于非法经营行为，故应以前述2 480条"红双喜"及"红塔山"卷烟为对象，计算非法经营数额。

第二，非法经营数额的计算标准。《解释》第四条第一款及第四条第一项明确了相关标准。❶ 具体操作中，犯罪数额的认定按照如下顺序进行：若能查清卷烟的销售或者购买价格，直接可得非法经营金额；若不能查清，则考虑前述涉案卷烟是否有品牌，品牌卷烟依照零售指导价格计算；若为无品牌卷烟，按照查获地省级烟草专卖行政主管部门出具的上年度卷烟评价零售价格计算。本案中，一方面，涉案卷烟既未实际销售，也未涉及销售价格，更无法查清购买价格；另一方面，涉案卷烟属于境外生产且禁止国内销售的卷烟，当然不可能出现在国家烟草专卖局核准的在销卷烟价格目录，也就没有其参照的品牌价格。因此，涉案卷烟应当认定为"无品牌"卷烟。

第三，关于"无品牌"卷烟价格的认定依据。辩护人提出根据国家发展和改革委员会价格认证中心关于印发《涉烟案件物品价格鉴定操作规范》（以下简称《操作规范》）第八条第（二）项规定"省级烟草专卖行政主管部门未公布零售指导价格的卷烟，按照相同或相近品牌同级别卷烟的零售指导价格计算"。法院认为，《解释》明确了如何确定非法经营罪的经营数额的认定方式，而《操作规范》是国家发改委为进一步规范涉烟案件物品价格鉴定工作，解决涉烟案件价格鉴定工作中的实际问题，要求各省、市、自治区价格认证中心、价格认证办公室、价格鉴定监测管理局、价格认定局及价格认证局依照执行的规范性文件，是对涉烟案件出具价格鉴定。本案属违禁卷烟的非法经营，应根据两高《解释》

---

❶ 《关于办理非法生产、销售烟草专卖品等刑事案件具体应用法律若干问题的解释》第四条："非法经营烟草专卖品，能够查清销售或者购买价格的，按照其销售或者购买的价格计算非法经营数额。无法查清销售或者购买价格的，按照下列方法计算非法经营数额：（一）查获的卷烟、雪茄烟的价格，有品牌的，按照该品牌卷烟、雪茄烟的查获地省级烟草专卖行政主管部门出具的零售价格计算；无品牌的，按照查获地省级烟草专卖行政主管部门出具的上年度卷烟平均零售价格计算。"

的规定，由查获地省级烟草专卖行政主管部门出具价格证明，而非由价格认证部门出具价格鉴定。

三、行为人无事实认识错误不存在刑事责任阻却事由

认识错误是指对法律、事实存在错误认识而导致行为人无须承担刑事责任，认识错误分为事实认识错误和法律认识错误。事实认识错误可能导致犯罪未遂，而法律认识错误一般不阻却责任。

本案中，行为人无事实认识错误，不存在刑事责任阻却事由。一方面，正常进口的卷烟必须在箱包、条包和盒包上印有"由中国烟草总公司专卖"字样，而涉案卷烟的外包装标识没有，可以证明涉案的"红双喜"和"红塔山"卷烟属于禁止在中国境内销售的卷烟。另一方面，被告人陈某明曾两次因涉嫌经销走私烟被行政处罚，此次又以非法渠道购入不符合《条例》及《通告》等相关规定的卷烟，其应当知道涉案的"红双喜"及"红塔山"卷烟系禁止在中国境内销售的走私烟，因此，陈某明对涉案卷烟属于禁止在中国境内销售的卷烟这一事实不存在认识错误，故不阻却刑事责任的承担。

社会管理专题

高校章程制定与优化中的程序性制度设计研究

——以上海市属本科公办高校为例

方有林 樊 丹[①]

摘 要：高校章程建设中程序性内容的研究与其实体性内容的研究，共同构成了高校章程建设中不可或缺的两大主体。本文以上海市属本科公办高校章程建设为考察对象，初步描述了18所高校的章程在制定（修订）、核准（备案）、修改等程序性内容方面的基本情况，分析了其中存在的问题，提出了相应的对策建议：出台具体细则，完善制定、修改程序；细化章程内容，明晰制定、修改环节；丰富核准内容，保证核准效力；拓宽参与渠道，发动多元参与。

关键词：高校章程；建设；程序研究

历经发动、制定（修订）、核准（备案）和发布等程序，全国高校章程建设面上的工作已经告一段落。作为高校治校"宪法"的章程建设，我国仍然处于草创时期，存在亟待完善和提升的诸多空间，不仅不能也不应该就此中断，而且更应加强和重视，因此，持续开展高校章程建设的理论和实证研究，对于高校内外部治理结构的不断优化，继续发挥高校章程建设在依法治校方面的正向价值，乃至积极营造和提升依法治国的良好氛围发挥重要作用。

上海市域高校章程建设与全国高校章程建设的工作节奏大体一致。自2010年，教育部吹响了全国高校章程建设的集结号肇始，2011年，教育部发文明确规定高校章程制定进程：2015年完成"985工程"高校和"211工程"高校"一校一章程"目标。上海市域内的8所均为"211工程"及以上高校已于2014年完成制定（修订）、核准、发布等程序性工作。上海市于2012年印发《上海市教育委员会关于实施〈高等学校章程制定暂行办法〉相关工作的通知》，要求市属各高校在2012年全面启动章程制定或修订工作，2015年年底初步完成了市属公办本科高校（18所）、市属公办高职学校（30所）的章程核准和发布工作。

[①] 作者单位：上海商学院；上海市静安区军队离休退休干部服务管理中心。

一、章程制定与核准阶段的程序概述

(一) 章程制定阶段的程序概述

有关高校章程制定（或修订）的具体程序，《高等学校章程制定暂行办法》和《上海市教育委员会关于实施〈高等学校章程制定暂行办法〉相关工作的通知》都做了规定，大致包括起草、讨论、审议、审定、签发。并对起草组织、起草过程等做了明确说明。要求高校在尊重民主、公开的原则下，成立专门起草组织开展章程起草工作。章程起草组织应当由学校党政领导、学术组织负责人、教师代表、学生代表、相关专家、以及学校举办者或者主管部门的代表组成，也可以邀请社会相关方面的代表、社会知名人士、退休教职工代表、校友代表等参加。此外，涉及学校发展定位、办学方向、培养目标、管理体制，以及与教职工、学生切身利益相关的重大问题，应采取多种方式、征求意见、充分论证，在提交教职工代表大会讨论后提交校长办公会议审议，由学校党委会讨论审定后由学校法定代表人签发，报核准机关。

已颁行的上海市属高校本科公办高校章程，都在市教委的强力推动下出台，其制定程序基本遵从教育部和市教委的具体规定。因此其程序性环节基本一致，大致包括起草→征求意见→教职工代表大会讨论→校长办公会审议→学校党委会审定→上报核准机关等具体环节。

在起草环节，多数高校都成立了专门的组织负责起草工作。例如，上海海事大学，在起草过程中由校长办公室牵头，成立由校党政领导、相关职能处室负责人、教师代表、学生代表、相关专家组成的章程起草小组，开展章程的调研、起草工作；还召开座谈会、专题讨论会向退休干部、教授，已经核准章程的部属大学的专家，相关职能部门负责人，法律专家，语言专家，教师，学生，校友等征求意见；利用校园网络面向全校师生广泛征求意见。累计收到来自校内外各类建议和意见1 066条，采纳620条，采纳率达到58%。经校长办公会议和党委常委会多次专门讨论修改后递交教职工代表大会讨论，再次经校长办公会议审议，党委常委会审定，于2015年4月16日报上海市教育委员会核准❶。又如，上海电力学院，成立的章程修订领导小组经过专题工作调研、文本起草与反复修改、校内外公开征求意见、教代会讨论、校长办公会议审议、校党委会审定等环节后于2015年提交市教委审议。再如，上海对外经贸大学，成立课题组在经过调研起草、论证完善、征求意见、校内审定四个工作阶段后报市教委核准❷。以及上海音乐学院，2014年3月启动之初，成立章程制定工作领导小组和起草小组，经过

---

❶ 来源于上海海事大学官网。
❷ 来源于上海电力学院官网。

九次专题研讨和座谈会，面向全院师生广泛征求意见，院六届二次教职工代表大会讨论，院长办公会议审议，院党委会审定，形成《上海音乐学院章程（申请核准稿）》，于2015年1月16日向市教委政策法规处提交[1]。

（二）高校章程核准阶段的程序概述

所谓核准（或备案），即审核后批准。对于高校章程的核准，《高等学校章程制定暂行办法》和《上海市教育委员会关于实施〈高等学校章程制定暂行办法〉相关工作的通知》中对核准的主体、核准应报送的材料、核准的具体内容、核准的程序、核准的时限等都做了明确说明。为了明晰上海市属高校章程核准程序，2014年4月，上海市教委印发《上海市属高校章程核准暂行办法》（沪教委法〔2014〕3号），进一步明晰市属高校章程核准程序，明确市属高校章程核准工作要求，明确市属高校于2014年年底前报送章程草案，申请章程核准。2014年11月，成立上海市属高校章程核准委员会，委员由市教委及有关主管部门推荐代表、高校、社会代表以及相关领域的专家组成，负责对市属高校提交核准的章程文本草案进行评议，提出评议意见。在核准过程中，委员会需要在与高校充分沟通的基础上，提出修改意见。高校根据反馈意见修改后形成定稿，以学校名义发布正式文本，并向本校和社会公开。例如，上海海事大学就根据市教委反馈的修改意见进行了3次修改，最终于2015年10月23日定稿。上海电力学院在经过汇报、答辩、多次修改等后，于2015年11月正式核准。上海音乐学院于2015年3月13日参加答辩会，市教委于3月、5月和10月先后三次对各阶段《章程（送审稿）》给予书面反馈。在对《章程》进行修订，提交书面反馈，逐一回复并做修订说明后最终核准。

上海市属本科公办高校章程核准时间一览表

序号	高校名称	章程核准时间	备注
1	上海大学	2015.5	
2	上海工程技术大学	2015.5	
3	上海师范大学	2015.5	
4	华东政法大学	2015.11	
5	上海理工大学	2015.11	
6	上海海事大学	2015.11	
7	上海海洋大学	2015.11	
8	上海中医药大学	2015.11	

---

[1] 来源于上海音乐学院官网。

续表

序号	高校名称	章程核准时间	备注
9	上海对外经贸大学	2015.11	2013年4月更名为上海对外经贸大学
10	上海电力学院	2015.11	
11	上海应用技术学院	2015.11	2016年3月更名为上海应用技术大学
12	上海体育学院	2015.11	
13	上海音乐学院	2015.11	
14	上海戏剧学院	2015.11	
15	上海第二工业大学	2015.11	
16	上海商学院	2015.11	
17	上海电机学院	2015.11	
18	上海健康医学院	2016.11	2015年由上海医药高专、上海医疗器械高专、上海健康职业技术学院合并而成

二、高校章程制定、核准与修改程序存在的问题及分析

上海市属本科公办高校章程制定和核准工作已告一段落，在较短的时间内基本实现了"一校一章程"的目标。同时，意味着高校章程建设开始进入新的阶段——修改和完善阶段。毋庸讳言，我国高校章程建设仍然处在初级阶段，除了扎实开展高校章程实体内容的后续研究外，同时必须注重高校章程程序内容的深入探讨。考察上海18所本科公办高校章程，发现了制定、核准与修改程序方面的一些问题。

（一）上海高校章程制定环节的问题及分析

1. 高校章程制定缺乏具体的程序性规定。公正的程序，方才具有产生公正结果的能力。❶ 只有通过正当程序制定的高校章程，才具有信服力和威信力，才能成为名副其实的"办学宪章"。❷《高等学校章程制定暂行办法》对高校章程制定程序作出了规定，令人遗憾的是，这些规定还偏于"粗线条"，只是指导性的"原则"："起草→征求意见→教职工代表大会讨论→校长办公会审议→学校党委会审定→上报核准机关"的程序，规定了制定阶段的基本路径和方向。例如，对于其中的教职工代表的不同意见如何处理，广大教职员工和学生是否都有权参与表决，党政机关两级会议分别对何内容进行审查、有何区别联系等关键问题，都

---

❶ 沈宗灵. 法理学 [M]. 北京：高等教育出版社，1994：49.
❷ 俞俏燕. 我国大学章程生效机制的问题探析——基于章程效力本源的理解 [J]. 国家教育行政学院学报，2015（11）.

未在法律规范以及高校实践中进行明确说明。显然，高校章程制定的复杂性和复杂程度，远远高于我们的预想——即使同是公办本科高校，由于办学历史和传统、资源禀赋等的差异，加上初次制定的时间比较仓促，程序的不确定性（容易导致执行的随意性）增加了高校章程实体内容优化保证的难度。

2. 高校章程制定缺乏深入的前期调研。高校章程制定是一项遵循高等教育规律、立足高校实际情况的专业且系统的工作。《高等学校章程制定暂行办法》提出"高等学校起草章程，应当深入研究、分析学校的特色与需求，总结实践经验，广泛听取政府有关部门、学校内部组织、师生员工的意见，充分反映学校举办者、管理者、办学者，以及教职员工、学生的要求与意愿，使章程起草成为学校凝聚共识、促进管理、增进和谐的过程"。但是对调研的具体内容、调研的程序、调研意见的采纳等却未作说明。通过《高等学校章程制定暂行办法》这一法律位阶本身就不高的部门规章进行模糊性约束，使得章程的实效大打折扣。上海 18 所高校章程的起草，也多是成立专门的机构负责起草，起草前期对学校特色与需求的分析是否深入、利益相关群体的意见和建议听取是否广泛，均无可稽考。上海 18 所高校的章程中，对于章程的制定，一般都以一句话带过。例如，上海戏剧学院规定章程的制定与修订须提交学校教职工代表大会讨论，经校长办公会议审议，学校党委讨论审定，报上海市教育委员会核准和教育部备案。又如，上海大学规定章程的制定与修订须提交学校教职工代表大会讨论，经校长办公会议审议，学校党委讨论审定，报上海市教育委员会核准和教育部备案。再如，上海应用技术大学对于章程的制定更是语焉不详。

此外，章程建设的实践中不可避免地存在前期缺乏建设规划、理论知识储备不足，甚至是边规划边学习边起草的现象，更鲜有对章程草案进行可行性论证了。

（二）上海高校章程核准环节的问题及分析

1. 高校章程缺乏专业的法律核准。作为高等学校施行自主管理的"宪法"，高校章程建设对于高校治理体系和治理能力提升的重要性是不言而喻的；而作为我国教育法律法规的"下位法"，高校章程建设应当建立在教育法律规范的基础之上，与深化高等教育综合改革和发展的相关政策精神及基本要求相契合。上海市属高校章程的核准主体为上海市教委，具体流程包括："提交材料—专题汇报—答辩—修改—核准"等环节。对于每个环节的具体实施方案，市教委都做了统一部署，确保程序和内容合理合法。从核准程序来看，目前最重要的问题在于缺乏专业性的法律审查。高校章程建设法律规范以及高校章程建设的实践中，均未体现对高校章程法律层面的专业审查，缺乏对其是否与相关政策精神相一致、与教育法律法规相符合等问题进行复核的规范。

2. 高校章程核准的内容比较单一。高校章程是对大学权力与政府权力进行规定的意思表示，它规定了高校与政府在大学发展中的权力关系及其边界。然而，从教育法律实践、高校章程核准的主体来看，缺乏更多的民主参与。具体表现为，当前我国高校章程的核准大多是在政府的主导之下，缺乏利益相关者的民主参与，不可避免地导致利益相关者对高校章程本身失去信任，造成高校章程公信力和执行力下降甚至缺失。高校利益相关者参与性缺失或不足，使高校章程的制定成为完成上级政府的一项政治任务，严重削弱了高校章程的正当性基础。

此外，从上海市属本科公办高校的核准实践来看，章程的核准多是集中在章程内容或者章程字眼上的修订，对于章程制定的主体资格、章程制定的程序等却鲜有涉及，高校章程合法性和有效性的保证难免大打折扣。

（三）上海高校章程修改环节的问题及分析

1.《高等学校章程制定暂行办法》中的修改程序规定比较原则。《高等学校章程制定暂行办法》在第二十八条和二十九条对高校章程的修订做了原则性说明：高等学校发生分立、合并、终止，或者名称、类别层次、办学宗旨、发展目标、举办与管理体制变化等重大事项的，可以依据章程规定的程序，对章程进行修订。高等学校章程的修订案，应当依法报原核准机关核准。章程修订案经核准后，高等学校应当重新发布章程。除此以外，再无规定。《高等学校章程制定暂行办法》的原则性规定，初衷可能是考虑到全国幅员辽阔、高校种类和情况多样，为各高校在程序运用中多留一些"高校自主"的空间，然而，各省市区未能就此出台相关的操作细则，结果事与愿违。

2. 高校章程修改的程序内容规定十分模糊。高校章程对于修改程序，多是在附则中做原则性规定，而且其中的提及乏善可陈。例如，上海中医药大学规定：本章程的制定和修改由校长组织实施，按照民主、公开的原则，经校内公开听取意见、教职工代表大会讨论以及校长办公会议审议通过后，由学校党委会讨论审定、校长签发，报上海市教育委员会核准和教育部备案❶。又如，上海对外贸易大学规定：本章程的修改由校长办公会或者教职工代表大会提出，经由学校教职工代表大会讨论、校长办公会审议通过、学校党委会审定后，报上海市教育委员会核准。❷ 对于以何条件和程序方可启动章程的修改，以何形式和程序即可通过章程的修改，以及广大教职员工和学生是否都有权参与表决等重要问题，大部分是简单的原则性规定，甚至未能在文本中进行明确的表述。章程的修改缺乏可操作性，势必影响制度设计的科学性和法律效力的持久性。

程序性规则的缺失将直接导致相关利益主体做出的治理行为偏离科学性和民主性的准则，这给高校章程的法律效力以及依章治理的实际效果带来了负面影

---

❶ 来源于上海中医药大学官网。

❷ 来源于上海对外贸易大学官网。

响。因此，在我国高校章程建设过程中，程序性规定的缺失是亟待解决的主要问题。

三、高校章程制定、核准与修改程序的对策建议

高校章程是高校依法治校的重要依据，其设立应依据法定权限、按照法定程序来进行，以高校章程建设过程的零瑕疵，来保障高校章程发挥出应然的法律效力。为了保证高校的相关利益主体自觉遵从章程的规定，实现教育公共治理，建议从以下几方面加强策略应对。

（一）出台具体细则，完善制定、修改程序

章程的制定与修改是章程有关自身合法性的程序论证，也只有通过正当程序制定的章程，才能保证章程自身的发展。《高等学校章程制定暂行办法》作为高校章程制定、修改的指导性文件，仅就章程制定、修改的原则性问题进行了说明，要想具体指导实际工作，还须出台具体的细则来完善制定、修改程序，使得章程制定、修改更具有可操作性。在细则中，需要对章程的制定、修改作明确规定。

制定新章程或修改章程的程序可分为提案、起草、审议和表决通过、核准和公布几个阶段。高校章程制定的主体为"章程制定代表大会"，当其认为有必要制定或修改章程时，提出提案。[1]或者由教职工代表大会的五分之一以上代表提议或校长办公会议提议方可启动修改程序。章程起草的准备工作具体包括以下两个方面：了解章程制定的程序和应当包括的实体内容；收集高校章程的内容，以明确大学宗旨、发展目标和方向。审议和表决章程的主体是"章程审议代表大会"，其应当包括高校领导阶层、行政机关人员、教授、职工、学生、校外专家和学者等，全体成员进行公开讨论、辩论，并投票表决，一般认为出席人员三分之二赞成即为通过。通过细则的出台来尽量减少上位法的模糊性，增强高校章程制定的合理性和科学性，提高学校公共治理主体对程序规则的重视程度。

（二）细化章程内容，明晰制定、修改环节

霍布斯有言：一个公正的法律程序组织，可以最大限度地增加作出公正决定的可能性[2]。各高校应该结合学校的客观情况和实际特色进行合理的明晰和完善，通过章程中的相关规定展现对程序正义的追求和尊重。例如，美国耶鲁大学在其章程中明确规定，学校董事会会议到场的校董会成员中三分之二以上同意才可通过关于修订大学章程的议案，并且应当于会前三十日将修订议案送达至每位

---

[1] 谭晶晶，薛晓丹. 论我国大学章程的程序性规范的缺失与完善[J]. 法制与社会，2016（9）.

[2] 〔英〕麦考密克，〔奥〕魏因贝格尔. 制度法论[M]. 北京：中国政法大学出版社，1994：262.

校董会成员[1]. 又如, 麻省理工学院要求唯有在高等学校的基本自治组织——学校法人会议即董事会上, 通过规定的具体法律程序方可对大学章程进行修改[2]. 还有, 我国中山大学章程中明确指出, 如下个人或机构均可提出章程的修改动议: 校长, 教职工代表大会三个以上代表团联合, 教职工代表大会三分之一以上代表联名, 五个以上二级单位 (包括学院、独立建制的学系、行政部门) 联合以及学生代表大会或研究生代表大会三分之一以上代表联名[3]。借鉴国内外知名高校的具体做法, 结合当前实际, 笔者认为在高校章程中应规定具体化且具有可操作性的制定、修改环节。

第一, 成立专门制定 (修订) 章程的小组, 其成员应当具有广泛性和专业性, 鼓励有关的教育专家、法律专家以及师生、社会成员的广泛参与, 充分反映各利益主体的诉求, 确保章程制定的科学性和合法性。第二, 起草小组要认真对本校的实际情况进行深入调查研究, 对学校的历史文化、办学特色、发展现状等进行分析, 并借鉴国内外优秀大学章程的制定经验, 形成章程草案。第三, 章程草案形成后, 要向全校公开, 并征求社会各界的意见, 对章程的不完善之处进行修改、调整。第四, 修改、调整后的章程草案交由教职工代表大会进行决议。第五, 校长办公会对章程草案进行审议。第六, 由主管部门对审定通过的章程草案进行核准。第七, 章程核准通过后, 教育主管部门将章程在规定媒体上公示于众。

对于章程的修改程序应包括五个步骤: 第一, 标明章程修改的原因, 进行提案; 第二, 明确章程修改的主体, 起草修改的内容; 第三, 由校长办公会或董事会进行审议和讨论; 第四, 由教职工代表大会表决通过; 第五, 经教育行政部门核准后予以公布。此外, 对大学章程的修改情形和修改标准也要进行详细的规定, 如学校发生合并、分立以及制定的法律依据发生变化等。

此外, 对于在制定过程中应对教职工代表的不同意见如何处理, 广大教职员工和学生是否都有权参与表决, 党政机关两级会议分别对何内容进行审查、有何区别联系等关键问题需要在章程中进行详细说明。在修改程序上, 应就何时启动修改程序、如何启动等进行详尽说明, 比如出席教职工代表大会的三分之二以上代表同意才可通过章程修改草案。

(三) 丰富核准内容, 保证核准效力

对于章程的核准, 应该从合法性和有效性两个方面来实施。

---

[1] 绳雯."依法治校"视角下的大学章程研究 [D]. 北京: 首都经济贸易大学, 36-37.

[2] MIT Charter, http://web.mit.edu/corporation/charter.html, 2015年12月14日访问.

[3] 侯志峰. 高等学校章程制定主体: 理论辨析与实践关照——基于教育部核准的47所高校章程文本为例 [J]. 西部法学评论, 2016 (1).

所谓合法性是指大学章程制定的各类规章制度必须建立在国家法律、社会观念和文化理念基础上,并被认同为一种被广泛接受和遵守的观念。所谓有效性是指大学章程和各类规章制度顺利运行后达到了预期效果的状态。

在章程核准上,首先应该核准主体资格、章程内容、效力的层级性、制定主体是否符合法律规定,制定规范性文件的主体是否符合在其职权范围内制定;对规范性文件的内容是否合法进行和核准,核准章程内容是否在法律的规定范围内,在法律位阶上是否满足上位法原则。

任何一项制度都是实体与程序的统一。实体是法律制度内部有关主体权利和义务规定的法律规范,而程序是表达实体所能实现的方法、手段与途径。高校章程作为一种实体,其实际实施效果必须通过程序来予以保障。因此,高校章程的核准还须对制定程序进行审查,审查其是否严格规定程序来制定,是否公开征求利益相关者的意见等。

(四)拓宽参与渠道,发动多元参与

高校具有多样性和复杂性,章程的制定主体应具有广泛性和专业性,不能单一地由政府或高校担当。多元的制定主体能够全面反映各相关利益主体的诉求,使高校章程具有合法性、权威性和有效的执行力。这就需要高校拓宽参与渠道,通过研讨会、座谈会、职工代表大会、微博、微信、电子邮件等方式,广泛征求意见和建议。在参与主体上,除学校内部的相关利益主体外,校外的相关利益主体也要参与到章程的制定中来,章程的制定主体应由校内代表和校外人士共同组成。校内代表主要包括:管理人员、教师、学生等;校外人士主要包括:政府、校友、大学捐助者、律师、教育工作者、用人单位、社会各界代表等,各主体在大学章程的制定过程中行使自己应有的权利,如起草权、决策权、监督权等。

作为完善大学治理体系、构建现代大学制度的核心组成部分,高校章程建设工作是全面深化高等教育综合改革和发展的关键所在。章程的制定、修改、核准更需要有科学公正程序予以保障,从而促进高等学校的长远发展。

参考文献

[1] 沈宗灵. 法理学 [M]. 北京:高等教育出版社,1994.

[2] 俞俏燕. 我国大学章程生效机制的问题探析——基于章程效力本源的理解 [J]. 国家教育行政学院学报,2015 (11).

[3] 来源于上海中医药大学官网.

[4] 来源于上海对外贸易大学官网.

[5] 谭晶晶,薛晓丹. 论我国大学章程的程序性规范的缺失与完善 [J]. 法制与社会,2016 (9).

[6] 〔英〕麦考密克,〔奥〕魏因贝格尔. 制度法论 [M]. 北京:中国政法大学出版

社, 1994.
[7] 绳娈."依法治校"视角下的大学章程研究[D].北京:首都经济贸易大学硕士学位论文.
[8] MIT Charter.http://web.mit.edu/corporation/charter.html[OB/EL].[2015-12-24].
[9] 侯志峰.高等学校章程制定主体:理论辨析与实践关照——基于教育部核准的47所高校章程文本为例[J].西部法学评论,2016(1).

试论德育在大学文化资本中的重要性

沈 全[1]

摘 要：大学作为文化传承的主要场域之一，具有"培育人"的社会再生产的功能。大学文化资本是大学整体文化素质的积累与增值的文化资源。本文立足于当下功利主义盛行、多元文化冲击的社会现实，从大学文化资本的基本视角，探讨在教育实践中大学文化资本化过程中产生的问题，提出以提升文化资本的德育新模式。

关键词：大学文化资本；德育；重要性

文化资本是法国社会学家布迪厄将马克思主义经济学中的资本概念进行扩展后提出的一个极具潜质和发展张力的学术概念。文化资本一般是指能带来价值增量效应的文化资源，经过社会的交易、流通、服务等领域，以转化的形式来满足和引导人们的需求。[2] 文化资本本质上是人类劳动成果的积淀，是以人的能力、行为方式、语言风格、教育素质、品位与生活方式等形式表现出来的文化习性、文化体制、文化能力、文化产品等的文化资源的总和。文化资本自20世纪60年代提出以来，在社会学、教育学和经济学等领域已得到广泛应用并形成了内容丰富的理论体系。

大学是文化产业中的生力军。大学作为文化传承的主要场域之一，具有"培育人"的社会再生产的功能。大学文化是一个国家、民族的教育文化、科学文化和传统文化等多种文化氛围的综合而产生的文化品性的折射和表征。[3] 大学文化资本是一个比较宽泛的概念，包括高校数字化考核中的论文、著作、专利、咨询报告等，但不仅于此。大学文化资本指的是由大学的文化，即大学价值观、信念、行为规范和模式以及文化的物质载体所构成的资本。大学文化资本可分为三个层次：表层是指大学的精神面貌、着装、学校的形象等外在的、能够使得全体教职员工和学生产生自豪感和积极向上精神的器物资本；中层是指学校完善的制度、高效的管理机制等支撑大学有效运行的制度资本；核心层是指大学的核心价值观、历史使命感等深层次的核心驱动力所形成的资本。其资本意蕴表现为文化增值、价值内化和专业提升。大学文化资本根植于大学内部，融入了大学的发展

---

[1] 作者单位：上海商学院。
[2] 施炎平. 从文化资源到文化资本——传统文化的价值重建与再创 [J]. 探索与争鸣, 2007 (1).
[3] 方耀楣. 大学文化氛围的东西方比较 [J]. 比较教育研究, 1994 (6).

理念。文化资本是大学整体文化素质的积累与增值的文化资源，时刻影响着当代大学生的社会竞争力。

然而，目前我国大学对学术、教育的管理、评价都以行政为主导，在行政指标的导向下，大学的办学越来越功利，很多高校为追求排名，重成果评价、重科研评价，轻高校人才培养质量，而德育评价体系是目前许多高校喊得响又做得很虚的一句口号，重智育、轻德育已成为一些大学不争的事实。这些在大学文化资本化的过程中产生了资本功利化、忽视人格养成和德育资本隐形的问题。

一、大学文化资本化过程中产生的问题

（一）大学文化资本功利化

大学的目的是培养人，大学文化首先是人的文化。大学在某种意义上是由教师和学生组成的一个文化共同体。❶ 当前社会文化中不和谐的因素增多，低劣的社会文化思潮一旦占据大学文化的精神高地，大学育人求知的本质会变为争名逐利的欲望，后果是难以设想的。目前我国大学地位的高低如美国加州大学伯克利分校高等教育所所长马丁·特罗（Martin A. Trow）指出："当我们谈到一所学院或一所大学的等级的时候，我们一般是指作为一所学术机构以公认的质量和特色为基础所取得的名望和地位。"而"决定一所院校的名望和生存机会的因素是在教师、科研、学生等在竞争市场上的成功与否"。一所大学的声誉和名望就是由以教师和学生为代表的主体性文化资本和以图书馆为代表的客体性文化资本不断积累的结果。很多大学在物产形态文化资本再生产中，出现诸多不良倾向，尤其是大学和教师们热衷于市场、准市场行为，也即美国学者罗德斯和斯拉夫特所说的"学术资本主义"倾向。教授们沦为"学术民工"，教育荣誉感和学术荣誉感严重受挫，学术不端现象也与日俱增，如此，违背大学精神、躲避学者良心责任的文化再生产将把大学文化引入歧途。在大学文化资本形成的过程中影响大学前进的离心力就会加大，大学文化资本的发展极易出现偏差，走向同质化、功利化和庸俗化。这对于大学中人的培育和形塑作用将是巨大灾难。

（二）大学文化资本中德育资本的隐形

大学文化资本中德育除以物质形式存在的方式外，还有其隐形的方面，它看不见摸不着，甚至无法被计量。这种隐形资本体现在大学人的品格、精神等方面。而在大学文化资本的构建过程中这些隐形的德育资本往往被忽视。例如，忽视大学生的理想信念的教育。大学生这个群体相对而言缺乏社会实践经验，思想较为单纯，容易以理想化的眼光看待人与社会，或者面对着我国社会主义发展过程中所出现的一些负面消息，不能理性地看待，消极地去理解我国的社会主义制

---

❶ 雅斯贝尔斯. 大学之理念［M］. 邱立波，译. 上海：上海人民出版社，2007：19.

度，而对于社会主义的发展规律也没有清晰的认知。大学文化资本的核心层是大学的核心价值观、历史使命感等深层次的核心驱动力所形成的资本。大学文化资本应该体现出的是一个大学价值观、信念、行为规范和模式以及文化的物质载体所构成的资本，但由于大学文化资本中德育的隐形给大学生带来的负面影响，导致他们对马克思主义的一些原理和理论产生了误读，不愿意或者没有真正去领会马克思主义的精神和思想。这就使他们对我国的发展不能用一种理性、客观的观点来对待，从而使其判断缺乏公正性和客观性，使其理想信念逐渐偏离了社会主义的轨道和方向，在错误的方向和道路上越走越远。

（三）忽视文化资本对人格养成的基础性地位

大学是一个人的人格养成的重要阶段，在大学受到什么样的教育，直接影响其人格的塑造和生成。在该种意义上，文化资本对于大学生的人格养成有着不可忽视的关键作用。文化资本对大学生人格发展具有引导作用，它是德育的重要内容之一，它是一个人全面发展的基本素质。我国的教育模式以及升学制度，决定了很多教育者都把成绩作为考量学生是否优秀的重要标准。因而，大部分的学校、教育者往往对被纳入重要考核内容的课程成绩进行关注，而忽视了大学生人格的培养和塑造。从人生的发展阶段上讲，在现实生活中一个人的世界观、人生观、价值观对广大青年学生开展文化资本提升为基本内容的思想政治教育实践是培养大学生健全、健康人格的重要内容，这种基础性地位体现在大学生的人格养成中的"三观"教育、道德品行教育和个性养成教育。大学文化资本的生成与积累应该为大学生自身文化素质的提高，为达到人生较高的修身境界发挥巨大作用。文化资本作为大学可靠的资源，本应该帮助广大师生形成正确的世界观、人生观、价值观，并将其与大学生的思想政治教育紧密结合，实现三观功能价值的最大发挥。但现在大学中部分学生和老师以个人的需要和兴趣为中心，只关心自己的利益，从来不考虑他人的利益，不会体察环境条件和他人的处境。受西方个人主义、享乐主义思想等不良思想的影响，社会责任感淡化，一切都采取"事不关己，高高挂起"的虚无主义态度等。

二、德育融入大学文化资本的途径

大学文化资本的提升和发展将切实提升一个人的个人素养、言辞表达、行为处事方式和个人的生活方式。这种文化资本的提升不仅仅是文化能力的提升和文化习性的改变，它还是一种文化权力的强化和文化产品的丰富发展。因此，大学生的文化品位和兴趣，作为一种重要的文化资本，可以塑造出自己良好的整体形象，提高文化竞争力和就业机会。通过文化资本的积累与培养，大学生能否具有一定的文化资本，以及大学生本身文化资本的状况如何，对大学生的成长、成才，以及能否成为时代和社会发展所需要的人才都具有重要作用。因而对大学生文化资本的培养，可以间接提升大学的竞争力，进而提高民族的整体实力和综合竞争力。对于高校而言，大学文化资源中的德育资本是养成大学生德行的重要资源。

(一) 挖掘客观文化资本，促进个性养成

在高校场域，客观化文化资本作为"历史"，符号的物质载体[1]校园文化是文化资本增值的客观表现，是一种高水平、高质量的文化，挖掘传统的客观化文化资本，不断创新文化产品，对高校德育有重要意义。

大学物产形态文化资本，展现为蕴含着大学文化的校园景观和文化产品。校园景观如华东师范大学的毛泽东雕像、文脉廊，复旦大学的驴背诗思雕像，上海交通大学的饮水思源碑，清华大学的新清华学堂，北京师范大学的木铎金声，北京大学的沙滩红楼，湖南大学的岳麓书院，西南政法大学的罗马广场等实物形态，文化产品如师生的学术著作、专利、创作成果丰富的图书馆资源等。客观形态表现出的文化资本，校园景观、建筑、设施、花草、池塘、雕塑等，处处蕴藏着大学精神。这些在办学历程中积淀下来的具有代表性的景观、建筑、纪念物艺术化地激活了沉默的记忆，铭刻和传承着大学文化。文化是思想政治教育理论和实践研究无法回避的视域，它以观念、思想、精神等塑造人的思想道德素质，体现出与思想政治教育之间良好的结合性。[2] 这种文化形式的渗透与传播，真正做到德育以大学生的文化能力为载体，以大学文化和历史文脉为依托，形成特定的精神环境和文化气氛，陶冶情操，对大学生成长发展以及道德品质的提升产生潜移默化的影响。

(二) 创建丰富的校园活动，促进大学生个性发展

文化资本的积累与再生产，举办丰富多彩的校园活动，可以为大学生个性的创造提供良好的环境和平台。实践活动是人的个性产生和存在的具体方式，因为只有通过实践活动，人的不同个性才能真正被培育创造出来。注重大学生实践活动是开发利用文化资本的显著特征，也是培养大学生个性的重要途径。"一个学校，亦如同一个人一样，大都不免有些特征。从这些学校出来的人，在不知不觉之间，亦就沾染上一些个别不同的气味。"[3] 大学文化资本是由大学人浇灌和缔造的，文化又反过来滋养和形塑不同的大学生。大学文化是个性化的，大学文化所寄寓的人文精神是个性化的，大学文化所形塑的大学生自然也是个性化的。即使同一种大学文化，作用在不同的大学生身上，也会成就不同的大学生。丰富多

---

[1] 宫留记. 资本：社会实践工具——布迪厄的资本理论 [M]. 郑州：河南大学出版社，2010：137-139.

[2] 周琪. 思想政治教育文化问题研究的再思考 [J]. 学校党建与思想教育，2007 (8).

[3] 王文俊, 等. 南开大学史资料选 (1919—1949) [G]. 天津：南开大学出版社，1989：730.

彩的活动不仅能够增强大学生的主体意识，培养创造个性能力，还可以提高大学生的组织能力、观察能力和独立自主的创造个性。学校不仅是知识教育的场所，更是道德教化的基地。因而学校要具备良好的道德氛围，这不仅体现在教育的理念上，要秉承育人为本、师德为先的道德理念，同时要注重日常的道德行为规范，力争养成文明、友爱、礼貌、诚信等品质。让学生在学校接受良好的道德熏陶，走出校门后能以自身的文明行为和文明思想来影响社会，形成积极的正能量来辐射社会。这正是大学文化魅力所在。学校理应成为培育和发展道德的基地，也应该是接触先进文明的窗口，既坚持主旋律，也倡导多元发展。只有上述这种环境和氛围才能很好地引领大学生的健康成长。

（三）提供通才教育，将价值观融入教育内容

大学文化理念不是大学的"形"，而是大学的"神"。各高校举办了一些人文素质教育活动，虽然在短期内取得了一定成绩，但由于在活动中往往只注重形式，缺乏对大学生的现状的跟踪把握，缺乏对大学生的实际成长发展需求的把握、大学生兴趣等方面的细致调研分析，活动的结果使得师生疲惫、学生们对此类活动产生厌倦情绪，同时，没有达到培养大学生人文精神的目的，学生对素养的渴求与教师实际供给之间存在需求矛盾。这些都与大学模糊不清的文化理念直接或间接相关。"开展大学文化建设，推进大学文化建设，是一项具有基础性、战略性和前瞻性的工作"，❶ 而一个人的文化知识水平与其个人道德品行有着直接的关系。文化知识水平能够决定一个人的认知能力。一个较高文化知识水平的人，有着较高的识别与判断真假、善恶、美丑的能力，更倾向于自觉地追求真、善、美。文化是酝酿价值观的精神基础，价值观是文化的灵魂。价值观念是人们行为的基本导向，对人精神领域的发展起到核心的指引作用。把德育纳入文化资本视野进行研究，彰显了当今社会主流的文化形态。因此加大当今大学生的文化资本积累与提升，尤其是先进文化的积累与提升，创建符合高校德育标准的先进文化成果与文化活动，通过这种先进文化在高校的渗透与传播，最终实现让教育对象——大学生的思想觉悟、道德水平提升到一个新的高度。我们培养出来的大学生不仅应该是学习能力强、知识面广，还应有强烈的社会责任感和使命感。这才是文化资本最核心的体现。

参考文献

[1] 施炎平.从文化资源到文化资本——传统文化的价值重建与再创[J].探索与争鸣，2007（1）.

[2] 方耀楣.大学文化氛围的东西方比较[J].比较教育研究，1994（6）.

---

❶ 袁贵仁.加强大学文化研究推进大学文化建设[J].中国大学教学，2002（10）.

［3］雅斯贝尔斯.大学之理念［M］.邱立波，译.上海：上海人民出版社，2007.
［4］宫留记.资本：社会实践工具——布迪厄的资本理论［M］.郑州：河南大学出版社，2010.
［5］周琪.思想政治教育文化问题研究的再思考［J］.学校党建与思想教育，2007（8）.
［6］吴林龙.论实效维度的思想政治教育本质［J］.理论与改革，2013（3）.
［7］薛晓源，曹荣湘.文化资本、文化产品与文化制度［J］.马克思主义与现实，2004（1）.

十八届三中全会以来中国特色社会主义理论热点问题概述

郭佳蕾[1]

摘　要：党的十八届三中全会以来，国内学界坚持问题导向，围绕中国特色社会主义理论创新和改革实践，聚焦"四个全面""五大发展理念""一带一路"等六大热点，深入开展学术探索，积极回应现实关切，提出来一系列新观点、新思路，产生了一批新的研究成果，为丰富和发展中国化的马克思主义提供了充分的理论依据。

关键词：十八届三中全会；马克思主义中国化；热点研究

自党的十八大以来，特别是十八届三中全会以来，以习近平同志为核心的党中央提出了"四个全面""五大发展理念""一带一路"等一系列治国理政的新战略、新思想、新理论和新实践，国内理论界围绕党的重大理论创新从不同角度开展了一系列研究，研究成果丰富，其中发表的学术论文七十万余篇，出版论著七百余部，立项课题四十余项，为顺利推动中国特色社会主义事业向前发展提供了重要的理论支撑。国内专家学者关注的热点问题主要体现在六个方面。

一、关于"四个全面"的研究

"四个全面"，即全面建成小康社会、全面深化改革、全面依法治国、全面从严治党。"四个全面"战略布局是以习近平同志为总书记的党中央治国理政战略思想的重要内容，闪耀着马克思主义与中国实际相结合的思想光辉，饱含着马克思主义的立场观点方法。

1. "四个全面"战略布局的内在逻辑。习近平总书记指出，"四个全面"的战略布局，"既有战略目标，也有战略举措，每一个'全面'都具有重大战略意义。全面建成小康社会是我们的战略目标，全面深化改革、全面依法治国、全面从严治党是三大战略举措"[2]。学者们普遍认为"四个全面"环环相扣、相辅相成、相得益彰。秦宣形象地指出如果把中国比作一列正在向着全面建成小康社会

---

[1] 作者单位：华东师范大学。
[2] 习近平. 在省部级主要领导干部学习贯彻十八届四中全会精神全面推进依法治国专题研讨班开班式上发表重要讲话 [N]. 人民日报，2015-02-03（1）.

进发的列车，那么改革就是发动机，法治就是稳压器，党的领导就是火车头❶。井琪总结道：谋小康之业、扬改革之帆、行法治之道、筑执政之基，"四个全面"环环相扣、步步深入，勾绘了中国未来发展的美好图景，奏响了当代中国的最强音，共同托起了中国梦❷。

2. "四个全面"战略布局的战略地位。学者们普遍认为"四个全面"战略布局不仅对我国改革开放和社会主义现代化建设，而且对于提高我国的国际地位有重要作用。从宏观层面来看，李忠杰认为坚持"四个全面"，为推动改革开放和社会主义现代化建设迈上新台阶、开创新局面，提供了顶层设计和战略导引❸。

具体到微观层面，有些学者认为"四个全面"是我们党治国理政的经验总结和战略新格局。放眼国际，巴西应用经济研究所研究员爱迪生·B.达席尔·菲略认为，"四个全面"是一个实现平衡和可持续发展的行动纲领，也会增强中国在新的全球格局下走向繁荣的能力。因此，这一战略布局提供了一个新的发展路径，会被其他新兴国家认真观察以至模仿❹。

3. "四个全面"战略布局的实践路径。关于如何实现"四个全面"战略布局，许多学者认为要内外兼修，同时发力。对于"四个全面"战略布局本身来说，龚培河认为落实"四个全面"战略布局应遵循：以主要矛盾的主要方面为抓手、阻力—压力—动力转化、顶层设计和总体规划、协调性与全面性辩证统一、党员身先示范等原则❺。除此之外，还要把"四个全面"与其他战略相融合，王东东认为用统筹协调的方法贯彻落实好"四个全面"战略布局；把协调推进"四个全面"战略布局的贯彻落实同全面推进伟大事业和伟大工程的两个"五位一体"总布局结合起来❻。

二、关于反腐倡廉的研究

在以习近平同志为总书记的党中央的坚强领导下，从贯彻落实中央八项规定，到反对"四风"走好群众路线；从"老虎""苍蝇"一起打，到党政、高校、国企巡视全覆盖，党风政风为之一振，清风正气扑面而来，书写下"党要管党、从严治党"的厚重新篇。

1. 当前形势下反腐倡廉工作面临的挑战。反腐倡廉是一项复杂而系统的工程，由于我国经济、政治体制等不够完善，当前形势下反腐倡廉工作面临着许多

---

❶ 秦宣. "四个全面"：形成发展、科学内涵和战略意义 [J]. 思想理论教育导刊, 2016 (6).
❷ 井琪. "四个全面"：引领民族复兴的战略布局 [J]. 思想理论教育导刊, 2016 (1).
❸ 李忠杰. "四个全面"战略布局演进脉络与重大意义 [J]. 人民论坛, 2015 (6).
❹ 外国学者看"四个全面"（上）[N]. 人民日报, 2015-04-10.
❺ 龚培河. "四个全面"战略布局的内在逻辑与实践原则 [J]. 求是, 2016 (1).
❻ 王东东. "四个全面"战略布局研究综述 [J]. 学习月刊, 2016 (6).

问题和挑战。从经济体制角度看，杜鹃认为我国当前的经济体制还不完善、利益格局固化、思想观念僵化等深层次问题并未破解，我国反腐倡廉建设面临着严峻的挑战❶。从政治体制角度看，杨清华、陈建平认为由于我国政治体制不够完善，政府职能转变滞后，以及对权力的监督缺位和制约不力等，反腐倡廉虽已取得一定成效，但是问题依然突出，尚不符合群众的反腐期望值❷。

2. 反腐倡廉的重大意义。学者们指出，反腐工作对党、国家和社会建设具有重大的意义。对于中国共产党来说，刘嘉心等学者认为反腐倡廉对干部起到了健骨补钙的作用；对全党起到了刮骨疗毒的功效；反腐倡廉是不断保持党的先进性和纯洁性的需要。对于国家和社会来说，有学者认为反腐倡廉形成的有利局面和社会氛围为政治现代化提供了软环境，促进政治现代的发展，推动了中华民族伟大复兴的"中国梦"的前进❸。

3. 十八大以来反腐倡廉的新举措新思路。党的十八大以来，以习近平同志为总书记的党中央高度重视反腐倡廉建设，形成了一系列新举措、新思路。广大学者围绕习主席的讲话总结道：以执行中央"八项规定"为切入点，狠刹不正之风；坚持"老虎""苍蝇"一起打，彰显铁腕反腐决心；围绕"四个着力"发现问题，发挥巡视"利剑"作用；加强中央纪委派驻机构建设，切实增强派驻监督实效；注重解决"灯下黑"问题，打造过硬纪检监察干部队伍❹。还有学者指出，"加强党风建设，把党组织建设成反腐倡廉的堡垒；加强制度建设，把权力关进制度的笼子里；要重拳反腐，严厉惩治各种腐败现象；加强反腐倡廉教育和廉政文化建设，筑牢拒腐防变的思想道德防线"❺。

三、关于五大发展理念的研究

创新、协调、绿色、开放、共享"五大发展"理念，这是以习近平同志为总书记的新一代领导集体治国理政新思想在发展理念上的集中体现和概括，是对中国特色社会主义建设实践的深刻总结，是对中国特色社会主义发展理论内涵的丰富和提升。2016年的两会，更是将"五大发展理念"作为焦点话题，推动了"五大发展理念"的宣传普及。

1. "五大发展理念"的内在逻辑关系。对于其内在逻辑关系，学者们普遍认为"五大发展理念"是一个统一的整体，它们相互依存、相互促进。唐任伍认

---

❶ 杜鹃. 当前形势下防腐倡廉工作面临的挑战及对策研究［J］. 世纪桥, 2016 (1).
❷ 杨清华, 陈建平. 论新中国反腐倡廉的困境、演进与展拓［J］. 齐齐哈尔大学学报（哲学社会科学版）, 2016 (1).
❸ 刘德林. 十八大以来反腐倡廉对中国政治现代化的推动［J］. 实事求是, 2016 (3).
❹ 黄存金. 十八大以来党的反腐倡廉建设新思路新举措［J］. 青岛行政学院学报, 2016 (3).
❺ 董世明. 十八大以来党关于反腐倡廉的理论创新［J］. 广州大学学报（社会科学版）, 2016 (1).

为五大发展新理念是一个有机统一的整体，是具有内在联系的集合体，构成一个宏大的科学发展框架、严密的科学发展逻辑、务实的科学发展思路[1]。顾海良认为"五大发展理念"不仅坚持问题导向，而且在"问题倒逼"中形成各发展理念互为一体、协同发力的总体发展理念[2]。

2."五大发展理念"的重大意义。王丰认为"五大发展理念"是以习近平同志为总书记的党中央治国理政思想的新飞跃，是我们党对新常态下如何发展的科学认识和创造性回答[3]。易淼、任毅认为"五大发展理念"是中国特色社会主义政治经济学的重要拓展，为破解发展新难题、厚植发展新优势、开拓发展新境界提供了科学理论指导和行动指南[4]。张建认为"五大发展理念"是对我国经济社会发展规律的新认识，是全面建成小康社会的科学指南[5]。

3."五大发展理念"的实践路径。葛亚坤认为践行"五大发展理念"是一个系统工程，必须加强顶层设计、整体布局[6]。侯为民认为贯彻落实五大发展理念，需要统筹协调地解决好影响我国经济社会发展的深层次问题，在实践中发挥其指导改革发展的社会功能，显示其实践价值[7]。颜晓峰认为，提高践行新发展理念的能力水平要做到：一是把握好形势变化和发展趋势；二是发挥好党的领导核心作用；三是提高广大党员干部的专业化水平；四是运用法治思维和法治方式推动发展[8]。齐卫平认为，贯彻"五大发展理念"必须提高党领导发展的能力，提高党"总揽全局、协调各方"的能力，进行科学思维、应对风险、战胜挑战、社会动员、资源汲取的能力，提高坚定走中国道路的能力，还要重视理念执行力[9]。

四、关于"三严三实"的研究

2014年3月9日，习近平总书记在中华人民共和国第十二届全国人民代表大会第二次会议安徽代表团参加审议时，关于推进作风建设的讲话中，提到"既严以修身、严以用权、严以律己；又谋事要实、创业要实、做人要实"的重要论述，称为"三严三实"讲话。我国理论工作者围绕"三严三实"这一问题开展

---

[1] 唐任伍. 五大发展理念塑造未来中国 [J]. 红旗文稿，2016 (1).
[2] 顾海良. 新发展理念与当代中国马克思主义经济学的意蕴 [J]. 中国高校社会科学，2016 (1).
[3] 王丰. 论五大发展理念的时代背景、科学内涵和重要意义 [J]. 社会纵横，2016 (10).
[4] 易淼，任毅. 五大发展理念：中国特色社会主义政治经济学的重要拓展 [J]. 财经科学，2016 (4).
[5] 张建."五大发展理念"：全面建成小康社会的科学指南 [J]. 理论导刊，2016 (2).
[6] 葛亚坤."五大发展理念"的理论意涵及实践路径 [J]. 观察与思考，2016 (4).
[7] 侯为民. 五大发展理念的历史逻辑与实践价值 [J]. 桂海论丛，2016 (3).
[8] 颜晓峰. 五大发展理念干部读本 [M]. 人民日报出版社，2016.
[9] 齐卫平. 贯彻五大发展理念对党的建设提出新要求 [J]. 理论探讨，2016 (3).

了深入研究。

1."三严"与"三实"的辩证关系。"三严"与"三实"是相互联系、不可分割的有机统一整体。杨根乔认为"三严"是内在要求，是根本和出发点，强调的是主观世界的改造；"三实"是行为取向，是目标和落脚点，强调的是客观世界的改造。做好"三严"，才能做到"三实"；做到"三实"，才能体现"三严"❶。与此观点类似，邢中先、丁威认为"三严三实"是一个辩证统一的整体，"三严"和"三实"相得益彰。首先，"三严"是对党员干部的内在要求；其次，"三实"是党员干部行为取向；最后，"三严"为"三实"提供了理论保障❷。

2."三严三实"的践行路径。关于如何践行和落实"三严三实"，从宏观层面看，贾秀梅、郝士宏总结道要坚持"三为""三重"和健全"三机制"；坚持"四有""四通过"和把握"四对"范畴；争做"五种人"，坚持"五层面推进"；实现"六到位"，强化"六抓手"和做到"六戒"；处理好"五大"关系；做到植根、渗透、落地和垂范；做到"十慎"❸。从个人层面看，黄显中、李保全认为"三严三实"的终生践行要遵循诚、勤、通、久的自律要求，沿着守敬、修身、执义、习行的自律路径不懈涵养❹。

五、关于"一带一路"的研究

2013年9月和10月，中国国家主席习近平在出访中亚和东南亚国家期间，先后提出共建"丝绸之路经济带"和"21世纪海上丝绸之路"的重大倡议。2015年3月28日国家发展和改革委员会、外交部、商务部经国务院授权发布的《推动共建丝绸之路经济带和21世纪海上丝绸之路的愿景与行动》，"一带一路"是东亚经济圈与欧洲经济圈"中间广大腹地国家"共同谋发展的宏大行动规划。与此同时，伴随着亚洲基础设施投资银行和丝路基金的筹建及成立，国内外各界对这项由中国发起的重大战略给予了高度重视和关注。

1."一带一路"的战略意义。"一带一路"不仅对中国国内发展具有重要作用，对中国走出去以及世界的发展也有重要的战略意义。从国内视角出发，学者们认为实施"一带一路"战略有利于消化过剩产能，促进产业转型升级，重塑我国区域发展格局"一带一路"倡议构想，为未来中国国内地区发展、维护海洋权益产生影响；从国际视角来看，学者们指出"一带一路"可以强化国家安

---

❶ 杨根乔."三严三实"：全面从严治党的重要遵循［J］.中国浦东干部学院学报，2016（1）.

❷ 邢中先，丁威.习近平"三严三实"视阈下党的作风建设探析［J］.陕西社会主义学院学报，2016（1）.

❸ 贾秀梅，郝士宏.2014年以来"三严三实"理论研究综述［J］.山西大同大学学报（社会科学版），2016（5）.

❹ 黄显中，李保全.终生践行"三严三实"的根本在于自律［J］.理论视野，2016（5）.

全，促进大国和平崛起，为全球提供公共产品等都有着非常重要的作用。"一带一路"将中亚、南亚、东南亚和西亚等地区连接起来，使泛亚和亚欧区域合作迈上一个新台阶❶；隆国强认为"一带一路"合作将为区内国家经济发展带来新机遇，有利于区内国家为全球经济增长注入新动力❷。

2. "一带一路"面临的风险与挑战。"一带一路"是一项大工程，涉及沿线各个国家，由于每个国家的制度、文化等不同，所以在推进"一带一路"建设时面临很多风险和挑战。苏格认为"一带一路"面临着地缘政治风险；传统和非传统安全因素挑战；国际金融风险❸。于津平、顾威认为全球高风险国家主要分布在"一带一路"沿线；基础设施投入的回报率难以保证；严重的贸易保护主义和脆弱的金融体系；大国博弈对沿线国家和地区参与"一带一路"的制约；竞争与产业转移对中国经济可能产生负面效应❹。

3. "一带一路"的实践路径。学者们普遍认为"一带一路"的建设要内外联动，不仅要加强国内建设，也要加强与沿线国家的合作。从国内层面，郑志来认为"一带一路"战略实施路径不能等同于我国既有国家战略，要从国家战略政策层面、执行层面进行统一规划部署，加强省际协同，避免省际竞相博弈造成资源浪费❺。从国际层面，许利平、王晓玲认为中国各级部门协调配合，三管齐下，全方位推动"一带一路"在周边国家落地，从而进一步提升中国"周边外交"的影响力和感染力❻。

六、关于经济新常态的研究

新常态："新"就是"有异于旧质"；"常态"就是时常发生的状态。新常态就是不同以往的、相对稳定的状态。这是一种趋势性、不可逆的发展状态，意味着中国经济已进入一个与过去30多年高速增长期不同的新阶段❼。

1. 中国经济新常态的特征。在2014年11月10日APEC工商领导人峰会上的演讲中，习近平主席清晰地阐述了新常态的主要特征：第一，新常态下，中国经济增速虽然放缓，但实际增量依然可观；第二，新常态下，中国经济增长更趋

---

❶ 安晓明. 我国"一带一路"研究脉络与进展 [J]. 区域经济评论, 2016 (2). 杨慧. 政治学领域"一带一路"研究综述 [J]. 中共济南市委党校学报, 2016 (4).

❷ 隆国强. 扎实推进"一带一路"合作 [J]. 国家行政学院学报, 2016 (1).

❸ 苏格. 全球视野之"一带一路" [J]. 国际问题研究, 2016 (2).

❹ 于津平, 顾威. "一带一路"建设的利益、风险与策略 [J]. 南开学报（哲学社会科学版）, 2016 (1).

❺ 郑志来. "一带一路"战略实施背景、路径与对策研究 [J]. 湖湘论坛, 2016 (1).

❻ 许利平, 王晓玲. "一带一路"与习近平的外交战略思想 [J]. 北京工业大学学报（社会科学版）, 2016 (4).

❼ 习近平"新常态"表述中的"新"和"常". 中国新闻网, 2014-08-10.

平稳，增长动力更加多元化；第三，新常态下，中国经济结构优化升级，发展前景更加稳定；第四，新常态下，中国政府大力简政放权，市场活力进一步释放❶。学者们围绕习近平主席的讲话进行了深入研究。蔡昉认为，新常态的一个特征表现就是经济增长速度放缓并持续下行❷。邹力行认为，中国经济发展进入新常态，在增长速度上，正从高速增长转向中高速增长；在发展模式上，正从规模速度粗放型增长转向质量效率集约型增长；在经济结构上，正从增量扩能为主转向调整存量、做优增量并存；在发展动力上，正从传统增长点转向新的增长点；在经济体征上，正由成长型经济转向成熟型经济❸。易娅莉、雷达认为，新常态是中国经济发展面临的新阶段，该阶段主题是实现经济发展全方位转型升级，其基本发展思路是创新改革，在这个发展逻辑下，将出现经济增速、转型升级、效益创新驱动、绿色环保经济和国家宏观调控五方面的主要特征❹。

2. 中国经济新常态面临的风险。经济的发展涉及方方面面，所以我国经济新常态也面临着很多风险与挑战。刘伟认为新常态下中国经济出现"滞胀"的可能性增大，较长时间内可能会出现通货膨胀和经济"下行"双重风险并存的局面❺。孙早、屈文波认为中国经济新常态面临要素供给效率下降、产业结构转型升级难度较大、资源环境压力增大、企业创新能力不足等风险❻。

3. 应对中国经济新常态的政策举措。经济新常态不仅要完善经济体制，而且要不断创新。朱怡然认为应该处理好"稳增长"和"调结构"之间的关系；不断推动创新机制体制的改革发展；努力推进现代生产性服务业的发展；促进经济整体发展空间格局的优化❼。胡军伟认为我国要注重中高速经济的发展和结构调整的优化，同时要结合创新驱动的经济发展，充分调动新常态经济发展中的潜力和积极因素，以期在现代化国家治理发展方向中，逐渐创建新常态发展的新格局、新局面，实现中国经济的升级版改造❽。

结语：纵观十八届三中全会以来学界关于马克思主义中国化相关热点问题的讨论，可以看出其研究范围愈加广阔，包括政治、经济、文化、社会、生态等方面，这大大丰富了马克思主义中国化的研究领域，对我国社会主义现代化建设具有重要意义。当时我们也应该看到其中的不足之处，如理论研究过多、实践性不足等。随着更多方面的不断探索和完善，这些问题也会不断得到解决。

---

❶ 王一鸣. 全面认识中国经济新常态［J］. 求是，2014（22）.
❷ 蔡昉. 从中国经济发展大历史和大逻辑认识新常态［J］. 数量经济技术经济研究，2016（8）.
❸ 邹力行. 中国经济新常态发展路线［J］. 国际融资，2016（5）.
❹ 易娅莉，雷达. "新常态"下中国经济模式发展问题分析［J］. 社会科学战线，2016（7）.
❺ 刘伟. 新常态下中国宏观经济形势分析［J］. 北京工商大学学报（社会科学版），2016（3）.
❻ 孙早、屈文波. "新常态"下中国经济增长问题研究［J］. 华东经济管理，2016（7）.
❼ 朱怡然. 对当前中国经济"新常态"问题的研究［J］. 中国经贸导刊，2016（32）.
❽ 胡军伟. 如何打造新常态下的中国经济升级版［J］. 北京工业职业技术学院学报，2016（2）.

参考文献

[1] 习近平.在省部级主要领导干部学习贯彻十八届四中全会精神全面推进依法治国专题研讨班开班式上发表重要讲话［N］.人民日报，2015-02-03（1）.

[2] 秦宣."四个全面"：形成发展、科学内涵和战略意义［J］.思想理论教育导刊，2016（6）.

[3] 井琪."四个全面"：引领民族复兴的战略布局［J］.思想理论教育导刊，2016（1）.

[4] 李忠杰."四个全面"战略布局演进脉络与重大意义［J］.人民论坛，2015（6）.

[5] 外国学者看"四个全面"（上）［N］.人民日报，2015-04-10.

[6] 龚培河."四个全面"战略布局的内在逻辑与实践原则［J］.求是，2016（1）.

[7] 王东东."四个全面"战略布局研究综述［J］.学习月刊，2016（6）.

[8] 杜鹃.当前形势下防腐倡廉工作面临的挑战及对策研究［J］.世纪桥，2016（1）.

[9] 杨清华，陈建平.论新中国反腐倡廉的困境、演进与展拓［J］.齐齐哈尔大学学报（哲学社会科学版），2016（1）.

[10] 刘德林.十八大以来反腐倡廉对中国政治现代化的推动［J］.实事求是，2016（3）.

[11] 黄存金.十八大以来党的反腐倡廉建设新思路新举措［J］.青岛行政学院学报，2016（3）.

[12] 董世明.十八大以来党关于反腐倡廉的理论创新［J］.广州大学学报（社会科学版），2016（1）.

[13] 唐任伍.五大发展理念塑造未来中国［J］.红旗文稿，2016（1）.

[14] 顾海良.新发展理念与当代中国马克思主义经济学的意蕴［J］.中国高校社会科学，2016（1）.

[15] 王丰.论五大发展理念的时代背景、科学内涵和重要意义［J］.社会纵横，2016（10）.

[16] 易淼，任毅.五大发展理念：中国特色社会主义政治经济学的重要拓展［J］.财经科学，2016（4）.

[17] 张建."五大发展理念"：全面建成小康社会的科学指南［J］.理论导刊，2016（2）.

[18] 葛亚坤."五大发展理念"的理论意涵及实践路径［J］.观察与思考，2016（4）.

[19] 侯为民.五大发展理念的历史逻辑与实践价值［J］.桂海论丛，2016（3）.

[20] 颜晓峰.五大发展理念干部读本［M］.北京：人民日报出版社，2016.

[21] 齐卫平.贯彻五大发展理念对党的建设提出新要求［J］.理论探讨，2016（3）.

[22] 杨根乔."三严三实"：全面从严治党的重要遵循［J］.中国浦东干部学院学报，2016（1）.

[23] 邢中先，丁威.习近平"三严三实"视阈下党的作风建设探析［J］.陕西社会主义学院学报，2016（1）.

[24] 贾秀梅，郝士宏.2014年以来"三严三实"理论研究综述［J］.山西大同大学学报（社会科学版），2016（5）.

[25] 黄显中，李保全. 终生践行"三严三实"的根本在于自律 [J]. 理论视野，2016 (5).

[26] 安晓明. 我国"一带一路"研究脉络与进展 [J]. 区域经济评论，2016 (2).

[27] 杨慧. 政治学领域"一带一路"研究综述 [J]. 中共济南市委党校学报，2016 (4).

[28] 隆国强. 扎实推进"一带一路"合作 [J]. 国家行政学院学报，2016 (1).

[29] 苏格. 全球视野之"一带一路" [J]. 国际问题研究，2016 (2).

[30] 于津平，顾威. "一带一路"建设的利益、风险与策略 [J]. 南开学报（哲学社会科学版），2016 (1).

[31] 郑志来. "一带一路"战略实施背景、路径与对策研究 [J]. 湖湘论坛，2016 (1).

[32] 许利平，王晓玲. "一带一路"与习近平的外交战略思想 [J]. 北京工业大学学报（社会科学版），2016 (4).

[33] 习近平"新常态"表述中的"新"和"常". 中国新闻网，2014-08-10.

[34] 王一鸣. 全面认识中国经济新常态 [J]. 求是，2014 (22).

[35] 蔡昉. 从中国经济发展大历史和大逻辑认识新常态 [J]. 数量经济技术经济研究，2016 (8).

[36] 邹力行. 中国经济新常态发展路线 [J]. 国际融资，2016 (5).

[37] 易娅莉，雷达. "新常态"下中国经济模式发展问题分析 [J]. 社会科学战线，2016 (7).

[38] 刘伟. 新常态下中国宏观经济形势分析 [J]. 北京工商大学学报（社会科学版），2016 (3).

[39] 孙早、屈文波. "新常态"下中国经济增长问题研究 [J]. 华东经济管理，2016 (7).

[40] 朱怡然. 对当前中国经济"新常态"问题的研究 [J]. 中国经贸导刊，2016 (32).

[41] 胡军伟. 如何打造新常态下的中国经济升级版 [J]. 北京工业职业技术学院学报，2016 (2).

欧盟区域全面经济伙伴关系协定（RCEP）及其对东亚一体化的影响探析

陈虹洁[1]

摘　要：当今世界，区域一体化正逐渐成为新的发展潮流。近年来东盟倡导的区域全面经济伙伴关系协定（RCEP）谈判开启了东亚地区经济发展合作的新篇章，东亚16国的积极参与将有助于推进东亚一体化的进程，虽然目前东亚一体化面临着政治、经济、社会、文化等方面的阻碍，但是RCEP的成立为各成员国加深其他领域的合作提供了条件，RCEP的诞生是一个良好的开端，势必会促进东亚一体化的深入发展和最终实现。

关键词：RCEP；东亚；区域一体化

冷战结束后，世界由两极向多极趋势发展，随着全球化的浪潮涌起，地区合作越来越多地出现在世界舞台上，在全世界范围内，地区合作成为区域政治发展的主流。欧盟的发展为世界其他地区的区域合作模式起到了借鉴作用，欧盟从最初的6个成员国发展壮大为如今拥有27个成员国的世界第一大经济体，其成员国在经济、军事、政治、安全等领域的合作都受到世界各国的瞩目。区域一体化发展在当今世界正成为一股不可逆转的潮流，东南亚国家联盟成立于1967年，现如今东盟已成为东南亚地区以经济合作为基础的政治、经济、安全一体化合作组织，并且建立了一系列合作机制。东盟的宗旨和目标是本着平等与合作精神，共同促进本地区的经济增长、社会进步和文化发展，为建立一个繁荣、和平的东南亚国家共同体奠定基础，以促进本地区的和平与稳定。2011年2月26日，东盟提出组建"区域全面经济伙伴关系"（RCEP），其目标是消除内部贸易壁垒，创造和完善自由的投资环境，扩大服务贸易。这是东盟国家首次提出，并以东盟为主导的区域经济合作，是成员国间相互开放市场、实施区域经济一体化的组织形式。东盟是东亚地区最早进行一体化的次区域组织，也是东亚一体化的倡导者，而1997年的亚洲金融危机则是东亚一体化的契机。近年来刚刚启动的《区域全面经济伙伴关系协定》（RCEP）正在成为改变亚太地区发展模式，实现东亚区域经济一体化的重要议程。当前，亚太地区贸易自由化和经济一体化清晰地

---

[1] 作者单位：华东师范大学，主要研究方向：国际政治，国际商务。

呈现出两条不同的发展路径，即东盟主导、中国积极推进的区域全面经济伙伴关系协定（RCEP）和美国力推、排斥中国和印度两个大国在外的跨太平洋伙伴关系协定（TPP），两者有一定竞争性但不对立。前不久随着美国新任总统特朗普的上台，美国退出 TPP 的可能性大大增加。如果美国退出 TPP，则可以预见 TPP 在亚太地区能发挥的作用将大为减少，那么亚太地区的经济整合将重新选择新路径。而近年来 RCEP 逐渐升温，如果亚洲十六国最终达成 RCEP 协议，那么RCEP 将成为东亚地区实现区域经济一体化的重要一步，也是实现亚太区域一体化的主要途径。因此，我们从国际关系理论视角分析 RCEP 及东亚一体化的可行性在如今具有深刻的意义。

一、区域一体化概述

区域化是当今时代发展的一个基本特征，而区域一体化则是区域化的高级发展阶段。区域一体化有多种表现形式，如自由贸易区、关税同盟、共同市场、货币联盟、经济与货币联盟以及完全的一体化。欧盟的产生和发展是世界上区域一体化的代表，虽然如今欧盟遇到了很多困难和发展的阻碍，但其依旧是世界其他地区在进行区域一体化建设过程中值得借鉴的区域组织。区域一体化如今已成为一种国际政治经济现象，在全球范围内遍地开花，世界上许多地区的国家开始效仿这种发展模式，呈现出燎原之势，可以说区域一体化对世界经济、政治发展产生了重大影响，其对世界力量格局分化重组产生的世纪影响也引人注目。随着区域一体化的进程加快，这将成为 21 世纪最热门的话题之一，而在这过程中逐渐涌现的区域一体化组织也必将备受瞩目。

区域一体化是区域化发展的最高阶段，区域化初级阶段的主要表现是区域内的国家之间的经贸往来频繁，逐渐上升到签订经济合作协议。区域化的第二阶段是组织化阶段，区域内的成员国签订一系列条约组建具有一定宗旨和目标的区域性国际组织。最后一个阶段是区域一体化，这时就需要区域内国家让渡、共享部分主权，以推动该区域性国际组织进一步的发展。欧盟是目前世界上最为成功、一体化程度最高、综合实力最为雄厚的区域性组织，并早已成为区域一体化实践的样板。欧洲一体化进程的经验主要指的是欧洲一体化以法德为轴心，"自由贸易区—关税同盟—共同市场—经济货币联盟—完全的一体化"的发展路径。[1]

"一体化"的经济概念在于以区域为基础，提高区域内的要素流动，达到资源的有效配置和利用。许多学者从不同角度来定义"一体化"，美国学者利昂·林德伯格将一体化的定义概括为："各国放弃独立推行对外政策和关键的国内政策的愿望和能力，转而谋求做出联合决定或把决策活动委托给新的中央机构的过

---

[1] 和春红. 东亚区域一体化与欧洲一体化比较研究综述 [J]. 中共济南市委党校学报，2010（4）.

程；说服处于不同环境的若干政治领导人，将其愿望和政治活动转向一个新的重心的过程。"总体而言，区域一体化是一个综合性的概念，既包括经济范畴内的一体化，也包括政治领域和安全领域内的一体化。一体化要求区域内成员国遵守共同的政策和制度规范，实现组织内超越国家的协调和管理。

在欧盟的带动下，北美、东亚等地区区域一体化发展迅速，在全球范围内除欧盟外，目前还有北美自由贸易区和正渐渐成型的东亚区域一体化，东盟的建立是东亚一体化的良好开端，如今东盟主导并通过了《东盟地区全面经济伙伴关系框架》，RCEP 谈判的启动进一步推动了东亚区域一体化的进程。在国际关系理论领域内，研究区域一体化的理论主要有联邦主义、功能主义及新功能主义、超国家治理理论等，这些理论从不同的角度对区域一体化的成因、动力、目标和实现方式等进行了阐释。虽然这些理论主要是对欧洲一体化的阐释，但是对于东亚一体化也有借鉴意义。经济合作往往是区域一体化的开端，欧盟是由欧洲共同体发展而来的，最初的欧洲煤钢共同体的诞生与欧洲各国重振经济发展的迫切需要以及对安全和平的需要有很大关联。如今东盟十国倡导区域全面经济伙伴关系（RCEP）的成立，对于东亚地区乃至亚太地区的经济发展都具有重大意义，不仅对东亚地区国家的经济贸易往来有促进作用，替代尚未成型却已显出衰落之势的TPP，提升亚太地区的经济整合能力，更重要的是对于达成东亚一体化的目标具有巨大推动意义。

二、RCEP 的成立对东亚一体化的影响

区域全面经济伙伴关系协定（Regional Comprehensive Economic Partnership, RCEP）是目前筹建中的以东盟为主导，包括东盟十国与中国、日本、韩国、澳大利亚、新西兰、印度共 16 个成员的区域自由贸易协定机制。其建设目标是消除内部贸易壁垒，创造和完善自由的投资环境，扩大服务贸易，还将涉及知识产权、竞争政策、争端解决等领域。它是东盟国家近年来首次提出，并以东盟为主导的区域经济一体化合作，是成员国间相互开放市场、实施区域经济一体化的组织形式。若 RCEP 成功，将涵盖约 35 亿人口，GDP 总和将达 23 万亿美元，占全球总量的 1/3，所涵盖区域也将成为世界最大的自贸区。按照时间表，2013 年年初启动谈判，2015 年年底完成谈判，之后进入实施阶段。从 2011 年东盟提出设想到 2013 年 5 月首轮谈判举行，迄今为止，在不到 3 年的时间里，RCEP 取得的积极进展和未来影响令世界瞩目。

东盟 10 国与这 6 个国家分别签署了 5 份自由协定，其中澳大利亚和新西兰共同与东盟签署了一份自贸协定。这不仅确立了东盟在东亚经济合作中的中心地位，更为 RCEP 的建立打下良好基础。RCEP 是应对经济全球化和区域经济一体化的发展而提出的。由于推动全球自由贸易的 WTO 谈判受阻，面对经济全球化

中的一些负面影响，要想在当前世界经济中立于不败之地并有新发展，就必须加强区域经济一体化，为此，部分国家之间实施"零"关税，相互开放市场，密切合作关系，来寻求合作发展。东盟在此形势下提出建立 RCEP。2011 年 2 月 26 日，在内比都举行的第十八次东盟经济部长会议上，部长们优先讨论了如何与其经济伙伴国共同达成一个综合性的自由贸易协议。会议结果是产生了组建区域全面经济伙伴关系（RCEP）的草案。在 2011 年东盟峰会上东盟十国领导人正式批准了 RCEP。2012 年 8 月底在柬埔寨召开了第一次东盟十国与中国、日本、韩国、印度、澳大利亚和新西兰的经济部长会议，通过了《RCEP 谈判的指导原则与目标》。2012 年 11 月，东盟十国与中国、日本、韩国、澳大利亚、新西兰、印度等 16 国领导人共同发布《启动区域全面经济伙伴关系协定谈判的联合声明》，RCEP 由此正式启动。2013 年 5 月举行的 RCEP 第一轮谈判进展顺利，正式成立货物贸易、服务贸易和投资三个工作组，就相关议题展开了磋商。尽管由于领土问题和在贸易自由化原则上的分歧，RCEP 内各方步调未必能完全协调一致，但尽早达成自由贸易协定、增加经济活力已成为各方共识。

　　RCEP 的成立使得东亚地区成员国的经济联系日益紧密，各国的互补性较强，可以预见未来东亚地区经济会呈现很大增长。受益于经济强劲增长和市场的驱动，东亚各国将形成相互依赖的生产网络和供应链，从而进一步实现了东亚地区的经济整合，进而推动东亚一体化不断深入发展。东盟倡导 RCEP 的成立，是在当今世界经济区域化的大背景下提出的一种竞争策略。开放市场、密切经济合作关系，是各国应对世界经济形势中不利因素、寻求新发展的举措，是各国发展和巩固国际关系、提升国际影响力的举措。然而，开放市场对各国产业有利有弊，权衡利弊是开放市场的必然要求。各国需要将开放市场的现实性与前瞻性相结合，将开放市场给产业带来的承受力与产业升级的可能性相权衡，将开放市场与产业结构调整相结合，否则难以达到开放市场的预期目的。在当今世界中，制定一个什么样的规则，共同签署多边自贸协定，组建经济共同体，相互开放市场，形式多种多样，各国可决定是否加入。加入哪个自贸组织，要考虑是否符合本国利益，同时兼顾其他成员国利益。RCEP 是东盟领导人应对当前世界经济形势发展的一种战略选择，如今欧盟已成为世界第一大经济实体，美国在自身经济发展的同时不断干涉亚太地区的经济发展，同时特朗普上台后可能采取的大力度贸易保护政策无疑将会对东亚地区的经济贸易产生不利影响，为了能够抵抗这世界两大经济体的市场挤压，在世界经济中保持强劲的增长，保证东亚地区经济发展的持久和健康发展，东盟必须采取行动保持自己在世界经济舞台上的不败地位，区域全面经济伙伴关系协定的成立就是一项极具战略意义的举措。

　　除了经济因素之外，RCEP 的成立也有其政治考虑。东亚合作的"市场驱动型"特征，决定了东亚主要经济体之间的合作必然是一个"竞争性博弈"过程。

东亚地区复杂的政治生态与权力结构在很大程度上制约着地区一体化、贸易自由化进程的深入。当中国崛起、美国的军事存在和战略重心东移、日本与中国的战略竞争交相投射到拥有特殊地缘政治禀赋的东南亚国家或地区时,传统的以东盟为中心的东亚区域合作即东盟方式或东盟规范正面临着大国亚太博弈的严峻挑战。东盟之所以同意在"10+6"的架构上推进RCEP,其主要目的还是想通过大国间力量平衡来拓展自身的政治、经济和安全空间。东盟所处的特殊地位与状况,决定了东盟采取谨慎态度。建立RCEP或许是东盟继续维护自身在东亚区域合作网络轴心位置的务实选择,也是解决东盟在推动东亚合作进程中领导力或执行力不足问题的有效方式。[1]

无论是由于经济因素还是政治因素推动了RCEP的诞生,东盟对16国提出区域全面经济伙伴关系协定的磋商,本质上促进了东亚地区的经济整合且形成了东亚经济网络,不仅增强了东亚各成员国的经济稳定能力,促进了经济增长,而且增强了东亚地区的政治稳定,有利于维护东亚地区国家之间的政治安全,为经济增长创造了一个更好更安全的国际环境。最重要的是RCEP成立并开始运作后,将会促进东亚政治经济一体化的发展,最终实现像欧盟一样的政治、经济、文化、军事、安全一体化的组织。虽然目前RCEP只是经济一体化的起步阶段,但必将会带动东亚各国在政治、文化、军事、安全等领域深入开展合作,最终实现东亚一体化的大目标。

三、东亚一体化的未来发展走向

20世纪50年代初,欧洲煤炭钢铁共同体成立,50年代末,欧洲原子能共同体和欧洲经济共同体按罗马条约条款成立,东亚在此时也发出了建立区域共同体,推进区域一体化的呼声,但是似乎当时的国际局势和政治环境并不能使这样的想法被很多人所接受。直到20世纪八九十年代,冷战结束后,东亚一体化的概念才真正进入人们的视线。[2]东盟最初建立的目的是实现各个国家的社会、文化和经济共同发展。但是在其成立后的一段时间内,其只在经济领域发挥作用,在政治、文化等方面的作用并不大。但是伴随着世界格局的变化发展和全球化的潮流,东盟在东南亚事务中发挥着举足轻重的作用。东盟的不断发展让我们看到了东亚一体化的可行性,东亚国家在文化、经济发展、社会文化等诸多领域都存在着共同发展的契机。

虽然RCEP参与国具有经济互补性,但是也有很多可能会阻碍一体化发展的因素不可忽视。东亚一体化进程不仅受到区域内各成员国经济、政治、社会、宗

---

[1] 王金波. RCEP知易行难:兼论TPP与中国的策略选择 [J]. 南洋问题研究, 2014 (4).
[2] 李默. 浅析欧洲一体化对东亚一体化的启示 [D]. 长春:吉林大学硕士学位论文, 2013.

教和历史文化因素的制约，还受制于许多外部因素。从政治方面来看，政治制度的复杂多样导致政治分歧不可避免；核心大国的缺失导致一体化进程缺乏推动力；领土、主权纠纷导致各国政治关系起伏不定。从经济因素层面来看，各国经济发展水平不平衡、传统的经济结构相似造成产业结构趋同。从民族宗教文化因素考虑，东亚各国民族众多、宗教繁杂，且地区文化差异巨大。除此之外，外部因素也很重要，国际环境的复杂变化、域外组织和国家的影响、美国的影响等，都可能对东亚一体化进程产生阻碍作用。尽管美国与东亚的政治、经济、安全利益捆绑及历史联系极为密切、极为特殊，然而美国对东亚一体化的立场却与当年英国对欧洲一体化的立场极为相似："观望、回避、若即若离甚至不惜或明或暗地加以阻挠"。美国担心如果出现一个东亚一体化组织在所难免、不可阻挡，则该由谁领导或主导，才有利于保证美国不被排斥在外，有利于保障美国在东亚的利益。美国担心东亚一体化的实质进展最终会冲垮美国在东亚的这些同盟关系网，进而影响其在东亚苦心经营半个多世纪的战略地位。如美国与东亚国家均能保持明智大度的相互开放和相互理解立场，则美国与东亚一体化进程的磨合期有可能大大缩短，❶最终加强合作实现共赢。

虽然以上因素纷繁复杂，都有可能影响到东亚一体化的进程与模式，但是东亚各国还是可以选择合适的路径逐步实现一体化的目标，东亚一体化的重要步骤应该是加强区域内多边经济合作，使之成为一定时期东亚合作的主旋律。尽管东亚已在政治、安全和文化等领域展开了全方位的合作，但其真正的核心始终是经济一体化的建设。RCEP的成立为东亚一体化铺垫了一条道路，只要保持经济合作不放松，同时稳定有序地开展其他领域的合作，最终克服重重障碍实现东亚一体化并不是遥不可及的。

近年来，东亚一体化进程取得了重大进展，东盟"10+3"、东亚峰会等进程都标志着东亚一体化的迅速发展，而RCEP的成立无疑为东亚一体化起到了重要的推动作用。RCEP的成员国在经济上的合作将会为今后的政治、文化、军事、安全等领域的合作铺垫道路。虽然在推进的过程中会遇到内、外因素的各种阻碍，但是只要坚定经济先行，共同发展的理念，最终一定能实现东亚一体化的远大前景。

参考文献

[1] 王正毅. 国际政治经济学通论 [M]. 北京：北京大学出版社，2010（9）.
[2] 和春红. 东亚区域一体化与欧洲一体化比较研究综述 [J]. 中共济南市委党校学报，2010（4）.

---

❶ 林利民. 美国与东亚一体化的关系析论 [J]. 现代国际关系，2007（11）.

[3] 王金波. RCEP 知易行难：兼论 TPP 与中国的策略选择 [J]. 南洋问题研究，2014 (4).
[4] 李默. 浅析欧洲一体化对东亚一体化的启示 [D]. 长春：吉林大学硕士学位论文，2013.
[5] 林利民. 美国与东亚一体化的关系析论 [J]. 现代国际关系，2007 (11).
[6] 宋新宁，田野. 国际政治经济学概论（第二版）[M]. 北京：中国人民大学出版社，2015.
[7] 张梅. "区域全面经济伙伴关系"主要看点及与"跨太平洋伙伴关系协定"的比较 [J]. 世界经济，2013，11 (6).
[8] 陆建人. 从东盟一体化进程看东亚一体化方向 [J]. 当代亚太，2008 (1).
[9] 徐瑞，冯金丽. 东盟一体化的现状与未来展望 [J]. 国际经济观察，2007 (1).
[10] 陈璐. 东盟一体化的前景——与欧盟一体化的比较分析 [J]. 云南社会主义学院学报，2012 (2).
[11] 谭理. 东亚一体化的可行性研究 [D]. 长沙：湖南师范大学硕士学位论文，2014.
[12] 信强. 东亚一体化与美国的战略应对 [J]. 世界政治，2009 (6).
[13] 许宁宁. RCEP：东盟主导的区域全面经济伙伴关系 [J]. 东南亚纵横，2012 (10).
[14] 漆莉. RCEP：中国推进东亚经济合作的机遇与对策 [J]. 亚太经济，2013 (1).
[15] 张彦. RCEP 背景下中国东盟经贸关系：机遇、挑战、出路 [J]. 亚太经济，2013 (5).
[16] 王玉主. RCEP 倡议与东盟"中心地位" [J]. 国际问题研究，2013 (5).
[17] 王君. RCEP 的构建及中国应对策略研究 [J]. 东南亚纵横，2013 (4).
[18] 贺平，沈陈. RCEP 与中国的亚太 FTA 战略 [J]. 国际问题研究，2013 (3).
[19] 陈淑梅，全毅. TPP、RCEP 谈判与亚太经济一体化进程 [J]. 亚太经济，2013 (2).
[20] 王金强. TPP 对 RCEP：亚太地区合作背后的政治博弈 [J]. 亚太经济，2013 (3).
[21] 汤婧. TPP 与 RCEP：中国在亚太区域经济整合新秩序下的挑战与策略 [J]. 全球化，2013 (6).

浅谈童年家庭印象对人格塑造的影响

黄 月[1]

摘 要：阿德勒的个体心理学认为个体的早期记忆是最能揭示真相并对人格发展产生重要影响的一个环节，它们以最本源的状态和最简单的表达展现了一个人的生活方式。同时弗洛伊德也十分强调童年经验在人格形成中的重要性，他主要以泛性论思想为基础来说明个体的早期经验对人格塑造的影响。在早期生活中，个体通过家庭这个社会结构中的生活习惯、父母教育方式等方面都会形成一种家庭印象，在当时乃至今后的生活中对其人格塑造产生重要影响或改变。因此，在现代家庭教育模式中，给儿童"勾画"一个科学的童年印象尤为重要。

关键词：阿德勒；早期记忆；童年经验；人格塑造；合群

中国有句俗语叫作"三岁看大，七岁看老"，从这句话可以看出一个人的人格塑造离不开小时候的成长经历。"个体心理学"创始人阿尔弗雷德·阿德勒也认为，人的性格塑造从五六岁起便打下了基础。正如其所说："在所有的心灵表达中，最能接近真相的是个体的记忆，世上没有'偶然的记忆'，人们只会记忆自认为与个人问题有关的人生故事。"那么由此可见，一个人的早期记忆会影响他的整个人格塑造，即童年印象是影响早期人格塑造的重要来源。而童年印象最特别的来源是对于个体而言最基础的教育主体——家庭。也可以说，个体的童年印象大多来源于家庭记忆，家庭是人格塑造中最为重要的主体之一，因此剖析家庭印象是研究人格塑造的一大切入点。

同时，一个人的人格发展不仅是影响个体身心健康的因素，还是影响整个社会发展的必要因素。特别是处于当今这个高速发展的社会，塑造一个"完美"的人格十分有利于个人的整体发展，甚至是整个社会的发展与进步。所以，探究童年家庭印象对个体人格塑造的影响十分有必要。

一、古今心理学家对童年家庭印象的解析

（一）弗洛伊德童年经验的理论

塑造一个健全的人格是个体心理健康的一种重要体现，而个体童年所受家庭的经历对于人格的初步形成和完善具有重要影响。被世人誉为"精神分析之父"

---

[1] 作者单位：上海商学院。

的弗洛伊德十分强调童年早期经验对毕生人格发展的影响，他的依据是他所提出的人格发展理论。该理论❶以泛性论思想为基础，说明所有人的人格发展都源于婴幼儿时期心理性欲发展的变化，一个人人格的发展和适应都源于力必多能量的变化和发展。也就是弗洛伊德主张人的性心理发展就是人格发展的五个阶段，而每个儿童都要经历几个有其特点和特殊问题的先后顺序的发展阶段。儿童在这些阶段中获得的经验决定了他的人格特征。这五个阶段分别为口唇期（刚出生到18个月）、肛门区（18个月到3岁）、性器区（3岁到6岁）、潜伏期（6岁到12岁）、生殖期（青春期到成长，这一阶段也叫两性期）。它们相辅相成，促使个体人格塑造一方面受到上一个阶段的"初步形成"，另一方面还受到了下一个阶段的"完善"。如果一个阶段的问题和矛盾不能妥善解决，就无法顺利过渡到下一个成长阶段，那么也就无法顺利形成一个"健康"的人格基础，甚至影响到后期的人格发展。由此可见，童年早期经历对于塑造健康人格的重要性。

他还认为，一个人出生之后到6岁时，其人格的基本模式就大致形成了。一个人的人格健康问题，追根溯源常常可以从早期童年阴影中找到答案。特别是对于大多数的心理疾病患者来说，其病因都可以追溯到早期的童年家庭经历中。而家庭是儿童成长的初始环境，是影响儿童身心发展的初始主体。多方研究证明，儿童最初形成的人格特征，同家庭的初始教育有着极大关系。一个家庭的整体氛围会影响一个孩子的成长，特别是儿童一系列"非常态"举动、不良习惯或问题行为都受家庭环境及养育方式不同程度的影响。

（二）阿德勒儿童早期记忆的理论

阿德勒虽与弗洛伊德、荣格并称为20世纪三大心理学家，同时早期还师从弗洛伊德做心理研究，但他并不完全赞同弗洛伊德的相关学说，甚至是决裂、自创门派。毕生致力于研究个体心理学，特别是致力于研究儿童人格教育的他十分重视早期记忆对人格塑造及发展的影响力。

阿德勒认为一个人的记忆永远不会与他的生活方式背道而驰，而早期记忆更有其特殊的意义。首先，它们以最本源的状态和最简单的表达展现了一个人的生活方式，从某种程度上，我认为也可以将此理解成其人格的反映。除此之外，我们还能从早期记忆中看出儿童与母亲、父亲和其他家庭成员之间的关系，从这里可深入了解到儿童童年所受家庭的影响。当然，记忆是否清晰准确相对而言没那么重要，最重要的是，它们体现了个人的判断，即我们可从中看到他最初的人格"反射"。

生活的意义不由环境决定，我们通过赋予环境的含义来决定自己的人生。家庭环境（教育）是决定我们人生的起点，童年期的某些境遇常常会导致对生命的错误解读以及人格的初步形成。在家庭环境的影响中，阿德勒认为不同情境给

---

❶ 阿尔弗雷德·阿德勒. 自卑与超越 [M]. 杨颖, 译. 杭州：浙江文艺出版社, 2016.

儿童成长带来的影响有所不同。首先是生理缺陷的儿童，幼时曾饱受身体残障和痛苦困扰的儿童经历了太多苦楚，以至于他们很容易感到自卑。❶ 特别是在原本正常的家庭环境下生存的他们，无论是父母的漠不关心还是过多关注、颇为照顾都能或多或少激发他们随时感受到的因怜悯、嘲笑或厌恶排斥的特殊目光下的自卑感。如果家庭环境中没有某个亲近的人能够及时引导他们将注意力从自身的种种问题转移到关注他人身上，那么在此环境下成长的孩子很容易变得孤僻内向，甚至会有一颗岌岌可危的自尊心和严重的敏感症。同时，生理缺陷的儿童如果没有受到相对于正常家庭中更为"良好"的影响，他们将会成长为眼里只看得到自己的存在的人，并丧失成为社会中有用一员的期待，逐渐脱离社会。其次是关于溺爱儿童。阿德勒认为常常会导致儿童误解生命意义的第二种情况便是溺爱，即大多数儿童人格"偏离正轨"的塑造受此影响。特别是如今的"90后""00后"一代人，由于受政策影响，这两代人多数为独生子女，颇受家庭宠爱。受溺爱的孩子享受着众星拱月般的照顾却不需要为之付出任何代价，以至于渐渐将一切看作理所当然。"慈母多败儿"便是形容母亲过于溺爱孩子而很难使孩子塑造健康的人格，从而毁其一生。颇受溺爱的孩子只会让他们学会依赖与深受索取。久而久之，养成了无法独立甚至是自私的性格。被溺爱的孩子的主要兴趣中心只有自己，从来没能理解合作的用处与必要性。由此也可以看出，被溺爱的孩子很难具备合作精神，他们往往在家人的溺爱下形成了"公主病"，只等坐享其成，不会行动付出，甚至主动与他人进行合作。阿德勒认为第三种容易形成错误人格的是被忽视的儿童。（虽然阿德勒在忽视中未提到虐待，但我认为虐待也是对儿童的一种精神忽视，它是因为不在乎儿童而产生的行为，某种程度上来讲，二者应该归为一类。以下将生理缺陷、虐待、忽视统一归结为忽视。）儿童总是希望通过各种手段赢得关注，比如哭泣、调皮捣蛋、生病等。由此也可以看出他们是极度缺乏安全感并渴望得到关注的群体。而如果一个儿童的早期家庭印象就是被忽视，他们很难在长大后形成健康、完整的人格，也极度容易形成偏激人格和扭曲的世界观。同时毋庸置疑的一点，他们极度缺爱，这会形成两种不同局面。一种是他们从小对任何事情都漠不关心，长大后也不懂得爱与被爱；另一种就是不停地渴望与追求爱，从而形成一种病态的、任何场景下都渴望得到关注的心态。被忽视的儿童往往是最难形成积极人格的一类人群。因从小被忽视，自然而然无法得知爱与合作为何物。对于他们来讲，世界无疑是冷漠、毫无善意可言的。他们在冷漠无情的家庭环境下生活会直接给他们的初步认知打上"冷血"的标签，甚至可❷以说在他之后的成长中难以矫正这样的认知。父母的忽视让这一类儿童

---

❶ 阿尔弗雷德·阿德勒. 自卑与超越［M］. 杨颖，译. 杭州：浙江文艺出版社，2016.

❷ 李元薇，潘晓. 阿德勒的社会兴趣理论研究综述［J］. 科技展望，2015（6）：1672-8289.

认为他们是可有可无的存在，甚至是个包袱。他们无法感知父母的爱，无法感知这个世界的善意与美好。所以，当遭遇生命中的难题时，他们总会高估困难的程度，同时低估自己获得他人帮助与善意的能力。从某种程度上，也可以理解为他们无法自然、正常地去接受与他人合作，他们无法信任任何人，因为家庭环境已经影响到他人格中正常的社交精神。被忽视的孩子往往是没有安全感和信任可言的，对于这样的孩子，若想在将来建立起社会兴趣以及与他人的伙伴关系就会变得极其困难，他们似乎很难看到合作的存在，甚至无法正常沟通，全然无视一切有可能帮助他们的存在。这三种情形都很有可能导致个体对生命意义作出错误解读，这三种情形下的儿童所形成的人格中最容易缺失的便是合作精神，即某种意义上的不合群。

（三）当代"合群"的人格教育标准观

当代学者对"合群"的人格教育标准观的研究实质也是追随阿德勒关于"具有合作性精神"的研究同时再结合当代社会背景发展现状而发展形成的。从理解上来讲，"合群"也可以称得上是"社会兴趣"里的一个分支，通过"社会兴趣"而产生"合群"倾向。在"社会兴趣"这一方面国内外研究具有差异性，国外研究的领域更为广泛，国内更多的是将其与教育相结合，更侧重于如何去培养孩子的"社会兴趣"（此处的社会兴趣并不完全等同于阿德勒所研究的社会兴趣）。

人是社会性动物，社会生活是人类的必需品，所以处于社会中的人不可避免要学会与人合作。与人合作一方面展示了个体的社会兴趣，另一方面展示他所具备的社会感。众所周知，家庭是对儿童进行人格教育，培养儿童社会兴趣和社会适应能力的基础场所。儿童的对社会的兴趣感、生活风格和合作精神等早期在家庭环境、印象中一旦形成在以后就很难改变。而缺乏社会兴趣感，即缺乏合作精神的儿童会形成不良的生活风格，无法进行正常的社会生活，久而久之，就会形成一种不健康的人格，并很难成为社会中的一个正常分子，逐渐脱离正常的社会轨道，形成一种闭塞、排斥社会的不健康心理状态。所以，家庭环境应该从小培养孩子们的社会兴趣感，另一方面家长要注意家庭教育与自己的行为，让孩子们接受到积极健康向上的教育培养。健康的家庭教育会使儿童在家庭早期生活中形成良好的记忆，也有益于促进其健康人格的形成与完善。

对于一个家庭而言，在家庭建立后的最初几年中创造出一种真正的、感情交融的人际关系是十分必要的。儿童生活在温馨的家庭中就会拥有一个美好的早期记忆，还会感受到愉快和安全，也就能接受他人和自己。让埋藏于内心的"黑暗情绪"得以宣泄或被消灭。当培育儿童"合群"的人格观时，父母不仅要尊重儿童的本性，也需要扮演一个"督导"的角色，时刻关注儿童的各种行为。

二、具体个案实例解析

为了更好地研究童年家庭印象对人格塑造的影响，以下有几个典型儿童经历能进行阐述说明。

1. 案主 A（独生子女，与父母、奶奶一起生活）："对于小时候印象最深的记忆是和奶奶在一起……"案主 A 最早记忆里首先提到了奶奶，可以看出在早期里由于父母忙于工作无暇照顾他，一定程度上忽视了他的存在，证实了他是一个缺乏关爱的人。很显然，这是家庭环境中给他人格塑造带来的不利的一面。"已经不记得具体时间了，好像是被奶奶反锁在家"，案主感受到了被抛弃，十分没有安全感。"但是当时很黑，自己很害怕，怎么哭喊都得不到回应，不知道为什么家里没有人，之后就一直怕黑了"，幽暗的环境进一步击垮了他的安全感，由此可"预测"早期有过这样经历的他，无法顺利塑造成一个健康积极向上的人格。而事实证明也如此，成人后的他一度缺爱，他无法在任何人的身上感受到安全感的存在，他一心急于追求安全感的存在，但常常事与愿违。在他的生活中，能明显感受到他的"缺爱"、不信任不合作的精神状态，虽表面看起来并非如此，但他的行为却暴露了他的本质——他不信任任何人，同时也抗拒、逃离合作，而这些都与他早期的家庭印象有关。早期的童年印象仿佛时刻提醒着他的这一遭遇，实际上对于他来说，已经造成了一种不时的"心理暗示（催眠）"，这会加深他缺乏信任与安全感的程度。

2. 案主 B（非独生子女，次子女，与父母、姐姐生活在一起）："妈妈抱着姐姐……"在该案主童年印象中最深刻的人首先提到了妈妈和姐姐，可以肯定的是这两个人对于她的成长生活影响颇大，自己的各方面特别是人格的发展深受二人的影响。"因为姐姐比较听话，妈妈抱着她跟亲戚夸姐姐"，这个姐姐在小时候的生活中就看似比妹妹受宠，为案主的生活带来了或大或小的压力，也在无形中将案主与其姐姐之间形成了一种竞争关系。因为姐姐比较听话，在向其他人介绍时妈妈只会夸奖姐姐，这一情境使案主早期就在无形中形成了一种认知：妈妈更喜欢姐姐，我要变得更优秀、懂事，妈妈才会更喜欢我。这种情境也符合阿德勒所述——次子女的成长生活中总有一个领跑者，他们只有从这不断的激励中奋起追赶，才能确保不被落下。而这样的竞争若过度或是在次子女脑海里根深蒂固的话实则很容易对他们的健康成长形成反噬。一方面是极好的，在竞争中奋勇向前，不断进步，成为一个优秀的人；另一方面也很容易成为一个为了竞争胜利不择手段，而忽视合作的人。特别是处于现在一个受物质影响和狭隘功利主义影响的社会，次子女的竞争一旦不小心"脱轨"形成了盲目攀比，他们便很容易轻视团结友爱的合作精神，进而脱离社会群体。

3. 案主 C（非独生子女，排行老大，留守儿童，与外婆生活在一起）："很久才见一次父母……"案主C小时候是一个留守儿童，父母常年在外打工，与外婆同住。从案主的早期记忆可发现，她的儿童成长经历中父母出现的次数不多，很难见上一面。"每次回来就会给我带很多东西，要买什么都给买"，从这里也可以明显看出为什么早期父母出现的次数不多，但对于她来说是影响较大的存在。最为关键的就是她从小的认知就是一旦父母打工回来，会有心理上的愧疚感，会用物质来补偿她，通过物质措施形成了一个短期的溺爱过程。虽然小时候的她不明白父母的愧疚感是什么，但她能明显捕捉到这个"规律"，形成了"只要他们很久才回来一次，一定什么都会满足我"的认知。这种不健康的认知很容易导致她因受短期溺爱而变得恃宠而骄，同时极其容易形成一个物质型的人格。通过对她的观察，也印证了这一点。在她长大后，她仍然十分重视物质消费。虽然家境普通，但是一旦有想买的东西还是会像小时候一样缠着大人买，不论价格昂贵还是廉价。同时，因从小备受溺爱，所以总是索取不会付出。这样的性格使她成人后并不合群，一旦有被要求与他人合作的项目，她会借机"划水"（罢工不干），无法正常地与他人交往或是长期相处。

4. 案主D（独生女，父母关系冷淡，与父母一起生活）："妈妈带我出去玩……"从案主的第一句话可看出，母亲对于她是重要的存在，甚至影响颇大。"与父亲基本上没有接触，他并不管我，也不怎么和妈妈讲话。"从该案主的早期记忆可看出，案主与母亲的互动更多，而缺乏父亲的关注。在案主的记忆里，父亲并没有尽到做父亲的责任，也可以理解为案主是缺乏父爱的。我们也可以推导出案主生活在一个不是很温馨的家庭环境里，父母关系并不和睦，所以父亲对女儿、对这个家的关注也不多。这样的家庭环境一开始就给案主做了一个不良示范，父母的婚姻生活不和谐会让案主产生一种"模仿能力"，在案主的潜意识里认为婚姻是不幸的，并很容易导致她在成人之后害怕接触婚姻或是爱情。自然而然也会影响到她的人格塑造与发展，她从家庭里"学到"最多的就是"不合作"，那么当她发展恋情或是一段婚姻时，就不会一帆风顺，甚至排斥、拒绝接触异性。

5. 案主E（独生子，单亲，母亲多次改嫁，与母亲生活在一起）："妈妈出去工作，留我一个人在家玩"，该案主的儿童家庭印象最为深刻的是由于母亲忙于工作，没办法把他带在身边，而留他一个人在家里。从这一角度看出该案主从小就被母亲忽视在家，没有父亲的陪伴。"爸爸妈妈很早就离婚了，不久后他们都各自组建了新家庭"，通过之后的个案访谈，了解到该案主由于很小的时候父母就离婚了，然后一直跟着母亲生活，所以在他从小的认知里，他更为依赖母亲。"和妈妈一起搬到叔叔家生活，但我不喜欢"，在案主儿童时期，就已经懂得了父母婚姻的不幸，以及重组家庭给他带来的不适感。由于母亲不断重组家庭，让案主更加缺乏安全感，甚至认为自己对于母亲而言是一个"拖油瓶"。所以一方面案主是依赖于母亲的，另一方面是埋怨母亲感情上的不负责任。而童年这样的家庭印象使案主无法正常接触异性，长大后发现自己是同性恋。他也坦言，生理与心理上会对女性更为排斥，无法正常地与其接触。因为家庭父母婚姻的失败，母亲感情上不负责任的种种印象使案主缺乏对异性和爱情的信任，这也很明显可看出案主与异性是缺乏合作精神的，从心理上排斥、抵触，无法让他产生社会兴趣。

通过以上几则案例，再加上推算能力，可以很明显地看出人们因受儿童家庭印象而塑造的不同人格，同时也看出有着不同儿童家庭印象的人们是怎样趋于合作或逃离合作的。

深受溺爱的孩子常常以自我为中心，习惯了世界绕着他们转的思想。等他们进入学校或是社会，一旦不再有家人的溺爱，他们就会变得极度不适应，无法正常与他人相处。他们认为别人也理所当然对他好或是宠着他的思想，会使周围人逐渐远离他；同时他们无法正常地在团队里作出贡献，从某种程度上来说，他们并不能正确理解合作的精神。被忽视的孩子亦是如此。

所以无论是深受溺爱的孩子还是被忽视的孩子，我们都可以找到一个共同点，那就是他们都缺乏合作精神，也理解为不合群的表现。合作是我们对抗神经官能症倾向的唯一安全保障，任何对于合作的阻碍都可能导致非常严重的后果，所以人格塑造中若是缺乏合作精神，是不完整的，成年以后，社会情感的缺乏在他们身上会越来越严重，甚至会造成一系列不良后果。缺乏合作精神的孩子是缺乏社会情感的，他们无法正常地与人交往、相处，也无法自然而然地适应社会，他们不会完全明白自己的使命到底是什么，也无法真正理解生命的意义。

作为教育基础场所的家庭环境，如果在儿童早期就能及时了解到家庭教育的重要性和不健康的家庭环境带给孩子们到底有什么害处，同时父母也能避免这些错误，我认为就不会有那么多缺乏合作精神的儿童存在，那些缺乏社会情感的儿童最终都能对自身能力和生活有更好的体验与感受。

三、家庭如何培养儿童的健康人格

（一）构建健康的心理防御机制

弗洛伊德认为防御机制是自我应付本我的驱动、超我的压力和外在现实的要求等的心理措施和防御手段，以减轻和解除心理紧张，求得内心平衡。而作为儿童最早接触的环境——家庭，特别是父母对孩子的教育尤其重要。作为早期教育者的父母，应该及时帮助孩子构建健康的心理防御机制，激发儿童的社会兴趣感，同时开导孩子，使孩子有一个健康的心理状态。

（二）优化初始教育环境和注重教育者的培养

基于对早期教育重要性的认识，阿德勒强调家庭影响对儿童人格形成的重要作用，提出父母要发挥正确的教育作用，促进儿童人格的健康发展。[1] 也就是说，由于早期的家庭印象会影响孩子正常人格的形成，所以父母应该积极形成一个良好的家庭环境，一是要营造健康和谐的家庭气氛，这样能使儿童在良好的家庭氛围里"耳濡目染"，一方面有利于其身心健康发展，另一方面让儿童认识到父母间的合作精神，促使儿童学习并对合作产生兴趣；二是改变或改善父母的教育方式，父母的教育方式其实通过家庭印象就能反映出来，有时候正是因为教育方式不当引起儿童人格无法顺利地发展完善，父母应该调整好自己心态，最为重要的是做一个合格的父亲或母亲，对孩子不过度溺爱的同时不过度忽视，家庭教养是十分重要的，所以父母应该从自身出发，认真学习这一门"艺术"。

（三）改善家庭教养方式，培养孩子的"社会兴趣"

母亲与孩子的关系极为重要，其实母亲的职责就是培养孩子的社会兴趣，让孩子不仅对母亲有兴趣，还要对父亲有兴趣，进而扩展到整个家庭及小区、学校、社会。让父母培养孩子的"社会兴趣"，从而使孩子们认识到合作的重要性，并能全身心地投入进去，逐渐将孩子们培养成一个有责任心、乐于团结合作的具备良好精神品格的人。[2]

（四）以友善相待、不溺爱不虐待

在阿德勒看来，父母要以友善的方式对儿童进行教育。作为父母，不要体罚孩子，因为这会对孩子造成身心伤害；要对孩子一视同仁，不要偏爱孩子，以免儿童心情沮丧或产生自卑；父母还要共同努力，对有关孩子教育的一切事情都应达成统一意见。最重要的是，父母要将孩子培养成为勇敢、坚忍、自信的人，使他们能积极面向外界社会，并勇于参与合作，形成良好的合作精神。[3]

四、总结

总之，个体的人格塑造离不开童年的家庭印象，甚至可以说童年的家庭印象为人格塑造打下了基础，由此可见家庭的教育对于儿童的成长尤为重要。拥有健康的人格不仅是个人追求幸福与成功人生的心理基础，也是现代教育所追求的重点，更是社会发展的迫切需要。只有童年的家庭印象打下了良好的基础，将人格教育视为培养儿童的核心，力求先自善其身，才能造福人群，而不至于祸及他人和社会。

---

[1] 李贤智. 培养健康人格：阿德勒的儿童教育观 [J]. 湖北第二师范学院学报，2016（3）：1674-344.

[2] 李元薇，潘晓. 阿德勒的社会兴趣理论研究综述 [J]. 科技展望，2015（6）：1672-8289.

[3] 阿德勒. 儿童的人格形成及其培养 [M]. 韦启昌，译. 石家庄：河北人民出版社，2002.

参考文献

[1] 阿尔弗雷德·阿德勒. 自卑与超越 [M]. 杨颖, 译. 杭州: 浙江文艺出版社, 2016.

[2] 李元薇, 潘晓. 阿德勒的社会兴趣理论研究综述 [J]. 科技展望, 2015 (6).

[3] 李贤智. 培养健康人格: 阿德勒的儿童教育观 [J]. 湖北第二师范学院学报, 2016 (3).

[4] 阿德勒. 儿童的人格形成及其培养 [M]. 韦启昌, 译. 石家庄: 河北人民出版社, 2002.

社会调研专题

智慧社区居家养老"五位一体"创新模式的探索

——基于上海外滩街道"咏年楼"失能老人干预项目的调查研究

李妮 许婷婷 颜心茹 董婷 王欢 周静 盛辉 于瀛❶

摘 要：社区居家养老兼具家庭养老和机构养老的优势，日益成为托老首选。通过文献调研和专家访谈，比对目前国内外居家养老模式，发现目前我国居家养老服务在资源整合、服务运作和软硬环境营造等方面，面临严峻的挑战。在社区居家养老模式下引入"互联网+"，通过政府、企业、社会的全方位合作，为老年人提供全面、整体、系统、多元化服务的新型现代养老模式。结合社区居民现状调查，构建了"互联网+"居家养老"家庭—社区—机构—医院—企业"五位一体的新模式，并以失能老人为例，在上海外滩街道"咏年楼"项目进行调查研究，检验新模式的可行性和有效性。

关键词：智慧社区；居家养老；互联网+；五位一体；时间银行

一、研究背景

随着中国人口老龄化的趋势不断加剧，老龄化带来的挑战不容忽视。截至2016年12月31日，上海市全市户籍人口1 449.98万人，其中，60岁及以上老年人口457.79万人，占总人口的31.6%。❷ 上海成为我国首个进入老年人口"30%"的城市，约比全国平均水平提前10年进入高速老龄化进程。❸ 据全国老龄办最近测算，到2020年，我国60岁以上老年人将达到2.43亿，80岁以上高龄老年人将达到2 900万，失能老年人将达到4 200万，养老问题成为政府和社会亟待解决的热点问题。❹

---

❶ 作者单位：上海商学院。
❷ 来源：上海市民政局、老龄办、统计局联合发布最新统计的本市老年人口和老龄事业发展信息。
❸ 李素秋."互联网+"背景下上海市养老服务体系建设探索与举措［J］.人力资源管理，2016 (11)：245-246.
❹ 资料来源：中华人民共和国国家统计局。

（一）社区居家养老异军突起

居家养老是老年人在家中居住，以社区为依托，以老年人生活照料、医疗康复、精神慰藉为主要内容，以上门服务或社区日托为主要形式，将家庭养老与社会养老相结合的一种新型养老模式。在当前传统家庭的养老功能不断弱化、机构养老服务能力滞后的形势下，居家养老服务模式成为解决养老问题的重大战略抉择。[1] 社区居家养老吸收了家庭养老的环境优势和机构养老的专业优势，符合我国现阶段的基本国情，日益成为托老首选。[2]

（二）"互联网+"突破居家养老难题

社区居家养老虽然兼顾了家庭养老和机构养老的优势，但仍然存在尚待优化的空间。[3] 在社区居家养老模式下引入"互联网+"可以突破居家养老难题，通过信息网络、智能技术等方面，把社区居家养老的各个养老服务要素集成到一个平台系统中，将老人与各种照护资源联结起来，为老年人提供全面、整体、系统、多元化服务的新型现代养老模式。[4] 该模式既能为日益庞大的老年群体提供高效的养老服务，在一定程度上解决人口危机带来的风险，又能提高社区居家养老的老龄人口解决日常事务的能力，增强社会参与感，获得精神满足，具有重要的社会意义。[5]

二、研究方法

本文的研究方法是文献研究法、调查法和访谈法。据上海市社区生活的调查数据显示，在为老年人服务方面，老年人对便民服务需求度最高，占比为66.7%，老年人对文化娱乐和法律维权两类服务需求度也较高，均为59.2%。排在老年人服务需求度较低的项目主要为：老人社区互助服务、老人助餐、日间照顾与护理服务与老人慰藉、临终关怀服务。

---

[1] 柏萍，牛国利. 城市社区居家养老服务的发展思路与对策 [J]. 城市观察，2013（4）：33-44.
[2] 常红林. "互联网+"背景下的社区居家养老模式构建 [J]. 新闻研究导刊，2016（23）：18-19，27.
[3] 常红林. "互联网+"背景下的社区居家养老模式构建 [J]. 新闻研究导刊，2016（23）：18-19，27.
[4] 常红林. "互联网+"背景下的社区居家养老模式构建 [J]. 新闻研究导刊，2016（23）：18-19，27.
[5] 常红林. "互联网+"背景下的社区居家养老模式构建 [J]. 新闻研究导刊，2016（23）：18-19，27.

为老年人服务需求情况

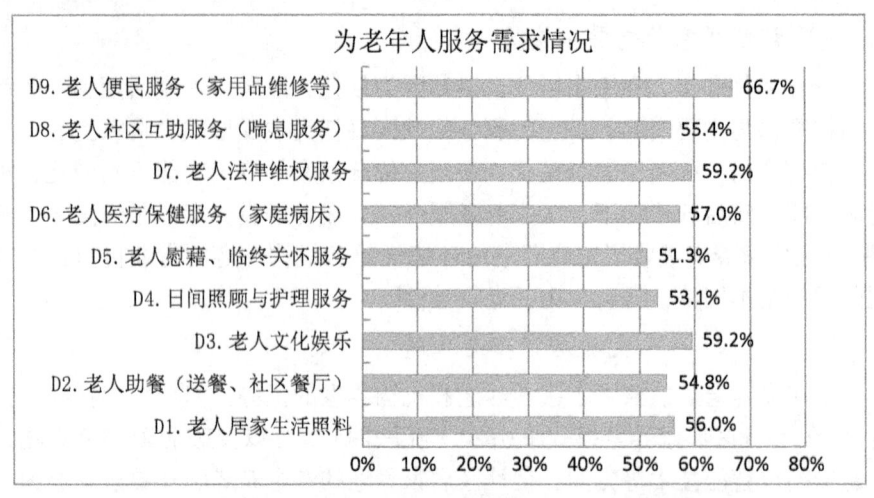

项目	百分比
D9. 老人便民服务（家用品维修等）	66.7%
D8. 老人社区互助服务（喘息服务）	55.4%
D7. 老人法律维权服务	59.2%
D6. 老人医疗保健服务（家庭病床）	57.0%
D5. 老人慰藉、临终关怀服务	51.3%
D4. 日间照顾与护理服务	53.1%
D3. 老人文化娱乐	59.2%
D2. 老人助餐（送餐、社区餐厅）	54.8%
D1. 老人居家生活照料	56.0%

在服务供给方式方面，社区居民大多希望能够享受无偿服务。

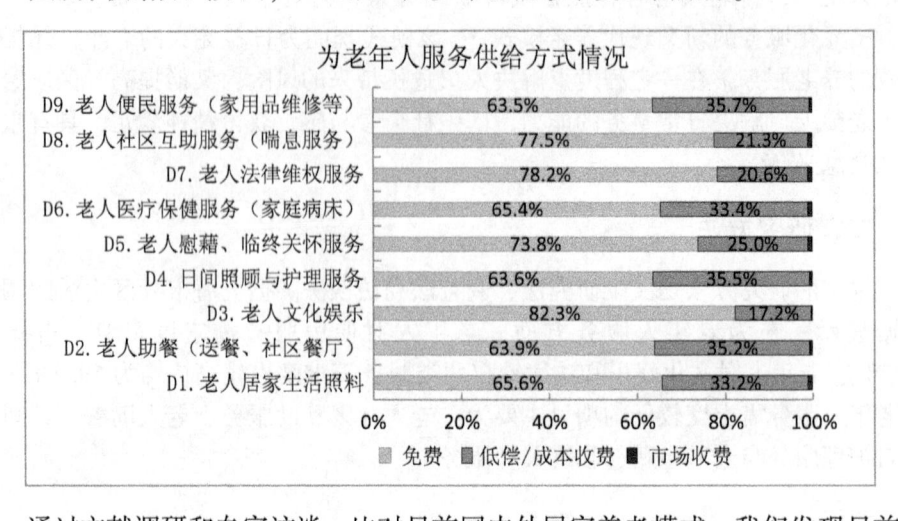

为老年人服务供给方式情况

项目	免费	低偿/成本收费
D9. 老人便民服务（家用品维修等）	63.5%	35.7%
D8. 老人社区互助服务（喘息服务）	77.5%	21.3%
D7. 老人法律维权服务	78.2%	20.6%
D6. 老人医疗保健服务（家庭病床）	65.4%	33.4%
D5. 老人慰藉、临终关怀服务	73.8%	25.0%
D4. 日间照顾与护理服务	63.6%	35.5%
D3. 老人文化娱乐	82.3%	17.2%
D2. 老人助餐（送餐、社区餐厅）	63.9%	35.2%
D1. 老人居家生活照料	65.6%	33.2%

■ 免费　■ 低偿/成本收费　■ 市场收费

通过文献调研和专家访谈，比对目前国内外居家养老模式，我们发现目前国内模式尚存在下述问题：经费严重不足；未形成系统；专业人才缺乏；人力资源、医疗资源不足。针对这些问题，我们借鉴吸收"增能"和"同伴支持"的先进理念，结合社区居民现状调查，构建了"互联网+"居家养老"家庭—社区—机构—医院—企业"五位一体的新模式，并以失能老人为例，在上海外滩街道"咏年楼"项目进行实地调研，检验将"互联网+"嵌入传统社区居家养老"家庭—社区—公益组织—医院—企业"五位一体，形成养老线上线下（Online to Offline，O2O）模式的可行性及有效性。

三、"互联网+"养老服务的应用研究

近些年，将信息通信技术以及互联网平台运用于养老服务领域的实践愈益增

多，从早期国外的"智能养老"概念的提出到智能养老设备的设计，再到近期的各地"养老服务热线"的开通和"养老服务信息平台"的构建，再到养老服务 B2C、O2O 等概念与平台的试水等，无不折射出"互联网+"在养老服务供给中的应用前景。❶

国际上，养老服务信息化建设发展迅速，尤其是在智能化居家养老产品的开发、设计与应用上，经验丰富。如英国的"聪明屋"、芬兰的"活跃家庭生活"的养老产品、日本的看护服务机器人等。其智能居家养老系统主要由技术、终端产品和服务三方面构成，采用电脑技术、无线传输技术等手段，在居家养老设备中植入电子芯片装置，使老年人的日常生活处于远程监控状态。终端产品一般为感应器设备，有终端设备能够检查老人的血压、体重、血脂等身体状况。❷

在国内，政府、养老机构、社会组织等都陆续开始关注养老服务信息化建设，并进行智能养老产品的开发、推广和信息化平台的构建。❸ 如天津的"虚拟养老院"、台湾养老机构的"软件提供服务"、中国电信的"老人宝"套餐、卡罗琳中老年商城、魅力生活"互联网+"居家养老消费平台、安康通智慧养老专家等。❹ 上海、山东、江苏、福建等地区在智慧养老、智慧医疗方面也进行了一系列尝试和探索，积累了有益的经验。如山东济南"智能居家养老服务中心"，通过互联网、物联网、云计算等技术为居家老人提供可靠、及时、全面的健康测评，并据此为居家老人制订个性化养生、保健方案，对疾病进行早期干预、早期治疗的动态管理。❺ 福建厦门思明区"中华社区街道公共卫生服务中心"，开发了慢性病远程管理系统，并搭建"健康小屋"采集数据。❻ 北京"智能老年公寓信息化系统"，采用 NEC 的平板电脑、服务器和网络设备等，实现移动生活护理和医护保健。❼ 总体来看，我国的智慧养老还处于初级阶段，主要体现在：智慧养老服务信息平台建设缓慢，缺乏统筹规划和全局考虑，相关养老信息数据库不能及时共享。❽

---

❶ 郭丽娜，郝勇，吴瑞君."互联网+养老服务"：O2O 模式的养老服务供需平台构建［J］. 电子政务，2016（10）：17-24.

❷ 郭丽娜，郝勇，吴瑞君."互联网+养老服务"：O2O 模式的养老服务供需平台构建［J］. 电子政务，2016（10）：17-24.

❸ 郭丽娜，郝勇，吴瑞君."互联网+养老服务"：O2O 模式的养老服务供需平台构建［J］. 电子政务，2016（10）：17-24.

❹ 郭丽娜，郝勇，吴瑞君."互联网+养老服务"：O2O 模式的养老服务供需平台构建［J］. 电子政务，2016（10）：17-24.

❺ 翟倩. 当"智慧"进入老年生活［N］. 中国社会报，2015-05-29（7）.

❻ 翟倩. 当"智慧"进入老年生活［N］. 中国社会报，2015-05-29（7）.

❼ 翟倩. 当"智慧"进入老年生活［N］. 中国社会报，2015-05-29（7）.

❽ 睢党臣，彭庆超."互联网+居家养老"：智慧居家养老服务模式［J］. 新疆师范大学学报（哲学社会科学版），2016（5）：128-135.

四、"互联网+"五位一体养老模式探索

通过对"互联网+"养老服务的应用研究可以发现，目前国内基于通信方式的养老服务信息化推进较快，满足了部分老年人群的养老服务需求，而对于多数老人的一般性养老服务，涉及内容则较少。因此，"互联网+"居家养老应将实践中的养老服务供需要素及其内在关系放置于网络之上，即运用网络技术实现养老服务供需对接的线上与线下的实时互动，而不是现有网络购物平台的简单移植，需要体现养老服务的特殊性。❶

为了在养老服务供需者之间进行联动，让老人享受优质、连续、全面的照顾，我们进行了"互联网+"五位一体养老模式的探索：先对上海外滩街道"咏年楼"失能老人干预项目的传统"五位一体"养老模式进行分析，然后提出智慧居家养老服务平台设计，最后总结"互联网+"的嵌入对传统社区居家养老模式的优化。

（一）传统"五位一体"养老模式分析

黄浦区的外滩街道是上海的一个老城区街道，街道人口约有 11 万，其中常住老年人口约占总人口的 28%。这样一个老年人口集中的社区，老年人面临着各种各样的困难和需求。2009 年，政府找到上海新途社区健康服务社（一家由社会力量发起的，专业从事社区健康促进和社区能力建设的五 A 级社会组织）开展失能老人干预项目，项目名称为"咏年楼"。

1."咏年楼"项目运行路径

通过对上海外滩街道"咏年楼"失能老人干预项目进行调查，我们总结了该项目的服务内容：①提供专业医生和护理员进行照顾，对失能失智老人进行评估，对轻度、中度和重度失能失智老人展开不同的服务；②培训照顾者，与家属交流，缓解压力；③招募同伴志愿者，经常上门关心提醒，提供理发、洗澡、代配药等"喘息服务"；④开通医院绿色通道，优先解决老人就医难题，同时引进企业、医院和教授进社区讲课，普及四季养生知识和开展专题健康沙龙；⑤为贫困老人送纸尿裤，和医药企业合作，老人用药，药企提供医生看病免单等后续服务；⑥资源共享，街道提供夜灯和进行楼梯扶手改造，上海残联提供拐杖；⑦以失能失智为主干线，进行防跌倒指导，预防干预。

简言之，"咏年楼"进行失能老人居家养老的干预路径是：以居家为基础、社区为依托、公益组织为支撑、医院为合作、企业为帮助，通过提前干预，对轻度失智老人进行记忆技巧的指导，延缓老人向中度失智恶化，对重度失智老人的

---

❶ 郭丽娜，郝勇，吴瑞君."互联网+养老服务"：O2O 模式的养老服务供需平台构建 [J]. 电子政务，2016（10）：17-24.

家属进行照顾培训，提供"喘息服务"缓解照顾者压力，开通医院的绿色通道方便老人就医，引进主治医生进社区开展专题健康沙龙，进行设施改造等，形成家庭、社区、公益组织、医院和企业"五位一体"的失能老人居家照顾联动机制。

2. 居家养老服务面临的挑战

目前居家养老服务在资源整合、服务运作和软硬环境营造等方面，面临严峻的挑战：①居家养老的服务项目较为单一并且层次不高。②居家养老服务人员业务素质不高、专业人才缺乏。③居家养老服务机构整合资源和服务运作效率低下。④居家养老服务经费严重不足。⑤居家养老服务的市场运作环境尚未形成。❶"咏年楼"形成的"家庭—社区—公益组织—医院—企业"五位一体的居家养老模式虽然克服了很多传统居家养老的挑战，在现有的社区居家养老服务中处于领先地位，但是依然存在一些不足，比如社区健康管理及其信息化问题。老人的养老服务需求和社区的养老服务供给之间存在信息交流的障碍，致使老人的需求很难得到及时、快速的满足，造成养老服务的便捷性和灵活性较差。因此，传统社区居家养老迫切需要打破信息不对称的问题，借助互联网与物联网等优势，打造智慧养老服务模式，为老年人提供综合性的养老服务。

（二）智能家居养老服务平台设计

1. 平台功能设置

考虑到养老服务供需参与主体的多样性和服务内容的独特性，在设计养老服务运营平台的形式与功能时，应体现一定的倾向性。在设计要求上，以简单操作为主、使用高效为辅。在终端形式上，电脑、手机、PAD等移动设备通用，并兼顾网站和App媒介。在家庭（老人）需求上，涵盖生活照料、医疗保障、精神慰藉、休闲娱乐等养老服务需求。在政府需求上，侧重服务的质量监督和运营监控。从养老服务提供方角度，实现订单的线上操作和线下服务。总而言之，养老服务运营平台要实现服务供需双方信息发布、自动匹配、服务达成、多方反馈和供需大数据的整合（参见图1）。❷

---

❶ 柏萍，牛国利. 城市社区居家养老服务的发展思路与对策［J］. 城市观察, 2013（4）: 33-44.
❷ 郭丽娜，郝勇，吴瑞君. "互联网+养老服务"：O2O模式的养老服务供需平台构建［J］. 电子政务, 2016（10）: 17-24.

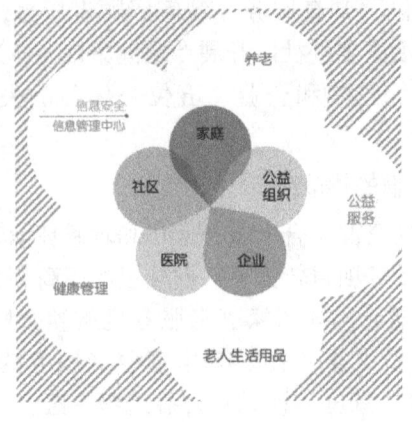

图 1

2. 平台框架搭建

智能居家养老服务平台的搭建需要将老人的基本资料全部纳入数据库，建立由平台管理、呼叫中心、养老服务应用、App 手机客户端、智能终端接入等子系统构成的养老系统平台（参见图2）。❶

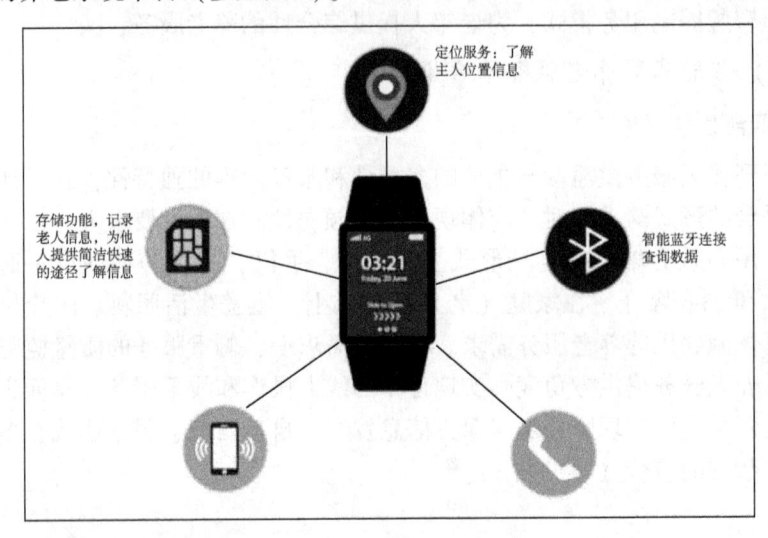

图 2　平台构架流程图——手环与养老服务平台连接构架

（1）配套基本养老服务。

完善的基本信息系统是其他配套服务供给的基础，基本信息系统应当涵盖以

---

❶ 庞景之．"互联网+"时代下的居家养老模式新探究［A］．中国武汉决策信息研究开发中心、决策与信息杂志社、北京大学经济管理学院．决策论坛——基于公共管理学视角的决策研讨会论文集（上）［C］．中国武汉决策信息研究开发中心、决策与信息杂志社、北京大学经济管理学院，2015；1．

下两方面：①社区居家养老老人的个人信息。具体包括老人的基本情况、家庭、亲属、健康、经济、住房、医疗、社会活动等全方位信息，并适时更新。②养老服务供给信息。平台整合辖区内家政、物业、物流、专业养老从业人员及志愿者等服务供应商，并与供应商签订协议，平台自带评价功能，可以请老人参与评价和拍照认证，确保老人享受低价、优质的服务。❶

（2）健康管理实时监测。

"互联网+"为居家老人提供健康管理服务，随时检测老年人的身体状况。❷在互联网未介入的情况下，老年人健康数据往往通过医院就诊获得，存在数据获得成本高、采集量小等问题，互联网技术的应用将养老服务与医疗救护相结合，通过助老信息平台采集日常监测数据可大大降低健康数据获得成本，同时数据采集有利于完善居家社区养老老人健康档案建立及紧急救治体系建设。❸ 上海市第六人民医院将数字医疗应用到慢性疾病管理之中，通过互联网病人可将血糖测试结果传送到医生信息数据库中，足不出户即可完成病例监控，高通量数据积累也为疾病早期干预、筛查危险因素奠定基础（参见图3）。❹

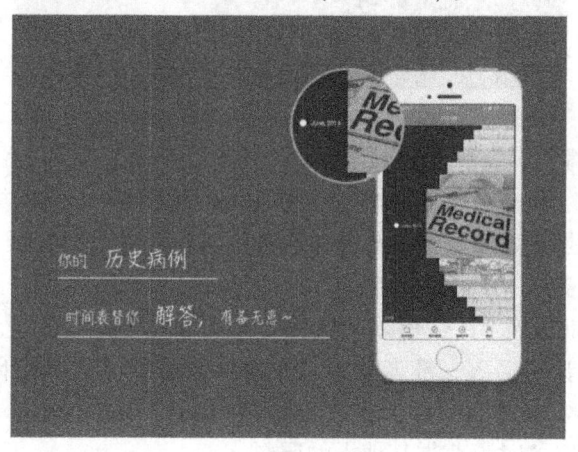

图3

（3）专家视频远程会诊。

2015年上海市率先推行分级诊疗制度建设，探索"1+1+1"医疗机构组合。

---

❶ 常红林. "互联网+"背景下的社区居家养老模式构建［J］. 新闻研究导刊，2016（23）：18-19, 27.

❷ 曹力，马丽丽，汤少梁，等. "互联网+"背景下居家养老的发展方向及创新模式研究［J］. 海南医学，2016（6）：861-863.

❸ 李素秋. "互联网+"背景上海市养老服务体系建设探索与举措［J］. 人力资源管理，2016（11）：245-246.

❹ 李素秋. "互联网+"背景上海市养老服务体系建设探索与举措［J］. 人力资源管理，2016（11）：245-246.

通过互联网对接社区医疗卫生中心，在家中老年患者即可实现与签约家庭医生的互动完成日常疾病诊治。徐汇区中心医院开展"云医院"试点，医院里每天排班10~12名医生，给徐汇养老院、居委会进行远程诊疗，病人可以通过手机App用视频与医生直接沟通。对于部分疑难杂症患者通过整合数字电视系统与医疗系统实现远程医疗，专家可通过视频方式与居家老年患者面对面沟通诊疗，免去老年人去医院排队就诊的不便（参见图4）。❶

图4

（4）"时间银行"志愿服务。

"时间银行"模式是由埃德加·卡恩于20世纪80年代初提出并创立的❷，所谓时间银行，是指志愿者将参与公益服务的时间存进时间银行，当自己遭遇困难时就可以从中支取"被服务时间"。随着老龄化的不断加剧，可以在App上添加服务老人的"时间银行"，倡导"服务今天，享受明天"的理念，采取"时间储蓄"的方式，让年轻人、准老年人以及身体健康的老人利用闲暇时间为"空巢老人"提供必要服务。通过App积累服务时间，当志愿者年老的时候，可以凭借自己累计的服务时长获得其他人的照料。

（三）"互联网+"的嵌入对"咏年楼"服务的优化

"咏年楼"形成的"家庭—社区—公益组织—医院—企业"五位一体的居家养老模式在现有的传统社区居家养老服务模式中处于领先地位，但是依然存在传统居家养老的不足，比如社区健康管理及其信息化问题，老人的养老服务需求和社区的养老服务供给之间存在信息交流的障碍，致使老人的需求很难得到及时、快速的满足，造成养老服务的便捷性和灵活性较差。

---

❶ 李素秋."互联网+"背景下上海市养老服务体系建设探索与举措[J].人力资源管理，2016（11）：245-246.

❷ 夏辛萍.时间银行：城市社区养老服务的新模式[J].中国老年学杂志，2014（10）：2905-2907.

将"互联网+"嵌入"咏年楼"传统居家养老模式，通过手机 App，服务机构管理可以提供最快捷的服务事项，比如叫外卖、家政、维修等，子女也可以自主添加老人常用的服务模块（参见图5）。❶ 通过互联网病人可将身体健康测试结果传送到医生的信息数据库中，足不出户即可完成病例监控，做到早预防早治疗。老人可以通过手机 App 用视频与医生直接沟通，减少挂号时间，提高就诊效率，比绿色通道更便捷。企业可以在 App 上开设老年用品商城，实现经济效益的转化。此外，志愿者可以通过"时间银行"累积自己的服务时长。"咏年楼"的志愿者平均年龄66岁，从事志愿服务已经6年，等他们老了，应该由别人来照顾他们，传承尊老爱老的中华民族传统文化。

图 5

五、总结与建议

（一）总结

由于智慧居家养老服务目前还处在起步阶段，养老服务从传统模式向智能化模式跨越还需要一个过程，所以其不可避免地存在着一些发展中的问题。❷ 就目前来看，我国智慧居家养老服务目前存在的问题主要包括以下几个方面：一是"互联网+居家养老"的模式在适用范围上存在局限性，需要互联网的高度普及和老龄受众需有一定的文化基础❸；二是"互联网+居家养老"的模式推广难，在前期实施过程中，无论是技术上的网络布局、机构上的对应配套，还是设备上

---

❶ 张怡，辛欢. 基于智能家居的居家养老模式研究［J］. 兰州工业学院学报，2016（5）：36-39.
❷ 单忠献. 智慧居家养老服务的实践模式与发展对策——以青岛市为例［J］. 老龄科学研究，2016（8）：60-65.
❸ 常红林. "互联网+"背景下的社区居家养老模式构建［J］. 新闻研究导刊，2016（23）：18-19，27.

的全面投入，都需要不菲的费用支出❶；三是相关政策及扶持措施针对性不强，特别是关于健康服务行业的市场准入规定还不够明晰❷；四是社会资本在更多时候还是处于观望状态，制约了智慧居家养老服务的快速整体推进❸；五是目前智慧居家养老服务的覆盖面较窄，主要以试点方式存在，并集中服务于困难老年群体，适龄人群受益面有待拓宽❹；六是智慧居家养老服务信息化平台建设还不够成熟，其所提供的产品和服务还不够多元化、精细化等❺。另外，在智能养老产品的开发应用、服务人员的业务素质等方面，还存在各种问题。❻

（二）建议

1. 加强社会组织管理

应该引导社会组织对接政府，承载部分由政府转移分化出来的社会职能，政府购买服务，使社会组织为养老服务更好地发挥作用。政府应该对居家养老社会组织的资金管理进行监督，建立资金监管机制，加强风险评估和预警，加强社会组织资金运行的透明度，加强事中事后监管，促进养老社会组织健康有序发展。政府可以通过评估更好地制定养老社会组织培育和发展的政策，规范和引导养老社会组织，为养老社会组织购买服务提供重要依据；养老社会组织通过评估可以加强自身建设，提升服务质量。❼

2. 确保个人信息安全

在"互联网+"居家养老模式中，会采集老年人的各种详尽的个人信息。当今个人信息泄露问题已成为两会关注的焦点之一，然而现在的法律对此没有明确的规定。在App使用过程中，不仅会采集老年人的健康状况、位置等信息，而且涉及家庭成员的联系方式及家庭住址等信息，所以在"互联网+"居家养老模式中个人信息安全保护问题更为重要。

---

❶ 常红林. "互联网+"背景下的社区居家养老模式构建[J]. 新闻研究导刊, 2016 (23)：18-19, 27.

❷ 单忠献. 智慧居家养老服务的实践模式与发展对策——以青岛市为例[J]. 老龄科学研究, 2016 (8)：60-65.

❸ 单忠献. 智慧居家养老服务的实践模式与发展对策——以青岛市为例[J]. 老龄科学研究, 2016 (8)：60-65.

❹ 单忠献. 智慧居家养老服务的实践模式与发展对策——以青岛市为例[J]. 老龄科学研究, 2016 (8)：60-65.

❺ 单忠献. 智慧居家养老服务的实践模式与发展对策——以青岛市为例[J]. 老龄科学研究, 2016 (8)：60-65.

❻ 单忠献. 智慧居家养老服务的实践模式与发展对策——以青岛市为例[J]. 老龄科学研究, 2016 (8)：60-65.

❼ 完善社会组织评估体系[N]. 珠海特区报, 2016-10-24 (F02).

在推广"互联网+"居家养老模式过程中,应注意对个人信息安全问题的保护。①网络供应商应加强软件的防护能力,定时检查维护网络信息安全。②规范互联网行业的自律机制,形成互联网行业的等级评价制度,强化行业自律和社会监督。③政府加大监督力度和对网络供应商违反保密义务的惩治力度。

参考文献

[1] 柏萍,牛国利. 城市社区居家养老服务的发展思路与对策 [J]. 城市观察,2013 (4).

[2] 曹力,马丽丽,汤少梁,等."互联网+"背景下居家养老的发展方向及创新模式研究 [J]. 海南医学,2016 (6).

[3] 常红林."互联网+"背景下的社区居家养老模式构建 [J]. 新闻研究导刊,2016 (23).

[4] 郭丽娜,郝勇,吴瑞君."互联网+养老服务":O2O 模式的养老服务供需平台构建 [J]. 电子政务,2016 (10).

[5] 李素秋."互联网+"背景下上海市养老服务体系建设探索与举措 [J]. 人力资源管理,2016 (11).

[6] 单忠献. 智慧居家养老服务的实践模式与发展对策——以青岛市为例 [J]. 老龄科学研究,2016 (8).

[7] 睢党臣,彭庆超."互联网+居家养老":智慧居家养老服务模式 [J/OL]. 新疆师范大学学报(哲学社会科学版),2016 (5).

[8] 夏辛萍. 时间银行:城市社区养老服务的新模式 [J]. 中国老年学杂志,2014 (10).

[9] 张怡,辛欢. 基于智能家居的居家养老模式研究 [J]. 兰州工业学院学报,2016 (5).

[10] 庞景之."互联网+"时代下的居家养老模式新探究 [A]. 中国武汉决策信息研究开发中心、决策与信息杂志社、北京大学经济管理学院. 决策论坛——基于公共管理学视角的决策研讨会论文集(上)[C]. 中国武汉决策信息研究开发中心、决策与信息杂志社、北京大学经济管理学院,2015.

[11] 翟倩. 当"智慧"进入老年生活 [N]. 中国社会报,2015-05-29 (7).

[12] 完善社会组织评估体系 [N]. 珠海特区报,2016-10-24 (F02).

上海地区"80后"双独夫妇家庭老人照顾研究

应欣芷　张莹豪　王上　李洋　倪雪雯　王羿迪
陆雯婕　崔晓楠　于瀛　忻宏杰[①]

摘　要：我国于20世纪70年代提出并严格实施独生子女政策，由此产生了数量巨大的双独夫妇家庭。2000年双独夫妇家庭人口超过1亿，2006年为1.3亿，高峰时可能达到1.4亿~1.8亿。在家庭养老仍是主要养老模式的条件下，独生子女家庭未来如何养老是一个影响深远且极具挑战性的课题[②]。为此，在已有研究成果的基础上，进一步研究为化解上海地区双独夫妇家庭养老压力和可能出现的危机提供部分参考。

关键词：双独夫妇；家庭老人照顾

一、研究背景

独生子女家庭是我国城镇的主要家庭形式，因家庭社会经济背景以及自身条件相对优越，独生子女彼此结合的概率较大。在这种代际关系模式下，一对中青年夫妻必须独立承担起多位老人的赡养责任，这就意味着多位老人很难从他们的独生子女那里获得必要的赡养资源，养老将面临较大困难与压力。

在城市家庭中，老人的主要经济来源是退休金与养老保险金，子女提供的经济帮助居于次要地位。但老人退休前单位性质不同，差异就很大。部分文化程度高的老人还有其他收入。女性老人比男性老人的"自有养老资源"要少。子女给父母提供的经济支出，主要是给食物、给钱、购买日常用品、购买服务。独生子女夫妻要赡养四位甚至更多位老人，其压力可想而知[③]。

本次调查研究将以上海为例，从双独夫妇家庭关系、对未来的期望、压力来源、社会参与及促进老人社会交往、双独夫妇生活满意度、压力测试、照顾环境、照顾内容角度等方面来深入理解，具体了解和分析上海地区"80后"双独夫妇家庭老人照顾问题。

[①] 作者单位：上海商学院。
[②] 丁晨. 城市独生子女家庭养老风险探析［J］. 当代经济，2016（22）.
[③] 熊汉富. 独生子女家庭养老压力及其化解［J］. 重庆社会科学，2009（9）：78-81.

二、研究目的及意义

我国于 20 世纪 70 年代提出并严格实施独生子女政策，出生于 80 年代后的一批独生子女现今已陆续组建自己的家庭，其中夫妻双方均为独生子女的家庭也不在少数。在家庭养老仍是主要养老模式的条件下，双独夫妇家庭一对中青年夫妇需要赡养四位老人，抚养至少一个孩子，就意味多位老人很难从他们的独生子女那里获得必要的赡养资源，加之上海地区消费水平偏高，其必然面临较大的生活压力尤其是在家庭老人照顾方面的压力。

本次调查研究希望能深入了解上海地区双独夫妇家庭在老人照顾方面的问题及其面临的压力，探索出现这些压力的原因，力图寻求合理的途径缓解双独夫妇在老人照顾过程中产生的各方面压力，以协调双独夫妇在老人照顾与生活的其他方面可能存在的冲突，从而促进其家庭关系和谐发展，有效帮助家庭成员自身更好地参与社会并更好地完成自我实现。

本次调查研究的结果将在一定程度上为化解上海地区双独夫妇家庭老人照顾压力和可能出现的危机提供部分参考，推动关于双独夫妇家庭老人照顾相关制度的改进与完善，希望能为双独夫妇家庭提供更好的老人照顾环境与资源。

三、研究方法

（一）基本概念界定

因变量：老人照顾压力。

中介变量：照顾内容。

自变量：照顾环境。

（二）基本假设

假设不同性别的人群感受到来自老人照顾的压力不同。

假设不同文化程度的人群对赡养老人的意愿不同。

假设不同收入水平的人群感受到来自老人的照顾压力不同。

（三）理论构架

家庭生命周期理论[1]，家庭结构、功能和家庭中各个个体的角色相继发生变化。家庭生命周期理论强调以发展的眼光看待每个家庭是否能够满足家庭成员在生理、文化和价值观等方面的需求，强调家庭成员的互动交流关系以及需要会随着家庭的发展在不同阶段呈现的不同特征。

对家庭生命周期理论的了解有助于对家庭进行评估，确定家庭在某一发展阶

---

[1] 彭华民. 人类行为与生活环境 [M]. 北京：高等教育出版社，2014.

段可能面临的压力以及可能发生矛盾的原因，从而分析双独家庭夫妇在老人照顾方面面临的压力。

（四）抽样方案

1. 理想抽样方案

本次调查的总体是上海市双独夫妇。根据上海市辖区划分，选择（包含市区、郊区、近郊区）普陀区、徐汇区、浦东区、闵行区、奉贤区5个辖区内符合条件的市民作为调查对象，每个区分别抽取6个街道，再从每个街道中抽取10名来自双独家庭的成员进行调查，共计达5×6×10＝300份。

2. 实际抽样

实际调查中由于在问卷发放地与受访者实际居住地有所出入，因此受访者实际居住地如表1所示。

表1

居住地	次数	有效的百分比%
宝山	11	4.2
崇明	3	1.1
奉贤	49	18.8
虹口	5	1.9
黄浦	3	1.1
嘉定	4	1.5
静安	1	0.38
闵行	85	32.6
浦东	26	10.0
普陀	39	15.0
青浦	3	1.1
松江	26	10.0
徐汇	1	0.38
杨浦	4	1.5
长宁	1	0.38
总计	261	100.0

其中闵行区85人，奉贤区49人，普陀区39人，浦东区26人，松江区26人，宝山区11人，虹口区5人，杨浦区4人，嘉定区4人，黄浦区3人，嘉定区3人，徐汇区1人，长宁区1人，静安区1人。受访者居住地基本涵盖上海市

所有辖区。

（五）研究方式

调查研究、定量研究。❶

调查研究指的是一种采取自填式问卷或结构式访问的方法系统，直接从一个取自某种社会群体的样本那里收集资料，并通过对资料的统计分析来认识社会现象及其规律的社会研究方式。为了研究上海地区双独夫妇家庭老人照顾问题，我们通过问卷设计、抽样调查、问卷发放与回收，对上海地区 261 户双独夫妇家庭进行了调查，分析得出上海地区双独夫妇关于老人照顾的相关问题及压力。

定量研究主要是指，收集用数量表示的资料或信息，并对数据进行量化处理、检验和分析，从而获得有意义的结论的研究过程。在对调查所得资料进行分析的过程中，我们借助 SPSS 软件进行数据录入与数据分析、检验工作，获取更有意义的结论。

四、分析与结果

（一）样本基本情况

1. 居住地

本次社会调查研究中，参与填写问卷的受访者分别来自上海市的 15 个市辖区，基本涵盖整个上海地区。其中闵行区受访人数占到了 32.55%，位于首位；奉贤区受访者人数排在第二位，占到了整个样本的 18.74%；之后是普陀区，占了样本总数的 14.98%。

2. 年龄

本次社会研究调查对象主要是上海地区的 80 后青年，在所调查的样本之中，涵盖了 26 岁至 36 岁各个年龄层次，各个年龄层次至少占到了整个样本的 5%，从 80 后年龄层次来讲，样本有效。

3. 性别

受访者中男女性别比大致为 4∶6，女性人数略微偏多。

4. 文化程度

本次社会研究调查参与填写问卷的受访者文化程度各不相同，其中本科及以上学历占大多数，达 58.62%，其次为大专学历，占总受访人数的 21.84%。考虑到教育普及，样本的文化程度分布与总体的文化程度分布基本接近，因此样本具有基本的参考性。

---

❶ 风笑天. 社会研究方法 [M]. 北京：中国人民大学出版社，2013.

5. 职业

在本次社会研究调查的上海地区 80 后样本当中，各职业参与调查的百分比如下：排在第一位的是商业、服务人员，为整个样本的 21.07%；其次是国家机关、党群组织、企事业单位负责人，占到了 18.39%；之后办事人员和有关人员是整个样本的 15.71%；此外还有其他占比较少的职业人群。

（二）基本情况分析

大部分女性对"必要时，您的爱人放弃工作照顾老人"表示不能接受，压力较大以及有些担忧家庭生活负担加重，其中在接受问卷调查的 158 位女性当中，只有 27 人表示能够接受，仅占总数的 17%。相比之下，男性更易于接受自己的妻子因照顾老人而放弃工作，占男性受访者总数的 35%，仅有 9 名受访男性表示完全不能接受自己的妻子放弃工作，约占 8.8%。可以发现，普遍情况下，男性的工作收入占家庭中大部分经济来源，女性对其承担起的经济责任依赖较大。

在接受问卷的 158 位女性和 103 位男性中，有购置新车意愿的男女数量相同，均为 25 人；不愿意购置新车的男性数量为 71 人，女性为 124 人。该数据表明，相对男性群体而言，更多女性不愿意将多余的可支配收入用于购置新车。总体而言，多数独生子女夫妇不愿意购置新车，可能与其家庭现有私家车情况有关。

在接受问卷调查的 158 位女性中，42 位女性表示愿意投资，仅占女性人数的 26.6%，而男性群体中愿意投资的人数比例则相对高一些。但总体数据表明，大多数人不愿意将其资产用于投资，女性相较于男性更不愿意投资，推测可得男性对于投资更有把握盈亏的信心，也更敢于承担投资的风险。

在接受问卷调查的 158 位女性和 103 位男性中，大多数女性表示愿意将剩余钱财作为储蓄，而男性对于将可支配资产进行储蓄的意见相对平均。在经济形势与消费内容日趋多元化的今天，储蓄作为一种传统的理财形式尽管不再居于家庭最主要的资产分配板块，但仍受到超过半数的双独夫妇家庭的青睐。

在被调查的 261 人中，大多数 30 岁以上的 80 后双独夫妇家庭的成员更倾向于从事长期稳定的工作，而在 29 岁及以下的 80 后群体则更多地愿意选择在积累经验后自己创业。由此可见，年龄对于双独夫妇家庭成员的未来规划有一定影响。年龄偏大的群体更希望以稳定的工作与收入来维持现有的生活与日常开销，而更年轻的群体则更加具备创新创业精神，敢于接受挑战，渴望创造更大的价值并以更精彩的方式完成自我价值的实现。

（三）压力测试分析

压力测试分值在 0~100，100 分表示无压力，0 分表示压力极大。

1. 不同性别群体的压力差异

统计发现，在上海地区 80 后群体中，男性的压力测试平均数为 71.69，而女性的压力测试平均数为 67.55，两者相差为 4.14。由此可见上海地区 80 后男性的压力略低于女性，但是两者相差不大，说明在当前的时代背景下男女在家庭及社会中所承担的责任和面临的压力更趋于相近，而可能由于男性抗压能力普遍略强于女性，同时相比男性多数情况下单一地专注于事业，女性在工作之余一般对家庭中抚养孩子、赡养老人方面更为关心、细心、操心，因此男性感受到的压力略低于女性。

2. 不同职业群体的压力差异

统计发现，无论什么职业，其压力指数差异并不显著，压力测试总平均值约为 69，各类职业压力平均值均保持在 56~75，可见各类职业的独生子女夫妇的压力均在中等偏低的范围内。其中农林牧渔水利生产人员的压力指数最低为 56，而排在前三位的分别是生产、运输设备操作人员以及有关人员；国家机关、党群组织、企事业单位负责人员，压力指数分别是 74.29、73.35、71.92，属于压力最轻的三类职业群体。各类职业压力测试平均值为 69.195 3。其中，生产、运输设备操作人员及有关人员的压力测试平均值最高且高于平均值 5.090 4。

3. 不同文化程度群体的压力差异

统计发现，除小学及以下文化程度，各个文化程度的群体所面临的压力基本无显著差异且接近总样本平均值，各类群体面临压力基本为中等偏低。其中，初中文化程度的压力测试平均值最高且高于总平均值 0.497。另外，仅文化程度在小学及以下的群体压力略大于其余群体，压力指数为 55，低于平均值 14 左右，而考虑到学历在小学及以下的样本数量非常少，因此该数值不具有较强的代表性，且对总平均值造成的影响极小，由此可以说明文化程度不同并不直接导致群体的压力有所不同。

4. 不同收入水平群体的压力差异

统计发现，收入水平不同的群体，所面临的压力有一定差异。其中相对合理且易于理解的是，月均收入在 2 300 元以下的群体在所有群体中面临的压力最大，其压力指数接近 65，但仍未低于 50，因此其面临的压力并不是巨大的。而无固定收入的群体的压力指数最高约为 73，即意味着，该群体相比其他有固定收入的群体而言面临的压力最小，可以猜想其工作自由度较大导致其收入水平不固定，因而尽管经济方面不那么稳定，在工作方面的压力则不及其他群体。另外，收入水平分别在 2 301~5 000 元、5 001~10 000 元、10 000 元以上的 3 个群体压力平均值差异不显著，可见高收入并不绝对意味着高压力或低压力。

(四) 生活满意度分析

1. 不同职业群体的生活满意度差异

根据统计分析,我们不难发现,对工作形式的满意度、所处职位与自己的付出相匹配、可支配收入充足、生活质量高、社会认可度相符度这五项指标呈正相关趋势。由此可以发现,各个职业的双独夫妇群体对这几个方面的满意程度基本趋于一致。

2. 不同文化程度、收入水平群体的生活满意度差异

根据统计分析,可以发现,不同文化水平、不同收入水平的群体的生活满意度基本分布在较满意和一般满意,无显著相关性。由此可以发现,文化程度与不同收入水平并不是影响双独夫妇群体生活满意度的关键因素。

(五) 回应假设

1. 假设一

假设不同性别的人群感受到来自老人照顾的压力不同。
假设成立,性别与压力测试显著性为 0.022。
相比之下,男性对老人照顾压力低于女性。

2. 假设二

假设不同文化程度的人群对赡养老人的意愿不同。
假设成立,文化程度与赡养老人意愿显著性为 0.088。
文化程度与赡养老人意愿有显著相关性。
不同文化程度的人群表现出赡养老人的意愿程度不同。

3. 假设三

假设不同收入水平的人群感受到来自老人的照顾压力不同。
假设不成立,收入水平与压力测试显著性为 0.635。
收入水平与来自老人的照顾的压力无显著相关性。

(六) T检验

假设居住在上海的居民压力水平与正常适当压力水平没有差异。

表2 单一样本统计资料

	N	平均数	标准偏差	标准错误平均值
压力	256	65.890 6	13.513 53	0.844 60

表3 单一样本检定

| | 检定值=67.5 ||||||
| | T | df | 显著性（双尾） | 平均差异 | 90%差异数的信赖区间 ||
					下限	上限
压力	-1.905	255	0.058	-1.609 38	-3.003 7	-0.215 1

从表3可以看出，t值为-1.905，自由度为255，显著值为0.058，样本均值与检验值的差为1.609 38，该差值95%的置信区间是-3.272 6~0.053 9，显著性水平小于0.1，所以我们有理由拒绝原假设，认为居住在上海市的居民压力水平与正常适当压力水平有显著差别，具体来说，可以认为上海市居民的生活压力更大。

（七）Logistic 回归分析

表4 双独家庭夫妇压力的 Logistic 回归分析

| 变量 | 压力低 || 压力较低 || 压力正常 ||
	B	Exp (B)	B	Exp (B)	B	Exp (B)
性别（以"女"为参照组）						
男	13.127	502287.091	13.478	713597.172	13.281	586208.631
文化程度（以"本科及以上"为参照组）						
小学及以下	-11.729	8.054E-06	-12.655	3.193E-06	7.136	1256.067
初中	0.492	1.635	-0.921	0.398	-0.272	0.762
高中及中专	-1.036	0.355	-1.151	0.316	-1.577	0.206
本科及大专	-0.985	0.373	-0.795	0.452	-0.791	0.454
人均月收入（以"无固定收入"为参照组）						
2 300元及以下	-14.079	7.685E-07	-14.589	4.616E-07	-12.625	3.289E-06
2 301~5 000元	-13.168	1.911E-06	-12.999	2.262E-06	-13.050	2.150E-06
5 001~10 000元	-13.255	1.752E-06	-13.314	1.651E-06	-12.986	2.292E-06
10 000元以上	-12.717	3.001E-06	-13.001	2.258E-06	-12.583	3.431E-06
赡养老人的意愿（以"非常愿意"为参照组）						

续表

变量	压力低 B	压力低 Exp(B)	压力较低 B	压力较低 Exp(B)	压力正常 B	压力正常 Exp(B)
非常不愿意	12.510	271019.349	12.280	215403.551	-0.874	0.417
比较不愿意	12.830	373202.549	11.817	135574.228	-0.864	0.421
一般	-1.651	0.192	-1.217	0.296	-1.477	0.228
比较愿意	-0.444	0.641	-0.465	0.628	0.127	1.135

为分析双独家庭夫妇的生活满意度及在赡养老人方面的压力产生差异的影响因素，将性别、文化程度、收入水平、赡养老人的意愿作为自变量纳入模型，分别对压力（见表4）、生活满意度（见表5）进行 Logistic 多项回归分析。

表5 双独家庭夫妇生活满意度的 Logistic 回归分析

变量	非常满意 B	非常满意 Exp(B)	比较满意 B	比较满意 Exp(B)	一般满意 B	一般满意 Exp(B)	不满意 B	不满意 Exp(B)
性别（以"女"为参照组)								
男	15.346	4619728.840	15.754	6945258.683	15.566	5755208.898	14.985	3219788.882
文化程度（以"本科及以上"为参照组)								
小学及以下	-54.925	1.401E-24	-55.072	1.209E-24	-39.579	6.472E-18	-56.082	4.406E-25
初中	-24.626	2.018E-11	-25.102	1.254E-11	-25.997	5.122E-12	-40.785	1.938E-18
高中及中专	-30.512	5.606E-14	-30.416	6.172E-14	-30.192	7.726E-14	-29.943	9.903E-14
本科及大专	-15.125	2.700E-07	-15.861	1.293E-07	-15.281	2.309E-07	-14.728	4.016E-07
人均月收入（以"无固定收入"为参照组)								
2 300元及以下	-20.754	9.702E-10	-5.210	0.005	-3.632	0.026	-4.308	0.013
2 301~5 000元	10.446	34405.645	10.872	52691.537	11.353	85254.510	27.093	583812096239.581
5 001~10 000元	-1.673	0.188	-1.733	0.177	-1.815	0.163	13.800	984848.566
10 000元以上	-17.918	1.652E-08	-18.490	9.329E-09	-18.255	1.180E-08	-2.942	0.053
赡养老人的意愿（以"非常愿意"为参照组)								
非常不愿意	-25.758	6.505E-12	-10.291	3.393E-05	-11.908	6.738E-06	-8.969	0.000
比较不愿意	-29.438	1.642E-13	-13.489	1.386E-06	-29.512	1.525E-13	-28.270	5.281E-13
一般	-14.219	6.680E-07	-15.362	2.130E-07	-13.675	1.151E-06	-13.402	1.512E-06

续表

变量	非常满意 B	非常满意 Exp（B）	比较满意 B	比较满意 Exp（B）	一般满意 B	一般满意 Exp（B）	不满意 B	不满意 Exp（B）
比较愿意	**1.862**	**6.440**	0.899	2.457	**1.450**	**4.265**	**2.117**	**8.307**

（注：粗体数据表明其显著性小于0.1）

由分析数据可得，在双独夫妇压力模型中，"压力较低"的拟合度较高，达到96.7%，在双独夫妇生活满意度模型中，"比较满意"的拟合度较高，达到78.9%。而从整体来看两者正确预测率分别为59.8%和54.0%，较为接近，相对来说压力模型的预测能力较高。

从分析得知，不同性别群体展现的压力差异的显著性为0.008，不同收入水平群体展现的生活满意度差异的显著性为0.047，赡养老人意愿不同的群体展现的生活满意度差异的显著性为0.034，均小于0.1，具有统计学意义，说明性别对压力有双独夫妇的压力具有显著影响，收入水平不同可能影响其生活满意度，赡养老人意愿不同可能影响其生活满意度。

（八）相关应对措施

根据调查得出的结论，我们发现当前80后双独夫妇养老压力并不大，养老方式倾向于家庭养老。基于这一现状，我们提出以下建议：

政府：加强对老年人养老及社保相关法律法规政策的宣传，提高其在群众中知名度；

社会：加强社会传统文化宣传，形成社会上子女孝顺家庭的和睦风气，促进家庭和谐，社会稳定；

社区：建立健全完善的社区养老制度，丰富老人的日常生活，在关心老人温饱及日常生活自理的同时，提高老人的精神文化生活水平；

子女：及时了解老人的相关情况及社会养老制度。

参考文献

[1] 风笑天. 社会研究方法 [M]. 北京：中国人民大学出版社，2013.
[2] 彭华民. 人类行为与生活环境 [M]. 北京：高等教育出版社，2014.
[3] 郭志刚，等. 社会调查研究的量化方法 [M]. 北京：中国人民大学出版社，1989.
[4] 刘金华. 中国养老模式选择研究 [M]. 成都：西南财经大学出版社，2011.
[5] 丁晨. 城市独生子女家庭养老风险探析 [J]. 当代经济，2016（22）.
[6] 熊汉富. 独生子女家庭养老压力及其化解 [J]. 重庆社会科学，2009（9）.

上海市 90 后生育意愿调查研究报告

刘雪涛[1]

摘　要：人口数量与性别结构是影响社会家庭形态持续发展的重要因素。90后作为社会建设的接班人，其生育意愿对社会的稳定发展有着不可忽视的作用。在21世纪环境中成长起来的90后，接受着现代化思想的熏陶，在新的生育文化、经济、社会压力下形成了区别于上一辈的生育观念。我们通过发放问卷的形式，在上海4个区中随机抽取90后人群进行问卷调查来预测其未来的生育行为，把握我国未来人口发展趋势，以便政府及90后生育群体做出一些举措来更好地引导和改善我国未来的人口数量和人口结构。

关键词：生育意愿；90后生育群体；生育政策

一、研究背景

中国从1970年开始执行计划生育政策，在此之前的60年代中，我国人口平均增长率为2.08%，除1960年与1961年的增长率低于2.0%之外，其余年份均保持在2.3%以上。执行计划生育政策后，我国人口增长率逐年降低，进入21世纪后，我国人口增长率已从2000年的0.8%降至2012年的0.5%。国家统计局2010年发布的第六次全国人口普查数据显示，全国总人口为1 339 724 852人，人口增长继续处于低生育水平阶段。根据2010年人口统计资料显示，目前中国的总生育率几乎全球最低，仅为1.18%，同时，中国的老龄化进程逐步加快，有专家担心，中国或成为首个"未富先老"的国家。

2013年我国推出"单独二胎"政策，调整生育政策，被视为缓解"人口老龄化"，保持合理的劳动力数量、结构，促进经济持续健康发展的主要手段。2015年10月，中共十八届中央委员会第五次全体会议"全面二胎"政策开始实行，以应对人口老年化。在新环境下成长起来的90后，最小的年龄已16岁，而最大的也已25岁，他们即将走向社会面临结婚生子，但是由于我国计划生育政策的执行，我国形成了独特的"四二一"家庭模式，即一对夫妇要赡养四位老

---

[1] 作者单位：上海商学院。

人和一个孩子❶，压力剧增，这将导致 90 后独生子女在生育意愿方面有向少生晚生方面发展的倾向。90 后青年群体的生育意愿对未来中国的人口结构和人口数量有很大的影响。

二、研究目的及意义

随着经济发展、受教育水平提升以及社会观念的转变等，我国人口增长率的降低是否仅仅由于政策的限制，或是更多地源于人们的自我认知与追求、社会压力与家庭观念的转变？

我们的调查通过"90 后青年群体对生育小孩的性别偏好是什么？对于国家生育政策是怎样看待的？对于孩子的养育问题的见解是什么？根据调查结果分析预测将来他们的生育形态将会呈现的趋势会是怎样的？……"这一系列问题来了解 90 后的生育意愿，此项调查研究有利于：

①把握我国未来人口的发展趋势，促进国家生育政策的完善；

②根据调研结果的分析，对 90 后生育群体进行生育观上的正确引导，从而产生合理的生育行为，促进人口结构的优化。

三、研究方法

（一）基本界定

1. 因变量：生育意愿

2. 自变量：个人因素

家庭因素。

社会因素。❷

（二）基本假设

1. 假设上海市 90 后中不同性别的人群生育意愿不同

性别不同，其思维方式、处事方式等都有不同，女性多为感性思维，更注重于感情，也就更想生孩子；男性多为理性思维，更注重于现实，限于 90 后现阶段条件的限制，也就不想生孩子。

2. 假设上海市 90 后受教育程度越高的人越不想生孩子

受教育程度高的人，接受的教育更好，更为广泛。从而他们的精神世界更为

---

❶ 李艳霞. 90 后大学生生育意愿的社会学分析——基于楚雄师范学院的调查数据 [J]. 赤峰学院学报（汉文哲学社会科学版），2016（4）.

❷ 张原，陈建奇. 变迁中的生育意愿及其政策启示——中国家庭生育意愿决定因素实证研究（1991—2011）[J]. 贫困与发展，2015（3）.

丰富，人生的选择也更多，可以选择游历世界、学术研究、发展事业、公益工作等。他们觉得没有孩子，自己也可以过得更好，想法跟传统人不一样，不觉得传宗接代有多重要，因此他们更不想生孩子。

3. 假设外界文化风俗、观念影响因素中家庭方面对上海市90后的生育意愿的影响程度更大

不同人群生育意愿的影响因素不同，可以忽略来自朋友的影响，可以忽略来自社会的影响等，但是大多不能忽视来自家庭方面的影响，因为家庭是生育的前提，家庭和自身生活联系最紧密。

4. 假设上海市90后的个人情感对生育意愿有影响

假设在恋爱中没有受到过另一方的伤害或者背弃的情况下，对对方的信任度更高，会更愿意和自己的伴侣组建一个完整的家庭。相反，如果在过去的情感道路上屡次受到伤害，会导致很难去信任对方，因此生育意愿较小。

5. 假设上海市90后的成长经历不同对生育意愿的影响也不同

假设在童年的成长过程中，因受家庭影响，在较为幸福、和谐的家庭氛围中生活下的个体在生育意愿上比较偏向于生育孩子；而从小在备受虐待、争吵、漠不关心的家庭氛围和环境下成长的个体在生育意愿上比较更偏向于不生育孩子。总的来讲，成长经历的不同也会对个体的生育意愿产生不同影响。

6. 假设上海市90后对孩子的养育条件越充足越想生育孩子

如果上海市90后群体在有越充足的养育孩子条件（养育孩子的物质条件、精神条件即时间条件）下在生育意愿中越偏向于生育孩子；而如果越缺乏这些养育孩子条件的个体在生育意愿中越偏向于不生育孩子。

（三）理论架构

1. 家庭生育理论

家庭生育理论是把微观经济学的消费者行为理论应用到生育分析来的理论，现代微观经济学家庭生育理论认为孩子就是一种特殊种类的消费品（在贫穷家庭可能是一种投资品），与汽车、食品等消费品一起，满足人们的消费需要。这样一来相对于其他消费品，生育成为消费者（家庭）对孩子需求的理性经济反应。在家庭收入水平一定的条件下，家庭按照其偏好选择最优的消费品组合，即无差异曲线和预算线的切点。那么，在存在收入效应和替代效应的情况下，其他因素不变，想得到的孩子数量与家庭收入、养育孩子净价格、其他商品的相对价格和相对于孩子对其他商品的偏好程度之间存在高相关关系。

2. 孩子数量质量替代理论

贝克尔从西方经济学的消费者需求理论出发提出了孩子数量质量替代理论。

他认为，对于家庭来说，孩子是如同住宅一样的耐用消费品，孩子的数量和孩子的质量之间是一种替代关系，并且对孩子数量需求的弹性小于对孩子质量需求的弹性，也就是说对孩子的质量需求的增长程度大于对孩子数量需求的增长程度，同时这两者之间还是一种负相关关系，换言之，对孩子质量的需求增加会降低对孩子数量的需求。当家庭收入一定时，为了实现家庭效用最大化，父母对孩子质量需求的增加必然导致对孩子数量需求的降低，并且，随着家庭收入的增加，家庭在追求孩子效用最大化的同时选择偏好更倾向于孩子的质量，发生由投入孩子数量成本向质量成本转移，以孩子质量替代孩子数量。

（四）研究方式

问卷调查法和定量研究。

问卷调查法也称问卷法，是调查者运用统一设计的问卷向被选取的调查对象了解情况或征询意见的调查方法。通过发放问卷的形式，在上海4个区中随机抽取90后人群进行240份问卷调查，最后进行汇总输入SPSS。

定量研究又称量化研究，指的是采用统计、数学或计算技术等方法来对社会现象进行系统性的经验考察。我们通过前期的问卷调查得到了238份有效数据，并将数据录入SPSS软件。后期通过使用SPSS软件对这些数据进行分析并得到有意义的结论。

四、分析与结果

（一）样本基本信息情况

本次问卷调查实际样本基本实现，样本数性别比例保持均衡，其中女性受访者数量略高于男性；年龄以90后为主，其中17岁的样本仅为1.7%，这在一定程度上反映了生育意愿调查问卷中还是以已成年的90后为主；按受教育程度来看，超过一半的90后学历在本科及以上，这也体现了大多数90后受教育水平的程度较高；按月平均收入看，2 000元以下的受访者大约占了40%，6 000元以上的样本只占了13.4%；就生育状况而言，没有孩子的90后在样本中占据很大比例，为86.6%，这也在一定程度上说明了大多数90后还是以没有孩子作为主流；按流入人口还是常住人口来看，超过六成的90后为常住人口，流入人口占据三成。

（二）生育目的分析

通过以上统计图表我们可以得知，在生育目的方面，90后因为喜欢孩子而选择生育的比例是最高的，占据29.27%，这在一定程度上体现了个人对孩子的喜爱程度对于生育意愿是十分重要的；其次是老有所依，有22.82%的90后是为了将来老了有所依靠，说明他们也在为将来考虑，同时表现出中国文化中的"养儿防老"并没有在年轻人的思想里淡化甚至消失;而明显占比最低的为增加劳动力,仅 1.74%,体现了 90 后并不在意生育孩子是否能为家庭方面增加劳动力,随着科技发展,我国之前一直存在的且被大众所最重视的"人多好干活"这一现象正在逐步淡化,从某种意义上体现了我国在劳动力上的进步。

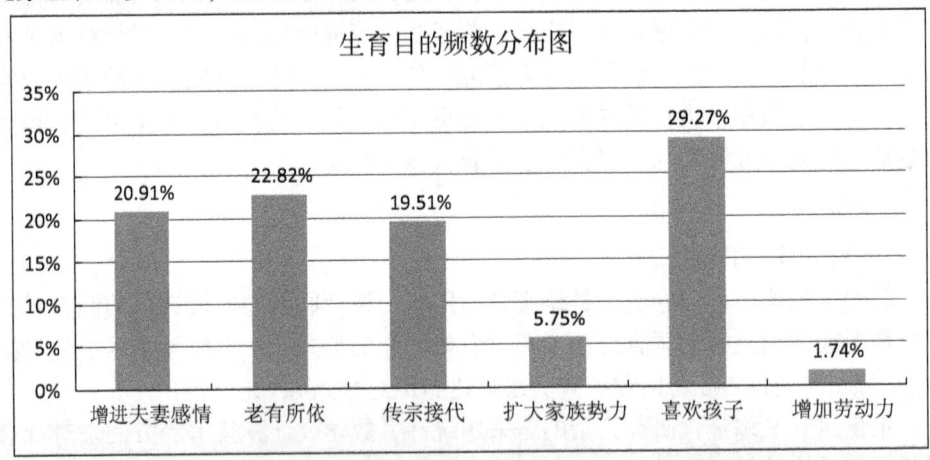

生育目的频数分布图

增进夫妻感情	老有所依	传宗接代	扩大家族势力	喜欢孩子	增加劳动力
20.91%	22.82%	19.51%	5.75%	29.27%	1.74%

通过生育目的*性别交叉表格:选择生育,女性比男性更多的是因为喜欢孩子、增进夫妻感情和老有所依而去生孩子;而男性相对于女性而言,更多的是希望传宗接代和扩大家族势力而去生育孩子,这在一定程度上说明了女性较为感性,男性较为理性。

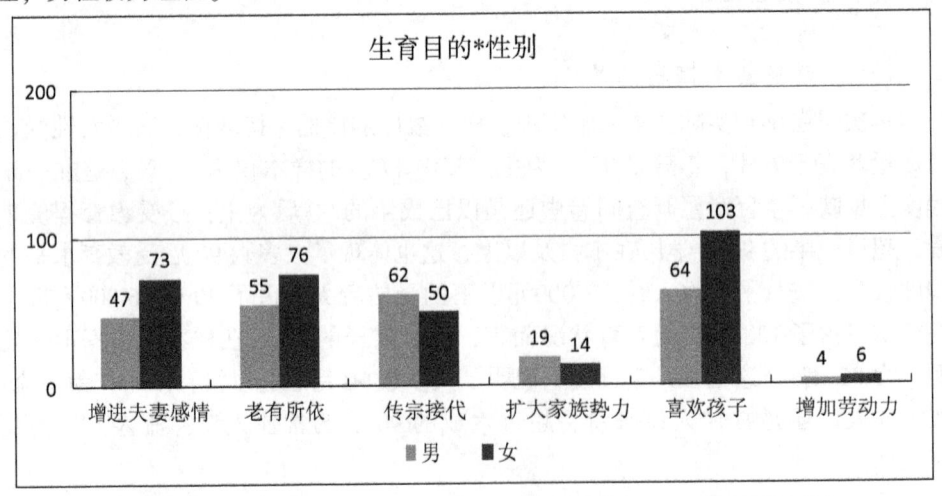

生育目的*性别

	增进夫妻感情	老有所依	传宗接代	扩大家族势力	喜欢孩子	增加劳动力
男	47	55	62	19	64	4
女	73	76	50	14	103	6

(三) 上海市 90 后生育意愿中外部生活因素及文化的影响分析

(评定标准无影响 = 1 分,较小影响 = 2 分,影响一般 = 3 分,较大影响 = 4 分)根据下图平均数表可以看出,平均得分均在 1.5~3.0 分,其中家庭经济条件、恋人的观点和父母的观点对生育意愿影响最大,而这三个因素均来自家庭,即家庭因素是影响个人生育意愿的主要外部因素,除此之外的其他外界因素均对

个人生育意愿的影响程度较小甚至接近无影响。根据分析外界因素影响生育意愿的结果与年龄、性别等无关。

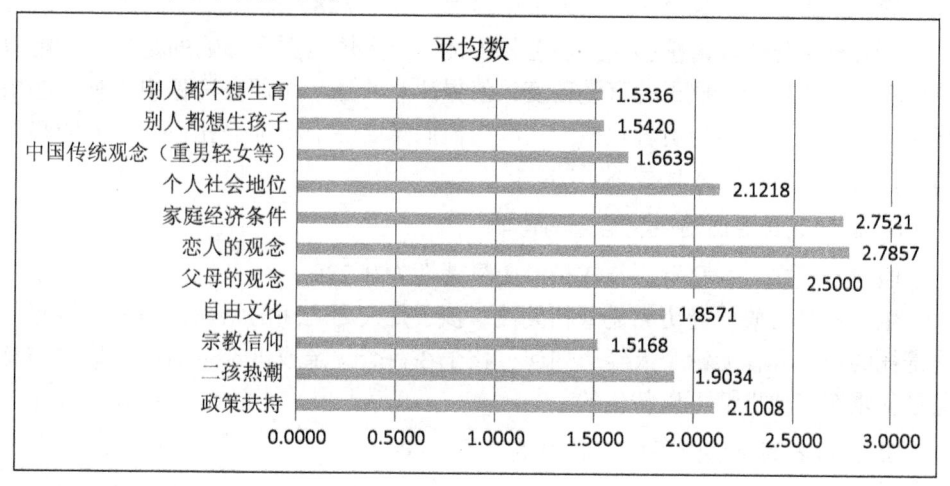

平均数

别人都不想生育	1.5336
别人都想生孩子	1.5420
中国传统观念（重男轻女等）	1.6639
个人社会地位	2.1218
家庭经济条件	2.7521
恋人的观念	2.7857
父母的观念	2.5000
自由文化	1.8571
宗教信仰	1.5168
二孩热潮	1.9034
政策扶持	2.1008

（四）回应假设

1. 假设不同性别的人群生育意愿不同

假设成立，生育意愿与性别显著性为 0.043。

90 后群体中，男性比女性更不愿意生孩子。其主要原因是男性更加注重现实条件，而且来自家庭、工作和社会的压力较大，一定阶段内没有多余的精力用来考虑生养照顾孩子。

2. 假设受教育程度越高的人越不想生孩子

假设不成立，生育意愿与受教育程度显著性为 0.178。

分析发现生育意愿与受教育程度高低无显著相关性。由于近些年思想上的自由得到解放，一些思想潮流正在影响着普通大众，并不是说随着受教育程度的加深思想上就越来越解放。

3. 假设外界文化风俗、观念影响因素中家庭方面对生育意愿的影响程度更大

假设成立，文化因素中影响生育意愿的主要因素为政策扶持、父母的观念和个人社会地位。

生育意愿与政策扶持显著性为 0.014。

生育意愿与父母的观念显著性为 0.04。

生育意愿与个人社会地位显著性为 0.024。

分析得出，政策扶持程度越高 90 后生育意愿越大，父母观念影响程度越深 90 后生育意愿越大，个人社会地位越高就越想生孩子。社会、家庭和工作三方面的压力是影响人生育的主要压力，当这三方面的压力逐渐减少时，人们也有更多的精力去思考生育这件事。

4. 假设个人的情感对生育意愿有影响

假设不成立，生育意愿与个人情感显著性为 0.128。

生育意愿与个人情感影响无显著相关性。个人情感更多影响的是自己对配偶的要求，而非自己对孩子的喜爱程度，值得注意的是，在调查过程中，有一些情感经历坎坷的人反而会更喜欢孩子，因为他们需要一个精神寄托、一个爱的释放的人，这一点是其他人代替不了的。

5. 假设成长经历对生育意愿有影响

假设不成立，生育意愿与成长经历显著性为 0.228。

生育意愿与成长经历无显著相关性。孩子是夫妻之间的结晶，是夫妻情感共同寄托的一个人，无论个人经历如何，孩子在一个父亲或母亲生活中的地位与意义是很难有其他事情可以替代的。

6. 假设养育条件越好的人越想生孩子

假设不成立，养育经济得分与生育意愿的显著性为 0.137。养育时间得分与生育意愿的显著性为 0.345。

养育成本对生育意愿无显著相关性。中国在传统思想上就存在着"不孝有三、无后为大"，无论城市或是农村，考虑养育成本的人不会太多，等到了一定年纪，其自身、父母都会表达出一种想要其延续后代的意愿，其自身达到一定阶段也会需要得到母爱或父爱的释放。

（五）回归分析

本次研究中，一共分析了 11 个回归模型，因变量为生育意愿，有关个人的影响因素有生育目的、流入人口的个人因素、成长经历、工作情况、生育成本[1]、健康状况、对恋人的信任程度；有关家庭的影响因素有家庭生活水平、父母态度、兄弟姐妹数量；社会上的影响因素有国家政策与制度。解释变量为性别、年龄、户籍、受教育程度。

因变量	自变量	回归系数
生育意愿	（常数）	3.987
	流入人口的个人因素	0.009
	成长经历	−0.021
	工作各方面的情况	−0.009
	养育孩子的条件	0.003
	养育孩子的时间成本	−0.011
	健康状况	0.062

---

[1] 许龙龙."单独二孩"政策背景下城镇独生子女家庭生育意愿及其影响因素研究 [J]. 云南师范大学学报, 2015 (5).

续表

因变量	自变量	回归系数
	对生育政策的态度	0.005
	年龄	0.038
	性别	0.188
	户籍性质	0.381
	受教育程度	-0.476
	月平均收入	-0.448
	生育状况	-0.453
	恋爱次数	-0.156
	对恋人的信任程度	-0.383
	兄弟姐妹数量	-0.077
	家庭环境的生活水平	-0.287
	在家庭中你更会接受谁的意见	-0.011
R方		0.755
调整R方		0.546
F更改		3.602
显著性		0.003

由上述数据可知，该回归模型R方为0.755，显著性为0.003，水平较显著，因此该模型具有统计学意义。

五、结语

通过这次分析我们了解到，对于90后人群来说，影响他们生育意愿的主要因素还是来自他们的家庭，这一点主要是由于家长对于孩子思想的影响，而家长的思想有相当一部分依然保留着我国传统文化的思想；另外有相当一部分人在面对生育这个问题上能够理性地思考，综合生活、家庭、工作、社会及个人因素等方面的考虑后才会做决定；男女性别对于生育这件事的态度虽然有所不同，但是差别并不是很大，而农村和城市90后人口的生育态度和选择上面差别并不是很大。从另一方面说，我国现在人口性别比例失衡，增长速度过快等现象，在未来十年内极有可能得到缓解，而新生儿的数量以及质量也会得到一定程度上的保证。值得注意的是，在调查过程中90后人群对于未来孩子性别并没有太过明显的选择，基本认为生男生女都一样，也就是说，随着社会的发展、时间的流逝，人口性别比例失衡问题会慢慢解决。

参考文献

[1] 陈岱云, 高功敏, 于晓丽. 生育意愿调查研究报告 [J]. 济南大学学报 (社会科学版), 2008 (6).

[2] 风笑天. 城市青年的生育意愿: 现状与比较分析 [J]. 江苏社会科学, 2004 (4).

[3] 李艳霞. 90后大学生生育意愿的社会学分析——基于楚雄师范学院的调查数据 [J].

赤峰学院学报（汉文哲学社会科学版），2016（4）.
[4] 冯玉平. 中国人口政策调整与家庭生育意愿研究［D］. 成都：四川省社会科学院硕士学位论文，2007.
[5] 顾大男. 生育文化对生育行为的影响机制探讨［J］. 西北人口，1999（2）.
[6] 陈卫，靳永爱. 中国妇女生育意愿与生育行为的差异及其影响因素［J］. 中国人民大学人口与发展研究中心，2010.
[7] 姚从容，吴帆，李建民. 我国城乡居民生育意愿调查研究综述：2000—2008［J］. 人口问题研究，2010（2）.
[8] 朱安新，风笑天. 两岸女大学生家庭生育观念及影响因素［J］. 社会学透视，2016（5）.
[9] 张原，陈建奇. 变迁中的生育意愿及其政策启示——中国家庭生育意愿决定因素实证研究（1991—2011）［J］. 贫困与发展，2015（3）.
[10] 张建武，薛继亮. 广东"80后"生育意愿及其影响因素研究［J］. 人口与计划生育，2013（2）.
[11] 宋健，陈芳. 城市青年生育意愿与行为的背离及其影响因素——来自4个城市的调查［J］. 调查与思考，2010（5）.
[12] 许龙龙. "单独二孩"政策背景下城镇独生子女家庭生育意愿及其影响因素研究——以昆明市为例［J］. 云南师范大学学报，2015.
[13] 廖庆忠，曹广忠，陶然. 流动人口生育意愿、性别偏好及其决定因素——来自全国四个主要城市化地区12城市大样本调查的证据［A］. 中国人民大学经济学院，北京，100872，2012.
[14] 贾志科. 影响生育意愿的多种因素分析［A］. 河北大学政法学院，保定，071002，2009.
[15] 龚德华，甘霖，刘惠芳，等. 生育意愿影响因素分析［A］. 中南大学公共卫生学院，长沙，410078，2009.

企业社会工作需求状况研究

——以江南造船集团为例

史玉婷[1]

摘　要：企业社会工作是将系统化的社会工作的专业知识理念和工作方法运用到企业中，保障员工的利益，帮助有困难的职工摆脱困境，调节员工之间的人际关系，关注员工的职业生涯发展，以满足企业员工各方面的需要，保证其身心健康，增进员工的工作与生活福祉，最终促进企业社会关系的和谐。由于企业社会工作是一个近年来兴起的行业，并且有很大的发展空间，所以了解企业对社会工作的需求是至关重要的。本文以江南造船集团（国企）的员工作为调查对象，进行随机抽样调查和访谈调查，客观地了解了企业对于社会工作的现状，得出的主要研究结论是：该企业的员工归属感较弱，人际关系比较疏离，急需企业社会工作的介入。本文通过问卷调查和访谈，分析了员工对企业社会工作的需求状况，并在企业管理制度、企业管理者、企业员工三个层面提出了建议，使社会工作者更好地为员工服务。

关键词：企业社会工作；社会工作介入；以人为本

一、企业社会工作概述

（一）企业社会工作的定义

企业社会工作是以工作体系中的个人、家庭、工作组织、社区和各种社会群体提供与工作或社区有关的直接服务与间接服务的过程，它通过运用一套社会工作的方法和技巧，以及政策和理念的实践，其目的是增进人们的工作与生活福祉，创造良好的工作氛围，促进企业社会关系的和谐和企业生产力的发展。[2] 此外，企业社会工作还是企业管理中的有机组成部分，是社会工作的工作理念和技术在企业管理中的运用，是社会工作的一个重要实务领域。[3]

但是，有许多人对企业社会工作的概念混淆不清，将企业社会工作与人力资源管理或者是企业社会工作与工会工作混为一谈，并且他们荒谬地认为此三者可

---

[1] 作者单位：上海商学院。
[2] 钱宁. 工业社会工作 [M]. 北京：高等教育出版社，2009：5.
[3] 高钟，王丰海. 企业社会工作实务 [M]. 北京：社会科学出版社，2012：7.

以互相代替对方的职能,有了人力资源管理或者工会工作就不需要企业社会工作了。因此,要了解企业对社会工作的需求,就必须先区分此三者的区别。

人力资源管理是通过合理、科学的管理对人力资源进行培训、组织和分配,实现人力资源的最大优势(能干和高效率),以充分发挥自己的才能,为企业赢得最大的财富,它是站在企业那边的。

工会工作以员工为本,健全和完善各种工作制度并做好职工教育,维护员工的利益,因此工会组织是员工的"娘家",它是站在员工那边的。

企业社会工作是以助人自助,以人为本为核心,针对企业与员工关系的和谐,满足员工工作和生活的需要,促进企业和员工共同发展。企业社会工作从四个方面构建:一是对员工进行服务,主要是关注员工的身、心、灵的健康,帮助员工进行情绪管理,对其实施心理减压和情绪调适,严重时可用个案和小组对其进行辅导;二是关心员工的家庭和家人,使员工能够放心地在企业工作;三是对企业进行服务,主要通过社工服务方法(例如利用各种游戏或活动)来增强企业的团队凝聚力;四是对企业员工进行道德建设,使员工增加对企业的热爱,同事之间互相帮助、友爱。它是站在员工那边的。

所以,这三种工作既有相似的地方也有不同的地方,但是却不能互相代替,并且企业社会工作拥有人力资源管理和工会工作无可替代的地位。企业社会工作可以渗透到其他两个工作的各个环节,因此,企业社会工作的设立在企业中是非常必要的,企业的管理者必须了解这一点。

(二)企业社会工作相关理论阐述

1. 马斯洛需求层次理论

马斯洛的需要层次理论是人本主义科学的理论之一,它将人们的需求像金字塔一样的形状依次由较低层次到较高层次排列,分为五类,依次为生理的需求、安全的需求、社交的需求、尊重的需求和自我实现的需求。假如一个人同时缺乏食物、安全、爱和尊重,通常对食物的需求量是最强烈的,其他需要则显得不那么重要。此时人的意识几乎全被饥饿所占据,所有能量都被用来获取食物。在这种极端情况下,人生的全部意义就是吃,其他什么都不重要。只有当人从生理需要的控制下解放出来后,才可能出现更高级的、社会化程度更高的需要如安全的需要。

对于企业来说,企业员工的需求除了最低层次的生理需求以外,还应该有社交的需求、尊重的需求,甚至是最高层次的自我实现的需求。

2. 社会交换理论

这个理论对社会交往中的报酬和代价进行分析。提出那些能够给我们提供最多报酬的人是对我们吸引力最大的人。而且我们总是尽量使自己的社会交往给自己提供最大报酬。为了得到报酬，我们也要付出报酬。因为人类社会的原则是互相帮助，别人给了你好处你要回报，社会交往过程因此可以说是一个交换过程。

就企业而言，企业的人性化管理的付出可以换来企业员工的工作激情。据研究结果表明，对企业越满意的员工，工作效率越高。

3. 优势视角

优势视角强调每个个人、团体、家庭和社区都有优势（财富、资源、智慧、知识等），只要存在恰当的条件就可以建设性地发挥自身功能。优势视角认为在社会工作助人实践过程中关注的焦点应该是案主个人及其所在的环境中的优势和资源，而非问题和症状，改变的重要资源来自案主自身的优势，个人的经验是一种优势资源。

具体地说，在企业中，要先了解每个人所具有的优势、兴趣、能力、知识和才华，再以优势为本，充分利用和开发员工的潜能。

（三）企业社会工作的方法

企业社会工作的方法一共有三个，分别是个案工作、小组工作和社区工作。

1. 个案工作

个案工作方法是帮助有困难的个人或家庭发掘和运用自身及其周围的资源，改善其与社会环境之间的适应状况。它的本质是助人自助或恢复和增强个人、家庭的社会功能。个案工作的服务模式是心理社会治疗模式、危机介入、行为治疗模式和人本治疗模式。具体地说，在企业中，个案工作适用于对心理出现问题或者自身和家庭有困难的员工一对一的辅导或危机干预。例如：人际交往和感情问题（交友不慎、恋爱问题等）、家庭问题（家庭暴力、婚姻关系失调等）、适应问题（工作环境适应问题、人际关系适应问题等）、情绪问题（工作压力大引起的心理压抑、感情问题引起的忧郁等）。

2. 小组工作

小组工作方法是由社会工作者策划和指导，通过小组活动过程及组员间的互动和经验分享，帮助组员改善其社会功能，促进其转变和成长，以达到预防和解决有关社会问题的目标的方法。它以人际间的依存互动关系为基础，通过专业的小组活动过程来恢复和增强个人、团体的社会功能，进而实现社会发展的目标。小组工作的服务模式有社会目标模式、治疗模式和互动模式。具体地说，在企业中，小组工作适用于对员工与员工之间、员工与管理者之间和管理者与管理者之间人际关系的调节以及员工归属感的培养。

3. 社区工作

社区工作方法是组织社区成员参与集体行动去界定社区需要，合力解决社区问题，改善生活环境及生活质量。它的具体目标是推动居民参与；提高居民社会意识；善用社区资源，满足社区需求；培养相互关怀和社区照顾的美德。社区工作的服务模式是地区发展模式、社会策划模式和社区照顾模式。具体地说，在企业中，社区工作致力于企业内各项规章制度的制定和落实，例如：安全制度、福利制度和劳动制度。它还可以通过整合员工家属的支持资源和企业内外部的其他资源（政府、社区、非营利组织）来解决企业内的问题。

二、研究背景与意义

（一）我国企业社会工作的历史演进

1927—1937年，是我国民国时期的黄金十年，也是我国企业社会工作的开始，它来源于中国共产党。当时，工厂里就出现了对职工的思想、道德教育建设。新中国成立以前，为了培养社会工作的专业人才，北京大学成立了社会工作系。1949年新中国成立后，我国企业社会工作开始了一个全新的局面，出现了许多具有中国特征的、并未受到正规专业的学习或训练的企业社会工作者和一些社工机构。他们关注劳动者的就业和工作生活密切联系的各种困难和需要，为当时工厂里的职工提供许多服务，例如，增进人们的工作与生活福祉，为员工创造良好的工作氛围。目的在于增加员工工作的积极性，提高员工完成任务的效率和工作质量，体现了企业社会工作的优势。

1978年改革开放以后，由于我国企业和社会的转型，企业内部出现的问题越来越复杂，企业的员工就会出现工资偏低，工作环境较差，劳动时间长，劳动强度较高，员工心理问题无人问津，员工福利得不到保障等问题，此时就需要经过训练的专业的企业社会工作者进行介入，帮助解决这些问题。国家也慢慢开始重视企业社会工作这个职业，并且大力提倡发展企业社会工作。因此，企业社会工作的需求就增加了。自2006年中共中央十六届六中全会提出了"建设宏大的社会工作人才队伍"的计划以来，我国企业社会工作在广东等地发展迅速。[1] 2008年，广东深圳还专门聘用了香港的专业社工督导。2011年，广东东莞称企业社工数量少需求大，尤其是工业园区的社工，供不应求，远不能满足巨大的服务需求。2014年召开的东莞首届企业社会工作实务研讨会上，有社会组织代表建议大力发展企业职工志愿者，推进社工服务的开展。[2] 目前，我国已经有两百多所高校开设了"社会工作"专业。

（二）我国企业社会工作的问题与现状

近年来，随着社会的进步，政府越来越重视人们的工作和生活，企业社会工作在上海、广州、深圳、香港、台湾等发达地区的发展势如破竹，由于经济的发

---

[1] 刘畅. 当前企业社工发展的现状 [J]. 企业改革与管理，2015（7）：76.
[2] 黄佩玲. 东莞企业社工数量少需求大 [N]. 东莞日报，2014-07-29.

展和快速工业化、城市化，各大同行之间的竞争不断加强，企业的管理者不断给员工施加压力，他们把社会给企业的压力转移到员工身上，使得员工一直处于紧张压抑的氛围中，会出现一些心理问题，从而导致员工工作的积极性降低。这时，通过受专业训练的企业社会工作者的帮助是解决问题的最佳方法。随着成功的案例越来越多，肯定会有更多的企业推行企业社工制度，甚至将其设为企业的一个长期部门，在现阶段，专业社工人数本来就不多，需求缺口很大，从事企业社会工作的专业社会工作者更是少之又少，所以，虽然企业社工的发展面临着多种困难，但其专业性和巨大的需求缺口依旧给予企业社工很大的潜力。❶

但是由于社会工作是从西方引进的，与我国的国情存在巨大差异，在借鉴过来后，还存在着一个本土化的过程。❷ 所以还有很多地区没有进入企业社会工作这个领域，或者说有些企业并不重视员工的心理、生理问题，从而导致了惨痛代价。当时比较轰动的还是2013年的"富士康跳楼事件"，是什么导致富士康员工13连跳呢？笔者认为至少有两个原因：第一个是劳动时间过长，劳动强度较大；第二个是员工严重缺乏心灵关怀。笔者认为主要是第二个原因，员工整日忙着工作没有更多的时间与同事交流，或者放松紧张的心情，也休息不好，整天都很压抑，心里的苦痛也找不到地方倾诉，对生活丧失信心，才会导致这样的惨剧。如果富士康能够将企业社会工作引入企业作为一个部门为员工服务，在员工出现心理、生理上的问题时对其进行辅导、心理疏导，平时在工作闲暇之余组织一些活动放松一下心情，这样的悲剧也许不会发生。因此，我国的企业社会工作还需要不断实践和探索，但是在笔者的问卷中显示目前最大的问题还是企业社会工作的职业认知度比较低，缺乏政府的大力支持，并且地区差异比较大，在长三角和珠三角地区比较广泛。

（三）企业社会工作的现实意义

1. 企业社会工作可以提高员工的归属感

员工归属感是指员工经过一段时期的工作，在思想上、心理上、感情上对企业产生了认同感、公平感、安全感、价值感、工作使命感和成就感，这些感觉最终内化为员工的归属感。归属感的形成是一个非常复杂的过程，但一旦形成，将会使员工产生内心自我约束力和强烈的责任感，调动员工自身的内部驱动力形成自我激励，最终产生投桃报李的效应。

2. 企业社会工作可以增强员工的团队精神

团队精神是企业抵达成功彼岸的基石。在社会分工越来越细的今天，企业之

---

❶ 许涤非. 企业社工当下的工作现状与发展前景 [J]. 管理案例研究与评论, 2011 (2): 4.
❷ 戴凌佳. 浅析企业社会工作现状 [J]. 青年与社会, 2013 (9): 113.

间的竞争，已经不是个人赛，而是团体赛，因此，企业要发展，必须加强团队建设，弘扬团队精神。

但是，我国许多中大型企业都面临着员工关系紧张的问题，这对企业的发展是非常不利的。简单来说，这是员工之间缺乏沟通造成的，这就需要企业社会工作的介入了。

3. 企业社会工作是员工情绪的调节器

21世纪以来，人们的压力越来越大，不仅仅是工作压力，还有人际关处理不得当的压力、家庭困难所带来的压力等。员工很容易将这些负面情绪带到工作中，这将会影响到员工的身心健康、情绪和工作效率，并且在这忙碌的一天中，员工几乎找不到发泄的地方，大部分都是自己默默地承受，久而久之，这就影响企业的正常运行。专业的企业社会工作者可以运用专门的技术和方法来对他们进行辅导，消除负面影响。

三、研究方法和对象

本文运用定量研究与定性研究相结合的方法。定量研究是从既有的理论出发，提出理论假设，然后通过问卷等工具收集经验证据来验证预想的模型、假设或理论，突出的是对既有理论的验证或推广；定性研究偏向于一个创立理论的过程，通过访谈和个案等方法收集相关资料，侧重于对社会现象的深入挖掘和把握，从许多不同证据中的相互联系中概括出论题、论断或理论。❶

（一）研究方法

本文研究方法主要采用文献研究法、问卷调查法和访谈法这三种方法。

文献研究法：文献研究法是指通过收集、分类、整理各种与研究问题相关的文献资料，从中筛选出需要的有用信息，通过对文献资料的研究，形成对本研究有一定认识的方法。结合本文来说，本文通过查阅相关参考文献，了解其他研究者近年来在企业社会工作这一研究领域的研究成果。总结他们研究成果的相同点和特别之处，找到值得学习、借鉴和深入研究的地方，同时观察思考还有哪些方面是没有涉及的，重点在这一方面作一些研究。

问卷调查法：问卷调查法是指通过设计一系列问题形成整套的问卷，并向被调查者发放问卷，从而收集相关的信息为本研究服务。问卷调查是书面的调查，并且填写的答案并无对错之分。结合本文来说，本文主要通过对江南造船集团员工的问卷调查，设计有关企业员工对企业社会工作的看法和企业员工对企业的需求有关的单选题和多选题来了解员工的想法，分析了企业在社会工作方面的现状

---

❶ 刘宇. 浅谈定性研究方法和定量研究方法的区别与结合［J］. 中国科技纵横，2012（23）：213-214.

以及存在的问题，并在此基础上提出社会工作在现在企业中应该发挥的作用，进一步分析企业对社会工作的需求状况。（利用 SPSS 和 Excel 统计分析软件分析调查结果）。

访谈法：访谈法是指通过调查者和被采访者面对面的交流互动来探讨研究的问题，它是通过口头语言的形式来收集研究所需要的信息的。访谈法和问卷调查法都能获取被调查者的第一手资料。结合本文来说，本文运用的是结构式访谈，通过提前准备好的访谈提纲，采用个别访谈和直接访谈的形式，了解被调查者内心的真实想法从而收集有关企业对社会工作的需求状况的资料。

（二）研究对象

由于社会经济的发展促进了国企规模的不断扩大，企业的管理也日益复杂化。但是国企的管理模式仍然存在缺陷，江南造船集团是拥有 151 年历史的中国大型造船企业，现有员工 15 000 多人，是上海市的大型国企之一，拥有目前国内规模最大、设施最先进、生产品种最广泛的现代化造船基地。21 世纪，江南造船以崭新的姿态，秉承百年历史积淀，继续弘扬"爱国奉献、求实创新、自强不息、打造一流"的江南精神，立志实现"中国第一军工造船企业"的宏伟目标。如同其他国有企业，江南造船集团也有一些管理弊端，主要有：国有企业还未能从传统管理模式中成功转型，许多工作还存在着形式化；员工内部缺乏交流，部门协作效率低；上下级之间缺乏沟通，导致信息的阻塞；企业管理模式不完善，导致企业成本居高不下，影响了企业整体经济效益。因此，江南造船集团引入企业社会工作是极具必要性和可行性的。

问卷调查的样本选择的是江南造船集团的员工，采取简单随机抽样的方法，共涉及公司内 29 个部门的 100 名员工，既有管理人员，也有普通的员工；既有本地的，也有外地的；既有男性，也有女性。其中共发放问卷 100 份，有效回收问卷 98 份，回收率 98%。

访谈调查的样本选择的也是江南造船集团的员工，运用的抽样方法为分层抽样，管理人员和普通员工各抽取 5 名。

本次调查问卷主要是围绕江南造船集团的员工对企业社会工作的需求状况展开调查，调查问卷的内容包括调查对象的性别、职位、工作年限、学历。同时还涉及员工对企业社会工作的认识和了解、员工的需求以及对企业社工的期望等。

四、江南造船集团企业社会工作需求分析

（一）企业管理制度层面

在企业管理制度层面的问题主要是：江南造船集团缺乏积极的人性化的管理制度，企业未设置企业社工这个岗位，只有兼职的工会工作人员。

由图1可知，员工对企业的工会工作总体上来说是不太满意的。在98个调查样本中，只有33个员工对工会工作感到非常满意或满意，所占比例为33.7%。而对工会工作感到一般、不满意、非常不满意的员工竟然超过了半数，所占比例为66.3%。这就表明了江南造船集团对于企业工会工作的不重视和工会工作存在一定的缺陷，企业管理者和工会工作人员没有认清员工的现状并且没有满足员工内心的真正需求。

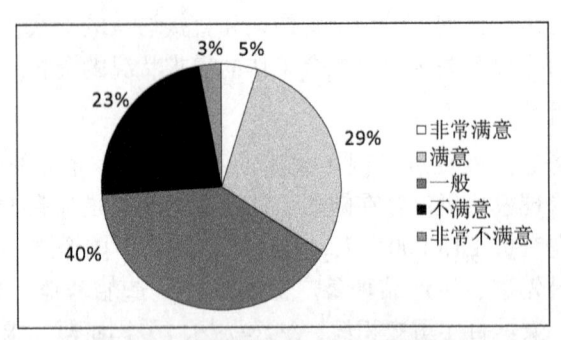

图1 员工对工会工作的满意程度

一般来说，当员工遇到困难时，应该会通过企业来解决，可是通过调查（图2）发现，当员工产生了工作压力，江南造船集团的员工选择最多的是"憋在心里"，有47%的人选择憋在心里，把苦往心里咽，自己忍耐，但是一直压抑着自己对心理健康非常不利。只有23%的人选择了"向企业工会寻求帮助"，说明了员工对企业工会的不信任。就算工会组织成员对员工进行心理疏导，也较难达到企业社会工作者的水平，所以企业急需社会工作者的帮助。

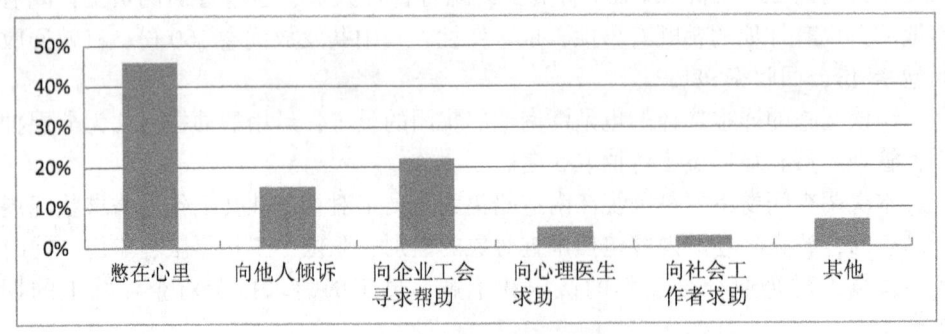

图2 员工对工作压力的处理方式

对于企业的管理制度是否人性化，通过问卷调查得知（图3），同意企业的管理制度人性化的仅仅有9人，说明企业的人性化管理理念还不够深入，还没有做到"以人为本"。实际上，在企业中，这才是成功的核心要素，通过社会工作的介入可以使企业与社工一起改善企业管理制度中的缺陷。

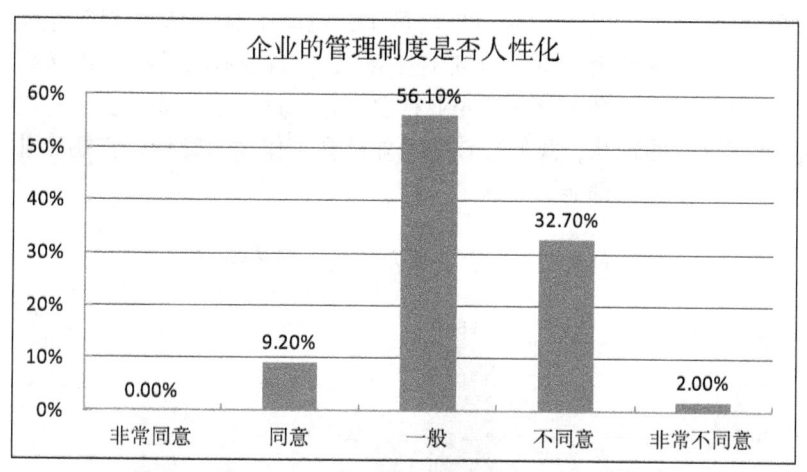

图 3 员工对企业的管理制度是否人性化的看法

（二）企业管理者层面

组织管理学家巴纳德认为，"沟通是把一个组织中的成员联系在一起，以实现共同目标的手段"。但是在江南造船集团中，管理者与员工的沟通存在一些问题。如图 4 所示，在 98 个调查样本中，有 50 个员工选择了"非常同意"和"同意"，他们认为企业管理者没有及时了解员工的情况和需求，所占比例为 51.1%。还有 45 个人选择了"一般"，只有 3.1% 的人认为企业管理者是能够了解员工的。这说明了企业管理者没有重视与员工的交流和构建一个良好的沟通渠道。

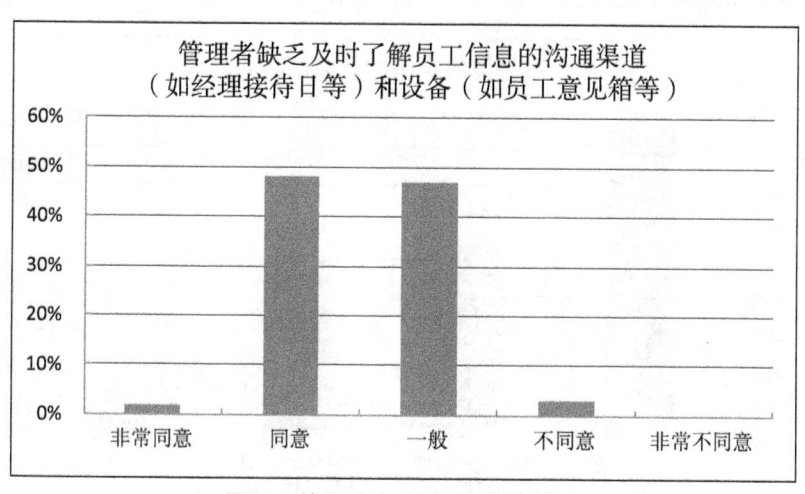

图 4 管理者与员工的沟通情况

（三）企业员工层面

在企业员工层面，江南造船集团的员工基本上支持企业社会工作的介入，根据图5可知：98个调查样本中95.9%的员工，也就是94个员工对于企业社会工作的介入选择了"有必要"和"非常有必要"，而且没有人选择"没必要"这个选项。这充分说明了群众十分欢迎企业社会工作，这对于企业社会工作的开展十分有利。基于这样的现状，我们应该对企业社会工作大力宣传，宣扬企业社会工作的各种好处，使员工都能了解这个工作。

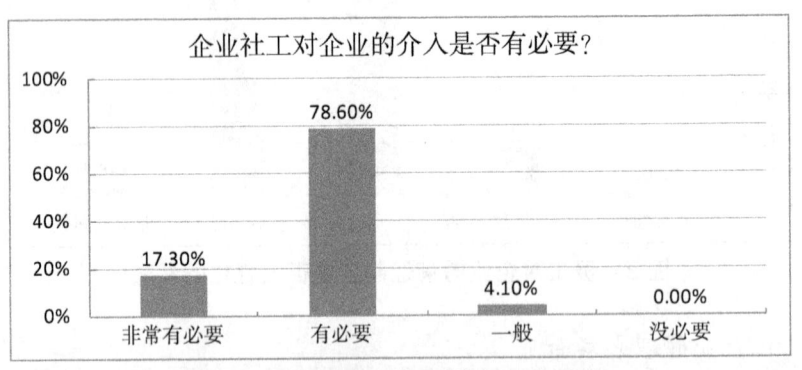

图5 企业社工对企业的介入必要性

事实上，其实江南造船集团员工对于企业社会工作的需求度是很高的，他们大部分偏向于个案辅导和压力舒缓课程，源于该集团的员工对基本工资额外的福利津贴或生活补助的物质需求的增加和生活工作压力较大、人际关系不理想等心理上的问题，为了不让"富士康跳楼事件"的悲剧重演，该集团必须开始重视企业社会工作的创建和开展。

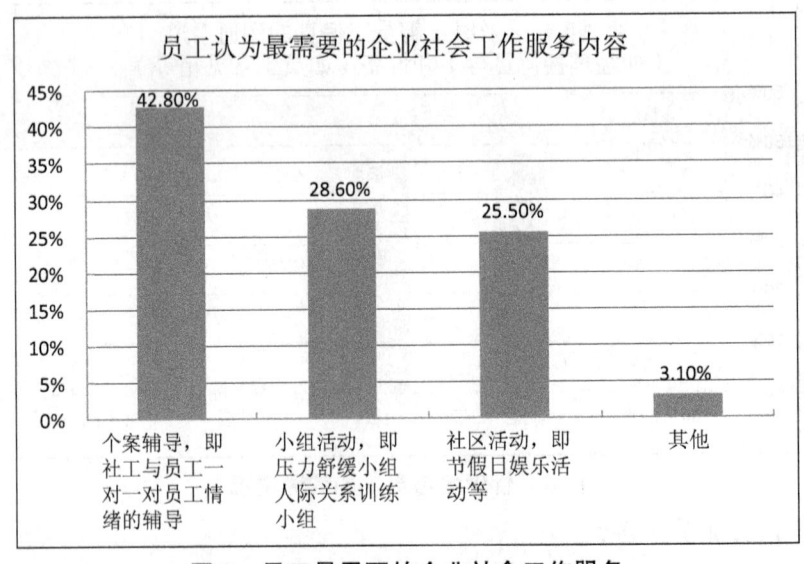

图6 员工最需要的企业社会工作服务

五、江南造船集团引入社会工作的路径

通过上文的理论研究和实证研究，我们了解了企业社会工作的基本情况、社会工作介入企业的必要性和通过调查所得知的社会工作介入企业可能面临的困境，下面我们就来分析一下企业引入社会工作的路径。

（一）依托企业工会组织

对于一个国企单位，将企业社会工作引入企业工会组织是第一选择。企业可以通过对在岗的企业工会工作人员进行社会工作专业培训，让他们掌握企业社会工作的基本工作方法和技术理念，然后为需要帮助的员工服务。在为员工服务这一方面来说，企业社会工作与企业工会组织是共通的，所以企业社会工作可以以工会组织为基础来开展。

企业的社会工作者如果由工会人员通过培训来担任，在与企业管理层沟通时，能有效地减少沟通障碍。工会组织是企业维护员工利益、解决企业与员工冲突的法定组织，企业工会的工作是有法律保障的，它是有地位的，所以员工更容易接受。同时，工会组织是国企单位的传统部门，作为劳动者利益的代表，在为员工服务的同时，其在员工们的心目中已经有了一席之地。虽然通过内部培训的方式更能适应企业，但是工会人员提供的服务还是不够专业。

（二）社会工作者进驻企业

企业可以设置专门的企业社会工作部门提供社会工作服务。招聘一些社会工作专业的毕业生或者经过专业培训的企业社会工作者，运用专门的技术，将系统化的社会工作的专业知识理念和工作方法运用到企业中。这种方式常见于西方发达国家的一些大型知名企业。

如果通过外部招聘企业社会工作人员，从学校毕业的社会工作专业人才的理论基础扎实，具有较强的专业性，学习和适应能力强，工作积极性高，有出色的创新能力，这不是短时间培训就能够达到的。并且我们国家的企业社会工作目前还不算流行，在企业中设置专门的社会工作岗位，可以推动企业社会工作的专业化发展。他们需要一段时间来了解企业与员工的状况，这需要一个适应的过程。

（三）依托社会工作服务机构

企业可以依托社会工作服务机构，与其签订合同，将企业中有各种问题的员工转介到此机构进行帮助和辅导。这种方式一般主要出现于英美国家的中小型企业里。

如果通过外包形式为员工服务的话，在企业没有社会工作者的情况下，短时间内又不能招聘到满意的人员，这时通过依托社会工作服务机构的这种外包模式可以弥补企业中社会工作人才的不足。社会工作服务机构中的社会工作人员与外

部招聘来的社会工作人员一样，比工会组织内部培训的人员更专业。与上一种路径相同，社会工作人员可能没法与企业进行良好的衔接，需要时间适应。

（四）依托 NGO 组织

NGO 组织是非政府非营利组织，是指在政府调控社会、经济发展过程中起沟通政府与社会主体之间的信息、平衡社会利益冲突、协调各方行为的中介作用的组织，如劳动就业指导中心、扶贫指导事务所和帮困基金中心等[1]。非营利组织是不以营利为目的的，它的许多服务内容（救济、社会服务等）与企业社会工作是相通的，可以为企业的员工解决许多问题。

因此，如果以 NGO 组织为中介来介入，在小型企业中，如果没有足够的资金聘用社会工作者，那么依托 NGO 组织可以解决企业资金不足和社会工作人员不足的困境。但是，这种方式与前几种方式相比，效果可能没有那么好。

六、江南造船集团进一步强化社会工作的建议

上文我们探讨了企业引入社会工作的路径，但是针对江南造船集团，我们还需要找到合适的介入点。

（一）企业管理制度层面

1. 企业管理制度应以人为本

一个企业要想获得长远的发展，就要建立一个好的管理机制，它的核心在于"以人为本"。党的十六大以来，以人为本的管理理念在我国企业管理中愈加盛行。以人为本的管理理念和管理方式，说的是企业既要重视产品的质和量，更要重视对人的人性化管理，充分调动广大员工的积极性和创造性，发挥员工的主人翁精神，实现从重视利益向重视人文关怀、社会关怀的管理转变，体现了人的本性特点。具体来说，企业管理制度要实现以人为本，应建立以下几个制度。

激励制度。根据双因素理论来说，该理论认为引起人们工作动机的因素主要有两个：一是激励因素，二是保健因素。只有激励因素才能给人们带来满意感，而保健因素只能消除人们的不满，但不会带来满足感。因此，适当的激励制度能促进员工工作的积极性。例如：物质激励、奖品奖金激励、晋升激励、精神激励、荣誉激励等。

沟通制度。管理层应与基层有一定的联络，企业管理人员应每月安排一天的时间用于与员工沟通上访。

人力资源开发与培训制度。要重视员工培训，员工培训是一项高回报的投资。低素质的人才队伍，不仅生产效率低下，而且会造成大量浪费。而且经过内

---

[1] 张雪. 社会工作介入企业冲突的需求及路径研究 [D]. 北京：北京城市学院，2014：25.

部培训的企业人才，更适合企业。

2. 企业应强化制度管理

这里说的强化制度管理，并不是苛刻的制度管理，而是有章可循的。企业管理者与员工之间通过制定规章制度来建立规范，有各自的责任，各行其权，确定其相应的地位，从而促进管理者与员工的关系。

(二) 企业管理者层面

企业社会工作者在介入企业时开展的工作内容也必须要涉及企业管理人员，根据"人在情境中"这一社会工作核心工作理念，"在情境中理解行为"就是强调利用环境资源以促进案主的改变和提升。

1. 企业管理人员之间关系的处理

企业管理人员由于各自的经验、看法、性格、处理问题的方法和角度等方面不同，有时，企业的管理者之间也会出现冲突。

对于解决管理人员之间的冲突，我们可以采用分工协作的方法。这里的分工协作是指先了解企业的工作目标，接着将实现这个目标的行动分成几个模块，然后各自认领一个模块，最后企业管理人员就对自己的任务负责。这个方法既可以避免他们因为意见不同而争吵，又可以充分发挥每个人的能动性，共同实现企业目标。

2. 企业管理人员与员工关系的处理

随着我国市场经济体制的确立、经济快速的发展、所有制形式的多样化、劳动关系的主体呈现多样化，利益关系也呈现出复杂化的发展态势，所以员工与企业冲突发生的频率和类型在不断增加，造成难以解决的现象，影响劳资关系的和谐。因此，处理员工与企业的冲突是非常必要的。

根据调查的内容可知，没有与企业管理层沟通的桥梁。员工在企业中工作生活，无一例外的是要与企业管理人员进行互动和联系，社工的介入就是让企业管理人员与员工更好地进行沟通并调节劳资关系。社会工作者通过与企业管理人员的访谈来改善他们对员工的态度（平等、真诚、接纳、尊重等）并且应该为企业和员工构建一个沟通的网络和平台，表达自己的看法，互相理解，从而使得企业管理人员与员工的关系变得融洽。另外，企业管理人员可以时不时地了解一下员工家庭的情况，有没有遇到什么困难等，再予以帮助。总之让员工会感觉自己被重视了，在这样的工作环境下，有利于调动企业员工工作的积极性，有利于增强群体的凝聚力，有利于提高管理人员的管理效率。

(三) 企业员工层面

1. 员工心理问题的解决

在现代社会激烈的社会竞争和紧张的工作劳动的双重压力下，员工作为企业的前沿劳动力，其心理和情绪受到极大冲击，并进一步反映到员工的工作效率和社会关系方面，严重影响了企业与社会的和谐健康发展❶。因此，解决员工的心理问题具有重要意义。

根据调查的内容可知，员工的心理问题有好几种，分别是：对新的工作环境不适应的落差心理、对工作压力无法排解的压抑心理、对人际关系不能恰当处理的烦闷心理。当员工出现心理问题时，企业社会工作者应该运用专业的技术和方法找出员工的症结所在，提出合理的介入措施，帮助员工疏导情绪、化解危机、改善人际关系。

2. 员工之间人际关系的处理

人际关系是人与人之间的交往关系，企业人际关系是人际关系的特殊形式，是指在企业这一特定环境中的人与人之间的交往关系，是企业成员在同一群体中或不同群体间相互认知、体验而形成的带有浓烈情感色彩的人与人之间比较稳定的心理关系，它随着企业的发展而发展。❷ 企业人际关系如果处理得不好，将会影响许多因素，例如影响员工的身心健康、员工工作的效率、企业的凝聚力等。

要协调员工之间的关系，必须加强沟通，任何的误解、偏见、矛盾都是由于沟通不及时而造成的，此时企业社会工作者可以运用小组的工作方法，将他们围成圈进行交流，消除误会，宽容待人，取长补短。还要多布置一些团队完成的工作，以加强团队的团结合作精神，从而构建一个温暖的大家庭。

3. 员工福利的提高

员工福利是伴随着工业化的发展和产业工人的增加逐渐兴起的，它的历史可追溯到19世纪初，至今已有近200年的发展历史，员工福利是指员工的非工资性收入，它起着满足员工物质文化生活需求、促进社会生产发展的作用，它还是吸引、保留与激励员工的重要手段。❸ 因此，员工福利的提高对员工的工作热情起着积极作用。

在我们为员工设计福利时，要结合自身企业的特点。结合江南造船集团来说，要通过举办相关项目来激励员工充分发挥工作的积极性，提高工作绩效，从而使得企业效益增加。

七、结语

在我国，企业社会工作的发展是有很大空间的，不是一蹴而就的，想要企业社会工作良好地运行，就必须通过不断实践，结合我国国情，从中找出最适合自

---

❶ 钱宁. 工业社会工作 [M]. 北京：高等教育出版社，2009：164.
❷ 钱宁. 工业社会工作 [M]. 北京：高等教育出版社，2009：180.
❸ 钱宁. 工业社会工作 [M]. 北京：高等教育出版社，2009：164.

身的介入方式,恰当地自我定位,充分发挥自身优势,努力克服一个又一个的困境。笔者相信,企业社会工作一定能使企业变得更好,使员工更愿意为企业付出自己的心血,从而促进企业社会关系的和谐和企业生产力的发展。

参考文献

[1] 戴凌佳. 浅析企业社会工作现状 [J]. 青年与社会, 2013 (9).

[2] 刘畅. 当前企业社工发展的现状 [J]. 企业改革与管理, 2015 (7).

[3] 刘宇. 浅谈定性研究方法和定量研究方法的区别与结合 [J]. 中国科技纵横, 2012 (23).

[4] 王瑞华. 企业社会工作——一个亟待专业介入的新领域 [J]. 佛山科学技术学院学报(社会科学版), 2007, 25 (2).

[5] 王瑞华. 构建和谐社会中企业社会工作的功能 [J]. 齐齐哈尔大学学报 (哲学社会科学版), 2006 (2).

[6] 许涤非. 企业社工当下的工作现状与发展前景 [J]. 管理案例研究与评论, 2011 (2).

[7] 周沛. 一项急需而有价值的社会工作介入手法——论企业社会工作 [J]. 社会科学研究, 2005 (4).

[8] 高钟, 王丰海. 企业社会工作实务 [M]. 北京: 社会科学出版社, 2012.

[9] 钱宁, 张默. 工业社会工作 [M]. 北京: 高等教育出版社, 2009.

[10] 张雪. 社会工作介入企业冲突的需求及路径研究 [D]. 北京: 北京城市学院, 2014.

20~35岁人群人际交往影响因素调查研究报告

赵雯怡　李瑞杰[1]

摘　要：生活在人际关系错综复杂的社会中，交际是必不可少的手段，人与人的交际是一个复杂的过程，人际关系属于心理学范畴，是个人与他人在交往中形成的心理情感上的关系，两者相互影响。社会关系制约人际关系，人际关系作用（正反向）于社会关系。人际关系是指人与人之间心理上的关系、心理上的距离。自有人类社会以来，人就有交往上的需要。所以人际关系是人类得以生存、人类社会得以存在和发展的基础和保证。

关键词：人际交往；人际关系；社会关系与环境；交往动机

当前网络不断发展人群交往的现象不容乐观，具体表现为意志薄弱、缺乏自信心、依赖性强、心理承受能力差、人际关系不协调和社交无能感[2]等。通过心理咨询和书面调查的方式，对人群人际交往情况形成原因进行了探讨，发现人际关系问题在所困扰因素中处于十分突出的位置，是现代社会的重大问题之一。社会中有不少人对人际交往存在困惑，这给人们生活带来一些困难，同时也影响他们的身心健康。为了解20~35岁人群人际关系中存在的问题，笔者作了此项调查，为提高20~35岁人群人际交往提供依据。

一、人际交往的功能和作用

（一）个人的自下而上与发展的意义

1. 个体生存的必要手段

人类自下而上是群体力量的结果。人际协调功能：人际交往是人类在改造自然的过程中通力协作的产物，作为一个现代人，要想取得事业的成功，就要学会善于与人合作，要能组织、协调各种力量，调动各方面的智慧。

2. 个体发展的重要途径

正如婴儿期照料者对个体性格心理发展的影响，人际交往有助于结识更多的朋友，建立和谐的人际关系。人际交往圈的扩大为寻找志同道合的朋友提供了更

---

[1] 作者单位：上海商学院。
[2] 刘欣，徐光兴. 大学生人际交往障碍相关研究 [J]. 心理学研究，2004（2）：128-129.

多机会，这也会为人们创造更多的有利条件。

3. 获得个人知识能力经验的主要途径，获得信息的功能

逐步学到社会生活所必需的知识、技能、态度、伦理道德规范等，逐步摆脱以自我为中心的倾向，意识到了集体和社会的存在，意识到自我在社会中的地位和责任，学会与人平等相处和竞争，养成遵守法律和道德规范的习惯，从而为自立于社会，取得社会认可，成为一个成熟的、社会化的人打下坚实的基础。

4. 促进自我意识发展的功能，个体事业成功的重要保证

成功者是有良好的合作及与人相处能力者。榜样的力量促使人成长。自我意识的发展是通过交往实现的，在与他人的交往中，会产生改变自我的兴趣、动机、能力、意志和行为。人在从他人对自己的态度和评价中认识自我形象，自我意识的发展也在不断交往中趋于客观、成熟、完善。

5. 个体自我认知的有效方式

通过他人反应评价态度及与他人比较。自我表现功能：良好的人际交往有利于在更广大的范围内表现自己。我们都希望别人了解自己，理解、信任自己。要使这一美好的愿望成为现实，就必须与人交往，才可能让人家了解你的能力、才干、特长、学识以及你的为人、品格，才可能有更多的人赏识你，从而获得更多的发展机遇。人际交往给自己提供了自我表现的可能性，也为人的才能得到发挥、抱负得以施展提供了可能性。

6. 身心保健功能，心理保健的功能

人们进行交往不仅获得信息交流，而且实现心理上的沟通、情感上的交流。如：在交流过程中，双方对某一问题或某一观点有相同的认知，双方会产生情感上的共鸣，越说越投机，彼此成为力量汲取和情感宣泄的对象。当你心中充满忧郁，感到孤独时，与别人的交往诉说，会使你失衡的心理恢复平衡，满足归属、合群的需要。使你的忧愁、恐惧、困惑通过与朋友、同学的交流而分担、解除。使心理压力得以减轻。而心理压力的预防、消除又有助于身体健康。作为一个社会成员，有着强烈的合群需要，通过相互交际，诉说个人的喜怒哀乐，就会引起彼此间的情感共鸣，从而在心理上产生一种归属感和安全感。在生活中我们不难发现，那些交际范围较广的人，往往在精神上很丰富，身心也就更健康些；反之，那些不合群的孤僻的人，往往有更多的烦恼和难以排遣的忧愁，也就会有更多的身心健康问题。

（二）研究意义与目的

目前，越来越多的城市拥有强大的计算机网络，越来越多的人在网上交流，尤其是20~35岁的人群，作为信息化的主要人群，每天接触着网络，在网上交往与交流。每天的网上人际交流使得现实中的人际交往慢慢形成了问题。好的人

际交往关系是社会正常运转的润滑剂，和谐、友好、积极、亲密的人际关系是社会生活中人与人之间进行交往的基础。它对人们的日常生活及各种社会活动都是必不可少的。营造良好的人际交往关系氛围具有十分重要的意义。

二、理论架构

1. 需要理论

社会性需要主要是指个体在成长过程中，通过各种经验积累所获得的一种特有的需要，它是人后天形成的，是人的一种高级需要。其中包括物质需要和精神需要。满足需要是动因，承担义务是前提，二者的关系既是统一的，又是相对的。没有义务的承担，也就没有足够需要的满足，这是由社会主义的分配原则决定的。

2. 交流分析理论

交流分析理论是一种以精神分析为基础的心理治疗的理论和方法。其三个基本假设为：每一个新生儿都有与生俱来的能力，相信自己和他人都是"好的"；每一个人在童年早期便决定了自己将如何生活；人们需要得到他人的注意才能生存。波恩总结了三种交流的形态：互补型、交叉型、隐含型。

3. 马斯洛的需要层次理论

马斯洛理论把需求分成生理需求、安全需求、爱和归属感、尊重和自我实现五类，依次由较低层次到较高层次排列。

4. 包容需要

包容需要指个体想要与人接触、交往，隶属于某个群体，与他人建立并维持一种满意的相互关系的需要。在个体的成长过程中，若是社会交往的经历过少，父母与孩子之间缺乏正常的交往，儿童与同龄伙伴也缺乏适量的交往，那么，儿童的包容需要就没有得到满足，他们就会与他人形成否定的相互关系，产生焦虑，于是就倾向于形成低社会行为，在行为表现上倾向于内部言语，倾向于摆脱相互作用而与人保持距离，拒绝参加群体活动。

5. 情感需要[1]

指个体爱别人或被别人爱的需要，是个体在人际交往中建立并维持与他人亲密的情感联系的需要。当个体在早期经验中没有获得爱的满足时，个体就会倾向于形成低个人行为，他们表面上对人友好，但在个人的情感世界深处，却与他人保持距离，反之则会形成超个人行为，这些个体在行为表现上，强烈地寻求爱，并总是在任何方面都试图与他人建立和保持情感联系，过分希望自己与别人有亲

---

[1] 刘雪丹，吕秀峰. 城市空巢老人情感需要问题研究 [J]. 现代交际月刊，2012 (7)：14.

密的关系而在早期生活中经历了适当的关心和爱的个体。

三、研究方法

（一）研究方式：定量研究—调查研究

调查研究指的是一种采用自填试问卷或者结构试访问的方法，系统地、直接地从一个取自某种社会群体的样本那里收集资料，并通过资料的统计分析来认识社会现象以及规律的社会研究方式。定量研究❶是指，主要收集用数量表示的资料或者信息，并对数据进行量化处理、检验和分析，从而获得有意义的结论的研究过程。我们通过发放问卷的方法，在上海各大区各街道随机寻找 20~35 岁人群，在实际分发问卷的过程中，根据所选的地区和街道，我组将组员分为 6 组，每一组针对一个区发放问卷，扩大样本范围，同时避免重复以及资源浪费。在本次调查中，所有问卷均由被调查者亲自填写，后由组员进行回收汇总，实际发放问卷 200 份，回收 200 份，其中有效问卷 189 份。然后根据这些人群所填写的问卷内容进行整理分析，得出影响人际交往的因素。我们通过前期问卷调查的方式获取样本 189 份的数据信息，通过数据录入，后期利用 SPSS 软件进行数据分析和检验，获取有意义的结论。

（二）基本概念界定

(1) 因变量：人际交往状况❷

(2) 自变量：个人能力与特质❸

　　　　　社会环境与关系❹

　　　　　交往动机❺

　　　　　心理健康

（三）基本假设

1. 假设不同年龄对人际交往的压力有影响

20~35 岁人群普遍处于大学或者工作中，刚踏入社会，没有了学习压力，可以广泛结交伙伴，应该是交往的主力军。然而没有父母的帮助、引导，面对人际

---

❶ 陈向明. 定性研究方法评介 [J]. 教育研究与实验, 1996 (3): 62-68.

❷ 刘广增, 胡天强, 张大均. 中学生人际关系及其与自尊、人际信任的关系 [J]. 中国临床心理学杂志, 2016 (2).

❸ 靳凡. 会话互动中的性别差异 [J]. 天水师范学院学报, 2016 (4).

❹ 杨春潇, 张大均, 梁英豪, 等. 大学生社会支持与抑郁情绪关系的 meta 分析 [J]. 中国心理卫生杂志, 2016 (12).

❺ 陈绍芬, 罗艳, 陈贝茹. 陌生人社交软件青年用户的使用行为动机及影响分析 [J]. 现代商业, 2016 (16).

交往往往会显得不知所措。"讲人情，注重人际关系"是中国人的一个社会特点，而成年人人际关系最为复杂。成年人的人际交往比任何时候都要广泛和复杂，也更容易产生人际矛盾。

2. 假设性别不同对人际交往的压力有影响

中国人普遍比较内向，也许这是受传统文化的教育影响，我们更偏向于和同性的成为闺密、兄弟。然而现在，男闺密之类的词不断出现，性别似乎不再是我们人际交往中更注重的一方面。

3. 假设性别不同对人际交往目的有影响

人们会普遍认为女性会比男性在人际交往的目的方面更注重交流情感，而男性会更加偏重办事方便等。其实事实上并没有人们刻板印象中这么简单，还是需要通过数据来分析这一影响。

4. 假设目前单身对人际交往压力有影响

单身的人会更加注重和渴望交流与感情，在人际交往方面会有更多期待，与之而来的就可能带来更多压力。

5. 假设性别不同对人际交往时采取的方式的影响

随着时代的变迁和信息的发展，人们在人际交往时采取的方式也在变化。在性别上可能也会有所体现。

四、分析与结果

（一）样本基本信息情况

本次问卷调查实际样本基本实现，样本数性别比例保持均衡，其中女性受访者数量略高于男性；年龄范围在 20~35 岁，1 位 36 岁和 2 位 19 岁数据已被舍弃，各年龄段受访者数随年龄递增而减少，其中 20~30 岁占样本的 91%，这一定程度上反映了我们调查的人群主要集中在 20~30 岁这个年龄段中，身份主要以大学生、上班族为主。调查者的学历中 52.4% 是本科学历，40.2% 是本科学历以下，其余的学历在本科之上。按月消费水平看，1 000 元以下的受访者大约占了 13.6%，月消费 2 000 元以下的受访者接近半数，3 000 元以上的样本占了 21.2%。被调查者中目前单身的占样本 60.8%，有过恋爱经历的占 67.3%，而接近七成为未婚，三成已婚，一位为离婚。

（二）人际交往考虑因素

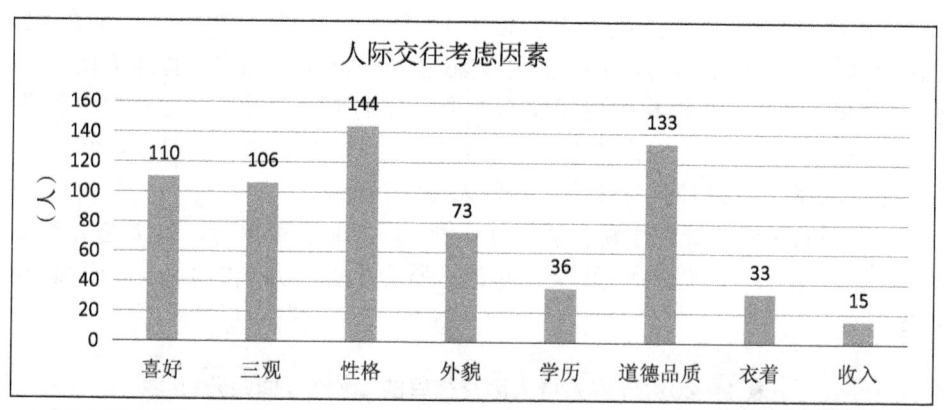

人际交往考虑因素

因素	人数
喜好	110
三观	106
性格	144
外貌	73
学历	36
道德品质	133
衣着	33
收入	15

通过以上统计图表我们可以得知，在人际交往中，性格和道德品质是20~35岁人群优先考虑的因素，一定程度上说明他们更在乎与人交往时对方的性格和道德品质。其次是喜好和三观。随着时代发展与生活水平的提高，收入这一因素慢慢减弱。本次调查中，收入是20~35岁人群在人际交往中最不注重的。

（三）交流方式

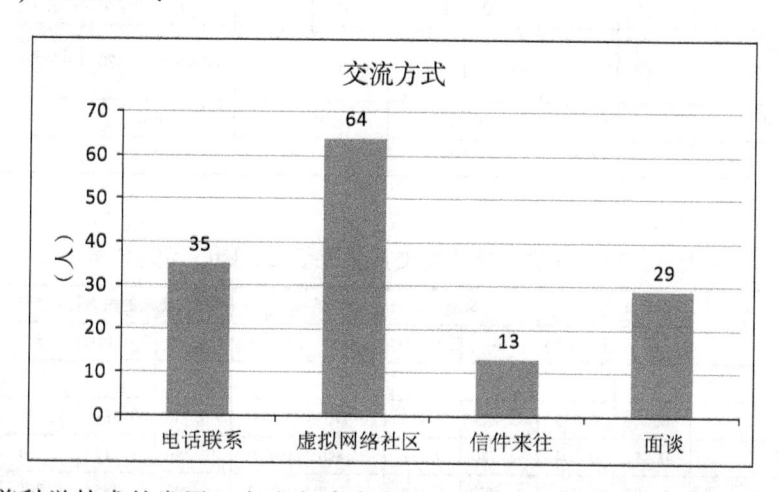

交流方式

方式	人数
电话联系	35
虚拟网络社区	64
信件来往	13
面谈	29

随着科学技术的发展，交流方式中虚拟网络占64%的比重，然而面对面的交流却只有29%。更多的人偏爱网络交流❶，从而导致在现实中不怎么会交流，不愿意交流。网络对于人际交往的影响是重大的。我们应该在注重网络交流的同时，不忽视面对面等其他交流方式的交流。

---

❶ 王卓斐. 网络交流的审美反思 [C]. 全国博士生学术论坛，2007：148-154.

(四) 20~35 岁人群人际交往方面的解释分析

在本次研究中，我们共分析和验证了 14 个回归模型，其中与交往目的相关的模型有 5 个，分别是"获得信息""交流感情""获得友谊""办事方便""其他"；与交往的压力来源相关的模型有 5 个，分别是"恋爱""家庭""就业""同事，上级的关系""工作和生活不平衡"；关于交往方式的模型有 4 个，分别是"电话联系""虚拟网络社区""信件来往""面谈"。

所选用的解释变量有性别、学历（本科）、目前是否单身、有无恋爱经历。表1、表2和表3分别是对人际交往目的、压力来源、方式的 Logistic 回归分析结果。

表 1 20~35 岁人群人际交往目的 Logistic 回归分析

	获得信息 B	Exp(B)	交流感情 B	Exp(B)	获得友谊 B	Exp(B)	办事方便 B	Exp(B)	其他 B	Exp(B)
个人情况										
性别（男性=1）	0.111	1.117	0.372	1.451	0.096	1.101	-15.613	1.657	-0.246	0.782
学历（本科）	-0.398	0.672	0.512	1.669	0.952	2.590	-14.924	2.436	0.290	1.337
是否单身（是=1）	0.093	1.097	0.572	1.772	1.041	2.833	0.908	2.480	-0.076	0.926
有无恋爱经历（是=1）	0.093	1.097	0.572	1.772	1.041	2.833	0.908	2.480	-0.076	0.926
模型卡方检验	1.204		10.408		10.647		5.401		19.274	
正确预测率（性别）	67.29%		68.22%		68.24%		67.72%		69.11%	

表 2 20~35 岁人群人际交压力来源 Logistic 回归分析

	恋爱 B	Exp(B)	家庭 B	Exp(B)	就业 B	Exp(B)	同事，上级的关系 B	Exp(B)	工作和生活不平衡 B	Exp(B)
个人情况										
性别（男性=1）	-0.449	0.638	0.805	2.236	0.470	1.600	-0.450	0.638	0.378	1.459
学历（本科）	-0.351	0.704	-1.720	0.179	-0.846	0.429	0.196	1.217	0.134	1.143
是否单身（是=1）	-0.307	0.736	0.152	1.164	-0.092	0.912	-0.242	0.785	0.761	2.141
有无恋爱经历（是=1）	-0.211	0.809	0.242	1.274	0.541	1.717	-0.562	0.570	0.084	1.087
正确预测率（性别）	85.357%		75.767%		73.079%		72.985%		72.520%	

表 3 20~35 岁人群与人交往时采取的方式 Logistic 回归分析

	电话联系 B	Exp(B)	虚拟网络社区 B	Exp(B)	信件来往 B	Exp(B)	面谈 B	Exp(B)
性别（男性=1）	-18.151	1.310E-08	1.883	6.572	-0.569	0.566	-0.659	0.518

续表

	电话联系		虚拟网络社区		信件来往		面谈	
	B	Exp (B)	B	Exp (B)	B	Exp (B)	B	Exp (B)
学历（本科）	1.972	7.182	0.068	1.071	0.267	1.306	-1.055	0.348
是否单身（是=1）	-0.256	0.774	-0.918	0.399	2.347	10.450	-0.104	0.901
有无恋爱经历（是=1）	-16.137	9.813E-08	2.218	9.190	-1.019	0.361	-0.887	0.412
正确预测率（性别）	58.697%		60.388%		59.138%		58.674%	

下面就模型的拟合效果、变量影响的程度两方面进行分析：

1. 模型的拟合效果

人际交往中压力来源的 5 个模型拟合程度较好，正确预测率为 70% 以上，其中恋爱的压力影响非常明显，为 85%。其他两组模型的拟合程度一般，正确预测率在 60% 左右。因此，从拟合效果看，压力来源的模型的预测能力是比较强的，其理论建构比较符合 20~35 岁人群的人际交往压力。

2. 解释变量的影响程度

从模型中展示的数据来看，有几个变量具有统计的显著性，不同年龄与人际交往的压力显著性为 0.001；不同性别对人际交往的压力显著性为 0.027，其他大部分数据具有一定的统计性。

五、回应假设

（一）假设不同年龄对人际交往的压力有影响

假设成立，不同年龄与人际交往的压力显著性为 0.001。

成年人的人际交往比任何时候都要广泛和复杂，也更易产生人际矛盾，原因一般有四点：①彼此之间性格不合而引起的；②由于处理工作的观点、意见和看问题的角度不同而引起的和同事及周围人之间的争吵；③由于缺乏人际交往的技巧，不善于与人打交道引起的，在公众场合讲话会不安；④失败接踵而至而引起的，如离婚、自杀倾向、亲友间暴力等，自己无法应付。

（二）假设性别不同对人际交往的压力有影响

假设成立，性别不同对人际交往的压力显著性为 0.027。

性别不同对心理健康的显著性为 0.031。

男性在人际交往目的为获取信息上比重明显高于女性，而女性在交流感情上比重大大高于男性，从一定程度上可以反映男性和女性在人际交往的目的上是不同的，男性更看重办事与方便方面，而女性更注重情感上的友谊交往。

（三）假设目前单身对人际交往压力有影响

假设成立，尤其是单身男性表示交往压力更大，主要在恋爱方面，显著性为

0.075。单身男性一方面负担着赡养父母、挑起家庭大梁的任务；另一方面，来自父母亲戚的逼婚、催婚，或者是恋爱时对于女友的照顾（经济方面的支出或者是精神上的陪伴），这些来自双方或者是多方面的压力使得单身男性逐渐害怕甚至是反感处理人际交往关系。

（四）假设性别不同对人际交往时采取方式的影响

假设不成立，调查后发现现在的人们绝大多数用虚拟网络社区进行人际交流，用信件来往的已经非常少了。值得注意的是通过面谈交往的人也只占少数，这提醒人们在这个信息时代人们面对面的交流已经变得非常少了，需要引起人们的注意。

六、结语

"人的成长、发展、成功、幸福都与人际关系密切相关。没有人与人之间的关系，就没有生活基础。"现代生活中，"鸡犬之声相闻，老死不相往来"，事实上是很难存在的。人的本质属性在于社会性，人作为一个社会人，时时刻刻生活在人际交往的关系网中，每个人的成长和发展都离不开人际交往。在人际交往中，我们获得彼此间的尊重，获得需要的满足，实现自身的价值。人际交往是个体在社会生活中必不可少的组成部分和生活方式，然而当前20~35岁人群人际关系的现状不容乐观，能否妥善处理好人际交往问题，直接关系到他们学习和生活的质量。为从人际关系角度编制适合中国文化背景的20~35岁人群人际交往影响因素问卷，本研究在理论分析、访谈和参考相关量表的基础上，收集和编制描述20~35岁人群人际关系方面的心理特征项目，建立初步问卷，然后对取自20~35岁人群的数据进行探索性和验证性因素分析，对问卷的因素进行检验。结果表明，20~35岁人群通过人际交往，沟通信息，交流思想，表达情感，寻求理解，建立友谊，探讨人生。随着年龄的增长，来源于恋爱和交往方面的压力越来越大，与此同时，男性在人际交往方面的压力略高于女性。

参考文献

[1] 何腾腾. 大学生成人依恋与人际交往的相关性分析 [J]. 中国健康心理学杂志, 2012 (2).

[2] 罗军. 大学生希望感及其影响因素的研究 [J]. 中国健康心理学杂志, 2011 (1).

[3] 李晓东. 大学生人际交往能力现状的实证分析 [J]. 四川理工学院学报（社会科学版），2012 (1).

[4] 曾晓强. 大学生父母依恋及其对学校适应的影响 [D]. 重庆：西南大学, 2009.

[5] 杨爽. 大学生人际交往团体心理辅导研究 [J]. 中国健康心理学杂志, 2008 (2).

[6] 赵闯，王戴尊. 基于"微信"的图书馆应用与服务模式研究 [J]. 现代情报, 2014,

34 (11).
[7] 肖莉琴, 黄家勇, 刘兵. 阳光体育运动长效运行系统探骊 [J]. 广东技术师范学院学报, 2015, 36 (5).
[8] 吴淑芳, 杨贵丽, 黄招兰, 等. 大学生上网时间与颈肩病的关系及预防对策 [J]. 中国学校卫生, 2016, 37 (1).
[9] 韩黎. 大学生网络人际交往研究 [D]. 广州: 暨南大学, 2013.
[10] 王洪波, 胡璇. 大学生网络社交现状研究 [J]. 思想教育研究, 2013 (11).
[11] 王晓霞. "虚拟社会"的人际交往及其调适 [J]. 南开学报哲学社会科学版, 2002 (4).
[12] 杨岚. 网络游戏中的角色扮演 [D]. 兰州: 兰州大学, 2009.
[13] 王江田. 青少年人际交往探析 [D]. 开封: 河南大学, 2013.
[14] 张嘉文. 大学生网络人际交往与社会资本关系的实证研究 [D]. 长春: 吉林大学, 2013.
[15] 黄少华. 论网络空间的人际交往 [J]. 社会科学研究, 2002 (4).
[16] 周观兵. 大学生人际互动性的结构与测量 [D]. 福州: 福建师范大学, 2011.

教学与课程改革专题

"四个全面"战略布局融入思政课教学的路径研究

于淑清[1]

摘　要："四个全面"战略布局集中体现了以习近平同志为核心的党中央治国理政、开创事业新局面的战略思维和战略部署，是对中国共产党治国理政实践经验的新总结，开拓了马克思主义发展的新境界，是中国特色社会主义理论体系的最新成果。高校在思想政治理论课教育教学中积极宣传贯彻"四个全面"战略布局，推进"四个全面"战略布局进课堂、进教材、进头脑，使大学生全面掌握"四个全面"战略布局的精神实质是十分必要的。

关键词："四个全面"战略布局；思想政治理论课；路径

习近平总书记在江苏调研时提出，要"协调推进全面建成小康社会、全面深化改革、全面推进依法治国、全面从严治党，推动改革开放和社会主义现代化建设迈上新台阶"。[2]这是党的十八大以来，以习近平同志为核心的党中央，立足我国的发展实际，着眼世界发展大势，从破解我们面临的突出矛盾和问题出发，在总结中国共产党执政理论及治国实践的基础上，逐步提出了"四个全面"战略布局。"四个全面"战略布局是党治国理政的重要方略，开拓了马克思主义发展的新境界，丰富和发展了中国特色社会主义理论体系。高校思想政治理论课承担着对大学生进行系统的马克思主义理论教育的任务，是帮助大学生坚定理想信念，树立正确的世界观、人生观、价值观的重要途径，只有发挥好思政课这个主渠道作用，才能使大学生更好地为巩固和发展中国特色社会主义制度服务，为改革开放和社会主义现代化建设服务。因此，高校在思想政治理论课特别是《毛泽东思想和中国特色社会主义理论体系概论》课（以下简称"概论"课）教学中积极宣传贯彻"四个全面"战略布局，推进"四个全面"战略布局进课堂、进教材、进头脑，切实将"四个全面"战略布局融入"概论"课中，使大学生理解把握其精神实质是十分必要的。为此，应践行以下路径。

---

[1] 作者单位：上海商学院。本文为上海商学院马工程专项《马克思主义理论学科学术队伍梯队建设》项目阶段性成果。

[2] 习近平在江苏调研时强调：主动把握和积极适应经济发展新常态，推动改革开放和现代化建设迈上新台阶[N]．人民日报，2014-12-15.

一、课堂教学讲清"四个全面"战略布局的精神实质

(一)要讲清"四个全面"的基本内涵

教学中,要使大学生准确把握"四个全面"的基本内涵,既要明确每一个"全面"的具体内涵,更要从整体上把握"四个全面"的精神实质。

全面建成小康社会,是党的十八大提出的战略目标。依据邓小平"三步走"的战略构想,第三步的目标是到21世纪中叶,把我国建成富强民主文明的社会主义现代化国家。党的十六大、十七大提出了全面建设小康社会的目标任务。党的十八大综观国际国内大势,准确判断重要战略机遇期内涵和条件的变化,提出要全面把握机遇,沉着应对挑战,赢得主动,赢得优势,赢得未来,确保到2020年实现全面建成小康社会的宏伟目标。其基本内涵是:经济持续健康发展,人民民主不断扩大,文化软实力显著增强,人民生活水平全面提高,资源节约型、环境友好型社会建设取得重大进展。特别是提出了在转变经济发展方式上取得重大进展,在发展平衡性、协调性、可持续性明显增强的基础上,实现国内生产总值和城乡居民人均收入比2010年翻一番。到2020年全面建成小康社会的目标,是我们党"两个一百年"奋斗目标中的第一个目标,即中国共产党成立100年的奋斗目标。这些具体目标的实现,意味着我国现代化程度和水平的全面提升,是实现中华民族伟大复兴中国梦的重要环节。

全面深化改革,是党的十八届三中全会作出的战略部署。改革是当代中国发展进步的活力之源,通过深化改革释放各种活力、汇聚各种资源,仍是当今中国经济社会发展的动力所在。全面建成小康社会的动力之源就是改革。党的十八届三中全会通过的《中共中央关于全面深化改革若干重大问题的决定》中明确提出:全面深化改革,就是以经济体制改革为重点,以处理好政府和市场关系为核心,全面推进经济体制改革、政治体制改革、文化体制改革、社会体制改革、生态文明体制改革、国防和军队改革、党的建设制度改革,完善和发展中国特色社会主义制度,推进国家治理体系和治理能力现代化。"国家治理体系和治理能力现代化"首次进入主流话语体系,实现了由管理向治理的转变,这是中国共产党治国理政基本理念的突破。同时,提出了到2020年全面深化改革的指导思想、总体思路、主要任务、重大举措,合理布局了深化改革的战略重点、主攻方向和推进方式,这是我们党全面深化改革的行动指南。

全面推进依法治国,是党的十八届四中全会确立的治国方略。全面建成小康社会、全面深化改革,必须全面推进依法治国,一切改革、发展和稳定都要用法治作保障。国家治理现代化首先要求国家治理法治化,没有国家治理法治化难有国家治理现代化。党的十八届四中全会通过的《中共中央关于全面推进依法治国若干重大问题的决定》指出:"依法治国,是坚持和发展中国特色社会主义的本

质要求和重要保障,是实现国家治理体系和治理能力现代化的必然要求,事关我们党执政兴国,事关人民幸福安康,事关党和国家长治久安。"❶ 全面推进依法治国的总目标是建设中国特色社会主义法治体系,建设社会主义法治国家,即在中国共产党的领导下,坚持中国特色社会主义制度,贯彻中国特色社会主义法治理论,形成完备的法律规范体系、高效的法治实施体系、严密的法治监督体系、有力的法治保障体系,形成完善的党内法规体系,全面推进科学立法、严格执法、公正司法、全民守法,坚持依法治国、依法执政、依法行政共同推进,坚持法治国家、法治政府、法治社会一体化建设。

全面从严治党,是习近平总书记在党的群众路线教育实践总结大会的讲话中提出的。办好中国的事情,关键在党。只有全面从严治党,我们党才能坚强有力;党坚强有力,党同人民保持血肉联系,国家就繁荣稳定,人民就幸福安康,我们的事业就无往而不胜。全面建成小康社会、全面深化改革、全面推进依法治国,关键在党,即全面从严治党是根本保证。党的十八大以来,以习近平为核心的党中央在推进党的建设实践过程中,逐步明确了从严治党的基本思路。全面从严治党,落实从严治党责任,坚持思想建党和制度治党紧密结合,严肃党内政治生活,坚持从严管理干部,持续深入改进作风,严明党的纪律,发挥人民监督的作用。这些思路覆盖了党的思想建设、组织建设、作风建设、反腐倡廉建设、制度建设,全面从严治党的关键是协调推进党的建设各个方面,使党的建设举措落到实处。全面从严治党,核心问题是始终保持党同人民群众的血肉联系,始终保持党的先进性和纯洁性,重点是从严治吏、正风反腐、严明党纪,目标是增强自我净化、自我完善、自我革新、自我提高能力,确保党始终成为中国特色社会主义事业的坚强领导核心。

(二) 讲清"四个全面"之间的关系

"四个全面"相互联系、不可分割。它既有目标又有举措,正如习近平总书记指出的,"我们要让全面深化改革、全面推进依法治国如鸟之双翼、车之双轮,推动全面建成小康社会的目标如期实现"❷,把"全面建成小康社会"明确为"四个全面"战略布局的目标系统,把"全面深化改革""全面依法治国"明确为实现小康社会建设的两大动力系统,并强调这两大动力系统必须保持有机协调。"四个全面"之间的关系即为:全面建成小康社会是战略目标,全面深化改革、全面依法治国、全面从严治党是战略举措。到2020年全面建成小康社会,是实现中华民族伟大复兴中国梦的"关键一步";全面深化改革是全面建成小康社会动力的动力源泉,是实现中国梦的"关键一招";全面依法治国是全面深化

---

❶ 中共中央关于全面推进依法治国若干重大问题的决定 [N]. 人民日报, 2014-10-29.
❷ 国家主席习近平发表二〇一五年新年贺词 [N]. 人民日报, 2015-01-01.

改革的法治保障和全面建成小康社会的重要基石；全面从严治党则是全面建成小康社会、全面深化改革、全面依法治国的必然要求和根本保证。总的来说，目标决定举措，举措成就目标。没有全面建成小康社会的目标，全面深化改革、全面依法治国、全面从严治党就会迷失方向；没有全面深化改革、全面依法治国、全面从严治党的战略举措，全面建成小康社会的目标就会落空。如果"全面从严治党"搞不好，那么"全面深化改革"就不可能成功，"全面依法治国"就不可能实现，进而必然导致实现"全面建成小康社会"战略目标受阻。因此说，"全面从严治党"是核心、是关键。"新形势下，我们党要履行好执政兴国的重大职责，必须依据党章从严治党、依据宪法治国理政。党领导人民制定宪法和法律，党领导人民执行宪法和法律，党自身必须在宪法和法律范围内活动，真正做到党领导立法、保证执法、带头守法"❶，党是中国特色社会主义事业的领导核心，处在总揽全局、协调各方的地位。"要继续全面推进依法治党，毫不动摇转变作风，高举反腐利剑，扎牢制度的笼子，在中国共产党领导的社会主义国家里，腐败分子发现一个就要查处一个，有腐必惩，有贪必肃"❷，通过"全面从严治党"转变党的作风、完善制度建设、惩治贪腐，切实解决自身存在的突出问题，从而更进一步巩固和完善社会主义制度，并带领人民实现中华民族伟大复兴的中国梦。

（三）讲清"四个全面"战略布局的重大意义

"四个全面"战略布局继承和发展了中国特色社会主义理论体系，是党坚持和发展中国特色社会主义的新实践新成果。党的十八大以来，习近平总书记从时代和全局高度，深刻把握治国理政的若干重大关系，围绕改革发展稳定、内政外交国防、治党治国治军，发表了一系列重要讲话，特别是提出了"四个全面"战略布局。"四个全面"战略布局深刻反映了时代发展趋势和中国特色社会主义建设规律。全面建成小康社会，体现了发展是时代的主题、是解决我国所有问题的关键，是对党的十六大提出、十七大沿用的全面建设小康社会的继承和发展。由"建设"到"建成"，意味着目标更明确、要求更严格、信心更充足。将全面建成小康社会与实现中华民族伟大复兴的中国梦结合，实现了发展战略步骤的新发展。习近平同志对小康社会思想的发展创新在于"第一次把全面小康放在中国梦的大格局中，把全面小康目标升华成民族复兴的重要里程碑"❸。全面深化改革，是社会进步的动力，也是对我们党 30 多年来改革开放的继承和发展，这意

---

❶ 习近平. 在首都各界纪念现行宪法公布施行 30 周年大会上的讲话 [M]. 北京：人民出版社，2012：11.

❷ 国家主席习近平发表二〇一五年新年贺词 [N]. 人民日报，2015-01-01.

❸ 让全面小康激荡中国梦——二论协调推进"四个全面" [N]. 人民日报，2015-02-26（1）.

味着改革将向纵横方向进一步拓展，困难会更多，但我们依然坚定信心。全面依法治国，是国家治理体系和治理能力现代化的重要依托，也是实现社会公平正义的基本保证，是对我们党把依法治国确定为党领导人民治理国家的基本方略、把依法执政确定为党治国理政的基本方式的继承和发展，意味着我们党将把依法治国推向国家治理的各个领域，把法治作为推进国家治理体系和治理能力现代化的重要基础，加快建设社会主义法治国家。全面从严治党，是执政党加强自身建设的基本规律，也是保持党的先进性和纯洁性，使党成为团结依靠全国各族人民建设中国特色社会主义坚强领导核心的根本所在，是对我们党一贯坚持的党要管党、从严治党基本方针和重要原则的继承和发展，意味着我们党在营造风清气正的政治生态方面的坚强决心。"四个全面"战略布局是有机联系、相互贯通的顶层设计，是马克思主义与中国实际相结合的又一发展，也是对党治国理政经验的科学总结和丰富发展。"四个全面"战略布局，进一步探索和回答了"什么是民族复兴、怎样实现民族复兴"的基本问题，从而在整体上进一步深化和丰富了我们对共产党执政规律、社会主义建设规律、人类社会发展规律的认识，进一步推进了马克思主义中国化。总之，"四个全面"战略布局是以习近平同志为核心的党中央提出新形势下治国理政的重要方略，开拓了马克思主义发展的新境界，是中国特色社会主义理论体系的最新成果。

二、通过实践教学使学生进一步加深对"四个全面"战略布局的理解

实践的观点是马克思主义哲学首要的、基本的观点，马克思主义理论的传播应该是理论与实际的结合。高校思想政治理论课作为对大学生进行世界观、人生观、价值观教育的主渠道和主阵地，思想政治理论课教学只有与面向现实、面向社会、面向生活的社会实践相结合，才能有效促进大学生对马克思主义理论的现实指导作用的认识。理论联系实际也是"概论"课的指导思想和基本原则。在教学中开展并加强实践性活动是理论联系实际的有效形式，也是提高教学实效的重要环节。中共中央宣传部、教育部《关于进一步加强和改进高等学校思想政治理论课的意见》中指出："加强实践教学，高等学校思想政治理论课所有课程都要加强实践环节。要建立和完善实践教学保障机制，探索实践育人的长效机制……要通过形式多样的实践教学活动，提高学生的思想政治素质和观察分析社会现象的能力，深化教育教学的效果。"[1]"概论"课承担着教育人、说服人、塑造人的重任，实践教学是整个课程教学的重要组成部分，是大学生在学习"概论"课的基础上进行的综合实践过程，也是激发大学生政治理论学习积极性、提

---

[1] 中共中央宣传部宣传教育局，等.加强和改进大学生思想政治教育文件选编[C].北京：中国人民大学出版社，2005.

高思想政治理论课教学实效性的重要途径。通过实践教学，可以解决理论脱离实践的问题，帮助大学生解决思想中的模糊认识问题，使理论更加鲜活而不会变成空洞的教条，从而使大学生在实践中受教育、长才干、做贡献，树立正确的世界观、人生观和价值观，增强对社会强烈的责任心和使命感，并帮助大学生运用马克思主义立场观点去分析实际问题，解决实际问题，提高大学生的认识能力、思辨能力和实践能力，从而使大学生进一步加强对"四个全面"战略布局的理解。因此，为了使大学生更好地掌握"四个全面"战略布局的精神实质，教师除了在课堂上宣讲"四个全面"战略布局，同时还要通过课内实践和课外实践来进一步加强学生对"四个全面"战略布局的理解与认识。

课内实践教学就是在"概论"课上根据教学要求，充分发挥大学生的主体作用，调动学生的积极性而开展的实践教学活动。课堂实践教学灵活性比较大，学生参与的广泛性比较高，操作的持久性和连续性也比较强。其教学的表现形式主要有课堂讨论、案例分析、小组演讲、专题讨论、看录像等。专题讨论是发挥学生主体作用、展现聪明才智的最佳方法。对话式教学是贯彻尊重学生、师生平等的教育理念的必需，也是培养学生个性的必需。师生的交流、对话、讨论可以使学生更直观、更深刻地领会"四个全面"战略布局。在教学过程中穿插讨论的形式，还可以使教学更加贴近学生的生活和实际精神需求，激发学生的学习兴趣，也使师生之间的交流更加亲切、自然、生动，把学生带入探求新知的乐学情境。看"四个全面"战略布局的相关录像、影视，让学生直观感受，产生学习该理论的愿望和主动性。同时，引导学生通过制作PPT、主题演讲等多种生动活泼的形式精心准备、独立思考，从而充分调动学生学习的积极性。课堂教学中，每次课安排1名学生（小组代表）进行5~10分钟关于"四个全面"战略布局的主题发言，然后对学生的发言进行点评，加以引导。主题发言进一步激发了学生学习兴趣，既培养了思辨能力，又提高了运用理论解决实际问题的能力。

课外实践教学作为课内实践教学的延伸，是在学校范围内除课堂实践教学活动以外所开展的实践教学活动。组织学生按照实践课小组布置课后实践内容，围绕"全面建成小康社会的内涵及实现途径""全面深化改革的内涵及实现途径""全面依法治国的内涵及实现途径""全面从严治党的内涵及实现途径""'四个全面'之间的辩证关系""'四个全面'战略布局提出的重大意义"等主题开展实践教学。学生积极开展课外学习，通过查阅资料、专题讨论、课后小组交流等方式，围绕"四个全面"战略布局的相关主题进行深刻思考。还可以通过外聘专家讲座、专题报告，进行"四个全面"战略布局的进一步讲授。每学期安排1~2次的外聘专家讲座或专题报告，通过"请进来"的方式，拓宽学生视野，增强了实践教学的吸引力和对"四个全面"战略布局的认识。

通过课内和课外实践教学，使大学生进一步认识到"四个全面"战略布局具有深厚的实践基础，是着眼于我国发展现实需要、人民群众的热切期盼、为推动解决我们面临的突出矛盾和问题这三方面实际问题提出来的，具有系统的战略布局与目标，是统一于"四个伟大"的顶层设计，即民族复兴的伟大梦想、中国特色社会主义伟大事业、党的建设新的伟大工程、我们正在进行的具有许多新的历史特点的伟大斗争。"四个全面"战略布局既是对中国发展深刻思考的理论成果，又是立足中国国情的必然选择。通过研讨和交流，使大学生更加深刻地把握在"四个全面"战略布局中，把全面建成小康社会作为实现中华民族伟大复兴的战略目标，把全面深化改革作为实现民族复兴的基本动力，将全面推进依法治国作为实现民族复兴的基本保障，将全面从严治党作为实现民族复兴的根本保证。明确只有以全面深化改革破解民族复兴进程中的深层次矛盾问题，以全面依法治国确保社会主义现代化建设有序进行，以全面从严治党巩固党的执政基础和群众基础，才能绘就全面小康社会的宏图，才能建成富强、民主、文明、和谐的社会主义现代化国家。明确"四个全面"战略布局蕴含的丰富战略思想，既是建设中国特色社会主义、实现中华民族伟大复兴中国梦的战略布局，又是坚持和发展中国特色社会主义道路、理论、制度的战略抓手，从而更加深刻地认识"四个全面"战略布局的重大现实意义。懂得"四个全面"战略布局为实现中华民族伟大复兴的中国梦指明了方向路径，确定了行动路线，是实现中华民族伟大复兴中国梦、续写中国特色社会主义新篇章的行动纲领。

总之，通过实践教学，使大学生更加全面地理解和正确把握"四个全面"战略布局的基本内涵、相互关系和重大战略意义，全面理解和正确把握"四个全面"战略布局的协调推进和实现途径，使大学生走向社会后能更好地为社会主义现代化建设服务，进而为实现中华民族伟大复兴的中国梦作出更大贡献。

参考文献

[1] 习近平在江苏调研时强调：主动把握和积极适应经济发展新常态，推动改革开放和现代化建设迈上新台阶 [N]. 人民日报，2014-12-15.

[2] 中共中央关于全面推进依法治国若干重大问题的决定 [N]. 人民日报，2014-10-29.

[3] 国家主席习近平发表二〇一五年新年贺词 [N]. 人民日报，2015-01-01.

[4] 习近平. 在首都各界纪念现行宪法公布施行30周年大会上的讲话 [M]. 北京：人民出版社，2012.

[5] 本报评论员. 让全面小康激荡中国梦——二论协调推进"四个全面" [N]. 人民日报，2015-02-26.

[6] 中共中央宣传部宣传教育局，等. 加强和改进大学生思想政治教育文件选编 [C]. 北京：中国人民大学出版社，2005（9）.

就业权保障视角下劳动与
社会保障法课程的教学设想

林沈节[1]

摘 要：劳动权利与社会保障权利的不重视与培养环境的缺失，导致大学生权益受侵害的事件时有发生。劳动与社会保障法课程教学除了讲授基本的理论知识之外，其应当承担起学生的劳动权利意识培养的功能。劳动与社会保障法的课程教学要以学生在就业求职过程中面临的就业歧视、劳动合同签订、职业保障等为重点，为学生高质量就业提供有利保障。

关键词：就业权；劳动权；权利意识；劳动与社会保障法

劳动与社会保障法已于2007年开始成为法学专业核心课程之一，这一变化是在当前社会经济发展到一定程度之后对于社会权利重视的基本体现，也是国家社会发生变化之后在教育事业上的表现。此外，劳动与社会保障法调整的是劳动关系与社会保障法律关系，是一门与每个公民有密切关系的法律学科，也是研究劳动者劳动权和社会保障权保护的最重要的学科。该门课程中所涉及的内容可以关涉每个劳动者工作的方方面面。大学生作为最主要的就业群体，在面对劳动就业过程中的法律问题时，能够从容应对，以法律知识维护自己的合法权益的大学生，在职业竞争中将会有更大的主动性。

一、高校毕业生就业过程中权利意识欠缺

就业权是劳动者向国家和雇主主张的、以获得和保持职业工作机会为核心利益，从而实现其生存和发展的劳动权利，包括工作自由权、平等就业权、就业服务权、失业保障权等。[2] 大学生作为就业的主体之一，自然享有法律规定的就业权。

当前，大学毕业生在就业过程中权利受到侵害的案件屡见不鲜。据中国青年报报道，中国高校传媒联盟面向来自100余所高校的605名应届毕业生进行问卷调查，结果显示，75.7%的受访者表示曾在找工作时受到不公平的对待。[3] 此外，

---

[1] 作者单位：上海商学院。
[2] 李运华. 就业权：概念的建构与分析 [J]. 社会保障研究, 2011 (4).
[3] 应届毕业生遭遇"花样"就业歧视 [N]. 中国青年报, 2017, 6 (5): 11.

有调查报告显示，大学生对于劳动法的基本知识不甚了解。❶

大学生缺乏劳动法律基本知识，对劳动合同的内容、形式等内容不了解，使得发生争议时，大学生处于弱势的地位，很多大学生不会利用劳动法律制度维护自己的合法权益。

（一）对劳动与社会保障法律制度不重视

劳动与社会保障法律制度是法律知识的构成部分之一，但是其占有的分量不够。因此，从知识储备角度而言，其不会引起学生的重视。作为法学专业学生，虽然劳动与社会保障法课程已经列为法学专业核心课程，但是从司法考试等职业考试中可以看出，其分值比较低，法学专业学生对其重视度不够。对于非法学专业学生，即使某个专业开设了本门课程，由于不是专业课，学生更不重视。因此，对于劳动与社会保障法课程的不重视，导致学生在劳动与保障法律制度知识存在着欠缺，在就业过程无法维护自己的合法权益。

（二）培养劳动与社会保障法律的环境缺失

目前大多数高校的法学本科生开设了劳动与社会保障法课程，有些相关专业也开设了该门课程，大多数专业未开设劳动法类的课程。此外多数学校开设就业指导方面的课程，但这些课程一般不涉及法律的部分。与此同时，高校开设了《思想道德与法律基础》课程，但该课程的法律基础一般也不讲授劳动与社会保障法律制度的部分。多数高校开设了职业规划方面的课程，但是该门课程仅就学生未来职业的选择、长期规划等方面进行讲授，并不涉及相关法律知识的传授。

在这种情形下，大学生在就业过程中面临权益受侵害事例经常发生。因此，高校必须让学校了解掌握我国劳动与社会保障法律制度的基本知识，促使学生了解在求职就业过程中自己的权利和义务，能够充分利用法律知识保护自己的合法权益。大学生在正式就业之前应该对相应的法律法规进行了解，充分了解自身的就业权益，可以减少就业过程中的权利侵害情形。

二、劳动与社会保障法课程的教学功能定位

课程教学一般承载传授学生专业基本知识，这也是最基本的教学功能。但是除了传授学生专业知识，劳动与社会保障法课程还应当承担其培养学生劳动权利意识与处理劳动争议能力的责任。

（一）培养学生劳动权利意识

法律意识一般包括公民意识、守法意识、主体意识、法律保护意识等❷。学

---

❶ 巴南区检察院问卷调查显示大学生就业法律意识堪忧 [N]. 重庆晚报, 2014, 5 (15): 22.
❷ 朱海. 论大学生法律意识缺失及其培养 [D]. 长春: 吉林农业大学, 2013: 7.

生可以通过课程教学、法制宣传等形式提高自己的法律意识。其中劳动与社会保障法课程是培养学生劳动权利意识重要的平台之一。

劳动权利意识是劳动者对法律赋予的劳动权益的认识、主张及要求，当劳动权益受到损害时，依法维护自身权益的心理反应。❶ 劳动与社会保障法课程的教学应当摒弃以知识传授为中心的教学思想，应当以劳动权利意识为教学思想，通过教学过程实现学生劳动权利意识的觉醒与反思。

此外，劳动法律制度也赋予企业的内部管理权力，作为企业员工的劳动者应当遵守保密义务、忠实义务等。劳动与社会保障法课程除了培养学生的劳动者的权利之外，还需要培养学生遵守劳动合同与企业合法合理纪律的规则，培养学生守法守约的意识，使学生成为具有法律素养的合格公民。

因此，培养大学生劳动权利意识，也培养学生尊重他人权利的意识。只有重视、在乎自己权利意识的人，才会重视、尊重他人的权利。在构建和谐的劳动法律关系过程之中，用人单位必须尊重劳动者的权利，法律制度也侧重于保障劳动者的权利。但是，劳动者作为用人单位的员工，也应当遵守用人单位的基本规章制度，遵守双方的劳动合同约定，不得随意违反合约，尊重用人单位的合法权益和基本秩序要求。

（二）培养学生预防和处理劳动纠纷的能力

大多数课程都会传授学生解决实际问题的能力，但在人才培养方案中，多数职业能力都是为他人解决实际问题的能力。但是，劳动与社会保障法课程则传授学生在就业过程中自己遇到问题的能力。在现代社会，人人都是劳动者，大学生也不例外。只要毕业之后走上工作岗位，就面临着诸多劳动法律制度方面的问题，因此，了解、熟知劳动法律制度对于大学生预防和处理在就业与工作过程中遇到的问题有很大帮助。在与用人单位签订就业协议或者劳动合同的过程中，认真阅读合同条款，预防与企业之间发生劳动纠纷；在与用人单位发生纠纷之后，合理运用法律知识和法律方法保护自己的人身权和财产权。

劳动与社会保障法课程的教学功能的重新定位，对于学生就业权利意识的保障和劳动与社会保障法律知识的传授，尤其注重对于学生权利意识的培养，无论对学生就业找工作，还是毕业工作后解决劳动纠纷，保障大学生高质量的就业，都是有益的帮助。

三、改革劳动与社会保障法课程的关键点

一门课程教学功能的实现，需要授课教师进行精心的课堂设计。目前的教学体系和教学方法依然保持以教师授课为主的模式。但是根据不同学科学生的受教

---

❶ 徐武. 试论大学生劳动权利意识的培养 [J]. 福建广播电视大学学报，2010（3）：38.

育背景，我们认为可以从以下几个关键点进行课程的教学改革。

第一，以就业——工作全过程为学生设计教学内容。大学生在就业过程中经历寻找工作、面试、签订劳动合同、入职工作等流程。因此，针对学生开设的劳动法课程应当围绕上述几个流程进行教学内容的设计，设计教学内容的主线以不同阶段、不同类型的权利为核心展开。

在此思路前提下，以《劳动法》为核心和主线，围绕《就业促进法》《劳动合同法》《最低工资规定》《女职工劳动保护特别规定》《职业病防治法》《社会保险法》《劳动争议调解仲裁法》等法律制度，将上述法律规范进行归纳，以就业工作的流程进行串联，重构劳动与社会保障法课程的教学体系。不同法律制度部分在讲授法律知识的同时，将这些法律涉及的劳动权利的子权利，如平等就业权、劳动报酬权、休息权、劳动安全卫生权、职权培训权、社会保险和福利权等[1]，促使学生意识到不同就业和工作阶段所具有的不同权利类型。在有权利就有救济理念的指引下，注重自己权利的保护。

第二，以学生参与为主的课程讲授方法，尤其注重情景模拟、身份体验、案例讨论等方法，让学生参与到课程的学习过程。知识的传授和讲解无法促进权利意识的形成。只有参与到权利保护和救济的过程，才能形成自己的权利意识。将劳动与社会保障课程置于大学四年级，大学四年级的学生正面临就业，在就业过程中遇到问题，学生可以以亲身经历讲述劳动法律制度的实际运行状况。通过亲身经历感受学习与掌握劳动与社会保障法律的重要性。与此同时，在关键知识点，收集典型性的案例，让学生分析此种类型的案件所展示出的法律知识点，并阐述出相关权利。

第三，试行开放式的教学模式，吸引校外实务专家到校开展讲座。在劳动与社会保障法授课过程中，可以邀请劳动法实务专家或者企业人力资源管理人员来校开展相关讲座。尤其是针对非法学专业的学生，在不开设劳动与社会保障法课程的情况下，专题针对毕业生开展劳动法律制度讲座，以讲座的形式向学生传授相关的法律知识。而对于开设劳动与社会保障法的专业，在相关章节的讲解过程中，聘请实务专家讲解在实际效果可能会更好。劳动法实务专家要么精于劳动纠纷的解决，要么精于企业员工管理，不论在哪个方面，都会给在校大学生在就业过程中的权利保护提供有益指导。

课程教学的意义不仅在于知识的传授，更在于培养学生具有相应的权利意识，用合法的手段预防和保障自身的合法权益。劳动与社会保障法课程承载的功能已不能仅限于知识的传授，其应当在大学生就业体系中发挥重要作用，成为大学生提高就业质量的重要保障。

---

[1] 刘俊. 劳动与社会保障法学 [M]. 北京：高等教育出版社，2017：43-47.

参考文献

[1] 刘俊. 劳动与社会保障法学 [M]. 北京：高等教育出版社，2017.

[2] 李秀凤. 劳动和社会保障法教学中社会权意识的培养与塑造 [J]. 山东工会论坛，2015 (4).

[3] 田常红，文侃. 就业促进视角下高校《劳动法学》课程建设探讨 [J]. 萍乡高等专科学校学报，2014 (5).

[4] 杨飞. 劳动法和社会保障法学必修课程建设研究 [J]. 中国法学教育研究，2011 (3).

[5] 吕群蓉. 论劳动法教学对大学生兼职与就业的保护 [J]. 当代教育论坛，2010 (6).

产学研背景下法学实践教育模式的探索与创新
——兼论《法院实务实训》课程体系设计

汤景桢[*]

摘　要：法学是一门实践性和应用性较强的学科，实践性教学一直是法学教育的改革重点和难点。现阶段我国法学实践性教学存在着模拟类实践课程缺乏真实性的工作环境，案例类教学偏离了案例教学的效用等主要问题。以产学研为背景和导向，将学校理论知识的教学和实务部门的真实实践训练较好地统一起来，探索合作教育的途径，开创了法学实践教育的新模式。上海商学院法学专业产学研合作教育的实践和效益论证了产学研合作教育对打造应用性法律人才有着重要的理论价值和实践意义。

关键词：产学研；法学实践；教育模式；法院实务

1999 年，国务院《关于深化教育改革全面推进素质教育的决定》中指出，"努力改变教育与经济、科技相脱节的状况，促进教育和经济、科技的密切结合。高等教育实施素质教育，要加强产学研结合，大力推进高等学校和产业界以及科研院所的合作，鼓励有条件的高等学校建立科技企业，企业在高等学校建立研究机构，高等学校在企业建立实习基地。"之后，理工学科的产学研联合培养得到了大力发展。2011 年，教育部与中央政法委联合出台了《教育部、中央政法委员会关于实施卓越法律人才教育培养计划的若干意见》，明确提出探索高校—实务部门联合培养机制，强化法学实践教学环节，加强高校与实务部门的合作，共同制订培养目标，共同设计课程体系，共同开发优质教材，共同组织教学团队，共同建设实践基地，探索形成常态化、规范化的卓越法律人才培养机制。由此可见，产学研联合并不是理工科专业的专利，也为法学实践教育和人才培养指明了方向和思路。本文将对上海商学院文法学院与上海市奉贤区人民法院共同开发的独立实验课——"法院实务实训"作为研究对象，探索在产学研背景下法学实践教育的新模式，以期通过产学研合作教育加强法律应用型人才的培养。

一、法学实践教育的现状及存在的主要问题

法学是一门应用性和实践性极强的学科，其传统教育模式通常是重视传授理

---

[*] 作者单位：上海商学院。

论知识，而忽视技能培养和实践训练。这种重理论、轻实践的教学方式导致很多学生在进入工作岗位后不得重新学习实践操作，法学教育的人才培养与社会现实相脱节，与市场需求相错位。因此，对于毕业后就要真刀真枪进入相关领域的法学专业的学生来说，仅停留在书本理论的纸上谈兵和"一言堂"的灌输是远远不够的，否则根本无法应对和解决社会复杂又变幻莫测的纠纷。随着对法学教育改革的不断深入和反思，越来越多的人开始意识到法学教学不能只是对理论知识的静态记忆，更重要的是要通过实践教学学以致用，培养学生的实践操作技能。因为法学实践教学具有许多课堂教学所不具备的优点，它不仅能提高学生积极思辨、主动探究的能力，而且能为学生积累丰富的感性材料，为理论联系实际架起很好的桥梁。因此，多元化的实践性法学课程应运而生，比如案例教学、分组讨论、模拟法庭、法律诊所等，这些教学环节的设计和应用在一定程度上弥补了目前法学毕业生在法律职业技能和知识方面的欠缺，缩短了学院式教科书知识转化为法律操作技能所需要的时间。然而，这些实践性课程的增加是否真正实现了法学专业的人才培养目标呢？笔者认为，现阶段法学实践性教育主要存在以下两方面的问题。

1. 模拟类实践性法学课程缺乏真实性的工作环境

现在几乎每一个开设法学专业的院校都会在实践性法学课程中开设模拟法庭、法律诊所等课程，但在实施中却存在着表演化、随意化和形式化的问题。就以模拟法庭为例，很多学校为了还原一个真实的庭审，打造了逼真的法庭，配备了法官袍、律师袍，并在课程设置中毫不吝啬地拿出足够的教学时间让学生参与到模拟法庭中。但事实上，模拟法庭课程在指导、组织和实施过程中的随意性比较大，庭前准备主要由学生自己进行，指导教师更多关注的是庭审阶段顺序是否合理，程序是否到位，整个模拟开庭是否完整。通常学生会事先准备好模拟法庭的"剧本"，在正式模拟时，庭上的每位同学只需按本表演就行了。指导教师对庭前准备工作和庭审结束后的对证据的分析、案情的讨论、合议庭的评议等更加考验司法人员综合素质的许多环节缺乏事前和事后的指导。这种表演化和形式化痕迹明显的弊端大大降低了设置实践性课程提高学生实务能力所期望的目标。同样，借鉴英美国家先进做法开设的法律诊所课程，因其带有模拟的性质，缺乏真实性的实践工作环境，也没有将实践场所真正地还原到法律工作的实际中。因此，"法学教学寄希望于通过这些模拟性实践课程来弥补理论课程实践性欠缺的弱点，实际上却相距甚远"。[1]

2. 案例类实践性法学课程偏离了案例教学的效用

长期以来，案例教学在法学实践性教学中一直居于某种关键地位。在法学教

---

[1] 彭晓娟. 论地方高校转型目标下"实践性"法学教育的定位及实现路径 [J]. 荆楚学刊, 2016 (6).

学课堂中，许多教师往往结合针对性案例对相关知识点进行阐释，从而加深了学生对理论知识的印象。可以说，案例教学贯穿在法学教学的整个过程，可以使学生不仅仅在模拟法庭这类实践课程中获得相应的实践能力，还能在每一门法学专业课程的学习中都能经历对专业知识的应用和实践，能实现理论和实践的及时、高效结合。然而，在很多案例教学中存在着案例被格式化和程序化的现象，教师在展示的案例中往往回避现实案情背景中多样化的矛盾和复杂化的细节，人为使学生在法律应用过程中简单化和单一化。这就使得学生思维僵化，知识点之间难以触类旁通和有效关联，难以通过案例学习运用知识和了解社会。当学生真正进入社会接触到真实案件后，发现学校的案例教学都是老师设定好的相关条件编造出来的，滞后于社会现实。这就容易导致激发学生横向思维、提高学生分析和解决实际问题能力的根本目的得不到实现，使得实践教学的作用并不明显。

除了以上两个主要问题外，高校法学教师以学术科研之路为主，往往专注于对某一专业方向的潜心研究，既缺少对自身实践技能的加强和培养，又无法对实践性法律教学投入太多时间和精力。在教学方式上惯用单向灌输式的方法，对学生的教学基本上是从教材到教材，自身接触司法实务比较少，对不断变化的司法实务部门的情况更是了解甚少。这些都使得法学教师无法胜任实践教学的需要，在实践教学环节通常应付了事，影响了实践教学目标的实现。

二、以"产学研"为导向的法学实践教育新模式

2012 年，教育部公布的《关于全面提高高等教育质量的若干意见》明确指出，"探索建立校校协同、校所协同、校企（行业）协同、校地（区域）协同、国际合作协同等开放、集成、高效的新模式"。由此可见，在全球经济、科技和教育一体化的趋势下，产学研合作已经成为现代高等教育的办学模式和办学理念，产学研的培养模式为法学实践教育的发展指明了思路和方向。"产学研"是指将教学机构、科研机构和产业部门就人才培养、科学研究与开发、产业开发与发展等方面展开合作。❶ 产学研联合培养的教学模式不再局限在理工学科，实践证明作为法学专业的社会科学同样适合这一机制。早在 2005 年，华东政法大学与上海市高级人民法院联合开展研究生法律助理项目，每年安排研究生进入全市 20 多家法院担任为期 4 个月的法官助理，成为国内开展最早、程度最深、范围最广的法学研究生产学研联合培养项目。这个项目与大学生常规参与的专业实习或见习相区别，研究生完全参与到案件审理之中，从庭前会议、审判前的准备到旁听庭审、起草裁判文书、开展审判实践与理论研究等，并实行双导师制，弥补

---

❶ 黄彤. "产学研"背景下独立学院法科教学之再思 [J]. 中国校外教育，2011（12）.

单一导师所带来的实践性知识结构的欠缺。❶ 华东政法大学法官助理项目的成功充分说明了引入优质社会资源参与学校教学，必将促进法学实践性教育的迅速发展。

一方面，产学研合作教育对培养应用型法学人才具有明显优势。法律职业的根本是"真刀实枪"的法律实践，产学研合作充分利用学校、企业、科研等不同的教育资源和教育环境，把以间接传授课堂知识为主的学校教育和直接获得实践能力为主的生产、科研有机结合，为法学实践性教学提供了真实性的实践工作环境。和模拟类实践课程和案例教学法不同的是，产学研合作教学给了学生接触司法实践、了解社会现实的机会，增强了对法律职业的认同感，这恰恰是应用型法学人才培养的根本目标。

另一方面，产学研合作教育有利于构建科学合理的法学实践教学体系。构建完整的法学实践课程体系，应当注重学生法律实践能力的培养，注重学生创新能力的发展，发挥学生参与实践教育的主动性和积极性，让学生在开放、自主、真实、创新的情境中开展实践教学活动。目前大多数高校的法学实践教学课程都是在校园内完成的，这并不能形成一个完整的、科学合理的实践教学体系。产学研合作教育要求通过"走出去、请进来"的形式，充分利用社会中的相关资源，形成社会和学校共同指导实践教学的培养机制，以此实现实践教学的目的。

三、上海商学院法学专业产学研合作教育的实践与启示

为了进一步推进法学专业应用转型，拓展深化与校外优质资源的合作，培养具备较强实践能力的法律服务人才，上海商学院文法学院法学专业对实践教学非常重视，与多个法院、检察院、律所、消保委等实务部门建立长期合作关系。下面就以文法学院法学系与上海市奉贤区人民法院从共建"学生志愿者服务窗口"项目，到共同开发独立实验课——"法院实务实训"，在产学研的背景下对创新法学实践教育新模式所做的实践。

1. 产学研背景下"学生志愿者服务窗口"项目的建立与实施

2015年，上海市奉贤区人民法院在推进司法改革中，积极探索第三方参与机制，与我校共建"学生志愿者服务窗口"便是其中一个项目。当时恰逢立案登记制的全面实施，最高人民法院成立诉讼服务中心，要求各级法院服务大众，把方便留给群众，把困难留给自己。大多数群众对于法律并不是特别精通，奉贤法院立案庭在接收案件的数量，法院收集材料、人员接待等方面的工作量激增。我校法学专业组织学生志愿者团队，以第三方身份参与法院诉讼服务中心工作，

---

❶ 法学教育模式创新　法院参与人才培养——华东政法大学"法律助理"项目走过四周年［N］.文汇报，2009（11）.

法学专业指定专任教师和立案庭指定法官给予指导，既积极应对了立案等级制度的改革，在一定程度上缓解了法院"案多人少"的困难，又给法学专业的学生提供了司法实践的机会。正是在法院需要、同学愿意的机缘下，商学院法学专业与奉贤法院正式开展了"教、学、研、用"系统工程的共建活动。

项目开展以来，法学专业的学生每周都会利用两个半天去奉贤法院立案庭参与志愿者活动。从刚开始到法院的不知所措，写诉状不知道如何下手，与来咨询的当事人无法进行有效沟通，到经过一段时间的锻炼，言行举止和待人接物有了非常大的进步，法学专业素养也在实践中得到了很大的提升。立案庭是法院接触群众比较多的领域，是司法为民的前沿阵地，学生志愿者参与立案受理、审查、导诉等工作很有意义。不仅接触了司法实践，了解人民群众的司法诉求，同时在实践中巩固了所学法律知识。学生志愿者还带着问题开展了两个课题（项目）调研，写出与司法改革、法院一线工作紧密结合的课题报告、论文。

2. 丰富培养模式，志愿者项目升华到独立实验课

为巩固并进一步推进该志愿者项目的成果，使"产学研"协同培养应用型人才成为可持续发展的"新常态"，上海商学院法学系在探索法学实践教育的道路上又迈开了新步伐。2016年，在与法院多次商量研讨的基础上，双方进一步加深彼此的合作教育，决定与法院联合开设独立实验课——法院实务实训，并列入了2015级法学专业人才培养方案。2017年，法院实务实训课正式开始实施，经过一年多的运转，课程已经具备了完备的教学大纲、授课计划等，对教学环节的安排都有了十分详细的安排。

法院实务实训是法学专业进行法律实践教学的一门重要课程，是法律专业实践教学的重要组成部分。法院实务实训是在实践教学中，邀请法律实务部门参与，在专业教师和实务人员的共同指导下，让学生走进司法实务部门，接触司法实践，了解人民群众的司法诉求，真实体验法院各个业务庭的工作，在实务中进一步掌握、理解与运用所学的法律专业知识。作为实践类教学课程，由校内专业指导教师和法院实务部门指导教师共同进行教学安排和指导。学生必须遵守法院的各项规章制度和纪律要求，按要求完成相应的实训实验项目，并撰写实验报告。学生在课程期间，需要完成咨询接待当事人、代写法律文书、立案审查、旁听法庭庭审、评析优秀裁判文书五个项目。考试成绩由校内外指导老师共同打分。

3. 思考与启示

无论是志愿者项目还是法院实务实训课程，拉近了法院与法学院的距离，这样的法学实践性教育深受同学的喜爱和支持。同学们利用课余时间，克服路程上的困难，冒着严寒酷暑，积极参与到司法实践中去。他们通过参与真实的司法实践，开始慢慢读懂法官、读懂法律、读懂民众的司法需求；他们通过亲身丈量法

院与法学院之间的距离,开始了解社会、了解现实、了解自己所应担当的社会责任。参加过志愿者项目和课程学习的一位同学在课程总结中写道:"自己学习了不少法律条文,但是到了法院后,咨询的当事人请我代写诉状,我却茫然了,诉状怎么写,证据清单用来干什么的,当事人起诉需要提交哪些材料都让我手足无措……在法院的这段经历让我收获很大。"由此可见,在产学研背景下创新法学教育的新模式,搭建学生社会实践平台,组织优质司法资源,对培养应用型法律人才有着独特的优势,这必将对提高法学实践课程的效果和提高法学专业学生解决问题的能力大有裨益。

参考文献

[1] 熊进光,姜红仁.法学专业实践教学的理论与实践[M].长春:吉林大学出版社,2008.

[2] 叶永禄.论法学实践教学与卓越法律人才培养教育——有感于教育部"卓越法律人才教育培养计划"[J].云南大学学报(法学版),2013(3).

[3] 高阳."产学研"背景下独立学院法学专业的困境与对策[J].法制博览,2017(3).

[4] 彭晓娟.论地方高校转型目标下"实践性"法学教育的定位及实现路径[J].荆楚学刊,2016(6).

[5] 陈兵,俞悦.可控型法学实践教学体系探索[J].中国大学教学,2014(5).

[6] 贺绍奇.社会需求导向下的法学本科教育课程体系设计——进一步深化法学本科教育改革的进路[J].河北法学,2013(5).

[7] 沈宗灵.有关法学教育课程体系的两个问题[J].中外法学,1995(4).

应用型本科院校国际经济法教学改革之探讨

何艳华[1]

摘 要：国际经济法课程教学方面存在着诸如教学方法单一，对学生涉外法律英语能力的培养不足，对学生自主学习国际经贸知识习惯的培养方法不当等问题，不能满足中国加入WTO后对大量高水平的精通法律、懂经济贸易并能运用外语独立从事涉外经贸法律的高层次专门人才的需求。国际经济法的教学应注意构建涉外复合应用型人才培养模式，明确培养目标，构建教学、导学与自主学习相结合的教学模式，综合运用多种教学方法并辅以多元的教学内容。

关键词：复合应用型；涉外法律人才；国际经济法教学改革

我国已经成为世界贸易组织的成员国，并逐步融入国际经济贸易体系，企业和政府机构都会面临着应用国际经济准则处理相关事务的挑战，我国对涉外经贸法律人才的需求日益增大。党的十八届四中全会通过的《中共中央关于全面推进依法治国若干重大问题的决定》要求"积极参与国际规则制定，推动依法处理涉外经济、社会事务，增强我国在国际法律事务中的话语权和影响力，运用法律手段维护我国的主权、安全、发展利益"。习近平总书记在2014年11月28日至29日召开的中央外事工作会议上指出，我们观察和规划改革发展，必须统筹考虑和综合运用国际国内两个市场、国际国内两种资源、国际国内两类规则。由此可见，为社会培养一批熟悉国际商法和国际贸易与投资惯例的优秀法律人才是高校法律院（系）的重要责任。

我们的法学教育应适时调整教学内容和教学方法以满足这种社会需求，否则，学校教育与社会需求脱钩，我们培养的人才就不能适应社会，不能满足社会的要求，就会被社会淘汰。对于涉外法律人才的培养，许多高等院校尤其是应用型本科院校开始摒弃过去的学院化教学模式，不断探索复合应用型的法律人才培养模式。

一、现阶段国际经济法教学中存在的问题

（一）教学方法单一

国际经济法的教学内容较多，包括总论、国际货物贸易法（国际货物买卖

---

[1] 作者单位：上海商学院。

法、国际货物运输法、国际货物运输保险法和国际贸易支付法)、国际技术贸易法、WTO法律制度、国际投资法、国际金融法、国际税法、国际经济争端处理法等。在十分有限的课时内,教师要完成教学大纲所要求的全部课程教学内容,只能以教师课堂讲授为主,辅之以少量课堂讨论。"学生上课记笔记、下课补笔记、考试背笔记、考后扔笔记"的局面,教学与实践脱节,导致学生的具体实践操作能力较差,一旦接触到实务,便束手无策,一筹莫展。

在课堂讲授中,教师以概念、原则、理论为讲授的主要内容,很难有充分的时间将理论回归于实际,培养学生的分析问题和解决问题的能力。然而课堂讲授存在的最大弊端表现在"法学教育与法律职业"分离,学生不能将其所学到的法学知识、理论应用于实际,对于社会实际遇到的问题,缺乏应对和解决能力。

(二) 对学生涉外法律英语能力的培养不足

在国际经济法的教学过程中,笔者已经有意识地强化重要名词术语的英文拼写,对部分章节的重要概念用英文作以解释。在这种尝试中,发现很多学生虽然已经通过四六级,但英语尤其是法律英语的应用能力还是非常有限的。复合型涉外法律人才的知识结构要求法律知识和外语知识、法律能力和外语能力的融会贯通。首先需要的就是高超的外语能力,其次才是扎实的法律专业知识和能力。法律人员在国际业务活动中最常用的语言是英语。既然英语是工作语言,英语越熟练者便越主动。目前,鉴于教学任务与学生的实际情况,对学生涉外法律英语能力的培养尚未引起相关教学人员的足够重视,尤其是在教学中并未能体现这一能力的培养。

(三) 对学生自主学习国际经贸知识习惯的培养方法不当

受所开课程的限制,学生虽然努力地学习国际经济法,但是国际经贸知识却相对匮乏。笔者尝试两种方法弥补上述不足:一是在国际经济法的教学中对所涉及的国际经贸知识作以简单介绍,为学生国际经济法的学习做铺垫;二是在课时不允许的情况下,给学生布置课前预习任务,要求学生对相关的国际经贸知识提前自学,结合课堂提问或抽查予以督促。但这种被动学习效果不是很理想,学生由于各种原因,尚不能自主地将法律知识的学习与相关经济知识经济信息相结合。对法律专业的学生而言,国际经贸知识的学习应建立在学生对学习此类知识的必要性有充分认识的基础上依靠多种途径培养学生学习此类知识的兴趣与习惯。

国际经济法体系庞大,教学内容繁多,以往主要采用的填鸭式教学方法已暴露了种种弊端,改革国际经济法的教学模式,为社会培养其所需的复合应用型涉外法律人才,必须解决以下几个关键问题:法律与贸易实务相脱节、法学理论与法律实践相脱节、涉外法律人才英文应用能力较差。

二、国际经济法教学目标的明确与教学模式的构建

（一）明确培养目标

国际经济法教学的培养目标应定位为社会培养复合应用型涉外法律人才。此项培养目标的关键词有三个，即应用型、复合型与涉外型。

首先是应用型法律人才的培养。培养学生对国际经济法律知识的应用能力，提高学生的综合分析能力，培养学生在纷繁的事实中分清主次和辨别真伪的能力，训练学生的法律思维和法言法语的运用，拉近法学理论与法律实践的距离，培养应用型涉外法律人才。

其次是复合型法律人才的培养。只懂得国际经济法律知识不懂国际经贸实务的法律人才，对法律的理解是不深刻的，有时甚至会出现错误。因此，在国际经济法律知识的教学过程中必须向学生灌输国际经贸知识，培养复合型人才。

最后是涉外型法律人才的培养。并非懂得了涉外法律知识就属于涉外法律人才。涉外法律人才的工作语言往往是英语，如果学生不能熟练应用英语来运用涉外法律知识，就不能成为涉外法律人才。所以，国际经济法的教学目标之一应是培养学生的涉外法律英语的应用能力。

因此，国际经济法的教学过程中应注意向学生灌输国际经贸知识，强化法律英语的运用，把我们的学生培养成既有扎实的涉外法律理论基础，又懂国际经贸知识与实务，同时又能熟练应用英语进行相关业务的复合应用型涉外法律人才。

（二）构建教学、导学与自主学习相结合的教学模式

首先，教师应把基础知识、重点和难点进行必要的讲解；其次，综合运用多种媒体，采取多种导学策略，如课前提供论文、著作，也可以提供案例并设计适当问题，还可以直接设计思考题目，这些导学能够帮助学生预习时抓住重点；最后，开展分组学习、问题导向、任务驱动等多种模式的自主学习。教师导学与学生自主学习相结合，突出实践性、互动性和适应性，注重学习过程，促进教师转变角色，成为学生学习的指导者。

三、多种教学方法的综合运用

为适应培养应用型法律人才的需要，根据教学内容的特点采用多种教学方法：案例教学与案例分析法、辩论式教学法和模拟教学法。

（一）案例教学法与讲授教学法的综合运用

案例教学方法在19世纪70年代经哈佛大学法学院院长朗代尔（C. C. Langdell，1826—1906年）的不懈推动而在20世纪初得以在美国各重要法学院推行，并且经过一百多年的发展而为美国法学院所信服和普遍使用。它是通过研究法官

的判决来掌握法律的基本原则与法律推理，在教学法上以苏格拉底问题讨论法代替传统的课堂讲授[1]。朗代尔认为："法学作为科学由某些原则组成，只有熟练地掌握并运用它们才是真正的法律人……而最有效地掌握这些原则的方法是学习包含这些原则的判例。"[2] 目前，我国法学教育者也对案例教学法进行了广泛研究，并在教学实践中进行不同程度的运用[3]。

案例教学法应注意典型案例的选择，要对案例内容进行科学设计与合理运用；要科学规划案例教学的时间分配，运用案例教学法和讲授教学法的时间必须合理分配，使其起到总结、提高、理论联系实际的作用。案例教学法既从实践中来，具有实践性，同时又因建立在统一的客观原则基础上并可以提供一致的结论而具有科学性，由此满足了现代法律教育应将理论与实践相结合的要求。

虽然案例教学法对改善目前的教学效果有着重要作用，但并不能因此忽视课堂教授教学方法的运用。课堂讲授的好处在于具有较强的系统性，另外由于法学理论在不同的时代都会增添新内容，部门法学的概念、理论也会因国内外理论的变迁而有所嬗变，教师课堂讲授可以吸收各家之长，这有利于开阔学生的视野。更重要的是，课堂讲授法更适合我们中国的学生多年来形成的学习习惯。所以，我们在吸收利用案例教学优点的同时不能废弃传统的讲授教学方法，而是应将两者很好地结合而加以利用。

（二）辩论式教学法

辩论式教学法是指在课堂教学中教师就某一单元教学内容以问题为纽带有意识地组织学生把各自的理解表述出来，由于学生对相同内容的理解不同，必然会产生一定的冲突，教师引导学生对冲突部分展开分析、讨论、辩驳及总结，从而获得真知的教学方法。WTO反倾销、反补贴和保障措施等制度既是贸易救济措施又可能被滥用而成为贸易保护主义的工具，具有双重性质，非常适合采用辩论式教学方法。语言文字表达能力。法律职业是与社会上不同的人打交道的一种职业，因此正确、清晰地表达思想至关重要。只有具备雄辩的演讲能力，才能使其法庭辩论具有感召力；而通过流畅的文字形式表达其主张，申明其理由，从而说服他人，就更是一种必需的基本素质[4]。

---

[1] 杨莉，王晓阳. 美国法学教育特征分析 [J]. 清华大学教育研究, 2001 (2): 69.

[2] 周汉华. 法律教育的双重性与中国法律教育改革 [J]. 比较法研究, 2000 (4): 393.

[3] 相关文献有：李勋. 论《国际经济法》教学中的案例教学法 [J]. 柳州师专学报, 2008 (3). 尹力. 我国国际私法教学改革之必然性与应然性分析 [J]. 贵州大学学报（社科版）, 2003 (3). 章程. "五位一体"实践性教学法初探——对法学教学改革的思考 [J]. 清华大学教育研究, 2000 (4). 杨连专. "三位一体"的法学教学法研究 [J]. 教育探索, 2003 (1).

[4] 胡玉鸿. 国家司法考试与法学教育模式的转轨 [J]. 法学, 2001 (9): 23.

（三）模拟教学法

模拟教学法是指通过观摩和模拟过程，使学生通过情景学习，进行主动探索、主动发现，从而获得体验，将知识有效地内化的教学方法。它主要通过观摩审判和模拟审判来进行教学。"观摩审判"是把学生置于一种审判场景之中，具有很强的直观性。"观摩审判"可以通过具体的观摩了解他人对具体法律的理解和运用，并与自己的理解和认识相对照，这样就更容易在实践活动中去理解法律和法学理论，使法律和法学理论变成活的法律和活的理论[1]。"观摩审判"主要是观看他人如何进行审判和诉讼活动，要深刻体会审判和诉讼活动的本质必须通过一种自身的模拟才能实现。通过模拟审判，一方面，学生们亲自制作各种法律文书，提高了法律文书的写作能力；另一方面，在法庭上陈述、反驳，既锻炼了自己的实务操作能力，又锻炼了法律的思辨能力。

（四）辅以多元的教学内容

涉外复合型人才除了涉外法律知识的学习外，最重要的就是熟悉国际经贸知识与实务，精通涉外法律英语。所以，在教学内容上，要注意这两方面知识的渗透。

1. 国际经贸知识的渗透

受课程设置的限制，学生对与法律专业密切相关的经济、财政、市场、会计、现代管理、金融等内容所知甚少，没有经济贸易实务知识，就很难对相关的法律进行深刻全面的理解。为弥补此项不足，拟采取以下方法：首先是课堂讲授，在讲解相关国际经济法律制度的同时对涉及的重要国际经贸知识进行简单阐释；其次，由于国际经济法课程本身内容已经很多，所涉及的经贸知识不可能也不应该全面由法律课来解决，所以可给学生布置自学任务，由学生在老师的指导下不断扩充累积相关经贸知识；最后，"授之以渔"，即通过老师的引导，激发学生对所需的经贸知识自主学习、自主关注的兴趣与方法，培养学生利用报刊、电视和网络等各种手段关注经贸信息的习惯。

培养法律专业学生关注国际经济贸易知识的兴趣与习惯是重要的，也是困难的。单纯枯燥的劝说是无济于事的，靠分派学习任务，效果可能适得其反。对此，笔者认为可以从三个方面着手。其一，我们应充分利用学校的国际经贸专业的资源，鼓励法律系学生选修或自修该专业中最基本的课程如国际贸易、国际金融、西方会计、进出口业务和外贸函电等。这样有助于我们实现把法律系学生培养成拥有以法律专业为主，兼备经贸知识的复合型人才的目标。其二，通过模拟

---

[1] 章程．"五位一体"实践性教学法初探——对法学教学改革的思考[J]．清华大学教育研究，2000(4)：140．

实践环节，激发学生学习相关国际经贸知识的热情。笔者曾在国际经济法中的国际贸易法的教学中组织学生进行国际货物买卖合同的模拟谈判，而国际货物买卖合同的谈判双方均需要熟悉国际贸易活动的各个环节（贸易合同的订立、安排运输、安排货物保险、进行信用证结算、国家贸易管制、海关通关等），否则无法签订对自己有利的合同。笔者在国际货物贸易法的第一节课就该模拟活动的内容与任务进行了介绍与安排，所以学生在学习每一环节的法律知识的过程中，就有意识地结合自己的买方或卖方身份考虑相关问题，同时，由于认识到合同的谈判，单纯靠法律知识是不够的，所以很多学生就自然考虑到需要国际经贸知识，此时，教师适时地给予引导，介绍优秀、实用的相关教材与网站，让学生自学。只有让学生真正体会到学习某种知识的必要性、迫切性，才能真正激发学习的兴趣。其三，鼓励学生利用暑期到外贸公司实习，学习并掌握真正的国际经贸实务。利用暑期实践的机会，到外贸公司去实习，真正参与到外贸实务中去，既可以学习外贸实务，又可以在实务中发现问题，进而激发学习兴趣。

总之，通过此次活动一方面可以让学生熟悉贸易流转的各个环节，了解法律所规范的行为；另一方面在模拟谈判过程中能够实际运用所学到的法律知识来避免将来可能出现的纠纷，对相关问题寻找最佳的解决方案，而更重要的是激发学生在学习涉外法律知识的同时学习国际经贸知识的兴趣，为自主学习国际经贸知识习惯的培养打下基础。

2. 涉外法律英语的强化

为强化学生对国际经贸法律英语的掌握与应用，课堂教学中应根据学生的英语水平，适度采取部分内容英语教学。借鉴徐冬根教授和杨帆教授的经验，可以对重要名词术语用英文加以标注，重要概念用英文进行解释；此外，对部分重要国际经贸公约和贸易惯例可以采用中英文对照的形式来讲解，同时可以尝试设计一些简单的问题让学生用英文回答，对学生的专业英语进行训练，培养学生对英文文件的阅读与应用能力。此外，在实践环节也应注意英语能力的锻炼与提高，如在"国际货物贸易合同的订立"一节，可以让学生分成若干小组，每一小组分成两方，一方代表卖方，另一方代表买方，通过要约、反要约、承诺的一系列"英文函电"达成简式合同。最后，涉外法律英语应用能力的提高不可能完全通过课堂教学来完成，必须辅以大量课后阅读与练习。所以，教师应注意选择一定质量并符合教学内容与要求的外文资料（包括案例和论文），并根据学生的实际能力设计适当的问题或者要求学生就论文或案例的主题做主题发言。

加入世界贸易组织后，社会迫切需要高素质的复合应用型法律人才，复合应用型涉外法律人才应该具备熟练运用外语、懂得并能操作国际经贸业务、精通法律专业知识等素质。因此我们法律专业的教育目标应是培养既熟悉基础知识，又懂得专业知识；既熟悉国内法律法规，又熟悉国际法律知识以及国际经贸、外语等方面的知识；既有坚实的理论功底，又有极强的实际操作能力的法律人才，只有这样，才能为经济全球化社会培养出适格的法律人才。只懂法学理论不具备较强实践能力的人才不是真正的法律人才；只懂法律不懂经济、不懂英语的法律人才不是 21 世纪的法律人才。

参考文献

[1] 贺卫方. 认真地对待法律教育 [J]. 比较法研究，1996（2）.

[2] 赵相林. 对法学本科教育改革的几点思考 [J]. 中国高等教育，2002（7）.

[3] 周汉华. 法律教育的双重性与中国法律教育改革 [J]. 比较法研究，2000（4）.

[4] 王晨光. 实践性法律教学与法学教育改革 [J]. 法学，2001（7）.

[5] 徐检波. 司法考试背景下的案例教学法探究——以国际经济法教学为视角 [J]. 广东培正学院学报，2011（4）.

[6] 章程."五位一体"实践性教学法初探——对法学教学改革的思考 [J]. 清华大学教育研究，2000，（4）.

[7] 蔡炎斌. 论法学应用型人才培养模式的建构 [J]. 株洲工学院学报，2006（1）.

[8] 尹力. 我国国际私法教学改革之必然性与应然性分析 [J]. 贵州大学学报（社会科学版），2003（3）.

[9] 高飞."国际经济法"教学方法探讨 [J]. 内蒙古师范大学学报，2012（1）.

[10] 王林彬，李燕荣. 综合教学法在国际经济法教学中的应用 [J]. 教育评论，2012（5）.

[11] 余素梅.《国际经济法学》课程教学方法改革刍议 [J]. 武汉市教育科学研究院学报，2006（11）.

[12] 李勋. 论《国际经济法》教学中的案例教学法 [J]. 柳州师专学报，2008（3）.

[13] 朱广东. 国际经济法互动式教学方法的创新规划 [J]. 经济与社会发展，2006（5）.

论教育信息化视野下的网络思政教育

——基于"易班"运行

秦 涛 张 丽[1] 张 丽[2]

摘 要：随着信息化的不断发展，互联网对青年大学生的影响越来越大。高校思政教育也开始采用网络多媒体授课的方式进行。为适应网络时代的特点，上海市教卫工作党委与上海市教委委托教育系统网络文化发展研究中心，研发了供学生群体使用的集教育教学、生活服务、文化娱乐为一体的综合性网络互动社区"易班"，充分发挥新媒体技术的引领作用，为大学生的思政教育提供了新的载体。

关键词：新媒体技术；大学生；思政教育；易班

党中央对在思政教育中采用新媒体技术极为重视，习近平总书记在2016年12月7日至8日的全国思想政治工作会议上指出："要运用新媒体新技术使工作活跃起来，推动思想政治工作传统优势同信息技术高度融合，增强时代感和吸引力。"思想政治教育是大学生教育重要组成部分，思想政治教育的成效决定着党的"立德树人"教育目标能否实现，关系着社会主义优秀接班人培养事业的成败。思想政治教育作为一种意识形态领域的人类活动，其必然通过一定的媒介传达信息，随着信息时代的发展和网络技术的普及，新媒体新技术不断革新，大学生思政教育方式也发生了巨大变化。

一、"易班"在思政工作中的意义

为落实依法治教、依法治校的理念，在德育工作中，我们必须贯彻法治精神，使用法治的方法落实党的教育政策。为适应网络时代的特点，上海市教卫工作党委与上海市教委委托教育系统网络文化发展研究中心，研发了供学生群体使用的集教育教学、生活服务、文化娱乐为一体的综合性网络互动社区"上海大学生在线"，英文为"E-class"（下文简称"易班"）。该网络平台于2007年8月研发成功，并于2009年开始第一批试点。易班作为班级的网上交流平台，是网络时代辅导员教育学生、服务学生的新途径、新手段、新方法。易班网凭借着实

---

[1] 作者单位：华东理工大学法学院副教授，法学博士。
[2] 作者单位：上海邦德职业技术学院讲师，广播电视艺术学硕士。
基金项目：2015年上海市德育课题资助成果（2015-D-023）。

名制注册、针对学生这一特定的群体和专业化监管等特点，迅速成为为学校和大学生认可的校园网络平台。

易班的使用和推广，为高校思想政治教育的开展提供了新形式和途径。"易班"作为社交媒体的一种，不仅具有交互性、平等性、开放性等特点，同时具备其特有的多边性、创造性等特点，易班网融合微信、微博、邮箱、网盘、相册等诸多功能为一炉，使学生能够免费获取丰富的文化体育信息。与其他网络平台不一样的是，除了线上功能外，易班网在线下具有强大的可操作性，现实学习生活中的学生思政工作人员就是易班网的校园管理人员。因此，易班网的网络信息传递可以随时转变为现实学习生活中学习与娱乐活动，这种校园网络平台既符合当代大学生的兴趣和审美，又能对学生进行思政教育，以文化的力量，潜移默化地去影响大学生的价值观和人生观。

在实际运行中，易班网具有其自身特殊的目标定位。易班是大学生网络互动社区，每个账号均以实名制注册，其高度的真实性使得易班拥有良好的信誉和信息安全保障。大学生在这里自主使用易班，主导自身话语权，依据自身的兴趣浏览需要的信息，充分体现了学生自身"意思自治"的原则；同时，易班作为高校管理学生的一个平台，相比于其他网络平台而言，其输入输出的信息更加可靠，且能迅速、直观地传达到每位同学。这一方面是尊重大学生的体现，另一方面是学校对学生进行管理的实践。因此，易班的使用对高校的思政工作发展具有十分重要的意义。从易班网运行的实际状况看，将其运用到高校德育教育中，有以下三个方面的优势：

首先，易班将思想政治教育内容生动化、形象化。易班通过内容形式的转变，将课本上枯燥的文字化思想政治理论转化为图像、视频、声音、图表等生动形象的内容，充分激发了大学生的学习兴趣。同时，多感官的运用要比单感官的接触更具有效率。易班的使用能够让学生从接受被动式的说教转变为主动接受教育。

其次，易班使思想政治内容资源多元化、丰富化。当今社会是信息主导的社会，各种新闻、社会信息思潮涌现，快速、及时成为信息传播的主要特点。传统的思政教育中，各种"古老"的案例、内容，多数大学生从小学便已开始接触，高校思想政治教育中再拿出这样的例子去教育引导大学生，必然收效甚微。易班作为网络App，能够及时跟进时代的潮流，将社会上的热点信息融入思想政治教育的具体案例中，形成德育素材，让同学在阅读中领悟其中的哲理，达到感化和升华的目的。另外，易班上的讨论、投票等话题，也能通过对优秀人士的描述，帮助引导大学生树立正确的人生观和世界观，激发奋斗热情和爱国热情。另外，网络咨询室、就业规划、学习与生活等内容的嵌入，也缓解了思政教育孤掌难鸣的尴尬。

最后，易班能够及时促进师生互动。随着网络的发展和知识的多元化涉猎，教师和大学生见面的机会越来越少。而易班的使用，使得全校的师生联系加强，各位老师可以通过易班这个平台，及时发现学生的情感、诉求和心理变化，从而根据每个学生的焦虑，予以及时沟通和疏导，开展相应的思政工作，增强了时效性。另外，以文字为主要输入输出方式的易班，使得师生之间面对面平等自由地进行交谈，改变了以往思想政治教育中师生难以对等地交流等现象。因此，更有利于对学生思想政治教育工作的开展。

二、易班平台在推广过程中的问题

（一）"易班网"的推广由行政机关主导

易班网是上海市教育行政主管部门主导开发并大力推广的网络服务平台，从其产生、发展和运行来看，易班网的行政主导色彩浓厚。

首先，教育行政主管机关对易班的发展运行指明方向、制订计划，并且购买易班网网络服务提供者的网络服务。教育行政机关的教育管理职能中包含"指导德育工作"，因此，"校园网络文化建设和管理工作"的指导权是由教育部负责的。而依照上海市教委的法定职能，上海市教委负责"统筹、规划、指导本市各级各类学校德育工作"。如前所述，从易班产生的过程来看，上海市教卫工作党委和上海市教育委员会在易班网的创设过程中起到了决定性的作用。由此可见，在易班网的运行过程中，上海市教委作为教育行政主管部门的职责应该是在政策和方向层面对易班网履行其统筹、规划、指导职能。德育教育是由我国法律所明确的国家职能，公立学校的德育教育是国家意志的体现。因此，教育行政主管部门制定相关的"易班"建设规划，是依职权并且有着强制性特点的行政规划行为，要求所属公立学校遵照执行。由此可见，在易班网运行过程中，教育行政主管部门对学校、网络服务提供商、学生有指导权，对学校和网络服务提供商有监督权，上海市教育行政主管机关在"易班网"的开发、推广、运行、维护等环节都居于主导地位。

其次，"易班网"的推广运行是教育行政机关贯彻法律的行为。前述教育行政主管机关制定规划的目的是提升对学生的德育教育效果。思政教育、德育教育有强烈的国家意志色彩，教育行政机关对"易班网"的推广以及运行监管行为属于兼具国家政治统治职能和社会管理职能的行为。从依法治教的角度看，教育行政主管机关有权依法监督我国境内的所有学校提供符合我国《宪法》《教育法》《高等教育法》《义务教育法》等规范性文件的教育，对公立学校还有组织领导的权力。

由于"易班网"的运行推广具有上述特点，部分大学生仍然错误地认为互联网世界是个不受任何约束的自由空间，他们对法律的规定和"易班网"推广的国家意志性缺乏清楚的认识，这部分大学生对教育行政机关推广易班网的行为产生了错误的抵触情绪。与此同时，易班网作为一种大型信息交互平台，学校要求学生注册时必须实名制，而青年大学生认为互联网最吸引人的地方在于其虚拟性特点，实名制会造成部分用户的流失，故而相当数量的学生很少使用"易班网"，或者即使使用"易班网"，也很少将自己的真实想法表达出来，这显然是不利于实现国家倡导高校推广易班网的目的的。

（二）部分高校抱守传统工作模式导致推广不利

我们应当肯定传统的思政教育模式的巨大历史贡献，然而在互联网传递信息的今天，思政工作的方式方法必须适应信息化的现实。

在易班网推广过程中，部分学校以及思政工作教师，习惯于按照传统的思政工作模式进行德育教育，拒绝采用新的方式方法，出现了易班网的利用率不高的结果。尽管这些学校也按照教育部的文件，要求同学们注册使用了易班，由于推广不利，思政工作的收效甚微。

在思想政治教育中，思政教育的实施者是高校教师、辅导员；思政教育的接受者是在校学生，即有思想、有灵魂的成年大学生。在信息化高度发达的今天，青年大学生通过使用互联网，可以高效地获得各类信息，从而对各种社会现象作出判断。在这种新形势下，传统的说教式的思政教学方法的施教者——思政教师很难保证自己在信息占有上的优势地位，其观点也就很难确保权威性。教育部推广"易班网"，首先要求思政教师队伍能够善于使用网络信息技术。然而高校思政教师的科层化管理体制，使高校思政教师很难突破传统的"说教式"思政教育方法，在这种沟通模式中，教师和学生的地位不平等，学生的交谈与表达的积极性不能发挥出来。通过以往的实践可以看出，大部分班级的"易班"沟通交流中，大多是辅导员在网上按照传统的思政教育模式开会传达思想，学生很难做到真正发言。

因此，要发挥易班的思政教育作用，必须激发同学的参与热情，例如可以赋予他们更大的主动权与管理权，因此也可以看出，易班是一个教师、同学的"双主体互动"模式。"90后"大学生具有一定的叛逆、保守心理，不愿意将自己的内心过多地向他人展示，尤其是向高校教师，因此，大学生在使用"易班"时，会出现一定的逆反心理，持疑虑或抗拒的态度。

此外，易班网本身在思政教育上形式丰富，但内容单调，主要内容仍然是传统思政教育的内容，加之市场占有率较低，这些特点也不利于德育教育的效果。易班网的建立时间较晚，市场占有率不高，在国家推广易班网之前，以QQ为首的社交软件已经占据了很大的使用比例，且这些软件涉猎信息丰富，学生参与度高，易班网想要吸引学生，必须突出自己独有的优势才能发挥更好的功能。

三、完善以"易班"为代表的新媒体在思政工作中的作用

我国高校思政教育工作的主体形式以学生被动接受、教师主动传达为主。❶这种传统的德育教学方式需要适应当今青年学生交流方式的网络化趋势,随着我国信息化的发展,高校人才培养方式也需要不断变化。由于信息技术的巨大进步,学生和教师的地位不断平等化,加之网络信息技术的不断普及和运用,创新思想政治教育方法,不仅仅要求在新形势下减轻教师工作量,更重要的是让学生参与其中,民主管理,民主学习,民主教育。习近平总书记指出的"将思想政治工作传统优势同信息技术高度融合,增强时代感和吸引力"是一个指挥棒,引领着大学生思想政治教育的工作方向。

(一)建设高校网络思政教育队伍

网络的发展对高校思政教育来说,既是机遇又是挑战。有学者指出,"网络思政教育是伴随着网络信息技术的发展,传统思政向网络空间的延伸和在网络条件下的创新,既包括针对互联网特点开展的思政,也包括以网络为载体,运用网络技术,整合网络资源进行的教育,还包括通过网上网下互动开展的思政"。❷网络思想政治教育的开展,首先必须立足于网络自身特点。网络具有虚拟性、匿名性等特点,其在给人们带来自由的同时,也带来了诸多难以管理的负面因素。对于当代青年大学生来说,其世界观、人生观、价值观还未成型,很难在网络环境中自觉、准确地判断信息真假、事物真伪、人性美丑。另外,在信息爆炸时代,大量热点、敏感话题充斥各大媒体、社交软件,有必要建立一支网络思政队伍,对网络信息进行筛选、过滤,对网络舆情进行监督。

其次,高校思想政治教育利用网络进行形式创新已成必然,要切实做好网络思政教育,就必须加强网络思想政治教育的互动性,一些专业人员可以通过微博、微信、论坛等方式与青年大学生互动,不但能增强"官微"的亲民性,还能激发在校生的兴趣和热情,甚至对思想政治教育工作的开展还有意想不到的效果,从而增强新媒体技术的运用对思想政治工作的时代感和吸引力。最后,由于网络思政教育的开展不但需要拥有信息技术,而且还需要一定的思想政治工作经验,同时,需要具备一定的互联网法律知识,引导大学生正确使用互联网,并通过网络文化潜移默化地影响在校生的价值观和人生观,从而达到思想政治教育的目的。因此,网络思想政治教育的开展需要专业人员的支撑,建设一支专业的网络思政队伍刻不容缓。

---

❶ 王曙光. 以"易班""微信"为例浅论高校思政教育工作的创新思考[J]. 赤峰学院学报(汉文哲学社会科学版),2015(12).

❷ 夏晓红. 大学德育研究丛书——高校网络思政教育[M]. 济南:泰山出版社,2008:6.

（二）完善网络德育相关立法

20世纪90年代，我国教育立法刚刚起步，确立了基本法律框架，然而教育的社会公共性决定了其不可能如同经济领域的立法工作一样快速实现立法—执法—法律救济的法治模式。与此同时，在行政法治理论领域，我国目前的法学理论研究相对滞后，难以实际指导我国教育立法及法律实施工作。网络思政教育作为近年来出现的一种新事物，无法脱离社会意识的独立性特点，法律作为社会意识的一种，在该领域甚至没有涉足。因此，在"易班"的网络建设和推广上，教育行政机关缺乏相应的立法资源，也没有经过市场实践完备的实施细则，因此，想要在制度上构建完善的"易班"运行的法治模式必然需要一个长期的过程。

尽管如此，上海市教卫工作党委和上海市教委还是根据网络时代特点创造性地发展出了"易班网"，获得党中央和教育部的认可。虽然目前只能通过我国并不完善的现行法律推广，但是随着"易班"网运行经验的积累和全国推广，教育领域的法律问题必然日益凸显，我国必然能通过解决问题推动教育法治的完善，将"依法治国"理念贯彻到德育工作中，从而更好地实现以网络为主要力量对大学生进行思想政治教育的教育方式。

同时，也要对大学生进行现存的互联网方面的法律法规教育，倡导大学生在利用网络技术的同时，维护网络秩序，规范网络行为，遵守网络纪律，鼓励大学生增强法制意识，争做文明网民。❶

（三）强化高校校园网络思政教育的配套措施

网络思政教育的开展，需要一系列配套制度和措施保证其正常运行。首先，要加强对网络空间和网络信息内容的控制和监督。"易班"作为网络服务提供的形式，其运行可能产生的风险与其他网络服务提供者面对的法律风险并无区别，即网络安全风险。网络空间安全，主要指对网络基础设施等的安全维护，关注重点是防止病毒攻击、基础设施破坏、网络加密与破解等技术攻防问题。网络空间安全虽然较为基础，但以"易班"为代表的网络服务提供者应当承担起技术维护的责任。网络信息内容安全，主要指对网络泄密、网络色情、网络欺诈、网络诽谤、网络煽动、网络恐怖主义等信息传输、流动、利用等行为的控制，关注的是网络传播资讯本身的安全问题。在通过网络进行思想政治教育工作中，高校教师应引导学生正确面对网络舆情，坚持正确的政治态度。同时，加强网络舆情的正确引导，及时监控网络舆情走势，也是网络思政教育一个重要组成部分。❷ 因此，辅导员及担任思想政治教育的教师应主动了解学生的言论动态，设立积极和

---

❶ 郑琼. 高校网络思政教育的途径研究 [J]. 福建商业高等专科学校学报, 2016 (1).
❷ 李昌祖. 高校网络舆情及其研判的若干思考 [J]. 江苏高教, 2010 (5).

思辨的话题，正确引导大学生参与各种校园评选活动，培养同学的辩证思维和正确的处世态度。要充分发挥网络作为思政教育的媒介作用，并通过技术操作有效解决各种问题，面对"有害信息"相关问题的处理，教育行政机关应配合司法机关调查、取证，营造大学生正确面对网络舆情的健康、积极氛围。

其次，促进网络思政教育和校园文化的融合。每所高校都有自身的校园文化，从高校里走出毕业的学生具有该所高校应有的气质。高校文化是建校后长期的历史积淀所成，雕琢着一个学校的精髓和风格。把高校文化贯穿于高校思想政治教育中，不仅是对高校文化精神的传承，也能让大学生立足于校园文化，进行反思，并以优秀校友为榜样，奋发激昂，不断提高文化素质、思想素质和道德修养，从而促进人的全面发展，达到教育的根本目的。

四、结语

当今社会，以通信和计算机为代表的信息革命已成为推动社会发展的第一动力，大学生通过手机、电脑等终端设备连接到互联网，成为网民的最主要力量。互联网是处理信息、开展工作的便捷工具，处在一个信息爆炸的时代，这就要求高校思想政治教育不能总是"马后炮"，不能常述"旧闻"，否则就会使大学生丧失对思想政治教育课程的兴趣。在新时期的思想政治工作中，要充分利用新媒体和信息技术的力量，加强大学生和教师之间的联系沟通。如通过网络课程传播党的政策方针，通过网络问卷了解大学生对国家大事以及国际形势的了解情况。同时，微博、微信的广泛运用，也能使得高校教师准确关注学生的身心变化，及时对其进行心理疏导和政治教育。另外，网络新媒体的普及和使用，为校园文化建设和教学方法的更新提供了充足的技术保障，把思想政治教育贯穿于网络新媒体、信息技术中，能够迎合大学生的兴趣爱好，从而增强德育建设的时代感和吸引力，创新"立德树人"的实现方式。

参考文献

[1] 王曙光. 以"易班""微信"为例浅论高校思政教育工作的创新思考 [J]. 赤峰学院学报（汉文哲学社会科学版），2015（12）.

[2] 郑琼. 高校网络思政教育的途径研究 [J]. 福建商业高等专科学校学报，2016（1）.

[3] 李昌祖. 高校网络舆情及其研判的若干思考 [J]. 江苏高教，2010（5）.

[4] 夏晓红. 大学德育研究丛书——高校网络思政教育 [M]. 济南：泰山出版社，2008.